最高人民法院
裁判要旨精选

——— 中 册 ———

最高人民法院审判管理办公室 编

人民法院出版社

总目录

民商事篇

法人	3
民事行为效力	6
代表	8
溯及适用	11
物权	12
抵押	29
质押	37
公司担保	42
保证合同	64
其他担保纠纷	82
合同订立	91
合同效力	99
合同履行	125
合同的保全、变更和转让	137
合同权利义务终止	150
违约责任	158
买卖合同	167
土地使用权合同	180
房地产开发经营合同	185

房屋买卖合同	204
借款合同、民间借贷	217
金融借款合同	272
金融不良债权转让、追偿合同	310
租赁合同	316
融资租赁合同	330
保理合同	338
建设工程合同	344
其他合同纠纷	473
合伙	487
股东资格确认	492
请求变更公司登记	497
股东出资	498
股权转让	514
股东知情权	546
公司决议	547
盈余分配	549
损害公司利益责任	558
人格混同及损害债权人利益	576
公司减资	586
公司解散	589
公司清算	597
对赌协议	604
其他公司纠纷	606
票据付款请求权	609
票据追索权	610
伪造票据	613

破产债权确认	615
职工破产债权确认	630
取回权	632
破产抵销权	638
公司别除权	639
破产撤销权	640
破产管理人责任	644
债务人财产认定	646
其他破产纠纷	647
信托	656
证券	663
保险	675
劳动争议	679
不当得利	682
婚姻家庭	688
产品责任	690
财产保全损害责任	692
财产损害赔偿	710
其他侵权纠纷	720
管辖	724
当事人	734
诉讼代理人	745
证据	747
证明责任	761
调解	767
保全	770
司法强制措施	772

诉讼费	773
审理范围	774
重复起诉的受理	776
仲裁的受理	785
其他受理问题	787
缺席判决	794
先行判决	797
二审	798
再审	802
执行和解	828
涉外案件法律适用	831
民刑交叉	833
民事案件诉讼时效	850
限制出境复议	854
第三人撤销之诉	855
执行异议之诉	899
追加被执行人之诉	1070
执行分配方案异议之诉	1077

环境资源篇

环境公益诉讼	1081
资源开发利用类	1085
环境资源行政诉讼	1091

海事海商及仲裁司法审查篇

船舶碰撞损害责任	1097

海上人身损害责任 ········· 1098

海上、通海水域货物运输合同 ········· 1099

海上旅客运输合同 ········· 1110

航次租船合同 ········· 1111

港口货物保管合同 ········· 1113

海上货运代理合同 ········· 1116

船员劳务合同 ········· 1118

国际货物多式联运合同 ········· 1119

海上、通海水域保险合同 ········· 1121

独立保函 ········· 1124

其他海事海商纠纷 ········· 1127

申请确认仲裁协议效力 ········· 1129

申请撤销仲裁裁决 ········· 1181

申请执行仲裁裁决 ········· 1225

认可香港特别行政区法院判决 ········· 1245

认可澳门特别行政区法院判决 ········· 1246

认可台湾地区法院判决 ········· 1247

申请承认外国法院判决 ········· 1249

知识产权篇

著作权 ········· 1257

商标 ········· 1285

专利 ········· 1323

植物新品种 ········· 1393

集成电路布图设计 ········· 1399

商标许可合同 ········· 1401

技术合同 ········· 1402

特许经营合同 …… 1413
不正当竞争 …… 1415
垄断 …… 1436
计算机软件 …… 1441
商标行政诉讼 …… 1445
专利行政诉讼 …… 1479

行政篇

受案范围 …… 1499
主体资格 …… 1543
证据 …… 1574
起诉与受理 …… 1578
行政处罚类 …… 1614
行政强制类 …… 1625
许可批复类 …… 1641
征收补偿类 …… 1647
行政登记类 …… 1693
政府信息公开类 …… 1700
行政复议类 …… 1712
行政裁决类 …… 1737
行政协议类 …… 1738
行政赔偿类 …… 1756
履行职责类 …… 1794
其他行政类案件 …… 1805

国家赔偿篇

- 无罪逮捕赔偿 ······ 1821
- 无罪错判赔偿 ······ 1823
- 刑事违法查封、扣押、冻结、追缴赔偿 ······ 1825
- 殴打、虐待、怠于履行职责赔偿 ······ 1826
- 违法采取对妨害诉讼的强制措施赔偿 ······ 1830
- 错误执行赔偿 ······ 1831

执行篇

- 执行依据 ······ 1837
- 执行的申请和受理 ······ 1844
- 财产保全与先予执行 ······ 1858
- 抵押 ······ 1860
- 查封、扣押、冻结 ······ 1863
- 评估、拍卖、变卖、以物抵债 ······ 1877
- 清偿顺序 ······ 1891
- 利息计算 ······ 1895
- 到期债权执行 ······ 1899
- 案外人异议 ······ 1907
- 当事人及其变更、追加 ······ 1912
- 执行担保 ······ 1927
- 执行和解 ······ 1928
- 参与分配 ······ 1935
- 强制措施和间接执行措施 ······ 1936
- 执行回转 ······ 1944
- 终结执行 ······ 1950

执行与破产衔接……………………………………………………1954
行政案件的执行……………………………………………………1955
刑事裁判涉财产部分的执行………………………………………1956
仲裁裁决执行………………………………………………………1964
不予执行公证债权文书……………………………………………1966
其他执行案件………………………………………………………1968

目录 中册

● **破产债权确认**

1 破产前已抵销的债务不得在破产后再行补偿 / 615

2 依法必须进行招标的项目，招标人与投标人就投标价格、投标方案等实质性内容进行谈判，影响中标结果的，中标无效 / 616

3 主债权的诉讼时效尚未经过，债权人要求行使抵押权的主张即应当得到支持 / 617

4 因消费者购房形成的债权是否优先于抵押权 / 618

5 购房者支付的认购定金可否优先于债权人抵押权实现受偿 / 619

6 股东认领的公司对外负债在公司破产时不一定被确认为破产债权 / 620

7 债权人未申请人民法院撤销破产重整计划的，不得起诉请求变更破产重整计划内容 / 621

8 名下已有其他住宅的购房人不属于消费性购房者 / 622

9 房屋买卖合同解除后买受人未得到清偿，其能否主张商品房消费者的优先受偿权 / 623

10 房屋出售方与购买人签订《商品房买卖合同》，购买人支付了相应款项后，房屋出售方能否以购房行为系借款的让与担保为由主张双方系民间借贷关系 / 624

11 以房抵债协议在破产程序中能否履行 / 625

12 拆迁安置补偿款债权在破产程序中是否具有优先性 / 626

13 对在破产程序中已生效的法律文书确定的债权，应当予以确认 / 627

14 已交付房屋但未办理过户手续，出卖人进入破产程序，法院对买受人请求

继续履行合同的主张应否支持的问题 / 628

15　出租人破产，租金应作为共益债务返还承租人 / 629

● 职工破产债权确认

1　职工福利借款是否应当认定为职工债权优先清偿 / 630

2　未列入破产企业的职工无权以职工破产债权为由主张优先清偿 / 631

● 取回权

1　以物抵债并办理网签的房屋是否属于破产财产 / 632

2　取回权的标的物为有物权的财产，一般不能为金钱 / 633

3　取回权的基础是否包含债权 / 634

4　移送破产审查执行财产权利归属的认定标准 / 635

5　财政补贴资金是否属于特定物，能否对其主张取回权 / 636

6　破产程序中一般取回权行使条件的认定 / 637

● 破产抵销权

破产人欠付的职工工资不能作为债权向管理人直接主张抵销 / 638

● 公司别除权

抵押权保护期间的认定 / 639

● 破产撤销权

1　破产债务人个别清偿债务，管理人有权请求依法予以撤销 / 640

2　债权人善意不影响破产撤销权的行使 / 641

3　破产管理人作为原告提起破产撤销权之诉是否属于主体不适格 / 642

4　在破产申请前一年内，为他人提供担保且无相应对价，管理人是否享有撤销权 / 643

● 破产管理人责任

1　破产管理人是否履行忠实勤勉义务的判断 / 644

2　股权质权人能否在破产重整程序中行使股东权利 / 645

● 债务人财产认定

企业破产资产处置中涉及出让土地使用权转让的土地转让款应当归属于破产企业

所有 / 646

● **其他破产纠纷**

1　管理人有权以自己名义诉请取回债务人财产 / 647

2　人民法院应对债务人偿债能力各项指标进行综合评价以判断其是否具备破产原因 / 648

3　公司破产程序已经被法院裁定终结但公司未办理注销登记前是否具有原告资格 / 649

4　未同意重整计划的债权人是否因重整计划已经法院裁定批准而丧失抵押权 / 650

5　关联公司重整案件管辖权及重整审理的协调 / 651

6　关联企业破产重整案件中，对"区分关联企业财产成本过高"的认定标准 / 652

7　破产程序中，租赁期未届满且对租金支付有争议的合同，是否可认定为《企业破产法》规定的双方均未履行完毕的合同 / 653

8　进入破产程序的公司法人未经管理人同意而申请再审的，属于"他人未经授权以当事人名义申请再审的"情形，应当依法终结审查再审申请 / 654

9　律师事务所是否可以申请破产的认定 / 655

● **信托**

1　营业信托受托人违反忠实义务及损失赔偿数额的具体认定 / 656

2　一方当事人接受案外第三人的委托持有保险公司股权的行为应认定无效 / 657

3　信托合同是否存在未表述的事实不影响基于该信托合同而订立的预收购合同的效力 / 658

4　营业信托中信托公司义务的合同排除 / 659

5　应当依据合同的内容确定交易性质及相应的权利义务关系 / 660

6　信托公司是否应以其固有财产承担信托债务 / 661

7　名为信托受益权转让，实为保本保收益的承诺安排，信托受益权转让协议无效 / 662

● 证券

1. 在确定虚假陈述导致投资者的损失时应剔除系统风险和其他因素造成的损失 / 663

2. 投资者的投资损失与上市公司虚假陈述之间不必然存在因果关系 / 664

3. 投资人未在虚假陈述实施日及以后至揭露日或者更正日之前买入证券的，其损失和虚假陈述无因果关系 / 665

4. 证券虚假陈述责任纠纷中关于"揭露日"的认定 / 666

5. 虚假陈述揭露日的认定 / 667

6. 虚假陈述与投资损失因果关系的司法认定 / 668

7. 认定证券服务机构应当承担的虚假陈述连带赔偿责任范围，应综合考量其行为性质、过错程度以及造成投资者损失原因力等因素 / 670

8. 投资者请求证券服务机构承担连带赔偿责任，是否需以证券服务机构受到行政处罚为前提条件 / 671

9. 监管部门以涉嫌信息披露违法为由进行立案调查的信息公开之日能否作为虚假陈述揭露日 / 672

10. 公募债券欺诈发行过程中承销机构未尽责履职，应视情节与发行人承担连带赔偿责任 / 673

11. 公司骗取债券发行核准能否认定虚假陈述行为与违约损失之间的因果关系 / 674

● 保险

1. 被保险人财产损失已经由政府予以补偿的，不得要求保险公司重复赔偿以获得额外收益 / 675

2. 民事案件的审理不以行为人所涉的刑事案件裁判结果为依据，亦未以刑事侦查程序中形成的询问笔录作为裁判理由的，不符合主要事实未经质证的再审申请事由 / 676

3. 保险人向被保险人赔偿保险金后，被保险人未经保险人同意放弃对第三者请求赔偿的权利的，该行为对保险人不发生效力 / 677

4　根据保险的具体形式准确区分共同保险与再保险法律关系 / 678

● **劳动争议**

　　1　公司与董事之间关系的认定 / 679

　　2　用人单位对非一裁终局劳动仲裁裁决不服的，应向有管辖权的基层人民法院提起诉讼 / 680

　　3　对"一裁终局"范围外的劳动争议案件法院级别管辖的确定 / 681

● **不当得利**

　　1　当事人因减少负债而获益且无法律根据的，亦可构成不当得利 / 682

　　2　已转让的破产财产所涉不当得利问题 / 683

　　3　不当得利纠纷诉讼时效的认定 / 684

　　4　不当得利纠纷中，法律上原因消灭后，是否可以认定为"没有法律依据" / 685

　　5　当事人通过拍卖取得案涉土地，不构成对案涉土地上构筑物的不当得利 / 686

　　6　一权被二卖，公司向明知公司股权已变更登记、转让合同已无法履行但仍占用公司资产的后买受人主张占用期间的损失，是侵权责任纠纷还是不当得利纠纷 / 687

● **婚姻家庭**

　　1　对登记在未成年子女名下的不动产，若购房款系父母支付或未成年子女未举证其具备相应的经济能力或系通过继承、接受赠与等所得，应认定为家庭共有财产 / 688

　　2　夫妻共同经营公司，一方因"对赌协议"承担的债务，是否属于夫妻共同债务 / 689

● **产品责任**

　　1　食品标签低标脂肪是否应向消费者赔偿损失及支付惩罚性赔偿金 / 690

　　2　消费者在短时间内购买相同或相似的若干件商品并分别提起诉讼情形下惩罚性赔偿金的适用问题 / 691

● **财产保全损害责任**

　　1　财产保全损害赔偿责任不能仅以申请人的诉讼请求是否得到人民法院生效判

决支持为判断依据 / 692

2　判断财产保全是否适当，应当结合诉讼是否合理，以及申请保全的标的额、对象及方式等予以考察 / 693

3　如何判断申请人申请财产保全是否存在过错 / 694

4　不能仅以保全申请人的诉讼请求是否得到法院支持作为判断申请保全是否存在过错的依据 / 695

5　变更后案由与法律关系处理结果不一致，不属于适用法律错误 / 696

6　能否以原告最终获得支持的金额少于其诉请主张的金额而认定申请财产保全错误 / 697

7　不能仅以当事人诉讼请求未获支持认定其申请财产保全存在过错 / 698

8　申请诉前财产保全损害责任纠纷中，申请保全人申请保全的数额高于裁判结果，不必然被认定为存在过错 / 699

9　财产保全损害赔偿责任适用过错原则 / 701

10　因诉中财产保全错误而提起的损害赔偿应另行诉讼 / 702

11　申请人未尽到审慎保全义务的，应赔偿错误保全给被保全人造成的损失 / 702

12　财产保全损害赔偿责任纠纷中，原告应当证明其所受损失与被告申请案涉财产保全之间存在因果关系 / 703

13　财产保全损害责任纠纷案件中，如何认定承保诉讼财产保全责任保险的保险公司的赔偿责任 / 704

14　申请诉中财产保全错误如何认定 / 705

15　申请财产保全损害责任纠纷是否受级别管辖规定的限制 / 706

16　申请保全人是否存在故意或重大过失不应仅以当事人的诉请最终得到法院支持的结果作为判断标准 / 707

17　诉中财产保全损害责任的成立须以申请人主观上存在过错为要件 / 708

18　申请诉中财产保全的金额应合理参考实际损失金额确定，明显不合理的，构成保全错误 / 709

- **财产损害赔偿**

  1 金融机构应对存款人的资金负有安全保障义务，有义务、有条件防范犯罪分子利用银行实施诈骗犯罪 / 710

  2 申请保全有错误的，应当赔偿被申请人因保全所遭受的损失 / 711

  3 分别实施侵权行为造成同一损害，起到间接作用的侵权行为人承担补充责任 / 712

  4 合伙执行事务人处分合伙企业财产未经全体合伙人同意是否构成对其他合伙人的侵权 / 713

  5 申请保全错误责任的承担 / 714

  6 出借证券账户导致资金损害后果应承担侵权责任 / 715

  7 质权人对质物造成损害的，应当承担赔偿责任 / 716

  8 建筑物、构筑物脱落坠落造成他人损害的，所有人、管理人不能证明己方无过错的，应承担侵权责任 / 717

  9 人民法院生效裁判文书中裁判理由内容能否被认定为已为人民法院发生法律效力的裁判所确认的事实 / 718

  10 承运人行使留置权后，有义务妥善保管留置物，留置期间发生短少的，承运人应当承担赔偿责任 / 719

- **其他侵权纠纷**

  1 人民法院在立案阶段应否对当事人的诉请依据进行必要审查 / 720

  2 刑事案件的受害人未经追赃不得就其损失另行提起民事诉讼向其他责任主体进行索赔 / 721

  3 行政机关直接或间接以不正当手段侵害民事主体权益的，应承担侵权责任 / 722

  4 申请执行人径行扣留被执行人财物的行为不构成自助行为 / 723

- **管辖**

  1 非作出生效判决、裁定的法院对第三人撤销之诉是否具有管辖权 / 724

  2 双方约定将争议诉至一方分支机构所在地并不违反《民事诉讼法》中协议管

辖的规定 / 725

3　当事人撤诉后再行起诉是否只能向原审法院起诉 / 726

4　当事人请求惩罚性赔偿应当按照侵权之诉确定管辖 / 727

5　诉讼管辖的确定应遵循便利当事人的原则 / 728

6　装饰装修合同纠纷应当按照不动产纠纷确定管辖 / 729

7　当事人约定某个地域法院管辖但不能对应到具体明确级别管辖法院的，协议管辖无效 / 730

8　债权人起诉公司股东人格混同的侵权案件管辖权问题 / 731

9　股东提起代表诉讼是否受公司与第三人之间仲裁协议的约束 / 732

10　"原就被"原则在当事人协议选择的外国法院拒绝管辖时的适用 / 733

● 当事人

1　合作建设法律关系中项目公司能否作为缔约过失责任纠纷适格的原告 / 734

2　未办理法定代表人变更登记是否影响公司提起诉讼 / 735

3　无独立请求权的第三人是否有提起上诉的权利 / 736

4　合同实际履行过程中实际承受了主要权利并参与了主要义务履行的一方可以认定为合同的一方当事人 / 737

5　被告的反诉资格 / 738

6　"个转企"转型升级前后是否具有承继关系，应根据案件具体事实判断 / 739

7　民间借贷纠纷的起诉条件 / 740

8　承继注销公司权利义务的主体依法可以提起诉讼 / 741

9　适格原告的判断标准 / 742

10　建设工程承包人、实际施工人已经就工程价款结算达成协议，实际施工人提起要求支付工程价款及确认享有优先受偿权的诉讼，人民法院应否进行实体审理 / 743

11　公司吊销营业执照后的诉讼主体资格认定 / 744

● 诉讼代理人

1　应当参加诉讼的当事人因不能归责于本人或者其诉讼代理人的事由未参加诉

讼的，构成程序违法 / 745

2 具有特别授权的委托诉讼代理人在诉讼中签订的调解协议效力认定 / 746

- **证据**

  1 对第三人的陈述应结合其他证据审查确定能否作为认定事实的根据 / 747

  2 当事人提出两个相互矛盾的诉讼请求，是否符合提起诉讼的条件 / 748

  3 人民法院可依据与本案事实存在关联性的另案生效判决确认的基本事实进行裁判，有权对当事人申请鉴定事项进行审查 / 749

  4 当事人申请调查收集的证据与待证事实无关联、对证明待证事实无意义或者无其他调查收集必要的，人民法院不予准许 / 750

  5 未经内地法院认可的香港特别行政区高等法院判决的证明力 / 751

  6 当事人逾期提交的证据，人民法院可以根据证据的实际情况决定是否采纳 / 752

  7 生效刑事判决所认定的损失应作为民事纠纷所确认的基本事实 / 753

  8 庭审录像不属于新证据的范畴 / 754

  9 当事人仅凭怀疑而不能确定申请调查收集的证据能否证明待证事实时，人民法院不予调取并无不当 / 755

  10 外国法院刑事判决内容不能直接作为认定当事人构成侵权及合同无效的依据 / 756

  11 证人证言违反日常生活经验的，不能作为证据采信 / 757

  12 证明材料缺少制作人员签名是否具有证明效力 / 757

  13 当事人超出法定申请再审期限后以新证据为由申请再审时的其他再审事由的审查 / 758

  14 证据未经当事人以外的人质证是否属于人民法院应当再审的情形 / 759

  15 申请鉴定的一方提供检材确有困难时，法院可要求被鉴定签字真伪的一方亲笔签名以供鉴定 / 760

- **证明责任**

  1 当事人主张大额现金交易但又无法提交现金交付凭证予以证明的，法院应结

合经济能力、交易习惯等综合分析交易事实是否发生 / 761

2　主张对方当事人存在恶意阻止付款条件成就的一方当事人应当承担举证证明责任 / 762

3　一审不负有举证责任的当事人未申请鉴定，法院对其二审提出的鉴定申请予以准许并无不当 / 763

4　给付型不当得利纠纷中，原告应当对"没有合法根据"承担举证证明责任 / 764

⦿ 送达

在诉讼文书无法邮寄送达的情况下，未进行公告送达，剥夺了当事人的辩论权，属于程序违法 / 766

⦿ 调解

1　发生法律效力的调解书不违反自愿原则或者内容不违反法律的，不应当再审 / 767

2　二审法院同时出具调解书、判决书所涉法律问题 / 768

⦿ 保全

1　执行异议中被保全财产是否为"对诉讼争议标的以外的财产"的认定 / 770

2　保全费的内涵是否仅指保全申请费用 / 771

⦿ 司法强制措施

人民法院不能仅依据诚信条款作出司法罚款 / 772

⦿ 诉讼费

债权人撤销权案件诉讼费用计算 / 773

⦿ 审理范围

起诉之后、审理过程中发生的事实原则上应纳入审理范围并予以查明 / 774

⦿ 重复起诉的受理

1　当事人提起的诉讼构成重复起诉的，应驳回其起诉 / 776

2　原审驳回起诉理由不当，当事人再次起诉是否构成重复起诉 / 777

3　本案否定前诉案件裁判结果的，构成一事不再理 / 778

4 判断是否构成重复起诉应从当事人、诉讼标的、诉讼请求三个方面进行 / 779

5 原告提起诉讼依据的法律关系、当事人及诉讼标的等与在先裁判基本一致，且能够认定其目的在于通过诉讼否定在先裁判结果的，应认定构成重复起诉 / 780

6 对重复起诉中的诉讼请求应当进行实质性审查 / 781

7 当事人基于调解书生效后产生的新的事实重新提起诉讼的，应当进行实体审理 / 782

8 前诉被驳回起诉的，不构成重复起诉 / 783

● **仲裁的受理**

1 约定的仲裁机构是否明确应根据约定条款的关键信息并结合既有的相关仲裁机构的名称经综合分析后认定 / 785

2 或裁或审的仲裁协议是否有效 / 786

● **其他受理问题**

1 当事人就土地使用权争议依法不能直接提起民事诉讼 / 787

2 符合《民事诉讼法》规定的起诉条件的，人民法院应当受理，不能以被告主体不适格为由裁定驳回起诉 / 788

3 基于承包租赁合同关系对已经确认的补偿款分配产生的纠纷属于民事案件受理范围 / 789

4 2015年5月1日前行政机关作为一方当事人所签协议产生的纠纷，当事人选择通过民事诉讼解决的，人民法院应予尊重 / 790

5 是否能以案件不宜由人民法院以裁判方式加以解决，裁定驳回当事人的起诉和反诉 / 791

6 法院执行保全裁定中的执行行为不属于民事诉讼的受案范围 / 792

7 当事人诉请履行合同约定的义务内容属于民事案件受理范围 / 792

● **缺席判决**

1 受疫情影响，人民法院电话通知当事人开庭日期，当事人未出庭应诉的，人民法院可以缺席判决 / 794

2　按照原告起诉书中列明的地址向被告送达传票，邮政速递物流信息显示该邮件收件人不在本地，能否直接缺席审理 / 795

3　按照原告起诉书中列明的地址向被告送达传票，在邮寄送达未成功的情况下，未采用其他方式送达，能否直接缺席判决 / 796

● **先行判决**

涉及土地房屋征拆、土地开发利用、基础设施建设等事项的合同是否有效 / 797

● **二审**

1　如何认定银行在一审诉讼中先行代扣案件受理费用的行为 / 798

2　未判决承担责任的第三人无权提起上诉 / 799

3　当事人能否因另案结果于己不利而自我否定已经获得一审法院支持的诉讼请求 / 800

4　当事人在同一诉讼中就同一事实基于不同的请求权提出相互矛盾的诉讼请求后，法院应要求其明确诉讼请求 / 801

● **再审**

1　发回重审当事人变更诉讼请求后作出的生效裁判再审发现仍有法定发回重审情形的，可依法发回重审 / 802

2　再审申请未在生效判决作出后 6 个月内提出的，不予审查 / 803

3　原审判决所依据的裁判文书被撤销，且新的生效裁判文书对原审判决所依据的关键证据的效力未予认定，再审法院可指令下级人民法院再审 / 804

4　因再审申请审查期间当事人达成和解协议而裁定终结审查的适用 / 805

5　再审申请审查期间，发现他人未经授权以当事人名义申请再审的，应当裁定终结审查 / 806

6　人民法院未判决无独立请求权的第三人承担民事责任，无独立请求权第三人申请再审的，不予审查 / 807

7　对于再审判决，当事人不得申请再审 / 808

8　当事人达成执行和解协议并已履行完毕，且未声明不放弃申请再审权利的，对再审申请裁定终结审查 / 809

9 仅认为生效裁判中关于事实的相关表述存在错误，而要求维持裁判结果的，不属于可申请再审的情形 / 809

10 再审期间申请鉴定依法不予准许 / 810

11 当事人以对方当事人的委托诉讼代理人提交的劳动人事关系的证明材料不足以证明该委托诉讼代理人是对方当事人的员工为唯一理由申请再审，不予支持 / 811

12 当事人能否以原审庭审结束后作出的与原审主要讼争事实无关联性的鉴定意见作为新证据申请再审 / 813

13 原审判决计算借款利息确有错误，对方当事人认可且以书面承诺等形式表明自愿在执行中放弃原审错误认定的利息的执行，可以不再启动再审程序 / 814

14 一审审判人员在案件审理期间受贿，是否属于法定再审事由 / 815

15 当事人申请再审时无诉的利益应当如何处理 / 816

16 当事人以一审审判人员违纪为由对二审判决申请再审不符合法律规定 / 817

17 当事人诉讼请求依据的事实处于真伪不明时，不能既判决驳回诉讼请求又告知当事人就此另行主张权利 / 817

18 未提出独立诉讼请求亦未被一审法院判决承担责任的第三人无权上诉，亦无权申请再审 / 819

19 鉴定费用负担问题并不属于法定再审事由 / 820

20 二审法院补充释明后原告变更诉讼请求的，是否属于超出诉讼请求判决 / 821

21 当事人不得仅针对裁判文书判决理由部分申请再审 / 822

22 适用法律有瑕疵但判决结果并无不当，是否属于《民事诉讼法》第207条第6项规定的原判决、裁定适用法律确有错误的情形 / 823

23 诉讼费用负担不属于再审审查范围，当事人对诉讼费用负担有异议的，可依据相关规定申请复核 / 824

24 未判决承担民事责任的第三人无权申请再审 / 825

25 当事人自动撤回上诉，一审判决即发生法律效力，可以就一审判决申请再审 / 826

26 启动再审程序所要求"新的证据"的认定标准 / 827

● **执行和解**

1 在强制执行调解书过程中双方达成执行和解协议并履行完毕后，一方当事人又主张对方当事人承担未完全履行调解书的违约责任的，不予支持 / 828

2 因未履行执行和解协议发生纠纷，人民法院可以依据执行和解协议的约定认定当事人权利义务 / 829

3 因抗诉裁定再审的案件当事人已达成执行和解协议，是否应终结再审程序 / 830

● **涉外案件法律适用**

涉外民商事案件的涉外性判断、定性及法律适用路径 / 831

● **民刑交叉**

1 民刑交叉情况下合同效力认定问题 / 833

2 如何认定刑事案件与民事案件交叉中涉及"同一事实" / 834

3 侵权责任纠纷中发生刑事责任和民事责任的聚合时，刑事责任的承担并不能否定民事责任的承担 / 835

4 借款合同被认定涉嫌犯罪，担保人承担责任的认定 / 837

5 生效刑事判决认定债权人构成强迫交易罪，刑事判决对民事判决有何影响 / 838

6 生效刑事判决所作的认定，如无证据足以推翻的，在民事案件中应当据此确认相关事实 / 839

7 行为人以法人名义订立合同的行为已被刑事裁判认定为构成犯罪，合同相对人请求该法人组织承担民事责任的，人民法院是否受理 / 840

8 本案事实与刑事案件所涉事实属于同一事实，应裁定驳回起诉 / 841

9 债权人主张保证人承担民事责任的案件事实与保证人所涉刑事案件属于不同事实的，民事案件应当进行实体审理 / 842

10　关于《全国法院民商事审判工作会议纪要》第 128 条的适用 / 843

11　一房多卖行为是否涉嫌犯罪不影响人民法院对当事人依据合同提起民事案件的受理 / 844

12　案涉犯罪与民事纠纷虽然有关联但不属于同一法律关系的，不影响民事案件的审理 / 845

13　民事案件中的行为与犯罪行为具有同一性时应如何处理 / 846

14　民刑交叉情形下，民事案件是否应驳回起诉 / 847

15　民事案件与刑事案件有一定事实牵连，但并非同一法律关系，民事案件无须中止审理 / 848

16　网贷平台公司涉嫌非法集资犯罪，其对外委托贷款引发的借款合同纠纷是否应中止审理 / 849

● 民事案件诉讼时效

1　转让前已经超过诉讼时效的债权，不因转让催收公告而产生重新起算诉讼时效的效果 / 850

2　诉讼时效中断的举证责任 / 851

3　法律、司法解释特别规定的情形可适用公告催收，不以债务人下落不明为前提 / 852

4　当事人仅主张保证期间已过，不能当然视为诉讼时效抗辩 / 853

● 限制出境复议

人民法院对采取限制出境措施应重点审查对当事人不采取限制出境措施是否不利于案件的审理和执行 / 854

● 第三人撤销之诉

1　通过虚假诉讼确定债权的债权人能否作为适格原告提起第三人撤销之诉 / 855

2　除法律明确给予特殊保护的债权外，普通债权人一般不具备提起第三人撤销之诉的主体资格 / 856

3　当事人之间为合伙关系，对工程款的分配属合伙关系内部权益分配问题 / 857

4　普通债权人是否具备提起第三人撤销之诉的主体资格 / 858

5 公司对外诉讼中不应以诉讼结果可能侵害公司股东利益为由追加公司股东为无独立请求权的第三人 / 859

6 第三人能否主张当事人无权处分签订的合同无效并请求撤销 / 860

7 以所有权调换形式订立拆迁补偿安置协议，被拆迁人优先取得特定房屋 / 861

8 第三人撤销之诉中可归责于第三人事由的认定 / 862

9 对另案诉讼标的没有独立请求权亦没有法律上的利害关系的当事人不具有提起第三人撤销之诉的主体资格 / 863

10 身份关系确认案件不能进行调解 / 864

11 第三人撤销之诉中，第三人仅以部分债权凭证存在事后补签情形，或利率计算不符合债权人、债务人双方合同约定为由，主张债权人、债务人双方调解书确认的债权债务虚假的，不予支持 / 865

12 债权不能成为第三人撤销之诉的依据 / 866

13 符合《合同法》第74条规定的行使撤销权的条件的，该债权人具备对损害其债权的生效裁判文书内容提起第三人撤销之诉的原告主体资格 / 867

14 普通债权人不能任意提起第三人撤销之诉 / 868

15 承包人能否通过申请强制执行确认享有建设工程价款优先受偿权 / 870

16 公司股东一般不能以法定"债权人"的身份对公司对外的债权债务提起第三人撤销之诉 / 871

17 仅办理预购商品房预告登记但未办理所有权登记的，是否构成让与担保 / 872

18 提起第三人撤销之诉的主体应当对原生效判决或裁定所涉法律关系具有独立请求权，或与案件处理结果具有法律上的利害关系 / 873

19 职工出售其不享有所有权的福利房附属设施，应否支持单位提起的第三人撤销之诉 / 874

20 一般债权人能否提起第三人撤销之诉 / 875

21 是否可以依据地方行政规范认定房屋共有权人 / 876

22 承包人放弃建设工程价款优先受偿权的效力认定 / 877

23 "一房二卖"合同履行中权利顺位的确定 / 878

24 一房数卖的权利保护顺位 / 879

25 确认合同性质时,不能拘泥于合同的名称和使用词语,应结合合同的条款、合同目的、行为性质、交易习惯及诚信原则等因素综合判断 / 880

26 民事合同经生效判决认定有效后,债权人请求撤销的,是否构成重复起诉 / 881

27 抵押权人可以提起第三人撤销之诉 / 882

28 夫妻双方离婚后,一方是否有权对涉及另一方权利义务的生效民事裁判提起第三人撤销 / 883

29 提起第三人撤销之诉的主体必须是原诉中有独立请求权的第三人或与案件处理结果有法律上的利害关系的无独立请求权第三人 / 884

30 第三人撤销之诉应当于法定期间内提起 / 885

31 债权转让未有效通知债务人的,受让人针对判令债务人向原债权人履行债务的生效判决提起的第三人撤销之诉,不能得到支持 / 886

32 建设工程价款优先受偿权所涉房屋与抵押权所涉土地关联时,抵押权人可否对确认建设工程价款优先受偿权的生效裁判提起第三人撤销之诉 / 887

33 提起第三人撤销之诉的主体要件认定 / 888

34 案外人救济程序中的案外人申请再审与第三人撤销之诉只能择一行使 / 889

35 普通金钱债权人基于执行所享有的权益提起第三人撤销之诉的起诉条件认定 / 890

36 原案已出庭作证且明知案件与其切身利益有关但未参加诉讼的第三人是否具有提起第三人撤销之诉的资格 / 891

37 第三人撤销之诉起诉条件的认定标准 / 892

38 房屋建设完成并非商品房现售的充分条件 / 893

39 普通债权的受让人不符合第三人撤销之诉的主体条件 / 894

40 当事人约定以债权受让人能否在期限内完成抵押权变更登记作为债权转让条件的,该约定是否属于附条件的民事法律行为 / 895

41 被拆迁人享有的补偿安置房屋权益依法优先于他人的抵押权 / 896

42 建设工程价款优先受偿权影响抵押权实现，抵押权人是否有权提起第三人撤销之诉 / 897

43 公司的法定代表人在前案诉讼过程中已知晓诉讼的存在即视为公司已知晓，公司未申请参加前案诉讼程序而在裁判作出后提起第三人撤销之诉的，人民法院不予支持 / 898

● **执行异议之诉**

1 案外人以受让工程款债权抵销完成购房款支付的，是否可以排除普通金钱债权的强制执行 / 899

2 通过以商业营业用房抵扣工程款方式获取的权益对抗强制执行条件应当从严把握 / 900

3 执行异议之诉可参照适用执行异议和复议的相关规定 / 901

4 经抵押权人同意购买抵押房屋，因抵押权人自身过错导致购房款未能用以清偿债务的，购房人权益可以排除抵押权的强制执行 / 902

5 被拆迁人对拆迁补偿安置房屋享有的权益是否足以排除强制执行 / 903

6 买受人与被执行人之间存在多份不动产买卖合同的，案外人执行异议之诉如何认定价款金额 / 904

7 未取得预售许可证的商品房的购买人对房屋不享有足以排除普通金钱债权强制执行的民事权益 / 905

8 对执行行为的异议不属于执行异议之诉的审理范围 / 906

9 股东之间对持股比例有争议的情形下，适用善意取得制度保护善意受让人的合法权益 / 907

10 买受人对在途货物享有的权益是否足以排除强制执行 / 908

11 执行异议之诉涉及申请执行人利益，不能简单适用自认规则，应结合其他证据认定 / 909

12 房屋买卖双方为规避缴纳税费未能及时办理过户手续是否属于"非因买受人自身原因未办理过户登记" / 910

13 若认购协议书不具备商品房买卖合同的要素，购房人不能依据《最高人民法院关于人民法院办理执行异议和复议案件若干问题的规定》第 29 条排除执行 / 911

14 案外人明知房屋未依法登记取得房产证依旧受让的，不能排除强制执行 / 912

15 银行作为承兑人在汇票到期后将钱款转到出票人账户再转持票人，该钱款能否认定是银行承兑汇票垫款 / 913

16 买受人名下是否无其他用于居住的房屋，应从保护消费者购房人的生存利益出发理解 / 914

17 案外人的举证不足以证明其对执行标的享有足以排除强制执行的民事权益时应当如何处理 / 915

18 对于在银行存款和存管在金融机构的有价证券，应按照金融机构和登记结算结构的账户名称判断其是否系权利人 / 916

19 案外人以购买车位为由主张排除抵押权人强制执行不符合商品房消费者的优先保护相关规定 / 917

20 房地产联建各方均负有保障被拆迁人获得约定安置补偿房屋的义务 / 918

21 《最高人民法院关于人民法院办理执行异议和复议案件若干问题的规定》第 27 条、第 28 条、第 29 条的适用关系 / 919

22 执行异议之诉中购房人仅提交收款收据证明支付购房款的认定问题 / 920

23 不动产买受人以现金支付价款的认定 / 921

24 配偶一方能否以离婚协议对于共有房屋进行分割为由主张排除金钱债权的强制执行 / 922

25 未经审批出资借名开发建造房产不能径行取得房产所有权 / 923

26 依据晚于查封时间作出的民事判决不能排除执行 / 924

27 以物抵债权利人能否要求排除强制执行 / 925

28 小区公共设施的认定 / 926

29 国有划拨土地使用权转让未经有批准权的人民政府批准、未办理过户登记，

原土地使用权人享有的民事权益足以排除一般金钱债权人的强制执行 / 927

30 房屋买卖合同在房产管理部门内部销控图上进行备案不等同于预告登记 / 928

31 《最高人民法院关于人民法院办理执行异议和复议案件若干问题的规定》第28条规定并非第27条规定的例外情形 / 929

32 公司与个人财产是否混同不属于执行异议之诉案件的审理范围 / 930

33 作为执行依据的生效判决认定案外人的权益优先于申请执行人的,案外人的权益可排除强制执行 / 931

34 商业用途房产买受人不能认定为执行异议之诉程序的商品房消费者 / 932

35 不动产登记是否具有终局证明效力 / 933

36 对案外人是否在人民法院查封之前已合法占有不动产应当予以严格审查 / 934

37 以房抵债的原始债权是否具有优先受偿性 / 935

38 案外人执行异议之诉中购房款支付的审查问题 / 936

39 案外人对商铺享有的权益不能对抗申请执行人的建设工程价款优先受偿权 / 937

40 以他人名义开发建设房地产,不因实际建造行为直接取得房地产物权 / 938

41 不动产连环买受人的权益能否排除金钱债权的强制执行 / 939

42 因被执行人将案涉房屋另行备案给第三人等原因导致房屋无法办理过户手续的,可认定购房人对未办理过户不存在过错 / 940

43 仅依据以房抵债协议能否主张排除强制执行 / 941

44 法院查封后所有权人转让房屋,受让人不得对抗申请执行人 / 942

45 案外人购买已网签备案房屋的,属于案外人自身原因未办理过户登记 / 943

46 依据拆迁补偿安置协议享有优先取得案涉房屋的权利可以排除强制执行 / 944

47 购买被执行人未取得所有权的不动产,买受人享有的权益能否排除强制执行 / 945

48 购买处于执行异议审查和复议期间的查封房屋，不宜认定其签订书面买卖合同的时间在法院查封之前 / 947

49 案外人与被执行人关于银行账户使用的内部约定是否足以排除强制执行 / 948

50 小区商铺买受人享有的物权期待权是否足以排除被抵押商铺的强制执行 / 949

51 一般不动产买受人即便符合《最高人民法院关于人民法院办理执行异议和复议案件若干问题的规定》第 28 条的规定，也不能对抗抵押权人 / 950

52 未取得设定抵押前的地上建筑物所有权的案外人提起案外人执行异议之诉的举证责任 / 951

53 案外人执行异议之诉中，签订以房抵债合同的购房人不能对抗承包人对案涉房屋享有的建设工程价款优先受偿权 / 952

54 执行中，一般金钱债权不能对抗优先受偿权 / 953

55 承租人对执行标的享有的租赁权不能排除强制执行 / 954

56 执行异议之诉中以工程款抵扣购房款如何认定 / 955

57 据以执行的判决书中部分优先受偿权判项被改判，案外人执行异议之诉应否被终结 / 956

58 执行标的由申请执行人受让时对"执行程序终结"的理解分析 / 957

59 名为买卖实为借贷的债权人不能排除房屋的强制执行 / 958

60 执行异议之诉中案涉标的权利人的判断标准 / 959

61 案外人主张享有并通过以房折价方式行使了建设工程价款优先受偿权，能否排除一般债权的强制执行 / 960

62 抵押权人在申请强制执行时主张抵押权的，抵押权依旧受到保护 / 961

63 在申请执行人有抵押权或建设工程价款优先受偿权的情况下，不动产买受人可排除强制执行的情形 / 962

64 案外人非因自身原因未办理过户登记的认定 / 963

65 案外人执行异议之诉中房屋买卖合同签订早于轮候查封时间是否可以排除

强制执行 / 964

66 案外人主张以房抵债但证据不充分的，不能认定支付了购房款 / 965

67 拆迁补偿安置权益的效力是否优先于已经设定的抵押权 / 966

68 带租拍卖房产的承租人就法院腾退公告提起执行异议之诉问题 / 967

69 对于非因买受人过错导致未及时办理商品房预售许可证的情形，应认定商品房买卖合同为合法有效 / 968

70 一般不动产买卖中无过错买受人的权利不能对抗申请执行人依法享有的担保物权等优先受偿权 / 969

71 利害关系人提出执行异议，应当按照《民事诉讼法》第227条有关案外人执行异议及执行异议之诉的规定处理 / 970

72 未签订以房抵债书面协议能否认定已支付购房款 / 971

73 购房协议书的性质及效力认定 / 972

74 在未经法定程序认定代偿行为无效的情况下，不构成阻却案涉强制执行措施的事由 / 973

75 买受人未支付价款、未占有房屋且有用于居住的其他房屋的，不享有足以排除强制执行的民事权益 / 974

76 具有行政管理职能的事业单位作为平等民事主体所享有的债权并不具有优先性 / 975

77 投资收益分配请求权是普通债权，不能排除强制执行 / 976

78 商品房认购书能否作为排除执行所要求的书面买卖合同 / 977

79 执行异议之诉中对存有关联关系的案外人履行证明责任的审查 / 978

80 《最高人民法院关于人民法院办理执行异议和复议案件若干问题的规定》第29条在适用时应从严把握 / 979

81 商铺投资者对查封房产享有的权益不能排除抵押权的强制执行 / 980

82 作为所有权客体的物必须特定且独立 / 981

83 因材料款债权通过以物抵债方式取得房屋，能否对抗在该房屋上依法设立的抵押权的实现 / 982

84 离婚协议书中对房屋所有权的约定能否对抗一般债权强制执行 / 983

85 案外人以其汇入被执行人账户的款项系误汇为由，提出执行异议被驳回后又提起执行异议之诉，能否支持 / 984

86 当事人依据无效《房屋买卖合同》主张享有排除强制执行的民事权益，不符合法律规定 / 985

87 未支付剩余购房款有正当理由的，视为满足支付购房款义务，符合排除强制执行的要件 / 986

88 确认执行异议诉争股权的所有权情况，应按照何时的工商登记公示信息进行判断 / 987

89 采矿权的实际权利人有权排除不具有信赖利益保护的第三人对采矿权的强制执行 / 988

90 案外人执行异议之诉中，房地产开发商作为案外人以被执行人对不动产仅办理了备案登记，未交房款、未占有使用为由，能够排除强制执行 / 989

91 《最高人民法院关于人民法院办理执行异议和复议案件若干问题的规定》第28条规定的四种情形的具体认定 / 990

92 合同对合同相对方产生约束力 / 991

93 执行异议之诉案件审理中亦应注意审查当事人提出异议的执行裁定 / 992

94 案外人以对执行标的物享有租赁权为由提起执行异议之诉，法院应予受理 / 993

95 被执行人实际履行的房屋买卖合同由其关联公司签订，能否认定买受人与被执行人之间已签订合法有效的书面买卖合同 / 994

96 执行异议之诉中是否可撤销在先作出的以物抵债裁定 / 995

97 抵押权人同意抵押人销售房产且能控制购房款，购房人对所购房产能否排除强制执行 / 996

98 当事人在具备《最高人民法院关于人民法院办理执行异议和复议案件若干问题的规定》第28条规定全部情形的情况下，请求停止对其购买案涉房屋的执行，应予以支持 / 997

99	以房抵债在执行异议之诉中的认定 / 998
100	房产代持协议不具有物权变动效力，不能据此排除强制执行 / 999
101	股权实际出资人享有的权益是否足以排除强制执行 / 1000
102	一般不动产买受人享有的权益能否排除普通金钱债权的强制执行 / 1001
103	案外人主张执行标的由其受让并依照《民事诉讼法》第227条规定提出异议的，应当在执行程序终结前提出 / 1003
104	借款合同和买卖合同的界限及区分 / 1004
105	《最高人民法院关于人民法院办理执行异议和复议案件若干问题的规定》第28条规定的情形的认定 / 1005
106	以房抵债债权人对房屋享有的权益不足以排除对房屋享有抵押权的债权的强制执行 / 1006
107	基于合同约定主张采矿权但未依法办理权属变更登记的当事人享有的权益不足以排除普通金钱债权的强制执行 / 1008
108	消费者购房人对房屋享有的权益足以排除对房屋享有抵押权的债权的强制执行 / 1009
109	法人或者其他组织不属于商品房消费者范畴 / 1010
110	具备商品房买卖合同主要内容的协议应认定为商品房买卖合同而非认购合同 / 1011
111	不动产前手买受人享有的足以排除强制执行的民事权益能否被继受 / 1012
112	买受人主张以大额现金形式支付购房款的，应承担相应举证责任 / 1013
113	执行异议之诉案件的审理范围 / 1014
114	以物抵债取得房屋情形下对"抵押可售"行为的认定 / 1015
115	案外人享有的物权期待权能否排除担保物权人申请的强制执行 / 1016
116	执行异议之诉中多次以物抵债协议的审查认定 / 1017
117	一般不动产买受人对抗执行条件应当从严把握 / 1018
118	主张股东抽逃出资应负初步举证责任的认定标准及分配 / 1019
119	被执行人因经营行为概括转让的合同，后续被依法解除的，合同相对人返

还的财产不属于被执行人的责任财产 / 1020

120 被拆迁人对拆迁补偿安置房屋享有的权益是否足以排除建设工程优先权人针对争议房屋的执行 / 1021

121 当事人对已经生效仲裁裁决或法院裁判驳回的诉讼请求以执行异议之诉的方式再行主张的，属于重复诉讼 / 1022

122 买受人未能提交证据证明其在查封前已合法占有不动产的，能否排除强制执行 / 1023

123 执行异议之诉审理期间另案确权判决的影响 / 1024

124 执行依据没有载明债权人对案涉房屋的优先受偿权，不意味着其就此丧失了对案涉房屋的抵押权 / 1025

125 如何认定房屋买受人主张以现金交付方式支付房款并排除对该房屋的强制执行 / 1026

126 购房人明知其不符合当地限购政策仍购买房屋，是否对案涉房屋享有合理的期待权 / 1027

127 查封之前未合法占有房屋的购房人对于开发商名下房屋所享有的权益不足以排除强制执行 / 1028

128 物权期待权作为提起执行异议的权利基础需符合法定条件 / 1029

129 申请执行人主张案外人与被执行人恶意串通的证明责任 / 1030

130 执行异议之诉案件中非因买受人自身原因未办理过户登记的审查判断 / 1031

131 追加股东为被执行人应满足的条件 / 1032

132 买受人因自身原因未办理房屋过户登记的，不享有足以排除强制执行的民事权益 / 1033

133 不能证明在人民法院查封之前已支付价款的买受人对开发商名下车库所享有的权益不足以排除强制执行 / 1034

134 执行异议之诉中对案外人支付购房款等事实应从严审查 / 1035

135 不能证明公司财产独立于股东自己财产的一人有限责任公司的股东，应当

对公司债务承担连带责任 / 1036

136 当事人主张通过民事调解书取得案涉财产物权请求停止执行的请求能否获得支持 / 1037

137 非因买受人自身原因未能占有执行标的物是否能排除执行 / 1039

138 在申请执行人享有抵押权的情况下，不动产买受人可排除强制执行的情形 / 1040

139 不动产一般买受人不能排除抵押权人对案涉不动产的强制执行 / 1041

140 物权期待权人能否排除抵押权人对不动产的强制执行 / 1042

141 合同备案情况是否可以作为认定买受人名下有无用于居住房屋的标准 / 1043

142 房屋是否在买受人经常居住地与认定买受人是否系商品房消费者的关系 / 1044

143 二审判决作出后出卖第二套房屋的不动产买受人不属于商品房消费者 / 1045

144 抽逃出资股东应在未出资本息范围内对公司债务不能清偿的部分承担补充赔偿责任 / 1046

145 房屋买受人合法占有房产的认定标准问题 / 1047

146 买受人在查封后支付全部价款但有用于居住的其他房屋的，不享有足以排除强制执行的民事权益 / 1048

147 执行标的虽难以处理，但价值较大，不属于财产不足以清偿债务的情形，申请执行人请求追加被执行人的，不予支持 / 1049

148 购买用于商业投资商品房的买受人对房屋享有的权益是否足以排除强制执行 / 1050

149 一般房屋买卖合同的买受人的权利是否能够优先于抵押权人的抵押权 / 1051

150 车位买受人享有的物权期待权是否足以排除被抵押车位的强制执行 / 1052

151 买受人持无效房屋买卖合同不能排除强制执行 / 1053

152 抵押权人选择通过转让被查封房屋获取转让价款的途径实现债权的，不宜再依据查封行为对抗已经签订合法房屋买卖合同并依法占有房屋的买受人 / 1054

153 执行程序的终结应以申请执行人权利全部实现为准 / 1055

154 股权转让协议项下的受让人是否有权对公司资产主张权利 / 1056

155 一般不动产买受人符合《最高人民法院关于人民法院办理执行异议和复议案件若干问题的规定》第28条的规定能否对抗抵押权人 / 1057

156 在未办理不动产转移手续的售后回租合同中，买受人未对不动产形成事实上的管理、控制的，其对执行标的享有的权益是否足以排除强制执行 / 1058

157 《最高人民法院关于人民法院办理执行异议和复议案件若干问题的规定》第28条与第29条适用产生竞合情形下，如何认定异议人是否享有足以排除强制执行的民事权益 / 1059

158 网签是否影响房屋买卖合同的效力 / 1060

159 在起诉前开发商取得商品房预售许可的，可以认定与买受人订立的合同有效 / 1061

160 《最高人民法院关于人民法院办理执行异议和复议案件若干问题的规定》第29条规定中"买受人名下"应当作宽泛的理解 / 1062

161 案外人在房屋查封后仍向被执行人支付的款项，不宜认定为《最高人民法院关于人民法院办理执行异议和复议案件若干问题的规定》第28条、第29条规定的已付价款 / 1063

162 不动产买受人的普通物权期待权能否对抗他人的建设工程价款优先受偿权 / 1064

163 房屋被拆迁人对补偿安置用房的权利可排除基于抵押权的强制执行行为 / 1065

164 根据《最高人民法院关于人民法院办理执行异议和复议案件若干问题的规定》第29条规定排除强制执行的，只能是商品房消费者 / 1066

165 商品房认购协议具备《商品房销售管理办法》第 16 条规定的商品房买卖合同的主要内容，并且出卖人已经按照约定收受购房款的，该协议应当认定为商品房买卖合同 / 1067

166 《住宅楼认购协议书》具备商品房买卖合同主要内容的，应当认定为商品房买卖合同 / 1068

● 追加被执行人之诉

1 中外合作经营企业不足以清偿生效法律文书确定的债务，申请执行人可以申请追加未缴纳增资义务即转让股权的股东为被执行人 / 1070

2 不应认定地方政府为国有资产参股或控股企业的出资人 / 1071

3 股东主张已经补缴出资的认定 / 1072

4 出资未到位的增资股东应否对其增资入股前公司形成的债务承担连带责任 / 1073

5 股东在认缴期限内未缴纳或未全部缴纳出资，不属于未履行或未完全履行出资义务 / 1074

6 当事人的陈述与原审陈述不一致的处理 / 1075

7 全民所有制企业出资人出资问题的证明责任分配参照《公司法》相关规定 / 1076

● 执行分配方案异议之诉

1 债权人在执行财产分配前已获偿的部分，原则上不再纳入"申请参与分配债权数额"的范围以确定受偿比例 / 1077

2 参与执行财产分配的普通债权是否应包括一般债务利息 / 1078

环境资源篇

● 环境公益诉讼

1 生物多样性保护预防性环境民事公益诉讼中被告的行为是否具有"损害社会公共利益重大风险"的判断标准 / 1081

2 针对第三方机构接受政府委托编制环境影响报告提起环境民事公益诉讼，是

否符合受理条件 / 1082

3 社会组织登记证书期限届满申请延长登记期限尚在审批过程中的，不影响其环境民事公益诉讼起诉主体资格 / 1083

4 社会组织以行政机关行政行为违法为由提起环境民事公益诉讼，不属于环境民事公益诉讼受案范围 / 1084

- **资源开发利用类**

1 原生效法律文书执行终结后，申请执行人又依据执行和解协议另诉主张履行的，依法不予支持 / 1085

2 建设项目实际扩建面积为《国有土地使用证》记载的四至范围面积，大于证载用地面积的，对矿业权人不构成侵权 / 1086

3 在双方当事人已协商并签订压覆矿产资源补偿框架协议情形下，压覆行为是否构成侵权 / 1087

4 签订压覆协议但未达成具体补偿方案，矿业权人起诉主张压覆补偿的，应对其合理部分依法予以支持 / 1088

5 认定是否构成矿产资源压覆及赔偿范围不能仅依据采矿权证面积范围，还需审查矿产资源储量 / 1089

6 工程建设单位是否应就矿业权压覆后新增储量承担补偿责任 / 1090

- **环境资源行政诉讼**

1 对行政复议决定不服的，不能再行向上级行政机关申请行政复议 / 1091

2 没有宅基地买卖资格的当事人，房屋买卖协议被确认无效，买方无权诉请要求安置补偿 / 1092

3 "先取证、后裁决"行政程序原则的例外情况 / 1093

海事海商及仲裁司法审查篇

- **船舶碰撞损害责任**

一方当事人主张对方增值税进项税额抵扣部分应当从其损失金额中予以扣除的，应当就对方已经实际进行了抵扣及其具体数额承担举证责任 / 1097

● **海上人身损害责任**

　　船员劳务关系中，船员发生人身损害时雇主应否承担赔偿责任 / 1098

● **海上、通海水域货物运输合同**

　1　散装液体货物数量短少争议中卸货数量的认定 / 1099

　2　承运人将货物交付给目的港海关并不意味着丧失对货物的掌控，未收回正本记名提单即将货物交给收货人的，应当承担赔偿责任 / 1100

　3　货损发生期间的举证责任 / 1101

　4　运输合同无效货损责任的承担 / 1102

　5　货损赔偿额计算方法的选择 / 1103

　6　散装货物合理范围内的短少，承运人不承担责任 / 1104

　7　经各方当事人参加联合取样、程序合法的检验证书可以作为认定货损的依据 / 1105

　8　对海上货物运输合同中承运人管货义务及货损赔偿责任的认定 / 1106

　9　因目的港无人提货而产生的费用，承运人无权向实际托运人主张 / 1106

　10　承运人凭指示提单交付时应合理谨慎审单 / 1107

　11　援引卸货港所在地法律主张免除无单放货责任的证明标准 / 1108

　12　两公司在货物运输过程中高度关联，是否应当认定为共同承运人 / 1109

● **海上旅客运输合同**

　　海上旅客运输合同应由提出索赔请求的人对承运人的过失承担举证责任 / 1110

● **航次租船合同**

　1　托运人行使变更权，承运人未按指示执行的，应当自行承担等待期间和绕航其他港口的费用 / 1111

　2　对航次租船合同中滞期费的认定 / 1112

● **港口货物保管合同**

　1　如何认定仓储合同保管人在存货人违约后的减轻损失义务 / 1113

　2　货代企业在履行合同过程中未能尽到必要的注意义务导致货物受损的，应当承担一定份额的责任 / 1114

- **海上货运代理合同**

  1 货运代理企业怠于履行受托义务，委托人解除货运代理合同后，无须向货运代理企业赔偿可得利益损失 / 1116

  2 委托人怠于支付货物滞留目的港期间的仓储费用导致货物未能完成转运，相应后果应当由委托人自行承担 / 1117

- **船员劳务合同**

  船员在先后归属两家公司的同一船舶上工作的工作年限是否能够合并计算 / 1118

- **国际货物多式联运合同**

  1 收货人自行委托公路运输情形下承运人是否仍然对货损承担责任 / 1119

  2 运输合同承运人未按照运单约定或者托运人明确指示交付货物构成违约 / 1120

- **海上、通海水域保险合同**

  1 应如何认定保险合同中的"自动解除" / 1121

  2 船舶超航区行驶造成的事故不属于保险责任范围 / 1122

  3 应依法保障当事人诉权 / 1123

  4 不定值海上保险合同中保险标的的保险价值的认定 / 1123

- **独立保函**

  1 独立反担保函欺诈中"开立人欺诈"情形的认定不以"双重欺诈"为要件 / 1124

  2 独立保函中非延即付条款的效力 / 1126

- **其他海事海商纠纷**

  1 港口岸线使用权是一种开发利用港口岸线的资格，性质为行政审批，不具有物权性质 / 1127

  2 当事人认为执行程序给其造成损害的救济途径 / 1128

- **申请确认仲裁协议效力**

  1 仲裁协议必须具有当事人同意仲裁的明确意思表示，未在仲裁协议上签字的当事人，不受仲裁协议约束 / 1129

2 租约仲裁条款未明示并入提单或者仅在提单背面格式条款表明的，不能认定提单当事人达成仲裁协议 / 1131

3 仲裁机构先于人民法院接受确认仲裁协议效力的申请并已作出决定时，人民法院对当事人申请确认仲裁协议效力案件应当不予受理或驳回申请 / 1132

4 仲裁条款中没有约定明确的仲裁机构且未达成补充协议的，仲裁协议无效 / 1133

5 约定某地仲裁机构仲裁，但该地有两个以上仲裁机构，且当事人不能就仲裁机构选择达成一致的，仲裁协议无效 / 1134

6 仲裁协议约定由某地的仲裁机构仲裁且该地仅有一个仲裁机构的，该仲裁机构视为约定的仲裁机构 / 1135

7 案涉租船合同中的仲裁条款是否已并入提单是衡量承运合同当事人是否应当受租船合同中仲裁条款约束的前提 / 1136

8 仲裁协议约定的仲裁机构名称不准确，但能够确定具体的仲裁机构的，应当认定选定了仲裁机构 / 1137

9 在申请确认仲裁协议效力案件中关于当地仲裁委员会的判断 / 1138

10 在海上货物运输合同纠纷管辖权异议案件中，当事人已就提单正面所载仲裁条款达成一致的情况下仲裁条款效力的判断 / 1139

11 仲裁协议中双方当事人均应具有请求仲裁的意思表示，一方无仲裁意思表示的，应认定双方未达成仲裁协议 / 1140

12 当事人与政府及其相关部门签订的含有项目审批、土地出让与征收补偿、建设规划、优惠政策与资金扶持等内容的《合作协议》具有行政合同与民事合同双重属性，其中关于行政内容部分的仲裁协议因超出仲裁机构受理范围而无效 / 1141

13 未约定仲裁机构且事后未就仲裁机构达成补充协议的仲裁协议无效 / 1142

14 仲裁机构名称不准确，仲裁条款是否有效需个案判断 / 1143

15 当事人在仲裁协议中约定"由项目所在地仲裁委员会仲裁"，当独立核算的每个具体项目地点确定时，亦可确定唯一仲裁机构的，应当认定仲裁协议

有效 / 1144

16　当事人约定争议可以向仲裁机构申请仲裁也可以向人民法院起诉的，仲裁条款无效 / 1145

17　在申请确认仲裁协议效力案件中关于开庭地点的约定能否明确仲裁机构的判断 / 1146

18　约定任何一方均可向双方所在地仲裁委员会申请仲裁的仲裁协议无效 / 1147

19　在申请确认仲裁协议效力案件中，人民法院有权就当事人在签订仲裁协议时是否具有民事行为能力进行个案判断 / 1148

20　保险人代位求偿权纠纷中，被保险人和第三者在保险事故发生前达成的仲裁协议效力是否及于保险人，应审查是否存在当事人另有约定、在受让债权债务时受让人是否明确反对或者不知有单独仲裁协议的情形 / 1149

21　在合同一般条款之外加盖的条形章中载明的仲裁条款，在没有证据证明合同各方已就该仲裁条款达成合意的情况下，不应认定该仲裁协议有效 / 1150

22　约定两个以上仲裁机构且未能就仲裁机构选择达成一致的，仲裁协议无效 / 1151

23　在申请确认仲裁协议效力案件中关于或裁或诉条款效力的判断 / 1152

24　仲裁机构对仲裁协议的效力作出决定后，当事人向人民法院申请确认仲裁协议效力或者申请撤销仲裁机构的决定的，人民法院不予受理 / 1153

25　在申请确认仲裁协议效力案件中当事人约定向守约方所在地仲裁委员会仲裁能否明确仲裁机构的判断 / 1155

26　在申请确认仲裁协议效力案件中当事人约定双方协商地点进行仲裁能否明确仲裁机构的判断 / 1156

27　实际施工人不是发包人与承包人之间仲裁协议的当事人，不受仲裁条款约束 / 1157

28　本诉原告无权对反诉提出主管异议 / 1158

29　当事人在协议书中约定，当事人对争议协商解决不成的，提交当地仲裁委员会仲裁。在合同签订地、履行地和不动产所在地均位于某地的情况下，

应认定该地为合同约定的"当地"/1159

30 加盖对使用用途有明确限定的印章是否约束印章当事人应结合相关事实综合加以判断 / 1160

31 对当事人约定的"当地仲裁委员会"中"当地"的理解应结合案件事实综合加以判断 / 1161

32 当事人就不具有涉外因素的争议对仲裁地作出约定不当然影响仲裁协议的效力 / 1162

33 约定仲裁地为"当地"仲裁条款效力的认定 / 1163

34 未约定明确的仲裁机构的仲裁条款效力 / 1164

35 约定的仲裁机构为"受损方仲裁委员会",是否为明确的仲裁机构 / 1165

36 在仲裁协议约定仲裁机构名称不准确时,应探究当事人的真实意思表示并可通过对仲裁机构名称的合理推测进行认定 / 1166

37 当事人放弃仲裁的,人民法院具有管辖权 / 1167

38 仲裁协议效力的认定 / 1168

39 合同上加盖的条形章记载了仲裁条款,在无当事人予以确认的情况下,视为当事人没有达成仲裁协议 / 1169

40 金融消费者与承担连带责任的金融产品发行人、销售者分别订立了仲裁条款,应分别向选定的仲裁机构申请仲裁,是否重复受偿,由执行程序解决 / 1170

41 合同文本中的仲裁条款系以印章方式加盖的,人民法院应当审查当事人就争议解决方式变更是否达成合意 / 1171

42 基于《合同法》规定的代位权提起诉讼的,不受该合同仲裁条款的约束,有管辖权的人民法院依法可以审理 / 1172

43 当事人协议包括行政管理与民事权益的内容,人民法院应当从争议具体属性审查是否可以通过仲裁方式解决 / 1173

44 仲裁协议约定由某地的仲裁机构仲裁且该地有两个以上仲裁机构,当事人不能就仲裁机构选择达成一致的,仲裁协议无效 / 1174

45 当事人签订多份合同，分别约定仲裁和诉讼时，仲裁协议效力的认定 / 1175

46 仲裁条款是否有效并入提单的认定 / 1176

47 在无当事人确认的情况下，以手写添加方式对合同争议解决方式进行的变更无效 / 1177

48 "或裁或诉"仲裁协议的认定 / 1178

49 不能证明签订的仲裁协议是当事人真实意思表示的，视为未达成仲裁协议 / 1179

● 申请撤销仲裁裁决

1 仲裁程序违反法定程序的情形应审慎认定 / 1181

2 仲裁庭违反仲裁程序未对关键证据进行质证或鉴定违反法定程序，应先建议仲裁机构重新仲裁 / 1182

3 认定索贿受贿、徇私舞弊、枉法裁决等行为存在，应以生效刑事法律文书或者纪律处分决定为依据 / 1183

4 仲裁送达程序是否违法应当根据仲裁机构的仲裁规则进行认定 / 1184

5 申请仲裁一方应当充分举证证明双方签订有仲裁协议并且仲裁协议已生效 / 1185

6 对争议解决条款的实质性变更，当事人应通过签字盖章等形式予以确认 / 1187

7 仲裁裁决认定事项与仲裁协议约定内容相关，应当认定不存在仲裁裁决超出仲裁协议约定的范围而应予撤销的情形 / 1188

8 在申请撤销仲裁裁决案件中，关于仲裁员与一方当事人的代理人存在特定关系是否系仲裁庭的组成违反法定程序的判断 / 1189

9 在申请撤销仲裁裁决案件中，关于仲裁员与一方当事人的代理人存在共同工作关系结束未满2年是否系仲裁庭的组成违反法定程序的判断 / 1190

10 在申请撤销仲裁裁决案件中关于隐瞒证据的判断 / 1191

11 仲裁裁决破坏土地市场秩序的，应认定违背社会公共利益 / 1192

12 假冒他人名义伪造他人公章的行为与表见代理无涉 / 1193

13　仲裁协议中电子签名的认定 / 1194

14　仲裁裁决认定当事人约定的白银期货交易有效违背社会公共利益的，应予撤销 / 1195

15　仲裁案件涉及刑事案件并已由侦查机关正式立案情况下仲裁裁决的效力问题 / 1196

16　仲裁协议未载明送达电子邮箱情况下仲裁机构的送达是否有效 / 1197

17　仲裁庭邮寄仲裁文书的地址填写错误，相关仲裁裁决应予撤销 / 1198

18　违反社会公共利益的仲裁裁决应予撤销 / 1199

19　应根据全案证据而非部分证据判断是否存在当事人隐瞒足以影响公正裁决的证据的情形 / 1200

20　仅向当事人的工商注册地址送达，未向仲裁申请人提供的当事人约定的地址送达而缺席审理，构成仲裁程序违法 / 1202

21　证明部分当事人无仲裁合意的，应仅撤销针对该当事人的裁项而非仲裁裁决的全部裁项 / 1204

22　仲裁协议对某一当事人是否具有约束力的认定 / 1205

23　在判断仲裁程序是否违反法定程序时应综合考量仲裁规则以及实际情况进行分析认定 / 1206

24　尚无充分证据证明申请仲裁依据的事实与刑事犯罪相关的，不能认定仲裁机构无权仲裁 / 1207

25　对于能够证明仲裁庭认定为焦点事实问题的证据，仲裁庭要求提供而故意拒不提供，构成隐瞒主要证据 / 1208

26　针对国有土地使用权出让合同中具有行政性质的内容发生争议不具有可仲裁性 / 1210

27　仲裁庭在仲裁过程中已经认定一方当事人完成举证义务，若无新的充分证据证明该当事人存在捏造、变造、提供虚假证明行为，不宜在仲裁司法审查案件中认定其构成伪造证据 / 1211

28　《企业破产法》第 21 条关于破产案件集中管辖的规定并不意味着排除仲

  裁 / 1212

29 当事人之间没有明确意思表示约定提请仲裁的，应当视为当事人之前未达成仲裁协议 / 1213

30 仲裁委员会对当事人送达文书不符合仲裁规则的，构成违反法定程序 / 1214

31 在申请撤销仲裁裁决案件中违反法定程序的认定 / 1216

32 当事人对变更仲裁员无异议的，是否仍可以该变更事由申请撤销仲裁裁决 / 1217

33 主合同履行完毕对认定当事人之间是否达成仲裁协议的影响 / 1218

34 先裁后诉争议解决条款效力的认定 / 1219

35 是否违反《承认及执行外国仲裁裁决公约》第 5 条第 1 款第 2 项规定的适当通知义务之认定 / 1220

36 法定代表人签订的仲裁协议是否约束法人的认定 / 1221

37 在审计单位未否认业务章及造价工程师签名真实性的情况下，不能认定相关证据系伪造 / 1223

38 仲裁庭组成方式、选定或委托仲裁委员会主任指定仲裁员需要委托人特别授权 / 1224

● 申请执行仲裁裁决

1 以仲裁程序违反法定程序为由裁定不予执行仲裁裁决应当具备的条件 / 1225

2 仲裁裁决作出后，刑事生效判决认定的事实可以作为裁定不予执行仲裁裁决的新证据 / 1226

3 一方向法院起诉，对方以双方存在仲裁协议为由提出管辖权异议，法院裁定不予受理。起诉一方虽未上诉，但不能据此推定其已以默示方式同意仲裁 / 1227

4 在不予执行仲裁裁决案件中关于一方当事人委托诉讼代理人同时具有仲裁机构仲裁员身份是否违反仲裁程序的判断 / 1228

5 在不予执行仲裁裁决案件中关于一方当事人构成隐瞒证据的判断 / 1229

6 在不予执行仲裁裁决案件中一方当事人控制证据无正当理由拒不提交，对待

证事实负有举证责任的当事人主张该证据的内容不利于控制人的，人民法院可以认定该主张成立 / 1231

7 当事人为变相达到规避经营风险赚取担保费的目的，通过制造虚假仲裁案件、利用人民法院的执行程序查封保证人财产的，审查法院应以违反社会公共利益为由裁定不予执行 / 1232

8 如何认定执行案涉仲裁裁决违背社会公共利益 / 1233

9 对是否存在仲裁合意之事实的举证责任分配 / 1234

10 仲裁委员会发送仲裁通知的义务 / 1235

11 对仲裁裁决超出仲裁协议约定范围的认定 / 1236

12 向仲裁机构隐瞒证据的认定 / 1237

13 仲裁机构不得对已经裁决的同一事项再次作出不同或者相反的裁决 / 1238

14 因多个合同引发争议在香港特别行政区能否适用"多份合同，单个仲裁"以及"仲裁的合并"程序作为一个案件进行仲裁的认定 / 1240

15 不宜将自然人向不特定多数人大量出借资金、赚取高额利息认定为违反社会公共利益 / 1242

16 通过补正裁决对仲裁规则中不属于补正范围的当事人实体权利义务内容予以补正，构成"仲裁的程序与仲裁规则不符" / 1243

● **认可香港特别行政区法院判决**

当事人约定的非专属司法管辖权因不具有排他性而不适用《最高人民法院关于内地与香港特别行政区法院相互认可和执行当事人协议管辖的民商事案件判决的安排》/ 1245

● **认可澳门特别行政区法院判决**

在澳门特别行政区因骗取赌场特码而被判决支付的损害赔偿金应否被认定为赌债 / 1246

● **认可台湾地区法院判决**

在大陆与台湾地区存在互助基础且不损害大陆债权人合法权益的前提下，可以认可台湾地区法院破产重整裁定 / 1247

⊙ 申请承认外国法院判决

1 根据该法院所在国的法律，其不以存在相关条约作为承认和执行外国法院民商事判决的必要条件，且没有证据证明该国法院曾以不存在互惠关系为由拒绝承认和执行我国法院民商事判决，可以根据互惠原则承认和执行该国法院判决 / 1249

2 外国法院判决的判项为损害赔偿金且明显超出实际损失的，人民法院可以对超出部分裁定不予承认和执行 / 1250

3 一方当事人违反仲裁协议约定向外国法院起诉，另一方当事人未予应诉答辩的，应认定该外国法院对案件不具有管辖权，对其作出的缺席判决应不予承认和执行 / 1251

4 在没有缔结或者参加的国际条约的情况下，人民法院对申请承认外国法院判决的，可以按照互惠原则进行审查 / 1252

破产债权确认 ▶▶▶

1 破产前已抵销的债务不得在破产后再行补偿
—— 机械公司与设备公司合同纠纷再审案

- **案　　号**　（2020）最高法民再 109 号
- **合议庭成员**　王富博、余晓汉、李赛敏
- **关 键 词**　商事 / 债权抵销 / 破产财产处分
- **相关法条**　《中华人民共和国合同法》第 100 条①，《中华人民共和国企业破产法》第 17 条、第 18 条、第 48 条

【裁判要旨】

债务人破产之前，债务人对债权人的债务已经通过抵销而消灭，在债务人破产后，未经债权人会议表决同意，破产清算组无权对已经消灭的债务决定重新给予补偿。否则，该擅自无偿处分重大破产财产的行为，必然损害其他债权人利益，有违破产法的宗旨和原则。

【案情摘要】

机械公司与陈某文订立委托经营合同书，约定机械公司将其控股子公司炼化公司委托陈某文独立经营，并对相关经营费用进行约定。后设备公司成立，承接了该委托经营合同。

合同履行过程中，机械公司与设备公司签订协议，约定机械公司用对案外人恒山公司的 619.6 万元债权抵顶所欠设备公司的债务 619.6 万元。机械公司宣告破产后，其破产清算组与陈某文及设备公司就租金、合同到期后限期搬出及设备整体转让等产生争议。其中包括设备公司受让前述债权后，经清收发现对恒山公司最终债权清收为零，而要求机械公司破产清算组支付的相应补偿。

（撰写人：王富博）

---

① 对应《中华人民共和国民法典》第 569 条。

2 依法必须进行招标的项目，招标人与投标人就投标价格、投标方案等实质性内容进行谈判，影响中标结果的，中标无效

——云南路桥公司与阳鹿公司普通破产债权确认纠纷申请再审案

- **案　　号**　（2021）最高法民申 1659 号
- **合议庭成员**　于明、贾清林、朱科
- **关 键 词**　商事 / 普通破产债权确认 / 招标前协议 / 中标效力
- **相关法条**　《中华人民共和国招标投标法》第 43 条，《最高人民法院关于审理建设工程施工合同纠纷案件适用法律问题的解释（一）》第 2 条

【裁判要旨】

必须招标投标的工程项目，在工程招标前，双方当事人已就工程实质内容进行谈判，达成合意，形成书面协议的，属于违反《招标投标法》的规定，影响中标结果，中标无效，签订的施工协议书亦无效，但工程款的数额可参照实际履行的合同结算。

【案情摘要】

阳鹿高速公路由阳鹿公司负责投资、建设、运营和管理。2010 年 6 月 11 日，阳鹿公司与云南路桥公司在招标前签订《阳鹿高速公路工程合作协议》及《补充协议》，约定按交通运输部审批的各个单价的 89% 为云南路桥公司承包费用，中标价与补充协议约定的 11% 下调部分，由云南路桥公司返还给阳鹿公司。同年 8 月 15 日，阳鹿公司向云南路桥公司出具一份《中标通知书》载明中标价 682182689 元。同年 9 月 15 日，阳鹿公司与云南路桥公司签订《施工合同协议书》，约定由云南路桥公司承包阳鹿高速公路第 N04 合同段土建施工工程，施工承包总价为 682182689 元。同年 12 月 1 日，云南路桥公司对该工程进行了施工，工程至 2014 年 8 月全面停工。阳鹿公司破产重整期间，云南路桥公司向阳鹿公司破产重整管理人申报了债权。双方因破产债权确认产生纠纷，诉至法院。

（撰写人：陈得和）

3 主债权的诉讼时效尚未经过，债权人要求行使抵押权的主张即应当得到支持

——祥云实业集团与兴旺纺织品厂破产债权确认纠纷再审案

- 案　　号　（2021）最高法民再274号
- 合议庭成员　周伦军、李伟、杜军
- 关 键 词　商事/破产债权纠纷/诉讼时效/抵押权行使期间
- 相关法条　《最高人民法院关于适用〈中华人民共和国担保法〉若干问题的解释》①第12条

【裁判要旨】

抵押权作为一种担保物权，其兼具担保的从属性以及物权的长期性，物权的长期性使得抵押权原则上并不因诉讼时效的经过而不再受人民法院的保护，但因其从属性，一旦被担保的主债权因诉讼时效经过或者未在《民事诉讼法》规定的申请执行时效期间内对债务人申请强制执行而成为自然债务，担保物权也随之不再受到人民法院的保护。反之，只要主债权依然受到人民法院的保护，债权人要求行使抵押权的主张都应当得到支持。因案涉主债权经过了仲裁、强制执行等程序，人民法院开具了《债权凭证》，已经依法不受到诉讼时效期间的限制，故抵押权亦未超过行使期间，应当认为案涉债权属于享有抵押权的优先债权。

【案情摘要】

2001年，兴旺纺织品厂与中国银行日照分行签订借款合同并为其债务提供了抵押担保。因兴旺纺织品厂未能按时还款，中国银行日照分行于2003年10月16日，向日照仲裁委员会提交仲裁申请书，请求裁决兴旺纺织品厂偿还贷款本金及利息。2003年11月17日，日照仲裁委员会作出裁决，支持了中国银行日照分行的请求。中国银行日照分行向人民法院请求执行，2004年5月12日，日照经济技术开发区人民法院开具《债权凭证》，载明了未执行受偿债权情况。2004年6月25日，中国银行日照分行将债权转让给中国信达资产管理公司济南办事处。后者分别于2005年

---

① 该解释已失效。

3月7日、2006年6月23日、2008年6月20日及2010年6月9日发布公告，要求债务人、担保人还款。2011年7月27日，中国信达资产管理股份有限公司山东省分公司将债权让与祥云实业集团。同年，人民法院裁定受理兴旺纺织品厂的破产清算申请。

（撰写人：李 伟、李大何）

4 因消费者购房形成的债权是否优先于抵押权
——长城资产广西分公司与彭某丽、金穗公司等
破产债权确认纠纷申请再审案

- 案　　号　（2021）最高法民申1380-1389号
- 合议庭成员　孙祥壮、于明、朱科
- 关 键 词　商事 / 破产债权确认 / 购房消费者优先权
- 相关法条　《最高人民法院关于建设工程价款优先受偿权问题的批复》[①]第2条，《最高人民法院关于人民法院办理执行异议和复议案件若干问题的规定》第29条，《最高人民法院关于人民法院民事执行中查封、扣押、冻结财产的规定》第2条

【裁判要旨】

商品房消费者以居住为目的购买房屋并已支付全部或大部分价款，在房屋不能交付且无实际交付可能的情况下，主张价款返还请求权优先于建设工程价款优先受偿权、抵押权以及其他债权的，法院予以支持。

【案情摘要】

彭某丽等人分别与金穗公司签订《内部认购申请书》《补充协议》购买金穗公司开发的人民大厦住房，并于合同签订后缴纳了部分购房款。2018年，金穗公司进入破产程序后，经破产管理人审核，认定彭某丽等人与金穗公司签订的《内部认购申请书》《补充协议》，因签订合同时未取得商品房预售许可证而无效，但合同无效的主要过错不在购房户，不能由购房户承担应由开发商承担的风险，彭某丽等人申报的债权优先于金穗公司人民大厦北区在建工程的抵押权人长城资产广西分公司。长

[①] 该解释已失效。

城资产广西分公司不服，遂形成本案的破产债权确认之诉。

（撰写人：洪心怡）

5 购房者支付的认购定金可否优先于债权人抵押权实现受偿

——长城资产广西分公司与唐某荣破产债权确认纠纷申请再审案

- **案　　号**　（2021）最高法民申 1413 号
- **合议庭成员**　刘少阳、贾清林、黄西武
- **关 键 词**　商事 / 破产债权确认纠纷 / 购房消费者优先权
- **相关法条**　《最高人民法院关于建设工程价款优先受偿权问题的批复》①第 1 条、第 2 条，《最高人民法院关于人民法院办理执行异议和复议案件若干问题的规定》第 29 条

【裁判要旨】

最高人民法院先后出台《关于人民法院民事执行中查封、扣押、冻结财产的规定》《关于人民法院办理执行异议和复议案件若干问题的规定》等司法解释，赋予已支付全部或大部分购房款的购房者特殊的法律保护。本案购房人虽未与房地产商签订正式的《房屋买卖合同》，但已交付属于购买商品房的定金。在房屋不能交付且无实际交付可能的情况下，购房人享有的购房款返还请求权优先于其他债权人的抵押权。

【案情摘要】

唐某荣与金穗公司之间签订《内部认购申请书》，并据此交付款项"认购订金"，约定"该款项于正式签订《房屋买卖合同》时自动转为房款"，但双方事后未能签订《房屋买卖合同》。金穗公司进入破产程序后，经管理人审核认定，唐某荣等 102 位购房者与金穗公司签订的《内部认购申请书》及补充协议等因签订合同时未取得商品房预售许可证而无效，确认被申请人已交付的购房款本金为优先债权，其他损失为普通债权。长城资产广西分公司对此提出异议，形成本案破产债权确认之诉。

（撰写人：蒋凌睿）

---

① 该解释已失效。

6 股东认领的公司对外负债在公司破产时不一定被确认为破产债权

——刘某波与中顺置业公司破产债权确认纠纷申请再审案

- 案　　号　（2021）最高法民申 1714 号
- 合议庭成员　贾清林、于明、朱科
- 关 键 词　商事 / 破产债权确认纠纷 / 公司责任财产
- 相关法条　《最高人民法院关于审理民间借贷案件适用法律若干问题的规定》第 16 条第 2 款[①]

【裁判要旨】

数个关联公司的股东通过签订《股权转让协议》的形式，对各股东在股权转让后所应分得的资产与债务进行了一揽子的安排处置；股东认领目标公司的对外负债系对《股权转让协议》的履约行为，并非借款给公司，且也已获得了相应的资产对价；目标公司破产时，股东依据《股权转让协议》承担的公司对外负债不属于公司破产债权的范畴。

【案情摘要】

中顺置业公司与盛大投资公司的股东刘某波、金某科、刘某盛、周某光、朱某霞、曾某 6 人签订《股权转让协议》约定，股权转让交易后，6 位股东完成"分家"：中顺置业公司股份由刘某盛、曾某、朱某霞、周某光持有；盛大投资公司股份由刘某波、金某科持有。其中在公司外债清偿方面，约定由各股东按照约定的份额偿还公司外债，其中刘某波实际应承担外债 1411.87 万元。一审、二审判决认定案涉 1411.87 万元款项实际上系刘某波基于《股权转让协议》项下应承担的合同义务，且刘某波在承担中顺置业公司 1411.87 万元外债的同时，也已获得了相应的资产对价，并非对公司的借款，未将其确认为公司破产债权。刘某波不服一审、二审判决，向最高人民法院申请再审，遂成本案。

（撰写人：贾清林、乔希木）

[①] 该解释已于 2020 年修正，对应第 15 条。

7 债权人未申请人民法院撤销破产重整计划的，不得起诉请求变更破产重整计划内容

——平安银行太原分行普通破产债权确认纠纷申请再审案

- **案　　号**　（2021）最高法民申 2814 号
- **合议庭成员**　陈宏宇、吴笛、张梅
- **关 键 词**　商事 / 普通破产债权确认纠纷 / 破产重整计划
- **相关法条**　《中华人民共和国企业破产法》第 22 条、第 64 条，《最高人民法院关于适用〈中华人民共和国企业破产法〉若干问题的规定（三）》第 8 条、第 10 条

【裁判要旨】

破产重整清偿率为破产重整计划中的内容，债权人提起的确定债务人破产重整普通债权清偿率的诉讼请求实质上是对破产重整计划提出异议，如果案涉破产重整计划已经由债权人会议投票通过，并经法院批准，因债权人未在债权人会议作出决议之后的 15 日内申请人民法院撤销该重整计划，该重整计划对其产生约束力。

【案情摘要】

2018 年 7 月 13 日，一审法院裁定受理金晖兆丰公司申请破产重整一案，2018 年 8 月 21 日以（2018）新 29 破 1 号裁定，对金晖兆丰公司、新疆金晖兆丰焦化有限公司、新疆金晖兆丰煤业有限公司、新疆拜城润华煤业有限公司进行实质合并破产重整，并以（2018）新 29 破 1 号之二决定书，指定金晖兆丰公司清算组担任金晖兆丰公司管理人，金晖兆丰公司管理人聘请华炬律所、四川豪诚企业清算事务所、德勤华永会计师事务所（特殊普通合伙）共同行使管理人职责。2019 年 6 月 18 日，管理人提交重整计划草案，因该重整计划未明确重整清偿率、债转股替代方案、股权质押权补偿方案等，平安银行太原分行提出反对票；2019 年 7 月 23 日，一审法院根据金晖兆丰公司管理人申请，以（2018）新 29 破 1 号之六裁定批准金晖兆丰公司实质合并破产重整计划。

（撰写人：张　梅、张义敏）

8 名下已有其他住宅的购房人不属于消费性购房者
——刘某与鑫科公司破产债权确认纠纷申请再审案

- **案　　号**　（2021）最高法民申 4620 号
- **合议庭成员**　汪军、李绍华、黄鹏
- **关 键 词**　商事/破产债权确认纠纷/备案登记
- **相关法条**　《中华人民共和国物权法》第 20 条第 1 款①,《最高人民法院关于建设工程价款优先受偿权问题的批复》②第 2 条,《最高人民法院关于人民法院办理执行异议和复议案件若干问题的规定》第 29 条

【裁判要旨】

名下已有其他住宅的购房人不属于《最高人民法院关于建设工程价款优先受偿权问题的批复》第 2 条、《最高人民法院关于人民法院办理执行异议和复议案件若干问题的规定》第 29 条规定的以生活居住为目的的消费性购房者。

【案情摘要】

刘某与鑫科公司签订了《商品房买卖合同》,并通过支付定金及以李某对鑫科公司享有的部分担保债权抵付购房款的方式支付了全部购房款,房屋未实际交付。鑫科公司进入破产程序后,双方发生破产债权确认纠纷,鑫科公司认为刘某与鑫科公司签订《商品房买卖合同》的目的在于抵债,其不属于消费性购房者,不享有消费性购房者债权。刘某认为双方办理了商品房预售合同备案登记,其债权性质为消费者购房人债权,案涉房产应归其所有,遂提起本案诉讼。案经法院审理查明,刘某名下已有其他住宅。

（撰写人：汪　军）

---

① 对应《中华人民共和国民法典》第 221 条第 1 款。
② 该解释已失效。

9 房屋买卖合同解除后买受人未得到清偿，其能否主张商品房消费者的优先受偿权

——黄某永与金诚公司破产债权确认纠纷申请再审案

- **案　　号**　（2021）最高法民申5141号
- **合议庭成员**　王富博、于蒙、李敬阳
- **关 键 词**　商事 / 破产债权确认纠纷 / 商品房消费者优先受偿权
- **相关法条**　《最高人民法院关于人民法院办理执行异议和复议案件若干问题的规定》第29条

【裁判要旨】

房屋买卖合同解除后的购房款返还请求权系一般债权，不具有优先受偿地位。在破产债权确认纠纷中，买受人主张消费性购房人优先受偿权的，人民法院不予支持。

【案情摘要】

2012年8月7日，黄某永与金诚公司签订《商品房买卖合同》，并支付了房屋总价款30万元。因金诚公司未按期交付房屋，黄某永于2014年12月25日向金诚公司发函要求解除合同，并于2015年4月23日向法院起诉要求解除《商品房买卖合同》并退回已付购房款、利息等款项。安徽省黄山市屯溪区人民法院判决金诚公司返还黄某永购房款30万元并支付利息。2019年5月10日，安徽省黄山市中级人民法院裁定受理黄山徽建控股集团有限公司对金诚公司的破产清算申请。2020年3月26日，金诚公司管理人作出金诚公司申报债权审核结论通知书，确认黄某永有效破产债权合计460382.5元，其中普通债权407882.5元，劣后债权52500元，优先债权0元。黄某永主张460382.5元债权在破产财产中享有优先受偿权。

（撰写人：王富博）

10 房屋出售方与购买人签订《商品房买卖合同》，购买人支付了相应款项后，房屋出售方能否以购房行为系借款的让与担保为由主张双方系民间借贷关系

——鼎城公司与肖某成普通破产债权确认纠纷申请再审案

- **案　　号**　（2021）最高法民申 5311 号
- **合议庭成员**　张爱珍、郭凌川、孙晓光
- **关 键 词**　商事 / 普通债权确认纠纷 / 商品房买卖 / 民间借贷 / 让与担保
- **相关法条**　《最高人民法院关于适用〈中华人民共和国民事诉讼法〉的解释》第 91 条、第 105 条

【裁判要旨】

双方当事人基于同一合同主张成立不同法律关系的，应当分别提交证据证明，人民法院应当综合双方当事人举证情况，依照法律规定，运用逻辑推理、日常生活经验法则，对证据有无证明力进行判断，进而认定实际法律关系。

【案情摘要】

2012 年 9 月 6 日，肖某成与鼎城公司签订《商品房买卖合同》，并对房屋信息、房款 1703.748 万元、价款支付方式、纠纷解决、交接、保修责任等进行了约定。鼎城公司在本合同上盖章，并由其法定代表人陈某签字，肖某成亦在合同上签字。合同签订当天，鼎城公司向肖某成出具"支付令"——"要求肖某成将 1500 万元的购房款转至陈某的建行卡上"。"支付令"上加盖鼎城公司的公章以及由其法定代表人陈某签字、捺印。肖某成于当日通过中国建设银行分别转账 300 万元、500 万元、500 万元，共计 1300 万元至陈某上述账户中。鼎城公司于当日向肖某成出具"收款收据"——"今收到肖某成交来购房款人民币壹仟伍佰万元整。"收据上加盖鼎城公司财务专用章。鼎城公司至今未向肖某成履行交房义务。2014 年 5 月 15 日，肖某成依法向鼎城公司破产管理人申报债权，债权申报书内容为："1. 继续履行合同，交付房屋并办理房屋权属证书；2. 若不能按第一项请求履行，请求返还购房款、支付利息、支付赔偿金，总计 3138.50 元整。"鼎城公司管理人对肖某成的债权作如下确认："对肖某成申报的本金债权确认 1300 万元，其余申报债权不予确认，合计确认

金额 1300 万元；上列确认的本金债权清偿顺位为普通破产债权。该债权确认通知由债权人肖某成委托代理人施某光于当日签名。"

（撰写人：张爱珍、宋　扬）

11 以房抵债协议在破产程序中能否履行
——冼某辉与华明公司普通破产债权确认纠纷申请再审案

- **案　　号**　（2021）最高法民申 6123 号
- **合议庭成员**　朱科、于明、贾清林
- **关 键 词**　商事 / 普通破产债权确认 / 以房抵债协议
- **相关法条**　《中华人民共和国企业破产法》第 16 条、第 30 条，《最高人民法院关于适用〈中华人民共和国企业破产法〉若干问题的规定（二）》第 2 条

【裁判要旨】

当事人达成以房抵债协议，将房屋作价抵扣原工程价款债权，但未办理所有权移转登记的，案涉房屋仍归债务人所有。在人民法院裁定受理债务人破产清算申请后，该房屋即为债务人财产，当事人履行该协议属于个别清偿。与一般商品房买卖法律关系不同，以工程价款债权为基础签订的以房抵债协议并未优先于其他债权保护的权利。案涉协议虽有效，但在债务人破产的情形下无法得到履行，当事人只能依照《企业破产法》的相关规定受偿。

【案情摘要】

华明公司为抵扣欠冼某辉的 80 万元工程款，与冼某辉签订了房屋买卖合同，约定以房屋抵扣工程款债务。合同签订后，双方并未就该房屋办理所有权移转登记，也没有交付，截至本案诉讼之时房屋仍登记在华明公司名下。后华明公司因涉及众多执行案件，现有资产不足全部债务，由人民法院裁定进入破产程序。华明公司管理人未对案涉合同作出解除或继续履行的意思表示，冼某辉亦未催告华明公司管理人继续履行该合同。冼某辉向华明公司管理人申报债权，债权为涉案房屋。华明公司管理人出具债权审查结果通知书，对债权不予确认。冼某辉不服上述确认结果，遂提起本案诉讼。一审、二审对其诉讼请求均不予支持，其申请再审。

（撰写人：朱　科）

12 拆迁安置补偿款债权在破产程序中是否具有优先性
——嘉鸿公司、交通银行滨江支行与陈某破产债权确认纠纷申请再审案

- **案　　号**　（2021）最高法民申 6582 号
- **合议庭成员**　汪军、李绍华、黄鹏
- **关 键 词**　商事／破产债权确认纠纷／拆迁安置补偿款债权
- **相关法条**　《最高人民法院关于审理商品房买卖合同纠纷案件适用法律若干问题的解释》第 7 条[①]，《最高人民法院关于建设工程价款优先受偿权问题的批复》[②] 第 1 条、第 2 条

【裁判要旨】

拆迁安置补偿款债权涉及被拆迁人的居住权和民生保障，是被拆迁房屋的替代物，表面上是合同权利，实际上是原房屋所有权的延伸，应视为一种特种债权，赋予其类似于物权的优先效力。

【案情摘要】

被拆迁人陈某与拆迁人嘉鸿公司就涉案房屋拆迁补偿安置事宜产生争议，生效的温房发（2014）53 号裁决载明：涉案房屋由嘉鸿公司予以产权调换安置；无法调换安置则予以经济补偿。2017 年 3 月，浙江省温州市中级人民法院裁定受理华夏银行温州分行对嘉鸿公司的破产清算申请。破产程序中，嘉鸿公司管理人根据温房发（2014）53 号裁决内容认定陈某的破产债权为普通债权，陈某对此有异议，向一审法院提起诉讼。一审判决确认陈某对嘉鸿公司享有的破产债权中 22807973.5 元债权作为第一顺位优先于其他所有债权受偿。一审被告嘉鸿公司与一审第三人交通银行滨江支行不服一审判决，向浙江省高级人民法院提起上诉。二审判决驳回上诉，维持原判。嘉鸿公司与交通银行滨江支行不服，向最高人民法院申请再审。

（撰写人：汪　军）

[①] 该解释已于 2020 年修正，本条已被删除。
[②] 该解释已失效。

13 对在破产程序中已生效的法律文书确定的债权，应当予以确认

——博远公司与陈某防破产债权确认纠纷申请再审案

- **案　　号**　（2021）最高法民申 6817 号
- **合议庭成员**　李伟、周伦军、杜军
- **关 键 词**　商事 / 破产债权确认 / 生效法律文书
- **相关法条**　《中华人民共和国民事诉讼法》第 52 条第 3 款、第 208 条[①]，《最高人民法院关于适用〈中华人民共和国企业破产法〉若干问题的规定（三）》第 7 条

【裁判要旨】

对所申报债权的真实性和有效性进行初步审查，是管理人职责的重要内容，但基于管理人的身份地位，其审查债权并不具有司法裁决的效力。根据《企业破产法》的规定，就申报债权发生的实体性争议，均应通过诉讼程序解决。对于已经法院生效的判决、裁定、调解书所确认的债权，管理人在审查时应当予以确认，如果管理人不予确认，应当按照审判监督程序处理，不得自行调整或申请破产受理法院裁定变更。

【案情摘要】

陈某防（甲方）、靳某军（乙方）、戴某伟（丙方）签订股份转让协议，甲方将持有的博远公司（原鲁渝公司）50% 的股份转让给丙方，股份作价 2500 万元。丙方给甲方写欠条一份。法院就上述股权转让欠款纠纷作出民事调解书，载明：戴某伟应当支付陈某防的股份转让款 2500 万元，戴某伟将自己在博远公司的股权以 1000 万元的价格转让给王某国，戴某伟支付陈某防的股权转让债务由王某国偿还。博远公司对本案王某国的债务承担连带清偿责任。后法院作出民事裁定书，认为民事调解书侵害其他债权人利益，应予再审。2016 年法院作出再审裁定，恢复民事调解书的执行。2018 年，博远公司进行破产清算，陈某防向管理人申报债权。陈某防曾代表岩钰公司借款给鲁渝公司，管理人主张不能认定岩钰公司与鲁渝公司（即博远公司）

---

① 对应《中华人民共和国民事诉讼法》（2023 年修正）第 212 条。

之间的 2500 万元债权债务真实存在，陈某防系通过虚假债权取得博远公司 50% 股权。

（撰写人：杜　军）

14 已交付房屋但未办理过户手续，出卖人进入破产程序，法院对买受人请求继续履行合同的主张应否支持的问题
——合肥永星公司与合肥滨投集团破产债权确认纠纷申请再审案

- **案　　号**　（2021）最高法民申 7052 号
- **合议庭成员**　张淑芳、李敬阳、吴凯敏
- **关 键 词**　商事 / 破产债权确认 / 房屋买卖合同履行
- **相关法条**　《中华人民共和国企业破产法》第 18 条

【裁判要旨】

根据《企业破产法》第 18 条的规定，管理人对破产申请受理前成立而债务人和对方当事人均未履行完毕的合同有权决定解除或者继续履行。房屋买卖合同纠纷中，基于出卖人与买受人之间签订数份独立的房屋买卖合同，买受人已经按照合同约定履行了支付前期购房款的义务，出卖人也已经向买受人交付案涉房屋，可视为已支付价款所对应的部分房屋买卖合同的主要义务已经履行完毕，不属于《企业破产法》第 18 条规定的债务人和对方当事人均未履行完毕的情形。

【案情摘要】

2016 年 1 月 18 日，合肥滨投集团与合肥永星公司签订 98 份《商品房买卖合同》，合肥滨投集团购买合肥永星公司开发的春晖园门面房 98 间，总价款为 103580360 元，并于合同签订后在合肥市房产局办理了行政备案登记手续和不动产物权预告登记手续。2016 年 1 月 22 日，双方签订《协议书》，明确约定为支持春晖园项目建设进程，合肥滨投集团于协议签订之日起 3 个月内，向合肥永星公司支付购房款 2500 万元，具体支付方式：合肥永星公司在春晖园扫尾工程款支付审批表上出具委托支付意见，经合肥市包河区春晖园现场办公室出具验收意见和春晖园问题协调处置领导小组审核同意后，由合肥滨投集团直接付款至合肥永星公司指定第三方账户，如因合肥永星公司书面委托付款手续的办理和相关审批程序延误，合肥滨投集团不承担逾期付款违约责任。合肥永星公司将合肥滨投集团购买的门面房全部

实际交付给合肥滨投集团，并将房地产权证办至合肥滨投集团名下后 30 日内，合肥滨投集团按照合肥永星公司出具的委托付款函的要求，将剩余购房款 78580360 元直接付至合肥市国土资源局账户，用于缴纳合肥永星公司拖欠的土地出让金滞纳金、土地契税和教育、社居配套等。《协议书》同时约定，由于办理备案登记的要求，双方签订的《商品房买卖合同》约定的交房时间是 2015 年 4 月 30 日，双方在本协议中确认将上述《商品房买卖合同》约定的春晖园门面房的交房时间变更为 2016 年 4 月 18 日。同时合肥永星公司承诺，合肥永星公司如不能按照约定的期限履行交付房屋和办理房地产权证的合同义务，合肥滨投集团享有拒付剩余购房款的抗辩权。上述《商品房买卖合同》及《协议书》签订后，合肥滨投集团按照约定的方式支付购房款共计 24661402.29 元。合肥永星公司未按照《协议书》约定的交房时间即 2016 年 4 月 18 日前交付春晖园门面房，合肥滨投集团于 2016 年 7 月 12 日实际接收春晖园 97 间门面房。春晖园 1 幢商×××/商×××上门面房因合肥永星公司自身债务纠纷由案外人吴某涛实际占有。2018 年 6 月 26 日，合肥永星公司破产管理人向合肥滨投集团发出通知要求解除 98 份《商品房买卖合同》并返还房屋，合肥滨投集团出具答复函，明示不同意解除合同。同时，在合肥永星公司破产管理人指定的破产债权申报期间，合肥滨投集团进行了破产债权申报，申报债权事项是办理春晖园 98 间门面房房地产权证及交付 1 幢商×××/商×××上门面房、支付逾期交房违约金 621467 元和逾期办证违约金 246614 元。2019 年 2 月 22 日，合肥滨投集团收到合肥永星公司破债复审第 103 号《债权复审通知书》，合肥永星公司破产管理人对合肥滨投集团申报债权及答复函内容不予确认。

（撰写人：张淑芳）

15 出租人破产，租金应作为共益债务返还承租人
—— 王某与佳建公司破产债权确认纠纷再审案

- **案　　号**　（2021）最高法民再 194 号
- **合议庭成员**　麻锦亮、周其濛、孙勇进
- **关 键 词**　商事 / 租金 / 共益债务
- **相关法条**　《中华人民共和国民事诉讼法》第 170 条、第 207 条[①]，《中华人民

[①] 对应《中华人民共和国民事诉讼法》第 211 条。

共和国企业破产法》第 42 条、第 43 条

【裁判要旨】

《企业破产法》第 42 条第 1 款第 3 项规定，在人民法院受理破产申请后，因债务人不当得利所产生的债务为共益债务。出租人进入破产程序后，房屋租赁合同解除的，承租人已经交纳的房租属于不当得利，应认定为共益债务。

【案情摘要】

王某与佳建公司签订两份《商铺经营使用权转让合同》，佳建公司将案涉两件商铺经营使用权转让给王某，租期为 2013 年 10 月 1 日起至 2043 年 12 月 15 日止，转让款一次性支付。后 2018 年佳建公司破产，王某申请提起诉讼，请求确认王某多付的 25 年租金 430637 元在佳建公司破产债务中享有优先受偿权，并判令佳建公司给付王某租金 430637 元，由佳建公司破产财产中随时返还。

（撰写人：李知博）

职工破产债权确认

1 职工福利借款是否应当认定为职工债权优先清偿
——韩某杞与上陵实业集团职工破产债权确认纠纷申请再审案

- **案　　号**　（2021）最高法民申 4496 号
- **合议庭成员**　宋冰、吴笛、董俊武
- **关 键 词**　商事 / 职工破产债权确认纠纷 / 职工债权
- **相关法条**　《中华人民共和国企业破产法》第 48 条第 2 款、第 113 条第 1 款

【裁判要旨】

根据《企业破产法》第 48 条第 2 款以及第 113 条第 1 款的规定，可纳入优先清偿序列的职工债权仅限于债务人所欠职工的工资和医疗、伤残补助、抚恤费用，所欠的应当划入职工个人账户的基本养老保险、基本医疗保险费用，以及法律、行政

法规规定应当支付给职工的补偿金等法定债权，并非所有具有职工身份的债权人与债务人即破产人所形成债权均为可优先清偿的法定职工债权。

【案情摘要】

韩某杞与上陵实业集团签订《职工福利借款合同》约定福利借款主体要求、借款金额、期限、合同终止事由等事项。同日，韩某杞将70万元转入王某梅账户，上陵实业集团为韩某杞开具收据。后上陵实业集团破产重整，韩某杞依法申报债权后，对上陵实业集团将涉案债权确认为普通债权提出异议，因双方未协商一致，韩某杞向一审法院提起诉讼请求对案涉债权参照职工债权顺位进行清偿。一审法院判决驳回韩某杞全部诉讼请求。韩某杞上诉后，二审法院维持原判。现韩某杞提起本案再审申请。

（撰写人：董俊武）

② 未列入破产企业的职工无权以职工破产债权为由主张优先清偿

——虎某晟与上陵实业集团职工破产债权确认纠纷申请再审案

- **案　　号**　（2021）最高法民申6195号
- **合议庭成员**　陈宏宇、张梅、赵敏
- **关 键 词**　商事 / 职工集资款 / 职工破产债权
- **相关法条**　《中华人民共和国企业破产法》第136条，《最高人民法院关于审理企业破产案件若干问题的规定》第58条，《最高人民法院关于适用〈中华人民共和国企业破产法〉若干问题的规定（三）》第9条，《最高人民法院关于审理民间借贷案件适用法律若干问题的规定》第12条①

【裁判要旨】

破产企业的职工应与破产企业具有直接劳动合同关系。与破产企业虽有关联或共同隶属于某一集团企业的其他公司员工，不应认定为破产企业职工，与破产企业签订的《职工福利借款合同》系一般民间借贷合同，其债权是普通债权而非职工破

---

① 该解释已于2020年修正，对应第11条。

产债权。

【案情摘要】

虎某晟系上陵牧业公司综合部经理，与上陵牧业公司存在劳动关系。2018年2月12日，虎某晟与上陵实业集团签订《职工福利借款合同》，并于当日通过转账方式支付借款17万元给上陵实业集团指定账户。之后甘肃省银川市中级人民法院受理上陵实业集团的破产重整申请。虎某晟申报债权后，管理人于某向虎某晟出具《宁夏上陵实业（集团）有限公司债权异议回函》，认为《职工福利借款合同》属于民间借贷关系，不属于职工破产债权范围，确认为普通债权。虎某晟不服，提起本案诉讼。

（撰写人：赵　敏）

取回权 ▶▶▶▶

1 以物抵债并办理网签的房屋是否属于破产财产
——董某庚与盛都公司取回权纠纷申请再审案

- **案　　号**　（2021）最高法民申9号
- **合议庭成员**　黄年、刘崇理、潘勇锋
- **关 键 词**　商事 / 取回权 / 破产财产
- **相关法条**　《中华人民共和国企业破产法》第38条，《最高人民法院关于适用〈中华人民共和国企业破产法〉若干问题的规定（二）》第2条，《最高人民法院关于审理企业破产案件若干问题的规定》第71条第5项，《全国法院民商事审判工作会议纪要》第44条第1款，《中华人民共和国物权法》第6条、第9条①，《最高人民法院关于人民法院办理执行异议和复议案件若干问题的规定》第28条

---

① 对应《中华人民共和国民法典》第208条、第209条。

【裁判要旨】

《最高人民法院关于审理企业破产案件若干问题的规定》系为适用1986年颁布的《企业破产法（试行）》所制定，《企业破产法》施行后制定的《最高人民法院关于适用〈中华人民共和国企业破产法〉若干问题的规定（二）》第2条对不应认定为债务人财产的情形，作出新规定，已无《最高人民法院关于审理企业破产案件若干问题的规定》第71条第5项规定的情形。《物权法》颁布实施后，不动产物权变动采取登记生效主义。此外，根据《最高人民法院关于人民法院办理执行异议和复议案件若干问题的规定》第28条规定，在房屋尚未转移占有的情况下，无法对抗执行，在权利尚不足以对抗执行的情况下，不能赋予债权人更优先权利从而允许行使取回权。因此，债权人与破产企业签订协议以房抵债，并办理网签备案，但未办理产权转移登记，也未交付，房屋应认定为破产财产，债权人不能行使取回权。

【案情摘要】

2014年，董某庚与盛都公司法定代表人签订《借款合同》，约定董某庚向该法定代表人出借2000万元。盛都公司为借款连带保证人，并与董某庚签订协议，约定盛都公司将其名下的一套房屋网签备案至董某庚名下，作为借款的保障。生效判决判令盛都公司法定代表人还款，盛都公司承担连带清偿责任，但强制执行未果。2017年，盛都公司破产，董某庚向破产管理人主张对网签房屋行使取回权，破产管理人拒绝，董某庚遂起诉要求行使取回权。诉讼期间，董某庚提交2014年9月10日与盛都公司签订的《抵顶协议书》，载明2000万元借款本息转为购房款。

（撰写人：刘崇理、唐荣娜）

② 取回权的标的物为有物权的财产，一般不能为金钱
——华建公司与广源公司取回权纠纷申请再审案

- **案　　号**　（2021）最高法民申921号
- **合议庭成员**　麻锦亮、周其濛、季伟明
- **关 键 词**　商事 / 破产 / 取回权 / 金钱
- **相关法条**　《中华人民共和国企业破产法》第38条，《全国法院民商事审判工作会议纪要》第110条第3款，《中华人民共和国民法典》第390条

【裁判要旨】

根据《企业破产法》规定，公司破产后权利人可通过破产管理人取回财产。但是，该取回权的标的物为有物权的财产，一般不能为金钱，金钱债务为债权请求权，原财产已经不存在的，权利人可通过申报破产债权主张权利。

【案情摘要】

2013年9月，华建公司与广源公司签订接管协议，因广源公司经营不善，广源公司的热源厂由华建公司托管，双方在公证处对广源公司资产盘点公证。华建公司主张在接管期间，增添了部分资产。2014年，广源公司被其债权人申请强制执行。2015年12月，法院对广源公司财产及华建公司增添财产进行拍卖，案外人以223174435.46元竞得。在分配拍卖款过程中，华建公司于2016年10月申请案外人异议。2016年11月，法院作出执行裁定书，中止对华建公司所添附资产估价27497802.08元及相应拍卖溢价部分的执行。

法院于2017年受理了广源公司破产案、指定了破产管理人、召开债权人会议，2019年3月通知华建公司申报债权，2019年12月，华建公司提起取回权之诉。

（撰写人：季伟明）

3 取回权的基础是否包含债权
——李某霞与康达公司取回权纠纷申请再审案

- 案　　号　（2021）最高法民申4575号
- 合议庭成员　张淑芳、李敬阳、张炎
- 关　键　词　商事/执行/破产/取回权
- 相关法条　《中华人民共和国企业破产法》第38条

【裁判要旨】

破产案件中，权利人享有取回权的基础是物的返还请求权，而非债权。

【案情摘要】

2015年5月，济源中级人民法院判决康达公司偿还李某霞借款1624.2万元及利息。李某霞向济源中级人民法院申请对康达公司所有的荥国用（2014）第33号、第34号、第35号土地评估拍卖，该院裁定对上述土地予以评估拍卖。

庙李信用社对涉案土地有抵押权，并依据另案生效判决申请执行，郑州市中级人民法院裁定对康达公司名下的上述土地进行轮候查封。2017年4月24日，郑州市中级人民法院进行拍卖，拍得价款148457800元。

2017年4月20日昌明装饰公司向郑州市中级人民法院申请对康达公司进行破产清算，2019年2月15日郑州市中级人民法院裁定受理。2019年9月26日，康达公司管理人向李某霞出具了债权初步审核函，初步确认李某霞债权金额24444780.22元。李某霞提起本案取回权诉讼，请求判令其有权向康达公司取回上述土地拍卖款中的24444780.22元。

（撰写人：李敬阳、牛彦坤）

4 移送破产审查执行财产权利归属的认定标准
——李某霞与康达公司取回权纠纷申请再审案

- **案　　号**　（2021）最高法民申4575号
- **合议庭成员**　张淑芳、李敬阳、张炎
- **关 键 词**　商事 / 移送破产 / 执行财产 / 所有权变动
- **相关法条**　《最高人民法院关于执行案件移送破产审查若干问题的指导意见》第17条

【裁判要旨】

执行案件移送破产审查的，认定执行财产权利归属的标准为财产所有权是否已经发生变动。执行财产系金钱的，认定执行财产权利归属标准则为执行款是否已交付完成。

【案情摘要】

2015年5月，济源中级人民法院判决康达公司偿还李某霞借款1624.2万元及利息，李某霞向济源中级人民法院申请对康达公司所有的土地评估拍卖，该院裁定予以评估拍卖。

庙李信用社对涉案土地有抵押权，并依据另案生效判决申请执行，郑州市中级

人民法院裁定对康达公司名下土地进行轮候查封。2017年4月24日，郑州市中级人民法院进行拍卖，拍得价款148457800元。

2017年4月20日，昌明装饰公司向郑州市中级人民法院申请对康达公司进行破产清算。2017年5月7日，康达公司自行向郑州市中级人民法院申请破产清算。2017年9月13日，郑州市中级人民法院作出破产审查决定书，决定中止执行，将本案移送破产审判部门。2019年2月15日，郑州市中级人民法院裁定受理昌明装饰公司对康达公司的破产清算申请。2019年9月26日，康达公司管理人向李某霞出具了债权初步审核函，初步确认李某霞债权金额24444780.22元。李某霞提起本案取回权诉讼，请求判令其有权向康达公司取回上述土地拍卖款中的24444780.22元。

（撰写人：李敬阳、牛彦坤）

5 财政补贴资金是否属于特定物，能否对其主张取回权
——华商储备公司与漯河众益达公司取回权纠纷申请再审案

- **案　　号**　（2021）最高法民申4577号
- **合议庭成员**　张淑芳、李敬阳、吴凯敏
- **关 键 词**　商事 / 取回权 / 财政补贴资金
- **相关法条**　《中华人民共和国企业破产法》第38条

【裁判要旨】

取回权的标的是属于请求权人所有的特定物或者可以特定化的种类物。货币作为一种具有高度可替代性的种类物，为维护市场交易秩序的稳定性，其所有权遵循占有与所有一致性原则，进入他人账户上的资金一般自汇入时起所有权即发生转移。作为例外，法律允许部分货币特定化后，所有权不随占有人的变更而转移。在没有证据证明财政补贴资金开立有专门账户加以管理，即该笔资金并没有特定化，因此，财政补贴资金的所有权随占有人的变更而转移，故无权行使取回权。

【案情摘要】

华商储备公司与漯河众益达公司签订两份《中央储备冻猪肉储存保管合同》，由漯河众益达公司负责中央储备肉承储，华商储备公司负责储备肉入库及日常管理，

保管数量分别为 800 吨和 1200 吨。保管合同签订后，漯河众益达公司完成公检和入库储备肉 1100 吨，华商储备公司按季度向其支付了财政补贴。但漯河众益达公司未经允许，擅自动用中央储备冻肉 973 吨，导致在库数量仅剩 127 吨。该事实被确认后，政府取消了相应数量的储备计划，同时取消了相应财政补贴。华商储备公司要求漯河众益达公司退回相应的财政补贴资金，华商储备公司认为该中央财政补贴不属于漯河众益达公司财产，是国家财政资金，华商储备公司作为受国家委托的国家储备肉操作及管理单位有权取回，遂成诉。

（撰写人：吴凯敏）

6 破产程序中一般取回权行使条件的认定
——马某源与新华证券司、东北证券一般取回权纠纷再审案

- **案　　号**　（2021）最高法民再 56 号
- **合议庭成员**　周其濛、麻锦亮、季伟明
- **关 键 词**　商事 / 破产 / 一般取回权
- **相关法条**　《中华人民共和国企业破产法》第 38 条，《最高人民法院关于适用〈中华人民共和国企业破产法〉若干问题的规定（二）》第 30 条

【裁判要旨】

一般取回权是破产法上的一项权利，其基础是民法上的返还原物请求权，以取回权标的物仍客观存在为前提。如果标的物在破产申请受理前已经被违法转让给第三人，且该第三人已善意取得所有权，则原权利人不能再行使取回权，其因财产损失形成的债权只能作为普通债权清偿。即便转让取回权标的物所得的价金可以由原权利人取回，也应满足该价金尚未交付给债务人，或者虽已交付给债务人但能与债务人财产予以区分这一前提条件。

【案情摘要】

2000 年 9 月 27 日，马某源在上海证券交易所开立了股票账户和资金账户，存入资金进行股票买卖。2001 年 5 月 8 日，在未提供马某源授权的情况下，新华证券撤销指定交易，将马某源证券账户中的三只股票办理指定交易到他人资金账户下。2001 年 5 月 11 日前，上述三只股票被全部卖出。2003 年，证监会撤销新华证券，

并指定东北证券托管新华证券证券业务及所属营业部。上述他人资金账户被认定为配资账户。2008年10月10日，人民法院受理新华证券清算组提出的新华证券破产清算申请。马某源起诉请求判令新华证券返还属于其所有股票账户内的现有股票；判令新华证券、东北证券赔偿损失，包括上述三只股票市值202450元以及从2001年5月8日至起诉之日的利息219089元，总计421539元。

（撰写人：麻锦亮、杨泽宇）

破产抵销权 ▶▶▶

破产人欠付的职工工资不能作为债权向管理人直接主张抵销

——高某与华轮公司对外追收债权纠纷申请再审案

- 案　　号　（2020）最高法民申7009号
- 合议庭成员　刘崇理、潘勇锋、李晓云
- 关　键　词　商事/破产债权/抵销/欠付职工工资
- 相关法条　《中华人民共和国企业破产法》第40条、第48条第2款

【裁判要旨】

债权人因在破产申请一年前所发生的原因而取得的债权，可以向管理人主张抵销其对破产人所负的债务。但欠付的职工工资因不需要申报，由管理人调查后列出清单予以公示，职工对清单记载有异议的可以要求管理人更正，管理人不予更正的，职工可以向人民法院提起诉讼。故该欠付的职工工资不属于因在破产申请一年前所发生的原因而取得的债权，不能向管理人主张以欠付的职工工资抵销其对破产人的债务。

【案情摘要】

高某2014年从华轮公司离职后，仍于2017年初从北奔公司获得结算货款98.3万元。华轮公司2018年7月被人民法院裁定受理破产清算后，其管理人向债务人北

奔公司催收，始被告知已与高某进行了结算，华轮公司管理人遂作为诉讼代表人，以高某为被告提起本案诉讼。而高某则主张华轮公司2016年对其有两笔欠款：一是2015年12月出借给华轮公司的50万元，口头约定月息1.5%，于2016年偿还，未按期偿还；二是口头约定年薪100万元，实际仅支付146331.54元，拖欠工资853668.46元。

（撰写人：李晓云）

公司别除权

抵押权保护期间的认定
——吉盛公司与天地人公司别除权纠纷再审案

- **案　　号**　（2021）最高法民再154号
- **合议庭成员**　周其濛、麻锦亮、孙勇进
- **关 键 词**　商事/别除权纠纷/抵押权/保护期间/诉讼时效
- **相关法条**　《中华人民共和国物权法》第202条[①]，《中华人民共和国民法总则》第195条[②]，《中华人民共和国企业破产法》第109条

【裁判要旨】

《民法典》第419条的实质在于明确抵押权人应在主债权受到法律保护的期间内行使抵押权，该受到法律保护的期间，在主债权经生效裁判确定之前，为主债权诉讼时效期间；当主债权经诉讼程序被生效裁判确定后，为申请执行期间；在债务人破产的情况下，应为法律规定的申报债权期间。

【案情摘要】

2013年8月30日，吉盛公司与天地人公司等单位签订借款合同约定，吉盛公司出借给天地人公司2400万元，借款期限自2013年8月30日至2013年10月29

---

① 对应《中华人民共和国民法典》第419条。
② 对应《中华人民共和国民法典》第195条。

日止；借款利率为月利率1.8%。同日，吉盛公司与天地人公司签订抵押合同约定，天地人公司将其所使用的土地及在建房屋抵押给吉盛公司。上述合同签订后，吉盛公司分七次向天地人公司银行账户发放贷款本金2400万元。

2014年2月27日，吉盛公司与天地人公司等借款合同纠纷一案，吉林省长春市中级人民法院于2014年8月20日作出2014年长民四初字第12号民事判决（以下简称12号民事判决），判决天地人公司返还吉盛公司借款本金2304万元及利息。该判决生效后，2014年10月13日，吉盛公司向吉林省长春市中级人民法院申请执行。在该案执行过程中，天地人公司申请破产清算，一审法院于2015年1月6日裁定受理天地人公司破产清算一案，指定吉林延大律师事务所担任破产管理人。

2015年4月20日，吉盛公司向天地人公司破产管理人申报债权31735264元（本金2304万元、利息828672元、诉讼费408544元），并载明"有财产担保的债权"。2017年6月7日，吉盛公司向天地人公司破产管理人送达请求确认优先受偿权申请书。2019年11月7日，天地人公司破产管理人向吉盛公司送达无异议债权确认表，将其中29954640元确认为普通债权。

（撰写人：麻锦亮、杨泽宇）

破产撤销权 ▶▶▶

1 破产债务人个别清偿债务，管理人有权请求依法予以撤销
——郑叶公司与金鹏公司与破产有关纠纷申请再审案

- 案　　　号　（2021）最高法民申3911号
- 合议庭成员　曹刚、于蒙、关晓海
- 关 键 词　商事 / 破产 / 撤销
- 相关法条　《中华人民共和国企业破产法》第2条第1款、第32条

【裁判要旨】

人民法院裁定受理破产申请前，公司在明显缺乏清偿能力情况下仍对债权进行

个别清偿，属于串通损害其他债权人利益的行为，违反公平清偿原则，应当依法判决撤销。

【案情摘要】

郑叶公司与金鹏公司买卖合同纠纷一案，河南省洛阳市西工区人民法院作出民事调解书，确认金鹏公司应向郑叶公司支付货款1217252.53元。金鹏公司未按调解书履行还款义务，郑叶公司申请强制执行。后因金鹏公司无财产可供执行，法院裁定终结本次执行程序。之后，郑叶公司向法院申请对金鹏公司进行破产清算，法院于2020年7月20日裁定予以受理。金鹏公司于2020年7月3日通过银行转账向郑叶公司支付10万元，金鹏公司破产管理人申请予以撤销。法院审理认为，金鹏公司在明显缺乏清偿能力的情况下，于破产申请受理前对郑叶公司的债权进行个别清偿，属于串通损害其他债权人利益的情形，违反了《企业破产法》的相关规定，依法予以判决撤销。

（撰写人：曹　刚）

2 债权人善意不影响破产撤销权的行使
——创业证券与东辰控股请求撤销个别清偿行为纠纷申请再审案

- 案　　号　（2021）最高法民申7688号
- 合议庭成员　李伟、杨卓、葛洪涛
- 关 键 词　商事 / 破产 / 个别清偿 / 破产撤销权
- 相关法条　《中华人民共和国企业破产法》第32条

【裁判要旨】

《企业破产法》第32条规定的撤销权意在保护破产债权的公平受偿，防止破产临界期内的偏颇性个别清偿。债权人善意不影响破产撤销权的行使，债权人主张其在破产临界期内的受偿系善意不应被撤销的，不予支持。

【案情摘要】

东辰控股2018年11月27日向创业证券清偿债务200万元，2019年3月15日被裁定进入破产重整程序。重整程序中东辰控股管理人行使撤销权，以偿债行为发生在破产重整案件受理前的6个月内为由，要求第一创业证券返还此笔款项。一审、二审判决支持管理人诉讼请求后，创业证券以其不存在恶意、案涉清偿行为不应被撤销为由申请再审。

（撰写人：葛洪涛、杨　婷）

3 破产管理人作为原告提起破产撤销权之诉是否属于主体不适格
——新光集团管理人与吉林银行东盛支行破产撤销权纠纷再审案

- **案　　号**　（2021）最高法民再327号
- **合议庭成员**　李延忱、王珅、郁琳
- **关 键 词**　商事/破产撤销权纠纷/原告主体适格
- **相关法条**　《中华人民共和国企业破产法》第32条，《中华人民共和国民事诉讼法》第122条

【裁判要旨】

管理人的选任和确定具有法定程序，因此债务人管理人具体由哪些个人或律师事务所、会计师事务所等担任有具体明确指向，将破产管理人列为破产撤销权纠纷案件原告一般不会影响到诉讼主体适格的判断。文书样式不应作为判断破产案件或者与破产有关案件诉的要件的法律依据，不应以与文书样式不符为由进而认定破产管理人原告主体不适格。

【案情摘要】

新光集团管理人与吉林银行东盛支行因破产撤销权纠纷发生诉讼，一审法院受理案件并就实体问题进行了审理。吉林银行东盛支行不服，提起上诉。二审法院认为破产法律文书样式是对破产撤销权原告诉讼主体的规范，其载明应列担任管理人的自然人或中介机构为原告，新光集团管理人作为原告提起诉讼，属于原告主体不适格，应当驳回其起诉。新光集团管理人不服，本案进入再审程序。

（撰写人：李延忱、高　玥）

4 在破产申请前一年内，为他人提供担保且无相应对价，管理人是否享有撤销权

——华融资产与新光控股管理人破产撤销权纠纷申请再审案

- **案　　号**　（2021）最高法民申2231号
- **合议庭成员**　薛贵忠、汪军、杜微科
- **关 键 词**　商事 / 破产撤销权纠纷 / 为他人提供担保
- **相关法条**　《中华人民共和国企业破产法》第31条

【裁判要旨】

《企业破产法》第31条第3项的适用条件必须是由破产企业为针对自己的现有债务而提供担保，为他人提供担保不在此列。本案中的担保行为系破产企业为他人提供担保，二审法院适用第31条第3项确有不当，但是判决结果正确。案涉《质押协议》从其内容看均是对之前已提供的担保之上增加担保。债务人在破产申请前一年内，为他人提供担保且无相应对价，与《企业破产法》第31条第1项"无偿转让财产"的情形无本质区别，符合破产法撤销权设立的立法目的，据此可判定管理人享有撤销权。

【案情摘要】

2017年12月4日，新光控股（转让方）、华融资产（受让方）、新光饰品（债务人）签订《债权转让协议》。同日，华融资产与新光饰品签订《还款协议》；新光控股股东周某光、虞某新与华融资产签订《抵押协议》并办理了抵押登记。新光控股分别于2017年12月5日、12月21日与华融资产签订《保证协议》《质押协议》，约定以新光控股的应收账款、持有的股权等向华融资产出质。华融资产向新光控股支付转让款共计6.6亿元。2018年6月15日，华融资产与新光饰品签订《补充协议二》《补充协议三》，对案涉6.6亿元重组债务的质押担保措施及本金的还款期限进行变更，并签订《质押协议》，新光控股以其持有的新光圆成2200万股的限售流通股及其派生的权益向华融资产出质。2018年6月27日，华融资产与新光饰品、新光控股等签订《补充协议四》，变更其中一项质押担保措施，即在《补充协议二》基础上新增1000万股提供质押担保。2019年4月25日，金华市中级人民法院裁定受

理新光控股破产重整一案,并于2019年4月26日指定了管理人。随后,管理人以该抵押担保发生在破产受理前一年内为由,提起撤销权之诉,主张撤销2018年与华融资产签订的两份《质押协议》。

(撰写人:薛贵忠、夏 怡)

破产管理人责任

1 破产管理人是否履行忠实勤勉义务的判断
——邮储银行与梓钊律所管理人责任纠纷申请再审案

- **案　　号**　（2021）最高法民申1207号
- **合议庭成员**　高晓力、陈宏宇、张梅
- **关 键 词**　商事/管理人责任/忠实勤勉义务
- **相关法条**　《中华人民共和国企业破产法》第27条、第130条

【裁判要旨】

审查破产管理人是否履行忠实勤勉义务时应注意把握:第一,勤勉义务的核心内容是一般注意义务,与管理人承担的职责紧密相连;忠实义务的核心在于破产管理人不应当利用自己作为破产财团受托人的身份获得个人利益。第二,应当充分审查相关事实,对破产管理人在保管、评估、拍卖、变现、移交破产财产等各环节的行为进行综合评判。第三,参照《全国法院民商事审判工作会议纪要》第25条的精神,破产管理人在保障债权人的优先受偿权的过程中处置担保财产,不以债权人会议作出决议为必经程序。

【案情摘要】

人民法院指定梓钊律所担任兴盛公司破产管理人后,梓钊律所接管了兴盛公司的全部资产,并对邮储银行的担保财产进行了审计和评估作价。因两次拍卖流拍,邮储银行设定抵押的啤酒花颗粒未能变现。梓钊律所就担保债权以实物进行优先受偿的事宜与邮储银行等担保权人进行面谈后,向邮储银行书面告知管理费等相关费

用、债权清偿数额以及办理担保财产移交手续等事宜。因邮储银行未办理接管手续，梓钊律所在人民法院工作人员见证下，将冷库钥匙留置在邮储银行营业场所。此后，梓钊律所组织召开债权人会议，通过了破产财产分配方案等议案。邮储银行提起诉讼，请求人民法院确认梓钊律所直接以案涉啤酒花颗粒抵偿邮储银行债务违反法定程序、违反破产管理人的忠实和勤勉义务。

（撰写人：高晓力）

2 股权质权人能否在破产重整程序中行使股东权利
——中原再担保公司与方欣米业集团管理人责任纠纷申请再审案

- 案　　号　（2021）最高法民申6429号
- 合议庭成员　张淑芳、吴凯敏、李敬阳
- 关 键 词　商事/管理人责任纠纷/股权质权人
- 相关法条　《中华人民共和国企业破产法》第82条、第109条

【裁判要旨】

股东权利是基于股东地位取得的具有复杂内容的权利，包括利润分配权、剩余财产分配权等财产性权利以及参与公司经营管理的身份性权利，兼具请求权和支配权的双重属性。当事人作为公司债务人的股权质权人，其仅能就投资人（股东）对该债务人的股权在价值范围内享有担保其债权优先实现的权利，而不能代替投资人（股东）在破产重整程序中行使股东权利。故公司债务人的管理人将其列入普通债权组进行表决未侵犯其合法权益。

【案情摘要】

方欣米业集团向银行借款，中原再担保公司为方欣米业集团向银行提供连带责任保证，方欣米业集团的股东将方欣米业集团100%股权及派生权益质押给中原再担保公司作为反担保，并办理了股权质押登记。中原再担保公司履行保证责任后，向法院起诉追偿，生效判决确认中原再担保公司对方欣米业集团的股东质押的股权享有折价或者拍卖、变卖等所得的价款优先受偿权。后方欣米业集团进入破产重整程序，中原再担保公司向方欣米业集团管理人申报债权。其后，管理人向债权人会议提交方欣米业集团重整计划草案进行表决。中原再担保公司反对重整计划草案将

其列入普通债权组进行表决，诉至一审法院。

（撰写人：吴凯敏）

债务人财产认定 ▶▶▶▶

企业破产资产处置中涉及出让土地使用权转让的土地转让款应当归属于破产企业所有
——康德公司与铝业公司合同纠纷申请再审案

- 案　　号　（2021）最高法民申3682号
- 合议庭成员　张爱珍、孙建国、孙晓光
- 关 键 词　商事/法律问题/合同纠纷/出让土地使用权转让
- 相关法条　《中华人民共和国城市房地产管理法》第40条第2款

【裁判要旨】

破产资产处置中，破产企业享有对企业资产的转让收益。通过拍卖方式处置破产企业名下的国有土地使用权并由国土部门与受让单位签订国有土地出让合同的，破产企业能够依据《拍卖成交确认书》及相关协议主张受让人支付土地转让款。

【案情摘要】

铝业公司在破产过程中，因需要对其以划拨方式取得的案涉土地使用权及其添附的厂房、构筑物及动力设备进行一体性处置，遂向綦江国土局发函要求对厂区土地使用权和地上资产挂牌处置，还同时委托拍卖公司发布拍卖公告。后来康德公司竞买成功，康德公司与拍卖公司签订《拍卖成交确认书》。后綦江国土局与康德公司签订《国有建设用地使用权出让合同》，铝业公司向康德公司将移交拍卖标的物。案涉划拨土地在进入破产程序前经规划性质已变更为商住用地。根据土地出让相关规定，工业用地调整为经营性用地的，应通过公开"招拍挂"出让，并由出让人与受让人签订《国有建设用地使用权出让合同》，因而，案涉土地成交后，是綦江国土局与康德公司签订的出让合同，而不是铝业公司破产管理人与康德公司签订。铝业公司起诉主张康德公司支付下欠的土地转让款，康德公司以案涉土地系出让土地，铝业公司不享有土地权益作出抗辩。

（撰写人：张爱珍、郁华冰）

其他破产纠纷 ▶▶▶

1 管理人有权以自己名义诉请取回债务人财产
——张某与汇成公司管理人、浦发银行兰州滨河支行、华融资产甘肃分公司损害债务人利益赔偿纠纷申请再审案

- **案　　号**　（2021）最高法民申 1598 号
- **合议庭成员**　何波、徐霖、张梅
- **关　键　词**　商事 / 损害债务人利益赔偿纠纷 / 起诉主体
- **相关法条**　《中华人民共和国企业破产法》第 25 条、第 34 条，《最高人民法院关于适用〈中华人民共和国企业破产法〉若干问题的规定（二）》第 9 条、第 11 条~第 17 条

【裁判要旨】

《企业破产法》和《最高人民法院关于适用〈中华人民共和国企业破产法〉若干问题的规定（二）》均规定管理人有权以自己名义提起诉讼，行使撤销权、取回权等权利，并与代表债务人诉讼进行不同表述。当管理人未积极履行相应职责提起诉讼，造成债务人财产不当减损时，管理人还要承担相应的赔偿责任。管理人以自己名义诉请取回债务人财产，符合权责一致的原则和法律规定。

【案情摘要】

汇成公司进入破产程序后，汇成公司管理人以自己名义起诉张某，列浦发银行兰州滨河支行、华融资产甘肃分公司为第三人，请求返还债务人汇成公司的财产。张某在未支付合理对价的情况下将公司房产转移至其个人名下，其行为构成对公司

财产的侵占。经一审法院委托评估机构鉴定,案涉房产在 2018 年 8 月 6 日的价值节点时被评估为 39529813 元,因案涉房屋无法返还,鉴于已有生效判决认定张某未付该购房款,原判决认定由张某承担以鉴定确定的损失数额并无不当。张某认为汇成公司管理人仅为汇成公司的诉讼代表人,汇成公司管理人提起诉讼属于主体不适格,应驳回起诉,并据此向最高人民法院申请再审。最高人民法院依法驳回张某的再审申请。

（撰写人：何　波）

2 人民法院应对债务人偿债能力各项指标进行综合评价以判断其是否具备破产原因

——宝冶公司与光科公司申请破产清算纠纷申请再审案

- 案　　号　（2021）最高法民申 4917 号
- 合议庭成员　高晓力、吴笛、张梅
- 关 键 词　商事 / 申请破产清算 / 破产原因
- 相关法条　《中华人民共和国企业破产法》第 2 条第 1 款、第 7 条第 2 款,《最高人民法院关于适用〈中华人民共和国企业破产法〉若干问题的规定（一）》第 2 条

【裁判要旨】

如债务人出现不能清偿到期债务,且资产不足以清偿全部债务或明显缺乏清偿能力等情形时,债权人可以向人民法院提出对债务人破产清算的申请,但能否进入破产清算程序,需要人民法院认定债务人是否具备破产原因。判断企业法人是否已届破产界限的首要标准在于其不能清偿到期债务,涵盖了停止支付的外观事实和缺乏清偿能力的内在原因,债务人停止支付并不一定意味着必然缺乏清偿能力。《企业破产法》对破产原因的规定是复合性规定,需要对债务人偿债能力各项指标进行综合评价。

【案情摘要】

光科公司欠付宝冶公司工程款,在强制执行阶段,西宁市中级人民法院查封了光科公司的股权、动产和不动产。因光科公司财产暂不能处置,不符合执行条件,该院裁定终结执行。宝冶公司认为,光科公司已无财产可供执行,不能清偿到期债

务，且资产不足以清偿全部债务，明显缺乏清偿能力，故申请对光科公司进行破产清算。

（撰写人：高晓力）

3 公司破产程序已经被法院裁定终结但公司未办理注销登记前是否具有原告资格

——丁某银与信阳市燃料公司与破产有关的纠纷申请再审案

- **案　　号**　（2021）最高法民申 5079 号
- **合议庭成员**　张淑芳、李敬阳、吴凯敏
- **关 键 词**　商事 / 破产纠纷 / 原告资格
- **相关法条**　《最高人民法院关于适用〈中华人民共和国公司法〉若干问题的规定（二）》第 10 条

【裁判要旨】

根据《最高人民法院关于适用〈中华人民共和国公司法〉若干问题的规定（二）》第 10 条的规定，公司依法清算结束并办理注销登记前，有关公司的民事诉讼，应当以公司名义进行。尽管法院已经裁定终结公司破产程序，但在未提交证据证明公司已被注销的情况下，公司的法人资格仍为存续状态，有权提起民事诉讼。

【案情摘要】

信阳市燃料公司、丁某银签订公司收回专用线经营权的协议，约定信阳市燃料公司不再与丁某银续签专用线风险承包协议，并就丁某银出资增盖的建筑物有关问题达成处理意见。信阳市燃料公司后向法院申请破产清算，法院裁定并受理该破产清算案。信阳市燃料公司向法院起诉请求确认与丁某银签订的租赁合同解除，丁某银腾退占用的自建门面房，并支付所欠专用线承包费等费用。丁某银申请再审称，法院已裁定终结信阳市燃料公司破产程序，信阳市燃料公司不具有原告资格。

（撰写人：苟振伟）

4 未同意重整计划的债权人是否因重整计划已经法院裁定批准而丧失抵押权

——庞大投资公司与农行李沧支行、庞大汽贸集团抵押合同纠纷申请再审案

- 案　　号　（2021）最高法民申 5278 号
- 合议庭成员　刘崇理、黄年、李晓云
- 关 键 词　商事 / 抵押合同 / 破产重整
- 相关法条　《中华人民共和国企业破产法》第 92 条第 3 款

【裁判要旨】

破产重整计划虽经法院裁定批准，但债权人从未作出同意该重整计划的意思表示，其申报债权系因通知抵押人申报债权而其拒不申报，遂自行申报。债权人申报债权后数次向管理人书面说明，明确作出了不接受重整计划分配现金及股票的意思表示，且管理人事实上也对分配的现金及股票进行了提存。债权人对债务人的保证人和其他连带债务人所享有的权利，不受重整计划的影响。故债权人并不因为重整计划已经法院裁定批准而丧失对抵押人抵押财产的抵押权。

【案情摘要】

唐山市中级人民法院裁定受理了对庞大汽贸集团的破产重整申请，之后，债权人农行李沧支行向抵押人庞大投资公司发出通知函，要求庞大投资公司及时向庞大汽贸集团的管理人申报债权。同时，农行李沧支行向庞大汽贸集团管理人发出情况反馈函，申请管理人在重整方案中将抵押担保与保证担保区别对待，表示若权益受损，无法同意重整方案。但庞大投资公司后未向庞大汽贸集团的管理人申报债权。农行李沧支行遂向庞大汽贸集团管理人发送商请预留抵债股份的函，表示曾书面通知抵押人庞大投资公司向管理人申报债权，但抵押人不同意主动申报，为避免错过债权申报时间，农行李沧支行进行了申报。同时表示重整计划草案严重损害农行李沧支行利益，商请管理人预留抵债股票，暂不现实交割，待其申请法院处置抵押物后，视情况处理。唐山市中级人民法院裁定批准庞大汽贸集团重整计划后，庞大汽贸集团管理人分别对案涉债权对应的 50 万元现金及股票进行提存。现庞大投资公司

主张，农行李沧支行的债权事实上已由主债务人庞大汽贸集团100%清偿，故庞大投资公司不应再承担清偿责任。

（撰写人：李晓云）

5 关联公司重整案件管辖权及重整审理的协调
——江南汽车公司与众泰汽车公司等八家关联公司重整请示案

- **案　　号**　（2021）最高法民他307号
- **关 键 词**　关联公司/重整/管辖/协调审理
- **相关法条**　《中华人民共和国企业破产法》第3条、第86条、第87条，《最高人民法院关于审理上市公司破产重整案件工作座谈会纪要》第1条、第2条、第4条、第9条，《全国法院破产审判工作会议纪要》第38条

【裁判要旨】

公司重整案件的管辖应当按照《企业破产法》第3条的规定，由公司住所地法院管辖。多家关联公司的住所地不同的，其重整虽可以由不同地方共同的上级法院确定一家法院集中管辖，但是在确定是否集中管辖时要充分审慎考虑。对于不同地方分别管辖具有可行性且不影响整体重整案件审理效率和效果、府院协调机制更能顺畅实施的关联公司重整，上级法院不应径行指定集中管辖，而应加强协调，推进府院协调，针对案件情况提出合法有效的意见，指导不同住所地法院协商解决分歧和争议。受理后，上级法院应加强对下指导，相应法院应在程序衔接、管理人协作、重整计划制定、府院联动、衍生诉讼审理等方面做好协调工作。

【案情摘要】

江南汽车公司注册地在湖南省长沙市，其系位于浙江省的上市公司众泰汽车公司下辖的三级全资子公司。2020年法院裁定众泰汽车公司等7家位于浙江的关联公司重整时，以江南汽车公司主要办事机构所在地实际位于浙江为由一并裁定受理江南汽车公司重整。湖南方面对此提出异议，认为应由湖南省长沙市中级人民法院受理江南汽车公司重整。湖南、浙江两地法院围绕管辖权争议及后续重整方案产生争议，两地协商未果。江南汽车公司重整资产和债务规模达数百亿元，涉及金融机构、全国多家供应商、上市公司股东、企业职工等多方主体权益。而且，围绕江南汽

公司、众泰汽车公司经营方案及对地方产业布局的影响，湖南、浙江两省政府均高度重视且存在较大分歧。该案利益关涉面广、问题错综复杂、社会关注度高。除受理问题外，两地法院、地方政府、重整投资人和其他各方主体在债权确认、优先权保障、经营方案合理性、社会稳定维护等诸多重要问题上均有重大分歧。

浙江、湖南两地请求共同的上级法院最高人民法院协调管辖权，指导两地法院做好江南汽车公司、众泰汽车公司等8家关联公司程序衔接、管理人协作、重整计划制定、府院联动等方面的重整工作。

（撰写人：杜　军、商　敏）

6 关联企业破产重整案件中，对"区分关联企业财产成本过高"的认定标准

——凯基证券等关于美兰机场与海航集团等实质合并重整申请复议案

- **案　　号**　（2021）最高法破复字第1号
- **合议庭成员**　李伟、周伦军、葛洪涛
- **关 键 词**　商事 / 实质合并重整 / 区分关联企业财产
- **相关法条**　《中华人民共和国企业破产法》第2条，《全国法院破产审判工作会议纪要》第32条

【裁判要旨】

人民法院审理关联企业破产重整案件，应全面、综合考量破产关联企业之间的具体关系模式和案件情况，重点围绕关联企业的意思决定、财产关系、债权关系、股权关系等方面进行审查，审慎适用实质合并破产。

【案情摘要】

海南省高级人民法院作出民事裁定：对海航集团等321家公司进行实质合并重整。因不服海南省高级人民法院在上述裁定中将美兰机场纳入重整一案并适用实质合并方式进行审理，凯基证券等公司向最高人民法院提交了《复议申请书》，请求撤销案涉裁定或撤销将被美兰机场与海航集团等进行实质合并重整的裁定事项。主要理由是美兰机场与海航集团等不存在法人人格高度混同情形，海南省高级人民法院认定美兰机场公司与海航集团公司等之间丧失财产独立性及区分财产成本过高缺

乏依据。最高人民法院经审查认为美兰机场符合法定的破产重整条件，维持了原审裁定。

（撰写人：周伦军）

7 破产程序中，租赁期未届满且对租金支付有争议的合同，是否可认定为《企业破产法》规定的双方均未履行完毕的合同
——三山坡公司、大自然公司与海岸公司租赁合同纠纷申请再审案

- 案　　号　（2021）最高法民申 6781 号
- 合议庭成员　胡仕浩、孙祥壮、贾清林
- 关 键 词　租赁合同 / 破产 / 合同解除
- 相关法条　《中华人民共和国企业破产法》第 18 条第 1 款

【裁判要旨】

破产程序中，在租赁合同约定的租期未届满，且出租人和承租人对租金是否支付完毕仍有争议的情况下，应视为《企业破产法》第 18 条第 1 款规定的双方均未履行完毕的合同，管理人有权决定解除或者继续履行。

【案情摘要】

大自然公司承租了三山坡公司的土地，后转租给海岸公司。相关法院裁定受理了对三山坡公司的破产清算申请，管理人决定解除三山坡公司与大自然公司的《租赁合同》。大自然公司提起本案诉讼。在案涉《租赁合同》约定的租期未届满，双方对租金是否支付完毕仍有争议的情况下，应视为双方的合同义务均未履行完毕。三山坡公司的破产管理人从有利于财产变现的角度，选择解除合同，并不违反相关法律法规的规定。

（撰写人：高晓丹）

8 进入破产程序的公司法人未经管理人同意而申请再审的，属于"他人未经授权以当事人名义申请再审的"情形，应当依法终结审查再审申请

——何某琳、时间汇公司与瑞安天地公司合同纠纷申请再审案

- **案　　号**　（2021）最高法民申 4719 号
- **合议庭成员**　张爱珍、郭凌川、孙建国
- **关 键 词**　他人未经授权／破产管理人／未发生法律效力
- **相关法条**　《中华人民共和国企业破产法》第 25 条，《最高人民法院关于适用〈中华人民共和国民事诉讼法〉的解释》第 402 条第 4 项

【裁判要旨】

根据《企业破产法》第 25 条的规定，管理人履行代表债务人参加诉讼、仲裁或者其他法律程序的职责。进入破产程序的公司法人未经管理人同意对本案申请再审，且债权人会议已经形成不同意、不认可提起本案再审申请的决议。本案属于《最高人民法院关于适用〈中华人民共和国民事诉讼法〉的解释》第 402 条第 4 项规定的"他人未经授权以当事人名义申请再审的"情形，应当终结审查该公司的再审申请。

【案情摘要】

时间汇公司发现投资公司与何某琳、瑞安天地公司合同纠纷一案，重庆市高级人民法院于 2018 年 11 月作出（2018）渝民终 305 号民事判决并已生效。时间汇公司于 2019 年 6 月 20 日进入破产清算程序。2021 年，时间汇公司、何某琳分别以新证据等理由对本案申请再审。对于何某琳的再审申请，本院经审查后予以驳回。对于时间汇公司的再审申请，该公司破产管理人向最高人民法院提交了《关于债权人会议决议不认可、不同意时间汇公司申请再审的情况说明》。最高人民法院经审查认为，根据《企业破产法》第 25 条的规定，管理人履行代表债务人参加诉讼、仲裁或者其他法律程序的职责。时间汇公司未经管理人同意对本案申请再审，且债权人会议已经形成不同意、不认可时间汇公司提起本案再审申请的决议。本案属于《最高人民法院关于适用〈中华人民共和国民事诉讼法〉的解释》第 402 条第 4 项规定的

"他人未经授权以当事人名义申请再审的"情形，应当终结审查时间汇公司的再审申请。

（撰写人：张爱珍、仇彦军）

9 律师事务所是否可以申请破产的认定
——富国律所申请破产清算申请再审案

- **案　　号**　（2021）最高法民申 1295 号
- **合议庭成员**　孙晓光、肖宝英、张小洁
- **关 键 词**　商事 / 破产 / 破产清算申请 / 破产申请主体
- **相关法条**　《中华人民共和国企业破产法》第 2 条、第 135 条

【裁判要旨】

在目前法律框架内，可以根据《企业破产法》第 2 条、第 135 条规定清理债务或者重整的主体，主要包括企业法人或者其他法律规定可以参照该法进行破产清算的组织。律师事务所作为不具有法人资格的专业服务机构，不能直接适用《企业破产法》进行破产清算。公司制律师事务所主要是指可以参照公司形式进行内部管理，并不代表其系法律规定的营利法人。目前亦无其他法律明确规定律师事务所可以参照《企业破产法》进行破产清算。故在现有法律框架内，律师事务所并不具有《企业破产法》规定的主体资格。

【案情摘要】

2001 年 7 月 30 日，重庆市司法局出具批复，同意由陈某谟、陶某芬、叶某发起成立"重庆富国律师事务所"。2004 年 12 月 13 日，重庆市司法局向富国律所下发通知，同意该所作为公司制律师事务所试点单位。2019 年，富国律所以其作为营利法人不能清偿到期债务，并且资产不足以清偿全部债务为由，向法院申请破产清算，因不服法院不予受理的裁定申请再审。

（撰写人：张小洁）

信托

1 营业信托受托人违反忠实义务及损失赔偿数额的具体认定
——信托公司与甲公司、乙公司营业信托纠纷再审案

- 案　　号　（2019）最高法民再 90 号
- 合议庭成员　葛洪涛、黄年、王海峰
- 关 键 词　商事 / 营业信托 / 受托人义务 / 信托财产损害赔偿
- 相关法条　《中华人民共和国信托法》第 28 条

【裁判要旨】

营业信托委托人以受托人违背忠实义务损害其合法权益为由主张损害赔偿责任的，需要根据信托文件具体约定、受托人实际参与信托事务管理的程度、委托人及受托人双方在信托成立、履行及信托计划到期后的意思表示等事实，综合判断受托人行为的合法性。如认定受托人应对委托人承担责任，则应当查明受托人行为所造成损失的具体数额，不能径行依据委托人对信托计划的直接投入简单计算。

【案情摘要】

甲公司（委托人、劣后级受益人）为开发建设工程项目，与信托公司（受托人）签订信托合同，约定：甲公司支付 4000 万元；信托公司受让乙公司（项目公司、与甲公司在信托计划与建设项目上利益同一）全部股权（目的在于控制建设项目）；信托公司对项目日常管理有知情权和重大事项一票否决权；依约不能偿付优先级和一般级受益人本息时，信托公司可采其他合法方式处分项目资产。信托计划到期前，甲公司未如期付款，信托公司遂以乙公司项目（因政策控建、资金锻炼等原因烂尾）受益权为信托财产设立了新的信托计划，未经拍卖或公开询价，将乙公司股权转让给信托公司实际控制的新计划受托人，交易价格等于甲公司应付的信托计划优先级和一般级受益人的本息（兑付劣后级受益人甲公司 0 元）。其后，甲公司两次与信托公司签订股权回购协议，但因甲公司无力付款而未实际履行，信托公司实际控制乙公司股权至今。甲公司起诉请求信托公司返还 4000 万元及资金占用费并赔偿信托财产及损失。双方就信托公司处分行为是否对甲公司造成损失存在争议。本案经一审、

二审诉讼，信托公司申请再审。最高人民法院提审后，认为原审部分事实认定不清，判决结果依据不足，经民事行政审判专业委员会讨论决定，发回一审法院重审。

（撰写人：葛洪涛、刘　静）

2 一方当事人接受案外第三人的委托持有保险公司股权的行为应认定无效

——泰孚公司与君康人寿公司等营业信托纠纷上诉案

- 案　　号　（2020）最高法民终1038号
- 合议庭成员　张爱珍、何君、张颖
- 关 键 词　保险公司／股权代持／合同无效
- 相关法条　《中华人民共和国合同法》第52条①

【裁判要旨】

投资人不得委托他人或者接受他人委托持有保险公司股权。一方当事人接受案外投资人的委托持有保险公司股权的行为，明显违反上述《保险公司股权管理办法》关于禁止代持保险公司股权的规定，一定程度上危害了国家金融管理秩序，损害了社会公共公益。根据《合同法》第52条第4项的规定，相关代持行为应认定无效。

【案情摘要】

2010年4月1日，保监会作出保监发改〔2010〕338号《关于正德人寿公司股权转让的批复》，同意五环氨纶公司将其持有的正德人寿公司2亿股股权（股份比例20%）转让给天策公司。2011年5月9日，泰孚公司与伟杰公司签订《股权转让协议书》，约定泰孚公司将其持有的正德人寿公司2亿股股权转让给伟杰公司，伟杰公司符合受让人资格条件，转让费为2亿元等内容。2011年9月16日，保监会作出保监发改〔2011〕1458号《关于正德人寿公司股权转让的批复》，载明：同意泰孚公司将其持有的正德人寿公司2亿股股份转让给伟杰公司，泰孚公司不再持有正德人寿公司股份。2011年11月3日，天策公司与伟杰公司签订《信托持股协议》，协议约定：鉴于委托人天策公司拥有正德人寿公司2亿股的股份（占20%）的实益权

---

① 对应《中华人民共和国民法典》第154条。

利,现通过信托的方式委托受托人伟杰公司持股。受托人伟杰公司同意接受委托人的委托。协议还对信托股份的交付方式、信托期限、信托股份的管理方式、费用承担、委托人和受托人的权利义务、信托收益的分配和信托股份的归属等作了约定。

2011年11月7日,保监会作出保监发改〔2011〕1736号《关于正德人寿公司修改章程的批复》,其中载明:根据公司2011年度第一次临时股东大会《关于同意福州开发区泰孚实业有限公司转让全部股份的决议》《关于修改公司章程第二十二条的决议》以及保监会2011年9月19日保监发改〔2011〕1458号《关于正德人寿保险股份有限公司股权转让的批复》对股权结构进行变更。变更后的股权结构为天策公司、伟杰公司、凌达公司、美好控股集团和新冠投资集团各持股2亿股,股份比例均为20%。

2016年8月18日,保监会作出保监许可〔2016〕819号《关于君康人寿公司变更股东的批复》,同意伟杰公司将其持有的君康人寿公司2亿股股份转让给芜湖隆威公司,转让后,芜湖隆威公司持有4.2亿股股份,持股比例为6.72%。

(撰写人:何 君)

3 信托合同是否存在未表述的事实不影响基于该信托合同而订立的预收购合同的效力

——北方渔市公司与山东国际信托、跃海天润公司、净雅公司等合同纠纷申请再审案

- 案 号 (2021)最高法民申271号
- 合议庭成员 黄年、潘勇锋、李晓云
- 关 键 词 商事/信托合同/买卖合同
- 相关法条 《中华人民共和国合同法》第130条①,《中华人民共和国信托法》第8条、第9条

【裁判要旨】

信托合同是否名为信托实为抵押贷款以及信托合同的委托人之间是否存在恶意串通行为,均不影响与之相关的另一买卖合同的效力,更不影响相关的调解协议的

---

① 对应《中华人民共和国民法典》第595条。

效力。现调解协议的当事人以信托合同存在未表述的事实，主张推翻信托合同，进而否定基于该信托合同而订立的预收购合同的效力，最终实现否定调解协议中所约定的其应当承担的义务之目的。该诉求不能得到支持。

【案情摘要】

2015年6月19日，山东国际信托与跃海天润公司、净雅公司分别签署了"山东信托鼎鑫31号（跃海文化3期）艺术品投资集合资金信托计划之信托合同"。2015年11月，山东国际信托又与包括北方渔市公司在内的8名被告共同签署了《山东信托·鼎鑫31号（跃海文化3期）艺术品投资集合资金信托计划之艺术品预收购合同》，其中约定：在各期信托单位终止日之前，当信托财产专户内的现金形式信托财产不足以支付信托费用及不足以分配优先信托单位全部预期信托利益时，北方渔市公司应按照约定价款无条件收购信托计划项下艺术品。若逾期付款的，每逾期1日，按应付款金额的1‰向山东国际信托支付违约金。后山东国际信托起诉，山东国际信托与北方渔市公司达成调解协议，原审作出调解书。

（撰写人：李晓云）

4 营业信托中信托公司义务的合同排除
——华美公司与山东国托公司营业信托纠纷申请再审案

- 案　　号　（2021）最高法民申2203号
- 合议庭成员　杨卓、杜军、葛洪涛
- 关 键 词　商事 / 营业信托 / 信托合同 / 信义义务
- 相关法条　《中华人民共和国信托法》第25条

【裁判要旨】

营业信托中受托人义务主要取决于信托文件约定。信托公司根据合同将信托资金发放贷款给委托人指定的人，并约定由委托人对借款方的借款资格、还款能力、担保情况等与借款相关的因素进行实质审查并自行承担风险的，信托公司对借款抵押的无效不承担责任。

【案情摘要】

华美公司与山东国托公司签订《资金信托合同》,将自有资金 4000 万元委托给山东国托公司,由山东国托公司向新华水泥公司发放信托贷款。同时约定借款人和保证方式系委托人指定,委托人对借款方的借款资格、还款能力、担保物价值等与借款相关因素进行实质性审查,受托人对此不承担责任。山东国托公司发放贷款并办理了涉案土地使用权抵押登记,后土地使用权抵押登记因土地性质为国有划拨土地被注销。华美公司提起诉讼,主张山东国托公司在放款与办理抵押登记过程中未尽到审查义务,存在违约行为应承担责任,被一审、二审驳回后申请再审。

(撰写人:葛洪涛、杨 婷)

5 应当依据合同的内容确定交易性质及相应的权利义务关系

——华鑫信托与董某通、光彩公司、永昌公司、佳汇服务中心借款合同纠纷上诉案

- **案　　号**　(2021)最高法民终 821 号
- **合议庭成员**　张淑芳、李敬阳、吴凯敏
- **关 键 词**　商事 / 借款合同纠纷 / 法律关系性质
- **相关法条**　《中华人民共和国民事诉讼法》第 119 条第 2 项①

【裁判要旨】

在当事人之间对交易性质无异议、交易形式与实质相符合的情况下,不能滥用穿透式审判思维,任意认定法律关系的性质。信托公司依据信托合同的约定,与委托人指定的信托合同之外的第三方签订合同,约定由第三方受让信托公司特定资产、资产收益权或由信托合同之外的当事人提供增信措施,在该合同不存在无效事由的情况下,人民法院应当依据该合同的内容确定交易性质及相应的权利义务关系,并根据案件事实情况确定相应的民事责任。

---

① 对应《中华人民共和国民事诉讼法》(2023 年修正)第 122 条第 2 项。

【案情摘要】

委托人淇县农信社（后委托人变更为泰安银行）与受托人华鑫信托签订信托合同，淇县农信社指定华鑫信托设立并运营佳汇服务中心，信托资金2亿元，并指定华鑫信托与董某通、光彩公司分别签订合伙份额转让协议，约定董某通在佳汇服务中心未取得南洋矿业公司股权的情况下，无条件受让并向华鑫信托支付全部合伙份额转让款。光彩公司在董某通未能按约定支付合伙份额转让款时，无条件受让并支付2亿元合伙份额转让款。华鑫信托还与永昌公司签订股权质押合同，约定永昌公司以其在鹤壁农商行的股权为董某通承担质押担保责任。华鑫信托向一审法院起诉请求董某通、光彩公司共同受让并支付2亿元合伙份额转让款等，永昌公司承担股权质押担保责任。

（撰写人：吴凯敏）

6 信托公司是否应以其固有财产承担信托债务

——信托公司与乙公司等损害公司债权人利益责任纠纷再审案

- 案　　号　（2020）最高法民再77号
- 合议庭成员　王淑梅、奚向阳、郭载宇
- 关 键 词　商事/股东损害公司债权人利益责任纠纷/信托受托人责任
- 相关法条　《中华人民共和国信托法》第37条，《中华人民共和国公司法》第33条第3款[①]，《最高人民法院关于适用〈中华人民共和国公司法〉若干问题的规定（三）》第26条

【裁判要旨】

在员工持股信托计划中，信托受托人为委托人持有公司的股权。从公司法的角度，信托受托人和委托人分别属于公司的名义股东、实际出资人。信托受托人与委托人之间通过隐名投资协议约定"名实分离"，此种约定属于双方之间内部约定。内部法律关系中，实际出资人是股权真正权利人，外部法律关系中，应当坚持以商法之外观主义原则处理各方当事人责任的承担。债权人凭借对工商登记内容的信赖，

---

① 参见2023年修正、2024年7月1日施行的《中华人民共和国公司法》第57条。

可以合理地相信名义股东就是真实的股权人。

因上海信托登记中心并非全国统一正式的信托登记机关，不具有法定的公示效力。故案涉信托虽然在上海信托登记中心进行了登记，但从公示制度的完善程度而言，应优先适用公司法的相关规定。但优先适用公司法的前提仅为信托计划登记的信托登记机关不具有法定公示效力的情形。

【案情摘要】

2006年8月19日，信托公司受让甲公司55%的股权，成为甲公司的工商登记股东。信托公司持有甲公司股份属于员工持股信托计划，信托公司是信托计划受托人，刘某锁等甲公司员工及其他自然人为信托计划委托人。信托计划成立后，信托公司将该信托计划在上海信托登记中心进行了登记。上海登记中心是由信托公司等六家单位发起成立的区域性登记机构，并非全国统一正式的信托登记机关。上海信托登记中心撤销后，相关文件档案存放于上海市浦东新区金融工作局。乙公司作为甲公司债权人，请求信托公司作为甲公司股东承担虚假增资的股东责任。

（撰写人：赵　珂）

7 名为信托受益权转让，实为保本保收益的承诺安排，信托受益权转让协议无效
——高速公司与安信信托公司营业信托纠纷申请再审案

- 案　　号　（2021）最高法民申5022号
- 合议庭成员　熊劲松、孙祥壮、冯文生
- 关 键 词　商事 / 营业信托纠纷 / 刚性兑付
- 相关法条　《中华人民共和国信托法》第34条，《信托公司管理办法》第34条

【裁判要旨】

在评价信托受益权转让协议的效力时，应从整体上考虑双方实际采用的交易模式是否为法律所允许，并根据合同条款所反映的当事人的真实意思，结合其签订合同的真实目的以及合同的实际履行情况等因素进行综合判断。若信托受益权转让协议取得了委托人从受托人处得到了本息固定回报、保证本金不受损失的结果，则名为信托受益权转让，实为保本保收益的承诺安排，信托受益权转让协议无效。

【案情摘要】

高速公司原为安信信托公司发行"董家渡信托计划"的受益人,享有人民币4亿元的信托资金。其后,高速公司与安信信托公司就高速公司认购的董家渡信托计划受益权签订《信托受益权转让协议》,协议约定由安信信托公司受让高速公司持有的信托合同项下标的信托受益权(人民币4亿元的信托资金及其收益),因安信信托公司到期不能履行协议,2019年7月9日,双方签订《信托受益权转让补充协议》,约定自2019年5月5日起,安信信托公司每季度支付信托资金不低于人民币1亿元。但经高速公司多次发函催告,安信信托公司均未履行上述受让义务,高速公司遂提起诉讼。

(撰写人:熊劲松)

证券 ▶▶▶

1 在确定虚假陈述导致投资者的损失时应剔除系统风险和其他因素造成的损失

——杨某与天业公司证券虚假陈述责任纠纷申请再审案

- **案　　号**　(2021)最高法民申1553号
- **合议庭成员**　杨卓、李伟、周伦军
- **关　键　词**　商事 / 证券虚假陈述责任纠纷 / 损失认定
- **相关法条**　《中华人民共和国证券法》第63条,《最高人民法院关于审理证券市场因虚假陈述引发的民事赔偿案件的若干规定》[①]第19条

【裁判要旨】

在虚假陈述被揭露之前,股票价格主要受到系统风险和其他因素的影响,而其

[①] 该解释已失效,参见《最高人民法院关于审理证券市场虚假陈述侵权民事赔偿案件的若干规定》第12条。

他因素则包含公司经营状况、利好或利空消息、投资者自身理性或者非理性买卖等。而在虚假陈述被揭露后，公司自身经营风险、投资风险和其他因素与虚假陈述行为被揭露产生叠加效应，共同造成天业公司股价的下跌，故应当在确定虚假陈述导致投资者的损失时予以剔除。

【案情摘要】

中国证监会认定，天业公司的行为为证券信息虚假陈述，应对虚假陈述给投资人造成的损失承担赔偿责任。杨某在虚假陈述实施日以后至揭露日之前买入了天业公司股票，在揭露日后继续持有。自揭露日之后首个复牌日至基准日期间，上证综指下跌了14.08%，房地产开发行业板块指数下跌了21.77%，天业公司股价下跌了77.08%。自实施日至揭露日之后首个复牌日，上证综指下跌了17.15%，房地产开发行业板块指数下跌了11.25%，天业公司股价下跌了26.56%。本案杨某第一次买入天业公司股票的时间为2017年11月6日，此时天业公司管理不善、内控制度缺失、关联方违规占用资金等事实已经发生，并且对股价产生了影响，该影响在虚假陈述揭露后仍持续存在。杨某交易天业公司股票的时间集中发生在2017年11月6日至2017年12月22日，在此期间天业公司的股票价格处于相对高位状态，2018年4月25日重大资产重组终止导致了投资者信心受挫，造成天业公司股价下跌。杨某自2017年11月6日开始买入天业股份股票，按照先进先出法计算，至2018年5月3日尚持有6000股，买入均价应为9.94元。2018年6月21日，卖出5900股，卖出均价为2.83元。至2018年8月15日尚持有100股。

（撰写人：李　伟、李大何）

2 投资者的投资损失与上市公司虚假陈述之间不必然存在因果关系

——沈某君与新力金融公司证券虚假陈述责任纠纷申请再审案

- **案　　号**　（2021）最高法民申2121号
- **合议庭成员**　张淑芳、李敬阳、吴凯敏
- **关 键 词**　商事/证券虚假陈述责任纠纷/上市公司虚假陈述
- **相关法条**　《最高人民法院关于审理证券市场因虚假陈述引发的民事赔偿案件

的若干规定》①第 18 条、第 19 条

【裁判要旨】

上市公司的股票价格在其虚假陈述行为揭露日至基准日之间并未出现暴跌，反而出现一定涨幅，整体表现优于同时间段的大盘、同行业的其他个股走势，可认为投资者的投资损失与上市公司的虚假陈述之间并不存在因果关系。

【案情摘要】

安徽证监局因查明新力金融公司在 2015 年年报虚增收入和利润、未按规定履行关联交易信息披露义务和重大诉讼信息披露义务，对其作出警告和罚款的行政处罚，并向公众披露了新力金融公司的虚假陈述行为。沈某君在新力金融公司虚假陈述行为实施日与揭露日之间买入该公司股票。后沈某君因该股票遭受损失向法院提起诉讼，主张新力金融公司虚假陈述与其损失之间存在因果关系，新力金融公司应承担赔偿责任。

（撰写人：吴凯敏）

3 投资人未在虚假陈述实施日及以后至揭露日或者更正日之前买入证券的，其损失和虚假陈述无因果关系

——刘某芳与天成控股公司证券虚假陈述责任纠纷申请再审案

- 案　　号　（2021）最高法民申 4767 号
- 合议庭成员　王朝辉、郭凌川、刘丽芳
- 关 键 词　商事 / 证券虚假陈述责任纠纷 / 虚假陈述赔偿
- 相关法条　《最高人民法院关于审理证券市场因虚假陈述引发的民事赔偿案件的若干规定》②第 18 条

---

① 该解释已失效，参见《最高人民法院关于审理证券市场虚假陈述侵权民事赔偿案件的若干规定》第 12 条。

② 该解释已失效，参见《最高人民法院关于审理证券市场虚假陈述侵权民事赔偿案件的若干规定》第 11 条。

【裁判要旨】

依据《最高人民法院关于审理证券市场因虚假陈述引发的民事赔偿案件的若干规定》第18条的规定，认定损害结果与虚假陈述之间存在因果关系的条件之一为，投资人在虚假陈述实施日及以后至揭露日或者更正日之前买入该证券。投资人未在虚假陈述实施日及以后至揭露日或者更正日之前买入该证券，即便有亏损发生，也不应认定二者存在因果关系。

【案情摘要】

2017年1月25日晚，天成控股公司发布2016年年度业绩预告。之后，该业绩预告被中国证监会认定为虚假记载行为。天成控股公司2017年4月23日晚发布《贵州长征天成控股股份有限公司2016年年度业绩预告更正公告》的对业绩预告进行更正。刘某芳、天成控股公司均认可即2017年4月24日为虚假陈述更正日。刘某芳于2016年11月28日买入天成控股公司股票27100股，成交价12.23元，2018年11月29日卖出27000股，成交价3.949元。刘某芳起诉判令天成控股公司赔偿因虚假记载虚假陈述误导，其遭受的投资损失。

（撰写人：王朝辉、张东一）

4 证券虚假陈述责任纠纷中关于"揭露日"的认定
——栗某喜与国信证券、瑞华会计师事务所、华泽钴镍证券虚假陈述责任纠纷申请再审案

- **案　　号**　（2021）最高法民申4872号
- **合议庭成员**　孙建国、张爱珍、孙晓光
- **关 键 词**　商事 / 证券虚假陈述责任 / 揭露日
- **相关法条**　《最高人民法院关于审理证券市场因虚假陈述引发的民事赔偿案件的若干规定》[①]第20条，《全国法院民商事审判工作会议纪要》第84条

[①] 该解释已失效，参见《最高人民法院关于审理证券市场虚假陈述侵权民事赔偿案件的若干规定》第8条。

【裁判要旨】

对于虚假陈述揭露日的认定,主要从三方面把握:一是虚假陈述行为属首次被公开,但并不要求达到全面、完整、准确的程度。二是在全国范围发行、传播。三是揭露对证券交易产生了实质性的影响。原则上,证券监管机构只有在掌握较为确实充分的证据的前提下,才能对涉嫌证券市场违法违规者进行立案调查,行政监管强度已比较高。证券监管机构立案调查后撤案的情况极少。上市公司发布的证券监管机构对其涉嫌违法违规事项进行立案调查通知的公告内容,对于所有投资者都应属于具有较强警示性的投资信息,足以影响投资者的投资决策,符合有关虚假陈述"揭露"之客观要求。

【案情摘要】

2015年11月24日,华泽钴镍发布公告:收到证监会《调查通知书》,因华泽钴镍涉嫌信息披露不实等证券违法违规,证监会决定对华泽钴镍立案调查。2015年11月24日,华泽钴镍股价跌幅7.51%,最低跌至17.37元/股,收于17.85元/股。2015年11月25日至11月29日,华泽钴镍股价连续上涨。2016年3月1日,华泽钴镍股票停牌。2017年7月7日,华泽钴镍发布《行政处罚及市场禁入事先告知书》:华泽钴镍涉嫌信息披露违法违规一案已由证监会调查完毕,将予以行政处罚。2018年3月21日,华泽钴镍股票复牌,收于11.88元/股,2018年4月27日收于3.31元/股,股价累计下跌72.13%。2019年7月9日,华泽钴镍股票终止上市并摘牌。华泽钴镍股民遂提起诉讼,请求判决华泽钴镍、国信证券、瑞华会计师事务所赔偿其因华泽钴镍股价下跌遭受的损失。

(撰写人:董 宁)

5 虚假陈述揭露日的认定
——陈某与盛运环保公司证券虚假陈述责任纠纷申请再审案

- **案　　号**　（2021）最高法民申5836号
- **合议庭成员**　王富博、于蒙、吴凯敏
- **关 键 词**　商事/证券虚假陈述责任纠纷/虚假陈述揭露日
- **相关法条**　《最高人民法院关于审理证券市场因虚假陈述引发的民事赔偿案件

的若干规定》① 第 20 条

【裁判要旨】

虚假陈述揭露日，是指虚假陈述在全国范围发行或者播放的报刊、电台、电视台等媒体上，首次被公开揭露之日。2019 年 3 月 29 日公告的《调查通知书》是证券监管机构对案涉公司可能存在虚假陈述行为并将引发高强度监管措施的证实和确定，向市场传达了明确的信号，充分揭示了投资风险，足以使证券投资者对公司股价的偏离状况产生警惕。原审法院综合考量揭示内容、强度、股价波动等方面因素，认为该《调查通知书》公告日符合虚假陈述揭露日的认定标准，具有事实依据。

【案情摘要】

自 2015 年 3 月 28 日后，陈某陆续多次买入卖出安徽盛运环保（集团）股份有限公司（以下简称盛运环保公司）股票，截至 2019 年 3 月 29 日仍持有盛运环保公司股票。2019 年 3 月 29 日，盛运环保公司在深圳证券交易所官方网站发布《关于收到中国证券监督管理委员会立案调查通知的公告》，披露 2019 年 3 月 28 日，盛运环保公司收到中国证券监督管理委员会《调查通知书》，因公司涉嫌信息披露违法违规，被立案调查。陈某认为其作为盛运环保公司的证券投资者，2017 年 6 月 29 日至 2019 年 4 月 16 日，买卖盛运环保公司股票发生亏损，应由盛运环保公司承担，遂提起本案诉讼，一审法院判决驳回其诉请。陈某不服提起上诉，二审法院判决驳回上诉，维持原判。陈某仍不服二审判决，向最高人民法院申请再审。

（撰写人：陈宜芳、石克链）

6 虚假陈述与投资损失因果关系的司法认定
——张某琴与圣莱达公司证券虚假陈述责任纠纷申请再审案

- 案　　号　（2021）最高法民申 6304 号
- 合议庭成员　郁琳、李延忱、王珅
- 关 键 词　商事 / 证券虚假陈述责任纠纷 / 损失 / 系统性风险

---

① 该解释已失效，参见《最高人民法院关于审理证券市场虚假陈述侵权民事赔偿案件的若干规定》第 8 条。

• **相关法条** 《最高人民法院关于审理证券市场因虚假陈述引发的民事赔偿案件的若干规定》①第19条

【裁判要旨】

人民法院对证券市场发生的虚假陈述与投资损失之间的因果关系，主要是通过推定的方式进行认定。上市公司可以对上述因果关系不成立进行抗辩，并进行举证。中证中小投资者服务中心有限责任公司出具的《证券投资者损失核定意见书》是专业意见，人民法院可以结合其他机关作出的专业意见，综合判断虚假陈述与投资损失之间的因果关系。

【案情摘要】

圣莱达公司在深圳证券交易所上市A股。2016年3月22日，圣莱达公司公告《2015年年度报告》，实施了虚增收入与利润导致该年度扭亏为盈的虚假陈述行为。同年12月28日，张某琴第一笔有效买入圣莱达公司股票。2017年4月19日，圣莱达公司发布《立案调查公告》，披露其因涉嫌信息披露违法违规被中国证监会立案调查。2018年4月14日，圣莱达公司发布《关于收到中国证监会〈行政处罚事先告知书〉的公告》。本案实施日至基准日期间，大盘、圣莱达公司所在行业板块均有波动，以及圣莱达公司发生了被出具监管函措施、被实施退市风险警示暨停牌、发布多次业绩预告等多个事件。一审法院根据圣莱达公司申请，委托上海高金金融研究院对张某琴投资差额损失进行核定。

（撰写人：郁　琳）

---

① 该解释已失效，参见《最高人民法院关于审理证券市场虚假陈述侵权民事赔偿案件的若干规定》第12条。

7 认定证券服务机构应当承担的虚假陈述连带赔偿责任范围，应综合考量其行为性质、过错程度以及造成投资者损失原因力等因素

——瑞华事务所与周某东、李某川、招商证券股份有限公司、中安科公司、中安消技术公司、广东华商律师事务所证券虚假陈述责任纠纷申请再审案

- **案　　号**　（2021）最高法民申 6708 号
- **合议庭成员**　郁琳、李延忱、王珅
- **关 键 词**　商事 / 证券虚假陈述责任纠纷 / 证券服务机构 / 部分连带责任
- **相关法条**　《最高人民法院关于审理证券市场因虚假陈述引发的民事赔偿案件的若干规定》[1]第 24 条，《最高人民法院关于审理涉及会计师事务所在审计业务活动中民事侵权赔偿案件的若干规定》第 6 条

【裁判要旨】

证券服务机构承担证券虚假陈述连带赔偿责任，应综合考量其行为性质、过错程度以及造成投资者损失原因力等因素，来认定其应当承担的赔偿责任范围。

【案情摘要】

中安科公司系在上海证券交易所上市的公司，持有中安消技术公司 100% 股权。2014 年 4 月 25 日，瑞华事务所出具审计报告，对中安消技术公司及其子公司的财务报表进行了审计。同日，瑞华事务所出具中安消技术公司盈利预测审核报告。2014 年 6 月 11 日，中安科公司公告上述报告。2019 年 5 月 31 日，中安科公司发布证监会《行政处罚决定书》《市场禁入决定书》的公告。证监会在处罚决定书中认定，"智慧石拐"项目在 2013 年底尚未招标，中安消技术公司在不符合收入确认条件情况下按完工百分比法确认该项目收入，导致 2013 年度营业收入虚增 5000 万元，2013 年度经审计的财务报告存在虚假记载，构成证券虚假陈述。行政处罚对象包括中安科公司、中安消技术公司、中恒汇志公司及相关责任人员等。

（撰写人：郁　琳）

---

[1]　该解释已失效。

8 投资者请求证券服务机构承担连带赔偿责任，是否需以证券服务机构受到行政处罚为前提条件

——瑞华事务所与周某东、李某川、招商证券股份有限公司、中安科公司、中安消技术公司、广东华商律师事务所证券虚假陈述责任纠纷申请再审案

- **案　　号**　（2021）最高法民申 6708 号
- **合议庭成员**　郁琳、李延忱、王珅
- **关 键 词**　民事 / 证券虚假陈述责任纠纷 / 证券服务机构 / 民事赔偿 / 前置程序
- **相关法条**　《最高人民法院关于审理证券市场因虚假陈述引发的民事赔偿案件的若干规定》①第 6 条、第 7 条

【裁判要旨】

证券虚假陈述民事赔偿案件的被告，应当是虚假陈述行为人，包括发起人、控股股东等实际控制人、发行人或上市公司、证券承销商以及会计师事务所、律师事务所、资产评估机构等专业中介服务机构等。据此，有关机关就虚假陈述行为作出行政处罚决定，系人民法院受理投资人提起虚假陈述责任纠纷案件的前提条件，无法推导出只有受到行政处罚的虚假陈述行为人，才属于适格被告这一结论。在上市公司受到行政处罚后，投资者请求证券服务机构承担连带赔偿责任，无需以证券服务机构受到行政处罚为前提条件。②

【案情摘要】

中安科公司系在上海证券交易所上市的公司，持有中安消技术公司 100% 股权。2014 年 4 月 25 日，瑞华事务所出具审计报告，对中安消技术公司及其子公司的财务报表进行了审计。同日，瑞华事务所出具中安消技术公司盈利预测审核报告。2014 年 6 月 11 日，中安科公司公告上述报告。2019 年 5 月 31 日，中安科公司发布

---

① 该解释已失效，此处法条分别参见《最高人民法院关于审理证券市场因虚假陈述侵权民事赔偿案件的若干规定》第 2 条，原第 7 条已被删除。

② 《最高人民法院关于审理证券市场因虚假陈述侵权民事赔偿案件的若干规定》第 2 条明确了人民法院不得仅以虚假陈述未经监管部门行政处罚或者人民法院生效刑事判决的认定为由裁定不予受理。

证监会《行政处罚决定书》《市场禁入决定书》的公告。证监会在处罚决定书中认定,"智慧石拐"项目在2013年年底尚未招标,中安消技术公司在不符合收入确认条件情况下按完工百分比法确认该项目收入,导致2013年度营业收入虚增5000万元,2013年度经审计的财务报告存在虚假记载,构成证券虚假陈述。行政处罚对象包括中安科公司、中安消技术公司、中恒汇志公司及相关责任人员等。

(撰写人:郁　琳)

9 监管部门以涉嫌信息披露违法为由进行立案调查的信息公开之日能否作为虚假陈述揭露日

——圣莱达公司与刘某、覃某、胡某东、康某证券虚假陈述责任纠纷申请再审案

- **案　　号**　(2021)最高法民申7407号
- **合议庭成员**　郁琳、李延忱、王珅
- **关 键 词**　商事 / 证券虚假陈述责任纠纷 / 揭露日认定
- **相关法条**　《最高人民法院关于审理证券市场因虚假陈述引发的民事赔偿案件的若干规定》①第20条

【裁判要旨】

虚假陈述的揭露不以"镜像原则"为必要,不要求达到全面、完整、准确的程度。上市公司发布的证券监管机构对其涉嫌信息披露违法违规事项进行立案调查通知的公告内容,虽然没有具体载明上市公司具体的虚假陈述行为,但对于所有投资者都应属于具有较强警示性的投资信息,足以对理性投资者起到重新判断股票价值、注意证券市场投资风险的警示作用,进而对市场价格产生影响。因此,若无其他情节,应以立案调查通知书公告日作为揭露日。

【案情摘要】

圣莱达公司在深圳证券交易所上市A股,证券代码002473。2016年3月22日,

---

① 该解释已失效,参见《最高人民法院关于审理证券市场因虚假陈述侵权民事赔偿案件的若干规定》第8条。

圣莱达公司公告《2015年年度报告》实施虚假陈述行为。同年12月29日，刘某买入圣莱达公司股票，该日是其第一笔有效买入。2017年4月19日，圣莱达公司发布《立案调查公告》，披露"因公司涉嫌信息披露违法违规，根据《证券法》的有关规定，中国证监会决定对公司立案调查"。2018年4月14日，圣莱达公司在证监会指定披露媒体"巨潮资讯网"上发布《关于收到中国证监会〈行政处罚事先告知书〉的公告》，披露圣莱达公司的违法事实为：《2015年年度报告》造假。圣莱达公司主张应以2018年4月14日《关于收到中国证监会〈行政处罚事先告知书〉的公告》发布日为虚假陈述揭露日，二审法院未予采信，后圣莱达公司向最高人民法院提起再审申请。

（撰写人：郁　琳）

10 公募债券欺诈发行过程中承销机构未尽责履职，应视情节与发行人承担连带赔偿责任

——德邦证券公司与上海振翎教育科技有限公司等
证券虚假陈述责任纠纷申请再审案

- 案　　号　（2021）最高法民申7617号
- 合议庭成员　汪军、李绍华、黄鹏
- 关　键　词　商事 / 证券虚假陈述责任纠纷 / 未尽责履职
- 相关法条　《中华人民共和国证券法》第31条、第69条

【裁判要旨】

公募债券欺诈发行过程中，承销机构未尽责履职的，对投资人所持债券的票面本息损失，应根据其过错程度与发行人承担连带赔偿责任。

【案情摘要】

债券投资者（原告）购买了五洋建设发行在外的公司债券后，因五洋建设存在欺诈发行、虚假陈述等违规行为遭受投资损失，起诉请求发行人五洋建设和德邦证券公司等债券服务机构承担赔偿责任。德邦证券公司为债券承销商与受托管理人，在公司债券募集说明书中声明不会因所引用内容而出现虚假记载、误导性陈述或重大遗漏，并对其真实性、准确性和完整性承担相应的法律责任，还承诺《募集说明

书》及其摘要因存在虚假陈述致使投资人在证券交易中遭受损失的，与发行人承担连带赔偿责任。德邦证券公司因在五洋建设的债券发行中未尽责履职被中国证券监督管理委员会行政处罚。一审判决德邦证券公司对五洋建设公司因虚假陈述而承担的赔偿债务承担连带赔偿责任。德邦证券公司不服提起上诉，二审判决驳回上诉、维持原判。德邦证券公司就此申请再审。

（撰写人：汪　军）

11　公司骗取债券发行核准能否认定虚假陈述行为与违约损失之间的因果关系

——德邦证券公司与宝方公司、五洋建设公司、陈某樟、大信会计所、锦天城律所、大公国际证券虚假陈述责任纠纷申请再审案

- 案　　号　（2021）最高法民申7623号
- 合议庭成员　郁琳、李延忱、王珅
- 关　键　词　商事 / 证券虚假陈述责任纠纷 / 因果关系认定
- 相关法条　《中华人民共和国证券法》第15条

【裁判要旨】

公司最近3年平均可分配利润是衡量公司是否拥有支付利息能力的标志。公司在最近3年平均可分配利润不足以支付公司债券1年的利息，不具备公开发行公司债券的基本条件的情况下，通过财务造假行为，骗取发行核准，该虚假陈述行为对发行人的还本付息能力产生重要影响，足以改变投资人对发行人违约风险和偿付能力的预估，影响投资人投资决策。而投资人基于对虚假陈述信息的信赖，在虚假陈述实施日及以后至揭露日之前买入债券，在无其他证据显示存在否定因果关系的例外情形的情况下，应认定虚假陈述行为与投资人损失之间具有因果关系。

【案情摘要】

五洋建设公司在最近3年平均可分配利润不多于9359.68万元，不足以支付公司债券1年的利息（10352万元），不具备公开发行公司债券的基本条件的情况下，违反会计准则，通过将所承建工程项目应收账款和应付账款"对抵"的方式，同时虚减企业应收账款和应付款项，导致少计提坏账准备，于2015年7月以虚假申报

材料骗取中国证监会的公司债券公开发行审核许可，发行规模为 8 亿元的"15 五洋债"与规模为 5.6 亿元的"15 五洋 02"两期公募债券。德邦证券公司系案涉债券的主承销商。2018 年 1 月 19 日，五洋建设公司在上海证券交易所网站发布《关于收到中国证监会〈行政处罚事先告知书〉的公告》，系五洋建设欺诈发行违法行为在全国范围首次被公开揭露。

（撰写人：郁　琳）

保险 ▶▶▶

1 被保险人财产损失已经由政府予以补偿的，不得要求保险公司重复赔偿以获得额外收益
——讯通公司与太保上海分公司财产保险合同纠纷申请再审案

- **案　　号**　（2021）最高法民申 3495 号
- **合议庭成员**　梅芳、葛洪涛、苏蓓
- **关 键 词**　商事 / 财产保险合同纠纷 / 填补损害原则
- **相关法条**　《中华人民共和国保险法》第 55 条

【裁判要旨】

在保险公司向被保险人部分赔付后，当地政府收回了被保险人的土地，并支付被保险人土地综合补偿。补偿数额包括土地使用权和地上物补偿等，其中地上物补偿是以保险标的全损为依据计算赔付的，该地上物补偿款和保险公司赔付数额已经足以弥补被保险人的损失。如准许保险公司继续支付保险赔偿金，则超出其保险标的价值，也不符合保险法的填补损害的基本原则，被保险人不能因损失而获得额外收益。

【案情摘要】

2014 年 12 月，太保上海分公司向迅通公司签发了《保险单》，约定迅通公司就房屋建筑物含装修辅助设施等向太保上海分公司投保保险一切险。2015 年 8 月 12

日，爆炸事故导致迅通公司投保的堆场仓库、办公楼等固定资产毁损，迅通公司向太保上海分公司提交了全损的保险索赔通知书。太保上海分公司向迅通公司分2次共计支付了2400万元。2017年9月7日，迅通公司与滨海土地发展中心签订土地收回协议书，约定滨海土地发展中心收回因爆炸事故受损波及的土地，并给付迅通公司土地综合补偿，主要包括四项：（1）土地使用费；（2）地上物补偿；（3）经营损失补偿；（4）企业所得税。讯通公司起诉要求太保上海分公司向其继续支付损失额减去先行赔付的2400万元以及5%免赔额之后的保险赔偿金。

（撰写人：苏　蓓、李大何）

2 民事案件的审理不以行为人所涉的刑事案件裁判结果为依据，亦未以刑事侦查程序中形成的询问笔录作为裁判理由的，不符合主要事实未经质证的再审申请事由

——中银山东分公司与民生加银公司、莱芜信通公司保证保险合同纠纷申请再审案

- **案　　号**　（2021）最高法民申3380号
- **合议庭成员**　黄年、张颖、丁俊峰
- **关 键 词**　商事/保证保险合同纠纷/再审新证据
- **相关法条**　《最高人民法院关于适用〈中华人民共和国民事诉讼法〉的解释》第387条①，《中华人民共和国民事诉讼法》第200条第1项②

【裁判要旨】

刑事侦查程序中形成的询问笔录的陈述未被生效刑事裁判认定的前提下，不能直接认定原审判决认定基本事实或者裁判结果错误，当事人以该询问笔录作为足以推翻原判的再审新证据申请再审的，不予支持。民事案件的审理不以行为人所涉的刑事案件裁判结果为依据，亦未以刑事侦查程序中形成的询问笔录作为裁判理由的情况下，当事人以原审判决未对刑事侦查程序中形成的询问笔录进行质证，剥夺其

---

① 该解释已于2022年修正，对应第385条。
② 对应《中华人民共和国民事诉讼法》（2023年修正）第211条。

辩论权利的再审理由不能成立。

【案情摘要】

本案中投保人莱芜信通公司，被保险人民生加银公司，保险人为中银山东分公司，保单保险标的为莱芜信通公司发行的私募债券。民生加银公司持有加盖中银山东分公司承保专用章的保险单，并出具加盖相同专用章且有中银山东分公司工作人员签字的《合同/协议面签声明》，民生加银公司要求中银山东分公司承担保证保险赔偿责任。此后，中银山东分公司以伪造中银公司印章及中银公司被虚假诉讼案向公安机关报案，公安机关出具立案告知书，对伪造中银保险公司印章案立案侦查。中银山东分公司认为应调取前述刑侦笔录作为主要证据予以审查，遂提起本案诉讼。

（撰写人：丁俊峰）

3 保险人向被保险人赔偿保险金后，被保险人未经保险人同意放弃对第三者请求赔偿的权利的，该行为对保险人不发生效力

——永安财险山西分公司与工业设备公司、电力技术公司、恒通监理公司保险人代位求偿权纠纷申请再审案

- **案　　号**　（2021）最高法民申 5844 号
- **合议庭成员**　曹刚、于蒙、关晓海
- **关 键 词**　商事 / 保险合同 / 代位求偿权
- **相关法条**　《中华人民共和国保险法》第 61 条

【裁判要旨】

保险事故发生后，保险人向被保险人赔偿保险金的，被保险人未经保险人同意放弃对第三者请求赔偿的权利的，该行为对保险人不发生效力。

【案情摘要】

森泽煤铝公司在永安财险吕梁市中心支公司投有财产综合保险，保险标的包括房屋建筑、在建工程及其他，保险金额为 21 亿元整。在保险期间内，保险标的发生火灾事故。事故发生后，经协商，永安财险山西分公司（保险人）先行预赔付森泽

煤铝公司（被保险人）7897100元，森泽煤铝公司出具权益转让书，将其对已取得赔偿款部分的保险标的的一切权利及可得补偿的权利转让给永安财险山西分公司。森泽煤铝公司遂提起本案诉讼，请求判令工业设备公司、电力技术公司、恒通监理公司（以下简称三公司）就火灾事故给森泽煤铝公司造成的损失承担赔偿责任。在诉讼期间，森泽煤铝公司在另案诉讼（森泽煤铝公司就火灾损失诉三公司纠纷）中分别与三公司签订和解协议，承诺放弃向三公司主张火灾事故的所有责任及索赔的权利。

（撰写人：关晓海）

4 根据保险的具体形式准确区分共同保险与再保险法律关系

——A公司与B公司再保险合同纠纷申请再审案

- **案　　号**　（2020）最高法民申6025号
- **合议庭成员**　奚向阳、李桂顺、马晓旭
- **关 键 词**　商事 / 再保险 / 共同保险
- **相关法条**　《中华人民共和国保险法》第28条

【裁判要旨】

双方当事人对案涉法律关系属于共同保险还是再保险存在争议，而我国《保险法》对共同保险并无明确规定，目前仅有保监会制订的相关文件，比如《中国保险监督管理委员会关于大型商业保险和统括保单业务有关问题的通知》（保监发〔2002〕16号）以及《关于加强财产保险共保业务管理的通知》（保监发〔2006〕31号）中对共同保险的概念和特点进行了阐述和细化。本案中，尽管B公司向A公司出具的是"共保确认函"，但根据查明的事实，投保人与B公司之间并无直接的保险合同关系，同时也并无证据证明投保人明知且同意案涉货物由不同保险公司共同承保，因此在形式上并不符合共保的特点。A公司独自承保后，将部分风险责任转移给B公司承担，该形式更符合我国《保险法》第28条关于再保险的规定。

【案情摘要】

A公司签发保险单，载明被保险人为C公司，保险货物为二手宝马发动机生产线

设备。主险条款：（1）英国协会货物保险条款（B）；（2）30 天通知取消条款；（3）制裁限制与除外条款。附加条款：（1）罢工、暴乱及民众骚动扩展条款；（2）错误与疏漏条款；（3）预付赔款条款（50%）；（4）英国协会船机条款；（5）舱面险（2009 版）等。同时约定了对于保险标的的包装或准备不足或不当引起的损失、损害或费用本保险绝不承保。B 公司向 A 公司出具"共保确认函"称 B 公司确认作为涉案共保业务从共保人，承接 17% 的份额，投保人、被保险人、保险标的、保险期限、承保险种等与 A 公司出具的保单约定一致。

据 A 公司提供的检验报告记载：上述设备在从中国南京至英国利物浦途中遭受损害。LGSA MARINE 的检验结论为动力头损害是为中国至英国运输而进行的包装不足造成的。A 公司致函 B 公司并随附理算报告称被保险人持有卖方出具的授权书，故享有保险索赔权，保险标的虽未落水，但属于承保风险，按照被保险人提供的货物价值和重量，扣减残值，要求 B 公司按照约定比例分担实际损失。B 公司于次日回函称 A 公司未提供整套理赔材料，无法作为理赔依据，且根据现有材料，B 公司认为不属于保险责任。A 公司向被保险人 C 公司支付了保险赔款后，向一审法院起诉请求 B 公司向 A 公司支付共保分担费用。

（撰写人：马晓旭）

劳动争议 ▶▶▶

1 公司与董事之间关系的认定
——孙某祥与吉林麦达斯轻合金劳动争议纠纷再审案

- **案　　号**　（2020）最高法民再 50 号[①]
- **合议庭成员**　王富博、余晓汉、李盛烨
- **关 键 词**　民事 / 公司解除董事职务 / 劳动合同
- **相关法条**　《中华人民共和国公司法》第 44 条[②]，《中华人民共和国企业破产法》第 113 条，《中华人民共和国劳动合同法》第 85 条

---

① 本案系最高人民法院公报案例。
② 参见 2023 年修正、2024 年 7 月 1 日施行的《中华人民共和国公司法》第 68 条。

【裁判要旨】

公司依据章程规定及股东会决议聘任董事行使法定职权，董事同意任职并依法开展委托事项，公司与董事之间即形成委任关系，该关系并不排斥劳动合同关系的存在，二者在符合特定条件时可同时构成劳动法上的劳动合同关系。

公司与董事虽未签订书面劳动合同，但董事同时担任法定代表人，从事董事职权以外的其他业务，以公司所付工资为主要生活来源，并符合劳动关系的构成要素，董事主张与公司同时形成事实劳动关系的，人民法院应予支持。当公司解除董事职务且一并免除其法定代表人职务，亦未再安排从事其他工作时，该事实劳动关系因形成的基础丧失应随委任关系一并解除。

【案情摘要】

麦达斯控股与吉林麦达斯铝业、洛阳麦达斯铝业及麦达斯轻合金系关联公司。2001年至2017年，孙某祥先后在吉林麦达斯铝业、洛阳麦达斯铝业任财务总监、总经理等职务。2017年7月，麦达斯控股任命孙某祥为麦达斯轻合金董事长、法定代表人，同时因担任法定代表人而从事公司融资、财务管理及政府协调相关工作。前述公司均未与孙某祥签订劳动合同。2018年2月，麦达斯控股免去孙某祥的麦达斯轻合金董事长及法定代表人职务，解聘原因为企业内部正常职务调整，此后未再安排孙某祥从事其他工作。2018年4月，一审法院裁定受理麦达斯轻合金重整申请。2019年1月，一审法院裁定终止麦达斯轻合金重整程序，宣告麦达斯轻合金破产。

（撰写人：王富博）

2 用人单位对非一裁终局劳动仲裁裁决不服的，应向有管辖权的基层人民法院提起诉讼

——远征公司劳动争议纠纷申请再审案

- 案　　号　（2021）最高法民申3548号
- 合议庭成员　李相波、刘丽芳、张小洁
- 关 键 词　民事/劳动争议/仲裁裁决
- 相关法条　《中华人民共和国劳动争议调解仲裁法》第47条、第49条、第50

条,《最高人民法院关于审理劳动争议案件适用法律若干问题的解释》①第 8 条

【裁判要旨】

用人单位不服劳动争议仲裁机构作出的非终局裁决的,可以自收到仲裁裁决书之日起 15 日内向用人单位所在地或者劳动合同履行地的基层人民法院提起诉讼。用人单位向中级人民法院申请撤销仲裁裁决的,人民法院应当告知其向有管辖权的基层人民法院提起诉讼,用人单位坚持申请撤销的,人民法院应当裁定不予受理。

【案情摘要】

劳动人事争议仲裁委员会作出［2020］43 号仲裁裁决:远征公司向劳动者支付劳动报酬等 84996.27 元,并告知当事人不服仲裁裁决的,可向有管辖权的人民法院提起诉讼。远征公司不服,向人民法院提起诉讼,要求撤销［2020］43 号仲裁裁决。人民法院告知其应向有管辖权的基层人民法院提起诉讼,远征公司坚持申请撤销,人民法院遂裁定不予受理,二审法院维持一审裁定。远征公司申请再审。

（撰写人:李相波、梁 楷）

3 对"一裁终局"范围外的劳动争议案件法院级别管辖的确定
——远征公司劳动争议纠纷申请再审案

- **案　　号**　（2021）最高法民申 3557 号
- **合议庭成员**　王朝辉、郎贵梅、刘丽芳
- **关 键 词**　民事 / 劳动争议纠纷 / 劳动争议案件管辖权
- **相关法条**　《中华人民共和国劳动争议调解仲裁法》第 5 条、第 47 条、第 48 条、第 49 条,《最高人民法院关于审理劳动争议案件适用法律若干问题的解释》②第 8 条

---

① 该解释已失效,参见《最高人民法院关于审理劳动争议案件适用法律问题的解释（一）》第 3 条。
② 该解释已失效,参见《最高人民法院关于审理劳动争议案件适用法律问题的解释（一）》第 3 条。

【裁判要旨】

《劳动争议调解仲裁法》第5条规定："……对仲裁裁决不服的，除本法另有规定的外，可以向人民法院提起诉讼。"其中"除本法另有规定的外"是指该法第47条规定的"一裁终局"的情形。对于"一裁终局"范围外的劳动争议案件，当事人可向人民法院提起诉讼的，应由用人单位所在地或者劳动合同履行地的基层人民法院管辖。

【案情摘要】

远征公司对西藏自治区劳动人事争议仲裁委员会作出的仲裁裁决书不服，向法院提起诉讼，案涉仲裁裁决争议标的额为64219.16元，超过当地月最低工资标准12个月金额。一审法院因没有其管辖权裁定不予受理，二审法院驳回上诉，维持原裁定。远征公司认为原审裁定不尊重公司长期停工停产的客观事实，存在事实认定错误，法律适用不当的问题，申请再审。

（撰写人：王朝辉、余　帅）

不当得利 ▶▶▶

1 当事人因减少负债而获益且无法律根据的，亦可构成不当得利

——李某与永诚公司等不当得利纠纷申请再审案

- 案　　号　（2021）最高法民申1190号
- 合议庭成员　宋冰、陈宏宇、张梅
- 关 键 词　民事/不当得利/减少负债
- 相关法条　《中华人民共和国民法总则》第122条①

---

① 对应《中华人民共和国民法典》第122条。

【裁判要旨】

借款人根据出借人的指示,将所借款项部分用于偿还出借人对他人的债务。在此后涉及该借款关系的案件中,如未将该笔款项抵扣,则出借人因减少了相应负债而获益且无法律根据,借款人主张出借人构成不当得利的,人民法院应予支持。

【案情摘要】

永诚公司与李某签订《借款合同》,约定李某向永诚公司出借5000万元。李某向永诚公司实际支付后,永诚公司依据李某的指示将其中39784870元转入李某债权人汤某辉的账户。后李某将其对永诚公司的5000万元借款本金的债权转让给段某文。后段某文起诉请求永诚公司等偿还5000万元借款及利息。该案生效判决认定,永诚公司未提供证据证明其向汤某辉的还款与本案借款的关联性,因此对该部分事实不予审查,相关当事人可另行解决。后永诚公司提起本案诉讼,请求李某返还不当得利。

(撰写人:陈宏宇、赵 静)

2 已转让的破产财产所涉不当得利问题
——万鑫公司与邦业公司、中房公司不当得利纠纷申请再审案

- **案　　号**　(2021)最高法民申4405号
- **合议庭成员**　杜微科、薛贵忠、汪军
- **关 键 词**　民事/不当得利纠纷
- **相关法条**　《中华人民共和国民法总则》第122条①

【裁判要旨】

添附在房屋上的装修装饰物已纳入承租人破产财产范围并已变卖给房屋所有权人,装修装饰物的施工方不能以工程款在承租人破产清算中未得到足额清偿为由主张房屋所有权人构成不当得利。

---

① 对应《中华人民共和国民法典》第122条。

【案情摘要】

2013年12月2日，万鑫公司就路桥市场装修工程与路桥公司签订建设施工合同，后经第三方审定工程造价为117298992.92元。2016年3月31日，常州市中级人民法院受理案外人对路桥公司提出的破产清算申请。万鑫公司向破产管理人申报普通债权，破产管理人初步审核金额为70967190.23元。2018年6月25日，邦业公司与路桥公司签订变卖协议，路桥公司将上述破产财产（包括上述房屋装修装饰物）协议变卖、交割转移给邦业公司所有，邦业公司支付给路桥公司变卖对价3550万元。同年7月14日，常州市天宁区人民法院裁定宣告路桥公司破产，同年10月26日，又作出民事裁定确认上述变卖协议已生效，路桥市场的装修装饰物、路桥公司的机器设备及办公设备归邦业公司所有。万鑫公司起诉请求邦业公司等返还其不当得利收益6424.899292万元。

（撰写人：杜微科）

3 不当得利纠纷诉讼时效的认定
——刘某国与姚某录、姚某庆不当得利纠纷申请再审案

- 案　　号　（2021）最高法民申7416号
- 合议庭成员　陈宏宇、吴笛、张梅
- 关 键 词　民事/不当得利纠纷/诉讼时效
- 相关法条　《最高人民法院关于适用〈中华人民共和国民法总则〉诉讼时效制度若干问题的解释》[①]第3条

【裁判要旨】

不当得利纠纷的诉讼时效，应当从权利人知道或应当知道不当得利事实之日起算。与权利人有利害关系的证人出具的证言不能单独作为认定案件事实的依据。

【案情摘要】

2014年至2015年期间，刘某国因流动资金困难，向姚某录、姚某庆借款，后

---

① 该解释已失效。

刘某国陆续向姚某录、姚某庆偿还借款本金及利息，至2015年6月2日共计偿还本金及利息11887296元。刘某国起诉请求姚某录、姚某庆返还多收取的利息4689208.78元，并承担获取不当得利款项期间的利息922836元。一审法院以刘某国的起诉已超过诉讼时效为由，驳回其诉讼请求。刘某国不服上诉，二审法院维持原审判决。刘某国不服原判决向最高人民法院申请再审。

（撰写人：陈宏宇、赵　静）

4 不当得利纠纷中，法律上原因消灭后，是否可以认定为"没有法律依据"

——靖远二电公司与兰州银行不当得利纠纷再审案

- 案　　号　（2021）最高法民再249号
- 合议庭成员　宋冰、陈宏宇、张梅
- 关 键 词　民事/不当得利纠纷/没有法律根据
- 相关法条　《中华人民共和国民法总则》第122条①

【裁判要旨】

认定不当得利返还请求权需同时具备一方取得利益、另一方受到损失、取得利益与受到损失之间存在因果关系、没有法律根据这四项构成要件。曾有法律上之原因，嗣后归于消灭，亦符合"没有法律根据"的构成要件。

【案情摘要】

长青公司就案涉房屋一房二卖，将房屋登记过户给靖远二电公司的同时，向兰州银行交付房屋。后兰州银行在明知该房屋已经登记在他人名下的情况下，亦通过出具《承诺函》等形式办理房屋登记。靖远二电公司提起行政诉讼后，兰州银行的权属登记被撤销。靖远二电公司认为兰州银行对房屋的占有构成不当得利，起诉请求兰州银行支付房屋占用费。

（撰写人：陈宏宇、赵　静）

---

① 对应《中华人民共和国民法典》第122条。

5 当事人通过拍卖取得案涉土地，不构成对案涉土地上构筑物的不当得利

——农耕房产公司与潘某发、扎西泽旺公司不当得利纠纷申请再审案

- 案　　号　（2021）最高法民申 7891 号
- 合议庭成员　蒋科、张爱珍、刘丽芳
- 关 键 词　民事 / 不当得利纠纷 / 司法拍卖地块上构筑物的权属
- 相关法条　《中华人民共和国民法总则》第 122 条①，《中华人民共和国物权法》第 146 条②

【裁判要旨】

没有法律依据，取得不当利益，受损失人有权要求返还不当利益。建设用地使用权转让、互换、出资或赠与的，附着于该土地上的建筑物、构筑物及其附属设施一并处分。买受人通过司法拍卖购得案涉土地，按照"房随地走"的原则，其一并取得地上构筑物的所有权，其支付的价款已包含土地及地上建（构）筑物的全部对价，不构成对构筑物的不当得利。

【案情摘要】

农耕房产公司作为被执行人，其正在施工的一块建设用地被人民法院司法拍卖。拍卖过程中，人民法院委托的评估机构仅对土地使用权价值进行了估价，对在建工程未评估价值。人民法院拍卖公告载明以"土地现状"进行拍卖。潘某发以最高出价购得该块土地，取得了建设用地使用权，并指示人民法院过户至扎西泽旺公司名下。因施工单位向农耕房产公司主张案涉土地在建工程的工程价款经审理得到支持。现农耕房产公司以潘某发、扎西泽旺公司取得案涉土地仅支付了土地使用权价款，并未支付在建工程的工程价款属于不当得利为由，提起本案诉讼。

（撰写人：蒋　科）

---

① 对应《中华人民共和国民法典》第 122 条。
② 对应《中华人民共和国民法典》第 356 条。

6 一权被二卖，公司向明知公司股权已变更登记、转让合同已无法履行但仍占用公司资产的后买受人主张占用期间的损失，是侵权责任纠纷还是不当得利纠纷

——曹某平因财产损害赔偿纠纷申请再审案

- 案　　号　（2021）最高法民申 4299 号
- 合议庭成员　薛贵忠、汪军、杜微科
- 关 键 词　民事 / 损害赔偿纠纷 / 不当得利
- 相关法条　《中华人民共和国民法总则》第 120 条、第 122 条①

【裁判要旨】

公司原法定代表人将公司资产的经营管理权一权二卖，后买受人系依据与公司签订的转让合同占有公司资产，并无侵害公司财产的主观过错，不构成侵权。但后买受人占有时知晓公司股权已变更登记至先买受人，转让合同已无法履行，其占有没有法律上的根据，占有期间所获利益为不当利益，其行为构成不当得利。因此，纠纷性质应为不当得利纠纷而非侵权责任纠纷。

【案情摘要】

众鑫公司原法定代表人袁某卫与任某玉签订转让协议，约定袁某卫将公司酒店的经营管理权等转让给任某玉，在交接过渡期内任某玉委托袁某卫进行经营管理。后袁某卫等在交接过渡期内又与曹某平签订了转让协议，约定袁某卫等将公司酒店的经营管理权转让给曹某平，曹某平款项付清后有权接手，并约定了付款期限，协议除有袁某卫等签字外，盖有众鑫公司公章。上述付款期限截止日期之前，众鑫公司将股东由袁某卫等变更登记为任某玉，法定代表人亦相应变更。之后，任某玉取得了众鑫公司印章及资产钥匙。曹某平实际占用了协议中的资产，其称系在股权变更后袁某卫等将资产交予其接管，接管时即已知晓众鑫公司的股东发生变更。众鑫公司以曹某平侵权为由诉至法院要求其赔偿侵占期间的损失，一审法院认为本案性质为侵权责任纠纷，二审法院则认为本案系不当得利纠纷。曹某平

---

① 对应《中华人民共和国民法典》第 120 条、第 122 条。

不服，向最高人民法院申请再审。

（撰写人：薛贵忠、叶康喜）

婚姻家庭 ▶▶▶

1. 对登记在未成年子女名下的不动产，若购房款系父母支付或未成年子女未举证其具备相应的经济能力或系通过继承、接受赠与等所得，应认定为家庭共有财产

——梁某玲、梁某省、刘某平与刘某洋物权确认纠纷申请再审案

- 案　　号　（2021）最高法民申1583号
- 合议庭成员　张淑芳、李敬阳、吴凯敏
- 关 键 词　民事 / 物权确认纠纷 / 父母出资 / 家庭共有财产
- 相关法条　《中华人民共和国物权法》第33条[①]

【裁判要旨】

经依法登记的不动产物权，具有对外公示效力，即登记的权利人在法律上被推定为不动产物权的实际权利人。但是，如有证据证明登记的权利人不是该不动产物权的实际权利人，应根据实际出资情况确定房产的真实归属。在现实生活中，经常发生由父母出资购买不动产，但登记在未成年子女名下以规避执行的情形。当利害关系人要求确认该不动产为家庭共有财产时，如未成年子女未举证其具备相应的经济能力或系通过继承、接受赠与等所得，则利害关系人的请求应予以支持。

【案情简要】

梁某玲系刘某平、梁某省之女。2017年12月，另案生效判决，刘某平、梁某省对刘某洋合计出借的11500万余元借款本金（借款发生于2012年4月至2013年1月间）及利息承担连带责任。其后，刘某洋提起本案确认之诉，要求确认登记于

[①] 对应《中华人民共和国民法典》第234条。

梁某玲名下的 8 套房产系刘某平、梁某省、梁某玲家庭共有财产。原审判决基于购房合同签订时间及房款支付等实际情况，确认 7 套房产为家庭共有财产。

（撰写人：张淑芳）

② 夫妻共同经营公司，一方因"对赌协议"承担的债务，是否属于夫妻共同债务
——冉某枝与磐达合伙与公司有关的纠纷申请再审案

- 案　　号　（2021）最高法民申 5709 号
- 合议庭成员　郎贵梅、王朝辉、刘丽芳
- 关 键 词　民事／"对赌协议"／夫妻共同债务／共同清偿／债务承担／公司纠纷
- 相关法条　《最高人民法院关于审理涉及夫妻债务纠纷案件适用法律有关问题的解释》①第 1 条

【裁判要旨】

夫妻双方作为股东共同参与公司经营时，其中一方因"对赌协议"须按照约定支付股权回购费的，如果有证据证明该债务是为公司经营获取投资而产生，且另一方对该债务知情，可以认定该债务用作共同生产经营，属于夫妻共同债务。

【案情摘要】

磐达合伙与新万兴碳纤维公司（目标公司）、刘某明（目标公司实际控制人）、冉某枝（目标公司股东、刘某明妻子）签订《股权投资协议》，约定磐达合伙投资 20000 万元获得目标公司 7% 的股权，并约定目标公司未达到利润目标时刘某明应进行股权回购。后目标公司未实现协议约定的经营利润，仲裁裁决刘某明向磐达合伙支付股权回购费等费用。因刘某明未支付股权回购费，磐达合伙要求冉某枝承担共同清偿责任。

一审法院认为，冉某枝对该债务知情且未提出异议，案涉债务用于公司共同经营，应认定为夫妻共同债务，二审法院维持一审判决。冉某枝不服，以其未参与公

---

① 该解释已失效，参见《中华人民共和国民法典》第 1064 条。

司经营，不应认定为夫妻共同债务为由申请再审。

（撰写人：郎贵梅、陈　艺）

产品责任

1 食品标签低标脂肪是否应向消费者赔偿损失及支付惩罚性赔偿金
——无穷公司与陈某东、沃尔玛民族大道店等产品责任纠纷申请再审案

- 案　　号　（2021）最高法民申 3581 号
- 合议庭成员　胡夏冰、于明、贾清林
- 关 键 词　民事 / 产品责任纠纷 / 低标脂肪含量 / 食品安全标准 / 标签瑕疵
- 相关法条　《中华人民共和国食品安全法》第 148 条

【裁判要旨】

不符合食品标准的产品即使不影响食品安全，但仍会对消费者产生误导，生产者仍应向消费者支付惩罚性赔偿金。

【案情摘要】

陈某东在沃尔玛商场购买了无穷公司 3 包无穷酱卤鸭小腿，该食品外包装袋营养成分表载明"脂肪含量"为 1.4 克 /100 克。后陈某东委托产品质量检验研究院对案涉食品抽样进行脂肪含量检测，检测结果脂肪含量为 6.3 克 /100 克。陈某东认为无穷公司生产的案涉食品外包装所载明的脂肪含量值与实际检测值不符，侵犯消费者权益，遂诉至法院，请求赔偿及支付赔偿金。

（撰写人：陈得和）

2. 消费者在短时间内购买相同或相似的若干件商品并分别提起诉讼情形下惩罚性赔偿金的适用问题

——陈某东与无穷公司、沃尔玛民族大道店等产品责任纠纷申请再审案

- 案　　号　（2021）最高法民申 5274 号
- 合议庭成员　胡夏冰、于明、贾清林
- 关 键 词　民事 / 职业打假人 / 惩罚性赔偿
- 相关法条　《中华人民共和国食品安全法》第 148 条

【裁判要旨】

原告在短时间内购买相同或相似的若干件商品并分别提起诉讼的，系以拆分诉讼的形式以期获得多份惩罚性赔偿金，有违诚信原则。消费者主张的惩罚性赔偿金已在其中一个诉讼中得到支持，则在其他诉讼中不应再支持关于惩罚性赔偿金的诉讼请求。

【案情摘要】

陈某东分别于 2019 年 12 月内两次在沃尔玛民族大道店购买不同批次的同一案涉食品，此后向南宁市中级人民法院就两次购买的案涉食品分别提起诉讼，并主张惩罚性赔偿金。陈某东主张的惩罚性赔偿金已经在前案中得到支持，其在前案胜诉后又提起本案诉讼主张惩罚性赔偿金。

（撰写人：曾泳源）

财产保全损害责任

1. 财产保全损害赔偿责任不能仅以申请人的诉讼请求是否得到人民法院生效判决支持为判断依据

——红鹭公司与民生银行南昌分行申请诉中财产保全损害责任纠纷申请再审案

- 案　　号　（2020）最高法民申 7054 号
- 合议庭成员　贾劲松、张代恩、王鑫
- 关　键　词　民事／申请诉中财产保全损害责任纠纷／财产保全损害责任的承担
- 相关法条　《中华人民共和国民事诉讼法》第 103 条，《中华人民共和国侵权责任法》第 6 条、第 7 条①

【裁判要旨】

财产保全是当事人向人民法院提起诉讼时依法享有的一项基本诉讼权利，当事人对诉讼中争议案件事实的判断和诉讼请求能否得到实现的判断，并不一定与法院最终的判决相一致，因此，不能将当事人保全权利的行使简单以其诉讼请求能否得到人民法院生效判决支持为判断依据。申请保全错误须以申请人主观存在过错为要件，不仅要看其诉讼请求最终是否得到支持，还要看其是否存在故意或重大过失。申请保全财产的行为不存在过错的当事人，人民法院不应判决其承担损害赔偿责任。

【案情摘要】

民生银行南昌分行与有色金属公司、红鹭公司、陶某君、罗某钢票据追索权纠纷一案中，民生银行南昌分行向人民法院提交财产保全申请，请求查封或冻结有色金属公司、红鹭公司、陶某君、罗某钢价值 110357407.36 元的银行存款或其他相应价值的财产，以自身所有的财产提供担保，人民法院依法予以保全。后人民法院驳回了民生银行南昌分行对红鹭公司的诉讼请求。红鹭公司以民生银行南昌分行申请保全存在重大主观过错，给其公司造成损失为由，提起本案诉讼。

（撰写人：贾劲松）

---

① 对应《中华人民共和国民法典》第 1165 条、第 1166 条。

2 判断财产保全是否适当，应当结合诉讼是否合理，以及申请保全的标的额、对象及方式等予以考察

——宏利达公司与人保江苏分公司、鲁泰公司申请诉中财产保全损害责任纠纷上诉案

- 案　　号　（2020）最高法民终 730 号
- 合议庭成员　汪治平、吴晓芳、王丹
- 关 键 词　民事 / 申请诉中财产保全损害责任纠纷 / 不当保全
- 相关法条　《中华人民共和国民事诉讼法》第 105 条①

【裁判要旨】

财产保全制度的目的在于保障将来生效裁判的执行。申请财产保全是当事人依法享有的诉讼权利，但在民事诉讼中，各方当事人亦应当遵循诚信原则。申请人申请财产保全存在过错，给被申请人造成损失的，应当承担侵权赔偿责任。而判断申请人是否存在过错，要根据其诉讼请求及所依据的事实和理由考察其提起的诉讼是否合理或者结合申请保全的标的额、对象及方式等考察其申请财产保全是否适当。

【案情摘要】

在前生效刑事裁定认定，亿丰公司基于犯罪行为取得探矿权，属违法所得，将探矿权转让给宏利达公司系非法转让。宏利达公司以明显低于探矿权价值的价格受让了该探矿权，并非善意取得。探矿权依法应当追缴返还给原初始登记人鲁泰公司。2016 年 5 月，宏利达公司以不当得利为由起诉鲁泰公司，请求判令鲁泰公司向其偿还基于大营探矿权取得的利益 16969.69 万元、实际投入费用 2778 万元及经济损失。同时，申请查封、冻结鲁泰公司相当于 206446900 元的财产。该案由山东省高级人民法院作出（2016）鲁民初 75 号民事判决，驳回了宏利达公司的诉讼请求。鲁泰公司因此向一审法院起诉，请求宏利达公司赔偿因申请财产保全错误造成的损失。一审判决支持了鲁泰公司诉讼请求。宏利达公司不服，提起上诉为本案。

（撰写人：王　丹、徐　上）

---

① 对应《中华人民共和国民事诉讼法》（2023 年修正）第 108 条。

3 如何判断申请人申请财产保全是否存在过错
——双兴海阳分公司、双兴公司与张某珍、鸿辉公司、智慧云公司申请诉中财产保全损害责任纠纷申请再审案

- 案　　号　（2021）最高法民申 1056 号
- 合议庭成员　刘银春、司伟、赵风暴
- 关 键 词　民事/申请诉中财产保全损害责任纠纷
- 相关法条　《中华人民共和国民事诉讼法》第 105 条①

【裁判要旨】

判断申请人申请财产保全是否存在过错，要根据其诉讼请求及所依据的事实和理由考察其提起的诉讼是否合理，或者结合申请保全的标的额、对象及方式等考察其申请财产保全是否适当。

【案情摘要】

2013 年 12 月，双兴海阳分公司以智慧云公司为被告提起另案建设工程施工合同纠纷诉讼，一审法院依其申请查封了智慧云公司银行存款 2900 万元或者同等价值的财产。该案经审理后一审法院驳回了双兴海阳分公司的诉请。双兴海阳分公司提起上诉后，该案被发回重审。经重审后，一审法院仍判决驳回了双兴海阳分公司的诉请，双兴海阳分公司提起上诉后，二审法院 2018 年 6 月 19 日作出判决予以维持。2018 年 7 月 16 日，二审法院根据智慧云公司的申请，解除了相应的财产保全。智慧云公司遂提起本案诉讼，以双兴海阳分公司财产保全申请确有错误为由，请求其承担损害赔偿责任。

（撰写人：司　伟）

---

① 对应《中华人民共和国民事诉讼法》（2023 年修正）第 108 条。

4 不能仅以保全申请人的诉讼请求是否得到法院支持作为判断申请保全是否存在过错的依据

——顺泽公司与宁潇公司、人保汉中分公司申请财产保全损害责任纠纷申请再审案

- **案　　号**　（2021）最高法民申 2326 号
- **合议庭成员**　何波、徐霖、张梅
- **关 键 词**　民事 / 申请财产保全损害责任纠纷 / 过错的认定
- **相关法条**　《中华人民共和国侵权责任法》第 6 条[①],《中华人民共和国民事诉讼法》第 105 条[②]

【裁判要旨】

申请保全错误造成财产损失属于一般侵权行为，应适用过错责任原则。原告应证明保全申请人进行财产保全存在故意或违反合理注意义务，不能仅依据保全申请人的诉讼请求未获得法院支持断定申请保全存在过错。

【案情摘要】

泰烜公司被生效判决判令向宁潇公司支付钢材款。泰烜公司请求执行其在顺泽公司的收入。后宁潇公司提起顺泽公司及泰烜公司债权人代位权纠纷一案，并申请保全了顺泽公司财产。该案判决驳回宁潇公司的诉讼请求。顺泽公司认为宁潇公司代位权的诉讼请求明显不合理且未获得法院支持存在错误，给宁潇公司造成了损失，应承担赔偿责任。原判决认为顺泽公司提供的证据不足以证明宁潇公司申请保全时存在故意或重大过失，宁潇公司已尽到合理注意义务，不宜仅以保全申请人的诉讼请求是否得到支持作为申请保全是否错误的依据。顺泽公司向最高人民法院申请再审。最高人民法院裁定驳回再审申请。

（撰写人：何　波）

---

① 对应《中华人民共和国民法典》第 1165 条。
② 对应《中华人民共和国民事诉讼法》（2023 年修正）第 108 条。

5 变更后案由与法律关系处理结果不一致，不属于适用法律错误
—— 王某焕与海隆公司、东信公司申请诉中财产保全损害责任纠纷申请再审案

- 案　　号　（2021）最高法民申 2982 号
- 合议庭成员　黄鹏、李延忱、郁琳
- 关 键 词　民事 / 申请诉中财产保全损害责任纠纷 / 财产损害赔偿纠纷 / 案由
- 相关法条　《最高人民法院关于民事诉讼证据的若干规定》第 53 条，《民事案件案由规定》第 1 条

【裁判要旨】

民事案由是将诉讼争议所包含的法律关系的概括，是人民法院进行民事案件管理的重要手段，人民法院可以根据法庭查明的当事人之间实际存在的法律关系的性质相应变更案件的案由。由此，案由主要体现了法院对案件法律关系的认知，而非对案件作出实体处理的依据，案由变更不当，不等于法律适用有误，不属于法定的再审事由。

【案情摘要】

东信公司以海隆公司为被告就同一事由反复起诉、撤诉、再起诉并申请财产保全。海隆公司基于东信公司滥用诉权、不当保全给海隆公司造成巨额损失要求东信公司及其滥用诉权行为期间的法定代表人、实际控制人王某焕共同承担赔偿责任。一审判决确定案由为财产损害赔偿纠纷，认定东信公司与王某焕共同侵权承担赔偿责任。二审判决变更案由为申请诉中财产保全损害责任纠纷并维持原判。王某焕申请再审。

（撰写人：黄　鹏）

6 能否以原告最终获得支持的金额少于其诉请主张的金额而认定申请财产保全错误

——弘润公司与净雅公司、元广福公司、大地财保济南公司财产损害赔偿纠纷申请再审案

- 案　　号　（2021）最高法民申 3925 号
- 合议庭成员　黄年、潘勇锋、李晓云
- 关 键 词　民事 / 股权转让纠纷 / 财产保全错误
- 相关法条　《中华人民共和国民事诉讼法》第 105 条①

【裁判要旨】

原告以相应的证据提起诉讼，并无明显虚增诉讼标的额的故意，故不能以原告的诉讼请求并未完全得到支持，而认为原告依照起诉的金额申请财产保全错误。同时，也不能简单地以原告最终获得支持的金额少于其诉请主张的金额，即认定申请财产保全有错误。

【案情摘要】

净雅公司与弘润公司基于股权转让纠纷产生诉讼，股权转让协议约定的股权转让总价款为 1.9 亿元，双方无争议的事实是弘润公司已付第一笔股权转让款 950 万元。2016 年，净雅公司提起诉讼，请求弘润公司支付剩余股权转让款，同时按照诉讼标的额申请同等价值的财产保全。故法院作出裁定冻结弘润公司银行存款 1.684 亿余元或查封、扣押其相应财产价值的其他财产，后又依照弘润公司提出的变更保全标的物的申请，实际保全冻结了弘润公司账户现金 1.45 亿元并查封了土地一宗。该股权转让纠纷案一审判令弘润公司支付 1.13 亿元，后二审改判弘润公司支付 1.514 亿元和相应利息损失，最后再审改判弘润公司支付 8150 万元和相应的利息损失。故弘润公司认为净雅公司虚增诉讼标的额，申请保全错误，侵害了弘润公司财产权益，提起本案诉讼要求净雅公司、元广福公司、大地财保济南公司赔偿保全错

---

① 对应《中华人民共和国民事诉讼法》（2023 年修正）第 108 条。

误给其造成的财产损失。

（撰写人：李晓云）

7 不能仅以当事人诉讼请求未获支持认定其申请财产保全存在过错

——王某绍、乐欣公司与震一公司、华安保险
申请诉中财产保全损害责任纠纷申请再审案

- 案　　号　（2021）最高法民申 4320 号 /4283 号
- 合议庭成员　刘敏、万挺、潘杰
- 关 键 词　民事 / 申请诉中财产保全损害责任纠纷
- 相关法条　《中华人民共和国民事诉讼法》第 105 条①，《中华人民共和国侵权责任法》第 6 条②

【裁判要旨】

申请诉中财产保全损害责任，应以过错原则为归责原则。申请人作为原告，基于自己对诉讼双方当事人法律关系的理解，提出具有相应事实和法律基础的诉讼请求，属于正当行使诉讼权利的行为。申请人在诉讼中申请财产保全，已按照《民事诉讼法》的规定提供了相应的担保，其申请财产保全的数额以满足其权利实现为目的和限度，其已尽到合理的注意义务。在无证据证明申请人故意超标的查封的情况下，不能仅以其诉讼请求未获得支持认定其申请财产保全存在过错，进而认定其应承担诉讼财产保全错误的损害赔偿责任。

【案情摘要】

2018 年 8 月 22 日，震一公司以合资、合作开发房地产合同纠纷为由，向一审法院提起民事诉讼，要求乐欣公司、王某绍、叶某英、黄某真、薛某民赔偿经济损失 5454.17 万元。同时，震一公司向一审法院申请财产保全，要求冻结乐欣公司、王某绍、叶某英、黄某真、薛某民银行存款 5254.17 万元或查封相应价值的财产。

---

① 对应《中华人民共和国民事诉讼法》（2023 年修正）第 108 条。
② 对应《中华人民共和国民法典》第 1165 条。

华安保险于 2018 年 8 月 27 日以出具《财产诉讼保全责任保险保单函》的形式提供担保。2018 年 8 月 28 日，一审法院作出（2018）鲁 01 民初 1830 号民事裁定书，冻结乐欣公司、王某绍、叶某英、黄某真、薛某民银行存款 5254.17 万元或查封相应价值的财产，其中冻结银行存款及执行款合计 352.8486 万元。

一审法院于 2019 年 7 月 31 日作出（2018）鲁 01 民初 1830 号民事判决书，认定宏利丰公司、鑫海公司、乐欣公司、王某绍于 2011 年 2 月 28 日签订《泗水县泗河路东古城路北片区开发合作协议》，黄某、宏利丰公司、乐欣公司、王某绍、震一公司签订的落款日期为 2014 年 8 月 20 日的《合同权利义务转让协议书》，震一公司、乐欣公司、王某绍、叶某英、黄某真、薛某民签订的《保证合同》，乐欣公司出具的《单位保函》，王某绍、黄某真、叶某英、薛某民分别出具的《个人保函》均系各方当事人真实意思的表示，不违反法律、行政法规的强制性规定，均为合法有效，各方当事人均应履行合同约定的义务和各自的承诺。震一公司因上述合同产生的对宏利丰公司的债权本金为 2001 万元，利息按照月息 2% 的利率计算。截至 2017 年 8 月 28 日，宏利丰公司共计向震一公司付款 7501.18 万元，已经远远超过震一公司因上述合同产生的对宏利丰公司的债权本息总额。因此，震一公司对宏利丰公司的主债权已经因全部清偿而消灭，作为保证人的乐欣公司、王某绍、叶某英、黄某真、薛某民已经无需承担保证责任。震一公司要求乐欣公司、王某绍、叶某英、黄某真、薛某民承担保证责任的诉讼请求不能成立，据此判决：驳回震一公司的诉讼请求。王某绍、乐欣公司分别提起诉讼，请求震一公司、华安保险赔偿其因申请诉中财产保全错误所造成的经济损失。

（撰写人：万　挺）

8 申请诉前财产保全损害责任纠纷中，申请保全人申请保全的数额高于裁判结果，不必然被认定为存在过错

——鹏筑公司与华西公司、平安保险四川分公司申请诉前财产保全损害责任纠纷申请再审案

- **案　　号**　（2021）最高法民申 4799 号
- **合议庭成员**　孙建国、张爱珍、孙晓光
- **关 键 词**　民事 / 申请诉前财产保全损害责任纠纷 / 破产 / 破产管理人

• **相关法条** 《中华人民共和国民事诉讼法》第 105 条①,《中华人民共和国侵权责任法》第 6 条②

【裁判要旨】

财产保全制度的目的在于保障将来生效判决的执行,故申请人在提出财产保全申请时,仅需尽到合理的注意义务即可。由于当事人对诉争事实和权利义务的判断未必与人民法院的裁判结果一致,如果仅以裁判结果来认定保全申请是否存在过错,则对申请人的诉讼能力和预判能力要求过高。《民事诉讼法》第 105 条规定:"申请有错误的,申请人应当赔偿被申请人因保全所遭受的损失。"《侵权责任法》第 6 条第 1 款规定:"行为人因过错侵害他人民事权益,应当承担侵权责任。"错误申请保全的损害赔偿责任以过错责任为归责原则。因此,判断申请人是否存在过错的标准为申请人对出现财产保全的错误是否存在故意或重大过失。本案中,申请人在申请对案涉房屋进行查封时,案涉房屋所属的土地使用权已先行抵押给银行,且案涉房屋为在建工程,能否变现以及变现价值均不能确定。故申请人为保证其权益的实现,申请对案涉房屋进行查封并不存在故意或重大过失。

【案情摘要】

四川省高级人民法院作出(2018)川民终 429 号民事判决,判决鹏筑公司向华西公司给付工程款 103141849.22 元及利息,鹏筑公司至今未履行。华西公司在该案诉前申请保全,成都市中级人民法院作出(2016)川 01 执保 158 号裁定,查封共 470 套房屋。鹏筑公司提出执行异议后,经过成都市中级人民法院、四川省高级人民法院多次审查,四川省高级人民法院作出(2018)川 01 执异 140 号裁定,认为超标保全,查封房屋套数应当以 21429 万元为限。经华西公司申请,成都市中级人民法院作出(2016)川 01 执保 158 号之二裁定,解除其中 8 套房屋的保全。鹏筑公司认为华西公司超标申请保全损害其利益,故提起本案诉讼。

(撰写人:董 宁)

---

① 对应《中华人民共和国民事诉讼法》(2023 年修正)第 108 条。
② 对应《中华人民共和国民法典》第 1165 条。

9 财产保全损害赔偿责任适用过错原则
——海峡公司与新投公司申请诉中财产保全损害责任纠纷申请再审案

- **案　　号**　（2021）最高法民申 5558 号
- **合议庭成员**　贾劲松、郭忠红、王鑫
- **关 键 词**　民事 / 申请诉中财产保全损害责任纠纷 / 财产保全损害责任的承担
- **相关法条**　《中华人民共和国民事诉讼法》第 103 条①，《中华人民共和国侵权责任法》第 6 条、第 7 条②

【裁判要旨】

财产保全是当事人向人民法院提起诉讼时依法享有的一项基本诉讼权利，当事人对诉讼中争议案件事实的判断和诉讼请求能否得到实现的判断，并不一定与法院最终的判决相一致。因此，不能将当事人保全权利的行使简单以其诉讼请求能否得到人民法院生效判决支持作为判断依据。申请保全错误须以申请人主观存在过错为要件，不仅要看其诉讼请求最终是否得到支持，还要看其是否存在故意或重大过失。申请保全财产的行为不存在过错的当事人，人民法院不应判决其承担损害赔偿责任。

【案情摘要】

新投公司诉金石公司、叶某光、海峡公司合同纠纷一案中，新投公司向人民法院提交财产保全申请，申请对金石公司、叶某光、海峡公司价值 10500 万元的资产予以保全，并以其名下 5 处房产为本案提供担保。后人民法院驳回了新投公司对海峡公司的诉讼请求。海峡公司因上述案件错误查封给该公司造成经济损失为由，向人民法院提起诉讼，要求判令新投公司赔偿因错误保全海峡公司资产造成的经济损失。

（撰写人：王　鑫）

---

① 对应《中华人民共和国民事诉讼法》（2023 年修正）第 106 条。
② 对应《中华人民共和国民法典》第 1165 条、第 1166 条。

10 因诉中财产保全错误而提起的损害赔偿应另行诉讼
——银泰公司与东欣公司建设工程施工合同纠纷申请再审案

- 案　　号　（2021）最高法民申 5752 号
- 合议庭成员　郭忠红、贾劲松、王鑫
- 关 键 词　民事 / 建设工程施工合同 / 诉中财产保全
- 相关法条　《最高人民法院关于因申请诉中财产保全损害责任纠纷管辖问题的批复》

【裁判要旨】

建设工程施工合同纠纷案件审理中，当事人因诉中财产保全错误而提起的损害赔偿应另行诉讼。

【案情摘要】

银泰公司与东欣公司（承包人）签订《施工合同》《补充协议》，约定银泰公司作为发包人，将案涉工程项目交由东欣公司建设。工程竣工后，银泰公司向法院提起诉讼，请求东欣公司返还超付的工程款，并承担逾期竣工违约损失、停工违约金、垫付农民工工资的违约金、工程未按期投入使用的预期利益损失、向业主延期交房违约责任损失、工程质量不合格产生的修复损失、保全错误造成的损失等费用。

（撰写人：郭忠红）

11 申请人未尽到审慎保全义务的，应赔偿错误保全给被保全人造成的损失
——曾某与大筑城公司申请诉中财产保全损害赔偿纠纷申请再审案

- 案　　号　（2021）最高法民申 5866 号
- 合议庭成员　汪军、李绍华、黄鹏
- 关 键 词　民事 / 申请诉中财产保全损害赔偿纠纷 / 错误保全

• **相关法条**　《中华人民共和国民事诉讼法》第 105 条①，《中华人民共和国侵权责任法》第 6 条第 1 款②

【裁判要旨】

申请保全人是否有过错，不仅要看其诉讼请求最终是否得到支持，还要看其是否存在故意或重大过失。申请保全人是否存在故意或重大过失，要根据其诉讼请求及所依据的事实和理由，考察其提起的诉讼是否合理，或者结合申请保全的标的额、对象及方式等考察其申请财产保全是否适当；申请保全人提起的诉讼合理且申请财产保全适当的，不属于故意或重大过失，否则系存在过错。

【案情摘要】

曾某曾以实际施工人的身份对大筑城公司及案外人江西明北建设集团有限公司提起建设工程施工合同纠纷之诉，并在诉讼过程中对大筑城公司的财产申请保全。在明知钢筋、商品砼材料系"甲供"的情况下，曾某仍将该部分材料款计入前案诉讼标的予以主张，虚增前案诉讼标的金额及诉讼保全价值，给大筑城公司造成相应资金占用损失。

（撰写人：汪　军）

12 财产保全损害赔偿责任纠纷中，原告应当证明其所受损失与被告申请案涉财产保全之间存在因果关系

——李某海与中天节能公司、人保青岛公司
申请诉中财产保全损害责任纠纷申请再审案

• **案　　号**　（2021）最高法民申 6277 号
• **合议庭成员**　谢勇、张艳、李赛敏
• **关 键 词**　民事 / 申请诉中财产保全损害责任纠纷 / 因果关系
• **相关法条**　《中华人民共和国侵权责任法》第 6 条第 1 款③，《最高人民法院关于适用〈中华人民共和国民事诉讼法〉的解释》第 90 条

---

① 对应《中华人民共和国民事诉讼法》（2023 年修正）第 108 条。
② 对应《中华人民共和国民法典》第 1165 条第 1 款。
③ 对应《中华人民共和国民法典》第 1165 条。

【裁判要旨】

申请财产保全损害赔偿责任属于一般侵权责任,根据《侵权责任法》第6条第1款和《最高人民法院关于适用〈中华人民共和国民事诉讼法〉的解释》第90条的规定,原告应当提供证据证明其所受损失以及该损失与被告申请案涉财产保全之间存在因果关系。

【案情摘要】

2019年2月15日,中天节能公司以房屋租赁合同纠纷一案向一审法院起诉李某海等人。诉讼中,中天节能公司提出财产保全申请,人保青岛分公司出具了诉讼保全责任保险保单保函,一审法院裁定冻结李某海等人银行存款43772842元或查封其同等价值的其他财产,并于2019年2月26日通知胶东办事处停止支付李某海拆迁补偿款43772842元,查封期限为2019年2月26日至2020年2月25日。该案生效判决判令李某海向中天节能公司支付800万元拆迁补偿款及违约金240万元,驳回中天节能公司的其他诉讼请求。李某海提起本案诉讼,以中天节能公司恶意申请超标的查封为由,请求判令中天节能公司赔偿因超标的查封33272842元所造成的利息损失1468288.64元,人保青岛公司承担连带责任。审理查明,包括该笔补偿款在内的5000万元已经于2018年5月14日因另案当事人申请查封,直至2019年11月26日解封。李某海在诉讼中自认涉案拆迁补偿款因被政府挪用而一直未予支付。

(撰写人:李赛敏)

13 财产保全损害责任纠纷案件中,如何认定承保诉讼财产保全责任保险的保险公司的赔偿责任

——中国平安公司与焦作亿祥公司等申请诉中财产保全损害责任纠纷申请再审案

- 案　　号　(2021)最高法民申7152号
- 合议庭成员　曹刚、于蒙、梁爽
- 关 键 词　民事/申请诉中财产保全损害责任纠纷/诉讼财产保全责任保险
- 相关法条　《最高人民法院关于人民法院办理财产保全案件若干问题的规定》第7条

【裁判要旨】

申请保全人过错保全造成被保全人损害的，与申请保全人有诉讼财产保全责任保险关系的保险公司应当依照其出具的诉讼财产保全责任保险保单和诉讼财产保全责任保险保函所载内容，在保险责任限额内承担赔偿责任。

【案情摘要】

海天公司诉请焦作亿祥公司支付工程款及违约金等，并申请保全焦作亿祥公司的相应财产。中国平安公司向法院出具《平安诉讼财产保全责任保险保单》和《平安诉讼财产保全责任保险保函》，载明"如申请人财产保全申请错误致使被申请人遭受损失，依法应由申请承担的损害赔偿责任，保险人向被申请人在限额内进行赔偿"。法院裁定查封焦作亿祥公司相应价值房屋。后海天公司申请变更诉讼请求，减少诉请标的额，前述保全范围已明显超过其变更后的诉讼请求金额，但海天公司未申请变更保全范围。在焦作亿祥公司再次提出变更保全的申请，要求解除部分房屋的查封，海天公司仍明确表示不同意解除部分房屋的查封。后焦作亿祥公司提起本案诉讼，请求海天公司承担其错误保全行为给焦作亿祥公司造成的损害，同时请求中国平安公司承担连带赔偿责任。

（撰写人：于　蒙）

14 申请诉中财产保全错误如何认定
——中国平安公司与焦作亿祥公司等申请诉中财产保全损害责任纠纷申请再审案

- 案　　号　（2021）最高法民申 7152 号
- 合议庭成员　曹刚、于蒙、梁爽
- 关 键 词　民事 / 申请诉中财产保全损害责任纠纷 / 保全错误
- 相关法条　《中华人民共和国民事诉讼法》第 108 条

【裁判要旨】

申请保全人过错保全造成被保全人损害的，与申请保全人有诉讼财产保全责任保险关系的，保险公司应当依照其出具的诉讼财产保全责任保险保单和诉讼财产全责任保险所载内容,在保险责任限额内承担赔偿责任。

【案情摘要】

海天公司诉请焦作亿祥公司支付工程款及违约金等,并申请保全焦作亿祥公司的相应财产。中国平安公司向法院出具《平安诉讼财产保全责任保险保单》和《平安诉讼财产保全责任保险保函》,载明"如申请人财产保全申请错误致使被申请人遭受损失,依法应由申请承担的损害赔偿责任,保险人向被申请人在限额内进行赔偿"。法院裁定查封焦作亿祥公司相应价值房屋。后海天公司申请变更诉讼请求,减少诉请标的额,前述保全范围已明显超过其变更后的诉讼请求金额,但海天公司未申请变更保全范围。在焦作亿祥公司再次提出变更保全的申请,要求解除部分房屋的查封,海天公司仍明确表示不同意解除部分房屋的查封。后焦作亿祥公司提起本案诉讼,请求海天公司承担其错误保全行为给焦作亿祥公司造成的损害,同时请求中国平安公司承担连带赔偿责任。

(撰写人:于 蒙)

15 申请财产保全损害责任纠纷是否受级别管辖规定的限制

——吴某与广厦公司管辖权异议上诉案

- **案　　号**　(2021)最高法民辖终 16 号
- **合议庭成员**　汪军、李绍华、黄鹏
- **关 键 词**　民事 / 申请财产保全损害责任纠纷 / 管辖权异议
- **相关法条**　《中华人民共和国民事诉讼法》第 108 条,《最高人民法院关于因申请诉中财产保全损害责任纠纷管辖问题的批复》

【裁判要旨】

为便于当事人诉讼,诉讼中财产保全的被申请人、利害关系人依照《民事诉讼法》第 108 条规定提起的因申请诉中财产保全损害责任纠纷之诉,由作出诉中财产保全裁定的人民法院管辖。

【案情摘要】

吴某在浙江省高级人民法院一审审理的吴某与广厦公司民间借贷纠纷一案诉讼中向该院提出财产保全申请，请求对广厦公司金额为917729972.6元的财产进行诉讼保全。浙江省高级人民法院作出（2017）浙民初10号民事裁定，冻结广厦公司价值917729972.6元的财产。广厦公司依照《民事诉讼法》第108条规定提起因申请财产保全损害责任纠纷之诉，浙江省高级人民法院受理此案。吴某认为浙江省高级人民法院对此案进行管辖违反级别管辖规定，提起本案诉讼。

（撰写人：汪　军）

16 申请保全人是否存在故意或重大过失不应仅以当事人的诉请最终得到法院支持的结果作为判断标准
——俊江公司与雷某金等申请诉中财产保全损害责任纠纷上诉案

- **案　　号**　（2021）最高法民终591号
- **合议庭成员**　王朝辉、郎贵梅、刘丽芳
- **关 键 词**　民事／申请诉中财产保全损害责任纠纷／财产保全损害赔偿
- **相关法条**　《中华人民共和国侵权责任法》第6条第1款[①]

【裁判要旨】

因错误申请保全的损害赔偿责任性质是以过错责任为归责原则的侵权责任，财产保全制度的目的在于保障将来生效判决的执行，因此只能在申请人对出现财产保全错误存在故意或重大过失的情况下，方可认定为申请人的保全申请确有错误。申请保全人是否存在故意或重大过失，不能仅以当事人的诉请最终得到法院支持的结果作为判断标准，而要根据其诉讼请求及所依据的事实和理由考察其提起的诉讼是否合理，或者结合申请保全的标的额、对象及方式等考察其申请财产保全是否适当。

【案情摘要】

雷某金向一审法院提出诉讼保全申请，要求查封、扣押、冻结俊江公司等价值

[①] 对应《中华人民共和国民法典》第1165条。

5800万元的财产。法院查封之后，俊江公司以上述账户被冻结，对其融资、并购等企业发展经营造成严重影响为由，向一审法院申请解除保全措施。同时，俊江公司另行向昆明铁路运输中级法院的账户汇入5500万元，作为解除保全的担保。一审法院予以了解封，但雷某金的相关诉讼请求未获法院支持。之后，俊江公司向法院起诉，认为雷某金的诉讼请求并未得到支持，其保全错误并造成损失，应予赔偿。

（撰写人：王朝辉、张东一）

17 诉中财产保全损害责任的成立须以申请人主观上存在过错为要件
——晟华公司与长城集团公司、长城集团云南分公司申请诉中财产保全损害责任纠纷上诉案

- 案　　号　（2021）最高法民终635号
- 合议庭成员　郭凌川、张爱珍、孙建国
- 关　键　词　民事 / 申请诉中财产保全损害责任纠纷
- 相关法条　《中华人民共和国民事诉讼法》第100条、第105条①

【裁判要旨】

申请确有错误的，申请人应当赔偿被申请人因保全所遭受的损失。因申请保全错误致使被申请人遭受损失的行为属于侵权行为范畴，应适用过错责任原则，以申请人主观存在过错为成立要件。申请人申请诉中保全财产，保全申请未超过其诉讼请求，并提供相应担保，足以证明申请人不存在主观恶意。若对当事人申请保全所应尽到的注意义务要求过于严苛，将会妨碍善意当事人依法申请财产保全的权利，从而影响诉讼保全制度功能的发挥。

【案情摘要】

长城集团云南分公司诉晟华公司建设工程施工合同纠纷一案，云南省高级人民法院在一审审理过程中，依长城集团云南分公司诉讼保全申请作出（2012）云高民一初字4号民事裁定，查封、扣押、冻结了晟华公司价值8000万元的财产。依据该

---

① 对应《中华人民共和国民事诉讼法》（2023年修正）第103条、第108条。

裁定，云南省高级人民法院指定西双版纳傣州自治州中级人民法院查封了案涉土地、房产。云南省高级人民法院作出（2012）云高民一初字第4号民事判决。晟华公司不服，向最高人民法院提起上诉。最高人民法院作出（2018）最高法民终1164号民事判决，驳回上诉，维持原判。晟华公司认为长城集团云南分公司申请的诉讼保全损害其权益，向云南省高级人民法院起诉。晟华公司与长城集团公司、长城集团云南分公司申请诉中财产保全损害责任纠纷一案，云南省高级人民法院作出（2020）云民初24号民事判决，晟华公司不服，提起上诉。

（撰写人：郭凌川）

18 申请诉中财产保全的金额应合理参考实际损失金额确定，明显不合理的，构成保全错误

——安悦公司与上海沙钢公司申请诉中财产保全损害责任纠纷上诉案

- **案　　号**　（2021）最高法民终4392号
- **合议庭成员**　薛贵忠、汪军、杜微科
- **关 键 词**　民事/申请诉中财产保全损害责任纠纷/保全错误
- **相关法条**　《中华人民共和国民事诉讼法》第105条①

【裁判要旨】

申请诉中财产保全的金额应合理参考实际损失金额，而不应简单地以合同项下的货款金额加上此前未结算的剩余货款，作为申请财产保全金额的计算依据。对不存在的损失部分进行财产保全，有违保全制度的初衷。申请财产保全的金额明显超过合理范围，应当认定申请人存在过错，属于申请保全错误的情形，申请人就此应承担损害赔偿责任。

【案情摘要】

安悦公司代埃圣玛公司向上海沙钢公司采购钢材，上海沙钢公司凭安悦公司书面交货通知，指令江苏沙钢公司向埃圣玛公司履行钢材的交货义务。后因产生纠纷，安悦公司曾提起民事诉讼，请求上海沙钢公司返还货款约1.04亿元，江苏沙钢公司

---

① 对应《中华人民共和国民事诉讼法》（2023年修正）第108条。

等对此承担连带责任。法院依安悦公司申请，裁定冻结江苏沙钢公司等 1.04 亿元的存款。安悦公司之后撤回了对该案的起诉。另外，安悦公司亦曾刑事报案，称其损失为 6000 余万元。江苏沙钢公司遂以安悦公司财产保全错误为由提起本案诉讼，要求赔偿财产保全错误造成的损失。安悦公司称民事诉讼与刑事报案的损失数额不一致系民事诉讼未据实扣减相应金额所致。

（撰写人：薛贵忠、叶康喜）

财产损害赔偿

1 金融机构应对存款人的资金负有安全保障义务，有义务、有条件防范犯罪分子利用银行实施诈骗犯罪
——泸州老窖与工行南阳中州支行、工行南阳分行、三亚农商行红沙支行侵权责任纠纷上诉案

- **案　　号**　（2020）最高法民终 1271 号
- **合议庭成员**　张淑芳、朱燕、贾亚奇
- **关 键 词**　民事 / 侵权责任 / 银行对存款人的资金保障义务
- **相关法条**　《中华人民共和国侵权责任法》第 6 条、第 12 条①，《中华人民共和国商业银行法》第 6 条

【裁判要旨】

银行作为金融机构，应对存款人的资金负有安全保障义务。相对于存款人而言，银行更有义务、有条件防范犯罪分子利用银行实施诈骗犯罪，故银行在办理业务时应当严格遵守业务规范，尽可能防范风险，确保存款人的资金安全。银行行长在开户环节、存款证实书挂失环节、犯罪分子转移资金环节、掩饰犯罪环节均全程参与、配合犯罪分子实施诈骗犯罪，并试图掩盖犯罪事实，直至案发。该行长对于诈骗犯罪的实施和得逞，起到了至关重要的作用，其职务行为是导致存款人轻信犯罪分子

---

① 对应《中华人民共和国民法典》第 1165 条、第 1172 条。

行为的重要原因，也是犯罪分子诈骗得逞的重要原因。该行在对行长、工作人员的监管以及工作流程方面存在重大疏漏和缺失，对存款人的存款被犯罪分子骗取具有重大过错，因此，应当承担相应的侵权责任。

【案情摘要】

泸州老窖推出资源交换业务，经销商负责联系合作银行，经销商购买一定数量白酒后，泸州老窖将对应比例款项存入合作银行。业务开展过程中，银行行长在开户环节、存款证实书挂失环节、犯罪分子转移资金环节、掩饰犯罪环节均全程参与、配合犯罪分子实施诈骗犯罪，并试图掩盖犯罪事实，直至案发。后犯罪分子被判处无期徒刑到有期徒刑不等，并对涉案诈骗款 1.5 亿元予以追缴，返还泸州老窖。但在刑事涉财产执行程序中，泸州老窖存款被犯罪分子转移后至今不能追回。后泸州老窖诉至法院要求银行赔偿损失。

（撰写人：朱　燕）

❷ 申请保全有错误的，应当赔偿被申请人因保全所遭受的损失

——中铁公司与荷兰银行、大连港公司申请诉前财产保全损害责任纠纷申请再审案

- 案　　号　（2021）最高法民申 1025 号
- 合议庭成员　陈纪忠、马东旭、王海峰
- 关 键 词　民事 / 诉前财产保全损害责任纠纷
- 相关法条　《中华人民共和国民事诉讼法》第 105 条①

【裁判要旨】

申请人根据合法持有的案涉货物全部正本提单，提起诉前海事请求保全申请并无过错。被申请人具有协助法院执行的义务，其根据法院相关民事裁定书和协助执行通知书协助法院查封案涉货物或解除对涉案货物的查封，符合法律规定。

---

① 对应《中华人民共和国民事诉讼法》（2023 年修正）第 108 条。

【案情摘要】

荷兰银行作为申请人，以其系案涉 3 份即期信用证的开证行，并合法持有 3 份即期信用证下由"瓦瑞莎"轮承运的 3 份指示提单的全套正本提单及其他相关文件，而东方公司在没有取得提单的情况下通过不正当途径取得前述 3 份提单的提货单，并已办理了海关清关手续，荷兰银行以如不采取保全措施将遭受损失为由，向一审法院提出诉前海事请求保全申请，请求保全堆放于大连港矿石码头公司由"瓦瑞莎"轮卸下的全部铁矿砂。大连港公司按照法院签发的协助执行通知书予以执行。

（撰写人：马 玲）

3 分别实施侵权行为造成同一损害，起到间接作用的侵权行为人承担补充责任
——环境公司与姑苏支行财产损害赔偿纠纷申请再审案

- 案　　号　（2021）最高法民申 2273 号
- 合议庭成员　黄鹏、李延忱、郁琳
- 关 键 词　民事 / 财产损害赔偿 / 侵权补充责任
- 相关法条　《中华人民共和国侵权责任法》第 6 条第 1 款、第 12 条、第 26 条①

【裁判要旨】

分别实施侵权行为造成同一损害的，行为人应当根据其责任大小承担相应的责任。侵权行为对损害结果的产生具有引导、促成、帮助等间接作用的，行为人需在直接责任人不能承担赔偿责任的范围内，根据其过错程度承担相应的补充责任。

【案情摘要】

电力公司为从环境公司获取借款归还其在姑苏支行的贷款，私刻国电集团印章，与电力公司、环境公司形成《三方协议》，姑苏支行同步在向环境公司出具《告知函》表示国电集团印章系真实，同时承诺若印章不一致则由姑苏支行承担赔偿责任。之后，电力公司为进一步获取环境公司信任，假冒国电集团的人员，伪造国电集团

---

① 对应《中华人民共和国民法典》第 1165 条第 1 款、第 1171 条、第 1173 条。

公章和法人章，与其签订《最高额借款合同》《不可撤销连带责任保证书》。再后，电力公司向环境公司出示《承诺函》，其印章实系伪造，载明姑苏支行承诺代为偿还债务，环境公司的代理律师虽未见证姑苏支行盖章承诺的过程，但出具确认书表明其已全程见证，增加环境公司的信任。最后，电力公司向环境公司出具未加盖印章的"中国光大银行授信审批中心审批批复"，诱使环境公司相信其将获得5亿元的授信额度，可用于偿还债务。二审法院认定，环境公司被骗出借巨款系多因一果，姑苏支行对环境公司构成侵权，对环境公司的损失承担40%的补充赔偿责任。

（撰写人：黄　鹏）

4 合伙执行事务人处分合伙企业财产未经全体合伙人同意是否构成对其他合伙人的侵权

——周某凤与恒鑫合伙、沈某刚、章某祥财产损害赔偿纠纷申请再审案

- 案　　　号　（2021）最高法民申4130号
- 合议庭成员　李延忱、黄鹏、郁琳
- 关　键　词　民事 / 财产损害赔偿纠纷 / 内部承包
- 相关法条　《中华人民共和国合伙企业法》第97条

【裁判要旨】

《合伙企业法》第97条规定，合伙人对本法规定或者合伙协议约定必须经全体合伙人一致同意始得擅自处理执行的事务，给合伙企业或者其他合伙人造成损失的，依法承担赔偿责任。合伙执行事务人虽未经全体合伙人同意抛售合伙企业持有的股票，但某一合伙人在入伙时表示放弃对合伙企业的经营决策权，且无证据证明存在合伙执行事务人故意低价抛售股票侵害合伙人利益的情形，因此抛售股票的行为不构成对该合伙人的侵权。

【案情摘要】

沈某刚、曹某明、章某祥出资成立恒鑫合伙，沈某刚为普通合伙人，曹某明、章某祥为有限合伙人。后周某凤加入恒鑫合伙，为有限合伙人，并约定周某凤不参与合伙企业经营决策，除故意损害合伙企业或新合伙人以外，新合伙人对其余合伙人所作经营决策无条件同意。恒鑫合伙认购了财通证券的股票，后分两批抛售部分

股票，第一批股票抛售款已分配给合伙人，第二批抛售款因周某凤提起诉讼尚未分配。周某凤主张抛售股票行为侵害了其权益，恒鑫合伙及其他合伙人应对其承担相应侵权责任。

（撰写人：李延忱、高 玥）

5 申请保全错误责任的承担
——中海通公司与国贸公司申请诉中财产保全损害责任纠纷申请再审案

- **案　　号**　（2021）最高法民申 4604 号
- **合议庭成员**　王淑梅、胡方、李光琴
- **关 键 词**　民事／申请诉中财产保全损害责任纠纷／保全错误
- **相关法条**　《中华人民共和国海事诉讼特别程序法》第 20 条

【裁判要旨】

因申请保全错误致被申请人遭受损失属于侵权行为的范畴，对于因申请财产保全错误侵害他人合法权益的，法律并未专门规定适用过错推定或者无过错责任原则，因此该行为属于一般侵权行为，应当适用过错责任原则。因申请人在提出财产保全时，并不知晓也无从知晓案件的最终判决结果，当事人对诉争事实和权利义务的判断未必与法院的裁判结果一致，如果仅以保全申请人的诉讼请求是否得到法院支持作为判断申请保全是否错误的依据，则对当事人申请保全所应尽到的注意义务要求过于严苛，将有碍于善意当事人依法通过诉讼保全程序维护自己的合法权益。

【案情摘要】

2015 年 12 月 14 日，国贸公司、长兴公司向一审法院提起（2015）厦海法商初字第 1335 号诉讼，要求判令中海通公司支付船舶建造款及利息、靠泊费用等费用。中海通公司提起反诉，请求判令《造船合同》已于 2015 年 12 月 17 日解除，并要求国贸公司、长兴公司连带返还购船预付款及相应利息、船舶图纸设计费及造船期间支出的筹建人员、监造人员劳务报酬、差旅费等。2015 年 12 月 25 日，一审法院根据国贸公司的诉讼保全申请，裁定冻结中海通公司的银行存款。后根据中海通公司的申请，更换了保全账户和标的物，裁定冻结中海通公司名下的"中海通 29"轮。本案一审、二审判决均确认《3800DWT 油轮建造合同》已解除；国贸公司、长兴

公司应共同向中海通公司返还造船款及利息、船舶图纸设计费等费用。中海通公司向一审法院提出诉讼请求：判令国贸公司赔偿因其错误保全中海通公司所有的船舶"中海通 29"轮造成中海通公司的损失。

（撰写人：赵　珂）

6 出借证券账户导致资金损害后果应承担侵权责任
——李某贤与翰辰公司、郭某瑜、黄某清侵权责任纠纷申请再审案

- **案　　号**　（2021）最高法民申 4820 号
- **合议庭成员**　刘丽芳、郎贵梅、王朝辉
- **关 键 词**　民事 / 侵权责任纠纷 / 出借证券账户 / 侵权责任
- **相关法条**　《中华人民共和国侵权责任法》第 6 条第 1 款①，《证券公司监督管理条例》（2014 年修订）第 28 条，《中国证券监督管理委员会关于清理整顿违法从事证券业务活动的意见》第 5 条

【裁判要旨】

出借证券账户的行为，违反了《证券公司监督管理条例》（2014 年修订）第 28 条及《关于清理整顿违法从事证券业务活动的意见》（2015 年 7 月公布）第 5 条关于股票投资实名制、禁止非法出借证券账户的规定，上述行政法规及部门规章能够作为评判行为人过错的依据。

【案情摘要】

2017 年 12 月 4 日，李某贤与黄某清签订《合作协议》，约定李某贤提供证券账户及 1000 万元资金，黄某清支付 1000 万元保证金，上述 2000 万元资金转入李某贤证券资金账户，由黄某清进行证券账户操作并每月支付 13 万元利息。2017 年 12 月 4 日及 5 日，黄某清与翰辰公司签订《合作协议》，约定黄某清提供上述李某贤的证券账户及 4000 万元资金，翰辰公司支付 1000 万元保证金，共计 5000 万元资金转入该证券资金账户，由翰辰公司进行证券账户操作并每月支付 44 万元利息。后翰辰公司依约支付了 1000 万元保证金并支付资金利息 204 万元，因未收回资金而诉

---

① 对应《中华人民共和国民法典》第 1165 条第 1 款。

至法院。

（撰写人：刘丽芳、陈　曼）

7 质权人对质物造成损害的，应当承担赔偿责任
——森工贷款公司与久兴公司、瑞鸿公司、森工融资担保公司财产损害赔偿纠纷申请再审案

- 案　　号　（2021）最高法民申5445号
- 合议庭成员　麻锦亮、周其濛、孙勇进
- 关 键 词　民事/动产质押/质物损害赔偿
- 相关法条　《中华人民共和国物权法》第214条[①]

【裁判要旨】

针对同一份借款合同，分别先后签订了《抵押合同》《交易物买卖合同》《动产质押三方监管协议》，即双方当事人针对同一标的物设立不同合同关系，应当根据签订合同的先后顺序及实际履行情况判断双方之间的法律关系。质权人在质权存续期间，未经出质人同意，擅自使用、处分质押财产，给出质人造成损害的，应当承担赔偿责任。

【案情摘要】

债权人森工贷款公司与债务人久兴公司之间签订《借款合同》，森工贷款公司向久兴公司贷款600万元。后双方又先后签订《抵押合同》《原煤买卖合同》《动产质押三方监管协议》，后森工贷款公司未经久兴公司同意，擅自让第三人将质物原煤拉走。久兴公司据此起诉森工贷款公司要求其承担质物损害赔偿责任。

（撰写人：李知博）

---

① 对应《中华人民共和国民法典》第431条。

8　建筑物、构筑物脱落坠落造成他人损害的，所有人、管理人不能证明己方无过错的，应承担侵权责任

——何某鹏与陈某海、陈某彬、昭平县马江镇人民政府通海水域财产损害责任纠纷申请再审案

- 案　　号　（2021）最高法民申 5647 号
- 合议庭成员　奚向阳、杨兴业、龙飞
- 关 键 词　民事 / 浮桥 / 碰撞 / 侵权责任
- 相关法条　《中华人民共和国侵权责任法》第 85 条①

【裁判要旨】

《侵权责任法》第 85 条规定："建筑物、构筑物或者其他设施及其搁置物、悬挂物发生脱落、坠落造成他人损害，所有人、管理人或者使用人不能证明自己没有过错的，应当承担侵权责任。所有人、管理人或者使用人赔偿后，有其他责任人的，有权向其他责任人追偿。"案涉浮桥的经营管理人在浮桥因洪水冲击导致缆绳断裂的情形下，如不能证明自己没有过错，应对被碰撞方的损失承担侵权责任。

【案情摘要】

一审判决查明，陈某海是案涉浮桥的经营管理人。浮桥因洪水冲击导致缆绳断裂，其中一段失控并与何某鹏的船只发生碰撞。二审判决确认了上述事实，陈某海二审过程中亦认可浮桥与自卸运输船发生过碰撞。何某鹏起诉要求赔偿，其诉讼请求被二审法院驳回，最高人民法院裁定指令再审。

（撰写人：杨兴业）

---

① 对应《中华人民共和国民法典》第 1253 条。

9 人民法院生效裁判文书中裁判理由内容能否被认定为已为人民法院发生法律效力的裁判所确认的事实

——乾顺公司与滨江公司财产损害赔偿纠纷申请再审案

- **案　　号**　（2021）最高法民申 7088 号
- **合议庭成员**　李延忱、王珅、郁琳
- **关 键 词**　民事 / 财产损害赔偿纠纷 / 生效裁判确认的事实
- **相关法条**　《最高人民法院关于适用〈中华人民共和国民事诉讼法〉的解释》第 93 条

【裁判要旨】

民事诉讼裁判文书所确认的案件事实，是在诉讼各方当事人的参与下，人民法院通过开庭审理等诉讼活动，组织各方当事人围绕诉讼中的争议事项，通过举证、质证和认证活动依法作出认定的基本事实。而裁判文书中的裁判理由，则是人民法院对当事人之间的争议焦点或其他争议事项作出评判的理由，所涉的相关事实并非均是经过举证、质证和认证活动后有证据证明的案件事实，因此不能被认定为裁判文书所确认的案件事实。

【案情摘要】

乾顺公司竞拍获得案涉土地使用权，因土地规划用途在竞拍前已变更为绿化用地，之后滨江公司受市园林绿化管理局委托进行了包含案涉土地在内的景观提升改造工程。就此，乾顺公司主张滨江公司非法占用案涉土地，破坏土地现状，对乾顺公司的土地权益造成损害。同时，认为另案广东省高级人民法院作出的以生效复议决定书载明的"滨江公司侵占土地、妨害执行"，属于人民法院发生法律效力裁判文书所认定的事实，足以支持其关于滨江公司构成侵权的主张。

（撰写人：李延忱、高　玥）

10 承运人行使留置权后,有义务妥善保管留置物,留置期间发生短少的,承运人应当承担赔偿责任

——振湘公司与润航公司通海水域财产损害责任纠纷再审案

- **案　　号**　（2021）最高法民再 300 号
- **合议庭成员**　李桂顺、杨兴业、郭载宇
- **关 键 词**　民事 / 水路货物运输合同 / 留置 / 财产损害赔偿
- **相关法条**　《中华人民共和国合同法》第 315 条[①],《中华人民共和国物权法》第 233 条、第 234 条[②]

【裁判要旨】

根据《物权法》的规定,留置财产为可分物的,留置财产的价值应当相当于债务的金额。留置权人行使留置权后,负有妥善保管留置财产的义务;因保管不善致使留置财产毁损、灭失的,应当承担赔偿责任。润航公司因振湘公司欠付运费有权留置相应的货物,但其留置的货物价值明显超出运费余款、滞期费等费用,超出了合理的限度。润航公司行使留置权后,对于留置期间发生的货物短少,应当承担赔偿责任。

【案情摘要】

2016 年 9 月 3 日,受振湘公司指派,润航公司所属"润航 988"轮在镇江港装载煤炭。次日,该轮装载完毕。9 月 12 日,"润航 988"抵达目的港。9 月 16 日至 10 月 26 日,振湘公司安排 5 艘船舶从"润航 988"轮过驳煤炭。因滞期费问题,双方发生争议,润航公司留置剩余货物。振湘公司起诉请求润航公司归还煤炭 2084.79 吨或赔偿损失 2691880.84 元。在一审法院的主持下,振湘公司提供放货担保,提取了存放在堆场的全部货物。经查,润航公司留置期间,货物短少 700 余吨。

（撰写人：许英林）

[①] 对应《中华人民共和国民法典》第 836 条。
[②] 对应《中华人民共和国民法典》第 450 条、第 451 条。

其他侵权纠纷

1 人民法院在立案阶段应否对当事人的诉请依据进行必要审查
——中石化上海公司与吉源公司侵权责任纠纷申请再审案

- 案　　号　（2021）最高法民申 5694 号
- 合议庭成员　汪军、李绍华、黄鹏
- 关 键 词　民事 / 侵权责任纠纷 / 立案登记制
- 相关法条　《中华人民共和国民事诉讼法》第 119 条①

【裁判要旨】

为了保障当事人规范、有效行使诉权，人民法院在立案阶段应当依法对当事人的诉请依据进行必要审查。经审查，原告诉请依据不足，属于主体不适格的，人民法院应裁定不予受理。

【案情摘要】

中石化上海公司向华速公司采购工业用乙二醇，吉源公司系案涉货物仓储方，华速公司出具的《提货单》注明中石化上海公司在提货有效期内完成提货后，所提货物的所有权及风险由华速公司转移至中石化上海公司。中石化上海公司现对未提货物提起诉讼，主张吉源公司侵犯其对货物的所有权，请求判令吉源公司赔偿损失。一审法院对其诉请裁定不予受理，中石化上海公司不服上诉。二审法院认为中石化上海公司提供的证据不足以证明其对案涉货物享有物权，中石化上海公司作为本案原告主体不适格，维持了一审裁定。中石化上海公司不服，向最高人民法院申请再审。

（撰写人：汪　军）

---

① 对应《中华人民共和国民事诉讼法》（2023 年修正）第 122 条。

2 刑事案件的受害人未经追赃不得就其损失另行提起民事诉讼向其他责任主体进行索赔

——国投公司与虎辉公司合同纠纷申请再审案

- 案　　号　（2021）最高法民申 7169 号
- 合议庭成员　汪军、李绍华、黄鹏
- 关 键 词　刑民交叉 / 追缴、退赔 / 民事赔偿
- 相关法条　《最高人民法院关于刑事附带民事诉讼范围问题的规定》[①] 第 5 条

【裁判要旨】

刑事案件的被害人经过追缴、退赔不能弥补损失的，有权以被告人之外的责任主体为被告提起民事诉讼主张赔偿。但在刑事追缴、退赔程序结束前，被害人以被告人之外的责任主体为被告提起民事诉讼主张赔偿的，人民法院应不予受理。

【案情摘要】

国投公司与德泓公司、虎辉公司签订三方贸易协议，约定国投公司向德泓公司采购 LED 照明系列产品销售给虎辉公司，国投公司在收到德泓公司发票后 5 日内向德泓公司付款，虎辉公司在收到国投公司发票后 100 日内向国投公司付款。后德泓公司在履行三方贸易协议过程中，利用交付产品不需经过国投公司以及两次付款期限存在时间差等漏洞，骗取国投公司巨额货款。德泓公司因案涉交易构成合同诈骗罪被追究刑事责任。该案一审刑事判决判令追缴德泓公司合同诈骗犯罪所得并返还被害单位。在该刑事案件二审过程中，国投公司又以虎辉公司为德泓公司的诈骗活动提供配合，对其货款损失负有责任为由，另行向法院提起民事诉讼，诉请虎辉公司赔偿其货款损失。

（撰写人：汪　军）

[①] 该规定已失效。

3 行政机关直接或间接以不正当手段侵害民事主体权益的，应承担侵权责任

——宏德公司与南台箱包公司、南台镇政府侵权责任纠纷申请再审案

- 案　　号　（2021）最高法民申7183号
- 合议庭成员　麻锦亮、孙勇进、季伟明
- 关 键 词　民事/行政机关/间接/不正当手段/侵权责任
- 相关法条　《中华人民共和国民法通则》①第121条，《中华人民共和国侵权责任法》第34条第1款②

【裁判要旨】

在民事活动中，行政机关为关联企业利益参与其中，以不正当的行政手段，直接侵害或者间接指示职能部门侵害相对人利益的，应承担民事侵权责任。

【案情摘要】

南台箱包公司是南台镇政府出资成立的国有公司，公务员代政府持股。2006年，宏德公司与南台箱包公司签订协议书，因南台箱包公司市场改造，业户需要安置，宏德公司将自有产权市场无偿借给其使用，使用期限为1年。借用期满后，采取自愿原则，愿意继续留在市场的业户，不得阻拦或采取其他违反市场竞争的手段强制迁出。借用期满，2007年12月至2008年1月，南台镇政府所属职能部门对宏德公司实施如下措施：（1）打假；（2）收税；（3）交通整治；（4）堵截车辆；（5）出动消防车辆；（6）组织防暴警力；（7）排查线路断水、断电。其中，南台镇政府主要领导亲自带队干涉，导致业户关门，直至2008年1月，宏德箱包市场空置。宏德公司诉镇政府侵权，南台镇政府抗辩称未参与侵权。

（撰写人：季伟明）

---

① 该法已失效。
② 对应《中华人民共和国民法典》第1191条。

4 申请执行人径行扣留被执行人财物的行为不构成自助行为
——全源公司与巨圆公司、青海油田分公司侵权责任纠纷上诉案

- **案　　号**　（2021）最高法民终 342 号
- **合议庭成员**　何波、陈宏宇、张梅
- **关 键 词**　民事 / 侵权责任纠纷 / 自助行为
- **相关法条**　《中华人民共和国民法典》第 1177 条

【裁判要旨】

自助行为制度属于《民法典》新增规定，对于《民法典》施行前，受害人为保护自己合法权益采取扣留侵权人的财物等措施引起的民事纠纷案件，适用《民法典》关于自助行为的规定。在一方当事人未履行生效判决确定的义务的情况下，另一方当事人非法私自扣押对方财物追索债务的行为属于侵权行为，且该侵权行为的发生不构成自助行为中的"情况紧急且来不及请求公力救济"的法定要件，不属于自力救济中的自助行为，应就其侵权行为承担赔偿责任。

【案情摘要】

2015 年 6 月 2 日，青海油田分公司与全源公司签订《花土沟油田钻井工程承包合同》《定向技术服务协议》《工程服务 HSE 合同》，由全源公司承揽青海油田分公司钻井业务，以上合同期限均自合同签订之日起至 2015 年 12 月 31 日止。合同到期后，全源公司并未拉走施工所用设备，包括案涉钻机等。2016 年 1 月 27 日，茫崖矿区人民法院判令全源公司向巨圆公司支付工程款 133 万元。2016 年 3 月 15 日，巨圆公司至青海油田分公司所属矿区拉走全源公司钻机等设备。当日，全源公司向公安机关报案，公安机关对相关人员进行询问后出具《不予调查处理告知书》。2016 年 3 月 17 日，巨圆公司向茫崖矿区人民法院申请执行。2016 年 11 月 25 日，茫崖矿区人民法院作出执行裁定书，载明因巨圆公司已扣留抵押物，经巨圆公司同意，本案终结执行。2018 年 11 月 14 日，全源公司向青海高院起诉请求巨圆公司对其钻机损失及直接损失、可得利益损失承担赔偿责任，青海油田分公司承担连带赔偿责任。

（撰写人：张　梅、张义敏）

管辖

1 非作出生效判决、裁定的法院对第三人撤销之诉是否具有管辖权

——梁某镖第三人撤销之诉申请再审案

- **案　　号**　（2021）最高法民申 7915 号
- **合议庭成员**　孙祥壮、贾清林、熊劲松
- **关 键 词**　民事 / 第三人撤销之诉 / 管辖权
- **相关法条**　《中华人民共和国民事诉讼法》第 56 条第 3 款①

【裁判要旨】

第三人撤销之诉应当向作出生效判决、裁定的人民法院提出，并且提供相应的证据证明生效判决、裁定部分或者全部内容错误，损害其合法权益。当事人向作出生效判决、裁定的法院之外的其他法院提起第三人撤销之诉，裁定不予受理。

【案情摘要】

梁某镖向广东省江门市中级人民法院提起第三人撤销之诉，请求撤销黄某芬与盛林公司商品房预售合同纠纷案的相关裁判文书。因该案的二审裁定系按黄某芬撤回上诉处理，对该案实体权利义务发生法律效力的文书是广东省恩平市人民法院作出的一审判决，故广东省江门市中级人民法院对梁某镖提起的第三人撤销之诉裁定不予受理。梁某彪主张广东省江门市中级人民法院应将案件移送给有管辖权的法院，而不应在立案后又作出不予受理的裁定，提出再审申请。

（撰写人：孙祥壮）

---

① 对应《中华人民共和国民事诉讼法》（2023 年修正）第 59 条第 3 款。

2 双方约定将争议诉至一方分支机构所在地并不违反《民事诉讼法》中协议管辖的规定

——彼高公司与京汇公司买卖合同纠纷报请指定管辖案

- **案　　号**　（2021）最高法民辖 2 号
- **合议庭成员**　冯文生、刘少阳、黄西武
- **关 键 词**　民事 / 指定管辖 / 协议管辖
- **相关法条**　《中华人民共和国民事诉讼法》第 34 条①，《最高人民法院关于适用〈中华人民共和国民事诉讼法〉的解释》第 3 条②

【裁判要旨】

法人的住所地是指法人的主要办事机构所在地，主要办事机构所在地不能确定的，法人的注册地或者登记地为住所地。据此，住所地不当然是工商注册登记地址。双方合同约定发生纠纷则将争议诉至某一方所在地法院，并在合同中载明该方所在地为该方分支机构的住所地，该约定并不违反《民事诉讼法》第 34 条协议管辖的规定。

【案情摘要】

2016 年 8 月，彼高公司与京汇公司双方签订《采购供应合同》。2017 年 7 月，双方签订《分包项目结算单》，确认京汇公司（采购方）尚欠彼高公司（供货方）728100 元。案涉合同约定，发生纠纷则将争议诉至甲方（京汇公司）所在地人民法院，该合同载明甲方所在地为广州市天河区。另外，广州市天河区并非合同履行地、合同签订地、原告住所地、标的物所在地。广州市天河区人民法院认为，京汇公司的工商注册登记地址为上海市奉贤区。合同所载"广州市天河区"为京汇公司广州分公司的住所地，合同签订主体是京汇公司，而非其广州分公司，故管辖法院应为广州市奉贤区人民法院。广州市奉贤区人民法院认为，双方合意以该披露地址所在地人民法院作为纠纷的管辖法院，即应由广州市天河区人民法院管辖。双方产生争议遂报请指定管辖。

（撰写人：陈倩倩）

---

① 对应《中华人民共和国民事诉讼法》（2023 年修正）第 35 条。
② 该解释已于 2022 年修正，对应第 3 条。

3 当事人撤诉后再行起诉是否只能向原审法院起诉
——于某可与齐某志民间借贷纠纷案

- **案　　号**　（2021）最高法民辖28号
- **合议庭成员**　包剑平、宁晟、李盛烨
- **关 键 词**　民事／管辖／移送管辖／撤诉后再行起诉
- **相关法条**　《最高人民法院关于适用〈中华人民共和国民事诉讼法〉的解释》第39条

【裁判要旨】

当事人撤诉后另行提起的诉讼，系一个独立的案件，法律并未规定其只能向原受诉法院起诉，其有权依法向有管辖权的人民法院起诉，人民法院应当依法审查是否具有管辖权。

【案情摘要】

于某可于2015年4月28日向三亚市城郊人民法院起诉称，2010年12月25日，齐某志向于某可借款30万元用于生意经营，并出具借条，但至今未偿还，故诉请法院判决齐某志偿还欠款30万元。2015年9月18日，三亚市城郊人民法院作出（2015）城民一初字第2440号民事判决。后经检察机关抗诉、三亚市中级人民法院提审、发回重审。重审过程中，齐某志提出管辖权异议，三亚市城郊人民法院裁定移送沈阳市沈河区人民法院处理。2019年6月13日，沈阳市沈河区人民法院与三亚市城郊人民法院进行协商。2019年10月16日，三亚市城郊人民法法院作出（2019）琼0271民监2号民事裁定，以于某可就案涉争议，辽源市中级人民法院已裁定确定由沈阳市沈河区人民法院管辖，其他法院在受理后都应直接移送至沈阳市沈河区人民法院处理为由，裁定将本案移送沈阳市沈河区人民法院审理。

（撰写人：胡　岩）

4 当事人请求惩罚性赔偿应当按照侵权之诉确定管辖
——吴某刚与仁福源商行网络购物合同纠纷案

- **案　　号**　（2021）最高法民辖31号
- **合议庭成员**　包剑平、李盛烨、张娜
- **关 键 词**　民事 / 管辖 / 惩罚性赔偿 / 侵权之诉
- **相关法条**　《中华人民共和国食品安全法》第148条,《中华人民共和国民事诉讼法》第28条①,《最高人民法院关于适用〈中华人民共和国民事诉讼法〉的解释》第20条

【裁判要旨】

消费者向经营者、销售者依法请求惩罚性赔偿，其请求权基础属于侵权赔偿责任，相关案由应当认定为产品责任纠纷，而非网络购物合同纠纷，并以依据侵权纠纷确定案件管辖。

【案情摘要】

吴某刚通过1688.com网站购买了仁福源商行销售的"鹿茸红粉片——正品吉林梅花鹿鹿茸片红粉片干片散装鹿场直销批发"，发现案涉产品是食用农产品，而不是网络销售时描述的成分中含有梅花鹿鹿茸。吴某刚认为仁福源商行不能提供梅花鹿鹿茸标识，涉案梅花鹿鹿茸没有动物检疫合格证明，违反相关法律规定，属于有缺陷、不符合食品安全标准的梅花鹿鹿茸。综上，请求法院判令仁福源商行退还涉案货款，并请求涉案货款10倍的惩罚性赔偿。当事人主张本案为网络购物合同纠纷，并据此向合同履行地人民法院起诉。合同履行地法院认为本案应由被告所在地法院管辖，故裁定移送。被告所在地法院认为移送不当，层报最高人民法院指定管辖。最高人民法院认为本案属于侵权纠纷，指定被告所在地法院管辖。

（撰写人：胡　岩）

---

① 对应《中华人民共和国民事诉讼法》（2023年修正）第29条。

5 诉讼管辖的确定应遵循便利当事人的原则
——刘某与鞠某离婚纠纷指定管辖案

- **案　　号**　（2021）最高法民辖43号
- **合议庭成员**　杨兴业、李桂顺、郭载宇
- **关 键 词**　民事／管辖／便利当事人原则
- **相关法条**　《最高人民法院关于适用〈中华人民共和国民事诉讼法〉的解释》第12条

【裁判要旨】

诉讼管辖的确定遵循便利当事人的原则。依据《最高人民法院关于适用〈中华人民共和国民事诉讼法〉的解释》第12条第1款关于"夫妻一方离开住所地超过一年，另一方起诉离婚的案件，可以由原告住所地人民法院管辖"的规定，本案可以由原告现居住地人民法院管辖。

【案情摘要】

原告刘某为外国籍，居住在内蒙古自治区呼和浩特市赛罕区。在与被告鞠某离婚纠纷一案中，刘某诉至被告鞠某的户籍地北京市东城区人民法院，请求判决离婚并分割夫妻共同财产。北京市东城区人民法院认为夫妻一方离开住所地超过一年，另一方起诉离婚的案件，可以由原告住所地内蒙古自治区呼和浩特市赛罕区人民法院管辖。呼和浩特市赛罕区人民法院收到本案。被告鞠某在提交答辩状期间提出管辖权异议申请，称其自2018年起居住地不固定且于2020年3月前往法国看望儿子，因疫情原因无法回国，此前其经常居住地为辽宁省大连市中山区，本案应移送辽宁省大连市中山区人民法院审理。

（撰写人：马　玲）

6 装饰装修合同纠纷应当按照不动产纠纷确定管辖

——蔡某佳与南京名工坊装饰工程有限公司
装饰装修合同纠纷报请指定管辖案

- **案　　号**　（2021）最高法民辖59号
- **合议庭成员**　包剑平、李盛烨、张娜
- **关 键 词**　民事／装饰装修合同纠纷／不动产纠纷专属管辖
- **相关法条**　《最高人民法院关于适用〈中华人民共和国民事诉讼法〉的解释》第28条

【裁判要旨】

当事人因履行装饰装修合同发生纠纷，应当按照不动产纠纷确定管辖。

【案情摘要】

蔡某佳向安徽省和县人民法院起诉称，蔡某佳与南京名工坊装饰工程有限公司签订装饰装修工程施工合同，约定由南京名工坊装饰工程有限公司为蔡某佳位于安徽省和县的明发江湾新城小区的房屋进行装修。后蔡某佳按约支付了部分合同款，但南京名工坊装饰工程有限公司并未开始实质性装修工作，请求判令解除合同、返还预付装修款等。安徽省和县人民法院经审查认为，双方协议解除案涉合同，合同未实际履行，双方的住所地均不在合同约定的履行地，本案应当由南京名工坊装饰工程有限公司住所地南京江北新区有管辖权的法院管辖，裁定将本案移送江苏省南京江北新区人民法院处理。江苏省南京江北新区人民法院认为安徽省和县人民法院裁定移送不当，遂层报江苏省高级人民法院。江苏省高级人民法院认为，装饰装修合同纠纷应当按照不动产纠纷确定管辖，安徽省和县人民法院作为不动产所在地法院对本案有管辖权。经与安徽省高级人民法院协商未果，报请最高人民法院指定管辖。

最高人民法院认为，本案系装饰装修合同纠纷，应当按照不动产纠纷确定管辖，由不动产所在地法院管辖。安徽省和县人民法院作为不动产所在地法院，将有管辖权的案件移送江苏省南京江北新区人民法院处理不当，裁定本案由安徽省和县人民法院审理。

（撰写人：李　朋）

7 当事人约定某个地域法院管辖但不能对应到具体明确级别管辖法院的，协议管辖无效

——王某与马某合同纠纷报请指定管辖案

- **案　　号**　（2021）最高法民辖60号
- **合议庭成员**　包剑平、李盛烨、张娜
- **关 键 词**　民事 / 合同纠纷 / 协议管辖
- **相关法条**　《最高人民法院关于适用〈中华人民共和国民事诉讼法〉的解释》第30条

【裁判要旨】

当事人仅约定了某一地域的法院管辖，不能按照级别管辖的标准从上级法院往下确定具体的法院，相关管辖协议无效，应当按照法定管辖规定确定管辖法院。

【案情摘要】

王某向辽宁省法库县人民法院起诉称，王某与马某签订《期货交易合作协议》约定，王某一次性向马某交学费10000元、账户操作费10000元，由马某负责操作中衍期货10008××××期货交易账户，还约定，发生争议在长沙市当地的人民法院诉讼解决。因马某错误操作，致王某遭受严重损失，故诉请求判令解除《期货交易合作协议》、马某退还学费及账户操作费等。辽宁省法库县人民法院经审查认为，《期货交易合作协议》约定，发生争议在长沙市当地的人民法院诉讼解决。王某住所地位于长沙市，裁定将本案移送湖南省长沙市芙蓉区人民法院处理。湖南省长沙市芙蓉区人民法院认为辽宁省法库县人民法院裁定移送不当，层报湖南省高级人民法院。湖南省高级人民法院认为，根据《期货交易合作协议》协议条款无法确定本案管辖法院，马某住所地为辽宁省沈阳市法库，本案应当由辽宁省法库县人民法院管辖。经与辽宁省高级人民法院协商未果，报请最高人民法院指定管辖。

最高人民法院认为，本案的诉讼标的额符合基层人民法院级别管辖标准，但长沙市有多个基层人民法院，无法根据《期货交易合作协议》管辖协议确定具体的管辖法院，本案应当由被告住所地或者合同履行地人民法院管辖。辽宁省法库县人民法院作为被告住所地有管辖权的法院，在先行立案的情况下，将本案移送湖南省长

沙市芙蓉区人民法院处理不当，裁定本案由辽宁省法库县人民法院审理。

（撰写人：李　朋）

8　债权人起诉公司股东人格混同的侵权案件管辖权问题
——酒钢宏兴公司与翼城宏信公司、酒钢翼城公司
股东损害公司债权人利益责任纠纷上诉案

- 案　　号　（2021）最高法民辖终 5 号
- 合议庭成员　王富博、于蒙、李敬阳
- 关 键 词　民事 / 股东损害公司债权人利益责任纠纷 / 管辖权异议
- 相关法条　《中华人民共和国企业破产法》第 21 条，《中华人民共和国民事诉讼法》第 21 条、第 28 条①

【裁判要旨】

关于债权人起诉债务人及其公司股东人格混同，要求公司与债务人共同承担侵权责任的案件的管辖问题，债务人住所地和侵权行为实施地、侵权结果发生地均在同一地点的，由该地的人民法院管辖。

【案情摘要】

翼城宏信公司（债权人）向山西省高级人民法院起诉酒钢翼城公司（债务人）和酒钢宏兴公司（公司股东）构成人格混同，应当共同承担责任的诉讼。酒钢宏兴公司提出管辖权异议，认为因合同纠纷提起的诉讼，由被告住所地或者合同履行地的甘肃省高级人民法院管辖。一审法院认为，酒钢翼城公司住所地在山西省辖区，山西省高级人民法院受理本案符合法律规定，驳回酒钢宏兴公司管辖权异议。酒钢宏兴公司不服一审裁定，以该案属于侵权纠纷案件，应由侵权行为地甘肃省高级人民法院管辖为由，提起上诉。

（撰写人：王富博）

---

① 对应《中华人民共和国民事诉讼法》（2023 年修正）第 22 条、第 29 条。

9 股东提起代表诉讼是否受公司与第三人之间仲裁协议的约束

——太仓森茂公司与江阴森茂公司、上海跃将公司等损害公司利益责任纠纷再审案

- 案　　号　（2021）最高法民再 293 号
- 合议庭成员　汪军、李绍华、黄鹏
- 关 键 词　民事 / 损害公司利益责任纠纷 / 股东代表诉讼 / 仲裁协议
- 相关法条　《中华人民共和国公司法》第 151 条①，《中华人民共和国民事诉讼法》第 21 条②

【裁判要旨】

股东提起代表诉讼，请求确认公司与第三人签订的协议无效、非协议当事人承担赔偿责任时，不应受公司与第三人签订的协议所约定的仲裁条款约束，应根据《民事诉讼法》的一般管辖原则确定管辖法院。

【案情摘要】

太仓森茂公司持有江阴森茂公司 50% 的股权，江阴森茂公司持有桐乡森茂公司的 100% 股权。江阴森茂公司与上海跃将公司签订《股权转让协议》，将江阴森茂公司所持有的桐乡森茂公司的 100% 的股权转让给上海跃将公司，并约定了仲裁条款。太仓森茂公司主张《股权转让协议》系恶意串通所签，损害了公司利益，故提起股东代表诉讼，请求确认《股权转让协议》无效、返还股权等，如不能返还股权，则由江阴森茂公司、上海跃将公司、陈某等向江阴森茂公司赔偿损失。江阴森茂公司等提出主管权异议，认为本案应提交仲裁。

（撰写人：汪　军）

---

① 参见 2023 年修正、2024 年 7 月 1 日施行的《中华人民共和国公司法》第 189 条。
② 对应《中华人民共和国民事诉讼法》（2023 年修正）第 22 条。

10 "原就被"原则在当事人协议选择的外国法院拒绝管辖时的适用

——江苏某环境工程有限公司与中国某建设集团国际工程有限公司建设工程施工合同纠纷案报请指定管辖的请示案

- **案　　号**　（2021）最高法民他350号
- **关 键 词**　民事/协议选择/外国法院拒绝管辖/与中国法院的合理联系/"原就被"原则的适用
- **相关法条**　《中华人民共和国仲裁法》第41条、第58条第1款第3项

【复　　函】

对《关于原告江苏某环境工程有限公司与被告中国某建设集团国际工程有限公司建设工程施工合同纠纷一案报请指定管辖的请示》的答复

（2021）最高法民他350号

江苏省高级人民法院：

你院《关于原告江苏某环境工程有限公司与被告中国某建设集团国际工程有限公司建设工程施工合同纠纷一案报请指定管辖的请示》[（2021）苏民辖254号]收悉。

关于本案的管辖问题，我院曾于2020年12月25日对你院（2020）苏民辖326号请示进行了答复，指出因双方当事人依据管辖协议在越南法院解决争议的目的确已不能实现，应依据国内民事诉讼的相关规定确定本案的管辖法院，并要求常州市金坛区人民法院依据《中华人民共和国民事诉讼法》（以下简称民事诉讼法）的规定对其是否享有管辖权进行判断。现你院以该案应由被告住所地人民法院管辖，而被告住所地法院位于江苏省高级人民法院辖区之外为由，再次向我院报请。

我院认为，根据民事诉讼法第三十六条之规定，如受理本案的法院认为该案不属于该院管辖，应直接移送有管辖权的人民法院。为提高纠纷解决的效率，经研究，我院答复如下：

案涉工程位于越南，虽然当事人协议选择将争议交由越南法院管辖，但越南法

院已经明确拒绝行使管辖权。争议双方均为中国法人，住所地均位于国内。基于当事人约定的管辖法院已经明确拒绝行使管辖权的客观事实，考虑到当事人与中国法院存在合理联系，对中国籍当事人选择在中国法院通过诉讼途径解决争议的程序权利应予以尊重和保护。"原告就被告"系各国普遍确立的一项基本的管辖原则，民事诉讼法第二十一条第二款规定："对法人或者其他组织提起的民事诉讼，由被告住所地人民法院管辖。"鉴于本案的客观情况，本案的管辖应依据该规定确定，即由被告住所地对一审涉外民商事案件具有管辖权的法院行使管辖权。根据本案原告诉请涉及的标的额及案件性质，本案应移送北京市海淀区人民法院管辖。

综上，请你院依据民事诉讼法第三十六条的规定，通知常州市金坛区人民法院尽快将案件移送北京市海淀区人民法院。

此复

二〇二一年十一月二十五日

（撰写人：郭载宇）

当事人 ▶▶▶▶

1 合作建设法律关系中项目公司能否作为缔约过失责任纠纷适格的原告

——御龙公司与优龙公司、昌恒公司缔约过失责任纠纷再审案

- **案　　号**　（2020）最高法民再4号
- **合议庭成员**　刘雪梅、刘京川、贾亚奇
- **关 键 词**　民事/缔约过失责任纠纷/目标公司/适格原告
- **相关法条**　《中华人民共和国民事诉讼法》第119条①

【裁判要旨】

项目公司按照合作建设合同的约定依法设立后，独立享有民事权利，承担民事

---

① 对应《中华人民共和国民事诉讼法》（2023年修正）第122条。

义务。其与合作双方签订三方合作补充协议，系三方合作补充协议的签约主体，在该三方合作补充协议已被人民法院生效判决确定无效的情形下，提起缔约过失责任诉讼，与本案具有直接利害关系，享有诉讼权利，为本案适格原告。

【案情摘要】

优龙公司与昌恒公司签订《合作建设合同书》，约定双方共同开发案涉国有土地，设立项目公司，将优龙公司名下国有土地使用权转让至项目公司下进行开发。项目公司御龙公司设立后，优龙公司和昌恒公司签订《合作补充协议》，就合作建设案涉国有土地开发面积、项目总体出让款进行了约定；昌恒公司、优龙公司、御龙公司签订三方《合作补充协议》，就御龙公司支付案涉国有土地使用权出让金的数额、时间、开发建设相关费用、转让手续办理等进行了约定。后三方因履行案涉协议引起争议，昌恒公司以合资合作开发房地产合同纠纷提起诉讼请求解除上述协议。该案经北京市密云区人民法院、北京市第三中级人民法院审理，判决确认案涉《合作建设协议书》、两方《合作补充协议》、三方《合作补充协议》均无效。御龙公司遂提起本案缔约过失责任诉讼。一审法院认定，三方《合作补充协议》并非独立于其他两份协议而存在，应整体把握当事人之间合作关系。御龙公司并非合资、合作开发房地产合同关系的一方主体，其诉讼请求不具有诉的利益。裁定驳回了御龙公司的起诉。二审法院裁定驳回御龙公司的上诉。御龙公司向最高人民法院申请再审。最高人民法院裁定撤销一、二审法院裁定，指定一审法院对本案进行审理。

（撰写人：刘雪梅）

2 未办理法定代表人变更登记是否影响公司提起诉讼
——荣钦公司与叶开公司借款合同纠纷申请再审案

- **案　　号**　（2021）最高法民申1232号
- **合议庭成员**　刘少阳、孙祥壮、黄西武
- **关 键 词**　民事 / 借款合同纠纷 / 法定代表人
- **相关法条**　《中华人民共和国民事诉讼法》（2017年修正）第204条第1款[①]，《最高人民法院关于适用〈中华人民共和国民事诉讼法〉的解释》（2020年修正）第

---

① 对应《中华人民共和国民事诉讼法》（2023年修正）第215条。

395 条第 2 款[①]

【裁判要旨】

公司法定代表人的变更登记虽然具有公示效力，但办理登记并非法定代表人变更的生效要件。工商部门未办理法定代表人的变更登记，亦不影响公司的法定代表人代表公司提起诉讼。

【案情摘要】

原审原告叶开公司提起一审诉讼时提交的起诉状（日期：2018 年 11 月）中载明其公司法定代表人为徐某。叶开公司在二审期间提交《股东名录》《股东会决议》《董事长（法定代表人）、经理任免职书》等证据，证实该公司在 2018 年 4 月已免去徐某公司董事长（法定代表人）职务，任命潘某娟为公司董事长（法定代表人），但暂未办理变更登记。被告荣钦公司以徐某在二审中要求撤诉及解除与律师的委托代理关系，而二审法院未予处理为由，提请本案再审。

（撰写人：刘少阳）

3 无独立请求权的第三人是否有提起上诉的权利
——信达公司与博源公司、益宁公司、成伟公司
建设工程施工合同纠纷申请再审案

- 案　　号　（2021）最高法民申 3137 号
- 合议庭成员　贾劲松、郭忠红、王鑫
- 关　键　词　民事 / 无独立请求权第三人 / 上诉权
- 相关法条　《中华人民共和国民事诉讼法》第 59 条

【裁判要旨】

第三人在参加一审诉讼时仅提交和发表陈述意见，未向一审法院提交起诉状，亦未提出独立的诉讼请求，不应认定为有独立请求权的第三人。因一审法院未判决该第三人承担任何民事责任，判决结果亦未涉及其实体权益，故其不具有就本案提

---

① 该解释已于 2022 年修正，对应第 393 条第 2 款。

起上诉的权利。

【案情摘要】

博源公司向一审法院起诉益宁公司、成伟公司，信达公司作为第三人参加一审诉讼。信达公司参加一审诉讼时仅提交和发表陈述意见，未向一审法院提交起诉状，亦未提出独立的诉讼请求。一审法院未判决信达公司承担任何民事责任，判决结果亦未涉及其实体权益。信达公司不服一审判决，提出上诉。

（撰写人：贾劲松）

4 合同实际履行过程中实际承受了主要权利并参与了主要义务履行的一方可以认定为合同的一方当事人

——沅陵县自然资源局、沅陵县土地储备中心与王某合同纠纷申请再审案

- 案　　号　（2021）最高法民申 3579 号
- 合议庭成员　熊劲松、孙祥壮、冯文生
- 关 键 词　民事 / 合同纠纷 / 履行主要权利义务 / 适格被告
- 相关法条　《中华人民共和国民事诉讼法》（2017 年修正）第 119 条①

【裁判要旨】

没有参与合同签署的一方，但在合同的实际履行过程中实际承受了主要权利并参与了主要义务履行，可以将其认定为合同的一方当事人。合同另一方对其提起诉讼的，为适格被告。

【案情摘要】

王某与沅陵国土局下属二级机构土地储备中心签订《合作开发协议》，约定由王某投入合作资金给土地储备中心管理使用，土地开发所得收益首先支付王某投资成本而后双方进行分成。因机构改革，沅陵国土局与其他部门合并为沅陵县自然资源局，沅陵县自然资源局局长也兼任沅陵县土地储备中心主任。王某按约将合作投资款汇入的是沅陵县自然资源局指定账户；土地开发后也是沅陵县自然资源局对外与

---

① 对应《中华人民共和国民事诉讼法》（2023 年修正）第 122 条。

第三方签订数份土地转让合同获取出让款,沅陵县自然资源局也从其账户支付了部分投资本金和分成款给王某。但因剩余款项一直延付,王某遂以沅陵县自然资源局为被告向法院提起诉讼。

(撰写人:熊劲松)

5 被告的反诉资格
—— 李某、王某梅与东君公司等合同纠纷申请再审案

- **案　　号**　(2021)最高法民申 3661 号
- **合议庭成员**　李伟、杨卓、苏蓓
- **关 键 词**　民事/合同纠纷/反诉
- **相关法条**　《中华人民共和国民法典》第 509 条、第 563 条,《中华人民共和国民事诉讼法》第 54 条

【裁判要旨】

根据《民事诉讼法》第 54 条的规定,被告有权提起反诉。当事人主张一审其起诉的被告没有反诉资格,人民法院不予支持。

【案情摘要】

2015 年 1 月 10 日,李某、王某梅与受让方帅某强、张某荣签订《收购框架协议》。李某、王某梅将标的公司 100% 股权全部转让给受让方。还约定了王某梅抵押房产的内容。后鑫伟力公司进行工商变更登记,其股东由李某、王某梅变更为帅某强与张某荣。后又发生变更,约定由李某和王某梅分别代持在鑫伟力公司的 72% 和 28% 的股权,并完成工商变更登记。因存在股权代持协议,帅某强、张某荣、曹某、王某胜等代持人主张一切权利均归于东君公司享有。鑫伟力公司一直由李某、王某梅实际控制经营。东君公司与李某、王某梅均未按照《收购框架协议》的约定全面履行该协议。王某梅也未按约定将其名下 2320 平方米的门面房房屋产权作为抵押,李某、王某梅起诉请求继续履行《收购框架协议》,支付剩余收购款及绩效激励;支付因迟延履行《收购框架协议》产生的各项损失。东君公司反诉请求解除《收购框架协议》并请求返还东君公司 1710 万元。一审、二审判决解除《收购框架协议》并

返还转让款。李某、王某梅不服二审判决，申请再审。

（撰写人：杨　卓）

6 "个转企"转型升级前后是否具有承继关系，应根据案件具体事实判断
——红兴公司与易某丽租赁合同纠纷申请再审案

- **案　　号**　（2021）最高法民申 6766 号
- **合议庭成员**　黄鹏、汪军、李绍华
- **关 键 词**　民事 / 租赁合同纠纷 / 个转企 / 诉讼主体
- **相关法条**　《中华人民共和国民事诉讼法》第 122 条

【裁判要旨】

关于"个转企"转型升级后，新成立的企业与原个体工商户之间关系的认定，法律并无明确规定，应根据案件具体事实进行评判。如果转型升级前后名称、经营场所、投资经营主体及共同经营合意均未发生变化，转型后企业经股东会决议同意承继转型前所有权利义务，并已按原合同履行义务，则可以认定具有承继关系。在这种情况下，与原个体工商户产生的纠纷，应以新成立的企业为被告。

【案情摘要】

2011 年 6 月，刘某光以高瑞实业公司名义与红兴公司签订《商场租赁合同》。同年 12 月，刘某光注册个体工商户"老银海购物广场"。2012 年，"老银海购物广场"与红兴公司约定上述合同的承租人变更为"老银海购物广场"。2014 年，易某丽与"老银海购物广场"约定由其继续履行上述合同。2015 年，"老银海购物广场"注销，同日，易某丽注册个体工商户"新银海购物广场"。2019 年 11 月，"新银海购物广场"注销，银海公司成立，银海公司继续占有、使用上述合同项下租赁物。2019 年 10 月，"新银海购物广场"向红兴公司发函要求红兴公司于同年 11 月 10 日前将承租商场广场旁临时建筑所占用空地交还给其管理使用，双方遂产生纠纷。红兴公司以易某丽为被告提起本案诉讼，请求解除商场租赁合同等。二审法院以被告主体不适格为由驳回起诉。

（撰写人：黄　鹏）

7 民间借贷纠纷的起诉条件
——臧某望与圣华伟业公司、圣花实业公司、唐某华等民间借贷纠纷再审案

- **案　　号**　（2021）最高法民再66号
- **合议庭成员**　刘雪梅、刘京川、宁晟
- **关 键 词**　民事/民间借贷/起诉条件
- **相关法条**　《中华人民共和国民事诉讼法》第119条①，《最高人民法院关于审理民间借贷案件适用法律若干问题的规定》第2条、第19条②

【裁判要旨】

人民法院在立案受理阶段判断民间借贷纠纷案件原告是否符合《民事诉讼法》规定的"与本案有直接利害关系"时，只需审查原告是否提交了证明其与相对人因借贷关系引发争议的相关事实依据，至于出借人的经济状况、款项来源、转款方式、是否真实履行了出借义务等事实，均属于实体审查的范畴。不能将实体审查的内容作为评判起诉受理条件的标准。

【案情摘要】

臧某望（出借人）与圣花实业公司、唐某华（借款人）签订借款协议，约定借款金额为人民币3000万元、借款期限、借款利率等，由魏某、圣华伟业公司、菊花生物公司等提供担保。合同签订后，臧某望履行了付款义务。借款到期后，借款人仅偿还部分利息。臧某望向一审法院起诉请求判令圣花实业公司、唐某华、圣华伟业公司偿还其借款及利息等；魏某、菊花生物公司等作为连带责任保证人共同承担还款责任。一审法院作出实体判决后，上述被告以臧某望并非真实的出借人等为由提起上诉，二审法院经审理认为臧某望不具备出借案涉巨额款项的经济能力，其与圣花实业公司、唐某华之间并不存在真实的借贷关系，臧某望与本案没有直接的利害关系，遂裁定撤销一审民事判决；驳回臧某望的起诉。臧某望向最高人民法院申请再审。

（撰写人：刘雪梅）

---

① 对应《中华人民共和国民事诉讼法》（2023年修正）第122条。
② 该规定已于2020年修正，原第2条已被删除，原第19条对应第18条。

8 承继注销公司权利义务的主体依法可以提起诉讼
——鸿锦卓越公司与大丰时代公司合同纠纷再审案

- **案　　　号**　（2021）最高法民再76号
- **合议庭成员**　包剑平、张杨民、贾亚奇
- **关　键　词**　民事 / 合同纠纷 / 合作协议 / 债权债务承继人 / 原告主体资格
- **相关法条**　《中华人民共和国民事诉讼法》第119条、第170条、第171条[①]，《最高人民法院关于适用〈中华人民共和国民事诉讼法〉的解释》第332条[②]

【裁判要旨】

原合同当事人的债权债务承继人依据合同起诉，其系本案直接利害关系人，具有原告主体资格。

【案情摘要】

本案《合作协议书》的签约主体为原鸿锦置业公司和大丰时代公司，《合作协议书》明确甲方为"青岛大丰时代房地产开发有限公司（张某滨）"，乙方为"青岛鸿锦置业有限公司（刘某红）"，协议签章处加盖有原鸿锦置业公司与大丰时代公司的公章，原鸿锦置业公司和大丰时代公司自愿订立《合作协议书》并具有受协议书约束的真实意思表示。围绕原鸿锦置业公司和大丰时代公司联合开发"少海曦畔"项目，《合作协议书》对原鸿锦置业公司和大丰时代公司的合同权利和义务进行了明确约定，具体包括合作原则、标的、方式、项目实施和收益等内容。对于《合作协议书》签订后，原鸿锦置业公司与大丰时代公司之间就《合作协议书》项下合作开发少海曦畔项目有无展开实质性具体的合作，需通过实体审理进一步查明。一审法院认定鸿锦卓越公司作为原鸿锦置业公司的债权债务承继人，作为合同法律关系的主体，与本案有直接利害关系，鸿锦卓越公司有权以《合作协议书》为依据，针对合同相对方大丰时代公司提起诉讼。二审以"可以确认鸿锦卓越公司据以提起本案诉讼的该份《合作协议书》，名为合作协议，实为关于大丰时代公司股权的转让合同，转让方与受让方分别为刘某红与张某滨"为理由驳回起诉。当事人向最高人民法院

[①] 对应《中华人民共和国民事诉讼法》（2023年修正）第122条、第177条、第178条。
[②] 该解释已于2022年修正，对应第330条。

申请再审，最高人民法院经再审裁定撤销一审法院、二审法院驳回起诉裁定，指令一审法院对本案进行实体审理。

（撰写人：包剑平）

9 适格原告的判断标准
——黄某琴与虎山置业公司、吉一典当公司、黄某坡合同纠纷再审案

- **案　　号**　（2021）最高法民再191号
- **合议庭成员**　包剑平、贾亚奇、张娜
- **关 键 词**　民事 / 起诉条件 / 直接签订合同 / 诉权 / 适格原告
- **相关法条**　《中华人民共和国民事诉讼法》第119条①

【裁判要旨】

合同纠纷案件的起诉人虽非签订合同的主体，但是与案件具有直接利害关系，即为适格原告。至于原告的诉讼请求是否应予支持、被告是否认可原告主张的案件事实均非否定原告诉权的理由。

【案情摘要】

青岛市中级人民法院作出执行裁定，将案涉土地过户至买受人吉一典当公司名下。黄某琴以案外人身份提出执行异议，在执行异议程序中，其与虎山置业公司达成《和解协议》，吉一典当公司与虎山置业公司签订《协议书》，黄某琴未直接签订《协议书》。《和解协议》约定虎山置业公司向黄某琴支付6000万元，黄某琴撤回执行异议申请。《协议书》约定虎山置业公司向吉一典当公司支付5000万元，吉一典当公司配合将案涉土地过户至虎山置业公司名下。后黄某琴撤回执行异议，案涉土地现登记在吉一典当公司名下。虎山置业公司未向黄某琴和吉一典当公司支付两份协议中约定的款项。黄某琴以吉一典当公司和虎山置业公司未履行支付土地价款义务为由，诉至法院。一审法院以黄某琴与吉一典当公司无合同关系为由驳回黄某琴对吉一典当公司的起诉。以虎山置业公司对黄某琴的诉求未提出实质异议，双方可自主实施法律行为，无司法救济之必要为由驳回黄某琴对虎山置业公司的起诉。二

---

① 对应《中华人民共和国民事诉讼法》（2023年修正）第119条。

审法院维持。黄某琴向最高人民法院申请再审，最高人民法院提审后指令一审法院审理本案。

（撰写人：张　娜）

10 建设工程承包人、实际施工人已经就工程价款结算达成协议，实际施工人提起要求支付工程价款及确认享有优先受偿权的诉讼，人民法院应否进行实体审理

——凌某武与兴一建设公司、百联安置业公司建设工程施工合同纠纷再审案

- 案　　号　（2021）最高法民再 201 号
- 合议庭成员　包剑平、宁晟、张杨民
- 关 键 词　民事 / 建设工程施工合同纠纷 / 起诉条件
- 相关法条　《中华人民共和国民事诉讼法》第 119 条①

【裁判要旨】

建设工程承包人、实际施工人已经就工程价款结算达成协议，实际施工人以承包人为被告提起诉讼，要求支付工程价款及确认对建设工程折价或拍卖价款在工程款范围内享有优先受偿权，实际施工人提起的诉讼符合《民事诉讼法》第 119 条规定的起诉条件，人民法院应当受理。

【案情摘要】

凌某武、兴一建设公司、百联安置业公司一致认可其三方分别作为甲、乙、丙方，共同签订了《青岛舜宁国际广场项目土建内部承包协议书》，约定由凌某武负责兴一建设公司施工总承包的青岛舜宁国际广场土建的具体施工任务。三方一致认可，2019 年 7 月 5 日，兴一建设公司（甲方施工总承包方）与凌某武（乙方项目实际施工人）、百联安置业公司（丙方建设单位及担保方）共同签订《项目部内部结算及解除协议》，约定工程价款结算方式及违约责任。后凌某武诉至法院，请求支付相应工程建设款，并就建设工程折价或拍卖价款在工程款范围内享有优先受偿权。一审法院认为原告对于本案不具有诉的利益，裁定驳回起诉。二审法院驳回凌某武的上诉，

---

① 对应《中华人民共和国民事诉讼法》（2023 年修正）第 122 条。

维持原裁定。最高人民法院经再审，裁定撤销一、二审裁定，指定一审法院对本案审理。

（撰写人：张杨民）

11 公司吊销营业执照后的诉讼主体资格认定
——张某敏与福州港务集团、福州兴业银行、招商局轮船公司、福马集团、王某荣、张某南股票权利确认纠纷上诉案

- **案　　号**　（2021）最高法民终1042号
- **合议庭成员**　郁琳、李延忱、王珅
- **关 键 词**　公司/股票权利确认纠纷/吊销营业执照/诉讼主体资格
- **相关法条**　《最高人民法院关于适用〈中华人民共和国公司法〉若干问题的规定（二）》第10条

【裁判要旨】

公司被吊销营业执照仅是公司出现解散事由，应依法进行清算后注销登记。在公司未注销登记前，主体资格并未消灭。公司清算期间，仍应以自己的名义进行民事诉讼，公司实际出资人以自己的名义提起有关公司的民事诉讼，缺乏法律依据。

【案情摘要】

张某敏诉称，其系生融公司真正权利人，1998年初委托王某荣与张某南代持生融公司全部股权，生融公司持有福州兴业银行3000万原始股。2017年，张某敏发现该3000万原始股已被转让给福州港务集团、招商局轮船公司、福马集团。因此，张某敏以个人名义提起本案诉讼，请求确认福州兴业银行3000万原始股归其所有。经查，福州兴业银行3000万原始股所有人为生融公司，生融公司处于营业执照吊销但未注销的状态。

（撰写人：郁　琳）

诉讼代理人

1. 应当参加诉讼的当事人因不能归责于本人或者其诉讼代理人的事由未参加诉讼的，构成程序违法
——盖州一建与瑞立钢材买卖合同纠纷再审案

- 案　　号　（2020）最高法民再278号
- 合议庭成员　贾劲松、张代恩、王朝辉
- 关 键 词　民事 / 买卖合同纠纷 / 应参加而未参加诉讼的判断
- 相关法条　《中华人民共和国民事诉讼法》第170条第1款第4项[①]，《最高人民法院关于民事审判监督程序严格依法适用指令再审和发回重审若干问题的规定》第5条第2项

【裁判要旨】

诉讼代理人参与诉讼应当审查是否获得被代理人的真实授权，未获得被代理人的授权委托，则其参与诉讼的行为不能合法代表被代理人。本案相关法律及诉讼文书均寄送诉讼代理人签收，被代理人未被通知应诉。根据法律规定，法院按照二审程序审理再审案件，发现一审法院有应当参加诉讼的当事人，因不能归责于本人或者其诉讼代理人的事由，未参加诉讼严重违反法定程序情形的，可以依法裁定撤销原判决，发回一审法院重审。

【案情摘要】

盖州一建的法定代表人身份证明书和委托郑某荣律师的授权委托书上加盖的"盖州一建"印章上的编码与在公安机关和行业管理部门备案的印章编号不一致，且盖州一建在再审庭审中也否认委托郑某荣担任本案的诉讼代理人，王某某等4人的陈述亦可印证郑某荣并未获得盖州一建或其法定代表人的正式委托授权。因此，郑某荣参与原审诉讼并未获得盖州一建的合法授权委托。盖州一建作为应当参加本案诉讼的当事人，其未能参加诉讼，不能归责于该公司。

（撰写人：贾劲松、范怡倩）

[①] 对应《中华人民共和国民事诉讼法》（2023年修正）第177条第1款第4项。

2 具有特别授权的委托诉讼代理人在诉讼中签订的调解协议效力认定

——河源旭昌达公司、蔡某权与林某湖、张某麟、河源中诺公司股权转让纠纷申请再审案

- **案　　号**　（2021）最高法民申 4204 号
- **合议庭成员**　于明、贾清林、朱科
- **关 键 词**　民事 / 特别授权 / 委托诉讼代理人 / 调解协议
- **相关法条**　《中华人民共和国民事诉讼法》第 201 条①，《最高人民法院关于适用〈中华人民共和国民事诉讼法〉的解释》第 147 条第 1 款

【裁判要旨】

具有特别授权的委托诉讼代理人，在授权范围内代表当事人签订调解协议，委托人提供的证据不足以证明委托诉讼代理人所签订的调解协议与其真实意思相悖的，该调解协议依法对委托人具有约束力。

【案情摘要】

《最高人民法院关于适用〈中华人民共和国民事诉讼法〉的解释》第 147 条第 1 款规定："人民法院调解案件时，当事人不能出庭的，经其特别授权，可由其委托代理人参加调解，达成的调解协议，可由委托代理人签名。"河源旭昌达公司与蔡某权委托郭某宾、黄某芳作为其诉讼代理人，委托权限为特别授权，郭某宾、黄某芳有权代表河源旭昌达公司、蔡某权进行和解。蔡某权为香港特区居民，其委托手续业经广东省河源市河源公证处公证。郭某宾、黄某芳代表河源旭昌达公司与蔡某权在调解笔录上签名，而河源旭昌达公司和蔡某权未提供证据证明代理人未与其充分沟通调解内容，故其关于调解并非其真实意思表示的主张证据不足，不予采信。

（撰写人：曾泳源）

---

① 对应《中华人民共和国民事诉讼法》（2023 年修正）第 214 条。

证据

1. 对第三人的陈述应结合其他证据审查确定能否作为认定事实的根据
——柳某龙与李某佳等股权转让纠纷申请再审案

- **案　　号**　（2020）最高法民申 6237 号
- **合议庭成员**　刘崇理、潘勇锋、李晓云
- **关 键 词**　民事 / 股权转让合同纠纷 / 证人证言
- **相关法条**　《中华人民共和国民事诉讼法》第 67 条、第 68 条、第 70 条、第 78 条

【裁判要旨】

双方当事人提交证据所证明的事实直接相互矛盾，特别是第三人在法院对其进行调查时和其委托诉讼代理人向法院提交的会见笔录中，前后陈述不一。故对案件事实的认定不能仅依据第三人的陈述，必须结合其他证据综合认定案件事实。

【案情摘要】

金某与李某佳签订《股权转让协议》，约定将金某持有的案涉公司 40% 的股权转让给李某佳，后双方办理了《股权变更税源信息登记表》。各方当事人确认，案涉公司的股权虽然登记在金某、柳某贵名下，但实际为柳某龙所有。柳某龙承认知晓《股权转让协议》内容，并亲自去办理过股权变更登记事宜，但股权转让由于各种原因未实际变更登记至李某佳名下。在发生股权转让行为的 2014 年 6 月至 2014 年 11 月期间，李某佳共向罗某金付款 9800 万元，李某佳认可其中的 3000 万元系对罗某金的出借款，但主张本案案涉的 5000 万元并非借款，而在此期间罗某金共向柳某龙付款 5100 万元，同年 12 月 8 日，柳某龙向李某佳汇款 500 万元。现罗某金另因诈骗他人被生效刑事判决以合同诈骗罪判处有期徒刑，其在本案一审时作为第三人明确表示不提出独立的诉讼请求。李某佳以自身系股权转让合同的相对人，案涉公司股权并未完成转让，诉请作为案涉公司实际所有人的柳某龙返还收取的 4600 万元股权转让款。

（撰写人：李晓云）

2 当事人提出两个相互矛盾的诉讼请求，是否符合提起诉讼的条件

——亿仁公司与东方公司等合同纠纷上诉案

- 案　　号　（2020）最高法民终 1320 号
- 合议庭成员　周其濛、麻锦亮、季伟明
- 关 键 词　民事 / 备位诉讼 / 受理条件
- 相关法条　《中华人民共和国民事诉讼法》第 119 条①

【裁判要旨】

当事人提出的两个诉讼请求虽然相互矛盾，但是上述诉讼请求均产生于同一法律关系，当事人通过一次诉讼可以有效避免因单一诉讼请求不被支持而再次提起诉讼，只要当事人所提出诉讼请求具体明确，且诉讼要素齐全，人民法院不能以诉讼请求相互矛盾为由认定属于诉讼请求不明确具体，从而驳回起诉。

【案情摘要】

渤海银行接受东方公司的委托向大基公司提供 2.9 亿元贷款，亿仁公司与渤海银行签订不动产抵押合同，以其土地为案涉债务提供抵押担保，但未办理抵押登记手续。大基公司到期未偿还债务，东方公司提起诉讼，要求亿仁公司办理抵押登记手续，在不能判决亿仁公司办理抵押登记手续的情况下由亿仁公司以土地偿还借款本金和利息。

（撰写人：麻锦亮、杨泽宇）

---

① 对应《中华人民共和国民事诉讼法》（2023 年修正）第 122 条。

3 人民法院可依据与本案事实存在关联性的另案生效判决确认的基本事实进行裁判，有权对当事人申请鉴定事项进行审查

——博辉公司与金港公司进出口代理合同纠纷申请再审案

- 案　　号　（2021）最高法民申 928 号
- 合议庭成员　张树明、季伟明、孙勇进
- 关 键 词　民事 / 生效判决 / 举证 / 申请鉴定
- 相关法条　《最高人民法院关于民事诉讼证据的若干规定》第10条，《最高人民法院关于适用〈中华人民共和国民事诉讼法〉的解释》第121条

【裁判要旨】

另案生效判决确认的基本事实与本案存在关联性，该生效判决具有既判力。当事人虽主张另案生效判决确认的基本事实错误，但未能提供足以推翻该部分事实的相反证据及理由，本案可以依据另案生效判决认定的基本事实进行裁判。

当事人申请鉴定时，人民法院有权对当事人申请鉴定的事项进行审查。对申请鉴定的事项与待证事实缺乏关联性、没必要进行鉴定或者申请鉴定缺乏正当理由的，人民法院可以不予准许。

【案情摘要】

2013年6月20日至2016年12月，金港公司与博辉公司签订《开证委托代理协议》《购销合同》《委托代理协议》等共计89份协议，与明洋公司订立的10份《开证委托代理协议》及1份《委托代理协议》，亦由金港公司与博辉公司实际履行。上述协议均为购买进口车辆。因博辉公司欠付金港公司合同款，金港公司诉至辽宁省大连市中级人民法院。博辉公司此前曾就案涉车辆另案起诉金港公司、大连港公司请求返还多支付的款项。另案生效判决驳回了博辉公司的诉讼请求，但对博辉公司账外付款、银行押汇款的数额及金港公司代缴海关三税款的数额等事实予以认定。本案博辉公司一审申请对案涉100份进出口代理合同相关财务情况进行司法审计，法院认为另案生效判决已对相关情况进行认定，本案可以根据当事人举证情况及法院审理查明的事实予以确认，无需司法审计。

（撰写人：孙勇进）

4 当事人申请调查收集的证据与待证事实无关联、对证明待证事实无意义或者无其他调查收集必要的，人民法院不予准许

——安徽双赢公司、山西冶金公司与商贸公司、物资公司、化工公司破产撤销权纠纷申请再审案

- 案　　号　（2021）最高法民申 1349 号
- 合议庭成员　张淑芳、李敬阳、吴凯敏
- 关 键 词　民事 / 破产撤销权纠纷 / 申请调取证据
- 相关法条　《最高人民法院关于适用〈中华人民共和国民事诉讼法〉的解释》第 94 条、第 95 条

【裁判要旨】

当事人及其诉讼代理人因客观原因不能自行收集的证据，可以在举证期限届满前书面申请人民法院调查收集。当事人申请调查收集的证据，与待证事实无关联、对证明待证事实无意义或者其他无调查收集必要的，人民法院不予准许。

【案情摘要】

2018 年 3 月 5 日，商贸公司与化工公司签订 3 份《资产转让协议》。鉴定咨询机构出具 3 份《分析报告书》，分析 3 份《资产转让协议》中债权价值分别为 222.62 万元、1472.60 万元、1884.05 万元。商贸公司以该评估价值将相关债权转让给化工公司。2018 年 7 月 2 日，一审法院裁定受理对商贸公司的破产清算申请。安徽双赢公司、山西冶金公司提交申请书称商贸公司恶意转移有效资产，商贸公司破产管理人出具《回复函》认为：3 份《资产转让协议》的转让价款依据《分析报告书》，没有发现转让行为存在《企业破产法》规定的应当撤销的情形，不存在"恶意转移有效资产"情形。2019 年 5 月 31 日，商贸公司破产程序终结。安徽双赢公司、山西冶金公司起诉请求撤销 3 份《资产转让协议》，确认上述 3 份《资产转让协议》中资产包的债权人为商贸公司，且并入商贸公司的总资产范围。诉讼中，山西冶金公司、安徽双赢公司申请调取化工公司增资时所依据的资产评估报告等相关材料。

（撰写人：李敬阳、王利萍）

5 未经内地法院认可的香港特别行政区高等法院判决的证明力

——丁某1与香港第一大陆公司、汇兆公司、丁某2等其他与公司有关的纠纷申请再审案

- **案　　号**　（2021）最高法民申2180号
- **合议庭成员**　黄鹏、李延忱、郁琳
- **关 键 词**　民事/其他与公司有关的纠纷/香港特别行政区高等法院判决证明力
- **相关法条**　《中华人民共和国民事诉讼法》第67条

【裁判要旨】

香港法官颁发的判决虽未经内地法院认可，但该生效判决不具有香港特别行政区高等法院对所涉纠纷无管辖权、所涉纠纷由内地法院专属管辖或内地法院已作出判决、被告未经合法传唤或虽经合法传唤但未获依法律规定的答辩时间、判决系以欺诈方式取得、判决内容违反内地社会公共利益等情形，可作为有效证据。在当事人提交的证据已经香港特别行政区高等法院的审理和认定并综合比较各方提供的证据基础上，可以认定香港特别行政区高等法院的生效判决具有更强证明力，对相关内容予以采信并作为定案依据。

【案情摘要】

2006年7月，香港第一大陆公司持有巴鼎公司100%股权。2010年5月19日，丁某红以澳门第一环球公司董事名义将澳门第一环球公司持有的香港第一大陆公司的100%股权分别转让至丁某1（95%）及丁某红（5%）名下。澳门第一环球公司为此于2010年8月16日向香港特别行政区高等法院原讼法庭起诉丁某红、丁某1及香港第一大陆公司，香港法官颁发判决驳回了丁某1关于其为澳门第一环球公司及香港第一大陆公司的唯一实益股东的诉求。2013年10月9日，丁某1、丁某红作为原告向澳门特别行政区初级法院（以下简称澳门初级法院）起诉丁某2、苏某萍及澳门第一环球公司。澳门初级法院的判决驳回了丁某1关于丁某2为其代持澳门第一环球公司股权等诉求。丁某1向内地法院起诉确认香港第一大陆公司与汇兆公司

之间有关巴鼎公司的股权转让协议无效。一审、二审法院审理后驳回丁某1的诉讼请求。丁某1申请再审。

（撰写人：黄　鹏）

6 当事人逾期提交的证据，人民法院可以根据证据的实际情况决定是否采纳

——华中国电公司与沙某建设工程分包合同纠纷申请再审案

- **案　　号**　（2021）最高法民申2785号
- **合议庭成员**　刘丽芳、郎贵梅、王朝辉
- **关 键 词**　民事 / 合同 / 逾期提交的证据 / 基本事实 / 采纳
- **相关法条**　《最高人民法院关于适用〈中华人民共和国民事诉讼法〉的解释》第101条、第102条

【裁判要旨】

当事人逾期提供的证据，与案件基本事实有关的，人民法院可在对证据进行审核并公开判断理由和结果的情况下，根据证据的实际情况决定是否采纳。

【案情摘要】

因承包案涉工程，华中国电公司及其西藏分公司负责人王某领、财务李某平向沙某多次通过银行转款，共计460余万元。2018年7月29日，华中国电公司西藏分公司负责人王某领（甲方）与沙某等人（乙方）签订《协议书》，约定业主验收甲方工程合格后的一周内，甲方答应给沙某进行结算。另查明，沙某曾向王某领出具《借条》，载明沙某于2017年11月9日向王某领借款200万元，用于发放沙某承包的案涉工程工人工资。一审判决驳回沙某的诉讼请求。沙某在二审中提交了《协议书》《承诺书》《证明》等证据。二审法院综合《协议书》等证据，认定当事人存在建设工程分包合同关系具有高度可能性。华中国电公司认为二审判决违背超出举证期限的证据不能作为定案依据的法律规定，并以此为由申请再审。

（撰写人：刘丽芳、王　欣）

7 生效刑事判决所认定的损失应作为民事纠纷所确认的基本事实

——澄阳公司、骏豪公司、永昌公司与澄江市人民政府、旅游公司、观澜湖公司等股权转让纠纷申请再审案

- 案　　号　（2021）最高法民申 3849 号
- 合议庭成员　郭忠红、贾劲松、王鑫
- 关 键 词　民事 / 股权转让纠纷 / 损失认定 / 生效刑事判决
- 相关法条　《最高人民法院关于民事诉讼证据的若干规定》第 10 条

【裁判要旨】

生效刑事判决所认定的事实，若当事人没有相反证据予以推翻，可以作为民事判决的事实依据。

【案情摘要】

澄江市人民政府等与骏豪公司合作建设生态休闲旅游度假区。在合作建设过程中，各方当事人因股权转让、股权份额折价补偿的数额等问题产生争议，为此，澄江市人民政府、旅游公司提起本案诉讼，请求确认双方关于相关股权无偿过户的约定无效，澄阳公司、豪骏公司、永昌公司等向旅游公司折价补偿案涉目标公司部分股权份额对应的价款及利息。有关生效刑事判决对案涉目标公司部分股权份额的对应价款作出明确认定，法院依此作出本案判决。

（撰写人：郭忠红）

8 庭审录像不属于新证据的范畴
——川越公司与水利水电八局、长江设计公司建设工程施工合同纠纷申请再审案

- 案　　号　（2021）最高法民申 3886 号
- 合议庭成员　王涛、闫燕、杨心忠
- 关 键 词　民事 / 建设工程施工合同纠纷 / 新证据的认定 / 庭审录像
- 相关法条　《中华人民共和国民事诉讼法》第 200 条第 1 项①

【裁判要旨】

关于再审程序中新证据的认定，一般分为三类：一是原审庭审结束前已客观存在庭审结束后新发现的证据；二是原审庭审结束前已经发现，但因客观原因无法取得或在规定的期限内不能提供的证据；三是原审庭审结束后，原作出鉴定结论、勘验笔录经重新鉴定、勘验，推翻原结论的证据。庭审录像首先在形式上不符合新证据的要求，实质上亦不能推翻原判决。因此，不属于新证据的范畴。

【案情摘要】

长江设计公司与扶贫移民局、昭化区政府签订委托代建合同后组织招标，水利水电八局中标后，长江设计公司作为发包人与水利水电八局签订施工合同，水利水电八局又以自己的名义与川越公司签订分包合同，约定由川越公司交纳管理费，将案涉工程交由川越公司施工，川越公司要求水利水电八局支付工程款，由此引发的纠纷。经川越公司的申请，一审法院委托鉴定机构对案涉工程建安造价进行司法鉴定，据此确定应付工程款数额。申请再审程序中，川越公司主张案涉鉴定意见系受昭化区政府胁迫所作出的，不能作为定案依据。首先，一审庭审录像并非《民事诉讼法》第 200 条第 1 项规定的新证据。其次，一审系依据川越公司的申请，委托鉴定机构对案涉工程建安造价进行司法鉴定。再次，一审庭审录像并不能证明案涉鉴定意见系受昭化区政府胁迫而作出的。最后，川越公司除申请调取一审庭审录像外，并未提供其他新证据予以佐证。因此，川越公司主张的一审庭

---

① 对应《中华人民共和国民事诉讼法》（2023 年修正）第 211 条第 1 项。

审录像并不属于新证据的范畴。

（撰写人：马赫宁）

9 当事人仅凭怀疑而不能确定申请调查收集的证据能否证明待证事实时，人民法院不予调取并无不当

——红四方锂电公司与经纬纺机公司随州城投公司、曾都城投公司、恒天汽车公司、恒天集团公司买卖合同纠纷申请再审案

- 案　　号　（2021）最高法民申4034号
- 合议庭成员　贾劲松、郭忠红、王鑫
- 关　键　词　民事/申请调取证据
- 相关法条　《中华人民共和国民事诉讼法》第64条①

【裁判要旨】

当事人申请调查收集的证据应系对待证事实有意义且当事人因客观原因不能自行收集的证据，如果当事人仅凭怀疑，而不确定申请调查收集的证据能否证明待证事实，人民法院对此未调查收集并不违反法律规定。

【案情摘要】

红四方锂电公司主张，恒天集团公司同一时间同一账号，在余额充足时向新楚风公司支付的增资4亿元分两笔支付，且选择在新楚风汽车公司的住所地、经营地以外的北京开设银行账户接收增资款，不能排除该账户为恒天集团公司控制、恒天集团公司抽逃出资的可能，故申请人民法院调取新楚风汽车公司的账户流水以确认恒天集团公司是否抽回出资。

（撰写人：王　鑫）

---

① 对应《中华人民共和国民事诉讼法》（2023年修正）第67条。

10 外国法院刑事判决内容不能直接作为认定当事人构成侵权及合同无效的依据

——王某田、刘某峰与中和农场、吕某承侵权责任纠纷申请再审案

- 案　　　号　（2021）最高法民申 4337 号
- 合议庭成员　刘敏、谢勇、李赛敏
- 关 键 词　民事 / 侵权责任纠纷 / 过错
- 相关法条　《中华人民共和国侵权责任法》第 6 条、第 8 条、第 13 条、第 14 条、第 15 条第 1 款第 6 项①

【裁判要旨】

当事人是否构成侵权，应当依据《侵权责任法》或者《民法典》的规定进行审查。一方当事人与对方当事人签订合同占有案涉财产，该占有财产的行为系有权占有，不能仅以对方当事人签订合同的行为在外国法院被认定为犯罪行为，即认定合同无效及占有方当事人构成侵权。当事人是否构成侵权，应当对占有方当事人在签订合同过程中是否存在过错、是否形成合理信赖，以及对方当事人是否存在过错等因素。仅以外国法院刑事判决的内容作为认定案件事实的依据，既不利于维护司法主权，亦缺乏法律依据。

【案情摘要】

中和农场（韩资企业）将其承包的土地经发包人同意后，承包给李某京，李某京又承包给吕某先（已去世，刘某峰之夫），吕某先承包后又与王某田进行合作（上述承包均经过当地政府同意）。中和农场现法定代表人申某植在韩国报案称，中和农场原法定代表人文某晳及职工赵某植伪造了与李某京之间的合同，韩国法院判决文某晳、赵某植构成伪造文书罪。另案判决据此认定吕某先与李某京之间的合同系伪造而无效。本案一、二审法院认定吕某先、王某田占有案涉土地没有法律依据，构成侵权，应赔偿占有土地期间的损失。吕某先、王某田向上级法院申请再审。

（撰写人：谢　勇、王永明）

---

① 参见《中华人民共和国民法典》第 1165 条、第 1168 条、第 178 条、第 1172 条、第 179 条第 1 款第 8 项。

11 证人证言违反日常生活经验的，不能作为证据采信
——李某政与冯某鱼合同纠纷申请再审案

- **案　　号**　（2021）最高法民申 5028 号
- **合议庭成员**　曹刚、于蒙、关晓海
- **关 键 词**　民事 / 证人证言 / 证明力
- **相关法条**　《最高人民法院关于民事诉讼证据的若干规定》第 85 条第 2 款

【裁判要旨】

对于证人证言，审判人员应当全面、客观地审查，运用逻辑推理和日常生活经验，对证据有无证明力和证明力的大小作出判断。证人虽然认可单据上签字为其所签，并表示不代表当事人，但对于为何要在与其无关的单据上签字未作合理解释，对相关问题避而不答，其行为与常理不符，其证言不能作为证据采信。

【案情摘要】

李某政与冯某鱼签署了《债务转移协议书》，约定了相关款项金额，但双方对协议中的金额理解产生争议。冯某鱼为证明其主张提交对账单一份，并表示款项已经双方核对，李某佳与高某胜分别代表冯某鱼和李某政在对账单上的签字确认。在二审中，高某胜称其在对账单上的签字不代表李某政，但对于自己为何在与其无关的商事活动中签字也未作合理解释，对相关问题均回答记不清楚。

（撰写人：关晓海）

12 证明材料缺少制作人员签名是否具有证明效力
——海丰达公司与正圣公司、张某海企业承包经营合同纠纷申请再审案

- **案　　号**　（2021）最高法民申 5411 号
- **合议庭成员**　宋冰、吴笛、董俊武
- **关 键 词**　民事 / 企业承包经营合同纠纷 / 证明效力

• **相关法条**　《最高人民法院关于适用〈中华人民共和国民事诉讼法〉的解释》第 115 条第 1 款

【裁判要旨】

《最高人民法院关于适用〈中华人民共和国民事诉讼法〉的解释》第 115 条第 1 款的规定中,并无缺少制作证明材料人员签名即无证明效力的明确表述。如当事人质疑商业银行分支机构所出具的书证的,亦可依据前款规定请求人民法院对制作证明材料的人员进行调查核实或出庭作证。商业银行分支机构依照民事程序法律的规定参与本案诉讼的,并非试图创设新的民事权利或承担民事责任,故其是否具有法人资格、是否具有民事责任能力与其依法陈述所知晓案情并无关联,故其所出具的书证即便没有制作人员签名的,并不当然丧失民事诉讼证据的证明效力。

【案情摘要】

正圣公司、张某海与美华公司签订《承包经营合同》后,美华公司、正圣公司约定终止《承包经营合同》,并由美华公司向正圣公司、张某海返还提前收取的剩余承包费及利息。由于美华公司将其相关债权权益全部转让至海丰达公司,而海丰达公司认为美华公司在未实际收到正圣公司、张某海支付的承包费的情况下,还向正圣公司、张某海返还了剩余承包款及利息而引发纠纷。正圣公司、张某海提交了农发行新疆分行营业部出具的《情况说明》,用以证明本案形成的背景,二审法院对该证据予以采信。现海丰达公司于再审申请中主张二审法院据以认定事实的《情况说明》因其出具主体、无制作人签名而不具有证明效力。

(撰写人:董俊武)

13　当事人超出法定申请再审期限后以新证据为由申请再审时的其他再审事由的审查

——刘某华与尹某信欠款纠纷申请再审案

• **案　　号**　(2021)最高法民申 6256 号
• **合议庭成员**　刘银春、司伟、赵风暴
• **关 键 词**　民事 / 欠款纠纷 / 新证据 / 申请再审

- 相关法条 《中华人民共和国民事诉讼法》第 200 条①

【裁判要旨】

当事人依据《民事诉讼法》第 200 条第 1 项、第 3 项、第 12 项、第 13 项以外的其他事由申请再审，应当在判决、裁定发生法律效力后 6 个月内提出；如果当事人在判决、裁定发生法律效力 6 个月后，依据《民事诉讼法》第 200 条第 1 项、第 3 项、第 12 项、第 13 项规定申请再审的同时还主张其他再审事由的，人民法院不予审查，否则将虚置法定的再审期限制度，变相鼓励当事人滥用申请再审诉权。再审申请人申请再审提出的除《民事诉讼法》第 200 条第 1 项之外的其他再审事由，应当在本案二审判决生效后 6 个月内提出。再审申请人的再审申请已远超 6 个月的法定再审期限，故对再审申请人依据《民事诉讼法》第 200 条第 1 项申请再审的同时，提出的其他再审事由，可不予审查。

【案情摘要】

2002 年至 2006 年间，尹某信雇用刘某华为建设施工管理员，刘某华多次向尹某信借取资金，同时刘某华经尹某信同意，多次向尹某信的财务人员及工程发包方领取发包方应支付给尹某信的工程款。除去刘某华替尹某信支付部分款项外，尚有 534825 元在刘某华处。尹某信多次催要未果成诉。以上欠款数额由山东立信工程造价咨询事务所有限公司的审计报告予以证实。尹某信提起本案诉讼，请求法院依法判令刘某华立即退还现金 556317 元。

（撰写人：赵风暴）

14 证据未经当事人以外的人质证是否属于人民法院应当再审的情形

——周某兰、梁某毅与陈某儿、朱某天、佘某房屋租赁合同纠纷申请再审案

- 案　　号　（2021）最高法民申 7858 号
- 合议庭成员　冯文生、刘少阳、熊劲松

---

① 对应《中华人民共和国民事诉讼法》（2023 年修正）第 211 条。

- **关 键 词** 民事 / 房屋租赁合同纠纷 / 再审申请理由审查 / 证据未经质证
- **相关法条** 《中华人民共和国民事诉讼法》第68条、第200条第4项[①]

【裁判要旨】

质证是当事人及其代理人的权利,案涉证据未经当事人以外的人质证,不属于《民事诉讼法》第200条第4项规定的人民法院应当再审的情形。

【案情摘要】

2017年8月23日,陈某儿(甲方)与朱某天、梁某毅、周某兰、佘某(乙方)签订《房屋租赁合同》,约定甲方将涉案房屋出租给乙方。后梁某毅、周某兰、佘某在涉案房屋租赁合同中载明"双方协商一致同意解除本租赁合同,由朱某天一人单独承租本合同项下的物业,佘某、梁某毅、周某兰不再作为承租人",但该项说明只有梁某毅、周某兰、佘某签名,陈某儿、朱某天并未签名。后陈某儿以违约为由将朱某天等四人诉至法院,法院判决四人共同承担违约责任。周某兰、梁某毅称,在双方签字时,陈某庆的女儿陈某儿和朱某天因故不在现场,但事前各方已电话沟通,一致同意由陈某庆负责将合同送给陈某儿和朱某天补签名。周某兰、梁某毅申请再审称其已经退出涉案租赁关系,并主张陈某庆未到庭接受质证、调查符合《民事诉讼法》第200条第4项人民法院应当再审的情形。

(撰写人:雷美芳)

15 申请鉴定的一方提供检材确有困难时,法院可要求被鉴定签字真伪的一方亲笔签名以供鉴定

——台新银行与林某钻保证合同纠纷再审案

- **案　　号** (2021)最高法民再268号
- **合议庭成员** 郁琳、李延忱、黄鹏
- **关 键 词** 民事 / 保证合同纠纷 / 笔迹鉴定
- **相关法条** 《最高人民法院关于民事诉讼证据的若干规定》第34条

[①] 对应《中华人民共和国民事诉讼法》(2023年修正)第71条、第211条第4项。

【裁判要旨】

当申请鉴定的一方提供检材确有困难时,若被鉴定签字真伪的当事人也是持有鉴定材料的一方,法院可要求其亲笔签名提供笔迹样本以供鉴定。如鉴定机构认为重新签名的样本因时间间隔过长等客观原因导致无法鉴定的,法院可再行根据举证责任分配规则认定案件事实。

【案情摘要】

台新银行向一审法院提起本案诉讼,请求判令林某钴承担连带担保责任。一审诉讼中,林某钴申请对《担保契约》上的签名进行笔迹鉴定,一审法院未启动鉴定程序,以台新银行未能说明合同签订过程为由,推定《担保契约》系于2015年7月13日在香港特别行政区签署,同时结合林某钴的出入境记录显示其在签署日未在香港特别行政区,进一步推定《担保契约》并非林某钴本人签署。二审法院以台新银行在该院限定的时间内无法提供鉴定样本导致无法启动鉴定程序为由认为台新银行未能证明其主张,作出二审判决,维持原判。台新银行不服,遂向最高人民法院申请再审。

(撰写人:郁 琳)

证明责任 ▶▶▶

1 当事人主张大额现金交易但又无法提交现金交付凭证予以证明的,法院应结合经济能力、交易习惯等综合分析交易事实是否发生

——金某与中振公司普通破产债权确认纠纷申请再审案

- 案　　号　(2021)最高法民申4863号
- 合议庭成员　刘丽芳、郎贵梅、王朝辉
- 关 键 词　民事 / 合同 / 大额现金交易 / 举证责任

• 相关法条 《中华人民共和国民事诉讼法》第 64 条[①]

【裁判要旨】

在付款手段多样化的今日，携带大额现金至异地支付的情形，从交易安全性、便捷性角度出发均不符合常理。原告陈述使用大额现金在异地支付购房款，但其提交的证据无法证明，即应承担相应举证不能的不利后果。

【案情摘要】

2015 年 3 月 22 日、2015 年 9 月 7 日，金某与中振公司分别签订两份《商品房买卖合同》，合同约定其购买中振公司出售的雷山旅游度假中心二期工程的商品房，一套价格为 100 万元，另一套为 76 万元。2018 年 6 月 25 日，一审法院作出（2018）黔 26 破 3 号民事裁定书裁定受理贵州成宇建筑公司对中振公司提出的破产清算申请，2018 年 8 月 10 日，作出（2018）黔 26 破 3-2 号决定书指定贵州洲联合律师事务所担任管理人。管理人依照《企业破产法》的规定，通知债权人申报债权。2018 年 12 月 12 日，金某向管理人申报债权，债权总额为 100 万元。因金某提交的申报债权材料中没有转账凭据及银行流水，管理人认为不能证明是否已实际支付购房款，在债务人的账册中亦无法暂缓认定，待补齐相关证明材料再作认定。此后，金某提起本案诉讼，请求确认债权，但因金某未能举证证明其已实际履行付款义务，故其诉请因证据不足不能成立，法院依法予以驳回。

（撰写人：刘丽芳、李晓晴）

2 主张对方当事人存在恶意阻止付款条件成就的一方当事人应当承担举证证明责任

——誉成公司与武定县政府建设工程施工合同纠纷申请再审案

- 案　　号　（2021）最高法民申 5825 号
- 合议庭成员　王涛、闫燕、杨心忠
- 关 键 词　民事 / 建设工程施工合同纠纷 / 举证

[①] 对应《中华人民共和国民事诉讼法》（2023 年修正）第 67 条。

- 相关法条 《中华人民共和国民事诉讼法》第 64 条[①]

【裁判要旨】

民事诉讼中举证责任的分配实行"谁主张、谁举证"的原则,即当事人对于自己提出的主张应当负有证明责任。原告对自己的诉讼请求所依据的事实,被告对自己答辩或者反诉所依据的事实,第三人对自己提出的请求等,都应当提出证据。没有证据或者证据不足以证明当事人提出的事实主张的,提出事实主张的一方将承担对自己不利的后果,承担败诉的风险。

【案情摘要】

誉成公司与武定县政府就武定县城旧城改造狮山大道开发建设项目签订《开发合作协议》及《补充协议》。针对案涉工程,一审法院依法委托相关单位进行了鉴定,但对部分款项双方当事人有争议。后誉成公司以继续履行上述协议,武定县政府依据约定内容向誉成公司支付各项款项以及赔偿损失等为由向法院起诉而引发本案纠纷。

(撰写人:杨心忠)

3 一审不负有举证责任的当事人未申请鉴定,法院对其二审提出的鉴定申请予以准许并无不当

——万杰隆公司与港务公司等质押合同纠纷申请再审案

- 案　　号　（2021）最高法民申 6301 号
- 合议庭成员　薛贵忠、汪鸿滨、杜微科
- 关 键 词　民事 / 质押合同纠纷 / 二审申请鉴定
- 相关法条　《最高人民法院关于适用〈中华人民共和国民事诉讼法〉的解释》第 121 条

【裁判要旨】

申请鉴定系当事人享有的诉讼权利,法律并未规定一审未申请鉴定的当事人二

[①] 对应《中华人民共和国民事诉讼法》(2023 年修正)第 67 条。

审不能申请鉴定。因一方当事人在一审中对待证事实不负有举证责任，又不认可一审所认定事实，故二审其负有举证推翻的责任，可以在二审中申请鉴定。而对待证事实负有举证责任的另一方当事人，一审应申请鉴定而未申请，应认定已放弃审级利益。因此，法院对一方当事人二审提出的鉴定申请予以批准并无不当。

【案情摘要】

万杰隆公司与港务公司之间存在质押合同关系。港务公司保管的万杰隆公司的质押物，因受台风毁损。万杰隆公司诉请港务公司赔偿其质押物毁损造成的损失，一审双方就损失数额均未申请鉴定，一审法院依职权委托鉴定亦因故被退回。一审法院认为台风属不可抗力，该风险所造成损失不可归责于港务公司，但港务公司应赔偿怠于采取有效措施导致扩大的损失，质押物的损失按行业惯例酌情认定。港务公司不服一审判决，提起上诉，并在二审申请对质押物的受损价值、残值进行鉴定。二审法院为查明事实，依程序进行了委托鉴定，二审法院参照所作鉴定意见对港务公司应赔偿的质押物损失数额进行了变更。万杰隆公司向最高人民法院申请再审，认为港务公司一审未申请鉴定，已丧失申请鉴定权利，无权在二审申请鉴定。

（撰写人：薛贵忠、叶康喜）

4 给付型不当得利纠纷中，原告应当对"没有合法根据"承担举证证明责任

——广和源公司与金轩公司不当得利纠纷申请再审案

- **案　　号**　（2021）最高法民申 6981 号
- **合议庭成员**　谢勇、张艳、李赛敏
- **关 键 词**　民事 / 不当得利 / 没有合法根据 / 举证证明责任
- **相关法条**　《中华人民共和国民法通则》第 92 条①，《中华人民共和国民事诉讼法》第 64 条②，《最高人民法院关于适用〈中华人民共和国民事诉讼法〉的解释》第 91 条

---

① 对应《中华人民共和国民法典》122 条。
② 对应《中华人民共和国民事诉讼法》（2023 年修正）第 67 条。

【裁判要旨】

给付型不当得利纠纷中,"没有合法根据"所对应的基础事实,是主张不当得利的一方当事人所作出的给付行为欠缺给付原因,可以通过证明作出给付行为的具体原因、该给付原因自始不存在或者嗣后丧失等积极事实来证明,并非现实中未曾发生、无法证明的消极事实。此类不当得利纠纷中,主张不当得利的一方当事人关于对方取得利益"没有合法根据"的主张,建立在否定自身给付行为的基础上,相较于对方当事人,主张不当得利的一方更有能力对自己的行为提供证据。故在给付型不当得利纠纷中,仍应适用"谁主张、谁举证"原则,由原告对"没有合法根据"承担举证证明责任,而非实行举证责任倒置。

【案情摘要】

张某富为广和源公司法定代表人,李某常为金轩公司前股东。在担任金轩公司股东期间,李某常本人及其关联人与广和源公司法定代表人张某富作为股东的相关公司发生多笔资金往来。其中,2012年2月至2012年7月,广和源公司向金轩公司转款六笔共计7400万元;2012年3月14日,金轩公司向广和源公司转款700万元。广和源公司在另案中以民间借贷纠纷为由起诉金轩公司和第三人,请求法院判令金轩公司返还借款6700万元及利息,该案生效判决驳回广和源公司的诉讼请求。

后广和源公司提起本案诉讼,以不当得利为由请求判令金轩公司返还6700万元并支付资金占用费;金轩公司则主张案涉款项实为土地投资款,不构成不当得利。一审判决驳回广和源公司的诉讼请求;广和源公司不服一审判决提起上诉,二审判决驳回上诉,维持原判。广和源公司以原审法院对举证责任分配错误等理由依据《民事诉讼法》第200条[①]第2项、第6项之规定申请再审。

(撰写人:李赛敏)

[①] 对应《中华人民共和国民事诉讼法》(2023年修正)第211条。

送达 ▶▶▶

在诉讼文书无法邮寄送达的情况下，未进行公告送达，剥夺了当事人的辩论权，属于程序违法
——红韵公司与农利村村委会、韩某成、程强公司、丰盛公司、贺某、辛某敏民间借贷纠纷申请再审案

- **案　　号**　（2021）最高法民申 7166 号
- **合议庭成员**　曹刚、梁爽、关晓海
- **关 键 词**　民事 / 公告送达 / 辩论权
- **相关法条**　《中华人民共和国民事诉讼法》第 12 条、第 92 条第 1 款①

【裁判要旨】

受送达人下落不明，一审法院系采用公告方式向受送达人送达诉讼文书。而二审法院在开庭传票、判决书等诉讼文书无法邮寄送达的情况下，既未采取直接送达等其他方式，也未进行公告送达，剥夺了受送达人辩论的权利，属于程序违法。

【案情摘要】

农利村村委会因与丰盛公司、贺某、红韵公司、韩某成、辛某敏、程强公司存在借贷纠纷，诉至人民法院。在诉讼文书无法成功邮寄送达红韵公司的情况下，一审法院公告送达了传票、判决书；而二审法院既未采取直接送达等其他方式，也未进行公告送达，导致红韵公司并未参与二审诉讼。

（撰写人：关晓海）

---

① 对应《中华人民共和国民事诉讼法》（2023 年修正）第 12 条、第 95 条第 1 款。

调解

1. 发生法律效力的调解书不违反自愿原则或者内容不违反法律的,不应当再审

——金盛公司与钟某、黄某、吕某飞损害公司利益责任纠纷申请再审案

- 案　　号　（2021）最高法民申 6346 号
- 合议庭成员　王涛、张代恩、杨心忠
- 关 键 词　民事 / 损害公司利益责任纠纷 / 调解书再审
- 相关法条　《中华人民共和国民事诉讼法》第 201 条[①]

【裁判要旨】

当事人对已经发生法律效力的调解书,提出证据证明调解违反自愿原则或者调解协议的内容违反法律的,可以申请再审。经人民法院审查属实的,应当再审。公司作为商事主体,理应审慎对待自身的各种法律行为。当事人虽主张调解协议违反自愿原则申请再审,但其提供的证据并不足以证明的情况下,人民法院不予支持。

【案情摘要】

金盛公司与钟某、黄某、吕某飞损害公司利益纠纷一案,各方当事人经最高人民法院主持调解,自愿达成调解协议。包括金盛公司在内的各方当事人均在调解笔录上签字,并签收了民事调解书,且在《送达回证》上签字确认。后金盛公司以调解书违反自愿原则、违反法律强制性规定为由申请再审。

（撰写人：杨心忠）

[①] 对应《中华人民共和国民事诉讼法》（2023 年修正）第 212 条。

2 二审法院同时出具调解书、判决书所涉法律问题
——神州数码公司与江西银行洪城支行借款合同纠纷上诉案

- **案　　号**　（2021）最高法民终479号
- **合议庭成员**　杜微科、汪军、薛贵忠
- **关 键 词**　民事／借款合同纠纷／出具调解书、判决书
- **相关法条**　《中华人民共和国民事诉讼法》第172条[①]，《最高人民法院关于人民法院民事调解工作若干问题的规定》第14条第1款

【裁判要旨】

部分当事人对一审民事判决部分中的部分判项提起上诉的，人民法院在二审程序中可以就当事人的上诉请求开展调解工作，对当事人达成的调解协议依法审查后，予以确认并制作调解书。调解书送达后，一审判决即视为撤销。

对于上诉请求和调解书中并未涉及的其余一审判项，经审查与调解书不相冲突也未损害各方当事人合法权益的，可以在二审判决中予以确认。

【案情摘要】

2016年3月，被告神州数码公司作为甲方，原告江西银行洪城支行作为乙方，被告凯良公司作为丙方，共同签订《未来提货权融资业务合作协议书》，约定：神州数码公司与凯良公司签订购销协议，由凯良公司购买神州数码公司的货物；江西银行洪城支行与凯良公司签订融资授信协议，由江西银行洪城支行向凯良公司提供融资授信额度。

2016年3月28日起，江西银行洪城支行与凯良公司就未来提货权融资业务（保兑仓模式）签订《授信协议》，约定：江西银行洪城支行向凯良公司提供授信额度，授信期间为12个月。同日，被告肖某、陈某还与江西银行洪城支行另签订《最高额保证合同》，约定：陈某、肖某为江西银行洪城支行与凯良公司在2016年3月28日至2017年3月24日内签订的所有主合同项下各笔债权，提供最高额连带责任保证担保。2018年12月11日，被告凯良公司、天际公司另与江西银行洪城支行签

[①] 对应《中华人民共和国民事诉讼法》（2023年修正）第179条。

订《担保协议书》，天际公司与江西银行洪城支行签订《最高额保证合同》；天际公司股东（出资人）决议同意天际公司为债务人凯良公司向债权人江西银行洪城支行提供连带保证责任担保。

上述合同签订后，各方按照《未来提货权融资业务合作协议书》约定的保兑仓交易模式进行交易。因凯良公司未按《银行承兑汇票承兑合同》约定按期补足银行承兑敞口，江西银行洪城支行要求神州数码公司按照《未来提货权融资业务合作协议书》约定，将累计发货金额与银行承兑汇票票面金额的差额款项退回江西银行洪城支行。神州数码公司未履行付款义务，江西银行洪城支行向江西省高级人民法院提起一审诉讼。

江西省高级人民法院于2020年8月7日作出（2019）赣民初字20号民事一审判决：一、凯良公司向江西银行洪城支行偿还银行承兑汇票垫款本金和逾期付款利息，并自2019年1月8日起至付清全部款项之日止按每日万分之五的标准支付后续的利息；二、神州数码公司对第一项垫款（本金）向江西银行洪城支行承担差额退款责任，支付违约金，自2019年1月8日起至债务清偿之日止按每日万分之二点一计算违约金；三、陈某、肖某、天际公司对第一垫款本息承担连带清偿责任，在承担保证责任后有权向凯良公司追偿；四、凯良公司向江西银行洪城支行支付律师代理费。

神州数码有限公司不服一审判决第二项，向最高人民法院提起上诉。最高人民法院二审期间进行了调解，上诉人神州数码公司与被上诉人江西银行洪城支行就上诉请求自愿达成调解协议。最高人民法院对该调解协议依法审查后，作出（2021）最高法民终479-1号民事调解书予以确认；对于上诉请求和调解书中并未涉及的其余一审判项，经审查与调解书不相冲突也未损害各方当事人合法权益，故作出（2021）最高法民终479号民事二审判决，明确：一审判决视为撤销，神州数码公司与江西银行洪城支行按前述调解书履行义务；维持一审判决第一项、第三项、第四项内容。

（撰写人：杜微科）

保全 ▶▶▶

1 执行异议中被保全财产是否为"对诉讼争议标的以外的财产"的认定

——杜某滔与冀某站、宏业达公司案外人执行异议之诉上诉案

- **案　　号**　（2021）最高法民终 581 号
- **合议庭成员**　包剑平、刘京川、贾亚奇
- **关 键 词**　民事 / 案外人执行异议之诉 / 财产保全裁定
- **相关法条**　《最高人民法院关于人民法院办理财产保全案件若干问题的规定》第 27 条

【裁判要旨】

人民法院作出财产保全裁定后，案外人对该裁定提起执行异议之诉的前提条件为被保全财产为"对诉讼争议标的以外的财产"。当事人在合同中约定交付一定面积的房产，但未对交付哪些房产作出约定。况且当事人的诉讼请求为房产补偿款，也与被保全的房产不属于同一标的。案外人起诉主张排除对涉案保全房屋的查封行为，应属于"对诉讼争议标的以外的财产"提出异议，人民法院应予受理。

【案情摘要】

2014 年，冀某站依据其与宏业达公司签订的《联合开发合同书》《补充协议》等证据向天津市高级人民法院（以下简称一审法院）提起诉讼，请求宏业达公司按照合同约定向冀某站交付宏业广场（即鼎盛大厦）一定面积房产并赔偿损失等。后在重审中将之前主张给付房产的诉讼请求变更为货币价值补偿款。该案案外人杜某滔以法院查封的宏业达公司名下案涉保全房屋为其所有为由，要求法院解除房屋查封。一审法院作出（2020）津执异 76 号执行裁定，驳回杜某滔的异议请求。杜某滔提起本案案外人执行异议之诉。一审法院以该院查封宏业达公司名下包括鼎盛大厦案涉房屋在内的财产，属于冀某站与宏业达公司诉讼争议标的范围内的财产为由，裁定驳回杜某滔的起诉。杜某滔提出上诉。最高人民法院认为，冀某站与宏业达公司的合同约定宏业达公司向冀某站交付一定面积的房产，但并未明确交付哪些房产，即不能特指法院保全查封的房产。且冀某站的诉讼请求主张的是房产的补偿款，属

于金钱债权。案外人起诉主张排除对涉案保全房屋的查封行为，应属于"对诉讼争议标的以外的财产"提出异议，人民法院应予受理，遂裁定指令一审法院审理。

（撰写人：刘京川）

❷ 保全费的内涵是否仅指保全申请费用
——元阳公司与信远公司借款、担保合同纠纷上诉案

- 案　　号　（2021）最高法民终962号
- 合议庭成员　刘少阳、孙祥壮、熊劲松
- 关 键 词　民事 / 借款、担保合同纠纷 / 保全费
- 相关法条　《诉讼费用交纳办法》第6条、第10条

【裁判要旨】

根据《诉讼费用交纳办法》第6条、第10条规定，申请保全措施应交纳的申请费属于当事人应当向人民法院交纳的诉讼费用。双方在合同中同时约定"诉讼费（或仲裁费）"与"保全费"项目，二者属于并列关系。因此，当事人主张合同约定的"保全费"仅指诉讼费用中的保全申请费，其主张财产保全保险费不符合案涉合同约定，法院不予支持。

【案情摘要】

元阳公司与信远公司等签订《投资协议》，由信远公司通过委托贷款的方式向元阳公司提供贷款，同时约定如元阳公司未按时足额偿还贷款本金、支付利息的，应当承担信远公司和交行五羊支行为实现债权而支付的费用，包括但不限于催收费、诉讼费（或仲裁费）、保全费、公告费、执行费、律师费、差旅费及其他相关费用。信远公司依约通过交行五羊支行向元阳公司发放贷款，后元阳公司未按时足额偿还贷款本息，信远公司提起本案诉讼要求元阳公司偿还本息，赔偿由此支出的保全费及财产保全保险费。元阳公司认为，合同中约定的"保全费"应是人民法院采取保全措施时收取的保全费，即诉讼费用中的保全申请费，信远公司主张的实现债权而支付的费用缺乏依据，并非必然发生，属于违约金范畴。

（撰写人：蒋凌睿）

司法强制措施 ▶▶▶

人民法院不能仅依据诚信条款作出司法罚款
——林某查不服江西省高级人民法院司法罚款决定复议案

- 案　　号　（2019）最高法司惩复6号
- 关 键 词　诚信条款/司法罚款
- 相关法条　《中华人民共和国民事诉讼法》第13条

【裁判要旨】

《民事诉讼法》规定的罚款、拘留等强制措施，属于公法制裁行为。对于公法制裁行为，因涉及动用国家公权力，为保护私权利不受公权力的任意侵犯，需要严格贯彻"法无明文规定不处罚"的基本原则，即公法制裁需基于法律的明文规定。在《民事诉讼法》及其他法律规范没有明确规定的情形下，法院对当事人提出管辖权异议的行为径直予以处罚，欠缺法律依据。

【案情摘要】

2017年，中江信托与泉州安华物流有限公司签订《信托贷款合同》，约定中江信托为泉州安华物流有限公司提供不超过1亿元借款。郭某泽及其配偶林某查为前述《信托贷款合同》提供保证，并与中江信托签订了《保证合同》。江西省高级人民法院（以下简称江西省高级人民法院）受理中江信托诉泉州安华物流有限公司、安能控股股份有限公司、郭某泽、林某查借款合同纠纷一案后，于2019年4月26日向林某查送达应诉材料。林某查在管辖权异议期间内于2019年5月8日向江西省高级人民法院提出管辖权异议，主张其住所地在福建省，且本案标的额符合福建省高级人民法院受理一审民商事案件的标准，应移送福建省高级人民法院管辖。江西省高级人民法院认为，案涉《信托贷款合同》及林某查签订的保证合同均约定，因合同发生争议的由中江信托住所地法院管辖，故于2019年5月18日作出（2019）赣民初54号之一民事裁定，裁定驳回林某查提出的异议。林某查对该管辖权异议裁定未提上诉。同时，江西省高级人民法院在未进行询问或听取意见等程序就直接认为，林某查在已有合同明确约定且无其他专属管辖等事由的情况下，仍提出管辖权异议，存在拖延诉讼的主观恶意，滥用诉讼权利，违反了《民事诉讼法》中的诚信原则。

依照《民事诉讼法》第 13 条、第 115 条之规定，于 2019 年 5 月 20 日作出（2019）赣民初 54 号罚款决定，决定对林某查罚款 10 万元。林某查不服该罚款决定，遂向最高人民法院提出复议申请。

（撰写人：何　君）

诉讼费

债权人撤销权案件诉讼费用计算
——恒瑞丰公司与聚创科技园公司、李某芳债权人撤销权纠纷申请再审案

- **案　　号**　（2021）最高法民申 162 号
- **合议庭成员**　刘崇理、黄年、潘勇锋
- **关 键 词**　民事 / 合同 / 债权人撤销权 / 诉讼费用收取
- **相关法条**　《中华人民共和国民事诉讼法》第 200 条[①]，《诉讼费用交纳办法》第 13 条

【裁判要旨】

依据《民事诉讼法》及司法解释的规定，案件诉讼费问题并不属于再审审查案件的审理范围。债权人撤销权之诉的诉讼费用的计算根据《最高人民法院关于〈债权人撤销权之诉案件性质、诉讼费用咨询〉的回复意见》存在定额收费与以诉讼标的额数额计算诉讼费两种不同的做法，目前尚未有统一规定。原判决根据《诉讼费用交纳办法》的规定收费并无不妥。

【案情摘要】

恒瑞丰公司主张，原判决已经认定本案撤销的范围为 600 万及相应违约金，则一审诉讼费用及二审上诉费用应以 600 万及相应违约金为标准计算其应交纳的数额，而一审及二审判决均以股权转让款 1.7836 亿元作为诉讼标的额计算诉讼费，存在事

---

①　对应《中华人民共和国民事诉讼法》（2023 年修正）第 211 条。

实认定错误及法律适用错误。

法院认为，一方面，依据《民事诉讼法》及司法解释的规定，案件诉讼费问题并不属于再审审查案件的审理范围，恒瑞丰公司该项申请理由于法无据。另一方面，即便对其进行审查，本案属于债权人撤销权之诉，诉讼费用的计算根据《最高人民法院关于〈债权人撤销权之诉案件性质、诉讼费用咨询〉的回复意见》存在两种不同的观点，目前尚未有统一规定。因此，原判决根据《诉讼费用交纳办法》的规定以诉讼标的额数额计算诉讼费并无不妥。

（撰写人：潘勇锋）

审理范围 ▶▶▶

起诉之后、审理过程中发生的事实原则上应纳入审理范围并予以查明

——肇庆亚洲铝厂有限公司与银团、亚铝集团有限公司、亚铝控股有限公司、肇庆亚铝工业城管理有限公司、邝某珍金融借款合同纠纷上诉案

- 案　　号　（2019）最高法民终 1949 号
- 合议庭成员　马东旭、杨兴业、郭载宇
- 关 键 词　民事 / 新事实 / 审理范围 / 事实查明 / 变更判决
- 相关法条　《中华人民共和国民事诉讼法》第 139 条第 1 款①

【裁判要旨】

《民事诉讼法》对将起诉之后、审理过程中发生的事实纳入审理范围并不持排斥态度，仅对将新的事实纳入审理范围的时间进行了必要的限制。为避免当事人讼累，增加判决执行的确定性和可操作性，对于在庭审辩论终结前可以查明的相关事实，如果能进一步查清具体事实，不宜仅对相关事实作概括性描述而将细节事实留待执行程序中解决，而应在事实查明部分予以查明并在判决主文中明确载明。

---

① 对应《中华人民共和国民事诉讼法》（2023 年修正）第 142 条第 1 款。

【案情摘要】

2014年9月26日，银团共同作为贷款人与肇庆亚洲铝厂有限公司（以下简称亚铝厂）签订银团贷款合同，约定银团向亚铝厂提供总计不超过人民币1681351749元和美元9508930.2元的贷款，贷款用途为归还《肇庆亚洲铝厂有限公司银团贷款合同》下贷款本金和补充流动资金需求；贷款期限为2014年9月26日至2015年9月25日；合同项下人民币贷款年利率为一年期贷款基准利率上浮10%，美元贷款利率为3个月LIBOR利率＋3.3%，利息以1年360天为计息基数按月计收，结息日为每月20日，最后一次结息日为合同项下的最后到期日，利随本清；双方还对逾期偿还到期贷款本金的利息和罚息作了约定。同日，银团分别与亚铝集团有限公司（以下简称亚铝集团）、亚铝控股有限公司（以下简称亚铝控股）签订了保证合同，与邝某珍签订保证合同，与亚铝厂、肇庆亚铝工业城管理有限公司（以下简称亚铝工业城公司）分别签订了最高额抵押合同，与亚铝控股签订最高额股权质押合同。上述合同签订后，银团依约向亚铝厂发放了贷款人民币1680809105.48元和美元9508930.2元。因亚铝集团、亚铝工业城公司、邝某珍涉及重大诉讼且抵押的大多数财产已被其他法院查封，银团根据2014年银团贷款合同的约定，宣布贷款立即到期。并要求亚铝厂、亚铝集团、亚铝控股、亚铝工业城公司、邝某珍清偿贷款本息。亚铝厂、亚铝集团、亚铝控股、亚铝工业城公司、邝某珍履行清偿义务，承担违约责任。

本案一审法院立案时间为2015年9月14日，亚铝厂于2017年10月25日庭审陈述称，至2016年11月11日其又偿还了相关利息。但一审判决在事实查明部分仅将该事实表述为"其余还款均抵作利息"，但对于偿还利息的数额，如对该法庭辩论终结前抵作利息的"其余还款"的还款时间、具体构成、对应的数额等未能进一步查明。上诉人上诉主张应在判决主文中明确扣除一审庭审后已经偿还的利息。被上诉人主张，具体金额可在执行程序中去解决，无需改判或变更一审判决主文。

二审法院认为，本案涉及金钱给付之债。在金钱之债履行过程中，不排除存在债权人起诉后、审理过程中甚至判决送达后，债务人仍持续向债权人还款之可能。一般而言，人民法院审理查明的事实是原告起诉前所发生的事实，但为便利当事人诉讼，高效解决争议，《民事诉讼法》第139条第1款规定："当事人在法庭上可以提出新的证据"，表明《民事诉讼法》对将起诉之后、审理过程中发生的事实纳入审理范围并不持排斥态度。但为避免审理范围的过于不确定，《最高人民法院关于适用〈中华人民共和国民事诉讼法〉的解释》第232条规定，在案件受理后，法庭辩论终结前，原告增加诉讼请求，被告提出反诉，第三人提出与本案有关的诉讼请求，可以合并审理的,人民法院应当合并审理。该规定对将新的事实纳入审理范围的时间进行了必要的限制。本案一审法院立案时间为 2015 年 9 月 14 日,亚铝厂于 2017 年 10 月 25 日庭审陈述的事实涉及至 2016 年 11 月 11 日其已偿还的利息数额,如对该法庭辩论终结前抵作利息的"其余还款"的还款时间、具体构成、对应的数额等能在一审审理中查明,与仅查明"其余还款均抵作利息"相比,前者更有助于消除判决执行过程中的不确定性。为避免当事人讼累,增加判决执行的确定性和可操作性,对于在庭审辩论终结前可以查明的相关数额,以在事实查明部分予以查明并在判决主文中明确载明为宜。遂变更了一审部分判决主文。

(撰写人:郭载宇)

重复起诉的受理

1 当事人提起的诉讼构成重复起诉的,应驳回其起诉
——瑞华公司与蒙古之源公司不当得利纠纷诉申请再审案

- 案　　号　(2021)最高法民申 198 号
- 合议庭成员　刘银春、汪治平、赵风暴
- 关 键 词　民事 / 不当得利纠纷 / 重复起诉
- 相关法条　《最高人民法院关于适用〈中华人民共和国民事诉讼法〉的解释》第 247 条

【裁判要旨】

对于本案所涉再审申请人向被申请人支付的款项,已发生法律效力的另案民事判决认定系再审申请人代案外人的代还款,并依此驳回了再审申请人关于要求被申请人返还款项及利息的诉讼请求。现再审申请人提起本案不当得利之诉要求被申请人返还款项,其诉讼请求实质上否定了前诉的裁判结果,属于重复起诉。原裁定依据《最高人民法院关于适用〈中华人民共和国民事诉讼法〉的解释》第 247 条规定,裁定驳回再审申请人的起诉,并无不当。

【案情摘要】

瑞华公司于 2014 年 6 月 10 日向内蒙古自治区鄂尔多斯市中级人民法院对蒙古之源公司提起了企业借款合同纠纷之诉,该案经内蒙古自治区高级人民法院作出的(2015)内商终字第 00023 号二审判决认定:"瑞华公司和中融公司分别于 2012 年 6 月 20 日、2012 年 7 月 5 日通过银行转账的方式各向蒙古之源公司打款 2500 万元,共计 5000 万元,瑞华公司的打款凭证上注明'往来款',中融公司的打款凭证上注明'还借款'。"对于瑞华公司向蒙古之源公司打款 2500 万元款项的性质认定为瑞华公司代公众商业机器(北京)有限公司的代还款。后瑞华公司对案涉款项以不当得利为由对蒙古之源公司提起本案诉讼。

(撰写人:刘银春)

2 原审驳回起诉理由不当,当事人再次起诉是否构成重复起诉

——曹某芹、陈某华与墨荷园公司等商品房销售合同纠纷申请再审案

- 案　　号　(2021)最高法民申 1547 号
- 合议庭成员　王富博、于蒙、李敬阳
- 关　键　词　民事 / 商品房销售合同纠纷 / 重复起诉
- 相关法条　《最高人民法院关于审理民间借贷案件适用法律若干问题的规定》第 23 条

【裁判要旨】

案涉法律关系是民间借贷,当事人在法院释明后坚持按照房屋买卖合同关系参加诉讼,一审法院以未竣工验收无法交付为由驳回起诉,说理不当,但结果正确,二审法院予以维持。原审裁定已经生效,在没有新的事实和理由的情况下,当事人仍按照原来的诉讼请求、事实和理由起诉,构成重复起诉。

【案情摘要】

2012 年,曹某芹、陈某华作为原告,向一审法院起诉墨荷园公司、合肥经济学院、中策公司和刘某生、徐某兰、吴某勇,请求墨荷园公司立即交付 7736.46 平

方米门面房并办理权属登记，六被告连带承担逾期交房违约金、逾期办证违约金。一审法院经审理作出（2012）合民一初字第00114号裁定书，认为案涉房屋尚未竣工验收，依法不具备交付和办理权属登记条件，不符合法定的起诉条件，故驳回起诉。（2012）合民一初字第00114号裁定书已经发生法律效力。曹某芹、陈某华并未举证证明在前案诉讼后发生新的事实，即以与前案相同的诉请和理由提起本案诉讼。

（撰写人：王富博）

3 本案否定前诉案件裁判结果的，构成一事不再理
——王某奎与宜顺公司保证合同纠纷申请再审案

- **案　　号**　（2021）最高法民申1558号
- **合议庭成员**　曹刚、于蒙、关晓海
- **关 键 词**　民事 / 合同无效 / 公司担保
- **相关法条**　《最高人民法院关于适用〈中华人民共和国民事诉讼法〉的解释》第247条

【裁判要旨】

前诉案件经过两审终审之后，认定涉案担保合同对宜顺公司不发生效力。当事人又以涉案担保合同无效为由提起诉讼，要求担保人承担过错赔偿责任。后诉基于合同无效进入审理程序并作出裁判，实质上构成通过本案否定前诉案件裁判的结果，属于重复诉讼。

【案情摘要】

2011年3月18日，王某奎及案外人余某华与陈某、马某里签订了《民间借贷合同》，共同向陈某、马某里出借款项6000万元，用于收购宜顺公司股权。合同签订后，王某奎及案外人余某华依约在2011年3月17日至4月2日期间出借了6000万元款项，其中王某奎出借了4000万元。2013年12月15日，王某奎与陈某、马某里、宜顺公司签订了《担保合同》，约定陈某、马某里在该协议签订后10个月内办理转让手续，若陈某、马某里未能依约履行的，则按王某奎支付6000万元款项的时间，按月息2%向王某奎偿还本息；宜顺公司对上述借款本息承担连带保证责任。

此后，王某奎多次要求马某里、陈某办理股权过户手续或偿还借款本息，但均未予履行，遂引发本案诉讼。

（撰写人：关晓海）

4 判断是否构成重复起诉应从当事人、诉讼标的、诉讼请求三个方面进行

——花园公司与万都公司建设工程合同纠纷申请再审案

- **案　　号**　（2021）最高法民申 5097 号
- **合议庭成员**　刘银春、司伟、赵风暴
- **关 键 词**　民事 / 建设工程 / 重复起诉
- **相关法条**　《中华人民共和国民事诉讼法》第 124 条①，《最高人民法院关于适用〈中华人民共和国民事诉讼法〉的解释》第 247 条

【裁判要旨】

判断是否构成重复起诉应从当事人、诉讼标的、诉讼请求三个方面进行。比较原告提起的本案诉讼与河北省衡水市中级人民法院（2014）衡民三初字第 93 号案件的情况，在当事人、诉讼标的、诉讼请求三个方面两案具有相同性，符合司法解释规定的重复起诉的情形。根据《民事诉讼法》第 124 条第 5 项有关"对判决、裁定、调解书已经发生法律效力的案件，当事人又起诉的，告知原告申请再审，但人民法院准许撤诉的裁定除外"的规定，当事人可以通过有关途径主张权利，而非提起本案诉讼。

【案情摘要】

河北省衡水市中级人民法院作出（2014）衡民三初字第 93 号民事判决后，花园公司曾作为上诉人以万都公司为被上诉人向二审法院提起上诉，审理过程中，花园公司于 2015 年 12 月 29 日申请撤回上诉，该院于 2015 年 12 月 30 日作出（2015）冀民一终字第 560 号民事裁定，准许花园公司撤回上诉。

花园公司在本案审理中提交，总计已完成产值 89681000 元及总计确认支付

---

① 对应《中华人民共和国民事诉讼法》（2023 年修正）第 127 条。

6971万元工程款的多张《进度款确认单》，系由万都公司于（2014）衡民三初字第93号案件中，作为证据提交并据以提出主张，上述《进度款确认单》不能认定为本案新证据。

花园公司提起本案诉讼，请求：（1）判令万都公司给付其经双方确认的已经实际完成的工程款19971000元及利息8186917.29元（利息已经计算自2013年1月10日起至2020年7月6日止，之后的利息按19971000元为基数自2020年7月7日起按照同期全国银行间同业拆借中心公布的贷款市场报价利率计付到实际履行之日止）；（2）判令万都公司返还其交纳的农民工工资保证金200万元及利息174285.72元（利息已经计算自2018年8月1日起至2020年7月6日止，以后的利息以200万元为基数自2020年7月7日按照同期全国银行间同业拆借中心公布的贷款市场报价利率计付到实际履行之日止）。

（撰写人：赵风暴）

5 原告提起诉讼依据的法律关系、当事人及诉讼标的等与在先裁判基本一致，且能够认定其目的在于通过诉讼否定在先裁判结果的，应认定构成重复起诉
——北京金达隆公司与美好外国语学校、四川美好企业集团合同纠纷申请再审案

- 案　　号　（2021）最高法民申5232号
- 合议庭成员　李相波、张小洁、刘丽芳
- 关 键 词　民事诉讼 / 合同纠纷 / 重复起诉
- 相关法条　《最高人民法院关于适用〈中华人民共和国民事诉讼法〉的解释》第247条

【裁判要旨】

原告提起诉讼依据的法律关系、当事人及诉讼标的等与在先裁判基本一致的，且根据案件查明的事实能够认定，原告提起本案诉讼的目的在于通过诉讼否定在先裁判结果的，应依据《最高人民法院关于适用〈中华人民共和国民事诉讼法〉的解释》第247条规定，认定构成重复起诉。

【案情摘要】

美好外国语学校与北京金达隆公司就收购案涉债权达成协议，约定北京金达隆公司向美好外国语学校整体转让案涉债权，美好外国语学校向其支付款项。因美好外国语学校未完全履行付款义务，北京金达隆公司提起仲裁，请求解除案涉协议及美好外国语学校承担违约责任、返还债权等。北京仲裁委员会作出裁决后，北京金达隆公司提起诉讼，请求确认案涉债权归属于北京金达隆公司及变更执行申请人，法院经审理后，裁定驳回北京金达隆公司的起诉。北京金达隆公司又提起本案诉讼，请求返还案涉债权及相应经济利益等。诉讼中，原审查明北京金达隆公司提起本案诉讼所依据的法律关系与上述两案依据的法律关系一致，当事人及诉讼标的基本一致。

（撰写人：李相波、华章玮）

6 对重复起诉中的诉讼请求应当进行实质性审查
——金昌佰亿公司与农垦前进公司合同纠纷再审案

- **案　　号**　（2021）最高法民再204号
- **合议庭成员**　何波、陈宏宇、张梅
- **关 键 词**　民事 / 合同纠纷 / 重复起诉
- **相关法条**　《最高人民法院关于适用〈中华人民共和国民事诉讼法〉的解释》第247条

【裁判要旨】

《最高人民法院关于适用〈中华人民共和国民事诉讼法〉的解释》第247条规定了后诉与前诉构成重复诉讼的三方面构成要件，在同时具备该条规定的三个要件时方可构成重复诉讼。其中，在审查诉讼请求是否相同时不应囿于文字表面意思，应当进行实质性审查判断诉讼请求是否实质性相同。在判断金钱给付诉讼请求是否相同时，关键要看请求的事项有无变化，而非请求的金额是否相同，如果后诉请求是基于不同法律关系提起，即使后诉请求的金额与前诉金额相同，也与前诉的诉讼请求不同，不构成重复起诉。

【案情摘要】

2010年7月10日，原农垦沙湖实业公司（后更名为农垦前进公司，甲方）与苏州佰亿公司（乙方）签订《合同书》，约定甲乙双方共同出资设立大米加工合资公司。在实际履行过程中，主体由苏州佰亿公司变更为金昌佰亿公司。2010年8月，农垦开发公司设立，股东分别为农垦前进公司、金昌佰亿公司以及王某元。

2017年2月10日，金昌佰亿公司、农垦前进公司、王某元签订《股权转让协议书》，约定金昌佰亿公司将其持有的农垦开发公司30%股权转让给农垦前进公司，股权转让价款以股权转让基准日评估确定的结果作为股权价值确定和转让价计算的依据。上述协议签订后，双方进行了股权变更登记，因农垦前进公司未支付股权转让款，金昌佰亿公司向宁夏回族自治区石嘴山市中级人民法院提起前案诉讼，请求判令农垦前进公司履行《股权转让协议书》，向金昌佰亿公司支付股转金1200万元。

本案中，金昌佰亿公司依据其与农垦前进公司签订的《合同书》提起本案诉讼，认为农垦前进公司未能按约定价格取得土地使用权并及时完成土地过户事宜，导致农垦开发公司建设、经营亏损，金昌佰亿公司投资受损，请求法院判决农垦前进公司承担违约赔偿责任。

（撰写人：张 梅、张义敏）

7 当事人基于调解书生效后产生的新的事实重新提起诉讼的，应当进行实体审理

——新贸物流公司与东顺公司土地使用权转让合同纠纷再审案

- 案　　号　（2021）最高法民再250号
- 合议庭成员　陈宏宇、徐霖、张梅
- 关 键 词　民事 / 土地使用权转让合同纠纷 / 重复起诉
- 相关法条　《中华人民共和国民事诉讼法》第119条[①]，《最高人民法院关于适用〈中华人民共和国民事诉讼法〉的解释》第247条、第248条

[①] 对应《中华人民共和国民事诉讼法》（2023年修正）第122条。

【裁判要旨】

人民法院对当事人在诉讼中达成的调解协议出具调解书。因合同具体约定不明，当事人对调解书中有关继续履行合同的内容产生争议，且无法在法院强制执行程序中解决的事实，构成一方当事人再次提起诉讼的新的事实。

【案情摘要】

新贸物流公司（出让方）与东顺公司（受让方）签订《土地使用权转让合同》，约定有偿转让土地使用权，因土地使用权证已抵押8年，故双方约定此期间东顺公司每年交纳租金100万元。之后因东顺公司拖欠租赁费，新贸物流公司诉至法院，后达成调解协议调解书载明："2018年12月31日前，履行土地使用权转让事宜。"之后，新贸物流公司向法院申请强制东顺公司履行上述合同，在此过程中，双方对土地面积等合同内容产有争议，且执行程序无法解决。因执行无果，后新贸物流公司提起本案诉讼。

（撰写人：陈宏宇、赵　静）

8 前诉被驳回起诉的，不构成重复起诉
——亚某与托某合伙合同纠纷申请再审案

- 案　　号　（2021）最高法民申7660号
- 合议庭成员　陈宏宇、吴笛、张梅
- 关 键 词　民事 / 合伙合同纠纷 / 重复起诉
- 相关法条　《最高人民法院关于适用〈中华人民共和国民事诉讼法〉的解释》第247条

【裁判要旨】

前案判决以案涉土地的使用权纠纷应先由人民政府重新确权为由，并未对当事人之间争议的实体权利义务关系进行审理并作出裁判，不存在后诉请求实质上否定前诉结果的可能，故前后两诉不构成重复起诉。

【案情摘要】

2004年,亚某和托某开始筹建屠宰场与活畜交易市场,托某于同年以自己的名义从库尔勒铁克其乡下恰其村一组村民手中购置147.5亩土地。2005年8月,双方共同成立了库尔勒托某·卡地尔商贸有限公司。2006年7月,亚某与托某签订《库尔勒托某·卡地尔商贸有限公司屠宰场投资建设合伙合同书》,约定:(1)屠宰场与活畜交易市场共计155亩;(2)合伙建设屠宰场与活畜交易市场共同投资350万元,其中亚某出资151.1万元。2006年2月,托某出具一份收据证明收到亚某的出资款。2005年12月,屠宰场正式运营,占地23.56亩。活畜交易市场未审批通过,未能营业。后案涉土地除屠宰场以外的地块先后以商贸公司及托某儿子的名义进行出租。

2008年5月,亚某与托某签订《库尔勒托某·卡地尔商贸有限公司屠宰场及活畜交易市场所有权合伙管理合同》,约定:(1)屠宰及活畜交易市场以外的土地及固定资产归托某;(2)经营中35%的利润归亚某。

2014年,亚某诉至巴音郭楞蒙古自治州库尔勒市人民法院,请求确认案涉土地使用权属于商贸公司。一审判决予以支持。后托某上诉至巴音郭楞蒙古自治州中级人民法院,二审法院撤销了一审判决,并以案涉土地的使用权纠纷应先由人民政府重新确权为由驳回亚某的诉讼请求。

后托某又提起本案诉讼,请求:(1)解除其二人于2008年5月签订的《库尔勒托某·卡地尔商贸有限公司屠宰场及活畜交易市场所有权合伙管理合同》;(2)依法按照双方的实际投资比例分割合伙财产。亚某提起反诉,请求:(1)确认库尔勒市铁克其乡下恰其村一组102376.43平方米的土地承包经营权、地上建筑物及其他附着物系托某与亚某的合伙财产;(2)确认亚某对已拆迁的库尔勒市铁克其乡下恰其村一组5414平方米土地、地上建筑物及其他附着物的补偿权益享有43.17%的份额;(3)确认亚某对库尔勒市铁克其乡下恰其村一组96962.43平方米的土地、地上建筑物及其他地上附着物享有43.17%的份额。

(撰写人:张 梅、张义敏)

仲裁的受理

1 约定的仲裁机构是否明确应根据约定条款的关键信息并结合既有的相关仲裁机构的名称经综合分析后认定

——天津南港奥德费尔码头仓储有限公司与天津市特种设备工程建设监理公司海洋工程建设监理合同纠纷主管异议申请再审案

- 案　　号　（2021）最高法民申 2639 号
- 合议庭成员　任雪峰、丁广宇、郭载宇
- 关 键 词　仲裁机构 / 约定明确 / 关键信息
- 相关法条　《中华人民共和国仲裁法》第 16 条第 2 款

【裁判要旨】

选定仲裁委员会是仲裁协议的必备内容之一，当事人在仲裁协议中选定的仲裁委员会的名称与现实存在的仲裁委员会不一致，但通过当事人所选定的仲裁机构的关键信息能合理推导出系指向某一确定的仲裁机构的，应认定当事人有效选定了仲裁机构。

【案情摘要】

当事人在监理合同仲裁条款约定的仲裁机构为"天津国际仲裁中心仲裁委员会"，一、二审法院经查，在天津市司法局登记的仲裁委员会共有三家，即天津仲裁委员会、中国国际经济贸易仲裁委员会天津国际经济金融仲裁中心以及中国海事仲裁委员会天津海事仲裁中心。2012 年监理合同约定的仲裁机构是中国国际经济贸易仲裁委员会天津国际经济金融仲裁中心，所约定的机构具体、明确，该仲裁条款有效。虽然双方当事人在 2013 年、2014 年监理合同仲裁条款约定的仲裁机构为"天津国际仲裁中心仲裁委员会"，但从文字表述来看，包含了"天津""国际""中心"等关键信息，而天津仲裁委员会和中国海事仲裁委员会天津海事仲裁中心的名称均与之差距较大。因此，一、二审法院认为，即使按照 2013 年、2014 年监理合同仲裁条款，仍可确定双方当事人选定的仲裁机构为中国国际经济贸易仲裁委员会天津国际经济金融仲裁中心。当事人不服一、二审法院裁定，向最高人民法院申请再审，最高人民法院经审理，裁定驳回了当事人的再审申请。

（撰写人：郭载宇）

2 或裁或审的仲裁协议是否有效
——明发公司与宝龙公司等合同纠纷上诉案

- **案　　号**　（2021）最高法民终480号
- **合议庭成员**　汪军、薛贵忠、杜微科
- **关 键 词**　民事/合同纠纷/或裁或审
- **相关法条**　《中华人民共和国仲裁法》第5条、第20条第2款，《最高人民法院关于适用〈中华人民共和国仲裁法〉若干问题的解释》第7条，《最高人民法院关于适用〈中华人民共和国民事诉讼法〉的解释》第215条

【裁判要旨】

当事人在合同中约定，双方发生与合同有关的争议，既可以向人民法院起诉，也可以向仲裁机构申请仲裁的，当事人关于仲裁的约定无效；但双方因该合同产生争议后，一方当事人向仲裁机构申请仲裁，另一方未提出异议并实际参加仲裁的，则合同中关于通过仲裁方式解决争议的约定有效。之后，一方就同一合同产生的其他争议又向人民法院起诉的，人民法院不予受理；已经受理的，应裁定驳回起诉。

【案情摘要】

明发公司与宝龙公司签订合作合同，约定双方合作开发项目。合同第12条约定：对合同各条款的执行与解释所引起的争执，如争议调解不成，可提交当地仲裁机构仲裁或辖区人民法院诉讼。后宝龙公司向厦门仲裁委提起仲裁申请，要求分配案涉项目的利润。明发公司收到厦门仲裁委员会受理通知及相关材料，未对以仲裁方式解决纠纷以及仲裁机构提出异议，全程参与仲裁活动，后厦门仲裁委作出裁决书。明发公司认为厦门仲裁委遗留了相关支出项目未予处理，遂提起本案诉讼，请求判令宝龙公司承担上述未经处理的支出等费用。

（撰写人：汪　军）

其他受理问题 ▶▶▶

1 当事人就土地使用权争议依法不能直接提起民事诉讼
——中机公司与中机中心、中租公司等所有权确认纠纷申请再审案

- **案　　号**　（2021）最高法民申 1716 号
- **合议庭成员**　贾清林、于明、朱科
- **关 键 词**　民事 / 所有权确认纠纷 / 土地使用权争议
- **相关法条**　《中华人民共和国土地管理法》第 14 条，《中华人民共和国民事诉讼法》第 119 条[①]，《最高人民法院关于适用〈中华人民共和国民事诉讼法〉的解释》第 208 条第 3 款

【裁判要旨】

依据《土地管理法》的规定，涉及土地所有权和使用权争议，当事人协商不成的均由人民政府先行处理，对人民政府的处理决定不服的可在法定期限内向人民法院提起行政诉讼。当事人就此直接向人民法院提起民事诉讼的，人民法院不予受理。

【案情摘要】

2006 年 10 月 10 日，深圳市国土资源和房产管理局出具深国房函〔2006〕1054 号函件确认机械大厦主楼和附楼所涉宗地为 1985 年行政划拨用地，用地单位为上步赤尾分公司、上步区农牧水产局（后职能由福田林业办、福田经促局、福田环保水务局承接）和南园街道办三家单位。1986 年 2 月，上步赤尾分公司与中机中心签订合作建房合同，但该合同并未经政府主管部门批准，也没有另外两家用地方的意见。案涉宗地一直未办理土地出让手续，宗地及其地上建筑物未办理房地产权登记。后中机公司起诉请求确认案涉土地及建筑物的权属。一、二审裁定以案涉土地使用权存在争议为由驳回中机公司起诉。中机公司不服一、二审裁定，向最高人民法院申请再审，遂成本案。

（撰写人：贾清林、乔希木）

---

① 对应《中华人民共和国民事诉讼法》（2023 年修正）第 122 条。

2. 符合《民事诉讼法》规定的起诉条件的，人民法院应当受理，不能以被告主体不适格为由裁定驳回起诉
——裕禾中心与河南省交通厅、河南省公路局、安阳市人民政府财产损害赔偿纠纷再审案

- 案　　号　（2021）最高法民再 43 号
- 合议庭成员　曹刚、于蒙、关晓海
- 关 键 词　民事 / 财产损害赔偿纠纷
- 相关法条　《中华人民共和国民事诉讼法》第 119 条①，《中华人民共和国公路法》第 8 条

【裁判要旨】

原告有指向明确的被告，且起诉条件也符合《民事诉讼法》第 119 条规定的其他几项条件的，人民法院应当受理。本案中，原告提起侵权之诉，已经提供被告的准确信息，符合法定的民事诉讼起诉条件。被告虽为行政机关，但是关于各行政机关是否为侵权主体、各行政机关应当承担责任、原告的诉讼请求能否成立的问题，属于对案件实体问题的审查，应当经过审理后再作出裁判。

【案情摘要】

2015 年 1 月 9 日，安阳市人民政府与河南省公路局签订《安阳市人民政府与河南省交通运输厅公路管理局关于安阳西北绕城高速公路项目投资框架协议书》，约定涉案高速公路由公路局依法成立项目公司作为涉案高速公路的项目法人，实施安阳西北绕城高速公路的投资、设计、施工、运营和维护。2015 年 1 月 9 日，安阳市交通运输局（经安阳市人民政府授权）与河南省安阳西北绕城高速公路有限公司签订《关于安阳西北绕城高速公路项目特许权协议书》，约定案涉高速公路的建设管理权由安阳市交通运输局授予了西北公司，该权利义务包括该公路项目及其有关附属设施的投资、开发、设计、融资、验收、经营、管理和维修。裕禾中心提起民事诉讼，称因安阳市西北绕城高速工程项目建设设计和施工存在问题，造成裕禾中心租赁的

---

① 对应《中华人民共和国民事诉讼法》（2023 年修正）第 122 条。

203.6亩农田在暴雨后排水不畅,致多年生芦笋被淹死,造成巨额经济损失。遂以河南省交通厅、河南省公路局和安阳市人民政府为被告,提起本案财产损害赔偿纠纷。

(撰写人:于　蒙、韩学会)

3 基于承包租赁合同关系对已经确认的补偿款分配产生的纠纷属于民事案件受理范围

——鲁某早、鲁某军与李某兵、李某辉、汈汊湖养殖场承包地征收补偿费用分配纠纷再审案

- 案　　号　（2021）最高法民再328号
- 合议庭成员　张淑芳、李敬阳、吴凯敏
- 关 键 词　民事 / 承包地征收补偿费用分配纠纷 / 民事案件受理范围
- 相关法条　《民事案件案由规定》第55条第2项①

【裁判要旨】

征收实施主体已与承包人达成征收补偿协议,且已将补偿款支付给承包人的,承包人和承租人、实际经营人基于承包租赁合同关系对已经确认的补偿款分配产生的纠纷,是平等主体之间的纠纷,属于民事案件受理范围。

【案情摘要】

鲁某早、鲁某军主张,其从李某兵、李某辉处租赁汈汊湖养殖场水面从事养殖经营。汉川市政府对案涉湖面发布征收公告,具体实施由汈汊湖养殖场负责,并发布了安置补偿方案。汈汊湖养殖场系国有农场、案涉湖面使用权人,其与案涉湖面承包人李某兵签订安置补偿协议,且已将案涉湖面补偿款支付给李某兵。鲁某早、鲁某军承包的水面位于征收范围之内,但未领取到补偿款,故向人民法院起诉,请求判令李某兵、李某辉、汈汊湖养殖场共同向鲁某早、鲁某军支付地上附着物(含固定构筑物)及青苗补偿、建设维护费补偿、生产工具补偿、安置补偿费等。

(撰写人:吴凯敏)

---

① 该规定已于2020年修正,此处法条对应第61条第2项。

4 2015年5月1日前行政机关作为一方当事人所签协议产生的纠纷，当事人选择通过民事诉讼解决的，人民法院应予尊重

——鸥富公司与龙岗规划局合同纠纷上诉案

- **案　　号**　（2021）最高法民终1191号
- **合议庭成员**　贾清林、于明、朱科
- **关 键 词**　民事 / 合同纠纷 / 民事诉讼 / 行政诉讼
- **相关法条**　《最高人民法院关于审理行政协议案件若干问题的规定》第28条

【裁判要旨】

依据《最高人民法院关于审理行政协议案件若干问题的规定》第28条之规定，2015年5月1日前订立的行政协议发生纠纷的，适用当时的法律、行政法规及司法解释。在当时的法律、行政法规及司法解释没有规定案涉协议系行政协议、相关纠纷亦未列入行政诉讼受案范围的情况下，当事人基于对自己利益的判断选择通过民事诉讼解决因所签协议产生的纠纷，人民法院应予以尊重。

【案情摘要】

龙岗规划局与鸥富公司分别于2007年12月24日和2011年4月27日签订《深圳市龙岗区布吉水径石场群东北片区综合整治工程项目协议书》《补充协议书（一）》，后双方当事人因合同履行产生纠纷，鸥富公司向一审法院提起民事诉讼。一审法院认为案涉协议为行政协议，鸥富公司应当提起行政诉讼，故裁定不予受理鸥富公司的起诉。鸥富公司不服，向最高人民法院提起上诉，遂成本案。

（撰写人：贾清林、乔希木）

5 是否能以案件不宜由人民法院以裁判方式加以解决，裁定驳回当事人的起诉和反诉

——翔吉公司与隆林供电局供用电合同纠纷上诉案

- **案　　号**　（2021）最高法民终 1084 号
- **合议庭成员**　胡仕浩、孙祥壮、贾清林
- **关 键 词**　民事 / 供用电合同纠纷 / 驳回起诉
- **相关法条**　《最高人民法院关于审理行政协议案件若干问题的规定》第 28 条，《中华人民共和国民事诉讼法》第 119 条、第 124 条①

【裁判要旨】

当事人提起民事诉讼，人民法院应当尊重当事人对诉讼类型的选择权，以保障和便利当事人行使诉讼权利。如不存在《民事诉讼法》规定不应受理的情形，且不属于法律规定应适用行政诉讼程序的范围，人民法院应作为民事案件受理。

【案情摘要】

2007 年 11 月 30 日，隆林县政府因招商引资与银杉公司签订《投资合同》，约定由银杉公司投资建设铝板带材加工项目，由隆林县政府调配共留成电供银杉公司使用，超出部分购大网电供银杉公司使用，隆林县政府承诺按照优惠电价执行，否则差价由政府负责补回，具体由银杉公司与隆林供电部门签订供电合同。2011 年 6 月 30 日，翔吉公司（银杉公司的法定代表人注册成立）与隆林电业公司签订《供用电合同》，约定如遇国家电价或其他收费项目费率调整时，按调价文件执行，并确认了用电方享受隆林县政府掌握并经相关方认可的留成电，后隆林电业公司更名为隆林供电局。隆林县政府在招商引资过程中承诺给予翔吉公司自然资源支持的优惠条件，因政府物价部门有关文件发生变化，在翔吉公司与隆林供电局的供用电合同关系中得不到兑现，以致引发本案争议。

（撰写人：高晓丹）

---

① 对应《中华人民共和国民事诉讼法》（2023 年修正）第 122 条、第 127 条。

6　法院执行保全裁定中的执行行为不属于民事诉讼的受案范围

——铠沣公司与林颖公司、姚某兰、张某国确认合同无效纠纷申请再审案

- 案　　号　（2021）最高法民申 5677 号
- 合议庭成员　熊劲松、孙祥壮、冯文生
- 关 键 词　民事 / 确认合同无效纠纷 / 民事可诉性
- 相关法条　《中华人民共和国民事诉讼法》第 3 条

【裁判要旨】

为解除人民法院保全查封而提供担保并经过人民法院审查确认后，当事人或者利害关系人请求确认该担保行为无效，针对的是法院执行保全裁定中的执行行为，不具有民事可诉性，不属于人民法院受理民事诉讼的范围。当事人或者利害关系人应当通过其他法律途径寻求救济。

【案情摘要】

林颖公司与姚某兰、张某国房屋买卖合同纠纷一案中，湖南省怀化市中级人民法院查封了姚某兰、张某国名下财产，案外人粟某良（已亡故）以铠沣公司委托代理人身份将铠沣公司名下的国有土地使用权为姚某兰的解除保全申请提供担保，法院予以认可并解除对姚某兰房屋的查封。铠沣公司主张该担保行为无效，提起本案诉讼。

（撰写人：熊劲松）

7　当事人诉请履行合同约定的义务内容属于民事案件受理范围

——久聪公司与青岛凯旋公司房屋买卖合同纠纷再审案

- 案　　号　（2021）最高法民再 200 号
- 合议庭成员　包剑平、刘京川、张杨民

- **关 键 词** 民事 / 起诉条件 / 诉的利益
- **相关法条** 《中华人民共和国民事诉讼法》第119条[①]

【裁判要旨】

人民法院受理民事案件应以《民事诉讼法》关于案件受理条件的规定为判断标准。合同一方当事人起诉请求另一方当事人履行合同约定的义务，表明双方之间就合同履行存在争议，具有诉的利益，符合《民事诉讼法》第119条规定的起诉条件。

【案情摘要】

2017年11月28日，青岛凯旋公司与久聪公司签订6份《青岛市商品房预售合同》，约定由久聪公司购买青岛凯旋公司开发建设的《凯旋·书香门第项目（D地块）》29栋6户房屋。久聪公司支付购房款2550万元，青岛凯旋公司出具收据一份。后涉案项目停工。久聪公司提起本案诉讼，请求判令青岛凯旋公司为久聪公司购买的上述房产向房地产登记机关申请办理网签、备案及预购商品房预告登记，注销在涉案房屋上设立的在建建筑物抵押登记。一审法院认为，久聪公司的请求属房产管理部门规范商品房交易的行政管理范畴，不属于民事案件的受案范围，涉案房屋的交付期限尚未届满，而涉案项目目前仍处于停工状态，涉案合同能否继续履行尚属未知。久聪公司的诉讼请求并无诉的利益。裁定驳回久聪公司的起诉。久聪公司提出上诉，二审法院维持原裁定。久聪公司向最高人民法院申请再审。最高人民法院认为久聪公司请求办理网签、备案及预购商品房预告登记属于合同约定的义务内容，且该义务的履行对久聪公司购买的房屋具有确认性，有诉的利益，故再审撤销一、二审裁定，指令一审法院审理。

（撰写人：刘京川）

[①] 对应《中华人民共和国民事诉讼法》（2023年修正）第122条。

缺席判决 ▶▶▶

1 受疫情影响,人民法院电话通知当事人开庭日期,当事人未出庭应诉的,人民法院可以缺席判决
——卢某绵、虞某栋与新疆甘电投辰旭能源有限公司、黄某合同纠纷申请再审案

- 案　　号　（2021）最高法民申1257号
- 合议庭成员　何波、陈宏宇、张梅
- 关 键 词　民事/合同纠纷/缺席判决/电话通知
- 相关法条　《中华人民共和国民法总则》第171条[①],《最高人民法院关于民事诉讼证据的若干规定》第10条

【裁判要旨】

受新冠肺炎疫情影响,人民法院通过电话与当事人取得联系,并告知本案诉讼情况及开庭日期。当事人本人未到庭,亦未委托诉讼代理人出庭应诉。法院在此情形下作出缺席判决并无不当,不存在剥夺当事人辩论权利和当事人未经传票传唤缺席判决的情形。

【案情摘要】

一审法院向被羁押中的卢某绵送达了开庭传票,二审期间受新冠肺炎疫情影响,二审法院通过电话与仍被羁押中的卢某绵取得联系,将本案诉讼情况及开庭日期告知卢某绵,卢某绵在一、二审审理期间均未委托诉讼代理人出庭应诉,一、二审法院在此情形下作出缺席判决。

（撰写人：张　梅、张义敏）

[①] 对应《中华人民共和国民法典》第171条。

2 按照原告起诉书中列明的地址向被告送达传票，邮政速递物流信息显示该邮件收件人不在本地，能否直接缺席审理

——王某林与中国华西企业有限公司、中国华西企业有限公司西安分公司、汇通国基房地产开发有限责任公司、汇通国基房地产开发有限责任公司西安分公司案外人执行异议之诉上诉案

- **案　　号**　（2021）最高法民终1270号
- **合议庭成员**　宋冰、徐霖、董俊武
- **关 键 词**　民事/缺席审理
- **相关法条**　《最高人民法院关于适用〈中华人民共和国民事诉讼法〉的解释》第130条、第307条①

【裁判要旨】

本案中没有证据证明原审第三人在诉讼文书送达中存在过错，2020年11月19日，一审法院按照原告民事起诉状列明的原审第三人的住所地邮寄起诉状副本、应诉通知书、举证通知书、诉讼权利义务告知书、合议庭组成人员告知书、传票等相关法律文书，邮政速递物流信息显示该邮件收件人不在本地，拒收此邮件，应认定一审法院未合法送达起诉状副本、应诉通知书、举证通知书、诉讼权利义务告知书、合议庭组成人员告知书、传票等相关法律文书。一审法院在邮寄送达未成功的情况下，未采用其他方式送达，即缺席审理本案并作出判决，严重违反法定程序。

【案情摘要】

2020年11月19日，一审法院按照王某林民事起诉状列明的汇通公司的住所地邮寄起诉状副本、应诉通知书、举证通知书、诉讼权利义务告知书、合议庭组成人员告知书、传票等相关法律文书，邮政速递物流信息显示该邮件收件人不在本地，拒收此邮件。一审法院对案件进行缺席审理。

（撰写人：徐　霖）

---

① 该解释已于2022年修正，此处法条分别对应第130条、第305条。

3 按照原告起诉书中列明的地址向被告送达传票，在邮寄送达未成功的情况下，未采用其他方式送达，能否直接缺席判决

——丁某明与华西公司、华西西安分公司、汇通公司、汇通西安分公司案外人执行异议之诉上诉案

- 案　　号　（2021）最高法民终 1271 号
- 合议庭成员　宋冰、徐霖、董俊武
- 关 键 词　民事 / 缺席判决 / 违反法定程序
- 相关法条　《最高人民法院关于适用〈中华人民共和国民事诉讼法〉的解释》第 130 条、第 307 条①

【裁判要旨】

本案中，没有证据证明被告在诉讼文书送达中存在过错。2020 年 11 月 19 日，一审法院按照原告民事起诉状列明的被告住所地邮寄起诉状副本、应诉通知书、举证通知书、诉讼权利义务告知书、合议庭组成人员告知书、传票等相关法律文书，邮政速递物流信息显示该邮件收件人不在本地，拒收此邮件，应认定一审法院未合法送达相关法律文书。一审法院在邮寄送达未成功的情况下，未采用其他方式送达，即缺席审理本案并作出判决，严重违反法定程序。

【案情摘要】

2020 年 11 月 19 日，一审法院按照丁某明民事起诉状列明的汇通公司的住所地邮寄起诉状副本、应诉通知书、举证通知书、诉讼权利义务告知书、合议庭组成人员告知书、传票等相关法律文书，邮政速递物流信息显示该邮件收件人不在本地，拒收此邮件。一审法院对案件进行缺席审理。

（撰写人：徐　霖）

---

① 该解释已于 2022 年修正，此处法条分别对应第 130 条、第 305 条。

先行判决

涉及土地房屋征拆、土地开发利用、基础设施建设等事项的合同是否有效
——巴市政府与兴和公司合同纠纷上诉案

- **案　　号**　（2021）最高法民终37号
- **合议庭成员**　谢勇、张艳、李赛敏
- **关 键 词**　民事 / 合同纠纷 / 合同效力 / 先行判决
- **相关法条**　《中华人民共和国民法总则》第156条[①]，《中华人民共和国民事诉讼法》第153条[②]

【裁判要旨】

人民法院审理案件，其中一部分事实已经清楚，可以就该部分先行判决。当事人签订的协议书涉及多个事项的，应当依法分别审查各项约定的效力。部分约定无效、未生效不影响其他约定效力的，其他约定仍然有效。

【案情摘要】

2011年3月26日，兴和公司与巴市政府签订协议书，约定兴和公司按照巴市政府要求对巴彦淖尔市临河区河套大学周边棚户区改造项目进行开发改造。协议书就征收相关事宜作出约定，既涉及土地房屋征拆、土地开发利用，又涉及基础设施建设等事项。2011年4月至2012年1月期间，兴和公司陆续向巴市政府支付房屋征收补偿款。兴和公司认为项目可开发用地减少，巴市政府没有按照协议书履行义务，提起本案诉讼，请求解除兴和公司与巴市政府签订的协议书，巴市政府返还兴和公司支付的房屋征收垫付款并支付利息，赔偿相应损失。

一审法院就兴和公司提出的解除与巴市政府于2011年3月26日签订的协议书、巴市政府返还兴和公司房屋征收垫付款等诉讼请求作出先行判决。

（撰写人：张　艳）

[①] 对应《中华人民共和国民法典》第156条。
[②] 对应《中华人民共和国民事诉讼法》（2023年修正）第156条。

二审 ▶▶▶

1 如何认定银行在一审诉讼中先行代扣案件受理费用的行为

——油富风光水电站与长城资管深圳分公司、园林公司、油富沥口水电站等金融借款合同纠纷上诉案

- 案　　号　（2021）最高法民终 8 号
- 合议庭成员　胡夏冰、刘少阳、黄西武
- 关 键 词　民事 / 金融借款合同纠纷 / 先行代扣案件受理费
- 相关法条　《诉讼费用交纳办法》第 20 条、第 29 条

【裁判要旨】

《诉讼费用交纳办法》第 20 条和第 29 条的规定，案件受理费用先由原告预交并最终由败诉者负担。当事人也可以就实现债权的费用进行约定，但在一审诉讼过程中案件受理费如何分担尚未明确。债权人主张，一审诉讼过程中的扣划款项系先行代扣案件受理费用，理据不足。而案涉贷款合同约定，银行主动划款也是还款方式之一，故银行在诉讼过程中的划扣行为应认定为债务人的还款行为。

【案情摘要】

建行深圳分行与油富沥口水电站签订系列贷款合同。油富公司、园林公司、油富风光水电站等为全部债务提供担保。因油富沥口水电站未能按期足额偿还贷款项下应付利息，建行深圳分行对债务人及所有保证人提起诉讼。在一审诉讼过程中，建行深圳分行分别划扣园林公司和油富公司 489173.94 元和 1484.88 元，备注栏注明为代扣诉讼费，随后将其对本案被告所享有的债权、担保权及相关权益全部转让给长城资管深圳分公司。一审法院判决债务人偿还剩余借款及利息，担保人承担相应责任。油富风光水电站认为一审判决遗漏部分还款事实提出上诉。

（撰写人：丁　一）

2 未判决承担责任的第三人无权提起上诉
——云冈实业公司与信达山西分公司、同和公司、薛某礼、陈某红、工行大同新建路支行、山西银行大同分行借款合同纠纷上诉案

- **案　　号**　（2021）最高法民终455号
- **合议庭成员**　曹刚、于蒙、关晓海
- **关 键 词**　民事／银团贷款／债权／第三人
- **相关法条**　《最高人民法院关于适用〈中华人民共和国民事诉讼法〉的解释》第82条

【裁判要旨】

在一审诉讼中，无独立请求权的第三人未被判决承担责任，一审裁判结果对其并无实质性不利影响。在该第三人未提供充分证据证明一审判项对其合法权益造成了实际损害的情形下，其对一审判决提起上诉法律依据不足。

【案情摘要】

2010年12月29日和2013年9月27日，工行大同分行、工行大同新建路支行、山西银行大同分行分别签订两份《银行间合作协议》，对银团贷款相关事宜进行了约定。2010年12月29日和2013年9月27日，云冈实业公司（借款人）与工行大同分行、工行大同新建路支行、山西银行大同分行分别签订了多份借款合同，对借款事宜进行了约定。后因贷款未按照约定归还，云冈实业公司针对工行部分贷款提起诉讼，案件将山西银行大同分行列为第三人。

（撰写人：关晓海）

3 当事人能否因另案结果于己不利而自我否定已经获得一审法院支持的诉讼请求
——申某松与桓大公司、光明公司、朱某全、万天国建设工程施工合同纠纷上诉案

- 案　　号　（2021）最高法民终 727 号
- 合议庭成员　王朝辉、郎贵梅、刘丽芳
- 关 键 词　民事 / 建设工程施工合同纠纷 / 上诉利益 / 诉讼诚信
- 相关法条　《中华人民共和国民事诉讼法》第 13 条

【裁判要旨】

当事人仅对一审法院未获支持的诉讼请求具有上诉利益，有权对该部分诉讼请求提出上诉。在一审法院审理中，当事人所作陈述不存在重大误解或受欺诈、胁迫等情形的，应当认定为其真实意思表示。对其因另案审理结果于己不利而自我否定一审所作陈述，该行为有违诉讼诚信，属滥用诉讼权利，对该请求不予支持。

【案情摘要】

2013 年 1 月，发包人光明公司与承包人桓大公司签订《建设工程施工合同》，申某松挂靠在桓大公司名下，作为案涉工程的实际施工人。2014 年 11 月 24 日，申某松向案外人刘某友借款 300 万元。2015 年 6 月 17 日，光明公司向刘某友付款 300 万元。后申某松将光明公司与桓大公司诉至一审法院，申某松否认光明公司向刘某友支付的 300 万元款项为已付工程款，一审判决予以支持。基于此，刘某友另案起诉，人民法院判决申某松应偿还刘金友 300 万元及利息。二审中，申某松推翻一审陈述认可该款项系光明公司向其支付的工程款，并抵扣其欠付刘某友的债务。

（撰写人：王朝辉、余　帅）

4 当事人在同一诉讼中就同一事实基于不同的请求权提出相互矛盾的诉讼请求后，法院应要求其明确诉讼请求
——荣宝昌公司与赖某、林某合同纠纷上诉案

- **案　　号**　（2021）最高法民终728号
- **合议庭成员**　汪军、薛贵忠、杜微科
- **关 键 词**　民事 / 合同纠纷 / 明确诉讼请求
- **相关法条**　《最高人民法院关于适用〈中华人民共和国民事诉讼法〉的解释》第221条，《全国法院民商事审判工作会议纪要》第36条

【裁判要旨】

当事人就同一事实提出不同的诉讼请求后，法院可以告知当事人在同一诉讼中不得就同一事实基于不同的请求权提出相互矛盾的诉讼请求，要求当事人进一步明确其诉讼请求，而不应简单地对当事人提出的增加诉讼请求的申请不予准许。

【案情摘要】

荣宝昌公司与赖某、林某发生合同纠纷。荣宝昌公司发起诉讼，请求赖某返还垫付款项1.5亿元及相应利息，理由为赖某需要向林某支付股权转让款，荣宝昌公司代赖某支付了1.5亿元股权转让款。在本案一审中，荣宝昌公司向一审法院申请变更第三人林某的诉讼地位为共同被告，并申请增加诉讼请求"确认被告赖某与第三人林某签订的《股权转让合同》某条约定无效，判令第三人林某与被告赖某共同向原告荣宝昌公司偿还1.5亿元及利息"。因荣宝昌公司申请增加的诉讼请求与其之前在起诉状中提出的诉讼请求的请求权基础不同，诉讼请求相互矛盾，一审法院对荣宝昌公司提出的增加诉讼请求的申请不予准许。荣宝昌公司不服，上诉至二审法院。

（撰写人：汪　军）

再审 ▶▶▶

1 发回重审当事人变更诉讼请求后作出的生效裁判再审发现仍有法定发回重审情形的，可依法发回重审
——华联商厦与金碧伦公司合作开发房地产合同纠纷再审案

- 案　　号　（2017）最高法民再 27 号
- 合议庭成员　李相波、陈佳、马成波
- 关 键 词　民事 / 合作开发房地产合同纠纷 / 发回重审
- 相关法条　《中华人民共和国民事诉讼法》第 170 条①，《最高人民法院关于民事审判监督程序严格依法适用指令再审和发回重审若干问题的规定》第 4 条

【裁判要旨】

《民事诉讼法》第 170 条规定只能发回重审一次。但在发回重审中，当事人变更了起诉的事实理由及诉讼请求，而原审因裁判方向问题未就基本事实进行过举证质证和审理认定，仍属于依法可以发回重审的情形。

【案情摘要】

2007 年初至 2008 年 7 月期间，华联商厦与金碧伦公司签订《协议书》，华联商厦出地，金碧伦公司建设，双方共办手续，费用共同承担，并约定了房屋分配比例。华联商厦诉至法院请求：将已建成的楼按原约定比例支付已销售的房价款及未销售的房屋面积；变更协议分配比例；因金碧伦公司自建房屋占用其土地，请求按调整后的比例给付相应房屋面积。发回重审后，华联商厦变更诉讼请求为：（1）确认双方协议中第三地块部分的约定无效；（2）对已建成并销售的房屋按约定比例结算并支付价款；（3）合同有效部分继续履行。

（撰写人：马成波）

---

① 对应《中华人民共和国民事诉讼法》（2023 年修正）第 177 条。

2 再审申请未在生效判决作出后 6 个月内提出的，不予审查

——华融公司与东金公司、唯尔公司股权转让合同纠纷申请再审案

- **案　　号**　（2020）最高法民申 5928 号
- **合议庭成员**　刘崇理、黄年、潘勇锋
- **关　键　词**　民事 / 再审程序 /6 个月内提出
- **相关法条**　《中华人民共和国民事诉讼法》第 205 条①

【裁判要旨】

《民事诉讼法》第 205 条规定："当事人申请再审，应当在判决、裁定发生法律效力后六个月内提出；有本法第二百条第一项、第三项、第十二项、第十三项规定情形的，自知道或者应当知道之日起六个月内提出。"本案中，再审申请人为一审原告、二审上诉人，但二审期间申请撤回上诉，二审法院于 2014 年 3 月 17 日裁定准许，一审判决生效。而再审申请人撤回上诉后又于 2020 年 9 月之后申请再审，远超过原判决发生法律效力后 6 个月的时限。故再审申请人所提出的除本案存在足以推翻原判决的新证据之外的事由，未在生效判决作出之日起 6 个月内提出，根据《民事诉讼法》第 205 条之规定，不予审查。

【案情摘要】

再审申请人华融公司为一审原告、二审上诉人。华融公司因股权转让合同纠纷起诉东金公司返还股权转让款并支付补偿款，唯尔公司对东金公司的上述债务承担连带责任。一审判决驳回华融公司诉讼请求。华融公司不服一审判决，提起上诉。但在二审审理期间，华融公司申请撤回上诉。二审法院于 2014 年 3 月 17 日裁定准许华融公司撤回上诉，一审判决就此生效。后华融公司于 2020 年 9 月之后申请再审，超过原判决发生法律效力后 6 个月的时限。

（撰写人：潘勇锋）

---

① 对应《中华人民共和国民事诉讼法》（2023 年修正）第 216 条。

3 原审判决所依据的裁判文书被撤销，且新的生效裁判文书对原审判决所依据的关键证据的效力未予认定，再审法院可指令下级人民法院再审

——湖南建工与沈某龙、李某娟、恒基鸿运公司、恒基置业集团、李某合同纠纷申请再审案

- 案　　号　（2021）最高法民申 1661 号
- 合议庭成员　于明、贾清林、朱科
- 关 键 词　民事 / 合同纠纷 / 赔偿责任 / 伪造证据
- 相关法条　《中华人民共和国民事诉讼法》第 204 条①，《最高人民法院关于适用〈中华人民共和国民事诉讼法〉的解释》第 395 条②，《最高人民法院关于民事审判监督程序严格依法适用指令再审和发回重审若干问题的规定》第 2 条

【裁判要旨】

原审判决所依据的裁判文书被撤销，且新的生效裁判文书对原审判决所依据的关键证据的效力未予认定，再审法院可提审或指令下级人民法院再审。因当事人在原审法院还有相关案件需处理，为方便当事人诉讼、原审法院化解矛盾，再审法院不宜直接提审，应当指令再审。

【案情摘要】

沈某龙在承包湖南建工的合肥妇幼保健院项目、合肥大学科技园 C3C4 项目工程中，因项目亏损与湖南建工产生纠纷，沈某龙撤出该工程。沈某龙因伪造公司印章罪被公安刑事拘留于看守所，湖南建工华东局副局长谈某林起草了一份沈某龙承诺自愿对上述两项目亏损承担清偿责任的承诺书，以办理取保候审为条件要求沈某龙按照起草的承诺书抄写签字捺印，沈某龙照办。谈某林以同上条件要求恒基鸿运公司、李某娟为沈某龙上述债务担保，承担连带清偿责任，恒基鸿运公司、李某娟照办。而后，湖南建工以上述承诺书及担保书为依据，起诉要求上述人员承担第一

---

① 对应《中华人民共和国民事诉讼法》（2023 年修正）第 209 条。
② 该解释已于 2022 年修正，此处法条对应第 393 条。

期、第二期费用的赔偿及担保责任，一、二审法院予以支持。后法院以本案承诺书及担保书为伪造证据为由，判决谈某林犯帮助伪造证据罪。在湖南建工主张第三期赔偿款时，一、二审法院基于上述刑事判决，未支持湖南建工的诉请，驳回其全部诉讼请求。湖南建工向最高人民法院申请再审，在审查过程中，法院对原判决谈某林犯帮助伪造证据罪案件提起再审，改判谈某林无罪。

（撰写人：彭青霞）

4 因再审申请审查期间当事人达成和解协议而裁定终结审查的适用

——大邑农投公司与河南国安建设集团建设工程施工合同纠纷申请再审案

- 案　　号　（2021）最高法民申262号
- 合议庭成员　张代恩、贾劲松、王朝辉
- 关 键 词　民事／再审申请／裁定／审查终结
- 相关法条　《中华人民共和国民事诉讼法》第154条第1款第6项[1]，《最高人民法院关于适用〈中华人民共和国民事诉讼法〉的解释》第402条第3项[2]

【裁判要旨】

根据《民事诉讼法》和司法解释等相关规定，再审申请审查期间，当事人达成执行和解协议且已经履行完毕，当事人未在和解协议中声明不放弃申请再审权利的，人民法院应裁定审查终结，以终结诉讼程序。

【案情摘要】

大邑农投公司因不服原审判决而申请再审。在审查过程中，法院查明双方当事人已就原审判决内容达成和解协议且已经履行完毕。据此，裁定终结审查大邑农投公司的再审申请。

（撰写人：付中华）

---

[1] 对应《中华人民共和国民事诉讼法》（2023年修正）第157条第1款第6项。
[2] 该解释已于2022年修正，此处法条对应第400条第3项。

5 再审申请审查期间，发现他人未经授权以当事人名义申请再审的，应当裁定终结审查
——振华公司与贺某所、瑞丽市住房和城乡建设局建设工程施工合同纠纷申请再审案

- **案　　号**　（2021）最高法民申1022号
- **合议庭成员**　张爱珍、肖宝英、孙建国
- **关 键 词**　民事／他人未经授权／以当事人名义／申请再审／终结审查
- **相关法条**　《最高人民法院关于适用〈中华人民共和国民事诉讼法〉的解释》第402条第4项[①]

【裁判要旨】

根据《最高人民法院关于适用〈中华人民共和国民事诉讼法〉的解释》第402条第4项规定，再审申请审查期间，发现他人未经授权以当事人名义申请再审的，应当裁定终结审查。

【案情摘要】

本案原由云南省高级人民法院作出（2020）云民终563号民事判决，振华公司不服，向最高人民法院申请再审。最高人民法院审查过程中，振华公司向法院提交《情况说明》称，法院本次收到的《再审申请书》，系案外人加盖了伪造的振华公司公章并委托诉讼代理人提交的，振华公司不予认可。振华公司称，其之前已经委托过诉讼代理人另行向法院提交了《再审申请书》，应以此前的申请为准。经向本案委托诉讼代理人核实，指派该委托诉讼代理人的云南治正滇麒律师事务所亦向法院提交《情况说明》，以振华公司法定代表人不认可对该律师事务所的委托为由，表示该所不再代理本案。根据《最高人民法院关于适用〈中华人民共和国民事诉讼法〉的解释》第402条第4项规定，再审申请审查期间，发现他人未经授权以当事人名义申请再审的，应当裁定终结审查。最高人民法院遂裁定终结审查振华公司的再审申请。

（撰写人：张爱珍、仇彦军）

[①] 该解释已于2022年修正，此处法条对应第400条第4项。

6 人民法院未判决无独立请求权的第三人承担民事责任，无独立请求权第三人申请再审的，不予审查

——现代公司、马某旗、新景公司与富邦公司建设工程施工合同纠纷申请再审案

- **案　　号**　（2021）最高法民申 1492 号
- **合议庭成员**　曹刚、于蒙、关晓海
- **关 键 词**　民事 / 建设工程施工合同纠纷 / 无独立请求权的第三人
- **相关法条**　《中华人民共和国民事诉讼法》第 56 条第 2 款[①]

【裁判要旨】

《民事诉讼法》第 59 条第 2 款规定："对当事人双方的诉讼标的，第三人虽然没有独立请求权，但案件处理结果同他有法律上的利害关系的，可以申请参加诉讼，或者由人民法院通知他参加诉讼。人民法院判决承担民事责任的第三人，有当事人的诉讼权利义务。"根据该条规定，在人民法院并未判决无独立请求权的第三人承担民事责任的情形下，无独立请求权的第三人无权提起上诉，亦不具有申请再审的权利。

【案情摘要】

现代公司作为原告，诉请富邦公司支付工程款及相应利息，马某旗、新景公司作为无独立请求权的第三人参加诉讼。二审法院判决富邦公司给付现代公司相应工程款及利息，认定现代公司对其所承建工程部分折价或者拍卖的价款享有优先受偿权，没有判决马某旗和新景公司承担责任。后现代公司申请再审，马某旗、新景公司也申请再审。经审查后认为，马某旗、新景公司在一审审理过程中，没有提出独立的诉请，一、二审也未判决马某旗、新景公司承担民事责任。因此，马某旗、新景公司作为未被判令承担民事责任的无独立请求权的第三人，不具有对二审判决申请再审的权利，对马某旗、新景公司申请再审的理由不予审查。

（撰写人：于　蒙、王利萍）

[①] 对应《中华人民共和国民事诉讼法》（2023 年修正）第 59 条第 2 款。

7 对于再审判决，当事人不得申请再审
——梁某业与韦某忠、黄某平、旺业公司民间借贷纠纷申请再审案

- **案　　号**　（2021）最高法民申 1555 号
- **合议庭成员**　张爱珍、肖宝英、孙建国
- **关 键 词**　民事 / 再审判决 / 不得申请再审 / 终结审查
- **相关法条**　《最高人民法院关于适用〈中华人民共和国民事诉讼法〉的解释》第 383 条第 1 款第 2 项、第 402 条第 6 项①

【裁判要旨】

对于再审判决，当事人不能申请再审，只能向检察机关申请检察监督。当事人对再审判决申请再审的，人民法院不予受理。已经受理的，裁定终结审查再审申请。

【案情摘要】

本案原由韦某忠以黄某平、旺业公司为被告提起诉讼，云南省楚雄彝族自治州中级人民法院于 2016 年 9 月 29 日作出（2016）云 23 民初 80 号民事调解书，已发生法律效力。2018 年 7 月 3 日，云南省楚雄彝族自治州中级人民法院作出（2018）云 23 民监 1 号民事裁定，再审本案，梁某业以第三人身份参加诉讼。2018 年 12 月 28 日，该院作出（2018）云 23 民再 4 号民事判决，韦某忠不服，向云南省高级人民法院提起上诉。该院于 2020 年 5 月 20 日作出（2019）云民再 7 号民事判决。梁某业不服，向最高人民法院申请再审。最高人民法院经审查认为，（2019）云民再 7 号民事判决为再审判决，当事人不能申请再审，遂裁定终结审查再审申请。

（撰写人：张爱珍、仇彦军）

---

① 该解释已于 2022 年修正，此处法条分别对应第 381 条第 1 款第 2 项、第 400 条第 6 项。

8 当事人达成执行和解协议并已履行完毕,且未声明不放弃申请再审权利的,对再审申请裁定终结审查

——华邦建投公司与中原轨道公司等建设工程施工合同纠纷申请再审案

- 案　　号　(2021)最高法民申 1693 号
- 合议庭成员　孙祥壮、冯文生、刘少阳
- 关 键 词　民事 / 和解协议 / 终结审查
- 相关法条　《最高人民法院关于适用〈中华人民共和国民事诉讼法〉的解释》第 402 条第 3 项①

【裁判要旨】

再审审查期间,当事人达成和解协议且已履行完毕的,人民法院应当对再审审查案件裁定终结审查,但当事人在和解协议中声明不放弃申请再审权利的除外。

【案情摘要】

华邦建投公司与中原轨道公司等建设工程施工合同纠纷一案,广西壮族自治区高级人民法院作出二审生效判决。华邦建投公司不服,向最高人民法院申请再审。但在二审判决执行过程中,华邦建投公司与中原轨道公司达成执行和解协议且已履行完毕,华邦建投公司在该执行和解协议中也并未声明不放弃申请再审的权利。

(撰写人:孙祥壮)

9 仅认为生效裁判中关于事实的相关表述存在错误,而要求维持裁判结果的,不属于可申请再审的情形

——润鑫公司与精一公司合资、合作开发房地产合同纠纷申请再审案

- 案　　号　(2021)最高法民申 2693 号
- 合议庭成员　刘丽芳、郎贵梅、王朝辉

---

① 该解释已于 2022 年修正,此处法条对应第 400 条第 3 项。

- **关 键 词** 民事／合同纠纷／生效判决／事实认定
- **相关法条** 《中华人民共和国民事诉讼法》第 200 条第 2 项、第 11 项①

【裁判要旨】

当事人仅针对生效裁判中关于事实的相关表述申请再审，认为生效判决对事实认定存在错误，但要求维持判决结果的，不属于可申请再审的情形。生效裁判认定的事实，如果当事人有充分证据证明，可在他案中进行举证予以推翻，不会对当事人权益产生不可改变的影响。

【案情摘要】

润鑫公司认为二审判决中关于"本院认为，根据双方约定，双方合作的过程实际上分为两步：1. 润鑫公司交付 15525m² 房屋（不含土地补偿金）即完成对精一公司的补偿，此部分，系双方为促成案涉土地由润鑫公司招拍挂而达成的补偿协议。2. 精一公司支付土地出让金后即享有 16920m² 房屋及对应车库的开发权。此部分，双方之间系合资合作开发房地产合同关系"中的表述，系超出其诉讼请求的认定。在本案中，润鑫公司仅针对 16920 平方米相关房屋提起诉讼，其认为二审判决关于 15525 平方米相关房屋的表述将影响其另案诉讼，故申请再审。

（撰写人：李晓晴）

10 再审期间申请鉴定依法不予准许

——陈某明、新锦江大酒店与中煤新集公司合同纠纷申请再审案

- **案　　号** （2021）最高法民申 2771 号
- **合议庭成员** 张淑芳、李敬阳、吴凯敏
- **关 键 词** 民事／合同纠纷／委托鉴定
- **相关法条** 《最高人民法院关于适用〈中华人民共和国民事诉讼法〉的解释》第 399 条②

---

① 对应《中华人民共和国民事诉讼法》（2023 年修正）第 211 条第 2 项、第 11 项。
② 该解释已于 2022 年修正，此处法条对应第 397 条。

【裁判要旨】

再审审查功能是审查再审申请人主张的再审事由是否成立，对于事由的成立与否应当由再审申请人承担举证证明责任。凡欲通过鉴定推翻原判决的，应当由其自行委托或者向原作出鉴定结论的单位申请重新鉴定，再由人民法院判断是否符合法定再审事由，而不应由人民法院在再审审查阶段进行鉴定。

【案情摘要】

2017年5月30日，中煤新集公司与新锦江大酒店、陈某明签订《债务抵偿协议》，约定新锦江大酒店、陈某明以瑞鑫大厦裙楼1~4层房产抵付给中煤新集公司。陈某明将瑞鑫大厦1~2层过户至中煤新集公司名下后，中煤新集公司致函陈某明、新锦江大酒店，要求继续履行《债务抵偿协议》，移交抵债资产瑞鑫大厦3~4层并办理产权过户。陈某明、新锦江大酒店均未配合办理，遂成诉。陈某明、新锦江大酒店申请再审过程中，向最高人民法院申请要求评估机构对评估报告中涉及的新锦江大酒店主体地下负一层3296平方米人防工程的评估价值进行确认和说明，或者委托评估机构进行评估鉴定。《最高人民法院关于适用〈中华人民共和国民事诉讼法〉的解释》第399条规定，审查再审申请期间，再审申请人申请人民法院委托鉴定、勘验的，人民法院不予准许。依据上述法律规定，最高人民法院不予准许，待证事实亦与诉争事实无关。

（撰写人：吴凯敏）

11 当事人以对方当事人的委托诉讼代理人提交的劳动人事关系的证明材料不足以证明该委托诉讼代理人是对方当事人的员工为唯一理由申请再审，不予支持

——曾某与贵州老年体协、孙某堃房屋租赁合同纠纷申请再审案

- **案　　号**　（2021）最高法民申3517号
- **合议庭成员**　孙建国、张爱珍、孙晓光
- **关 键 词**　民事 / 申请再审事由 / 委托诉讼代理人 / 程序违法

• 相关法条 《中华人民共和国民事诉讼法》第 58 条①，《最高人民法院关于适用〈中华人民共和国民事诉讼法〉的解释》第 86 条、第 88 条

【裁判要旨】

《最高人民法院关于适用〈中华人民共和国民事诉讼法〉的解释》第 86 条和第 88 条的规定，旨在规范相关人员以当事人工作人员的名义作为当事人的委托诉讼代理人参加诉讼，以保护当事人的合法权益。委托人单位介绍信、本人身份证、上岗证或工作证等身份证明，以及劳动合同、工资表、社会保险资料等，一般认为均属于关于"合法劳动人事关系"的证明材料的范畴。当事人向原审法院出具了介绍信、授权委托书、代理人的身份证，证明其委托的诉讼代理人是其法律顾问，并认可委托诉讼代理人的身份，不存在委托诉讼代理人无权代表当事人参加诉讼的问题。因此，原审法院不存在程序违法的问题，不应据以启动再审。

【案情摘要】

2016 年 6 月 1 日，贵州老年体协和孙某堃签订三份租房协议，孙某堃租赁贵州老年体协的办公大楼旁边的三套房屋。2018 年 12 月 27 日，孙某堃、曾某共同向贵州老年体协提交书面申请，申请曾某加入租赁合同，共同承担租赁合同的权利义务。后因孙某堃、曾某未交纳 2018 年 10 月至 2019 年 3 月的租金，贵州老年体协经多次催告后仍未收到租金，遂起诉要求支付租金和违约金。诉讼期间，贵州老年体协委托其法律顾问作为其委托诉讼代理人参加诉讼，并向法院提交了贵州老年体协委出具的介绍信、授权委托书、委托诉讼代理人的身份证复印件，证明该委托诉讼代理人是其法律顾问，原审法院对该委托诉讼代理人的身份予以认可。

（撰写人：董　宁）

---

① 对应《中华人民共和国民事诉讼法》（2023 年修正）第 61 条。

12 当事人能否以原审庭审结束后作出的与原审主要讼争事实无关联性的鉴定意见作为新证据申请再审

——李某颛与杨某银、刘某、许某云债权转让合同纠纷申请再审案

- **案　　号**　（2021）最高法民申 3519 号
- **合议庭成员**　孙晓光、孙建国、杨军
- **关 键 词**　民事 / 再审审查 / 再审新证据
- **相关法条**　《最高人民法院关于适用〈中华人民共和国民事诉讼法〉的解释》第 387 条①、第 127 条，《中华人民共和国民事诉讼法》205 条②

【裁判要旨】

再审新证据除符合形式要件外，其证明力应达到足以推翻原判决、裁定的程度，且与原审诉讼具有不可分性。鉴定意见作为民事诉讼的法定证据种类，其委托主体只能是人民法院，实践中，当事人单方委托鉴定机构作出的"鉴定意见"之证明力不能等同于民事诉讼法意义上的鉴定意见，不能作为新证据申请再审。

【案情摘要】

李某颛于 2018 年 7 月 11 日签收本案二审判决书后，于 2021 年 2 月 26 日提交其自行委托鉴定机构作出的二审中授权委托书的委托人签字不是李某颛所写的《司法鉴定意见书》作为新证据申请再审。

（撰写人：孙晓光、马　露、毛荧月）

---

① 该解释已于 2022 年修正，此处法条对应第 385 条。
② 对应《中华人民共和国民事诉讼法》（2023 年修正）第 216 条。

13 原审判决计算借款利息确有错误，对方当事人认可且以书面承诺等形式表明自愿在执行中放弃原审错误认定的利息的执行，可以不再启动再审程序

——骐辉公司与江某云、李某清借款合同纠纷申请再审案

- **案　　号**　（2021）最高法民申 3726 号
- **合议庭成员**　张爱珍、孙建国、孙晓光
- **关 键 词**　民事 / 确有错误 / 承诺 / 自愿 / 放弃执行 / 驳回再审申请
- **相关法条**　《中华人民共和国民事诉讼法》第 200 条①

【裁判要旨】

原审判决计算借款利息确有错误，对方当事人认可且以书面承诺等形式表明自愿在执行中放弃原审错误认定的利息的执行，为减轻当事人诉累，可以不再启动再审程序。

【案情摘要】

骐辉公司与江某云、李某清借款合同纠纷一案，云南省高级人民法院作出（2020）云民终 1401 号民事判决并已生效。骐辉公司以原审判决认定本案利息错误等理由申请再审。关于案涉利息认定，江某云向再审法院提交书面意见称：江某云自愿在本案执行中放弃对原审判决多计算的 191470.42 元利息的执行。江某云同时向再审法院提交了其于 2021 年 8 月 29 日向本案执行法院云南省昆明市中级人民法院提交的《承诺书》一份，该《承诺书》中，江某云承诺自愿放弃对骐辉公司主张原审判决多计算利息 191470.42 元的执行。再审法院经审查后认为，鉴于江某云向再审法院提交书面意见明确表示其自愿在本案执行程序中放弃该笔利息，对此，双方当事人可在执行程序中妥善解决；骐辉公司申请再审的其他理由均不成立，此种情况下，已无启动再审程序的必要，遂裁定驳回骐辉公司的再审申请。

（撰写人：张爱珍、仇彦军）

---

① 对应《中华人民共和国民事诉讼法》（2023 年修正）第 211 条。

14 一审审判人员在案件审理期间受贿，是否属于法定再审事由

——宏森玻璃公司与泰业建设公司建设工程施工合同纠纷申请再审案

- **案　　号**　（2021）最高法民申 4674 号
- **合议庭成员**　张淑芳、李敬阳、吴凯敏
- **关 键 词**　民事 / 建设工程施工合同纠纷 / 审判人员贪污受贿、徇私舞弊、枉法裁判
- **相关法条**　《中华人民共和国民事诉讼法》第 200 条第 13 项①

【裁判要旨】

生效刑事判决认定本案一审法院审判人员在一审审理中收取本案一方当事人贿赂，判决该审判人员犯受贿罪，对其处以刑罚。二审判决虽然维持了一审判决，但现无证据证明二审法院审判人员存在《民事诉讼法》第 200 条第 13 项规定的贪污受贿、徇私舞弊、枉法裁判行为，故该刑事判决不属于足以推翻二审判决的新的证据。

【案情摘要】

宏森玻璃公司将其新厂区 1# 厂房钢结构基础、库房土建和水电安装工程发包给泰业建设公司施工，双方签订《建设工程施工合同》。本案泰业建设公司起诉请求宏森玻璃公司支付工程款，宏森玻璃公司反诉请求泰业建设公司承担工程工期延误违约金、整改费用、提交竣工验收资料等。一审判决支持了双方的部分诉讼请求，宏森玻璃公司上诉，二审维持一审判决。在二审判决作出后，生效刑事判决认定本案一审法院审判人员汪某在一审审理中收取泰业建设公司委托诉讼代理人汪某洋贿赂，判决该审判人员犯受贿罪，对其处以刑罚。宏森玻璃公司以该生效刑事判决等作为新的证据，向最高人民法院申请再审。

（撰写人：吴凯敏）

---

① 对应《中华人民共和国民事诉讼法》（2023 年修正）第 211 条第 13 项。

15 当事人申请再审时无诉的利益应当如何处理

——汇鑫公司与红旗街道办委托合同纠纷申请再审案

- 案　　号　（2021）最高法民申 4725 号
- 合议庭成员　周其濛、麻锦亮、季伟明
- 关 键 词　民事 / 委托合同 / 诉的利益
- 相关法条　《中华人民共和国民事诉讼法》第 119 条①

【裁判要旨】

当事人不服生效判决提出再审申请时应当具有诉的利益，否则就不具备合法的诉讼要件。所谓诉的利益，就是当事人向法院提出诉讼主张，具有必须通过法院裁决予以解决的必要性和实效性。如果生效判决并未判令当事人承担责任，当事人仅就生效判决论理部分不服而申请再审，鉴于生效判决论理部分仅是对裁判结果的论证过程，并不当然具有既判力，当事人对于判决结果无异议仅对于论理部分不服时，无权据此提出再审申请，亦不符合《民事诉讼法》规定的应当进入再审的条件。

【案情摘要】

2006 年，大连市政府办公会决定对甘井子区头道沟棚户区进行改造，红旗街道办委托汇鑫公司参与棚户区改造的土地整理工作，双方签订协议书约定汇鑫公司先行垫资，红旗街道办根据工作进展支付费用。红旗街道办依据协议书的约定共计向汇鑫公司汇款 2.8 亿元，汇鑫公司使用该款项实际用于拆迁安置和土地整理，红旗街道办主张其支付的款项中仍有剩余，要求汇鑫公司返还剩余款项。一、二审法院以双方对于款项使用存在争议，且未约定返还的时间驳回了红旗街道办的诉讼请求，汇鑫公司不服二审判决，以二审判决论理部分存在异议申请再审。

（撰写人：麻锦亮、杨泽宇）

---

① 对应《中华人民共和国民事诉讼法》（2023 年修正）第 122 条。

16 当事人以一审审判人员违纪为由对二审判决申请再审不符合法律规定

——信诚达融公司与中吉财富公司合同纠纷申请再审案

- 案　　号　（2021）最高法民申 5538 号
- 合议庭成员　曹刚、于蒙、关晓海
- 关 键 词　民事 / 审判人员 / 程序违法
- 相关法条　《中华人民共和国民事诉讼法》第 200 条第 13 项①

【裁判要旨】

当事人以一审审判人员违纪为由质疑二审判决并申请再审，不符合法律规定。

【案情摘要】

信诚达融公司与中吉财富公司合同纠纷案，一审法院审理作出判决后，刘某、信诚达融公司提出上诉。二审法院审理认为刘某、信诚达融公司的上诉理由不能成立，依法驳回其上诉。刘某作为信诚达融公司法定代表人申请再审，亦被裁定驳回。信诚达融公司又以本案一审审判人员在审理案件过程中存在违纪违法问题为由申请再审，未提交相关部门关于违纪情况的处理文件。法院经审查认为，信诚达融公司以一审审判人员违纪为由质疑二审判决并申请再审，不符合法律规定。

（撰写人：曹　刚）

17 当事人诉讼请求依据的事实处于真伪不明时，不能既判决驳回诉讼请求又告知当事人就此另行主张权利

——贝斯特公司与刘某宏、刘某合同纠纷申请再审案

- 案　　号　（2021）最高法民申 5862 号
- 合议庭成员　张爱珍、郭凌川、孙建国

---

① 对应《中华人民共和国民事诉讼法》（2023 年修正）第 211 条第 13 项。

- **关 键 词**　民事 / 驳回诉讼请求 / 另行主张权利 / 真伪不明
- **相关法条**　《中华人民共和国民事诉讼法》第 200 条第 11 项①

【裁判要旨】

原告诉讼请求中已明确包括了案涉小宗地款且已经缴纳相应的诉讼费，原审判决应当对此审理。根据当事人举证情况，如果原告主张成立，则应支持，如果不成立，也应当驳回诉讼请求。原审判决以案涉小宗地款未纳入司法审计范围、不属于本案审理范围为由，未予审理原告该项诉讼请求，并告知当事人可以另诉解决，且原审判决主文中明确驳回原告其他诉讼请求，实际上是在原告该项诉讼请求所依据的事实处于真伪不明状态下，既驳回了原告的诉讼请求，又告知其可另诉解决，相互矛盾。该情形符合《民事诉讼法》第 200 条第 11 项关于原审判决遗漏诉讼请求的规定，应予再审。

【案情摘要】

杨某全、刘某锦夫妻系贝斯特公司的股东，杨某全任法定代表人。刘某锦系刘某宏之姐，刘某宏与刘某系夫妻。2010 年，贝斯特公司拟将公司搬迁至里山工业园区，将通海桑园工业园区的土地用途置换为商住用地。基于亲属关系，刘某宏代贝斯特公司办理土地用途置换和房地产开发项目的相关事宜。在此过程中，贝斯特公司将多笔资金转入刘某宏账户，刘某宏将部分款项转给贝斯特公司。因政策原因房地产开发项目中止，贝斯特公司以刘某宏、刘某未将剩余款项全部退还，提起本案诉讼。审理中，法院委托某会计师事务所对刘某宏与贝斯特公司、杨某全等有关主体的资金往来进行审计，并作出《专项审计报告》。原审法院对贝斯特公司的其他诉讼请求予以实体审理，对于案涉小宗地款的诉讼请求，原审判决以未纳入本案审计为由未予审理并告知当事人可另诉解决。最高人民法院再审审查后认为，贝斯特公司的再审申请符合《民事诉讼法》第 200 条第 11 项规定的原审判决遗漏诉讼请求的情形，遂裁定提审本案。

（撰写人：张爱珍、仇彦军）

---

① 对应《中华人民共和国民事诉讼法》（2023 年修正）第 211 条第 11 项。

18 未提出独立诉讼请求亦未被一审法院判决承担责任的第三人无权上诉，亦无权申请再审

——李某平与王某恩、刘某云、邱某华委托合同纠纷申请再审案

- **案 号** （2021）最高法民申 5920 号
- **合议庭成员** 任雪峰、马东旭、沈佳
- **关 键 词** 民事 / 第三人
- **相关法条** 《中华人民共和国民事诉讼法》第 56 条、第 199 条①，《最高人民法院关于适用〈中华人民共和国民事诉讼法〉的解释》第 82 条

【裁判要旨】

第三人未提出独立的诉讼请求，一审法院也未判决其承担民事责任的，无权就本案提起上诉，亦无权申请再审。

【案情摘要】

王某恩于 2008 年 7 月 14 日通过继承取得父亲王某住的遗产即案涉房产。2008 年 7 月 31 日，邱某华、刘某云以王某恩代理人的名义，依据案涉公证书将案涉房产出售给案外人。后公证处撤销公证书。王某恩提起本案诉讼，请求刘某云、邱某华返还出售案涉房屋的房款。李某平作为第三人参加诉讼，述称："王某住与李某平签订过房屋买卖合同，王某恩诉讼请求没有法律依据，应当驳回"，未提出独立的诉讼请求，一审判决亦未判决其承担民事责任。李某平提起上诉，二审判决认定李某平作为第三人在原审中未提出独立的诉讼请求，一审法院也未判决其承担民事责任，因此，李某平无权就本案提起上诉，并维持了一审判决。

（撰写人：冯哲元）

---

① 对应《中华人民共和国民事诉讼法》（2023 年修正）第 59 条、第 210 条。

19 鉴定费用负担问题并不属于法定再审事由
——新天地公司与湖北融资担保集团、恒威公司、欣叶公司、叶某文、叶某雄、周某荣、金利达公司、钢宇公司、曹某追偿权纠纷申请再审案

- 案　　号　（2021）最高法民申 6179 号
- 合议庭成员　曹刚、于蒙、关晓海
- 关 键 词　民事 / 鉴定费用 / 再审事由
- 相关法条　《中华人民共和国民事诉讼法》第 200 条[①]，《诉讼费用交纳办法》第 12 条、第 43 条

【裁判要旨】

案件鉴定费用负担问题系人民法院依照《诉讼费用交纳办法》依职权作出的决定事项，不属于《民事诉讼法》第 200 条规定的申请再审事由。

【案情摘要】

新天地公司、欣叶公司、金利达公司、钢宇公司、叶某雄、叶某文作为乙方，分别签订了《保证反担保合同》，均约定乙方为湖北融资担保集团（甲方）与中经公司签订的《保证合同》向甲方提供反担保，反担保方式为连带责任保证。在诉讼中，为达到免除保证责任的目的，恒威公司、新天地公司、欣叶公司、叶某文、叶某雄、周某荣申请鉴定，原审根据"谁主张、谁负担"的原则，判令鉴定申请人共同负担鉴定费用。新天地公司对判决结果不服，将鉴定费用负担问题作为申请再审事由之一。

（撰写人：关晓海）

[①] 对应《中华人民共和国民事诉讼法》（2023 年修正）第 211 条。

20 二审法院补充释明后原告变更诉讼请求的，是否属于超出诉讼请求判决

——南海公司、黄某明、何某钢、熊某金与香港海广公司、海广公司股权转让纠纷申请再审案

- **案　　号**　（2021）最高法民申 6782 号
- **合议庭成员**　刘少阳、孙祥壮、熊劲松
- **关 键 词**　民事 / 合同效力 / 释明
- **相关法条**　《最高人民法院关于民事诉讼证据的若干规定》第 53 条，《中华人民共和国民事诉讼法》第 200 条第 11 项[①]

【裁判要旨】

当事人起诉请求确认案涉《公司权益转让协议书》无效，但未主张损害赔偿时，因其所主张的合同效力与法院认定不一致，一审法院将协议效力作为争议焦点审理，直接判令另一方当事人向其返还款项是基于合同无效后的处理，一审法院未予释明存在程序瑕疵。经二审法院补充释明后，该当事人变更了诉讼请求，二审法院亦给予另一方当事人充分时间答辩，此等情形下不存在"原判决超出诉讼请求"的再审事由。

【案情摘要】

香港海广公司与南海公司签订《海广公司合同书》，约定合资成立海广公司，各占注册资本 50%，何某华为海广公司法定代表人。2003 年，南海公司作为甲方与何某钢等人作为乙方签订《公司权益转让协议书》，约定甲方将"海广公司"及公司名下土地转让给乙方。该协议履行后，香港海广公司主张南海公司无权处分其股权和土地使用权，案涉协议应认定为无效；同时请求将公司股东恢复变更为香港海广公司和南海公司。一审判决确认《公司权益转让协议书》部分无效并判令何某钢等三人向香港海广公司返还款项。香港海广公司在二审中根据法庭的释明变更诉讼请求为五被告共同赔偿其损失。被告何某钢等三人认为二审存在超出诉讼请求判决的情形，故申请再审。

（撰写人：杨少慧）

[①] 对应《中华人民共和国民事诉讼法》（2023 年修正）第 211 条第 11 项。

21 当事人不得仅针对裁判文书判决理由部分申请再审
——吴某顺与叶某珍、施某存、宏兴经营部船舶物料和备品供应合同纠纷申请再审案

- **案　　号**　（2021）最高法民申 6883 号
- **合议庭成员**　杨兴业、李桂顺、郭载宇
- **关 键 词**　民事 / 船舶物料和备品供应合同纠纷 / 判决主文 / 判决理由
- **相关法条**　《中华人民共和国民事诉讼法》第 200 条[①]

【裁判要旨】

判决主文是人民法院就当事人的诉讼请求作出的结论，而判决的查明事实部分，则是人民法院根据当事人陈述、举证等就与案件有关联的事实所作的认定。认定的事实是作出裁判的基础，但其本身不构成判决内容，并不必然影响另案诉讼的结果。当事人不得仅针对裁判文书判决理由部分申请再审。

【案情摘要】

宏兴经营部起诉请求判令叶某珍支付其为修理案涉轮船购买的柴油机配件款及利息。一、二审判决支持其诉请。第三人吴某顺认为一、二审判决中关于吴某顺曾向第三人施某存收取鱼货 5300 担而未实际支付鱼货款的事实认定错误，且超出审理范围，故申请再审。

（撰写人：李桂顺）

[①] 对应《中华人民共和国民事诉讼法》（2023 年修正）第 211 条。

22 适用法律有瑕疵但判决结果并无不当，是否属于《民事诉讼法》第 207 条第 6 项规定的原判决、裁定适用法律确有错误的情形

——鼎思公司与鑫丰公司建设工程施工合同纠纷申请再审案

- **案　　号**　（2021）最高法民申 7391 号
- **合议庭成员**　谢勇、张艳、李赛敏
- **关 键 词**　民事 / 建设工程施工合同纠纷 / 适用法律确有错误
- **相关法条**　《最高人民法院关于适用〈中华人民共和国民事诉讼法〉的解释》第 390 条①

【裁判要旨】

适用法律有瑕疵，但其判决结果并无不当，不属于《民事诉讼法》第 207 条第 6 项②规定的原判决、裁定适用法律确有错误的情形。

【案情摘要】

鼎思公司作为承包人与鑫丰公司作为发包人于 2012 年 11 月 16 日签订建设工程施工《合同协议书》。涉案工程部分完工后，协议终止履行。鼎思公司于 2014 年 6 月 15 日向鑫丰公司提交竣工结算报告。鼎思公司认为鑫丰公司未足额支付工程款，向法院提起诉讼，提出由鑫丰公司支付工程款及利息、返还履约保证金、支付停工损失，确认其对施工的工程依法享有折价、拍卖的优先受偿权等诉讼请求。鑫丰公司提起反诉，提出由鼎思公司支付延误工期违约金、赔偿损失、返还超额支付的工程款、出具发票等诉讼请求。

本案一审法院适用《最高人民法院关于建设工程价款优先受偿权问题的批复》第 4 条规定认定鼎思公司不享有建设工程价款优先受偿权。本案一审判决作出前，《最高人民法院关于审理建设工程施工合同纠纷案件适用法律问题的解释（二）》已

---

① 该解释已于 2022 年修正，此处法条对应第 388 条。
② 对应《中华人民共和国民事诉讼法》（2023 年修正）第 211 条第 6 项。

经施行。

（撰写人：张　艳）

23 诉讼费用负担不属于再审审查范围，当事人对诉讼费用负担有异议的，可依据相关规定申请复核
——锡海律师事务所与陈某盛等委托合同纠纷申请再审案

- **案　　号**　（2021）最高法民申 7511 号
- **合议庭成员**　陈宏宇、吴笛、张梅
- **关 键 词**　民事／委托合同纠纷／诉讼费用负担／再审申请事由
- **相关法条**　《中华人民共和国民事诉讼法》第 200 条①

【裁判要旨】

诉讼费用不属于《民事诉讼法》第 200 条规定的再审申请事由，故对于再审申请人关于诉讼费用负担有误的再审申请理由，人民法院不予审查。当事人对诉讼费用的负担如有异议，可依据《诉讼费交纳办法》的相关规定申请复核。

【案情摘要】

陈某盛等（委托人）起诉案外人请求支付工程款，并委托锡海律师事务所（受托人）律师作为该案件的诉讼代理人。锡海律师事务所与陈某盛等签订《委托代理合同》，约定为风险代理，律师代理费为收回款项的 30%。锡海律师事务所后起诉请求陈某盛等共同向其支付律师代理费 1233 万元。一审法院认定本案律师代理费为 3276819 元。双方均不服一审判决提起上诉，二审判决驳回上诉维持原判。锡海律师事务所不服原判决向最高人民法院申请再审。

（撰写人：陈宏宇、赵　静）

---

① 对应《中华人民共和国民事诉讼法》（2023 年修正）第 211 条。

24 未判决承担民事责任的第三人无权申请再审

——敦煌阳光招金矿业有限公司与敦煌市西部矿业发展有限责任公司、敦煌市西部矿业发展有限责任公司、敦煌市钒业发展有限责任公司侵权责任纠纷申请再审案

- **案　　号**　（2021）最高法民申 7661 号
- **合议庭成员**　陈宏宇、张梅、赵敏
- **关 键 词**　民事 / 无独立请求权第三人 / 申请再审
- **相关法条**　《中华人民共和国民事诉讼法》第 56 条①，《最高人民法院关于适用〈中华人民共和国民事诉讼法〉的解释》第 82 条

【裁判要旨】

第三人在案件中没有独立诉讼请求，不享有独立的诉讼地位，又未被人民法院判决承担民事责任，其诉讼权利受到限制，无权对已经发生法律效力的裁判提出再审申请。

【案情摘要】

刘某杰作为法定代表人的敦煌市西部矿业发展有限责任公司（以下代称刘某杰公司）与敦煌阳光招金矿业有限公司（以下简称阳光招金公司）签订了资源整合协议，向阳光招金公司转让案涉资产。在合同履行过程中，敦煌市钒业发展有限责任公司、林某武作为法定代表人的敦煌市西部矿业发展有限责任公司（以下代称林某武公司）与刘某杰公司就案涉采矿权、矿产等的权属问题发生争议，引发诉讼。法院追加阳光招金公司作为第三人参加诉讼。阳光招金公司未被法院判决承担责任，但提起再审申请。

（撰写人：赵　敏）

---

① 对应《中华人民共和国民事诉讼法》（2023 年修正）第 59 条。

25 当事人自动撤回上诉，一审判决即发生法律效力，可以就一审判决申请再审

——新田公司与万利公司、吴某永合资、合作开发房地产合同纠纷申请再审案

- 案　　号　（2021）最高法民申 7905 号
- 合议庭成员　陈宏宇、张梅、赵敏
- 关 键 词　民事 / 撤回上诉 / 申请再审
- 相关法条　《中华人民共和国民事诉讼法》第 207 条①

【裁判要旨】

根据《最高人民法院关于适用〈中华人民共和国民事诉讼法〉的解释》（2020 年修正）第 381 条规定，"当事人认为发生法律效力的不予受理、驳回起诉的裁定错误的，可以申请再审"，对裁定申请再审的类型仅限于不予受理和驳回起诉的裁定，按自动撤回上诉处理的裁定不能申请再审。但自动撤回上诉处理的裁定作出后一审判决即发生法律效力，如对一审判决不服，当事人可以通过直接针对一审判决申请再审获得救济。

【案情摘要】

2012 年 7 月 28 日，新田公司与万利公司签订《合作协议书》，约定新田公司与万利公司合作开发房地产项目。2012 年 12 月 26 日万利公司中标，成为案涉房地产开发项目的施工单位，并于 2012 年 12 月 27 日与新田公司签订《建设工程施工合同》。《合作协议书》的实际履行主体系吴某永，现案涉工程已验收合格并移交新田公司。2017 年 5 月 2 日，万利公司与新田公司建设工程施工合同产生纠纷，2020 年 5 月 27 日，吴某永申请作为该案有独立请求权的第三人参加诉讼。本案一审判决作出后，新田公司提起上诉，因未按照指定期限交纳二审案件受理费，二审法院按撤诉处理。

（撰写人：赵　敏）

---

① 对应《中华人民共和国民事诉讼法》（2023 年修正）第 218 条。

26 启动再审程序所要求"新的证据"的认定标准
——张某平与李某红、陈某合资、合作开发房地产合同纠纷申请再审案

- **案　　号**　（2022）最高法民申 238 号
- **合议庭成员**　高晓力、李延忱、董俊武
- **关 键 词**　民事 / 合资、合作开发房地产合同纠纷 / 新的证据认定标准
- **相关法条**　《中华人民共和国民事诉讼法》第 207 条第 1 项①

【裁判要旨】

《民事诉讼法》第 207 条第 1 项规定中所指新的证据，是指相对于再审申请人在一审及二审诉讼中已经提交过的证据而言另行提交的不同的新证据，其隐含的前提是再审申请人应当在一审及二审普通诉讼程序中已经诚实信用地行使了《民事诉讼法》赋予其积极主动提交证据证明自己主张的民事诉讼权利，这实际上也是当事人应当履行的民事诉讼义务。本案中，被告回避人民法院送达，拒不参加前序普通审判程序而于判决生效后以新的证据为由申请再审，属于滥用诉讼权利的情形，亦不具有再审利益。另外，其所提交的所谓新证据与本案事实亦无直接且明确的关联性，未达到足以推翻原审判决的证明标准，故其此项申请理由不能成立。

【案情摘要】

2015 年 6 月 7 日，张某平向李某红出具《欠款支付承诺书》一份，其中记载：2010 年 5 月 1 日，承诺人张某平、陈某与李某红订立《合作协议书》，约定共同出资开发西安市南门外围墙巷的项目，协议订立后，陈某、张某平中途退出。2011 年承诺人、李某红与香港嘉乔企业有限公司订立《协议书》，约定承诺人与李某红退出围墙巷项目。后由于承诺人未退出项目，所以 2014 年 10 月 23 日承诺人为李某红出具承诺书：作为李某红退出条件，承诺人向李某红支付该项目的前期费用及利息。由于张某平在 2015 年后就应向李某红履行付款义务，却仍未履行，于是李某红向一审法院提起诉讼，请求法院判令张某平赔偿项目前期投资损失及退出项目合作损失款等，一审法院并未支持。李某红不服提起上诉，二审法院部分支持其上诉请求。

---

① 对应《中华人民共和国民事诉讼法》（2023 年修正）第 211 条第 1 项。

现张某平在未提起上诉的情况下以存在新证据等为由申请再审。

（撰写人：董俊武）

执行和解

1 在强制执行调解书过程中双方达成执行和解协议并履行完毕后，一方当事人又主张对方当事人承担未完全履行调解书的违约责任的，不予支持

——无锡威孚公司与合肥百协公司、陆某豪、深圳百协公司、鲍某强、无锡星海公司合同纠纷申请再审案

- 案　　号　（2021）最高法民申995号
- 合议庭成员　王富博、万会峰、于蒙
- 关 键 词　民事 / 合同纠纷 / 执行和解协议
- 相关法条　《中华人民共和国民事诉讼法》第200条①

【裁判要旨】

双方当事人在诉讼中达成民事调解书后，若一方当事人没有完全履行调解书，另一方当事人对调解书申请强制执行后，双方达成执行和解协议的，应视为对整个调解书的履行问题，各方已经通过达成执行和解协议的方式进行了权利义务的重新约定。在各方履行完毕执行和解协议后，一方当事人又就对方当事人之前履行调解书的行为主张违约责任的，没有事实和法律依据。

【案情摘要】

无锡威孚公司是债权人，合肥百协公司是债务人。双方在法院主持下形成调解书，约定一部分用现金偿还，一部分用房屋抵偿。合肥百协公司用35套房屋抵偿债务给无锡威孚公司。在调解书履行过程中，无锡威孚公司认为对方没有完全履行调

---

① 对应《中华人民共和国民事诉讼法》（2023年修正）第211条。

解书，就调解书申请强制执行。执行过程中双方达成执行和解协议，双方同意在之前债权债务总额的基础上以 7000 多万元了结双方的债务，约定的履行方式一部分是现金一部分是房屋，对于执行和解协议已经履行完毕。现无锡威孚公司认为调解书中约定的 35 套房屋的抵偿存在逾期办证和逾期交房的问题，故主张违约金和损失。

（撰写人：于　蒙、王利萍）

2 因未履行执行和解协议发生纠纷，人民法院可以依据执行和解协议的约定认定当事人权利义务

——泰发公司与鼎新公司民间借贷纠纷申请再审案

- 案　　号　（2021）最高法民申 4894 号
- 合议庭成员　曹刚、于蒙、关晓海
- 关 键 词　民事 / 执行和解
- 相关法条　《最高人民法院关于执行和解若干问题的规定》第 9 条

【裁判要旨】

当事人在执行程序中为履行生效判决而达成执行和解协议，不违反法律规定。因执行和解协议未履行而又形成诉讼的，人民法院可以依据执行和解协议的约定，认定双方当事人之间的权利义务关系。

【案情摘要】

鼎新公司与泰发公司因履行《建筑安装工程承包协议书》发生纠纷，受诉法院判决泰发公司清偿鼎新公司借款本金及利息。该案执行过程中，鼎新公司与泰发公司签订《和解协议书》及《泰发公司借鼎新公司贷款本金明细确认表》。之后，泰发公司与鼎新公司再次签订《和解协议书》，就前述判决确定的债务清偿问题作出约定。后因执行和解协议未实际履行完毕，鼎新公司提起诉讼。法院审理后认为，结合本案实际情况和《和解协议》约定，依法应当判决泰发公司依照《和解协议》的约定清偿鼎新公司债务。

（撰写人：曹　刚）

3 因抗诉裁定再审的案件当事人已达成执行和解协议，是否应终结再审程序
——远方公司与花桥村村委会建设工程施工合同纠纷再审案

- 案　　号　（2020）最高法民再 220 号
- 合议庭成员　董华、贾劲松、张代恩
- 关 键 词　民事 / 建设工程施工合同 / 抗诉提审 / 执行和解
- 相关法条　《最高人民法院关于适用〈中华人民共和国民事诉讼法〉的解释》第 406 条第 2 款[①]

【裁判要旨】

当事人双方在检察机关抗诉前已就生效裁判执行达成和解协议并已履行完毕，检察机关抗诉意见仅涉及双方当事人之间的争议，不涉及损害国家利益、社会公共利益和他人合法权益，案件属于《最高人民法院关于适用〈中华人民共和国民事诉讼法〉的解释》规定的终结再审程序情形。

【案情摘要】

1995 年 6 月 22 日，花桥村村委会与星惠公司签订《企业租赁经营合同》，由星惠公司租赁花桥饭店经营。1996 年 3 月 4 日，远方公司与花桥饭店签订《建筑安装工程施工合同》，约定由远方公司对花桥饭店室内外进行装饰。工程完工后，花桥饭店未付工程款。因花桥饭店已注销，远方公司以花桥村村委会为被告提起本案诉讼，要求其支付工程款及逾期利息。经一审法院委托评估，远方公司已完工程总造价为 1586997.79 元。

一审湖北省武汉市江岸区法院判决：一、花桥村村委会于判决生效之日起 3 日内将工程款 1586997.79 元偿付给远方公司；二、花桥村村委会从 1997 年 12 月 30 日起至执行之日止，按 1586997.79 元的同期中国人民银行贷款利率计算利息支付给远方公司。花桥村村委会提起上诉，湖北省武汉市中级人民法院二审判决驳回上诉，维持原判。后湖北省武汉市中级人民法院对本案裁定再审并判决：撤销该案一、二

---

① 该解释已于 2022 年修正，此处法条对应 404 条第 2 款。

审判决；星惠公司于判决生效后10日内偿付远方公司工程款1586997.79元。湖北省高级人民法院对本案裁定再审并判决：撤销本案一、二审及再审判决；花桥村村委会于判决生效后10日内偿付远方公司工程款1586997.79元。

最高人民检察院于2019年11月对本案提出抗诉，认为湖北省高级人民法院再审判决对远方公司提出的花桥村村委会支付逾期付款利息的诉讼请求，未予审理并作出判项，属漏审漏判。

最高人民法院依法裁定提审本案。再审中，远方公司提交法院执行卷宗材料，证明2015年2月6日，远方公司与花桥村村委会达成《协议书》，约定："一、由被执行人于2015年2月11日前一次性支付给本案申请执行人工程款1550000元；二、上述款项按时到账时，本案申请执行人即放弃下余的工程款及其他诉讼费、保全费、利息的执行申请权利，放弃下余财产，本案执行完结；三、本案执行费18270元由被执行人负担。"花桥村村委会根据约定于2015年2月9日向法院指定账户支付1568270元。远方公司在最高人民法院再审庭审中亦认可前述《协议书》约定的款项已经履行完毕。

（撰写人：董　华、付中华）

涉外案件法律适用 ▶▶▶

涉外民商事案件的涉外性判断、定性及法律适用路径
——WB公司、WWS公司与浙江YY公司、舟山JT公司、舟山TS公司与公司有关的纠纷上诉案

- **案　　号**　（2019）最高法民终1660号、1661号
- **合议庭成员**　奚向阳、李桂顺、郭载宇
- **关 键 词**　涉外因素/定性/法律适用路径/分割方法
- **相关法条**　《中华人民共和国涉外民事关系法律适用法》第8条、第14条、第44条

【裁判要旨】

涉外民商事案件对涉外性的判断，如果多个事实具有涉外因素，应对相关事实逐一加以分析判断。对涉外性进行判断后，应根据《涉外民事关系法律适用法》第8条依据法院地法对涉外民事关系进行定性，定性时应结合当事人请求保护的利益和案件相关事实，对其请求权基础进行分析，从而准确对案件进行定性。以此为基础，通过对相关实体法规范与冲突规范在法律概念、法律条文的功能及适用范围的分析，确定相应的冲突规范，从而最终确定案件应适用的法律。

【案情摘要】

WB公司、浙江YY公司、WWS公司原均系WBYY的股东。中外股东签订的合资合同与合资公司章程均规定，股东质押其持有的合资公司股权均需事先取得其他股东的同意。后浙江YY公司因融资需要，在未经其他股东同意的情况下，伪造相关文件，将其所持股权质押给舟山JT公司，舟山JT公司后又与舟山TS公司签订债权转让合同，舟山TS公司通过拍卖取得了浙江YY公司持有的合资公司的股权。WB公司、WWS公司遂起诉浙江YY公司、舟山交投和舟山通盛，请求宣告相关合同无效、股权质押无效。因当事人的诉称涉及与合同有关的事实、与侵权有关的事实，法院经对案件的涉外性、案件定性进行分析，确定适用中国法，在此基础上，结合当事人诉称的事实和我国法律关于欺诈的实体法规定和证明标准的规定，认定当事人诉称的证明恶意串通在证明程度上尚未达到法定的标准，遂最终驳回了WB公司、WWS公司的诉请。

（撰写人：郭载宇）

民刑交叉

1 民刑交叉情况下合同效力认定问题
——大兴安岭集团与国开行、柏杉林公司、初某泽、葛某茹、初某波、张某娜、初某涛、边某、初某溪金融借款合同纠纷上诉案

- **案　　号**　（2019）最高法民终 114 号
- **合议庭成员**　李伟、潘勇锋、梅芳
- **关 键 词**　民事 / 合同 / 合同效力 / 民刑交叉
- **相关法条**　《最高人民法院关于在审理经济纠纷案件中涉及经济犯罪嫌疑若干问题的规定》第 1 条，《最高人民法院关于民事诉讼证据的若干规定》第 10 条

【裁判要旨】

本案所涉借款债务，有多名担保人。其中，主债务人即借款人和一名保证人被生效刑事判决确认犯骗取贷款罪，与借款关系的借款人及担保人之一重合，民事案件责任主体与刑事案件的责任主体并不完全一致。主债务人被生效刑事判决认定构成骗取贷款罪，承担刑事责任，是依据刑法规范对其骗取贷款行为作出的法律评价，而其与贷款人、担保人之间形成的借款法律关系和担保法律关系，则属于民法规范评价和调整的范畴。刑事判决追究的是行为人违反刑法的责任，民事合同的当事人应否承担民事责任及如何承担责任应当通过民事诉讼程序处理。生效刑事判决责令主债务人将骗取的贷款款项退赔给贷款人的事实，并不影响贷款人基于民事合同关系主张本案。

刑事判决已经认定本案主债务人构成骗取贷款罪，构成民法上的欺诈，其与贷款人订立的借款合同为可撤销合同。而贷款人作为撤销权人，没有主张撤销合同，则合同有效。贷款人在合同有效的基础上主张解除合同，且符合合同解除的条件，法院应予支持。

刑事案件和民事案件审理的法律关系和救济的法益不同，在刑事判决判令追赃、民事判决判令责任人承担民事责任的情形下，应对追赃与民事责任的认定和执行进行协调。执行程序中，如果相关刑事案件执行过程中发还贷款人款项，则应冲抵主债务人依民事判决应支付的金额，执行法院应结合民事责任、刑事责任的认定，确定民事责任人应承担的民事责任范围和赃款退还的对象，避免民事权利人（刑事被

害人）双重受偿。

【案情摘要】

2012年11月16日，国开行与柏杉林公司签订《外汇贷款合同》，约定指国开行向柏杉林公司发放长期贷款6690万美元。由保证人大兴安岭集团为本项目贷款提供连带责任保证担保；由借款人股东初某泽及其直系亲属为本项目贷款提供个人无限连带责任保证担保，另有股权质押担保。后大兴安岭集团等保证人分别签署了保证合同。贷款实际发放完毕。借款到期后，柏杉林公司偿付了部分本金和利息后无力偿付借款。生效刑事判决认定柏杉林公司和初某泽犯骗取贷款罪，判处刑事责任，并责令柏杉林公司将该案尚未追缴的赃款人民币327812498.04元予以退赔国开行甘肃分行。

国开行起诉请求：解除《外汇贷款合同》，柏杉林公司立即向国开行清偿借款本金6320万美元及利息、罚息、逾期利息和复利、违约金、债权支出费用。保证人承担连带保证责任。一审判决合同解除，柏杉林公司偿还国开行贷款本金6199.58万美元并支付利息等，保证人大兴安岭集团等承担保证责任。大兴安岭集团、国开行均不服，提起上诉。二审判决驳回上诉，维持原判。

（撰写人：潘勇锋）

如何认定刑事案件与民事案件交叉中涉及"同一事实"

——唐山曹妃甸农商行与兆丰商贸公司、定福公司金融借款合同纠纷再审案

- 案　　号　（2020）最高法民再238号
- 合议庭成员　刘雪梅、周其濛、宋冰
- 关 键 词　民事 / 民刑交叉 / 同一事实
- 相关法条　《中华人民共和国民事诉讼法》第119条①

【裁判要旨】

民刑案件是否构成"同一事实"，是选择刑事程序吸收民事程序还是"刑民并行"程序的核心标准。民事案件与刑事案件的主体相同，案件基本事实的主体相同，

---

① 对应《中华人民共和国民事诉讼法》（2023年修正）第122条。

且案件基本事实存在竞合的，可以认定民事案件与刑事案件构成"同一事实"。民事案件当事人双方与刑事案件的主体不一致的，不能认定为"同一事实"。定罪量刑的事实与民事案件的基本事实无关的，也不构成"同一事实"。

【案情摘要】

唐山市公安局路南分局在起诉意见书中认定：2015年12月间，犯罪嫌疑人、定福公司的法定代表人董某柱利用职务上的便利，通过李某军介绍，以唐山市路南区女织寨乡定福庄村民委员会所有的定福公司名下45套底商房抵押，以兆丰公司的名义从农商行贷款3000万元。在银行审核放贷后，董某柱将该贷款中的部分款项用于归还赌债、偿还个人欠款及个人挥霍。2017年10月27日董某柱因涉嫌职务侵占罪，伪造、变造、买卖国家机关公文、证件、印章罪被逮捕。

河北省唐山市中级人民法院审理认为，唐山市公安局路南区分局以定福公司的法定代表人董某柱涉嫌职务侵占为由已对其立案侦查，由该局出具的《起诉意见书》所涉及的犯罪行为与本案所涉贷款存在关联。故本案不属于人民法院受理民事诉讼的范围，应依法移送公安机关立案侦查。裁定：驳回唐山曹妃甸农商行的起诉。

唐山曹妃甸农商行不服一审裁定，向河北省高级人民法院提出上诉。河北省高级人民法院认为董某柱利用职务便利所涉犯罪行为与本案所涉贷款存在关联。裁定驳回上诉，维持原裁定。

唐山曹妃甸农商行不服二审裁定，向最高人民法院申请再审。最高人民法院认为定福公司提供担保与董某柱个人涉嫌职务侵占两个行为实施的主体不同，且民事案件争议的事实与构成董某柱刑事犯罪的要件事实不同，裁定指令一审法院对本案进行审理。

（撰写人：周其濛）

3 侵权责任纠纷中发生刑事责任和民事责任的聚合时，刑事责任的承担并不能否定民事责任的承担

——泸州老窖与工行南阳中州支行、工行南阳分行、三亚农商行红沙支行侵权责任纠纷上诉案

- **案　　号**　（2020）最高法民终1271号
- **合议庭成员**　张淑芳、朱燕、贾亚奇

- **关 键 词** 民事 / 侵权责任 / 刑事责任和民事责任的聚合
- **相关法条** 《中华人民共和国侵权责任法》第 6 条、第 12 条①,《中华人民共和国商业银行法》第 6 条

【裁判要旨】

本案因存款人存款被犯罪分子转移这一同一法律事实分别产生刑事法律关系和民事法律关系,从而构成了刑事责任和民事责任的竞合,而刑事责任的承担并不能否定民事责任的承担,刑事程序追究犯罪分子的刑事责任并要求犯罪分子退赔损失,与民事程序中判令民事侵权人承担民事赔偿责任并不矛盾,虽然本案 A 公司存款被骗取的直接原因是犯罪分子实施的犯罪行为,但银行作为负有安全保障义务的义务人,在其未尽到相关法定义务、存在过错的情形下,也应承担相应的赔偿责任。刑事案件没有执行终结,并不影响民事案件的审理,两种责任的具体承担可在后续执行程序中综合协调处理,同时应计付自存款被实际转移至各侵权人实际履行完毕赔偿金额之日止期间的利息损失。

【案情摘要】

泸州老窖推出资源交换业务,经销商负责联系合作银行,经销商购买一定数量白酒后,泸州老窖将对应比例款项存入合作银行。业务开展过程中,银行行长在开户环节、存款证实书挂失环节、犯罪分子转移资金环节、掩饰犯罪环节均全程参与、配合犯罪分子实施诈骗犯罪,并试图掩盖犯罪事实,直至案发。后犯罪分子被判处无期徒刑到有期徒刑不等,并对涉案诈骗款 1.5 亿元予以追缴,返还泸州老窖公司。但在刑事涉财产执行程序中,泸州老窖存款被犯罪分子转移后至今不能追回。一审判决判令各银行对泸州老窖公司在刑事案件执行中不能追回的资金本息按各自过错大小承担不同比例的赔偿责任,且对判决生效之日至各侵权人实际履行完毕赔偿金额之日止的利息未予计付。

(撰写人:朱 燕)

---

① 对应《中华人民共和国民法典》第 1165 条、第 1172 条。

4 借款合同被认定涉嫌犯罪，担保人承担责任的认定
——郑某生与马某中、吕某英保证合同纠纷申请再审案

- **案　　号**　（2021）最高法民申1529号
- **合议庭成员**　周其濛、季伟明、麻锦亮
- **关 键 词**　民事 / 民间借贷 / 刑事犯罪 / 担保责任
- **相关法条**　《最高人民法院关于在审理经济纠纷案件中涉及经济犯罪嫌疑若干问题的规定》第1条，《最高人民法院关于审理民间借贷案件适用法律若干问题的规定》第12条

【裁判要旨】

民商事纠纷和涉嫌刑事犯罪是否应当分别审理，应当根据主体和法律事实是否具有同一性进行判断。虽然借款人已经被刑事判决认定构成犯罪，但是借款人请求担保人承担担保责任，民事纠纷与刑事案件当事人并不相同，应当作为民事纠纷审理。尽管借款人的行为涉嫌刑事犯罪，但借款合同系当事人真实意思表示，不存在违反法律、行政法规强制性规定的情形，合法有效。因为借款合同有效，担保合同作为借款合同的从合同亦应当认定为有效，担保人在担保协议中签字，表明了其担保人身份，具有为主债务提供担保的意思表示，应当按照协议的约定对于主债务承担担保责任。

【案情摘要】

马某中经郑某生介绍认识宋某霞，宋某霞向马某中出具借条，借款金额共计1000万元，马某中通过银行转账的方式履行了出借义务。宋某霞在上述两份借条下书写签字确认借款用于银行过桥业务，收益按40%计算，承诺于2015年11月15日前归还该两笔借款。郑某生作为担保人与马某中、宋某霞签订《借款协议（补充）》，约定郑某生同意提供连带责任担保。借款到期后，宋某霞一直未能偿还借款，后因其犯非法吸收公众存款罪被判刑。马某中并未就案涉借款行为涉嫌犯罪向公安机关报案，就本案损失向担保人郑某生提起诉讼。

（撰写人：麻锦亮、杨泽宇）

5 生效刑事判决认定债权人构成强迫交易罪，刑事判决对民事判决有何影响

——嘉怡公司与肖某军、周某顺、向某民间借贷纠纷申请再审案

- **案　　号**　（2021）最高法民申 2021 号
- **合议庭成员**　张淑芳、于蒙、关晓海
- **关 键 词**　民间借贷纠纷 / 担保 / 强迫交易罪
- **相关法条**　《最高人民法院关于审理民间借贷案件适用法律若干问题的规定》第 13 条、第 14 条，《中华人民共和国合同法》第 52 条①

【裁判要旨】

因担保债权具有从属性，主债权是否存在、是否有效及主债权的数额会直接影响到担保人担保责任的承担。因此，审查保证合同效力首先应审查主合同效力，民间借贷合同具备一般形式要件后，还应对合同行为是否是当事人真实意思表示、是否违反法律法规的强制性规定进行审查。本案中，担保人提供了生效刑事判决作为新证据，主张判决认定包含案涉确认债权在内的借款构成强迫交易罪，经审查后发现据以形成案涉债权的《转让协议》的签订和刑事判决认定的强迫交易罪的犯罪事实具有极高的契合度，案涉债权的合法性和真实性需要结合刑事判决予以重新认定。故指令再审。

【案情摘要】

周某顺、向某系夫妻关系，分别持有嘉怡公司 30% 和 70% 股份。周某顺因开发房地产项目资金需要，多次向肖某军借款。2013 年 11 月 23 日，肖某军与周某顺签订转让协议，约定：肖某军同意将其所持海的理想投资项目 20% 股权以 5700 万元转让给周某顺，1700 万元于 2013 年 12 月 30 日之前付清，余下 4000 万元以海的理想项目的房产作为偿还。上述协议约定的股权转让未在工商部门办理过户登记。协议签订后，周某顺依约支付了 1700 万元，余下 4000 万元未付。嘉怡公司向肖某军出具担保承诺函两份，约定其自愿为周某顺向肖某军的欠款提供连带还款担保。后

---

① 参见《中华人民共和国民法典》第 148 条、第 150 条、第 153 条、第 154 条。

肖某军提起诉讼，要求周某顺、向某承担还款责任，嘉怡公司承担连带担保责任。一、二审判决作出后，嘉怡公司以一份刑事判决作为新证据申请再审，刑事判决中认定肖某军构成强迫交易罪，记载的犯罪事实中包括案涉转让协议的签订。

（撰写人：于　蒙、韩学会）

6 生效刑事判决所作的认定，如无证据足以推翻的，在民事案件中应当据此确认相关事实
——崔某超与鹤壁公路局物权保护纠纷申请再审案

- 案　　号　（2021）最高法民申 2665 号
- 合议庭成员　曹刚、于蒙、关晓海
- 关 键 词　民事 / 物权保护 / 挂靠
- 相关法条　《最高人民法院关于民事诉讼证据的若干规定》第 10 条

【裁判要旨】

生效刑事判决所确认的基本事实应当属于当事人无须举证证明的"已为人民法院发生法律效力的裁判所确认的基本事实"。在当事人主张与已经生效的刑事判决认定不符，且其所提交的证据亦不足以推翻刑事判决的认定的情形下，应当根据已生效刑事判决的认定确认相关事实。

【案情摘要】

1992 年，鹤壁公路局（原河南省鹤壁市公路管理总段）成立公路总公司，聘任崔某超为经理。2000 年 8 月 28 日，崔某超被判挪用公款罪与重大安全事故罪。后崔某超申诉，2003 年 11 月 10 日，河南省高级人民法院作出刑事判决，改判崔某超无罪，在刑事判决书中认定公路总公司虽登记为集体企业，但应认定为"挂靠"在鹤壁公路局名下的个体私营企业，崔某超是该企业的业主。

2002 年 2 月 25 日，鹤壁公路局对公路总公司的领导班子进行了重新组建，后被吊销营业执照，鹤壁公路局没有对该企业组织清算。

2003 年 11 月 28 日，崔某超向鹤壁公路局提交请求书，要求返还公路总公司的财产，撤回安排的人员。2004 年 1 月，鹤壁公路局与崔某超签订《清产核资业务约定书》，约定双方委托会计师事务所对公路总公司的会计报表进行清产核资。但后

来没能按约进行。后崔某超起诉,请求鹤壁公路局返还公路总公司的财产、赔偿损失等。

(撰写人:于 蒙、韩学会)

7 行为人以法人名义订立合同的行为已被刑事裁判认定为构成犯罪,合同相对人请求该法人组织承担民事责任的,人民法院是否受理

——李某与花园春公司民间借贷纠纷申请再审案

- 案　　号　（2021）最高法民申 2759 号
- 合议庭成员　王富博、李敬阳、吴凯敏
- 关 键 词　民事 / 民间借贷纠纷 / 民刑交叉
- 相关法条　《全国法院民商事审判工作会议纪要》第 128 条

【裁判要旨】

行为人以法人名义订立合同的行为已被刑事裁判认定为构成犯罪。该刑事裁判处理的是行为人的行为是否构成犯罪等刑事问题,不涉及行为人与合同相对人订立的合同是否有效、法人组织是否应承担还款责任等民事问题。相关民事问题应由民事程序另行审理,合同相对人向人民法院主张法人组织承担民事责任的,人民法院应当受理。

【案情摘要】

2009 年,李某(合同相对人)与王某红(行为人,系花园春公司的股东和会计、法定代表人王某景之女)签订借款合同。2020 年 1 月 22 日,一审法院对王某红犯合同诈骗罪案作出刑事判决,认定王某红系花园春公司会计,其犯合同诈骗罪和非法吸收公共存款罪。案涉借款被认定为合同诈骗罪的诈骗款项。李某以在办理案涉借款时,王某红出示了花园春公司的证件、公章及法定代表人的私章,且李某按借款合同约定将款项打入花园春公司(法人组织)账户为由,提起民事诉讼要求花园春公司承担还款责任。一、二审法院均裁定驳回李某的起诉。李某不服,向最高人民法院申请再审。

(撰写人:王富博)

8 本案事实与刑事案件所涉事实属于同一事实，应裁定驳回起诉

——黄某与 A 公司、赵甲委托合同纠纷申请再审案

- **案　　号**　（2020）最高法民申 3212 号
- **合议庭成员**　胡方、李桂顺、杨弘磊
- **关 键 词**　民事 / 民刑交叉
- **相关法条**　《最高人民法院关于在审理经济纠纷案件中涉及经济犯罪嫌疑若干问题的规定》第 11 条，《最高人民法院、最高人民检察院、公安部关于办理非法集资刑事案件适用法律若干问题的意见》第 7 条

【裁判要旨】

本案所涉《生蚝养殖合同》的相关事实与赵乙涉嫌集资诈骗案所涉事实为同一事实，该刑事案件的处理结果对本案的事实认定和处理结果具有先决关系，根据《最高人民法院关于在审理经济纠纷案件中涉及经济犯罪嫌疑若干问题的规定》第 11 条、《最高人民法院、最高人民检察院、公安部关于办理非法集资刑事案件适用法律若干问题的意见》第 7 条规定，应裁定驳回原告的起诉，将案件移送公安机关。

【案情摘要】

黄某与赵甲签订盖有 A 公司公章的《生蚝养殖合同》，约定由黄某出资委托 A 公司养殖及管理蚝排，生蚝收益由 A 公司扣除 30% 的利润，剩余的 70% 归黄某。黄某向赵甲账户汇入合同约定的款项。后赵甲在其与黄某等投资者的微信群里告知黄某及其他投资人所养生蚝已全部死亡。黄某于 2018 年 1 月 3 日提起本案诉讼，主张赵甲和 A 公司未履行合同约定的义务给其造成损失，应予赔偿。2019 年 3 月 28 日，黄某到公安机关报案称，A 公司、赵甲、赵乙以投资蚝排的名义骗取其投资款。同年 4 月 22 日，广西壮族自治区防城港市公安局以涉嫌集资诈骗为由将 A 公司法定代表人赵乙抓获。赵乙所涉嫌集资诈骗的刑事案件共有 101 名实际出资并因赵乙未退还投资款而遭受经济损失的受害人，涉案金额共计 2267.4201 万元，该案已进入刑事诉讼程序。

（撰写人：李桂顺、冯哲元）

9 债权人主张保证人承担民事责任的案件事实与保证人所涉刑事案件属于不同事实的，民事案件应当进行实体审理

——融璟公司与富荣化工公司等金融借款合同纠纷再审案

- **案　　号**　（2021）最高法民再 251 号、252 号、253 号
- **合议庭成员**　陈宏宇、吴笛、张梅
- **关 键 词**　民事 / 金融借款合同纠纷 / 民刑交叉 / 保证人责任
- **相关法条**　《中华人民共和国民事诉讼法》第 119 条①

【裁判要旨】

保证人所涉另案刑事犯罪事实与其承担保证责任的案涉借款并无关联，且亦无其他证据证明案涉借款涉嫌刑事犯罪或与刑事犯罪有牵连的，债权人就案涉借款提起的民事诉讼，人民法院应予实体审理。

【案情摘要】

吴忠农商行公司与富荣化工公司等签订了《流动资金借款合同》《保证合同》，约定富荣化工公司向其借款，双方对逾期利率、违约责任等进行了明确约定。同时，卡卡都工贸公司、众兴公司、任某平、杨某青、魏某强、王某艳为该笔借款提供连带担保责任，吴忠农商行公司按合同约定发放了借款。借款到期后，各被告均未按约定履行还款义务。本案诉讼过程中，吴忠农商行将案涉债权及附属权益转让给宁夏金融资产管理有限公司。后宁夏金融资产管理有限公司又将案涉债权及从权利转让给融璟公司。融璟公司经受让人获得案涉债权，提起本案诉讼，请求主债务人偿还借款本息，各担保人承担相应的保证责任。

（撰写人：陈宏宇、赵　静）

---

① 对应《中华人民共和国民事诉讼法》（2023 年修正）第 122 条。

10 关于《全国法院民商事审判工作会议纪要》第 128 条的适用

——查某峰与卢氏村镇银行民间借贷纠纷再审案

- **案　　号**　（2021）最高法民再 353 号
- **合议庭成员**　张淑芳、李敬阳、吴凯敏
- **关 键 词**　民间借贷 / 生效刑事判决 / 民刑交叉
- **相关法条**　《全国法院民商事审判工作会议纪要》第 128 条

【裁判要旨】

同一当事人因不同事实分别发生民商事纠纷和涉嫌刑事犯罪，民商事案件与刑事案件应当分别审理。

【案情摘要】

2011 年 12 月 31 日，银监会河南监管局批复同意筹建卢氏村镇银行，2012 年 1 月 15 日，该行选举第一届董事会成员，董事长为杨某富，卢氏村镇银行 2012 年 5 月 15 日取得营业执照，杨某富为法定代表人。查某峰与杨某富之间有数笔款项往来，查某峰持有的借款合同，落款处有杨某富签字及卢氏村镇银行印章，银行转账凭证显示款项未转入卢氏村镇银行账户，而是转入个人账户。杨某富 2013 年 11 月 20 日出具承诺书一份，载明其已辞去董事长职务，其本人用卢氏村镇银行名义出具的借款及担保协议，由杨某富本人承担责任，否则愿意承担由此给卢氏村镇银行造成的一切损失。陕县公安局对杨某富伪造印章一案立案侦查，已查明案涉借款合同上加盖的印章为杨某富伪造，杨某富因合同诈骗罪被判处有期徒刑十四年，杨某富承认上述印章与本案印章为同一枚。

（撰写人：张淑芳）

11 一房多卖行为是否涉嫌犯罪不影响人民法院对当事人依据合同提起民事案件的受理

——金之桥投资公司与凯旋地产公司等房屋买卖合同纠纷再审案

- **案　　号**　（2021）最高法民再358号
- **合议庭成员**　包剑平、刘京川、贾亚奇
- **关 键 词**　民事／房屋买卖合同／起诉条件
- **相关法条**　《中华人民共和国民事诉讼法》第119条①，《最高人民法院关于在审理经济纠纷案件中涉及经济犯罪嫌疑若干问题的规定》第1条、第10条

【裁判要旨】

当事人依据相关合同起诉，有明确的事实依据和诉讼请求，符合《民事诉讼法》第119条规定的起诉条件。至于被告一房多卖行为是否涉嫌犯罪，与民事案件的当事人及法律关系不同，不影响人民法院对民事案件的受理。

【案情摘要】

金之桥投资公司向青岛建工公司发放贷款4.2亿元，未能偿还后，本案当事人签订了《债权清算和以房抵债协议》，以凯旋地产公司开发的50套房子代第三人青岛建工公司清偿全部债务。金之桥投资公司依据该《债权清算和以房抵债协议》等向一审法院提起诉讼。一审法院认为，凯旋地产公司将涉案房屋分别抵顶或出售给不同的相对方以及收取款项的行为涉嫌犯罪，裁定驳回起诉。二审法院裁定维持原裁定。金之桥投资公司向最高人民法院申请再审。最高人民法院认为，金之桥投资公司依据相关合同起诉，请求确认《债权清算和以房抵债协议》有效，凯旋地产公司以房抵债的50套房屋归其所有；交付以房抵债的50套房屋并协助办理过户手续等，有明确的事实依据和诉讼请求，符合《民事诉讼法》第119条规定的起诉条件。至于凯旋地产公司一房多卖行为是否涉嫌犯罪，也与本案当事人及法律关系不同，不影响本案的受理。故再审撤销一、二审裁定，指令一审法院审理。

（撰写人：刘京川）

---

① 对应《中华人民共和国民事诉讼法》（2023年修正）第122条。

12 案涉犯罪与民事纠纷虽然有关联但不属于同一法律关系的，不影响民事案件的审理

——申银万国证券公司与中科总公司、中科龙轩海安公司、海安管委会金融借款合同纠纷上诉案

- **案　　号**　（2021）最高法民终654号
- **合议庭成员**　何波、徐霖、张梅
- **关 键 词**　民事 / 金融借款合同纠纷 / 民刑交叉
- **相关法条**　《最高人民法院关于在审理经济纠纷案件中涉及经济犯罪嫌疑若干问题的规定》第1条

【裁判要旨】

在金融借款合同关系中，担保人与债权人签订应收账款质押合同，并承诺在质权未设立或无效情形下，担保人作为出质人对债务人在主合同项下的债务承担连带保证责任。债权人起诉要求债务人及担保人承担还款责任，担保人主张质押合同附件中的《应收账款确认函》存在涉嫌伪造印章的犯罪事实，该涉嫌犯罪事实并不影响案涉金融借款合同关系的成立，亦不影响保证关系的成立，故人民法院应当继续进行审理，同时将涉嫌伪造应收账款的债务人印章的犯罪线索移送侦查机关处理。

【案情摘要】

2016年1月25日，光大信托公司作为贷款人与中科总公司签订了《信托贷款合同》，约定贷款总额3亿元整。同日，中科龙轩海安公司与光大信托公司签订《应收账款质押合同》，将中科龙轩海安公司对海安管委会享有的第一期应收账款以及后续形成的各期应收账款，作为《信托贷款合同》下质权人债权实现的担保。之后，光大信托公司向中科总公司提供了3亿元。2016年1月26日，双方就第一期应收账款50230万元办理了质押登记。其后，中科龙轩海安公司追加质押了53610万元并办理了质押登记。2018年9月13日，因中科总公司未按约定支付利息，光大信托公司宣告贷款加速到期。

申银万国证券公司提起本案诉讼，请求：（1）判令中科总公司向申银万国证券公司偿还借款本金及利息；（2）判令中科总公司向申银万国证券公司支付罚息及利

息；(3) 判令中科总公司向申银万国证券公司支付律师费；(4) 判令中科龙轩海安公司对请求 (1)(2)(3) 承担连带责任；(5) 判令申银万国证券公司行使应收账单质权，有权就中科龙轩海安公司向申银万国证券公司出质的其对海安管委会的应收账款在请求 (1)(2)(3) 范围内优先受偿。

经甘肃政法大学司法鉴定中心鉴定，《质押合同》所附的《应收账款确认函》《应收账款追加确认函》《应收账款质押通知函》上加盖的"海安经济技术开发区管理委员会"印章与海安管委会提交的印章不一致。与《海安经济技术开发区 2013 年基础设施融资建设项目合同书》上加盖的"海安经济技术开发区管理委员会"印章也不一致。

（撰写人：张　梅、张义敏）

13 民事案件中的行为与犯罪行为具有同一性时应如何处理

——大业信托与西藏华烁、北京毕业、重庆恒韵合同纠纷上诉案

- **案　　号**　（2021）最高法民终 802 号
- **合议庭成员**　胡仕浩、孙祥壮、冯文生、刘少阳、朱科
- **关 键 词**　民事 / 合同纠纷 / 同一性
- **相关法条**　《最高人民法院关于在审理经济纠纷案件中涉及经济犯罪嫌疑若干问题的规定》第 11 条，《最高人民法院、最高人民检察院、公安部关于办理非法集资刑事案件适用法律若干问题的意见》第 7 条

【裁判要旨】

人民法院审理经济纠纷案件时，如发现当事人有经济犯罪嫌疑，应当先根据民事案件中的事实判断民事案件中的行为与经济犯罪行为是否具有同一性。经审理认为当事人基于同一法律事实可能构成犯罪的，应当裁定驳回起诉，将有关材料移送公安机关或检察机关。

【案情摘要】

重庆恒韵因虚构其对西南医院等债务人有巨额应收账款的事实，通过将虚假的巨额应收账款以折扣价格转让等形式，骗取银行或其他公司资金近 400 亿元。其中，

骗取大业信托通过设立"盈富"集合资金信托计划的方式募集的资金共 41.34246 亿元。重庆恒韵因涉嫌经济犯罪已被提起公诉。大业信托提起民事诉讼主张的资金，正是该"盈富"集合资金信托产品中一部分。

（撰写人：孙祥壮）

14 民刑交叉情形下，民事案件是否应驳回起诉
——中信银行厦门分行与鑫达济公司、永建公司等金融借款合同纠纷上诉案

- **案　　号**　（2021）最高法民终 859 号
- **合议庭成员**　李延忱、王珅、郁琳
- **关 键 词**　民事 / 金融借款合同纠纷 / 民刑交叉
- **相关法条**　《最高人民法院关于在审理经济纠纷案件中涉及经济犯罪嫌疑若干问题的规定》第 11 条，《全国法院民商事审判工作会议纪要》第 128 条

【裁判要旨】

若民事案件中所涉刑事案件待查明的事实，可能影响民事案件中贷款及担保合同效力，进而影响各民事主体责任的认定与承担，为保证刑事案件与民事案件裁判的一致性，应将案件移送公安机关并裁定驳回起诉。

【案情摘要】

中信银行厦门分行与鑫达济公司签订金融贷款合同，约定由其向鑫达济公司提供贷款，同时与永建公司、谢某谦、周某川等签订担保合同，约定对上述贷款提供担保。因借款届期不能清偿，遂发生本案民事纠纷。借款人鑫达济公司实际控制人卢某山因涉嫌骗取贷款罪被公安机关立案侦查，本案贷款及担保事实也包含在该刑事案件所涉事实范围内。一审法院据此认为中信银行厦门分行诉请的民事案件与刑事案件所涉事实属于同一事实，裁定驳回中信银行厦门分行的起诉。

（撰写人：李延忱、高　玥）

15 民事案件与刑事案件有一定事实牵连，但并非同一法律关系，民事案件无须中止审理
——卢某其与方某程民间借贷纠纷上诉案

- **案　　号**　（2021）最高法民终880号
- **合议庭成员**　贾清林、于明、朱科
- **关 键 词**　民事／民间借贷纠纷／中止审理
- **相关法条**　《全国法院民商事审判工作会议纪要》第130条

【裁判要旨】

若民事案件与相关刑事案件当事人不同，法律关系不同，且并非以该刑事案件的审理结果为依据，即便两案相关事实存在一定牵连，亦不影响民事案件的继续审理。

【案情摘要】

卢某其与方某程签订《借款合同》，由卢某其向方某程出借3亿元。后卢某其从其账户分8笔向方某程的账户转账汇款合计3亿元。方某程收款后即全部转汇至案外人丁某峰账户，并签署《确认函》，对前述签约及收款行为予以确认。中国证监会作出的《行政处罚决定书》认定刘某东操纵证券市场，其中资金来源部分载明"由卢某其出面协调筹集，经'黄某煌''方某程'银行账户后划转至刘某东实际控制的'陈某重''廖某''陈某华'等银行账户"。卢某其、方某程均确认，该《行政处罚决定书》中的"卢某其"即本案卢某其，"方某程"即本案方某程。现卢某其诉请方某程归还借款及利息。一审判决驳回了卢某其的诉讼诉求，卢某其不服，向最高人民法院提起上诉，遂成本案。二审中，卢某其主张刘某东操纵证券市场一案已移送深圳市公安局侦办，刘某东、黄某煌均已被依法逮捕，本案应当中止审理。

（撰写人：贾清林、乔希木）

16 网贷平台公司涉嫌非法集资犯罪，其对外委托贷款引发的借款合同纠纷是否应中止审理

——中宏公司、吴某新、吴某珍与红岭创投公司、万家置业公司、
江苏银行高淳支行借款合同纠纷上诉案

- 案　　号　（2021）最高法民终1133号
- 合议庭成员　郁琳、李延忱、王珅
- 关 键 词　借款合同纠纷/民刑交叉/非法集资/委托贷款
- 相关法条　《全国法院民商事审判工作会议纪要》第129条、第130条

【裁判要旨】

网贷平台涉嫌非法集资犯罪活动，其因对外委托贷款引发的借款合同纠纷与其涉嫌的经济犯罪无关，当事人不同，亦非同一法律事实，且案件基本事实认定无需以相关刑事案件审理结果为依据，无需移送公安机关处理，人民法院应当继续审理。

【案情摘要】

红岭创投公司、江苏银行高淳支行、万家置业公司先后签订三份委托贷款合同，约定红岭创投公司分别提供贷款资金6000万元、1.2亿元、1.8亿元，委托江苏银行高淳支行向万家置业公司发放委托贷款，期限2年，年利率21%。红岭创投公司又分别与吴某新、吴某珍、中宏公司签订三份保证担保合同，约定上述保证人就上述三份主合同项下发生的全部债务向红岭创投公司提供连带责任保证。案涉款项来源于红岭创投公司设立的"红岭创投"网贷平台上小额投资者的投资款项。二审期间，红岭创投公司运营的"红岭创投"网贷平台涉嫌非法集资犯罪活动，深圳市公安局福田分局对相关人员涉嫌非法吸收公众存款、集资诈骗罪立案侦查，并对涉案嫌疑人依法采取刑事强制措施。

（撰写人：郁　琳）

民事案件诉讼时效

1 转让前已经超过诉讼时效的债权，不因转让催收公告而产生重新起算诉讼时效的效果

——长城资产安徽分公司与金安农资公司金融借款合同纠纷申请再审案

- 案　　号　（2021）最高法民申1557号
- 合议庭成员　曹刚、于蒙、关晓海
- 关 键 词　民事 / 债权转让 / 诉讼时效
- 相关法条　《最高人民法院关于审理涉及金融资产管理公司收购、管理、处置国有银行不良贷款形成的资产的案件适用法律若干问题的规定》① 第10条

【裁判要旨】

债权人依照《最高人民法院关于审理涉及金融资产管理公司收购、管理、处置国有银行不良贷款形成的资产的案件适用法律若干问题的规定》第10条的规定主张诉讼时效中断的前提，是债权人发布具有催收内容的转让公告时，债权尚未超过法律规定的诉讼时效。对于转让之前已经超过诉讼时效的债权，不因转让时发布具有催收内容公告而产生重新起算诉讼时效的效果。

【案情摘要】

金安农资公司成立于1982年7月，其因经营需要自1995年8月起陆续向中国农业银行六安分行贷款。2013年1月10日、2014年12月26日，中国农业银行六安分行分别在《安徽经济报》刊登债权催收公告，就案涉债权进行公告催收。2016年9月20日，中国农业银行六安分行与长城资产合肥分公司签订《委托资产批量转让协议》，将案涉债权全部转让给长城资产合肥分公司。同年11月4日，长城资产合肥分公司在《安徽经济报》刊载《债权转让暨债务催收联合公告》。2019年7月9日，长城资产安徽分公司起诉，请求判令金安农资公司偿还贷款本金及利息等。法院经审理认为，金安农资公司地处安徽省六安市，公司一直处于存续状态，不属于法律规定的下落不明情形。中国农业银行六安分行于2013年1月10日、2014年12

---

① 该解释已失效。

月 26 日在《安徽经济报》上刊登的债权催收公告，不产生诉讼时效中断的法律效果。《最高人民法院关于审理涉及金融资产管理公司收购、管理、处置国有银行不良贷款形成的资产的案件适用法律若干问题的规定》第 10 条规定诉讼时效中断的前提，是债权人发布具有催收内容的转让公告时，债权尚未超过法律规定的诉讼时效。对于转让之前已经因未依法及时主张权利而超过诉讼时效的债权，不因之后转让时发布具有催收内容的公告而产生重新起算诉讼时效的效果。2016 年 11 月 4 日，中国农业银行六安分行与长城资产安徽分公司在报刊上发布债权转让暨债务催收公告时，案涉部分贷款本息已经超过法律规定的诉讼时效。长城资产安徽分公司主张清偿的相应诉讼请求，依法不应予以支持。

（撰写人：曹　刚）

2　诉讼时效中断的举证责任
——鑫恒公司与魏桥公司买卖合同纠纷申请再审案

- **案　　号**　（2021）最高法民申 1952 号
- **合议庭成员**　李伟、杨卓、葛洪涛
- **关 键 词**　民事/诉讼时效
- **相关法条**　《中华人民共和国民法典》第 188 条、第 195 条

【裁判要旨】

当事人主张诉讼时效中断，称多次向对方当事人主张，除证人证言外不能提供其他充分证据证明，认可对方当事人没有明确确认债务，又长时间没有采取诉讼等其他方式主张权利的，人民法院不予支持。

【案情摘要】

鑫恒公司和魏桥公司签订的《国内氧化铝购销合同》约定有效期至 2010 年 3 月，鑫恒公司于 2010 年 6 月 7 日向魏桥公司发出《氧化铝保证金和尾款退款函 2》，载明"贵我双方 2007 年 2 月 5 日签订的《国内氧化铝购销合同》，及相关补充协议有效期至 2010 年 3 月。目前该合同和相关协议已经到期，请贵司将该合同项下的保证金 3000 万元和氧化铝尾款 7070338.46 元尽快归还我司"。原审法院认为，根据案涉合同约定的有效期和《氧化铝保证金和尾款退款函 2》记载内容，鑫恒公司应自

2010年6月7日已明知其权利受到侵害，但鑫恒公司未提供有效证据证明在其2019年提起诉讼时，在诉讼时效期满之前存在中断事由，故认定鑫恒公司的诉讼请求已超过诉讼时效，驳回了其诉讼请求。鑫恒公司不服一、二审判决，申请再审。

（撰写人：杨　卓）

3　法律、司法解释特别规定的情形可适用公告催收，不以债务人下落不明为前提

——花垣县供电公司、金垣电力公司与长城资产湖南省分公司、花垣县供电公司等金融借款合同纠纷申请再审案

- 案　　号　（2021）最高法民申3160号
- 合议庭成员　贾清林、于明、朱科
- 关 键 词　民事 / 合同纠纷 / 公告催收
- 相关法条　《最高人民法院关于审理民事案件适用诉讼时效制度若干问题的规定》第10条第1款①，《最高人民法院关于审理涉及金融资产管理公司收购、管理、处置国有银行不良贷款形成的资产的案件适用法律若干问题的规定》②第10条

【裁判要旨】

涉及银行不良资产剥离、处置过程中对批量债权进行公告催收可导致诉讼时效中断，此种情形不以债务人下落不明为前提；此种情形下允许公告催收系针对银行批量不良债权剥离、处置的特殊情形作出的特殊安排。

【案情摘要】

农行花垣县支行向花垣县供电公司、金垣电力公司发放的贷款到期后，农行花垣县支行、农行湘西分行向花垣县供电公司、金垣电力公司多次发出债务逾期催收通知书和债权催收公告。后农行湘西分行将上述债权转让给长城资产湖南省分公司，并与长城资产湖南省分公司在《湖南日报》上发布《债权转让暨债务催收联合公告》。因催收未果，长城资产湖南省分公司遂提起本案诉讼。一审判决认为全部债权

---

① 该解释已于2020年修正，此处法条对应第8条第1款。
② 该解释已失效。

已经超过诉讼时效，驳回长城资产湖南省分公司的诉讼请求；二审判决认定案涉六笔债权未超过诉讼时效，对一审判决予以改判。花垣县供电公司、金垣电力公司不服二审判决，向最高人民法院申请再审，遂成本案。

（撰写人：贾清林、乔希木）

4 当事人仅主张保证期间已过，不能当然视为诉讼时效抗辩

——黄某安与旭日航空公司、蓝天学院、洪某旭、旭日昇公司、旭航公司民间借贷纠纷再审案

- **案　　号**　（2021）最高法民再346号
- **合议庭成员**　贾清林、于明、朱科
- **关 键 词**　民事 / 民间借贷纠纷 / 诉讼时效 / 保证期间
- **相关法条**　《最高人民法院关于审理民事案件适用诉讼时效制度若干问题的规定》第4条第1款①

【裁判要旨】

当事人在一审期间未提出诉讼时效抗辩，仅主张其作为保证人的保证责任期间已过，在二审中又提出诉讼时效抗辩，但未提交新的证据证明对方当事人的请求权已过诉讼时效期间的，人民法院不予支持。

【案情摘要】

旭日航空公司等债务人共同向黄某安借款，到期未归还。后旭日航空公司等五方（甲方）与黄某安（乙方）签订《债务代偿协议书》，约定如债务人未归还乙方全部债务的，就未能偿还部分由甲方偿还；甲方的债务加入行为不免除原各债务人的还款责任。后黄某安多次催促旭日航空公司等五方履行承诺的代偿义务未果后，遂提起本案诉讼。旭日航空公司、蓝天学院在一审期间并未提出诉讼时效抗辩，仅主张案涉《债务代偿协议书》系保证担保协议，其作为保证人的保证责任期间已过，但在二审期间提出诉讼时效抗辩，二审判决予以支持。黄某安不服二审判决，向最

---

① 该解释已于2020年修正，此处法条对应第3条第1款。

高人民法院申请再审；最高人民法院经审查提审，遂成本案。

（撰写人：贾清林、乔希木）

限制出境复议 ▶▶▶

人民法院对采取限制出境措施应重点审查对当事人不采取限制出境措施是否不利于案件的审理和执行
——蔡某不服北京市高级人民法院限制出境决定申请复议案

- 案　　号　（2021）最高法民复1号
- 关 键 词　民事/债务纠纷/限制出境/复议
- 相关法条　《中华人民共和国出境入境管理法》第28条第2项

【裁判要旨】

根据《出入境管理法》第28条第1款第2项的规定，外国人有未了结的民事案件，人民法院决定不准出境的，出入境管理部门可不予准许其出境。人民法院对采取限制出境措施应持极为谨慎的态度，重点审查对当事人不采取限制出境措施是否不利于案件的审理和执行，是否能合理保障可能的胜诉方的利益，是否超出合理的裁量范围。

【案情摘要】

某外国籍华人蔡某因被原告就债务纠纷提起诉讼。原告在一审审理期间提交证据，证明蔡某存在将来不履行生效判决所确定的债务的可能，请求限制蔡某出境。北京市高级人民法院经审查作出了限制蔡某出境的决定。蔡某不服，向最高人民法院申请复议。最高人民法院基于蔡某此前存在不履行他案生效判决以及本案中拒绝提供担保等情况，维持了一审法院的限制出境决定。

（撰写人：郭载宇）

第三人撤销之诉

1. 通过虚假诉讼确定债权的债权人能否作为适格原告提起第三人撤销之诉
——宋某廷与王某明、张某善第三人撤销之诉再审案

- **案　　号**　（2019）最高法民再364号
- **合议庭成员**　万会峰、李相波、方芳
- **关 键 词**　民事 / 第三人撤销之诉 / 虚构利害关系
- **相关法条**　《中华人民共和国民事诉讼法》第119条第1项①

【裁判要旨】

当事人捏造事实、虚构债权并通过虚假诉讼得到确认后提起第三人撤销之诉，因其实际上对已发生法律效力的判决所涉及的财产和权益并不真正享有民事权益，无请求权，故不属于与案件有直接利害关系的原告，该起诉不符合法定起诉条件，应当驳回起诉。

【案情摘要】

1996年至1998年，李某为借款将位于汝州市军民街西五排九号房产的权利证明与土地使用证抵押给段某山，未办理抵押登记。后李某又将该房产交付给张某善用于抵偿欠款。2005年4月25日，王某明通过中介与张某善签订《卖房契约》一份，从张某善处购买了该房产，占有居住至今。2012年底，李某为了从段某山处要回房产证和土地使用证，与宋某廷虚构借贷关系，并将上述房产作为抵押，由宋某廷以债权人身份多次提起民事诉讼，并申请查封上述房产（李某与宋某廷因构成虚假诉讼罪于2020年被追究刑事责任）。2015年4月21日，王某明以张某善为被告、段某山、丁某志为第三人提起诉讼，请求确认上述房屋买卖协议有效，王某明对该房产构成善意取得，并判令张某善协助王某明办理过户手续。经审理，生效判决支持了王某明的诉讼请求。2016年10月12日，宋某廷以上述生效判决损害其利益为

---

① 对应《中华人民共和国民事诉讼法》（2023年修正）第122条第1项。

由提起本案撤销之诉。

（撰写人：万会峰）

② 除法律明确给予特殊保护的债权外，普通债权人一般不具备提起第三人撤销之诉的主体资格
——南通二建与工行台东支行、盛坤公司、润达信公司、刘某第三人撤销之诉上诉案

- **案　　号**　（2020）最高法民终 1291 号
- **合议庭成员**　王伟、汪治平、王丹
- **关 键 词**　民事 / 第三人撤销之诉 / 撤销权
- **相关法条**　《最高人民法院关于审理建设工程施工合同纠纷案件适用法律问题的解释（二）》第 21 条①

【裁判要旨】

第三人撤销之诉作为事后特殊救济程序，目的在于救济第三人享有的因不能归责于本人的事由未参加诉讼但因生效裁判文书内容错误受到损害的民事权益。提起第三人撤销之诉的当事人已就享有优先受偿权的建设工程价款债权获得清偿，就剩余的逾期付款利息及损害赔偿金部分仅为普通债权人。债权具有平等性和相对性，除法律明确给予特殊保护的债权外，普通债权人之间原则上并无法律上的利害关系。一般情况下，只有因债务人与他人的权利义务被生效裁判文书确定，导致债权人无法行使法律规定的撤销权，普通债权人才与案件处理结果有法律上的利害关系，才有资格提起第三人撤销之诉，以维护自己的合法权益。

【案情摘要】

南通二建与盛坤公司建设工程施工合同纠纷一案，法院生效判决确认盛坤公司偿付南通二建工程价款 34569731.67 元及利息，赔偿停工损失 3869958.4 元，南通二建对施工工程拍卖或者折价变卖的价款享有优先受偿权。该案进入执行后，执行法

---

① 该解释已失效，参见《最高人民法院关于审理建设工程施工合同纠纷案件适用法律问题的解释（一）》第 40 条。

院已为南通二建预留 3400 余万元建设工程优先受偿款。盛坤公司因与工行台东支行金融借款合同纠纷，经（2018）鲁民初 46 号民事判决认定应向工行台东支行偿还借款本金 20400 万元及利息，工行台东支行申请执行。南通二建针对该判决提起第三人撤销之诉，一审判决认为南通二建符合提起第三人撤销之诉主体条件，但不符合实体条件，驳回其诉讼请求。南通二建不服，提起上诉为本案。

（撰写人：王　丹、徐　上）

3 当事人之间为合伙关系，对工程款的分配属合伙关系内部权益分配问题

——兴富公司与葛某金、二冶公司第三人撤销之诉申请再审案

- 案　　号　（2020）最高法民申 6697 号
- 合议庭成员　刘银春、汪治平、赵风暴
- 关 键 词　民事 / 第三人撤销之诉
- 相关法条　《中华人民共和国民事诉讼法》第 200 条[①]

【裁判要旨】

一审被告作为案涉建设工程的总包人，于 2013 年 3 月 8 日和 2013 年 5 月 24 日出具《证明》和《情况说明》，认可被申请人有权获得工程款并且向葛某金进行了实际支付。在被申请人与再审申请人系合伙关系的情形下，一审被告向被申请人支付涉案工程款，并无不当。再审申请人认为被申请人无权获得案涉工程款，与一审被告无关，是其与被申请人合伙关系内部权益分配问题。至于该工程款具体如何分配，再审申请人应当与被申请人协商解决，如协商不成，可依据相应的法律关系另行解决。

【案情摘要】

本案中涉及三方当事人即二冶公司、葛某金和兴富公司。二冶公司是案涉建设工程合同中的承包人。2007 年 9 月 3 日，葛某金作为乙方，与二冶公司项目部作为甲方签订了一份承包合同。2008 年 3 月 26 日，由兴富公司参与并共同签署的《关

[①] 对应《中华人民共和国民事诉讼法》（2023 年修正）第 211 条。

于包头医学院外网管道工程原分包协议的处理意见》中合同签字主体显示葛某金为二冶公司项目部原项目经理。二冶公司向葛某金支付案涉工程款后,兴富公司认为葛某金是以时任二冶项目部经理的身份履行职务的行为,涉案工程款1136747元应当归兴富公司所有,并提起本案诉讼。

(撰写人:刘银春)

4 普通债权人是否具备提起第三人撤销之诉的主体资格
——胡某某与志联公司、德骞公司第三人撤销之诉上诉案

- **案　　号**　(2021)最高法民终494号
- **合议庭成员**　于明、贾清林、朱科
- **关 键 词**　民事/第三人撤销之诉/主体资格
- **相关法条**　《中华人民共和国民事诉讼法》第56条①,《中华人民共和国企业破产法》第58条

【裁判要旨】

胡某某等56人为普通债权人,既非原案案涉合同或协议的当事人,也非原诉争房产有独立请求权的第三人,不属于《民事诉讼法》第56条第1款、第2款规定的有独立请求权第三人或者无独立请求权第三人,一般情况下不具备提起第三人撤销之诉的主体资格。

【案情摘要】

2002年,志联公司与德骞公司签订合作开发房地产协议,约定以志联公司名义开发、经营和对外销售,并对投资、开发管理,利润分配,风险责任等事项进行了约定。德骞公司向法院提交了其与志联公司于2009年至2010年期间签订的五份物业分配协议,约定将案涉70套房及部分商铺、车位分配给德骞公司,未约定具体过户事项。2015年,广东省广州市中级人民法院受理了志联公司债权人黄某云对志联公司的破产清算申请。德骞公司以物业分配协议为依据,起诉至广东省广州市中级人民法院,要求取回分配协议约定的70套房产及部分商铺、车位,经广东省广州市

---

① 对应《中华人民共和国民事诉讼法》(2023年修正)第59条。

中级人民法院、广东省高级人民法院审理，支持了德骞公司的诉请。2019年，志联公司的破产债权人胡某某等56人向广东省高级人民法院提起第三人撤销之诉，要求撤销上述判决，形成本诉。

（撰写人：彭青霞）

5 公司对外诉讼中不应以诉讼结果可能侵害公司股东利益为由追加公司股东为无独立请求权的第三人
——华泰公司与华泰贝通公司等第三人撤销之诉申请再审案

- 案　　号　（2021）最高法民申261号
- 合议庭成员　李桂顺、马东旭、郭载宇
- 关　键　词　民事/第三人撤销之诉
- 相关法条　《中华人民共和国民事诉讼法》第56条①

【裁判要旨】

公司股东对公司财产享有资产收益权，公司的对外交易活动、民事诉讼的胜败结果大多会影响到公司的资产情况，从而间接影响到股东的收益权利。虽然公司诉讼的处理结果与股东的利益存在利害关系，但股东的利益和意见已经在诉讼过程中由公司所代表，在公司与其他公司的诉讼活动中，公司股东不应再以诉讼结果可能侵害公司股东利益为由，请求追加公司股东作为无独立请求权的第三人参加诉讼。

【案情摘要】

2014年2月，华泰公司在北京市丰台区人民法院对华泰贝通公司提起诉讼。2016年12月，华泰贝通公司股东周某峰、龙某冬向北京市丰台区人民法院提交了《第三人参加诉讼申请书》，要求参加诉讼。北京市丰台区人民法院于2016年12月20日作出判决，未对《第三人参加诉讼申请书》进行处理。华泰贝通公司上诉至北京市第二中级人民法院后，周某峰、龙某冬向北京市第二中级人民法院提交了《第三人参加诉讼申请书》，要求参加原审二审诉讼。北京市第二中级人民法院在最后的

---

① 对应《中华人民共和国民事诉讼法》（2023年修正）第59条。

判决中,以不属同一法律关系为由,拒绝周某峰、龙某冬参加诉讼的请求。

(撰写人:吕梦桃)

6 第三人能否主张当事人无权处分签订的合同无效并请求撤销
——甄某玲、贾某辉、贾某勇与李某津、张某勇第三人撤销之诉申请再审案

- **案　　号**　(2021)最高法民申1990号
- **合议庭成员**　王富博、于蒙、李敬阳
- **关 键 词**　民事/第三人撤销之诉/无权处分
- **相关法条**　《最高人民法院关于审理买卖合同纠纷案件适用法律问题的解释》第3条①

【裁判要旨】

无权处分并不影响买卖合同的效力。第三人如认为其对案涉房屋所享有的权利被侵害,可另行向无权处分人主张损害赔偿。

【案情摘要】

李某津(买受人)与张某勇(无权处分人)签订《购房协议》约定张某勇出售房屋一套,李某津已按照协议的约定履行了交付大部分房款的义务,张某勇也已将涉案房屋交付李某津占有使用。甄某玲、贾某辉、贾某勇以已经发生法律效力的河南省郑州市金水区法院(2015)金民一初字第5408号民事调解书已确认其对涉案房屋享有份额为由,主张上述判决认定张某勇与李某津签订的《购房协议》有效并判令继续履行错误提起本案诉讼。

(撰写人:王富博)

---

① 该解释已于2020年修正,本条已被删除。

7 以所有权调换形式订立拆迁补偿安置协议，被拆迁人优先取得特定房屋

——白某飞与郭某民等第三人撤销之诉申请再审案

- **案　　号**　（2021）最高法民申 2057 号
- **合议庭成员**　曹刚、于蒙、关晓海
- **关 键 词**　民事 / 合同 / 拆迁安置 / 所有权
- **相关法条**　《最高人民法院关于审理商品房买卖合同纠纷案件适用若干法律问题的解释》第 7 条①

【裁判要旨】

当事人按照产权调换形式订立拆迁补偿安置性质的协议，约定以特定房屋对被拆迁房屋进行补偿安置被拆迁人，如果拆迁人又将该特定房屋另行出卖给第三人，被拆迁人依法优先取得该特定房屋。

【案情摘要】

郭某民等在河南省上蔡县拥有房产一处，土地使用权面积330平方米。2009年11月，郭某民与董某珍签订建房协议约定，由其提供该房产土地使用证办理建筑施工许可手续，由董某珍负责在原房产处新建房屋等。后郭某民又与吴某珂、赵某飞签订建房补充协议一份。2014年7月，赵某飞与邓某良签订房地产开发项目转让合同，将上述土地的地产开发项目进行转让。2016年5月5日，上蔡恒大公司作为甲方（法定代表人邓某良）与乙方郭某民等签订协议约定，乙方在项目占地中有部分土地，房屋已拆除；乙方原与董某珍 2009 年 11 月签订的建房协议书后未实际履行，现为维护乙方利益，保障项目实施，达成如下补偿协议：（1）甲方在现有"书香家园"一期主楼补偿乙方一套，保证 2016 年 7 月之前交付乙方使用；（2）甲方在现有"书香家园"一期主楼西侧为乙方建钢构架两层，保证在 2017 年 6 月之前将此两层钢构架交付乙方使用，且需保证交付后不会被拆除；（3）甲方另行补偿乙方"书香家园"二期五套商品房；（4）甲方在"书香家园"西南角为乙方留82.5平方米院供

---

① 该解释已于 2020 年修正，本条已被删除。

乙方使用，北侧临路广场双方共同使用；（5）如甲方未能按时履行上述（1）（2）（3）（4）项中的任何一项或几项，甲方需按照2009年11月签订的建房协议书将"书香家园"一期工程北侧1~6层（1~3层为商铺，4~6层为商品房）补偿给乙方。"书香家园"项目的效果图显示，项目建筑的南侧和西侧为绿地，无法建设钢构架两层；项目建筑1~2层是商铺，3~6层是商品房。双方后因补偿协议发生争议形成诉讼。法院审理后作出判决，由上蔡恒大公司将"书香家园"一期工程北侧1~6层补偿给郭某民等。2019年2月，法院发出执行公告，指令被执行人上蔡恒大公司迁出案涉楼房3~6层北侧165平方米范围内的房屋，其他案外人无合法依据占有被执行人上述房产的同时迁出。白某飞2016年2月与上蔡恒大公司就"书香世家"第×幢×层×××房签订商品房买卖合同并支付了购房款。该房屋位于前述法院公告指令迁出的房屋范围。白某飞遂以另案民事判决损害其权益为由提起第三人撤销之诉，请求判决撤销该民事判决。法院审理认为，从案涉房屋拆迁建设的过程看，郭某民等人因拆迁补偿产权置换就诉争房屋订立合同的时间早于白某飞购房的时间，依据《最高人民法院关于审理商品房买卖合同纠纷案件适用法律若干问题的解释》第7条的规定，郭某民等人优先取得诉争房屋。白某飞依据其与上蔡恒大公司签订的商品房买卖合同主张对诉争房屋享有所有权和优先权，无法律依据，遂判决驳回白某飞的诉讼请求。

（撰写人：曹　刚）

8　第三人撤销之诉中可归责于第三人事由的认定
——赵某生与景某敏、梁某强、山西宸光公司第三人撤销之诉申请再审案

- **案　　号**　（2021）最高法民申2396号
- **合议庭成员**　张淑芳、李敬阳、吴凯敏
- **关 键 词**　民事/第三人撤销之诉/可归责于第三人的事由
- **相关法条**　《最高人民法院关于适用〈中华人民共和国民事诉讼法〉的解释》第295条①

---

① 该解释已于2022年修正，此处法条对应第293条。

【裁判要旨】

根据《最高人民法院关于适用〈中华人民共和国民事诉讼法〉的解释》的规定，对生效裁判提起第三人撤销之诉，需以因不能归责于本人的事由未参加诉讼为前提。如有证据证明第三人知晓诉讼存在，且在无妨碍参加诉讼客观事由的情形下亦未申请参加诉讼，应认定第三人非因不能归责于本人的事由未参加诉讼，无权提起第三人撤销之诉。

【案情摘要】

景某敏与梁某强、山西宸光公司民间借贷纠纷一案，经两审终审法院作出生效判决，判令梁某强、山西宸光公司向景某敏偿还借贷本金及利息。后赵某生以其系梁某强、山西宸光公司的真实债权人为由，提起第三人撤销之诉，诉请撤销该案生效判决。但根据该案原审证据证明，赵某生知晓此案诉讼情形，了解此案诉讼基本事实，并拒绝了景某敏提出的希望其配合诉讼的请求。

（撰写人：吴凯敏）

9 对另案诉讼标的没有独立请求权亦没有法律上的利害关系的当事人不具有提起第三人撤销之诉的主体资格
——张某某、宋某甲与宋某乙、宋丙、宋丁第三人撤销之诉申请再审案

- 案　　号　（2021）最高法民申 2430 号
- 合议庭成员　胡方、李桂顺、杨弘磊
- 关 键 词　民事 / 第三人撤销之诉
- 相关法条　《中华人民共和国民事诉讼法》第 56 条①

【裁判要旨】

申请人张某某对另案遗嘱继承纠纷案诉讼标的没有独立请求权，且其基于与继承人之一宋某甲的婚姻关系主张享有案涉房产四分之一的权利，与该案属于两个不同的法律关系，该案的处理结果与张某某没有法律上的利害关系。因此，张某某作

---

① 对应《中华人民共和国民事诉讼法》（2023 年修正）第 59 条。

为原告提起本案第三人撤销之诉主体不适格。

【案情摘要】

宋某甲与宋丙、宋丁系兄弟姐妹关系，宋某乙系该三人之父；张某某是宋某甲之前妻，两人于2011年12月离婚。宋某乙之妻高某某于2007年8月7日去世，高某某与宋某乙的夫妻共同财产包括案涉一套房屋，高某某立遗嘱明确其个人财产全部由其子宋某甲继承。2010年，宋某甲因与宋某乙、宋丙及宋丁遗嘱继承纠纷诉至广西壮族自治区柳州市柳南区人民法院，请求确认案涉房屋二分之一产权由其继承。广西壮族自治区柳州市柳南区人民法院经审理后判决案涉房屋归宋某乙所有；宋丙、宋丁各应支付宋某甲51250元；宋某乙支付宋某甲27250元。宋某甲不服向广西壮族自治区柳州市中级人民法院提起上诉，该院作出（2011）柳市民一终字第339号民事判决，驳回宋某甲的上诉，该判决已生效。张某某以其与宋某甲存在婚姻关系为由，请求撤销（2011）柳市民一终字第339号民事判决，确认其对案涉房屋享有四分之一权属。

（撰写人：李桂顺、冯哲元）

10 身份关系确认案件不能进行调解
——冯某与曹某、冯某河、原某新第三人撤销之诉申请再审案

- 案　　号　（2021）最高法民申2757号
- 合议庭成员　曹刚、于蒙、关晓海
- 关　键　词　民事／第三人撤销之诉／收养关系
- 相关法条　《最高人民法院关于适用〈中华人民共和国民事诉讼法〉的解释》第143条

【裁判要旨】

一审法院已经认定双方不存在合法的收养关系，二审法院的民事调解书在未认定是否具有收养关系、是否具有继承权、是否具有财产处分权的情形下，直接对房屋权属予以确认，违反了《最高人民法院关于适用〈中华人民共和国民事诉讼法〉的解释》第143条有关"适用特别程序、督促程序、公示催告程序的案件，婚姻等身份关系确认案件以及其他根据案件性质不能进行调解的案件，不能调解"的规定，

属于调解内容违法。若侵犯了第三人的合法权益，第三人可以提起第三人撤销之诉。

【案情摘要】

案涉宅基地房屋登记在冯某动名下。冯某动去世后，其兄弟冯某河与曹某于2009年签订宅基地调整协议，将案涉房屋出售给曹某。后曹某对房屋进行加盖，但案涉房屋一直由冯某河居住。在冯某诉冯某河继承权纠纷一案中，冯某诉请确认其为冯某动的养女，确认其对案涉房屋有继承权。一审法院认为双方没有形成收养关系，驳回冯某诉讼请求，经二审法院主持调解，冯某、冯某河自愿达成协议，将案涉房屋归冯某所有，并出具民事调解书予以确认。曹某得知该调解书内容后，认为该调解书内容错误，侵害了其合法权益，向法院提起本案诉讼，起诉请求撤销该调解书。

（撰写人：于 蒙、韩学会）

11 第三人撤销之诉中，第三人仅以部分债权凭证存在事后补签情形，或利率计算不符合债权人、债务人双方合同约定为由，主张债权人、债务人双方调解书确认的债权债务虚假的，不予支持

——田某才与王某、李某坤、朱某梅、聚仙陵园公司、詹某英第三人撤销之诉申请再审案

- **案　　号**　（2021）最高法民申3638号
- **合议庭成员**　孙建国、张爱珍、孙晓光
- **关 键 词**　民事/第三人撤销之诉/债权债务虚假
- **相关法条**　《中华人民共和国民事诉讼法》第56条[①]

【裁判要旨】

根据《民事诉讼法》第56条的规定，一般债权人申请撤销案涉调解书，应当提供证据证明案涉调解书的部分或者全部内容错误，损害其民事权益。会计师事务所受公安部门委托，对案涉人员的银行账户资金流水明细进行鉴定，鉴定结果是按

[①] 对应《中华人民共和国民事诉讼法》（2023年修正）第59条。

照月利率 3% 进行测算，债务人欠款本息的数额与债权人在公安部门的陈述基本相符，亦与债务人和债权人双方经过结算确认的欠款本息数额基本一致。借款的事实不仅有借条、借款协议等予以证明，还有债务人的银行账户流水明细予以佐证。因此，原审判决认定定案涉调解书确认的债权人和债务人之间的借款金额并非虚假，并无不当。

【案情摘要】

2015 年 11 月 12 日，王某作为原告，以李某坤、朱某梅、聚仙陵园公司为被告，向一审法院提起诉讼，请求李某坤立即偿还本金 4500 万元及利息。同月 18 日，依当事人申请，一审法院组织各方当事人调解，王某举示 5 笔借款的借条、借款协议、转款凭证以及詹某英催收通知书、债权转让协议、债权转让通知书，李某坤作为聚仙陵园公司法定代表人和朱某梅特别授权委托诉讼代理人，对王某起诉的基本事实及前述证据均予确认。一审法院根据各方达成的调解协议作出（2015）渝五中法民初字第 01371 号民事调解书，确认王某对李某坤享有 4500 万元的债权，以及朱某梅、聚仙陵园公司的连带清偿责任。后聚仙陵园公司进入破产程序，田某才作为该公司的债权人认为该调解书虚假且损害其权益，故提起本案诉讼。

（撰写人：董　宁）

12　债权不能成为第三人撤销之诉的依据

——韩某利与李某燕、还蓝天公司第三人撤销之诉申请再审案

- 案　　号　（2021）最高法民申 3832 号
- 合议庭成员　麻锦亮、周其濛、季伟明
- 关 键 词　民事 / 第三人撤销之诉 / 一房二卖 / 合同权利
- 相关法条　《中华人民共和国民事诉讼法》第 56 条①，《最高人民法院关于适用〈中华人民共和国民事诉讼法〉的解释》第 292 条②

【裁判要旨】

一房二卖情形中，其中一个买受方已经基于买卖合同起诉出卖方，并取得支持

---

① 对应《中华人民共和国民事诉讼法》（2023 年修正）第 59 条。
② 该解释已于 2022 年修正，此处法条对应第 290 条。

协助办理过户诉请的判决。另一个买受人基于另一份买卖合同，主张前述判决侵害其权益，并提起第三人撤销之诉。但仅依合同约定产生的债权不发生物权变动效力，另一买受人以此主张第三人撤销之诉的，其诉请不能得到支持。

【案情摘要】

2009年，佳木斯市第三燃料公司与韩某利签订买卖合同，将该公司52平方米平房、100平方米土地出售给韩某利，韩某利交付了部分房款，未办理产权过户登记。

2016年，还蓝天公司与李某燕签订房屋及土地买卖协议，还蓝天公司将土地11349.95平方米、房屋1340.76平方米出卖给李某燕，包含了前述韩某利合同房屋和土地。后李某燕起诉，取得生效判决，内容包括协助李某燕办理土地使用权和房屋的过户登记手续。执行中，韩某利提起执行异议之诉，法院未予支持。

诉争房屋原在第三燃料公司名下，后更名至还蓝天公司名下。因该诉争房屋坐落的土地为铁路用地，仍登记在还蓝天公司名下。

（撰写人：季伟明）

13 符合《合同法》第74条规定的行使撤销权的条件的，该债权人具备对损害其债权的生效裁判文书内容提起第三人撤销之诉的原告主体资格
——郭某鹏、王某生与王某等第三人撤销之诉申请再审案

- 案　　号　（2021）最高法民申4171号
- 合议庭成员　吴兆祥、吴笛、张梅
- 关 键 词　民事/第三人撤销之诉
- 相关法条　《中华人民共和国民事诉讼法》第56条[①]

【裁判要旨】

普通债权人的债权因债务人与他人之间的财产处分行为受到损害，该处分行为若为人民法院生效裁判所确认，符合《合同法》第74条规定的行使撤销权的条件

[①] 对应《中华人民共和国民事诉讼法》（2023年修正）第59条。

的，该债权人具备对损害其债权的生效裁判文书内容提起第三人撤销之诉的原告主体资格。

被申请人起诉撤销确认《房产协议书》合法有效的民事判决是否成立，法院应重点审查被申请人是否享有撤销权，包括四个方面：被申请人对受让人是否享有合法到期债权，受让人将其40%的房产权益转让给再审申请人甲是否属于明显不合理的低价转让财产，被申请人的债权是否因该财产转让行为受到损害，受让人是否知道财产转让行为损害被申请人的债权。

【案情摘要】

圣凯罗公司于2004年2月26日成立，股东为党某柱、郭某鹏、王某生三人，公司的注册资本为50万元。该50万元注册资本工商登记显示为货币出资，且成立后未见股东会增资决议。圣凯罗公司成立时使用的土地登记在党某柱时任法定代表人的宏图公司名下。圣凯罗公司的经营用房在圣凯罗公司成立之前就已经开始建设，由股东个人实际投资，且同时以圣凯罗公司名义向咸阳市商业银行申请流动资金周转贷款300万元，在圣凯罗公司的董事会决议中，对该300万元贷款的用途表述为建员工宿舍楼一栋。但从最终该土地上房屋的情况（主体为框架结构三层，附属楼为平房）来看，并未用于建设员工宿舍楼，但是否用于圣凯罗公司的其他经营支出并无相应证据证明。

2017年11月7日，党某柱、郭某鹏、王某生就圣凯罗公司原经营使用的房屋的来源、投资、现状等达成了《房产协议书》，该协议书确认：党某柱、郭某鹏、王某生三人按份共有该房产的份额如下：党某柱占40%、郭某鹏占40%、王某生占20%，党某柱自愿将其占有房屋的40%份额全部转让给郭某鹏。

（撰写人：孙明娟）

14 普通债权人不能任意提起第三人撤销之诉
——黄某江与江某涛、张某文、蓝天碧水公司等第三人撤销之诉申请再审案

- **案　　号**　（2021）最高法民申4182号
- **合议庭成员**　胡夏冰、于明、贾清林
- **关 键 词**　民事/申请执行人执行异议之诉/房屋限购政策
- **相关法条**　《最高人民法院关于人民法院办理执行异议和复议案件若干问题的

规定》第 28 条、第 29 条

【裁判要旨】

《民事诉讼法》规定的第三人撤销之诉的主要目的，是对民事权益受到错误生效裁判损害而因不能归责于本人的事由未能参加诉讼的案外人提供特殊救济。依据《民事诉讼法》第 56 条的规定，提出第三人撤销之诉的原告，应当是有独立请求权的第三人或者是无独立请求权的第三人。通常而言，当普通债权人的债权是法律明确给予特殊保护的债权，或者普通债权人依法享有的撤销权因生效裁判而不能行使，或者普通债权人有证据证明生效裁判内容全部或部分虚假而损害其合法权益时，可以依法以无独立请求权第三人的身份提起第三人撤销之诉。否则无权提起第三人撤销之诉。

【案情摘要】

本案系第三人撤销之诉。江某涛、张某文在与蓝天碧水公司、何某春合作开发房地产合同纠纷一案（395 号案）获得胜诉，蓝天碧水公司要返还江某涛、张某文保证金 122625760.78 元以及相应违约金。

在黄某江起诉云南盛世千福公司、蓝天碧水公司等人借款纠纷案中，318 号判决确认蓝天碧水公司对云南盛世千福公司上述债务在 9050 万元范围内承担连带责任，黄某江对案涉 114 套商品房的拍卖或变卖所得价款享有优先受偿权。

江某涛、张某文主张 318 号判决错误认定蓝天碧水公司对云南盛世千福公司的借款承担连带责任，错误认定该案借款债权对蓝天碧水公司所有的 114 套房产享有让与担保优先受偿权，遂提起本案诉讼。

一审法院认为，江某涛、张某文具有第三人撤销之诉的原告主体资格，蓝天碧水公司系自愿加入债务的，对云南盛世千福公司上述债务在 9050 万元范围内承担连带责任。黄某江对案涉 114 套商品房的拍卖或变卖所得价款不享有优先受偿权。

二审法院认为，江某涛、张某文不具备第三人撤销之诉的原告主体资格，但一审法院实体处理正确，驳回上诉，维持原判。黄某江向最高人民法院申请再审。

（撰写人：丁　一）

15 承包人能否通过申请强制执行确认享有建设工程价款优先受偿权

——进出口银行与天润建筑公司、天润农机公司第三人撤销之诉申请再审案

- 案　　号　（2021）最高法民申 4731 号
- 合议庭成员　周其濛、麻锦亮、季伟明
- 关 键 词　民事 / 第三人撤销之诉 / 建设工程价款优先受偿权
- 相关法条　《中华人民共和国合同法》第 286 条①，《最高人民法院关于审理建设工程施工合同纠纷案件适用法律问题的解释（二）》第 22 条②

【裁判要旨】

承包人向发包人提起诉讼主张权利时，未主张享有建设工程价款优先受偿权，人民法院作出裁判后，发包人未在生效判决确定的期间履行义务，承包人凭生效裁判文书申请强制执行，不能主张行使建设工程价款优先受偿权。出于保护建筑工人利益，建设工程价款优先受偿权是法律直接创设的特别优先权，优先于抵押权和一般债权，其效力极强，应当通过当事人提起确认之诉等方式由人民法院予以确认。而执行必须要以生效法律文书为依据，在生效法律文书未确认执行申请人享有建设工程价款优先受偿权的情况下，不应通过执行程序来创设该项权利。

【案情摘要】

天润建筑公司承建天润农机公司开发的广场项目，因天润农机公司未按约给付工程款，天润建筑公司于 2018 年 3 月 1 日起诉，要求天润农机公司给付工程款，双方达成调解，天润农机公司应在 2018 年 5 月 20 日前给付工程款。履行期限届满后，天润农机公司未履行调解书的给付义务，天润建筑公司申请强制执行，并主张行使建设工程价款优先受偿权。此后，天润建筑公司又提起（2019）黑 08 民初 7 号诉讼，请求确认其对案涉工程价款享有优先受偿权，法院支持其诉讼请求。进出口银

---

① 对应《中华人民共和国民法典》第 807 条。
② 该解释已失效，参见《最高人民法院关于审理建设工程施工合同纠纷案件适用法律问题的解释（一）》第 41 条。

行作为天润农机公司的债权人认为（2019）黑 08 民初 7 号民事判决损害其合法权益，遂提起第三人撤销之诉，请求法院撤销（2019）黑 08 民初 7 号民事判决。

（撰写人：麻锦亮、李　薇）

16 公司股东一般不能以法定"债权人"的身份对公司对外的债权债务提起第三人撤销之诉

——佳达公司与华业公司第三人撤销之诉申请再审案

- 案　　号　（2021）最高法民申 4958 号
- 合议庭成员　王朝辉、郭凌川、刘丽芳
- 关 键 词　民事 / 第三人撤销之诉 / 公司股东提起第三人撤销之诉的资格
- 相关法条　《最高人民法院关于适用〈中华人民共和国民事诉讼法〉的解释》第 292 条①

【裁判要旨】

公司股东对公司财产虽然享有资产收益权、剩余财产分配请求权，但股东与公司之间系天然的利益共同体，并非简单的"债权债务关系"，因此，股东通常不能以法定"债权人"的身份对公司对外的债权债务提起第三人撤销之诉。即便股东可以参照适用普通金钱债权人提起第三人撤销之诉的规定，但因第三人撤销之诉中的第三人一般不包括普通金钱债权人，设立第三人撤销之诉的目的在于救济第三人享有的因不能归责于本人的事由未参加诉讼但因生效裁判文书内容错误受到损害的民事权益。公司股东在没有证据证明裁判文书主文确定的债权内容部分或者全部虚假的特殊情况下，考虑到第三人撤销之诉为民事诉讼法上的形成之诉，事关生效裁判的稳定性，是对案外第三人的特殊救济程序，在有其他程序或实体法律制度能够对公司股东作为案外第三人予以救济的情况下，第三人撤销之诉程序也不应轻易启动。

【案情摘要】

佳达公司与华业公司为世贸公司的股东。（2016）云 01 民初 993 号案件中，华业公司作为原告，以世贸公司为被告提起金融借款合同纠纷诉讼，法院判决世贸公

---

① 该解释已于 2022 年修正，此处法条对应第 290 条。

司偿还 2000 余万元。此后，佳达公司认为华业公司、世贸公司涉嫌虚假诉讼，损害了自身利益，遂提起了本案诉讼，要求撤销（2016）云 01 民初 993 号民事判决。

（撰写人：王朝辉、张东一）

17 仅办理预购商品房预告登记但未办理所有权登记的，是否构成让与担保

——十堰郧商公司与新华书店十堰分公司、万隆基公司第三人撤销之诉申请再审案

- 案　　号　（2021）最高法民申 5722 号
- 合议庭成员　王富博、于蒙、李敬阳
- 关 键 词　民事 / 第三人撤销之诉 / 所有权登记
- 相关法条　《中华人民共和国民事诉讼法》第 56 条[①]，《最高人民法院关于适用〈中华人民共和国民法典〉有关担保制度的解释》第 68 条

【裁判要旨】

预告登记是商品房买卖的预售预告登记，当事人签订《商品房买卖合同》后仅办理预购商品房预告登记，但未办理所有权登记的，当事人之间的让与担保未完成，不构成让与担保。

【案情摘要】

万隆基公司因向十堰郧商公司借款，于 2013 年 11 月 20 日将案涉房屋办理预告登记给十堰郧商公司。借款到期后，万隆基公司无力偿还借款。2016 年 4 月 27 日，十堰郧商公司申请人民法院保全了上述房屋。2018 年 9 月 10 日，新华书店十堰分公司提出执行异议，称上述房屋已经由生效法律文书判决归其所有。十堰郧商公司以其对案涉房屋享有让与担保物权对另案判决提起第三人撤销之诉。

（撰写人：王富博）

---

① 对应《中华人民共和国民事诉讼法》（2023 年修正）第 59 条。

18 提起第三人撤销之诉的主体应当对原生效判决或裁定所涉法律关系具有独立请求权，或与案件处理结果具有法律上的利害关系

——中科胜公司与中海公司、卢某第三人撤销之诉申请再审案

- 案　　号　（2021）最高法民申 5911 号
- 合议庭成员　刘丽芳、郎贵梅、王朝辉
- 关 键 词　民事 / 第三人撤销之诉 / 起诉条件 / 主体资格
- 相关法条　《中华人民共和国民事诉讼法》第 56 条①

【裁判要旨】

提起第三人撤销之诉的主体应对原生效判决或裁定所涉法律关系具有独立请求权，或者虽无独立请求权，但与案件处理结果具有法律上的利害关系。本案提起第三人撤销之诉的当事人并非生效文书所涉商品房买卖合同的双方当事人，其仅代购房人支付了购房款，且未能提供充分证据证明其与购房人之间存在代持案涉房屋的约定，应认定为案涉商品房买卖关系中代购房人支付购房款的案外人，与原生效判决不具有法律上的利害关系，不属于《民事诉讼法》第 56 条规定的第三人。

【案情摘要】

2016 年，中海公司、卢某签订《商品房买卖合同》，约定卢某向中海公司购买房屋。之后，卢某向中海公司出具《委托付款确认函》，委托中科胜公司代为支付购房款。中科胜公司在该《委托付款确认函》中盖章并表示"付款后，贵公司仍然向委托人出具相关票据，我方与委托人之间的债权、债务关系与贵公司无关"。后中海公司起诉请求确认合同解除，并要求卢某返还房屋，法院予以支持。中科胜公司主张，案涉房屋实际是中科胜公司委托卢某购买并代持，中科胜公司作为购房款实际付款人享有案涉房屋的所有权，提起第三人撤销之诉，请求撤销前案判决，判决前述房屋归中科胜公司所有。

（撰写人：李晓晴）

---

① 对应《中华人民共和国民事诉讼法》（2023 年修正）第 59 条。

19 职工出售其不享有所有权的福利房附属设施，应否支持单位提起的第三人撤销之诉

——张某旺与大象出版社、王某娜、韩某葛、张某珂、我爱我家郑州第三十八分公司第三人撤销之诉申请再审案

- 案　　号　（2021）最高法民申 6022 号
- 合议庭成员　张淑芳、李敬阳、吴凯敏
- 关 键 词　民事 / 第三人撤销之诉 / 无权处分
- 相关法条　《中华人民共和国民事诉讼法》第 56 条[①]

【裁判要旨】

职工对其不享有所有权的福利房附属设施，未经单位同意予以卖出，购买方亦未支付附属设施对价，单位在法定期限提起第三人撤销之诉的，应予支持。

【案情摘要】

大象出版社将原有公房售予韩某葛，虽然韩某葛已经占有使用公房附属的小单间、小车库多年，但在大象出版社与韩某葛签订的出售公有住房协议的记载中，未涉及房屋附属的小单间、小车库。郑房权证字第 1501212408 号房屋所有权证载明，涉案小单间、小车库所有权人为大象出版社。

2016 年 9 月 5 日韩某葛、王某娜与张某珂签订房屋买卖合同时，将小车库、小单间作为其房屋的附属设施，约定交付房屋时一并交付。但在正式的网签备案合同中未涉及小车库和小单间，双方也没有另行签订协议约定小车库、小单间的使用费。张某旺向韩某葛、王某娜支付 150 万元房款，亦未包含了车库、小单间的价款。

因（2017）豫 01 民终 13942 号民事判决书中，判决韩某葛、王某娜同时向张某旺交付该房屋小车库 1 间和小单间 1 间。大象出版社认为该部分判决内容侵犯其权利，提起本案第三人撤销之诉。

（撰写人：张淑芳）

[①] 对应《中华人民共和国民事诉讼法》（2023 年修正）第 59 条。

20 一般债权人能否提起第三人撤销之诉
——吴某与吉祥冷冻厂等第三人撤销之诉申请再审案

- **案　　号**　（2021）最高法民申 6067 号
- **合议庭成员**　麻锦亮、孙勇进、季伟明
- **关 键 词**　民事 / 调解 / 第三人撤销之诉 / 主体资格
- **相关法条**　《中华人民共和国民事诉讼法》第 56 条[①]，《最高人民法院关于适用〈中华人民共和国民事诉讼法〉的解释》第 292 条[②]

【裁判要旨】

第三人撤销之诉的目的在于，救济第三人享有的因不能归责于本人的事由未参加诉讼但因生效裁判文书内容错误受到损害的民事权益，其范围仅限于《民事诉讼法》规定的有独立请求权第三人和无独立请求权第三人。在认定债权人是否有权提起第三人撤销之诉时，应当严格审查标准，除非符合法律明确规定给予特殊保护的债权，或者债权人能够提供证据证明裁判文书存在虚假诉讼等依法可以提起第三人撤销之诉的例外情形，一般债权人原则上不得提起第三人撤销之诉。

【案情摘要】

1998 年 7 月 6 日，法院作出民事调解书，确认原告锦州银行与被告吉祥冷冻厂、兴太养殖场就借款合同欠款纠纷达成的协议，吉祥冷冻厂将其全部资产由人民法院指定吉祥冷冻厂和兴太养殖场委托价格事务所作出估价结果，其资产暂时作价 780 万元，吉祥冷冻厂和兴太养殖场用该资产抵偿欠合作银行的借款本金，抵偿后不足部分另行协商用其他方式清偿。吉祥冷冻厂另外欠付建设银行锦州分行的借款，建设银行锦州分行取得胜诉判决后，在执行阶段将债权转让给吴某，吴某据此提出前述调解书存在恶意串通贱卖企业资产的情况，属于虚假诉讼。

（撰写人：麻锦亮、杨泽宇）

[①] 对应《中华人民共和国民事诉讼法》（2023 年修正）第 59 条。
[②] 该解释已于 2022 年修正，此处法条对应第 290 条。

21 是否可以依据地方行政规范认定房屋共有权人
——晏某与朱某平、廖某清第三人撤销之诉申请再审案

- **案　　号**　（2021）最高法民申 6683 号
- **合议庭成员**　李延忱、王珅、郁琳
- **关 键 词**　民事 / 第三人撤销之诉 / 共有权人
- **相关法条**　《中华人民共和国物权法》第 5 条①

【裁判要旨】

根据物权法定原则，物权的种类和内容由法律规定。家庭共同财产的认定以家庭成员对财产取得所作出的贡献或家庭成员的约定为要件，是民法物权制度的应有之义。地方政府制定的经适房意见作为行政机关颁布的其他规范性文件，属于行政管理规范，目的在于限制和预防通过不正当手段申请经济适用住房的行为，确保经济适用住房作为一种具有保障性、福利性的住房能真正分配给急需住房保障者，该规范不能作为确认房屋权属的直接依据。

【案情摘要】

晏某与朱某平签署离婚协议约定案涉房屋归朱某平所有。廖某清系晏某女儿，案涉房屋系晏某与朱某平再婚前申请的当地经适房，其申领时女儿尚未成年，称房屋所有权人为晏某个人，房屋权属证书载明所有权人为晏某。但根据江西省经适房意见的规定，产权人栏目中填写申请人家庭所有居住人员姓名。据此规定，晏某、廖某清认为房屋产权应为二人共同所有，房屋权属证书登记错误，晏某与朱某平离婚协议书中对该房产的处置未经共有人廖某清同意，属于无权处分。

（撰写人：李延忱、高　玥）

---

① 对应《中华人民共和国民法典》第 116 条。

22 承包人放弃建设工程价款优先受偿权的效力认定
——兴业银行列东支行与惠三公司、盛隆公司第三人撤销之诉申请再审案

- **案　　号**　（2021）最高法民申 6948 号
- **合议庭成员**　黄鹏、汪军、李绍华
- **关 键 词**　民事 / 第三人撤销之诉 / 建设工程价款优先受偿权 / 放弃权利 / 建筑工人利益
- **相关法条**　《最高人民法院关于审理建设工程施工合同纠纷案件适用法律问题的解释（二）》第 23 条①

【裁判要旨】

建设工程价款优先受偿权属于法定权利，实质是为保护建筑工人的利益，同时该项权利作为私权，原则上承包人有权自由处分，包括放弃或限制建设工程价款优先受偿权，两者并不必然冲突，但承包人处分行为不得损害建筑工人利益。本案中，承包人仅以法院生效判决确认其欠付工人停工工资的事实，不足以证明其承诺放弃建设工程价款优先受偿权损害了建筑工人的利益，故尚不影响其承诺放弃的效力。

【案情摘要】

2011 年，盛隆公司（发包人）与惠三公司（承包人）签订建筑施工合同，约定由惠三公司承建盛隆公司位于福建省沙县金古南区 C 地块长安汽车华南地区配件中心（二期）工程。此后，因盛隆公司欠付工程款，惠三公司提起诉讼，法院生效判决确认惠三公司就前述工程享有工程价款优先受偿权。2013 年 1 月，威盛公司（盛隆公司关联公司）向兴业银行列东支行借款，盛隆公司以包括前述工程在内的在建工程为借款提供抵押担保，惠三公司为此向兴业银行列东支行出具《不可撤销承诺书》和《证明》，承诺放弃前述工程价款优先受偿权。因借款期满未还，兴业银行列东支行向法院起诉，法院生效判决确认其对盛隆公司前述工程享有抵押物优先权。兴业银行列东支行提起本案第三人撤销之诉。

（撰写人：黄　鹏）

---

① 该解释已失效，参见《最高人民法院关于审理建设工程施工合同纠纷案件适用法律问题的解释（一）》第 42 条。

23 "一房二卖"合同履行中权利顺位的确定
——陈某英与高某桂、金某奇、高某萍第三人撤销之诉申请再审案

- **案　　号**　（2021）最高法民申 6951 号
- **合议庭成员**　黄鹏、汪军、李绍华
- **关 键 词**　民事 / 第三人撤销之诉 / 一房二卖 / 权利顺位
- **相关法条**　《中华人民共和国物权法》第 9 条第 1 款[①]，《中华人民共和国合同法》第 107 条[②]

【裁判要旨】

"一房二卖"纠纷案件，两份房屋买卖合同均有效且买受人均要求履行合同时，一般应按照已经办理房屋所有权变更登记、合法占有房屋以及合同履行情况、买卖合同成立先后等顺序确定权利保护顺位。

【案情摘要】

高某桂与金某奇、高某萍于 2012 年签订《拆迁安置房买卖合同》，约定金某奇、高某萍将其所有的安置房（尚未选房和安置）转让给高某桂。后高某桂付清购房款。2016 年，金某奇、高某萍选中案涉房屋并办理交房手续，但未按合同约定向高某桂交付房屋，或将房屋过户至高某桂名下。同年 8 月，金某奇与陈某英签订《房屋买卖合同》，约定将该房屋转让给陈某英。此后，陈某英支付了大部分购房款，并占有、使用房屋至 2019 年 7 月。其间，高某桂于 2018 年 7 月起诉要求金某奇、高某萍腾空并交付该房屋，该案一、二审判决均支持了高某桂的诉讼请求。高某桂于 2019 年 7 月 6 日占有、使用该房屋。陈某英提起本案第三人撤销之诉。

（撰写人：黄　鹏）

[①] 对应《中华人民共和国民法典》第 209 条第 1 款。
[②] 对应《中华人民共和国民法典》第 577 条。

24 一房数卖的权利保护顺位
——杨某与石某军、景圳公司第三人撤销之诉申请再审案

- **案　　号**　（2021）最高法民申 6992 号
- **合议庭成员**　刘丽芳、郎贵梅、王朝辉
- **关 键 词**　民事 / 第三人撤销之诉 / 一房数卖 / 权利保护顺位
- **相关法条**　《最高人民法院关于适用〈中华人民共和国民事诉讼法〉的解释》第 90 条

【裁判要旨】

一房数卖纠纷案件中，如果数份合同均有效且买受人均要求履行合同，一般应按照已经办理房屋所有权变更登记、合法占有房屋以及合同履行情况、买卖合同成立先后顺序等确定权利保护顺位。但恶意办理登记的买受人，其权利不能优先于已经合法占有该房屋的买受人。本案中，买受人之一办理产权登记不存在恶意，另一买受人未能提供证据证明其合法占有房屋时间早于生效民事判决确定由卖方向前述买受人交付房屋的时间，其权利保护顺位次于前述买受人。

【案情摘要】

2014 年 9 月 15 日，石某军与景圳公司签订 5 份《重庆市商品房买卖合同》并在房管部门进行了网签登记。在约定交房期满后，景圳公司未依约交付房屋，也未给石某军办理房屋登记手续。石某军于 2016 年 1 月诉至法院，一审法院于 2016 年 4 月 5 日作出判令景圳公司交付房屋并办理产权变更登记的民事判决，二审法院予以维持。2014 年 3 月 8 日，杨某与景圳公司签订《商品房买卖合同》约定，景圳公司将上述五套房屋中的一套以 627467 元的价格出售给杨某，于签订合同前支付房款 20 万元，余款根据银行要求按揭支付。上述合同签订后，双方未办理商品房合同登记备案，杨某未办理银行按揭，也未再支付房款。杨某提起第三人撤销之诉，其提供的证据仅能证明其自 2017 年 4 月以后占有争议房屋。

（撰写人：刘丽芳、陈　曼）

25 确认合同性质时，不能拘泥于合同的名称和使用词语，应结合合同的条款、合同目的、行为性质、交易习惯及诚信原则等因素综合判断

——孙某红与博大公司、史某辉、陈某辉、褚某欣第三人撤销之诉再审案

- 案　　　号　（2021）最高法民再 38 号
- 合议庭成员　吴兆祥、徐霖、张梅
- 关　键　词　民事 / 第三人撤销之诉
- 相关法条　《中华人民共和国民事诉讼法》第 56 条①

【裁判要旨】

根据《合同法》和《民法典》关于合同及意思表示的解释的规定，确认合同性质时，不能拘泥于合同的名称和使用词语，应结合合同的条款、合同目的、行为性质、交易习惯及诚信原则等因素综合判断。

区别于建设工程施工合同，共同投资、共享利润、共担风险是合作开发房地产合同的根本特征。结合案涉《投资开发协议》条款以及当事人对于案涉工程施工情况的陈述，案涉《投资开发协议》符合合作开发房地产合同法律特征，应认定为合作开发房地产合同。

【案情摘要】

2015 年 11 月 1 日，甲方博大公司与乙方褚某欣、陈某辉双方签订了《投资开发协议》。2016 年 5 月 11 日，史某辉受褚某欣、陈某辉委托与孙某红签订《投资开发转让协议》，将案涉工程全部转让给案外人孙某红投资、建设、销售。

2016 年 9 月 6 日，博大公司起诉褚某欣、陈某辉、史某辉请求解除《投资开发协议》，宁夏回族自治区吴忠市红寺堡区法院于 2017 年 3 月 28 日作出（2016）宁 0303 民初 1768 号民事判决：博大公司与褚某欣、陈某辉所签的《投资开发协议》为无效合同，终止履行。史某辉不服一审判决，向宁夏回族自治区吴忠市中级人民法院提起上诉。其上诉请求：撤销一审判决，依法发回重审。宁夏回族自治区吴忠

---

① 对应《中华人民共和国民事诉讼法》（2023 年修正）第 59 条。

市中级人民法院于 2017 年 11 月 6 日作出（2017）宁 03 民终 666 号民事判决：驳回上诉，维持原判。

（撰写人：孙明娟）

26 民事合同经生效判决认定有效后，债权人请求撤销的，是否构成重复起诉
——合雅投资与华东电器公司、周某明、华通机电公司债权人撤销权纠纷再审案

- 案　　号　（2021）最高法民再 294 号
- 合议庭成员　郁琳、李延忱、王珅
- 关 键 词　民事 / 债权人撤销权纠纷 / 重复起诉 / 一事不再理
- 相关法条　《最高人民法院关于适用〈中华人民共和国民事诉讼法〉的解释》第 247 条

【裁判要旨】

另案生效判决依据合同当事人的请求，对合同效力进行的审查，并非基于债权人角度。人民法院对该合同效力的审查与债权人请求撤销合同的行为并不冲突。债权人提起的撤销之诉与另案当事人、诉讼标的均不相同，不构成重复起诉。

【案情摘要】

2014 年华通机电公司向银行借款，华东电器公司作为保证人代为还款并取得追偿权。2015 年 6 月 1 日，华东电器公司将该债权转让给周某明。2015 年 6 月 25 日，周某明提起诉讼。2015 年 8 月 18 日，法院依据债权转让的无因性判决周某明胜诉。

2014 年 5 月 13 日，信达资产公司受让华东大地控股、鹏龙公司对华东电气公司的债权，华东电器公司同意与华东电气公司共同向信达资产公司还款。2015 年 6 月 26 日，信达资产公司提起诉讼。2016 年 4 月 6 日，法院判决华东电器公司还款。2017 年 6 月 28 日，信达资产公司将债权转让给合雅投资。2020 年 5 月 28 日，合雅投资提起本案债权人撤销权之诉。原审法院根据"一事不再理"原则对合雅投资的起诉裁定不予受理。

（撰写人：郁　琳）

27 抵押权人可以提起第三人撤销之诉

——即墨商贸公司与国秀建筑公司、三元豪第公司第三人撤销之诉再审案

- 案　　号　（2021）最高法民再 357 号
- 合议庭成员　包剑平、刘京川、宁晟
- 关 键 词　民事 / 第三人撤销之诉 / 起诉条件
- 相关法条　《中华人民共和国民事诉讼法》第 56 条①

【裁判要旨】

抵押房产与生效裁判文书确认的工程价款优先权所涉及的在建房屋是同一房屋，抵押权人与该生效的裁判文书的处理结果存在法律上的利害关系，具有对该生效裁判提起第三人撤销之诉的主体资格。

【案情摘要】

即墨商贸公司与青岛澳润百货有限公司、三元豪第公司等借款合同纠纷案（2016）鲁民初 43 号民事判决，确认即墨商贸公司对三元豪第公司名下抵押的房产（39 套房产）及两宗土地享有优先受偿权。在上述案件诉讼过程中，国秀建筑公司起诉三元豪第公司建设工程施工合同纠纷，双方达成（2016）鲁 02 民初 1020 号民事调解书，确认三元豪第公司尚欠国秀建筑公司工程款 198210673.76 元；三元豪第公司认可国秀建筑公司对双方签订的《建设工程施工合同》中通用条款部分第 33 条约定依然享有权利和义务。后国秀建筑公司的债权人索某英依据（2016）鲁 02 民初 1020 号民事调解书，主张国秀建筑公司对涉案工程价款享有优先受偿权，向一审法院申请提取涉案 39 套房屋的拍卖价款 198210673.76 元。一审法院书面通知即墨商贸公司建设工程价款优先权优于抵押优先权。即墨贸易公司遂提起本案第三人撤销之诉。一审法院以原告主体不适格为由，裁定驳回起诉。二审维持原裁定。即墨商贸公司申请再审。最高人民法院认为，即墨商贸公司作为抵押权人，与该案调解书的处理结果存在法律上的利害关系，具有第三人撤销之诉的主体资格，且提交了

---

① 对应《中华人民共和国民事诉讼法》（2023 年修正）第 59 条。

1020 号调解书内容错误的初步证明材料，符合第三人撤销之诉的起诉条件，故再审指令一审法院审理。

（撰写人：刘京川）

28 夫妻双方离婚后，一方是否有权对涉及另一方权利义务的生效民事裁判提起第三人撤销

——张某凤第三人撤销之诉上诉案

- 案　　号　（2021）最高法民终 10 号
- 合议庭成员　杨春、杨心忠、王成慧
- 关 键 词　民事 / 第三人撤销之诉 / 主体不适格
- 相关法条　《中华人民共和国民事诉讼法》第 56 条[①]

【裁判要旨】

第三人撤销之诉的原告应具有《民事诉讼法》第 56 条第 1 款、第 2 款规定的第三人的主体资格，即其应属于对原案诉讼标的具有独立请求权的第三人或者原案处理结果同其有法律上利害关系的无独立请求权的第三人。夫妻双方离婚后，一方对涉及另一方权利义务的生效民事裁判提起第三人撤销之诉的，人民法院应审查其是否具有《民事诉讼法》第 56 条规定的第三人主体资格。不具有的，人民法院应驳回其起诉。

【案情摘要】

王某在原案诉讼过程中死亡，张某凤申请以王某继承人的身份参加诉讼。法院以张某凤提供的证据不足以证明其享有继承权为由，裁定不准许其参加诉讼。张某凤签收该裁定且未提出异议。原案判决生效后，张某凤主张其具有第三人撤销之诉的主体资格，提起本案诉讼。

（撰写人：杨　春）

[①] 对应《中华人民共和国民事诉讼法》（2023 年修正）第 59 条。

29 提起第三人撤销之诉的主体必须是原诉中有独立请求权的第三人或与案件处理结果有法律上的利害关系的无独立请求权第三人

——海杰公司与蒋某军、中瑞公司、灌云交通局、江某臻第三人撤销之诉上诉案

- 案　　号　（2021）最高法民终 11 号
- 合议庭成员　杨春、杨心忠、王成慧
- 关　键　词　民事 / 第三人撤销之诉 / 有独立请求权第三人
- 相关法条　《中华人民共和国民事诉讼法》第 56 条①

【裁判要旨】

有独立请求权第三人提出的诉讼请求最终未能进行实体审理的原因在于其未依法缴纳案件受理费，系因自身原因未能参加诉讼，不符合法律规定的第三人撤销之诉的受理条件。

【案情摘要】

灌云交通局与中瑞公司签订《324 省道灌云段二期路面 BT 项目建设工程合同》。中瑞公司与蒋某军签订《工程施工承包合同》，约定：蒋某军以项目承包的方式承包中瑞公司发包的 324 省道灌云段工程项目所有的工作内容，项目由中瑞公司监管，蒋某军实施。后蒋某军以中瑞公司、灌云交通局为被告，向法院提起诉讼，请求支付工程款等，法院作出了一、二审判决。后海杰公司以其是案涉建设工程项目的实际施工人，蒋某军系海杰公司的工作人员为由，向法院提起第三人撤销之诉，请求撤销上述判决而引发本案纠纷。

（撰写人：杨心忠）

---

① 对应《中华人民共和国民事诉讼法》（2023 年修正）第 59 条。

30 第三人撤销之诉应当于法定期间内提起
——黄河电力公司与工商银行青海省分行、青海富世公司、青海省三江水电开发股份有限公司第三人撤销之诉上诉案

- 案　　号　（2021）最高法民终349号
- 合议庭成员　吴兆祥、徐霖、张梅
- 关 键 词　民事/第三人撤销之诉
- 相关法条　《中华人民共和国民事诉讼法》第56条①

【裁判要旨】

根据《企业法人登记管理条例》规定，企业法人被吊销《企业法人营业执照》后，由主管部门或者清算组织对企业法人的债权债务进行清理。上诉人被吊销《企业法人营业执照》后，停止的只是经营性活动，其仍然可以在清算范围内从事清理债权、债务的活动，依法具备民事诉讼主体资格。上诉人主张，因其法定代表人入狱导致上诉人无法管理、处分财产及处理权利义务关系。2014年其法定代表人已经刑满释放，至2020年4月才提起本案诉讼，已经长达五年多时间，未及时了解上诉人的股权状况，行使股东权利，并寻求救济途径，怠于行使权利至为明显，应认定其在原审判决生效后未在法定期限内提起撤销诉讼存在过错。上诉人主张应从2019年向一审第三人查询持股情况时起计算起诉期间，与事实不符。

【案情摘要】

香港富世公司于1999年3月16日出具《债权确认书》载明："本公司以通过青海黄河电力发展有限公司向青海省尼那水电有限责任公司认缴出资两千万元的股权作为偿还该笔债务的给付标的。"1999年3月20日，黄河电力公司向青海富世公司出具《承诺书》载明："我公司以在尼那水电有限公司的价值贰仟万元的股权作为我公司股东香港富世公司借贵公司欠款之给付标的。"青海省尼那水电有限责任公司于2000年12月28日更名为青海省三江水电开发股份有限公司。

黄河电力公司于1997年12月23日成立，2000年1月21日被吊销营业执照。

---

① 对应《中华人民共和国民事诉讼法》（2023年修正）第59条。

2000年12月21日，黄河电力公司法定代表人李某来因刑事犯罪，被判处执行有期徒刑十五年。2014年李某来刑满释放。2020年4月16日黄河电力公司向青海省高级人民法院提起本案一审第三人撤销之诉。

（撰写人：孙明娟）

31 债权转让未有效通知债务人的，受让人针对判令债务人向原债权人履行债务的生效判决提起的第三人撤销之诉，不能得到支持
——赵某灿与振越资产公司、华都公司等第三人撤销之诉上诉案

- **案　　号**　（2021）最高法民终432号
- **合议庭成员**　郁琳、李延忧、黄鹏
- **关 键 词**　民事 / 第三人撤销之诉 / 债权转让的效力
- **相关法条**　《中华人民共和国合同法》第80条①，《中华人民共和国民事诉讼法》第56条②

【裁判要旨】

债权转让虽经债权人与受让人达成合意即发生债权转让的效果，但须对债务人进行有效通知才对其发生效力。在债权受让人进行通知的场合，应以债务人是否知晓并确认债权转让的事实，作为认定该通知能否对债务人发生法律效力的关键，否则债务人仍有权向原债权人履行债务并发生债务消灭的后果。债权受让人以债权转让协议为根据，针对判令债务人向原债权人履行债务的诉讼所提起的第三人撤销之诉，不能得到支持。

【案情摘要】

2013年，振越建设公司与赵某灿签订《借款合同》，约定向赵某灿借款200万元，赵某灿按约出借了款项。同年，振越建设公司向浙江省诸暨市人民法院起诉，请求判令华都公司支付工程款及返还保证金等，丁某英（另一债权受让人）申请作

---

① 对应《中华人民共和国民法典》第546条。
② 对应《中华人民共和国民事诉讼法》（2023年修正）第59条。

为第三人参加了诉讼。2015年，振越建设公司与赵某灿签订《债权转让协议》，将其对华都公司工程款或保证金中的部分债权转让给赵某灿。2018年，浙江省高级人民法院对前述诉讼作出再审判决，判令华都公司向振越资产公司（因振越建设公司重整，法院裁定由振越资产公司参加诉讼）返还保证金，并在丁某英受让债权的范围内向其履行债务。2019年，赵某灿向浙江省高级人民法院提起本诉，请求撤销上述判决并改判华都公司向赵某灿履行债务。浙江省高级人民法院一审判决驳回赵某灿的诉讼请求。赵某灿不服，向最高人民法院提起上诉。

（撰写人：郁　琳）

32 建设工程价款优先受偿权所涉房屋与抵押权所涉土地关联时，抵押权人可否对确认建设工程价款优先受偿权的生效裁判提起第三人撤销之诉

——中信银行芜湖分行与南天公司、润泰公司第三人撤销之诉上诉案

- **案　　号**　（2021）最高法民终456号
- **合议庭成员**　张淑芳、李敬阳、吴凯敏
- **关 键 词**　民事 / 第三人撤销之诉 / 抵押权 / 建设工程价款优先受偿权
- **相关法条**　《中华人民共和国民事诉讼法》第56条①

【裁判要旨】

承包人的建设工程价款优先受偿权所涉房屋与他人抵押权所涉的土地虽然相互关联，但是建设工程价款优先受偿权的客体系扣除土地价值之后的建设工程，不及于建设工程所占用的土地使用权；虽根据房地一体原则，对案涉工程及所占有的土地应一同拍卖，但是并不影响抵押权人所享有的抵押权的效力和范围。因此，抵押权人对建设工程价款优先受偿权的判决不具备提起第三人撤销之诉的主体资格。

【案情摘要】

在中信银行芜湖分行与润泰公司等借款合同纠纷一案中，法院判决中信银行芜湖分行对润泰公司所有的位于芜湖市南陵县土地使用权享有抵押权，可以在该抵

---

① 对应《中华人民共和国民事诉讼法》（2023年修正）第59条。

押物折价或者拍卖、变卖所得的价款在债权数额 2000 万元范围内享有优先受偿权。另，在南天公司与润泰公司之间的建设工程施工合同纠纷一案[（2018）皖民终 828 号民事判决]中，法院判决南天公司对于润泰公司欠付其的工程价款可就其施工工程的折价或拍卖的价款优先受偿。此后，中信银行芜湖分行以该生效裁判文书部分或全部内容错误，实际损害中信银行芜湖分行的利益为由，诉请撤销（2018）皖民终 828 号民事判决。

（撰写人：张淑芳）

33 提起第三人撤销之诉的主体要件认定

——肖某与华融汇通资产管理有限公司、湖南新猎鹰科教有限公司、张某波、湖南力拓房地产开发有限公司、湖南猎鹰房地产开发有限公司、郑某犇第三人撤销之诉上诉案

- 案　　号　（2021）最高法民终 493 号
- 合议庭成员　朱科、于明、贾清林
- 关 键 词　民事 / 第三人撤销之诉 / 主体身份条件
- 相关法条　《中华人民共和国民事诉讼法》第 56 条①，《最高人民法院关于适用〈中华人民共和国民事诉讼法〉的解释》第 292 条②

【裁判要旨】

第三人提起第三人撤销之诉应当满足法律规定的条件，其中必须符合本应作为第三人参加原诉的主体身份条件。若第三人对原诉诉讼标的不享有独立请求权且对原诉判决处理结果无法律上的利害关系时，便不符合提起第三人撤销之诉的主体身份条件，应当驳回起诉。本案中，原判决在事实认定部分确认债务人不继承其母亲的遗产，债权人对该部分事实存在异议，但对原判决的诉讼标的没有独立的请求权，原判决结果也不必然导致债权人的债权无法实现，与债权人没有利害关系，故债权人提起第三人撤销之诉不符合主体身份条件。

---

① 对应《中华人民共和国民事诉讼法》（2023 年修正）第 59 条。
② 该解释已于 2022 年修正，此处法条对应第 290 条。

【案情摘要】

肖某（债权人）为实现其基于生效判决（2014年10月15日作出）确认的对张某波（债务人）的债权，于2019年7月8日在湖南省岳麓区人民法院提起债权人代位析产之诉，诉请分割陈某仙（张某波之母）名下的湖南猎鹰实业有限公司7.2%股权。在该案审理期间，张某波向湖南省岳麓区人民法院提交了（2018）湘民初7号民事判决书，主张其案涉遗产已经在此案中确认遗嘱继承给了其外甥郑某犇，法院告知肖某相关事实后，肖某主张已经生效的（2018）湘民初7号民事判决错误认定案涉股权继承，损害了其对张某波所享有的债权，遂提起第三人撤销之诉。一审法院裁定驳回肖某的起诉，肖某不服，提起上诉。

（撰写人：朱 科）

34 案外人救济程序中的案外人申请再审与第三人撤销之诉只能择一行使

——李某亮等第三人撤销之诉上诉案

- **案　　号**　（2021）最高法民终525号
- **合议庭成员**　汪军、薛贵忠、杜微科
- **关 键 词**　民事 / 执行异议 / 第三人撤销之诉
- **相关法条**　《最高人民法院关于适用〈中华人民共和国民事诉讼法〉的解释》第303条①

【裁判要旨】

案外人申请再审与第三人撤销之诉功能上近似，两者排他适用。在案外人既有申请再审的权利，又符合第三人撤销之诉的条件时，若先行启动了执行异议程序，对执行异议裁定不服，认为原裁判内容错误损害其合法权益的，只能向作出原裁判的人民法院申请再审，而不能再提起第三人撤销之诉。

---

① 该解释已于2022年修正，此处法条对应第301条。

【案情摘要】

在上海上有资产管理有限公司申请执行（2018）苏02民初313号民事判决的执行程序中，李某亮等37人先是向江苏省无锡市中级人民法院提出书面执行异议，后又以无锡市中级人民法院（2018）苏02民初313号民事判决和江苏省高级人民法院（2019）苏民终742号民事判决侵害了其合法权益为由向江苏省高级人民法院提起第三人撤销之诉。在后案立案审查阶段，无锡市中级人民法院作出执行异议裁定，驳回了李某亮等37人的执行异议申请。江苏省高级人民法院以李某亮等37人已先行启动执行异议程序，故不再具备提起第三人撤销之诉的诉讼权利为由，裁定对李某亮等37人提起的第三人撤销之诉不予受理。

（撰写人：汪　军）

35 普通金钱债权人基于执行所享有的权益提起第三人撤销之诉的起诉条件认定
——永安建设公司与北方信托公司、龙河公司等第三人撤销之诉上诉案

- **案　　号**　（2021）最高法民终579号
- **合议庭成员**　包剑平、宁晟、张杨民
- **关 键 词**　民事 / 第三人撤销之诉 / 起诉条件
- **相关法条**　《中华人民共和国民事诉讼法》第56条①，《最高人民法院关于适用〈中华人民共和国民事诉讼法〉的解释》第292条②

【裁判要旨】

普通金钱债权不是可以通过第三人撤销之诉需要保护的权益，原则上普通金钱债权人不具有提起第三人撤销之诉的原告主体资格，除非有证据证明作出生效裁判系通过虚假诉讼而产生的。

---

① 对应《中华人民共和国民事诉讼法》（2023年修正）第59条。
② 该解释已于2022年修正，此处法条对应第290条。

【案情摘要】

龙河公司与北方信托公司签订《抵押合同》约定，龙河公司以案涉土地设定抵押。永安建设公司因与龙河公司、钧泰公司装饰装修合同纠纷成讼。法院判决钧泰公司给付永安建设公司工程款及违约金，龙河公司承担连带责任。永安建设公司向法院申请查封龙河公司所有的案涉土地，成为该土地使用权上第一顺位的查封申请人。永安建设公司认为，根据他项权证书登记的抵押信息，北方信托公司在该土地使用权上设定抵押担保的债权最高限额为2493万元，但原案判决确认北方信托公司在其全部债权（本金3亿元及利息、复利、罚息等）范围内优先受偿。由此，使其不能通过顺位受偿实现债权，损害其合法权益，故提起第三人撤销之诉。原审法院认为永安建设公司的起诉不符合法律规定的条件，其对原案判决不具有提起第三人撤销之诉的主体资格。永安建设公司不服，提起上诉。最高人民法院裁定驳回上诉，维持原裁定。

（撰写人：宁　晟）

36 原案已出庭作证且明知案件与其切身利益有关但未参加诉讼的第三人是否具有提起第三人撤销之诉的资格

——朱某晖第三人撤销之诉上诉案

- 案　　号　（2021）最高法民终588号
- 合议庭成员　薛贵忠、汪军、杜微科
- 关 键 词　民事 / 第三人撤销之诉 / 不能归责于本人的事由
- 相关法条　《中华人民共和国民事诉讼法》第56条[①]

【裁判要旨】

在原案一、二审程序中，已出庭作证且明知案件争议与其切身利益有关但未在该案申请参加诉讼的第三人，不属于因不能归责于本人的事由未参加诉讼，不具有提起第三人撤销之诉的资格。

[①]　对应《中华人民共和国民事诉讼法》（2023年修正）第59条。

【案情摘要】

在姚某与鼓建公司、项某股东资格确认纠纷一案中，姚某称登记在项某名下的鼓建公司36%的股权系代姚某持有，实际由姚某花1080万元从朱某晖处收购，据此请求确认其为鼓建公司的股东，享有该36%的股权。朱某晖在该案一审、二审程序中均作为证人出庭作证，未申请作为第三人参加诉讼。后该案被提起再审，再审维持原一审驳回姚某诉讼请求的判决。朱某晖提起第三人撤销之诉，认为其不知道该再审诉讼且未参加该诉讼系因不可归责于其本人的事由。一审法院对朱某晖的起诉裁定不予受理。朱某晖不服向最高人民法院提起上诉。

（撰写人：薛贵忠、叶康喜）

37 第三人撤销之诉起诉条件的认定标准
——李某龙与通安公司玉门分公司、黄某萍、宋某第三人撤销之诉上诉案

- 案　　号　（2021）最高法民终746号
- 合议庭成员　高晓力、陈宏宇、张梅
- 关 键 词　民事/第三人撤销之诉/法律上的利害关系
- 相关法条　《中华人民共和国民事诉讼法》第56条[①]

【裁判要旨】

第三人撤销之诉是一种非常救济制度，要在保护第三人利益与维护生效裁判的稳定性、权威性之间保持平衡，因此，立法对第三人撤销之诉较普通民事诉讼设置了相对严格的条件。人民法院对第三人撤销之诉的起诉条件，包括第三人的主体资格的认定，不宜采取过于宽松的标准，原则上仍应根据法律规定以"法律上的利害关系"为认定依据。考虑到第三人撤销之诉对虚假诉讼遏制功能，可适当审查有证据证明原案存在虚假诉讼情形下，利益受到损害的当事人是否应视为无独立请求权的第三人。

---

① 对应《中华人民共和国民事诉讼法》（2023年修正）第59条。

【案情摘要】

李某龙向黄某萍出借款项，为担保债务偿还，黄某萍、宋某与李某龙签订《房屋买卖合同》约定，黄某萍与宋某将通安公司玉门分公司出具给宋某的《购房证明》项下的案涉房屋出售给李某龙。此后，通安公司玉门分公司将宋某、黄某萍起诉至人民法院，请求解除三方签订的《商品房团购协议》及《商品房预售合同》，甘肃省高级人民法院作出（2019）甘民终129号民事判决支持了通安公司玉门分公司的诉讼请求。李某龙以（2019）甘民终129号民事判决裁判结果直接损害其对案涉房屋享有的合法权益为由，提起本案第三人撤销之诉。

（撰写人：高晓力）

38 房屋建设完成并非商品房现售的充分条件
——张某文与南通六建、长实公司第三人撤销之诉上诉案

- **案　　号**　（2021）最高法民终822号
- **合议庭成员**　曹刚、于蒙、关晓海
- **关 键 词**　民事 / 第三人撤销之诉 / 商品房预售
- **相关法条**　《最高人民法院关于审理商品房买卖合同纠纷案件适用法律若干问题的解释》第2条

【裁判要旨】

《商品房销售管理办法》第7条对商品房现售应符合的条件进行了规定。开发商在和购房人签订商品房买卖合同以及在提起诉讼时均未取得预售许可证，当事人仅以房屋已建成为由，主张本案系商品房现售合同，不应适用《最高人民法院关于审理商品房买卖合同纠纷案件适用法律若干问题的解释》第2条的规定，理据不足。

【案情摘要】

张某文与长实公司房屋买卖合同纠纷一案，由山西省高级人民法院于2015年5月26日受理，2016年9月30日作出（2015）晋民初字第32号民事调解书，对双方达成的调解协议以下主要内容予以确认：长实公司将北大街新开南巷口"天天家园"项目1层到6层商铺以10300万元出售给张某文，并承诺自法院下达调解书之

日起 6 个月内将 16000 平方米房屋交给张某文。张某文向法院申请强制执行，山西省高级人民法院指令山西省吕梁市中级人民法院执行，该院于 2017 年 8 月 7 日作出（2017）晋 11 执 83 号执行通知书，责令长实公司交付张某文位于北大街新开南巷口"天天家园"项目 C 座楼 1 层至 6 层商铺建筑面积共计约 16000 平方米。南通六建以该调解书侵害了经生效判决确认的建设工程优先受偿权为由提起本案诉讼。

（撰写人：关晓海）

39 普通债权的受让人不符合第三人撤销之诉的主体条件
——嘉卜寺公司与中冶公司第三人撤销之诉上诉案

- 案　　号　（2021）最高法民终 825 号
- 合议庭成员　刘雪梅、刘京川、张杨民
- 关 键 词　民事 / 第三人撤销之诉 / 受理
- 相关法条　《中华人民共和国民事诉讼法》第 56 条①

【裁判要旨】

受让借款合同债权的普通债权人，对另案建设工程施工合同纠纷的诉讼标的不具有独立请求权，与该案处理结果亦不存在法律上的利害关系，不符合第三人撤销之诉的原告主体条件。

【案情摘要】

中国银行乌兰察布分行与化德县北辰冶金化工有限责任公司（以下简称北辰公司）借款合同纠纷案生效判决执行过程中，嘉卜寺公司从中国银行乌兰察布分行受让债权。2020 年 11 月 2 日，嘉卜寺公司提起本案第三人撤销之诉，请求撤销中冶公司与北辰公司建设工程施工合同纠纷一案（2019）内民初 7 号民事调解书。理由是中冶公司行使工程款优先受偿权已过法定 6 个月期限，丧失工程款优先权。该调解书第三项内容认定中冶公司对全部涉案工程价款享有优先受偿权，致使嘉卜寺公司对北辰公司享有的债权无法实现，损害其民事权益。一审法院认为中行乌兰察布分行仅系北辰公司的债权人，对中冶公司与北辰公司建设工程施工合同纠纷一案既

---

① 对应《中华人民共和国民事诉讼法》（2023 年修正）第 59 条。

无独立请求权，也与该案处理结果不存在法律上的利害关系，嘉卜寺公司作为该生效判决确定债权的承继人，不符合《民事诉讼法》第56条规定的第三人条件，裁定对嘉卜寺公司提起的第三人撤销之诉不予受理。嘉卜寺公司提出上诉。最高人民法院维持原裁定。

（撰写人：刘京川）

40 当事人约定以债权受让人能否在期限内完成抵押权变更登记作为债权转让条件的，该约定是否属于附条件的民事法律行为

——华融公司与民生银行杭州分行、紫荆公司等第三人撤销之诉上诉案

- 案　　号　（2021）最高法民终861号
- 合议庭成员　郁琳、李延忱、王珅
- 关 键 词　民事 / 第三人撤销之诉 / 附条件的民事法律行为 / 抵押权
- 相关法条　《中华人民共和国民法总则》第158条①，《中华人民共和国物权法》第192条②

【裁判要旨】

民事法律行为所附条件，必须是将来不确定的事实，该不确定性应当客观存在，不以当事人的认识或者主观判断为认定依据；而且条件必须决定整个民事法律行为的效力，如果只是决定其他内容，则不属于附条件的民事法律行为。抵押权具有从属性，债权人转让主债权的，抵押权一般应一并转让，故抵押权是否变更登记并不构成债权转让行为所附之条件，主合同效力不受该约定的影响。

【案情摘要】

2013年12月，紫荆公司将其与凌特公司、农行宜兴支行签订的《债权转让合同》项下对凌特公司享有的全部应收账款质押给民生银行杭州分行并办理质押登记，2018年4月，经法院判决确认民生银行杭州分行对该笔应收账款享有优先受偿权。

---

① 对应《中华人民共和国民法典》第158条。
② 对应《中华人民共和国民法典》第407条。

前述《债权转让合同》第4条约定:"如果农行宜兴支行无法在2013年12月15日前将资产抵押权转移至紫荆公司名下,本合同规定的债权和相关权利的转让即取消,债权和相关权利均回复至农行宜兴支行所有。"2014年4月,各方确认解除该合同项下部分债权转让。2018年11月,农行江苏支行向华融公司转让上述债权,华融公司主张,根据一审法院对该约定属于附解除条件之条款的认定,由于案涉资产抵押权在2013年12月15日前未转移至紫荆公司名下,《债权转让合同》已失效。

(撰写人:郁　琳)

41　被拆迁人享有的补偿安置房屋权益依法优先于他人的抵押权

——华融资产甘肃省分公司与马某朝、锦龙公司第三人撤销之诉上诉案

- 案　　号　（2021）最高法民终984号
- 合议庭成员　陈宏宇、张梅、赵敏
- 关 键 词　民事／拆迁补偿安置协议／第三人撤销之诉
- 相关法条　《最高人民法院关于建设工程价款优先受偿权问题的批复》①,《最高人民法院关于审理商品房买卖合同纠纷案件适用法律若干问题的解释》第7条②

【裁判要旨】

在拆迁安置房屋上设定抵押的,被拆迁人就安置房屋依法享有对抗抵押权人的权利。

【案情摘要】

马某朝与华悦公司及锦龙公司订立协议书,约定拆除马某朝房屋并约定在新建大厦二楼返还马某朝铺面200平方米,方位在楼梯口左右。协议书签订后,发包人将包括该安置商铺在内的在建工程抵押给银行,该抵押未经被拆迁人同意。

(撰写人:赵　敏)

---

① 该解释已失效。
② 该解释已于2020年修正,本条已被删除。

42 建设工程价款优先受偿权影响抵押权实现，抵押权人是否有权提起第三人撤销之诉

——东方资产公司与五建公司、竹天下置业公司、竹天下文化公司第三人撤销之诉上诉案

- **案　　号**　（2021）最高法民终1078号
- **合议庭成员**　汪军、李绍华、黄鹏
- **关 键 词**　民事/第三人撤销权之诉/抵押权人
- **相关法条**　《中华人民共和国民事诉讼法》第56条①

【裁判要旨】

因建设工程承包人的建设工程价款优先受偿权优于抵押权和其他债权，建设工程价款优先受偿权的认定将直接影响抵押权人抵押权的实现，建设工程价款优先权案件的处理结果同抵押权人有法律上的利害关系，抵押权人有权提起第三人撤销之诉。

【案情摘要】

发包方竹天下置业公司、竹天下文化公司欠付案涉"竹具城"和"竹五馆"工程的工程款，施工方五建公司向福建省三明市中级人民法院提起诉讼。该院（2016）闽04初173号民事判决判令竹天下置业公司、竹天下文化公司向五建公司支付相应工程款本息，确认五建公司在欠付工程款范围内对案涉工程的折价或者拍卖的价款享有优先受偿权。福建省高级人民法院维持了该判决。后东方资产公司向福建省高级人民法院提起本案诉讼，主张前案生效判决确认五建公司对案涉工程折价或拍卖的价款享有优先受偿权损害了其作为抵押权人的优先受偿权，一审判决认为东方资产公司与前案并无法律上的利害关系，非前案适格第三人。东方资产公司不服，上诉至最高人民法院。

（撰写人：汪　军）

---

① 对应《中华人民共和国民事诉讼法》（2023年修正）第59条。

43 公司的法定代表人在前案诉讼过程中已知晓诉讼的存在即视为公司已知晓，公司未申请参加前案诉讼程序而在裁判作出后提起第三人撤销之诉的，人民法院不予支持

——圣海公司与淄矿公司、森达美港公司、森达美散货公司第三人撤销之诉上诉案

- **案　　号**　（2021）最高法民终1122号
- **合议庭成员**　王海峰、陈纪忠、龙飞
- **关 键 词**　民事／第三人撤销之诉／不能归责于本人的事由
- **相关法条**　《中华人民共和国民事诉讼法》第56条第3款①，《最高人民法院关于适用〈中华人民共和国民事诉讼法〉的解释》第295条②

【裁判要旨】

公司的法定代表人在前案诉讼过程中已知晓诉讼的存在即视为公司已知晓诉讼的存在，在裁判作出后，公司以不能归责于本人的事由未参加诉讼为由，提起第三人撤销之诉的，人民法院不予支持。

【案情摘要】

在前案审理过程中，一审法院于2019年6月21日向马某荣邮寄起诉状、应诉通知书和开庭传票等诉讼文书，马某荣之妻程某芹于2019年6月23日签收。虽然马某荣因被留置和刑事拘留而未由本人签收上述诉讼文书，但其已在前案二审期间获释，且通过程某芹获知了前案诉讼的情况。在本案一审期间，圣海公司对程某芹向马某荣告知前案诉讼情况的事实予以认可。马某荣作为圣海公司的法定代表人知道前案诉讼的存在，即圣海公司知道前案诉讼的存在。故圣海公司未参加前案诉讼应归责于其自身原因。

（撰写人：陈纪忠、李训民）

---

① 对应《中华人民共和国民事诉讼法》（2023年修正）第59条第3款。
② 该解释已于2022年修正，此处法条对应第293条。

执行异议之诉 ▶▶▶

1 案外人以受让工程款债权抵销完成购房款支付的，是否可以排除普通金钱债权的强制执行
——但某与达州银行万源支行、广安万佳公司、宜昌万佳公司等案外人执行异议纠纷上诉案

- 案　　号　（2021）最高法民终 869 号
- 合议庭成员　王朝辉、郭凌川、刘丽芳
- 关 键 词　民事 / 案外人执行异议之诉 / 受让工程款债权抵销购房款
- 相关法条　《最高人民法院关于人民法院办理执行异议和复议案件若干问题的规定》第 28 条、第 29 条

【裁判要旨】

案外人执行异议之诉中，案外人主张受让工程建设承包人对房地产开发商享有的工程款债权抵销商品房购房款的，本质上属于以房抵债，其真实意思表示为消灭已有的债权债务，而非建立新的房屋买卖关系。案外人对开发商享有的只是普通债权，即使受让的该工程款债权享有优先受偿权，优先受偿权也不能基于债权的转让行为当然由受让人享有，其不能据此排除开发商的其他债权人对案涉房屋申请的强制执行。

【案情摘要】

2011 年 12 月 29 日，但某购买了宜昌万佳公司开发的案涉商品房，房款系用宜昌万佳公司欠付案外人亚泰公司的工程款抵扣，截至本案诉讼期间但某仍未就案涉房屋进行权属变更登记。2017 年 4 月 14 日，达州银行万源支行因另案纠纷向一审法院申请财产保全，一审法院于 2017 年 6 月 1 日查封了登记在宜昌万佳公司名下的案涉房屋。但某提出案外人执行异议，被驳回后提起本案诉讼。

（撰写人：王朝辉、余　帅）

2 通过以商业营业用房抵扣工程款方式获取的权益对抗强制执行条件应当从严把握

——严某霞、肖某伟与众亨泰公司案外人执行异议之诉申请再审案

- **案　　号**　（2019）最高法民申1487号
- **合议庭成员**　黄鹏、李延忱、郁琳
- **关 键 词**　民事/案外人执行异议之诉/商业营业用房
- **相关法条**　《最高人民法院关于人民法院办理执行异议和复议案件若干问题的规定》第28条、第29条

【裁判要旨】

案外人通过以房抵债方式对商业营业用房享有的权益，能否对抗强制执行，应从严把握，因不涉及对生存权和居住权优先保护问题，不属于《最高人民法院关于人民法院办理执行异议和复议案件若干问题的规定》第29条规定的情形。虽然案外人在人民法院查封前签订了房屋买卖合同，根据以房抵债事实可以认定其支付了全部价款，但其未证明在查封之前已合法占有案涉房屋，亦不足以证明非因自身原因未办理过户登记，故不符合《最高人民法院关于人民法院办理执行异议和复议案件若干问题的规定》第28条的规定。

【案情摘要】

2013年8月，雅府公司将"三宝商业广场室外工程"发包给永兴公司施工，相关工程于2014年4月通过竣工验收。2014年6月，永兴公司向雅府公司递交竣工结算书，工程造价合计3895248元，雅府公司未支付工程价款。经永兴公司多次催讨，双方达成用房产抵扣全部工程价款的协议，并将所抵偿房产落户到严某霞、肖某伟名下。2015年8月26日，严某霞、肖某伟与雅府公司就案涉3套房屋签订商品房买卖合同（预售）并办理网上签约，但未办理备案登记。案涉房屋于2016年因另案执行被人民法院依法查封。严某霞、肖某伟提出本案案外人执行异议之诉。二审法院认为，严某霞、肖某伟不符合《最高人民法院关于人民法院办理执行异议和复议案件若干问题的规定》第28条、第29条规定的情形，不享有足以排除强制执行的民事权益。严某霞、肖某伟申请再审。

（撰写人：黄　鹏）

3 执行异议之诉可参照适用执行异议和复议的相关规定
——严某霞、肖某伟与众亨泰公司案外人执行异议之诉申请再审案

- 案　　号　（2019）最高法民申 1487 号
- 合议庭成员　黄鹏、李延忱、郁琳
- 关 键 词　民事 / 案外人执行异议之诉 / 商业营业用房
- 相关法条　《最高人民法院关于适用〈中华人民共和国民事诉讼法〉的解释》第 305 条①

【裁判要旨】

案外人提起执行异议之诉，应当以案外人的执行异议申请已经被人民法院裁定驳回为前提。执行异议审查与执行异议之诉均是对案外人合法权益的救济程序，两种程序在权利义务主体、争诉标的等方面具有一致性。人民法院在审理执行异议之诉时，根据案件具体情况参照适用《最高人民法院关于人民法院办理执行异议和复议案件若干问题的规定》相关条款，符合法律本意、制度初衷和司法实践需要。

【案情摘要】

2013 年 8 月，雅府公司将"三宝商业广场室外工程"发包给永兴公司施工，相关工程于 2014 年 4 月通过竣工验收。2014 年 6 月，永兴公司向雅府公司递交竣工结算书，工程造价合计 3895248 元，雅府公司未支付工程价款。经永兴公司多次催讨，双方达成用房产抵扣全部工程价款的协议，并将所抵偿房产落户到严某霞、肖某伟名下。2015 年 8 月 26 日，严某霞、肖某伟与雅府公司就案涉 3 套房屋签订商品房买卖合同（预售）并办理网上签约，但未办理备案登记。案涉房屋于 2016 年因另案执行被人民法院依法查封。严某霞、肖某伟提出本案案外人执行异议之诉。二审法院认为，严某霞、肖某伟不符合《最高人民法院关于人民法院办理执行异议和复议案件若干问题的规定》第 28 条、第 29 条规定的情形，不享有足以排除强制执行的民事权益。严某霞、肖某伟申请再审。

（撰写人：黄　鹏）

---

① 该解释已于 2022 年修正，此处法条对应第 304 条。

4 经抵押权人同意购买抵押房屋，因抵押权人自身过错导致购房款未能用以清偿债务的，购房人权益可以排除抵押权的强制执行

——北下关街道办与华融公司、中坤投资、中坤锦绣案外人执行异议之诉上诉案

- 案　　号　（2020）最高法民终500号
- 合议庭成员　汪治平、吴晓芳、王丹
- 关 键 词　民事 / 案外人执行异议之诉 / 抵押权实现
- 相关法条　《中华人民共和国物权法》第191条[①]

【裁判要旨】

抵押权人曾出具过同意出售抵押物的证明，虽主张已撤销，但其债权系受让而来，其对原债权人曾出具过同意销售的证明亦应知悉并认可，且双方抵押合同也有明确约定。抵押权人未对收款采取相应的监管保障措施，明显具有过错，应自行承担因其过错而产生的不利后果。其急于行使相关权利却转而继续要求对案涉房屋行使抵押权，势必影响已经支付价款的无过错购房者的合法权益，有失公平。

【案情摘要】

2007年4月29日，北下关街道办与中坤锦绣签订《商品房购房意向书》，2012年5月13日签订《协议书》，购买案涉房屋。2012年6月19日，北下关街道办向中坤锦绣支付10309956元。2012年10月11日，中坤锦绣向北下关街道办开具三张共计10309956元的购房款发票。涉案房屋自2012年10月23日至2014年5月6日被抵押于东方资产，自2014年1月10日被抵押于华融公司。2016年5月，案涉房屋在华融公司与中坤投资、中坤锦绣另案诉讼过程中被查封。后华融公司申请强制执行，北下关街道办提出执行异议被驳回，遂提起执行异议之诉，一审判决驳回其诉讼请求。北下关街道办不服一审判决，遂提起本案。

（撰写人：王　丹、徐　上）

[①] 对应《中华人民共和国民法典》第406条。

5 被拆迁人对拆迁补偿安置房屋享有的权益是否足以排除强制执行

——沈某仪与郭某远、郭某瑜、李某德、曾某、郭某强、郭某安等执行异议之诉申请再审案

- **案　　号**　（2020）最高法民申 1586 号
- **合议庭成员**　马东旭、陈纪忠、王海峰
- **关 键 词**　民事 / 执行异议之诉 / 拆迁补偿安置房屋
- **相关法条**　《最高人民法院关于人民法院办理执行异议和复议案件若干问题的规定》第 29 条，《最高人民法院关于审理商品房买卖合同纠纷案件适用法律若干问题的解释》第 7 条①

【裁判要旨】

法律维护被拆迁（征收）人合法权益的精神是一以贯之的。被拆迁人与拆迁人按照所有权调换形式签订房屋拆迁协议，明确约定拆迁人以位置、面积等特定的房屋对被拆迁人予以补偿安置。被拆迁人在法院查封前已实际占有案涉房屋，其对拆迁补偿安置房屋享有的民事权益足以排除对该房屋的强制执行。

【案情摘要】

本案申请执行人沈某仪因对东谊公司享有金钱债权而申请执行登记在东谊公司名下案涉房屋。申请人因祖屋被拆迁而获补偿包括案涉房屋在内的房屋作为回迁安置房，拆迁补偿协议书确定了补偿面积及地址、范围，明确了对于住宅和非住宅的补偿方案，实际安排了回迁，申请人以对案涉房屋的权利为由，请求对正在进行征地拆迁享有的补偿安置的权利，足以排除执行。

（撰写人：陈纪忠、李训民）

---

① 该解释已于 2020 年修正，本条已被删除。

6 买受人与被执行人之间存在多份不动产买卖合同的，案外人执行异议之诉如何认定价款金额

——厦门嘉盛公司与李某水等案外人执行异议之诉申请再审案

- **案　　号**　（2020）最高法民申 5716 号
- **合议庭成员**　陈纪忠、马东旭、王海峰
- **关 键 词**　民事 / 案外人执行异议之诉 / 合同价款金额
- **相关法条**　《最高人民法院关于人民法院办理执行异议和复议案件若干问题的规定》第 28 条第 3 项

【裁判要旨】

如买受人与被执行人签订多份合法有效的书面房屋买卖合同，可以按照多份合同的总金额认定是否满足《最高人民法院关于人民法院办理执行异议和复议案件若干问题的规定》第 28 条第 3 项的规定。

【案情摘要】

李某水等 3 人（买受人）与厦门华溢公司（被执行人）签署 8 份针对房屋的《商品房买卖合同》以及 4 份针对车位的《商品房买卖合同》。李某水等 3 人共同在前述 12 份合同的买受人签字处签字，并于 2006 年 6 月 8 日向厦门华溢公司支付部分购房款项。生效仲裁裁决书确认李某水等三人与厦门华溢公司的商品房买卖合同关系真实存在，并认定厦门华溢公司于 2006 年 5 月 25 日通知办理交房手续，李某水等 3 人于 2007 年 9 月 21 日占有使用案涉 8 套房产和 4 个车位。2008 年 5 月 7 日，福建省厦门市中级人民法院依照厦门嘉盛公司的申请查封了案涉房产和车位，李某水等 3 人提出案外人执行异议，被驳回后提起本案诉讼。

（撰写人：王海峰）

7 未取得预售许可证的商品房的购买人对房屋不享有足以排除普通金钱债权强制执行的民事权益

——周某军与李某、九基公司、天助公司、何某军、何某案外人执行异议之诉申请再审案

- 案　　号　（2020）最高法民申 5999 号
- 合议庭成员　王富博、李敬阳、吴凯敏
- 关 键 词　民事 / 案外人执行异议之诉 / 预售许可证 / 商品房买卖合同
- 相关法条　《最高人民法院关于审理商品房买卖合同纠纷案件适用法律若干问题的解释》第 2 条，《最高人民法院关于人民法院办理执行异议和复议案件若干问题的规定》第 28 条

【裁判要旨】

案外人在被查封房屋取得商品房预售许可证前即与作为被执行人的开发商签订商品房买卖合同，在案外人起诉前开发商未取得商品房预售许可证的，应认定商品房买卖合同无效，案外人与被执行人之间不存在合法有效的商品房买卖合同关系，其对房屋不享有足以排除普通金钱债权强制执行的民事权益。

【案情摘要】

2014 年 4 月 7 日，九基公司与周某军签订《商品房买卖合同》，约定将本案争议房产出售给周某军，周某军现已实际占有使用该房产。一审法院在执行李某申请执行九基公司、天助公司、何某军、何某一案中，于 2014 年 12 月 31 日作出（2014）郑法执字第 680-1 号民事裁定，预查封九基公司开发的位于郑州市二七区长江路南、冯庄路东土地使用权（建设用地面积 2.4775 公顷）及地上建筑物和位于郑州市二七区冯庄以东、宝成路以北土地使用权（建设用地面积 2.7006 公顷）及地上建筑物。上述土地及地上建筑物被查封时均未在土地及房地产管理部门办理登记手续。

（撰写人：吴凯敏）

8 对执行行为的异议不属于执行异议之诉的审理范围
——李某琴与李某、九基公司、天助公司、何某军、何某案外人执行异议之诉申请再审案

- 案　　号　（2020）最高法民申 6024 号
- 合议庭成员　王富博、李敬阳、吴凯敏
- 关 键 词　民事 / 案外人执行异议之诉 / 审理范围
- 相关法条　《中华人民共和国民事诉讼法》第 225 条①

【裁判要旨】

房屋是否在查封范围内、是否应进行查封、执行程序中张贴公告是否错误等情况均是对执行行为的异议，属于《民事诉讼法》第 225 条规定的应通过执行复议程序救济事宜，不属于执行异议之诉的审理范围。

【案情摘要】

2014 年 4 月 7 日，九基公司与李某琴签订《商品房买卖合同》，约定将案涉房产出售给李某琴。一审法院在执行李某申请执行九基公司、天助公司、何某军、何某一案中，于 2014 年 12 月 31 日作出（2014）郑法执字第 680-1 号民事裁定，预查封九基公司开发的位于郑州市二七区长江路南、冯庄路东土地使用权（建设用地面积 2.4775 公顷）及地上建筑物和位于郑州市二七区冯庄路东、宝成路以北土地使用权（建设用地面积 2.7006 公顷）及地上建筑物，其中包括案涉房产。李某琴以案外人身份提出书面异议，未得到支持，遂起诉。

（撰写人：李敬阳）

---

① 对应《中华人民共和国民事诉讼法》（2023 年修正）第 236 条。

9 股东之间对持股比例有争议的情形下，适用善意取得制度保护善意受让人的合法权益

——佳资公司与汇利源通公司、飞天工贸公司案外人执行异议之诉上诉案

- **案　　号**　（2020）最高法民终675号
- **合议庭成员**　奚向阳、马东旭、陈宏宇
- **关 键 词**　民事 / 案外人执行异议之诉 / 外资审批制度 / 善意相对人
- **相关法条**　《中华人民共和国公司法》第32条第3款①，《最高人民法院关于人民法院办理执行异议和复议案件若干问题的规定》第25条第1款

【裁判要旨】

根据商法公示主义与外观主义原则，公司的工商登记对社会具有公示公信效力，当事人通过省级产权交易所竞得案涉债权，并支付了相应对价，已经尽到审慎义务，其有权信赖公司登记机关的登记文件。

案涉增加注册资本及调整持股比例相关协议的履行期间跨越了外资审批制度的实施日，其效力发生条件已发生改变。即便如此，前述协议是否有效仍不影响当事人作为善意相对人执行案涉标的的权利。

【案情摘要】

兰山绿化场将其对飞天工贸公司的债权在甘肃省产权交易所公开挂牌。工商行政管理机关的登记和企业信用信息公示系统公示的信息为：飞天工贸公司系飞天大酒店有限公司的股东，出资400万美元，持股比例40%。

汇利源通公司竞得案涉债权。人民法院变更汇利源通公司为申请执行人，并作出查封相关财产的裁定。佳资公司认为，飞天工贸公司持有的股权仅为23%而非40%，提出执行异议。人民法院驳回了佳资公司的异议请求。佳资公司不服该裁定，遂提起案外人执行异议之诉。

（撰写人：丁　一）

---

① 参见2023年修正、2024年7月1日施行的《中华人民共和国公司法》第35条。

10 买受人对在途货物享有的权益是否足以排除强制执行
——河北银行青岛分行与中色国贸案外人执行异议之诉上诉案

- **案　　号**　（2020）最高法民终1241号
- **合议庭成员**　张雪楳、梅芳、麻锦亮
- **关 键 词**　民事/案外人执行异议之诉/在途货物提货凭证
- **相关法条**　《中华人民共和国物权法》第26条[①]，《中华人民共和国民事诉讼法》第227条[②]，《最高人民法院关于适用〈中华人民共和国民事诉讼法〉的解释》第312条第1款第1项[③]

【裁判要旨】

从原《物权法》及《民法典》的相关规定看，让与人可以将其享有的对第三人的返还请求权让与受让人。出卖人与买受人签订购销合同，对在途货物的转让、交付、货权转移时间进行约定，并明确出卖人已向买受人交付了包括案涉货物在内的货权转移证明等提货凭证，可以认定案涉货物所有权已经转移给买受人。即便不考虑当事人间约定的因素，也从当事人将货权转移的事实通知负有返还义务的仓储方之日认定所有权发生转移。买受人在法院查封前已经取得案涉货物的所有权，其对案涉货物享有足以排除强制执行的民事权益。

【案情摘要】

中色物流（出卖人）与中色国贸（买受人）就在途货物买卖签订铬锰矿石购销合同及交货确认书，约定中色国贸购买铬锰矿石，交货的完成以提货凭证原件提交给中色国贸为标志；双方确认货物所有权已转移给中色国贸。双方又签订结算协议，确认采用债务互抵的方式清结借款债权债务，冲抵支付后，中色物流应收货款全部得到清偿。在河北银行青岛分行诉中色物流、德诚矿业、德正资源借款合同纠纷一案中，法院查封了铬锰矿石购销合同所涉的15570千吨铬矿石。中色国贸就法院查

[①] 对应《中华人民共和国民法典》第227条。
[②] 对应《中华人民共和国民事诉讼法》（2023年修正）第238条。
[③] 该解释已于2022年修正，此处法条对应第310条第1款第1项。

封中色物流存放于汇盛码头堆场的铬矿石的行为提出执行异议，被驳回后提起本案诉讼。

（撰写人：麻锦亮）

11 执行异议之诉涉及申请执行人利益，不能简单适用自认规则，应结合其他证据认定

——姜某亮与中地长泰公司、宏业达公司案外人执行异议之诉申请再审案

- **案　　号**　（2021）最高法民申148号
- **合议庭成员**　汪治平、吴晓芳、王丹
- **关 键 词**　民事/案外人执行异议之诉/自认
- **相关法条**　《最高人民法院关于人民法院办理执行异议和复议案件若干问题的规定》第28条

【裁判要旨】

在执行异议之诉中，因涉及申请执行人的利益，不能简单地适用自认规则。虽然被执行人对收取购房款表示认可，但其不能提供相关的财务记账凭证等证据予以证实。结合尚有部分款项存在案外人取款记录与被执行人存款记录不能对应以及收据号码相连，约定房屋面积及付款方式与实际履行不一致等事实，不足以得出案外人确已支付购房款的结论。

【案情摘要】

2009年5月19日，姜某亮与宏业达公司签订购房协议，购买案涉房屋。姜某亮提供自2009年5月19日至2014年8月29日通过银行转账以及现金等方式向宏业达公司支付房款28次的缴纳房款明细，宏业达公司认可，但未能提交相关财务记账凭证等证据证实其实际收款的事实。2013年11月，案涉房屋因中地长泰公司与宏业达公司另案纠纷被查封。姜某亮对查封提出异议被驳回，遂提起执行异议之诉，一审判决驳回其诉讼请求，二审判决维持原判。姜某亮不服二审判决，遂申请再审。

（撰写人：王　丹、徐　上）

12 房屋买卖双方为规避缴纳税费未能及时办理过户手续是否属于"非因买受人自身原因未办理过户登记"

——林某春与唐某喜等申请执行人执行异议之诉申请再审案

- **案　　号**　（2021）最高法民申 3245 号
- **合议庭成员**　何抒、张纯、谢爱梅
- **关 键 词**　民事 / 案外人执行异议之诉 / 非因买受人自身原因未办理过户
- **相关法条**　《最高人民法院关于人民法院办理执行异议和复议案件若干问题的规定》第 28 条

【裁判要旨】

案外人与被执行人签订房屋买卖合同后，为规避国家税费，约定 5 年后办理房屋过户手续，故未能在债权人申请法院查封房屋之前办理过户手续，不属于《最高人民法院关于人民法院办理执行异议和复议案件若干问题的规定》第 28 条规定的"非因买受人自身原因未办理过户登记"。

【案情摘要】

案外人与被执行人签订房屋买卖合同后，为规避国家税费，约定 5 年后办理房屋过户手续。后因被执行人与债权人发生纠纷，法院对房屋进行查封。案外人提出执行异议之诉，请求排除法院对房屋的强制执行。

（撰写人：谢爱梅）

13 若认购协议书不具备商品房买卖合同的要素，购房人不能依据《最高人民法院关于人民法院办理执行异议和复议案件若干问题的规定》第 29 条排除执行

——秦某与华融公司等案外人执行异议之诉申请再审案

- **案　　号**　（2021）最高法民申 3575 号
- **合议庭成员**　胡夏冰、于明、贾清林
- **关 键 词**　民事 / 案外人执行异议之诉 / 房屋认购协议书
- **相关法条**　《最高人民法院关于人民法院办理执行异议和复议案件若干问题的规定》第 29 条

【裁判要旨】

如认购协议书未对案涉房屋交付条件及日期、产权登记、面积差异处理以及违约责任等合同主要内容作出明确约定，当事人还须另行订立正式的商品房买卖合同，则认购书不属于合法有效的书面买卖合同。购房人不能依据《最高人民法院关于人民法院办理执行异议和复议案件若干问题的规定》第 29 条排除执行。

【案情摘要】

金中海公司拖欠华融公司借款，金中海公司于 2014 年 10 月 17 日为该借款设定抵押，并办理了抵押登记手续。后来，金中海公司将已经设定抵押的商品房出卖给秦某。秦某支付全款，该商品房已经交付，但仍登记在金中海公司名下。金中海公司未按民事调解书偿还华融公司借款，华融公司申请法院执行。法院查封了包括案涉房屋在内在抵押物。秦某提出执行异议。法院裁定驳回秦某的异议请求。秦某提起执行异议之诉，请求确认涉案房屋归秦某所有，终止对涉案房屋的强制执行。一审法院驳回了秦某的诉讼请求。秦某上诉。二审法院维持一审判决。秦某向最高人民法院申请再审。

（撰写人：丁　一）

14 案外人明知房屋未依法登记取得房产证依旧受让的，不能排除强制执行

——国信典当公司与抚顺银行股份有限公司东洲支行、王某等案外人执行异议之诉申请再审案

- 案　　号　（2021）最高法民申 3814 号
- 合议庭成员　麻锦亮、周其濛、季伟明
- 关 键 词　民事 / 案外人执行异议之诉 / 扩建房屋 / 未取得房屋产权证 / 以房抵债
- 相关法条　《中华人民共和国城市房地产管理法》第 38 条

【裁判要旨】

《城市房地产管理法》第 38 条规定："下列房地产，不得转让……（六）未依法登记领取权属证书的。"自建房屋人在尚未取得案涉扩建房屋的产权登记证书情况下，与案外人就扩建房屋签订以房抵债协议，且案外人对此系明知，案外人不享有物权期待权，亦不享有足以排除强制执行的民事权利。

【案情摘要】

抚顺银行股份有限公司东洲支行（以下简称抚顺银行）依据生效判决对王某等享有债权，判决生效后，抚顺银行申请强制执行，查封了包括案涉扩建房屋在内的房屋。国信典当公司作为案外人，提出扩建房屋已经以房抵债，提出异议，排除强制执行。

（撰写人：李知博）

15 银行作为承兑人在汇票到期后将钱款转到出票人账户再转持票人,该钱款能否认定是银行承兑汇票垫款

——平安银行与创投公司、恒昌公司案外人执行异议之诉再审案

- **案　　号**　（2021）最高法民再 19 号
- **合议庭成员**　李伟、黄年、潘勇锋
- **关 键 词**　民事 / 案外人执行异议之诉 / 银行承兑汇票垫款
- **相关法条**　《中华人民共和国物权法》第 208 条①

【裁判要旨】

银行作为承兑人在汇票到期后将钱款转到出票人账户再转给持票人,对钱款用途无其他明确意思表示的情况下,应归属于双方既已存在的汇票法律关系中,该钱款应认定是银行承兑汇票垫款。至于银行承兑汇票垫付款汇款路径是直接划给持票人,还是通过债务人专用账户,目前并无明确的规定,实际操作中亦有不同做法,并不因此改变银行承兑汇票垫款的性质认定。

【案情摘要】

平安银行与恒昌公司分别签订两份《汇票承兑合同》,约定平安银行为恒昌公司签发共计总金额为 5000 万元的商业汇票进行承兑。同时分别签订两份《质押担保合同》,以分别提供 1000 万元、2000 万元的定期存单为两份《汇票承兑合同》设立质押担保。之后,平安银行分别向恒昌公司账户发放 3000 万元的款项,并以恒昌公司账户中的 5000 万元款项兑付了到期的承兑汇票。

恒昌公司等因与创投公司之间产生纠纷,山东省济南市中级人民法院(以下简称济南中院)对此作出了民事调解书,恒昌公司未按该民事调解书履行义务,创投公司遂向法院申请执行。诉讼过程中,济南中院冻结了恒昌公司在平安银行的定期存款 1500 万元,进入执行程序后要求协助扣划,但平安银行未履行协助义务,认为该院的冻结、扣划质押存款行为侵犯了其合法权益提出了书面异议。济南中院驳回了平安银行的执行异议。随后,平安银行向济南中院提起了本案诉讼。

---

① 对应《中华人民共和国民法典》第 425 条。

另案判决认定平安银行履行了《汇票承兑合同》的承兑义务,判令恒昌公司偿还平安银行银行汇票承兑垫款本金 3000 万元及利息。

(撰写人:黄　年)

16 买受人名下是否无其他用于居住的房屋,应从保护消费者购房人的生存利益出发理解

——高某与中金公司、晨始公司等案外人执行异议之诉上诉案

- 案　　号　(2021)最高法民终 1039 号
- 合议庭成员　汪治平、王丹、肖峰
- 关 键 词　民事 / 案外人执行异议之诉 / 名下无其他用于居住的房屋
- 相关法条　《最高人民法院关于人民法院办理执行异议和复议案件若干问题的规定》第 29 条

【裁判要旨】

《最高人民法院关于人民法院办理执行异议和复议案件若干问题的规定》第 29 条是对商品房消费者的特殊保护规定,应从保护消费者购房人的生存利益出发理解"买受人名下无其他用于居住的房屋"。案外人实际上居住在案涉房屋内,且案外人及其配偶在居住地所在市范围内除案涉房屋外无其他住房,应认定为符合上述条件。

【案情摘要】

2010 年 9 月 3 日,高某与晨始公司签订《购房买卖契约》,以 353459 元购买案涉房屋。2011 年 10 月 19 日,晨始公司给高某开具销售不动产统一发票,金额为 340000 元。2017 年 1 月,天津市高级人民法院在对中金公司与晨始公司等的案件审理过程中,对晨始公司名下包括案涉房屋在内的房产进行了保全。后中金公司根据生效判决申请执行。高某提出执行异议被驳回,遂提起执行异议之诉,一审判决驳回其诉讼请求。高某不服一审判决,遂提起本案。

(撰写人:王　丹、徐　上)

17 案外人的举证不足以证明其对执行标的享有足以排除强制执行的民事权益时应当如何处理

——魏某与梁某案外人执行异议之诉申请再审案

- **案　　号**　（2021）最高法民申 52 号
- **合议庭成员**　孔玲、李相波、关晓海
- **关　键　词**　民事 / 案外人执行异议之诉 / 合法有效的购房合同
- **相关法条**　《最高人民法院关于适用〈中华人民共和国民事诉讼法〉的解释》第 311 条①

【裁判要旨】

根据《最高人民法院关于适用〈中华人民共和国民事诉讼法〉的解释》第 311 条的规定，案外人应当就其对执行标的享有足以排除强制执行的民事权益承担举证证明责任。《置业建议书》既未加盖房地产开发公司的印章，亦无合同主体的签名，不具备购房合同的有效要件，不能作为证明案外人就执行标的已签订合法有效的书面购房合同的证据，故案外人应承担举证不能的不利后果。

【案情摘要】

梁某与沈某、曹某借款纠纷一案，人民法院判决曹某对沈某的债务承担连带责任。判决发生法律效力后，被执行人沈某、曹某未按执行通知书的要求履行生效判决书确定的义务。执行法院裁定评估、拍卖被执行人曹某名下的案涉房产。案外人魏某提出异议，被执行法院驳回后，魏某不服提起该执行异议之诉。

（撰写人：李相波、王　鑫）

---

① 该解释已于 2022 年修正，此处法条对应第 309 条。

18 对于在银行存款和存管在金融机构的有价证券，应按照金融机构和登记结算结构的账户名称判断其是否系权利人

——北京创高公司与北京汇众恒泰公司等执行异议之诉申请再审案

- 案　　号　（2021）最高法民申 70 号
- 合议庭成员　刘银春、汪治平、赵风暴
- 关 键 词　民事 / 执行异议之诉 / 错误汇款
- 相关法条　《最高人民法院关于人民法院办理执行异议和复议案件若干问题的规定》第 25 条

【裁判要旨】

案外人与被执行人存在多年的合作关系，案外人提供的证据不能完全证明两者之间不存在债权债务关系。案外人有规范的财务审批流程，此前将电费转入相对方账户并无差错。案外人提交的证据尚不足以证明案涉款项确系误汇的事实。货币是一种典型的、可替代性的种类物，通常情况下对货币占有即所有。原判决认定案外人对被执行人账户款项不享有足以排除强制执行的民事权益，其可另行主张权利并无不当。

【案情摘要】

2017 年 1 月 11 日，北京汇众恒泰公司、北京京扬咨询公司、北京创高公司签订《恒泰中心房屋租赁合同》之补充协议，约定由北京创高公司承租恒泰中心房产，该房产出租方为北京汇众恒泰公司。协议签订后，北京创高公司承租，向北京汇众恒泰公司交纳租金及管理费。2019 年 12 月 18 日，甲方北京金唐亿联公司、乙方北京创高公司、丙方北京汇众恒泰公司签订《三方协议书》，约定，各方同意于 2019 年 11 月 1 日起，乙方与丙方之间的原租赁合同解除，由甲方和乙方签订新的租赁合同。同日，出租方（甲方）北京金唐亿联公司与承租方（乙方）北京创高公司签订房屋租赁合同，房屋租金及物业费应交付至甲方指定的账户。2020 年 1 月 13 日，北京创高公司通过银行转账的方式，向北京汇众恒泰公司在兴业银行账户转账 769157 元，转账用途中注明"租金和管理费"。定兴县农村信用联社等六信用社

因与北京汇众恒泰公司、北京华美蓝天物业公司、河北佳泰公司、靳某国、刘某云借款合同纠纷一案，上述六信用社在诉讼中申请财产保全，一审法院于2020年1月18日作出（2020）冀06民初3号之一民事裁定书，并据此冻结了北京汇众恒泰公司名下在兴业银行771764.35元的款项。北京创高公司对此提出书面异议，一审法院于2020年3月11日作出（2020）冀06执异63号执行裁定书，驳回其异议请求。北京创高公司遂提起本案执行异议之诉。

（撰写人：刘银春）

19 案外人以购买车位为由主张排除抵押权人强制执行不符合商品房消费者的优先保护相关规定
——汪某、罗某案外人执行异议之诉申请再审案

- 案　　号　（2021）最高法民申179号
- 合议庭成员　马岚、马成波、葛洪涛
- 关 键 词　民事 / 再审审查 / 案外人执行异议之诉 / 车位
- 相关法条　《最高人民法院关于人民法院办理执行异议和复议案件若干问题的规定》第27条、第29条

【裁判要旨】

案外人排除执行的实体权利与申请执行人就抵押物的担保物权产生冲突时，《最高人民法院关于人民法院办理执行异议和复议案件若干问题的规定》第27条的"除外情形"仅为商品房消费者购房情形，即符合《最高人民法院关于人民法院办理执行异议和复议案件若干问题的规定》第29条规定情形的，因涉及商品房消费者生存权保护的问题，商品房消费者对设立抵押权的抵押房产提出执行异议的，人民法院予以支持。案外人以此作为法律依据，主张排除对其购买车位的强制执行，不符合《最高人民法院关于人民法院办理执行异议和复议案件若干问题的规定》第29条规定商品房购买者的情形。

【案情摘要】

汪某、罗某提起案外人执行异议之诉，依据《最高人民法院关于人民法院办理执行异议和复议案件若干问题的规定》第29条规定，请求排除对于案涉抵押物车位

的执行。经一、二审审理均认为，车位并非第 29 条规定的商品房，其购买车位也并非商品房消费者，不符合第 29 条规定的情形，驳回其诉讼请求，汪某、罗某向最高人民法院申请再审。

（撰写人：马　岚）

20　房地产联建各方均负有保障被拆迁人获得约定安置补偿房屋的义务

——重汽集团公司与甘露饺子馆、剑龙公司等案外人执行异议之诉申请再审案

- 案　　号　（2021）最高法民申 1067 号
- 合议庭成员　刘银春、司伟、赵风暴
- 关 键 词　民事 / 案外人执行异议之诉 / 拆迁安置补偿
- 相关法条　《中华人民共和国民事诉讼法》第 227 条①

【裁判要旨】

房地产联建各方均负有保障被拆迁人获得约定的安置补偿房屋的法律责任，不能仅以房屋登记在联建关系的一方名下且其并非拆迁安置补偿协议的当事人为由否定被拆迁人基于与联建关系的另一方签订的拆迁安置协议而主张的取得涉案拆迁安置或置换房产所有权的期待权，被拆迁人享有的该权利足以排除名义房屋登记人的金钱债权人申请的针对该安置房屋的强制执行。

【案情摘要】

1999 年，重汽集团公司基于与盛朝公司及郭某等租赁合同纠纷案生效判决，享有对后者的租赁费及违约金债权。在强制执行过程中，2001 年 9 月 25 日，法院裁定将登记在盛朝公司名下的本案诉争房屋过户给重汽集团公司以抵偿欠款。但因涉及拆迁安置等问题，实际并未完成过户登记。

1995 年至 1996 年期间，铁堂公司（与盛朝公司之间就诉争房屋所在房地产开发项目存在联建关系）与甘露饺子馆签订了三份协议书，约定甘露饺子馆作为被拆

---

① 对应《中华人民共和国民事诉讼法》（2023 年修正）第 238 条。

迁人享有安置补偿的权利,并具体约定了安置补偿房屋的位置与面积等事项。1997年,甘露饺子馆交纳了面积差价款,沈阳市铁西区房产管理局保工联建办公室(以下简称保工联建办)与甘露饺子馆针对增加的面积签订了《商品房购销协议书》。2001年8月28日,甘露饺子馆缴纳了契税。2001年11月1日,沈阳市房产局产权登记发证中心给甘露饺子馆出具《沈阳市房产产权登记收件准据、反馈意见卡》,要求甘露饺子馆于2001年12月1日领取《房屋所有权证》。但甘露饺子馆称其多次领证未果,其自1997年起使用该房屋至今对涉诉房产已经占有使用20年。甘露饺子馆遂提起执行异议以及执行异议之诉。

(撰写人:司 伟)

21 《最高人民法院关于人民法院办理执行异议和复议案件若干问题的规定》第27条、第28条、第29条的适用关系

——唐某与外经贸融资公司、华英达公司案外人执行异议之诉申请再审案

- **案　　号**　(2021)最高法民申1091号
- **合议庭成员**　王朝辉、郎贵梅、刘丽芳
- **关 键 词**　民事/案外人执行异议之诉/抵押权/商品房消费者/车位
- **相关法条**　《最高人民法院关于人民法院办理执行异议和复议案件若干问题的规定》第27条、第28条、第29条

【裁判要旨】

《最高人民法院关于人民法院办理执行异议和复议案件若干问题的规定》第27条的"除外情形"仅指第29条规定的商品房消费者购房情形,不包括第28条规定的情形。案外人执行异议之诉中,作为车位买受人的案外人不属于商品房消费者,不能依据第27条的"除外情形"排除抵押权人对案涉车位申请的强制执行。

【案情摘要】

2017年5月23日,华英达公司将其开发的包含案涉车位在内的车位等作为抵押,向外经贸融资公司贷款,并于2017年5月27日办理了抵押登记。该笔抵押于2018年1月12日注销。2017年8月1日,唐某与华英达公司签订《车位认购书》,

购买了案涉车位，华英达公司于同月31日将案涉车位交付唐某使用。2017年12月15日，华英达公司再次因贷款将上述不动产抵押给外经贸融资公司，并于2017年12月18日办理了二次抵押登记。外经贸融资公司因另案向一审法院申请执行，一审法院于2019年7月22日查封了华英达公司名下的案涉车位。唐某提出案外人执行异议，被驳回后提起本案执行异议之诉。

（撰写人：王朝辉、张东一）

22 执行异议之诉中购房人仅提交收款收据证明支付购房款的认定问题

——马某河与正岩建设公司、六合置业公司案外人执行异议之诉申请再审案

- 案　　号　（2021）最高法民申1499号
- 合议庭成员　张淑芳、李敬阳、吴凯敏
- 关 键 词　民事 / 案外人执行异议之诉 / 现金支付购房款
- 相关法条　《最高人民法院关于人民法院办理执行异议和复议案件若干问题的规定》第28条

【裁判要旨】

对于购房人只提交卖房人出具的收据，证明其已经支付购房款的，应结合购房人的经济能力、当时、当地或者当事人之间的交易方式、交易习惯、房屋交付情况、房屋居住时间长短、居住期间是否发生争议、是否存在购房人与被执行人恶意串通逃避执行的可能性等因素，根据日常生活经验对其是否支付购房款的事实作出认定。

【案情摘要】

正岩建设公司诉六合置业公司建设工程施工合同一案，一审法院作出的（2016）豫01民初1098号民事判决已发生法律效力。正岩建设公司向一审法院申请强制执行。在执行过程中，一审法院裁定查封被执行人六合置业公司名下位于郑州市金水区索凌路×号×号楼××层×××号房产。案外人马某河向一审法院提出执行异议，被驳回后，提起了案外人执行异议之诉。一审判决不得执行案涉房产；二审法院以马某河提交的收据没有取款凭证等其他证据佐证、现金数额较大为由，认定马某河不能证明其已经支付购房款，改判驳回马某河的诉讼请求。马某河申请再审。

（撰写人：张淑芳）

23 不动产买受人以现金支付价款的认定
——马某河与正岩建设公司、六合置业公司案外人执行异议之诉申请再审案

- 案　　号　（2021）最高法民申 1500 号
- 合议庭成员　张淑芳、李敬阳、吴凯敏
- 关 键 词　民事 / 案外人执行异议之诉 / 支付价款 / 现金
- 相关法条　《最高人民法院关于人民法院办理执行异议和复议案件若干问题的规定》第 28 条

【裁判要旨】

对于不动产买受人只提交被执行人（出卖人）出具的收据证明其已经支付不动产价款的，可根据买受人的购房资金来源、被执行人的财务账册等证据，结合买受人的经济能力、当时、当地或者当事人之间的交易方式、交易习惯、不动产交付情况、占有使用时间长短、占有使用期间是否发生争议、是否存在买受人与被执行人恶意串通逃避执行的可能性等因素，根据日常生活经验对买受人是否支付不动产价款的事实作出认定。不宜仅以没有取款凭证、现金支付金额较大为由，简单认定买受人未支付不动产价款。

【案情摘要】

2010 年 2 月，马某河（案外人）与六合置业公司（被执行人）签订商品房认购协议书，约定马某河购买案涉房屋。六合置业公司向马某河出具全额购房款收据。2011 年 12 月，马某河与装修公司签订装修合同。2015 年 6 月，马某河与物业公司签订《物业管理服务协议》，协议载明：物业交付时间为 2011 年 12 月 26 日前。2015 年 9 月，物业公司收取案涉房屋的天然气卡押金。正岩公司依据另案生效判决，申请强制执行六合置业公司，法院于 2019 年 1 月裁定查封六合置业公司名下案涉房产，其中包括马某河购买的房产。马某河提出异议申请被驳回，遂提起本案执行异议之诉。

（撰写人：李敬阳、牛彦坤）

24 配偶一方能否以离婚协议对于共有房屋进行分割为由主张排除金钱债权的强制执行

——霍某燕与王某楠等案外人执行异议之诉申请再审案

- **案　　号**　（2021）最高法民申 1530 号
- **合议庭成员**　周其濛、麻锦亮、季伟明
- **关　键　词**　民事 / 夫妻共同财产 / 离婚协议 / 排除强制执行
- **相关法条**　《中华人民共和国婚姻法》第 17 条①，《中华人民共和国民事诉讼法》第 227 条②

【裁判要旨】

在婚姻关系存续期间购买的房屋，虽然登记在一方名下，但仍属于夫妻共同财产，夫妻离婚时对于房屋权属的约定能否对抗善意第三人，应当予以综合考量。在离婚协议签订早于债务产生的时间或者另案诉讼的时间，获得房屋的一方还负担子女抚养、老人赡养等义务，且双方已经实际履行离婚协议形成了稳定的居住关系等情形下，一般不能认定存在以离婚为由恶意逃废债的故意，原则上应当奉行生存利益优先的原则，支持实际权利人的主张。

【案情摘要】

2006 年，王某与王某楠在民政局登记结婚。2009 年，王某楠与大连源祥房地产开发有限公司签订《商品房买卖合同》购买案涉房屋，房屋建筑面积共 129.52 平方米，总金额为 616256.16 元，其中首付款 126256.16 元，贷款 49 万元。2015 年 5 月 14 日，王某与王某楠协议离婚，《离婚协议书》约定离婚后儿子由男方抚养，案涉房屋归属女方所有，剩余房贷由女方偿还，车辆归属男方所有，后王某楠将剩余贷款一次性还清。霍某燕以孙某、王某、肖某、大连海昌物业管理有限公司、大连海昌房屋开发有限公司为被告提起财产损害赔偿诉讼。案件诉讼期间，一审法院于 2015 年 5 月 21 日查封案涉房屋，后形成本案诉讼。

（撰写人：麻锦亮、杨泽宇）

---

① 对应《中华人民共和国民法典》第 1062 条。
② 对应《中华人民共和国民事诉讼法》（2023 年修正）第 238 条。

25 未经审批出资借名开发建造房产不能径行取得房产所有权

——海利食品公司与达益置业公司等案外人执行异议之诉申请再审案

- 案　　　号　（2021）最高法民申 1608 号
- 合议庭成员　曹刚、于蒙、关晓海
- 关　键　词　民事 / 案外人执行异议之诉 / 所有权 / 借用资质
- 相关法条　《中华人民共和国物权法》第 9 条、第 30 条①

【裁判要旨】

未经主管部门审批借用他人名义开发房地产的建设行为，不属于法律规定的合法建造行为，不因与他人存在事实上的约定而就建造行为径行取得房产所有权。

【案情摘要】

海利食品公司、海利房地产公司、蒋某平借用达益置业公司名义从事房地产项目开发建设，约定达益置业公司出借名义并收取管理费，土地使用权及楼房产权归海利食品公司等所有。涉案房产建成后，登记在达益置业公司名下。相关法院在执行王某与达益置业公司借款合同纠纷一案中，对案涉房产进行了查封。海利食品公司、海利房地产公司、蒋某平提起执行异议之诉，请求判决案涉房屋所有权为其所有，并停止对房屋的执行。法院审理认为，海利食品公司、海利房地产公司、蒋某平借用达益置业公司名义开发建设房地产不符合法律规定，不属于法律规定的合法建造行为，不能径行取得房产所有权。海利食品公司、海利房地产公司、蒋某平与达益置业公司之间关于房产权利归属的约定，仅在当事人之间发生约束力，对外不具有物权效力。房产建成后登记在达益置业公司名下，未办理变更登记，海利食品公司、海利房地产公司、蒋某平应自行承担相应法律风险。海利食品公司、海利房地产公司、蒋某平依据合同约定享有的权利，不足以排除强制执行。

（撰写人：曹　刚）

---

① 对应《中华人民共和国民法典》第 209 条、第 231 条。

26 依据晚于查封时间作出的民事判决不能排除执行
——海利食品公司、海利房地产公司、蒋某平与丰源贷款公司、夏某龙、达益公司案外人执行异议之诉申请再审案

- **案　　号**　（2021）最高法民申 1618 号
- **合议庭成员**　曹刚、于蒙、关晓海
- **关　键　词**　民事 / 案外人执行异议之诉 / 借用资质
- **相关法条**　《最高人民法院关于人民法院办理执行异议和复议案件若干问题的规定》第 26 条第 2 款

【裁判要旨】

金钱债权执行中，在执行标的被查封、扣押、冻结后，案外人未提起执行异议之诉，反而是在执行法院之外的其他法院另行提起确认之诉，然后依据该确认之诉裁判结果提出排除执行的，人民法院不予支持。

【案情摘要】

海利食品公司、海利房地产公司、蒋某平借用达益公司名义，在取得涉案"水榭花都"项目用地使用权后，出资建设"水榭花都"房地产项目。后因达益公司对外负债，案涉项目被达益公司债权人申请法院查封并进入执行程序。后海利食品公司、海利房地产公司、蒋某平提起民事确认之诉，请求法院确认其对案涉项目享有所有权，并在取得法院确权判决后，再次向执行法院提起执行异议之诉，请求法院判决不得执行案涉项目房产。

（撰写人：关晓海）

27 以物抵债权利人能否要求排除强制执行
——王某宝与长城资产大连分公司等案外人执行异议之诉申请再审案

- **案　　号**　（2021）最高法民申1649号
- **合议庭成员**　周其濛、季伟明、麻锦亮
- **关 键 词**　民事/案外人执行异议之诉以物抵债/排除强制执行
- **相关法条**　《最高人民法院关于人民法院办理执行异议和复议案件若干问题的规定》第28条，《最高人民法院关于适用〈中华人民共和国民事诉讼法〉的解释》第312条①

【裁判要旨】

《最高人民法院关于人民法院办理执行异议和复议案件若干问题的规定》第28条规定无过错买受人在一定条件下，虽然没有办理过户登记手续，仍可以对抗金钱债权的强制执行。该条规定的基本理念是无过错买受人要求交付标的物的债权属于物权期待权的范畴，优先于金钱债权。以物抵债协议不同于买卖合同，设立以物抵债的目的在于消灭原有的金钱之债，以物抵债作为履行原来金钱债权的方式，虽然在合同有效的情况下，债权人可以要求债务人履行以物抵债协议项下的交付义务，其债权人本质上享有的仍然是金钱之债，不应优先于其他金钱债权，债权人不能依据《最高人民法院关于人民法院办理执行异议和复议案件若干问题的规定》第28条要求排除强制执行。

【案情摘要】

长城资产大连分公司与第三人文景公司等金融借款合同纠纷，另案生效判决判令文景公司偿还长城资产大连分公司欠款，长城资产大连分公司申请对文景公司包括案涉房屋在内财产采取查封措施。王某宝主张与文景公司之间存在建设工程施工合同关系，其为文景公司项目的实际施工人，因文景公司欠付工程款将案涉房屋抵顶给王某宝，从而要求排除另案的强制执行，在其执行异议被驳回后提起本案执行异议之诉。

（撰写人：麻锦亮、杨泽宇）

---

① 该解释已于2022年修正，此处法条对应第310条。

28 小区公共设施的认定
——白某维与王某梅等案外人执行异议之诉申请再审案

- **案　　号**　（2021）最高法民申 1731 号
- **合议庭成员**　刘少阳、孙祥壮、黄西武
- **关 键 词**　民事 / 案外人执行异议之诉 / 公共设施
- **相关法条**　《中华人民共和国物权法》第 73 条①，《最高人民法院关于适用〈中华人民共和国民法典〉时间效力的若干规定》第 5 条

【裁判要旨】

小区共有物业通常为小区正常居住生活的必要配套设施。实践中应结合法律规定的立法精神，综合判断认定建筑区划内的共有场所、共用设施和物业服务用房等。本案中，案涉小区包括大厦主楼、辅楼和公寓楼。从实际使用情况看，案涉配电房和新建配电房共同为小区楼体提供供电服务。因此，结合日常生活经验法则，案涉配电房属于小区公共设施，业主享有共有权，享有足以排除强制执行的民事权益。

【案情摘要】

根据生效判决，白某维申请查封天诚大厦及公寓楼九套房屋的使用权。王某梅等人作为天诚小区业主提出异议，请求解除对案涉配电房的查封。天诚小区包括天诚大厦主楼、辅楼和公寓楼。经原审法院现场调查，天诚小区除案涉配电房，还有一近几年新建的配电房，天诚大厦的值班人员打开案涉配电房后，可以看到配电房内的一组供电设备仍在工作运转中，案涉配电房与新建配电房同时在为小区楼体进行供电运转。

（撰写人：蒋凌睿）

---

① 对应《中华人民共和国民法典》第 274 条。

29 国有划拨土地使用权转让未经有批准权的人民政府批准、未办理过户登记，原土地使用权人享有的民事权益足以排除一般金钱债权人的强制执行

——鑫弘桥公司、香江公司、赤龙令公司与新华社海南分社、民联公司案外人执行异议之诉申请再审案

- **案　　号**　（2021）最高法民申 1775 号
- **合议庭成员**　贾清林、于明、朱科
- **关 键 词**　民事 / 案外人执行异议之诉 / 土地使用权转让
- **相关法条**　《中华人民共和国民事诉讼法》第 227 条[①]，《最高人民法院关于适用〈中华人民共和国民事诉讼法〉的解释》第 312 条第 1 款[②]，《最高人民法院关于人民法院办理执行异议和复议案件若干问题的规定》第 25 条，《最高人民法院关于人民法院民事执行中查封、扣押、冻结财产的规定》第 19 条[③]

【裁判要旨】

执行程序中，对于涉及行政审批的划拨土地使用权转让纠纷不能单纯适用《最高人民法院关于人民法院民事执行中查封、扣押、冻结财产的规定》第 19 条，在划拨土地使用权转让手续未经有批准权的人民政府批准、未办理过户登记前，出让人对该土地使用权及地上建筑物享有的民事权益足以排除一般金钱债权人的强制执行。

【案情摘要】

民联公司与新华社海南分社签订《合同书》，合作开发新华社海南分社名下土地，约定民联公司为新华社海南分社建设新闻大厦后，新华社海南分社将部分土地使用权转让给民联公司。后新闻大厦基本建成，但因种种原因办理土地过户未果。后鑫弘桥公司就案涉土地使用权及地上建筑物申请强制执行，新华社海南分社遂提起案外人执行异议之诉。一、二审判决均支持新华社海南分社的诉讼请求。鑫弘桥

[①] 对应《中华人民共和国民事诉讼法》（2023 年修正）第 238 条。
[②] 该解释已于 2022 年修正，此处法条对应第 310 条。
[③] 该解释已于 2020 年修正，此处法条对应第 17 条。

公司不服，向最高人民法院申请再审，遂成本案。

（撰写人：贾清林、乔希木）

30 房屋买卖合同在房产管理部门内部销控图上进行备案不等同于预告登记
——纪某恩与许某、隆德公司案外人执行异议之诉申请再审案

- 案　　号　（2021）最高法民申 1850 号
- 合议庭成员　麻锦亮、周其濛、季伟明
- 关 键 词　民事 / 案外人执行异议之诉 / 预告登记 / 合同备案
- 相关法条　《最高人民法院关于人民法院办理执行异议和复议案件若干问题的规定》第 30 条

【裁判要旨】

《最高人民法院关于人民法院办理执行异议和复议案件若干问题的规定》第 30 条规定能够排除执行的，仅限于已经办理物权预告登记情形。房屋买卖合同在房产管理部门内部销控图上进行备案，在无法律依据的情况下，不能认定已经进行了法律法规层面的预告登记，不能径行以此排除执行。

【案情摘要】

纪某恩因民间借贷纠纷于 2014 年 7 月诉至一审法院，该院同月裁定查封隆德公司案涉房产。2014 年 9 月，该院作出民事调解书，隆德公司偿还纪某恩借款 1700 万元。

执行中，案外人许某向一审法院提出执行异议，认为其与隆德公司签订了包括案涉房产的 11 套楼房（商业网点）的买卖合同，并已经支付了全部房款，在房屋管理部门备案登记，请求解除查封，停止执行。该院作出执行裁定书，驳回许某的异议，许某遂提起本案执行异议之诉。

另查明，2014 年 5 月，许某与隆德公司签订 11 份商品房买卖合同。其后，许某与隆德公司人员到灯塔市房地产管理处申请登记，该处在《隆德名轩商业网点销控平面图》上登记许某名字，隆德公司加盖印章。2014 年灯塔市未开展预告登记业务。

（撰写人：季伟明）

31 《最高人民法院关于人民法院办理执行异议和复议案件若干问题的规定》第 28 条规定并非第 27 条规定的例外情形

——邓某与金控公司、汇诚公司案外人执行异议之诉申请再审案

- 案　　号　（2021）最高法民申 1954 号
- 合议庭成员　郎贵梅、王朝辉、刘丽芳
- 关 键 词　民事 / 案外人执行异议之诉 / 例外情形
- 相关法条　《最高人民法院关于人民法院办理执行异议和复议案件若干问题的规定》第 27 条、第 28 条、第 29 条

【裁判要旨】

《最高人民法院关于人民法院办理执行异议和复议案件若干问题的规定》（以下简称《执行异议和复议规定》）第 27 条中规定的例外情形一般情况下仅限于建设工程合同中的优先受偿权以及《执行异议和复议规定》第 29 条规定的情形，《执行异议和复议规定》第 28 条规定并非第 27 条规定的例外情形。案涉商铺不符合《执行异议和复议规定》第 27 条规定的例外情形，即可判断案外人对案涉房屋的权利并不优于抵押权人对该房屋享有的抵押权，无需再对其权利是否符合《执行异议和复议规定》第 28 条规定的条件进行论证。

【案情摘要】

汇诚公司与金控公司就案涉房产办理抵押登记后，又与邓某签订《房屋定购协议》，并将案涉房产交付。后因另案判决汇诚公司对金控公司承担连带责任，法院查封了案涉房屋。邓某提起案外人异议被驳回，遂提起案外人执行异议之诉。一审判决以邓某未支付全部购房款、购房时案涉房屋已被抵押为由驳回其诉讼请求。二审判决以邓某不符合《执行异议和复议规定》第 28 条规定的"非因买受人自身原因未办理过户登记"为由，维持一审。邓某申请再审。

（撰写人：李晓晴）

32 公司与个人财产是否混同不属于执行异议之诉案件的审理范围

——陈某玉与刘某、合众置业公司、安邦房地产公司
执行异议之诉申请再审案

- **案　　号**　（2021）最高法民申 2038 号
- **合议庭成员**　张淑芳、李敬阳、吴凯敏
- **关 键 词**　民事 / 执行异议之诉 / 公司个人财产混同 / 不动产登记
- **相关法条**　《最高人民法院关于人民法院办理执行异议和复议案件若干问题的规定》第 24 条

【裁判要旨】

执行异议之诉中的案外人，对于其他个人财产与被执行人公司的财产是否混同持有异议，应通过其他审判程序予以确定。其他个人的财产是否应作为被执行对象，不是执行异议之诉的审理范畴。

【案情摘要】

陈某玉就其与刘某之父刘某成等的民间借贷纠纷于 2013 年 10 月 28 日向湖北省汉江市中级人民法院起诉。湖北省汉江市中级人民法院于 2015 年 4 月 9 日作出（2013）鄂汉江中民二初字第 00039 号民事判决书，判决：合众置业公司于判决生效后 30 日内返还陈某玉借款本金 2000 万元，利息 1025 万元及 2015 年 4 月 9 日之后的利息（按年利率 20% 计付利息，以借款本金 2000 万元，从 2015 年 4 月 10 日计算至实际给付之日），安邦房地产公司、刘某成对上述借款本息共同承担连带清偿责任。2015 年 12 月 22 日，湖北省高级人民法院以（2015）鄂民四终字第 00099 号民事判决维持上述判决。

因合众置业公司、安邦房地产公司、刘某成逾期未履行上述生效判决，湖北省汉江市中级人民法院于 2016 年 2 月 22 日立案执行。2018 年 11 月 12 日，陈某玉以被执行人刘某成之子刘某位于北京市西城区闹市口大街 9 号院 × 号楼 × 层 × × × 号房屋（证号为 X 京房权证西字第 072637 号）系被执行人合众置业公司、刘某成的资产为由，请求人民法院查封。

2018年12月12日，湖北省汉江市中级人民法院作出（2018）鄂96执恢4号之二执行裁定书，查封了上述房屋。2019年1月14日，刘某提出执行异议，湖北省汉江市中级人民法院于2019年2月19日作出（2019）鄂96执异1号民事裁定书，驳回了刘某的异议请求。2009年8月10日，刘某与北京晨昱泰和房地产开发有限公司签订《商品房预售合同》及补充协议一份，约定以3062580元购买案涉房屋，其中首付款612580元，按揭贷款245万元。2009年8月1日和8月5日，刘某通过尾号为6490的账户向北京晨昱泰和房地产开发有限公司支付首付款614111元。该卡资金主要来源于合众置业公司工作人员陈某的两次共计210万元的汇款。刘某尾号407的账户，从2009年8月13日贷款之日起至2018年11月26日期间，偿还案涉房屋按揭款金额为1324382.84元，而同一期间，合众置业公司和刘某成向该账户汇款共计2681500元。2011年12月9日，刘某取得案涉房屋的房产证（证号为X京房权证西字第072637号）。

（撰写人：吴凯敏）

33 作为执行依据的生效判决认定案外人的权益优先于申请执行人的，案外人的权益可排除强制执行

——李某与时某月、民建公司、民建公司永城分公司、侯某东案外人执行异议之诉申请再审案

- **案　　号**　（2021）最高法民申2055号
- **合议庭成员**　张淑芳、李敬阳、吴凯敏
- **关 键 词**　民事/案外人执行异议之诉/足以排除强制执行的民事权益
- **相关法条**　《最高人民法院关于适用〈中华人民共和国民事诉讼法〉的解释》第311条①

【裁判要旨】

在先生效判决中判令房地产公司向案外人交付房屋，且主文对于房屋位置的描述具体明确。申请执行人所依据的生效判决未明确被执行人为其办理一定面积房产的过户手续的房产位置，且该判决认定就《权益分配合同书》中约定房产与案外人

---

① 该解释已于2022年修正，此处法条对应第309条。

等所有的房产重叠部分,案外人的权益优先于申请执行人。故案外人享有足以排除强制执行的民事权益。

【案情摘要】

2017年6月,时某月与民建公司、民建公司永城分公司合资、合作开发房地产合同纠纷一案民事判决判令民建公司、民建公司永城分公司向时某月交付《补充修订协议书》约定的案涉房屋。2018年4月,李某与民建公司、民建公司永城分公司、侯某东和第三人时某月、张某彬等23人权益分配合同纠纷一案民事判决判令民建公司、民建公司永城分公司为李某办理一定面积房屋的过户手续。在李某案诉讼过程中,人民法院于2016年7月查封案涉房屋,后李某依据该生效判决进行强制执行,一审法院于2019年5月在查封案涉房屋上张贴公告,拟对其进行处置。时某月提出执行异议,一审法院驳回时某月的异议申请,时某月遂提起本案执行异议之诉。

（撰写人：吴凯敏）

34 商业用途房产买受人不能认定为执行异议之诉程序的商品房消费者

——孔某靓与新盛公司、中银公司案外人执行异议之诉申请再审案

- 案　　号　（2021）最高法民申2167号
- 合议庭成员　贾劲松、郭忠红、王鑫
- 关　键　词　民事 / 案外人执行异议之诉 / 商业用途房产
- 相关法条　《最高人民法院关于人民法院办理执行异议和复议案件若干问题的规定》第28条、第29条

【裁判要旨】

一次购买多套商业用途房产不符合《最高人民法院关于人民法院办理执行异议和复议案件若干问题的规定》第29条"所购商品房系用于居住且买受人名下无其他用于居住的房屋"的规定,故其买受人不属于商品房消费者,不适用《最高人民法院关于人民法院办理执行异议和复议案件若干问题的规定》第29条的规定。

【案情摘要】

孔某靓与中银公司签订六份《商品房买卖合同》，将中银公司位于内蒙古自治区呼和浩特市赛罕区新华大街 496 号中银城市广场的六套房屋出售给孔某靓。双方约定：买受人的房屋仅作商业使用。新盛公司与中银公司、杨某森、赵某、华厦公司合同纠纷一案，新盛公司于 2015 年 1 月 13 日向人民法院提起诉讼，2015 年 1 月 19 日受理，人民法院于同年 1 月 20 日对中银公司名下呼国用（2008）第 00137 号土地使用权和位于内蒙古自治区呼和浩特市赛罕区新华大街 496 号中银城市广场 ABCD 楼的相关房产办理了财产保全，查封期限自 2015 年 1 月 20 日至 2017 年 1 月 19 日。后人民法院继续查封中银公司名下呼国用（2008）第 00137 号土地使用权和位于内蒙古自治区呼和浩特市赛罕区新华大街 496 号中银城市广场 ABCD 楼的相关房产，其中包含中银城市广场 × 单元 ×× 层的全部房屋。查封期限自 2017 年 1 月 17 日至 2020 年 1 月 16 日。孔某靓针对新盛公司的诉讼保全行为提出保全异议复议申请，人民法院以执行裁定驳回孔某靓的异议请求，孔某靓遂提起本案执行异议之诉。

（撰写人：贾劲松）

35 不动产登记是否具有终局证明效力
——华盛公司与三明商会、林某凤案外人执行异议之诉申请再审案

- **案　　号**　（2021）最高法民申 2260 号
- **合议庭成员**　郁琳、李延忱、黄鹏
- **关 键 词**　民事 / 案外人执行异议之诉纠纷 / 不动产登记 / 共有人
- **相关法条**　《最高人民法院关于适用〈中华人民共和国物权法〉若干问题的解释（一）》第 2 条①

【裁判要旨】

物权登记的权利状态仅作为一种拟制事实，并没有终局证明效力。特别在处理不动产产权的内部争议中，不能仅凭不动产登记簿的记载认定物权归属，而应依据当事人提供的证据依法审查不动产登记簿的记载与真实权利状态是否相符，以确定

---

① 该解释已失效，参见《最高人民法院关于适用〈中华人民共和国民法典〉物权编的解释（一）》第 2 条。

不动产的实际权利人。

【案情摘要】

一审法院在审理申请保全人华盛公司与被保全人林某凤民间借贷纠纷一案中，裁定查封华盛公司的担保财产，即华盛公司位于福州市晋安区东山路以东、横屿佳园以西、化工路以北，证号闽（2016）福州市不动产权第0014508号土地使用权。三明商会向一审法院提出执行异议称其是所查封土地使用权的共有人，一审法院以土地使用权证为华盛公司单独持有为由，裁定驳回三明商会的异议请求，遂成本讼。

（撰写人：郁　琳）

36 对案外人是否在人民法院查封之前已合法占有不动产应当予以严格审查

——金某香与大连九里置业顾问公司、鞍山奥达美联益置业公司案外人执行异议之诉申请再审案

- 案　　号　（2021）最高法民申2289号
- 合议庭成员　麻锦亮、周其濛、季伟明
- 关 键 词　民事/案外人执行异议之诉/合法占有房屋
- 相关法条　《最高人民法院关于人民法院办理执行异议和复议案件若干问题的规定》第28条

【裁判要旨】

在案外人提起的执行异议之诉案件中，对于案外人是否符合《最高人民法院关于人民法院办理执行异议和复议案件若干问题的规定》第28条应作严格审查，尤其对是否在查封之前合法占有房屋不能仅凭被执行人出具的证明认定。

【案情摘要】

大连九里置业顾问公司经法院生效判决确认对鞍山奥达美联益置业公司有一笔债权，后大连九里置业顾问公司依据判决申请执行，查封了案涉房屋，案外人金某香提出异议，请求阻却执行。

（撰写人：李知博）

37 以房抵债的原始债权是否具有优先受偿性

——贾某好与苏某德、正宏公司申请执行人执行异议之诉申请再审案

- **案　　号**　（2021）最高法民申 2401 号
- **合议庭成员**　张淑芳、李敬阳、吴凯敏
- **关 键 词**　民事 / 执行异议之诉 / 以物抵债 / 优先受偿
- **相关法条**　《最高人民法院关于人民法院办理执行异议和复议案件若干问题的规定》第 28 条

【裁判要旨】

通过以房屋抵顶前期借款的方式取得不动产的"买受人"，对于该实现债权方式可能存在的风险是明知的，其原始债权是借款性质的普通债权，并不具有优先受偿性。

【案情摘要】

2016 年 6 月，正宏公司（被执行人）与贾某好（案外人）签订认购协议书，由贾某好认购案涉房产，付款方式为借款本金抵顶。正宏公司出具收据记载收到贾某好借款本金抵顶房款。2016 年 8 月，正宏公司取得案涉房产的预售许可。2018 年 8 月，贾某好向正宏公司交纳商铺物业管理费、垃圾处理费、水电费、装修保证金、维修基金、采暖费，并领取了入户钥匙。苏某德依据另案生效判决，向法院申请强制执行正宏公司，法院于 2019 年 11 月查封了案涉房产，其中包括贾某好购买的房产。贾某好提出执行异议申请得到支持，法院裁定中止执行案涉房产。苏某德不服，提起本案申请执行人执行异议之诉。

（撰写人：李敬阳、牛彦坤）

38 案外人执行异议之诉中购房款支付的审查问题

——岳某均与新七公司、万意公司、胡坪公司、
尹某涛案外人执行异议之诉申请再审案

- 案　　　号　（2021）最高法民申 2408 号
- 合议庭成员　张淑芳、李敬阳、吴凯敏
- 关　键　词　民事 / 案外人执行异议之诉 / 购房款
- 相关法条　《最高人民法院关于人民法院办理执行异议和复议案件若干问题的规定》第 28 条

【裁判要旨】

如案外人提交的证据载明部分款项的付款时间远早于购房合同的签订时间，付款主体、收款主体不能与案外人、被执行人对应，付款总金额与购房合同约定的金额不吻合，且案外人对付款细节的前后陈述存在明显矛盾的，应认定不足以证实已支付全部购房款，案外人对争议标的不享有足以排除强制执行的民事权益。

【案情摘要】

2016 年 7 月 14 日，岳某均（案外人）与万意公司（被执行人）就案涉 6 套房产签订 3 份买卖合同，总价款为 5323708 元。2018 年，上述 6 套房产被法院依法查封。岳某均提起案外人执行异议之诉，主张其已合法购买并实际占有上述 6 套房产，其中购房款的具体支付方式为：通过钟某伟于 2015 年 6 月 30 日、2015 年 7 月 1 日向万意公司指定收款人尹某玲转账 130 万元、54 万元；岳某均于 2016 年 7 月 13 日分两次向万意公司指定收款人范某钰转账 65 万元、225 万元；通过刘某向万意公司指定收款人尹某玲转账 583708 元（一审、二审中岳某均未提交转款凭证；二审中又主张现金支付；申请再审中提交 55 万元转账记录一份），请求对上述 6 套房产解除查封措施等。

（撰写人：张淑芳）

39 案外人对商铺享有的权益不能对抗申请执行人的建设工程价款优先受偿权

——杨某清与新七建公司等案外人执行异议之诉申请再审案

- 案　　号　（2021）最高法民申 2410 号
- 合议庭成员　张淑芳、李敬阳、吴凯敏
- 关 键 词　民事 / 案外人执行异议之诉 / 商铺 / 建设工程价款优先受偿权
- 相关法条　《最高人民法院关于人民法院办理执行异议和复议案件若干问题的规定》第 27 条

【裁判要旨】

案外人执行异议之诉中，针对被执行房屋为商铺的情形，因案外人并非基于生活需要购买商铺，案外人对商铺不能享有消费者物权期待权，故案外人对商铺享有的权益不能对抗申请执行人享有的建设工程价款优先受偿权。

【案情摘要】

杨某清向兴宇公司出借款项，万意公司为兴宇公司的借款提供担保。借款到期后，杨某清与万意公司签订《商品房买卖合同》，约定购买万意公司开发建设的商铺，以万意公司欠付其的担保债务抵顶商铺款。案涉《商品房买卖合同》已办理备案手续。后因万意公司欠付新七建公司工程款，另案判决认定新七建公司对其承建包含案涉商铺在内的房屋享有建设工程价款优先受偿权。杨某清对该案执行提出异议被驳回，遂提起本案诉讼。

（撰写人：吴凯敏）

40 以他人名义开发建设房地产，不因实际建造行为直接取得房地产物权

——陈某洲与德利公司等案外人执行异议之诉申请再审案

- **案　　号**　（2021）最高法民申2413号
- **合议庭成员**　曹刚、于蒙、关晓海
- **关 键 词**　民事/案外人执行异议之诉/借用资质/物权取得
- **相关法条**　《中华人民共和国物权法》第9条①

【裁判要旨】

自然人借用其他公司名义竞拍土地使用权，并出资开发建设房地产，其虽可以依照相关合同就案涉房地产向被借用人主张权利，但不因其实际出资建造行为而径行取得房地产的所有权。

【案情摘要】

王某杰受陈某洲委托与德利公司签订协议，约定使用该公司名称、资质竞拍土地，并以该公司名义进行房地产开发、楼盘出售、物业管理等。王某杰之后代表德利公司与湖北省孝感市孝南区国土资源局签订成交确认书，确认德利公司竞得案涉地块的国有建设用地使用权。湖北省孝感市孝南区城乡建设局向德利公司颁发了建设工程施工许可证，准予其施工建设。德利公司后取得商品房预售许可证。蒋某德以个人名义与陈某洲签订协议承建案涉工程，并收到陈某洲支付的部分工程款。后因德利公司、蒋某德等未履行湖北省孝感市中级人民法院另案作出的民事判决，该院查封案涉项目的部分房屋。陈某洲提出执行异议被驳回后，又提起执行异议之诉，请求确认其为案涉楼盘房产的实际权利人，法院判决驳回其相关诉讼请求。

（撰写人：曹　刚）

---

① 对应《中华人民共和国民法典》第209条。

41 不动产连环买受人的权益能否排除金钱债权的强制执行

——王某刚与黄河公司、盛和公司、宝城公司案外人执行异议之诉申请再审案

- **案　　号**　（2021）最高法民申 2510 号
- **合议庭成员**　万挺、张艳、潘杰
- **关 键 词**　民事 / 案外人执行异议之诉 / 不动产买受人
- **相关法条**　《最高人民法院关于人民法院办理执行异议和复议案件若干问题的规定》第 28 条

【裁判要旨】

案涉房屋经过多次转让，案外人的购买行为发生在一审法院查封案涉房屋之后。案外人主张排除案涉房屋的强制执行，但其未能提供充分证据证明在法院查封案涉房屋之前已签订合法有效的书面买卖合同，其所提异议不符合《最高人民法院关于人民法院办理执行异议和复议案件若干问题的规定》第 28 条第 1 项 "在人民法院查封之前已签订合法有效的书面买卖合同" 及第 2 项 "在人民法院查封之前已合法占有该不动产" 的条件。案外人对案涉房屋不享有足以排除强制执行的民事权益。

【案情摘要】

黄河公司与立豪公司、盛和公司合作合同纠纷一案，一审法院于 2011 年 6 月 13 日作出（2011）济民二商初字第 5 号民事调解书，主要内容如下：（1）黄河公司与立豪公司、盛和公司共同确认截止协议签订之日立豪公司尚欠黄河公司垫资款本金 270 万元；（2）黄河公司与立豪公司、盛和公司共同确认截止该案起诉之日（2011 年 4 月 18 日），立豪公司欠付黄河公司垫资款利息为 6264208.06 元；自 2011 年 4 月 19 日起，立豪公司支付黄河公司利息（以实际剩余垫资款本金为基数，按同期银行贷款利率，自 2011 年 4 月 19 日计算至实际付清本金之日，但不超过 2011 年 7 月 31 日）；（3）立豪公司于 2011 年 7 月 31 日之前将上述款项全部支付给黄河公司；（4）盛和公司对上述款项承担连带清偿责任。该案于 2012 年 4 月 24 日立案执行，执行过程中，一审法院查封了盛和公司位于昌乐县利民街 172 号某小区某号楼

39套房产，包括涉案房产。2019年4月30日，一审法院作出（2012）济中法执字第121号公告，拟拍卖上述39套房产。

案涉房屋系由盛和公司开发建设，宝城公司作为施工人，依据其与盛和公司签订的补充协议，以其建设的房屋抵顶建设工程款。宝城公司在未取得产权登记的情况下，将涉案房屋再次抵顶给赵某祥。根据王某刚诉称，赵某祥将涉案房屋出售给宁某丽、吕某伟，宁某丽、吕某伟又将涉案房屋转售给王某刚，但王某刚与盛和公司在一审法院查封之前并未签订合法有效的房屋买卖合同。王某刚对一审法院拍卖涉案房屋不服，向一审法院提出书面异议。一审法院于2019年6月10日作出（2019）鲁01执异797号执行裁定，裁定驳回案外人王某刚的异议，王某刚对该执行裁定不服，遂向一审法院提起本案诉讼。

（撰写人：万　挺）

42 因被执行人将案涉房屋另行备案给第三人等原因导致房屋无法办理过户手续的，可认定购房人对未办理过户不存在过错

——周某钦与张某岭、刘某晓、合众公司
执行异议之诉申请再审案

- **案　　号**　（2021）最高法民申2756号
- **合议庭成员**　曹刚、于蒙、关晓海
- **关 键 词**　民事 / 执行异议之诉 / 过户登记
- **相关法条**　《最高人民法院关于人民法院办理执行异议和复议案件若干问题的规定》第28条

【裁判要旨】

被执行人将案涉房屋销售给案外人之后，又另行将案涉房屋备案给他人的，应认定无法办理过户登记手续并非案外人的自身原因，案外人符合《最高人民法院关于人民法院办理执行异议和复议案件若干问题的规定》第28条第4项规定的条件。

【案情摘要】

周某钦根据强制执行证书向法院申请执行合众公司。法院据此作出执行裁定，

查封了包含本案案涉商铺在内的合众公司名下的商业用房。张某岭、刘某晓提出执行异议，称其已经于查封前购买了案涉房屋，支付了全部价款，已经合法占有，由于合众公司的原因未办理过户手续。执行法院作出裁定中止对案涉商铺的执行。周某钦不服，提起执行异议之诉。二审判决驳回了周某钦的诉讼请求。周某钦申请再审。经查，根据最高人民法院（2019）最高法民申5247号、河南省高级人民法院（2020）豫民再176号、267号等相关案件的认定，合众公司认可未办理过户是因规划、土地方面的原因。本案二审审理中，合众公司认可其在将案涉房屋出售给张某岭、刘某晓后，又备案给他人，导致无法办理过户登记手续。故综合上述情形，二审判决认定案涉房屋并非张某岭、刘某晓自身原因未办理过户登记并无不当。

（撰写人：于　蒙、王利萍）

43 仅依据以房抵债协议能否主张排除强制执行

——曹某川与黄某松等案外人执行异议之诉申请再审案

- **案　　号**　（2021）最高法民申3231号
- **合议庭成员**　王富博、于蒙、李敬阳
- **关 键 词**　民事 / 案外人执行异议之诉 / 以房抵债
- **相关法条**　《最高人民法院关于人民法院办理执行异议和复议案件若干问题的规定》第28条

【裁判要旨】

以房抵债协议系以消灭金钱之债为目的的抵债方式，当事人并不享有房屋买受人的物权期待权，亦不属于建设工程价款优先受偿的主体范畴。在未完成物权变动登记的情况下，仅依据以房抵债协议主张排除对案涉房产的强制执行，人民法院不予支持。

【案情摘要】

曹某川系宿州热力公司股东。宿州热力公司与玄凯公司签订水木清华小区供暖管道工程安装合同，工程施工完毕并交付玄凯公司后，因玄凯公司无力给付全部工程款，双方就欠款部分于2016年1月20日经协商达成《以房抵款协议》。根据协议约定，将案涉两处房产作价抵付给宿州热力公司股东即曹某川。在黄某松与左某兵、

玄凯公司民间借贷纠纷一案审理过程中，因黄某松申请财产保全，法院依法查封玄凯公司开发的水木清华小区240套房产（含案涉房产）。因左某兵、玄凯公司未履行相应给付义务，黄某松向法院申请强制执行，拟对含案涉房产在内的55套房产进行评估、拍卖、变卖。2019年12月30日，曹某川提起案外人执行异议之诉。

（撰写人：王富博）

44 法院查封后所有权人转让房屋，受让人不得对抗申请执行人
——李某同与黄淮学院、万家居公司案外人执行异议之诉申请再审案

- **案　　号**　（2021）最高法民申3240号
- **合议庭成员**　张淑芳、李敬阳、吴凯敏
- **关 键 词**　民事/案外人执行异议之诉/查封/转让
- **相关法条**　《中华人民共和国城市房地产管理法》第38条

【裁判要旨】

《城市房地产管理法》第38条第1项规定，司法机关和行政机关依法裁定、决定查封或者以其他形式限制房地产权利的房地产，不得转让。房屋所有权人违反上述规定，在法院查封房屋后签订转让协议，受让人不能取得对抗申请人民法院对房屋采取查封措施的债权人的权利。

【案情摘要】

在黄淮学院与万家居公司另案纠纷中，黄淮学院提出财产保全申请，一审法院于2014年10月29日裁定冻结万家居公司银行存款1200万元或查封、扣押其相应价值的财产，案涉房屋在查封财产范围之内。2015年，李某同多次借钱给周某国，到期后周某国因无力偿还，将其从万家居公司购得的商铺转让给李某同，双方签订《房屋转让协议书》，周某国向李某同出具收条载明2015年10月3日收到李某同购房款130万元整。周某国于2015年11月5日向万家居公司出具《告知书》，告知已经将商铺转让给李某同。万家居公司于2015年11月5日出具收据载明收到李某同商铺水电户头费9000元整，于2015年12月28日出具的书面凭证载明：民族新村×号楼（西）李某同由西向东单元1层、2层××号门朝南商铺。一审法院经现场

调查，万家居公司办公楼内未见工作人员，商铺内放置有建筑材料等，在场人员称不知房屋被出售，在商铺内放置建筑材料是临时占用，没有租赁合同。

（撰写人：李敬阳、王利萍）

45 案外人购买已网签备案房屋的，属于案外人自身原因未办理过户登记

——隆惠典当公司与华融小额贷款公司、富华房地产公司、华蒂房地产富拉尔基分公司案外人执行异议之诉申请再审案

- **案　　号**　（2021）最高法民申 3253 号
- **合议庭成员**　麻锦亮、周其濛、季伟明
- **关 键 词**　民事 / 案外人执行异议之诉 / 网签备案 / 自身原因未办理过户登记
- **相关法条**　《最高人民法院关于人民法院办理执行异议和复议案件若干问题的规定》第 28 条

【裁判要旨】

网签备案登记是根据《城市房地产管理法》的规定，房地产管理部门对已售商品房办理的备案登记，具有控制物权转让的效果。因此，当事人在签订房屋买卖合同时如果没有注意到房屋已经网签备案的属于没有尽到合理的注意义务，对案涉房屋不能办理过户登记存在过错，其主张并非自身原因未办理过户登记的理由不成立。

【案情摘要】

华融小额贷款公司经法院生效裁判确认对富华房地产公司、华蒂房地产富拉尔基分公司享有一笔债权，判决生效后，华融小额贷款公司申请强制执行，查封了案涉房屋，隆惠典当公司提出案外人异议，要求阻却执行。

（撰写人：李知博）

46 依据拆迁补偿安置协议享有优先取得案涉房屋的权利可以排除强制执行

——赵某虎与中国电信伊犁分公司、昊丰公司案外人执行异议之诉申请再审案

- 案　　号　（2021）最高法民申 3323 号
- 合议庭成员　何波、徐霖、张梅
- 关 键 词　民事／案外人执行异议之诉／拆迁补偿安置协议
- 相关法条　《最高人民法院关于审理商品房买卖合同纠纷案件适用法律若干问题的解释》第 7 条①

【裁判要旨】

《最高人民法院关于审理商品房买卖合同纠纷案件适用法律若干问题的解释》第 7 条第 1 款规定："拆迁人与被拆迁人按照所有权调换形式订立拆迁补偿安置协议，明确约定拆迁人以位置、用途特定的房屋对被拆迁人予以补偿安置，如果拆迁人将该补偿安置房屋另行出卖给第三人，被拆迁人请求优先取得补偿安置房屋的，应予支持。"拆迁补偿安置协议作为一种特殊的买卖合同，是双方当事人约定，拆迁人以其建造或购买的产权房屋与被拆迁人享有所有权的被拆迁房屋进行调换产权的协议。当事人根据拆迁安置补偿协议享有优先取得案涉房屋的权利，可以排除强制执行。

【案情摘要】

案外人郭某煜与昊丰公司、贾某培民间借贷纠纷一案经一审法院于 2017 年 7 月 20 日作出（2017）新 01 民初 203 号民事判决。因郭某煜、昊丰公司不服，向二审法院提起上诉，二审法院于 2017 年 11 月 20 日作出（2017）新民终 400 号民事调解书，该调解书已发生法律效力。后因昊丰公司、贾某培未履行生效法律文书确定的义务，郭某煜向一审法院申请强制执行，执行案号为（2018）新 01 执 40 号。2018 年 3 月 9 日，郭某煜与赵某虎签订《债权转让协议》，该协议将（2017）新民终 400 号民事调解书确定的郭某煜的债权转让给赵某虎。2018 年 6 月 14 日，执行法院作

---

① 该解释已于 2020 年修正，本条已被删除。

出（2018）新 01 执异 93 号执行裁定书，变更赵某虎为本案的申请执行人。一审法院作出（2017）新 01 民初 203 号之四民事裁定及协助执行通知书，于 2017 年 11 月 25 日查封了昊丰公司位于伊宁市解放西路×××号某小区综合楼×××号在内的共计 47 套房产及所对应的土地使用权。中国电信伊犁分公司提出了执行异议，一审法院驳回中国电信伊犁分公司的异议请求。中国电信伊犁分公司向一审法院起诉请求判令停止对位于伊宁市解放西路×××号某小区综合楼×××房屋的强制执行；判令确认该房屋归中国电信伊犁分公司所有。

（撰写人：徐　霖）

47　购买被执行人未取得所有权的不动产，买受人享有的权益能否排除强制执行

——毛某与王某康、新星兴公司、安隆公司、新蜀医疗公司、王某荣、李某、郝某梅案外人执行异议之诉申请再审案

- 案　　　号　（2021）最高法民申 3372 号
- 合议庭成员　万挺、张艳、潘杰
- 关　键　词　民事 / 案外人执行异议之诉
- 相关法条　《最高人民法院关于人民法院办理执行异议和复议案件若干问题的规定》第 28 条、第 29 条

【裁判要旨】

被执行人将其购买的尚未取得所有权的案涉房屋出售给案外人，案外人仅享有债权。根据《最高人民法院关于适用〈中华人民共和国民事诉讼法〉的解释》第 311 条①规定，案外人提起执行异议之诉的，案外人应当就其对执行标的享有足以排除强制执行的民事权益承担举证证明责任。在案外人提供的证据不足以证明其对案涉房屋享有优于金钱债权的民事权益的情况下，不能排除案涉房屋的执行。案外人系与被执行人及其配偶签订《房屋转让合同》，并非与房地产开发企业签订商品房买卖合同，故不属于《最高人民法院关于人民法院办理执行异议和复议案件若干问题的规定》第 29 条规范调整的范围，亦不能据该条款排除案涉房屋的执行。

---

① 该解释已于 2022 年修正，本条被修改为第 309 条。

【案情摘要】

2013年8月30日、9月30日、11月25日,王某康分别借给新星兴公司600万元、400万元、1200万元,并签订了借款协议两份,后双方于2014年11月5日、2015年5月19日两次签订还款协议,李某等在签订的还款协议中均同意承担担保责任。2016年春节前,新星兴公司偿还王某康500万元,其中包括本金2200万元的借款利息360万元。河北省邯郸市中级人民法院(以下简称邯郸中院)经调解,于2016年6月21日作出(2016)冀04民初19号民事调解书,调解内容:(1)新星兴公司于调解协议生效之日起10日内偿还王某康借款本金2200万元及利息(自2013年11月25日起至调解协议确定的还款履行期限届满之日止,按月息2%计算,已偿还的360万元利息在应给付的利息中扣除);(2)李某等对上述借款本息承担连带清偿责任;(3)案件受理费257390元,减半收取128695元,保全费5000元,由新星兴公司、李某等共同负担。该民事调解书生效后,因新星兴公司、李某等未履行还款义务,王某康申请强制执行,邯郸中院于2017年1月4日立案执行。2017年3月8日,邯郸中院作出(2017)冀04执12号执行裁定,裁定查封、冻结、划拨被执行人新星兴公司、李某等银行存款人民币22223228.69元及相应利息或查封、扣押其相应价值的财产、股权或扣留、提取其相应的收入。2017年6月22日,邯郸中院查封了被执行人李某名下的案涉房产,查封期限自2017年6月22日至2020年6月21日。执行过程中,毛某对邯郸中院作出(2017)冀04执12号执行裁定不服,提起执行异议,邯郸中院于2019年1月22日作出(2019)冀04执异3号执行裁定,裁定驳回毛某的异议请求。毛某提起本案诉讼。李某、郝某梅与成都深长城地产有限公司于2013年6月17日《商品房买卖合同》购买案涉房屋,总价款为3474940元。李某与郝某梅于2016年1月18日离婚,离婚协议称,离婚前所有财产归郝某梅所有,李某净身出户。根据毛某提供的相关证据显示,2017年1月20日,李某与毛某在交接清单上签字,该交接清单内容:房门钥匙一把,李某购买房产的资料一套,电、气卡一张。同日,毛某与李某、郝某梅签订《房屋转让合同》,约定:毛某以3474940元的价格购买案涉房产,并约定毛某须在2017年4月30日前向李某、郝某梅指定的银行账户支付购房款300万元,余款474940元在李某对毛某原负债中即时抵扣。2018年6月20日,李某出具《证明》一份,其中载明:"毛某购买本人与郝某梅的房产,因本人在新疆工作,没有时间回成都协助办理过户手续,导致毛某没有取得房产证。"

(撰写人:万 挺)

48 购买处于执行异议审查和复议期间的查封房屋，不宜认定其签订书面买卖合同的时间在法院查封之前

——戴某莎与农行官渡支行、兆丰公司等案外人执行异议之诉申请再审案

- **案　　号**　（2021）最高法民申 3451 号
- **合议庭成员**　刘丽芳、郎贵梅、王朝辉
- **关 键 词**　民事 / 案外人执行异议之诉 / 查封时间 / 签订书面买卖合同时间
- **相关法条**　《最高人民法院关于人民法院办理执行异议和复议案件若干问题的规定》第 29 条，《最高人民法院关于适用〈中华人民共和国民事诉讼法〉执行程序若干问题的解释》第 10 条①

【裁判要旨】

在对查封房屋的执行异议审查和复议期间，不停止执行。故虽然案涉房屋的查封曾被法院出具的裁定撤销，但该裁定后续亦被撤销，直至最后执行异议申请被撤回，整个执行过程中，法院并未对案涉房屋予以解除查封。即自原查封裁定作出并送达后，对案涉房屋的执行从未停止，案涉房屋始终处于有效查封状态。案外人购买案涉房屋的时间处于整个执行异议审查和复议期间，不符合《最高人民法院关于人民法院办理执行异议和复议案件若干问题的规定》第 29 条规定的"在人民法院查封之前已签订合法有效的书面买卖合同"。

【案情摘要】

云南省昆明市中级人民法院依据（2016）云 01 民初 1167 号民事裁定书（以下简称原查封裁定），于 2016 年 8 月 26 日作出（2016）云 01 执保 607 号协助执行通知书（以下简称 607 号通知书），查封兆丰公司名下包括案涉房屋在内的 93 处房屋，后于 2016 年 12 月 19 日作出（2016）云 01 执异 585 号执行裁定（以下简称 585 号执行裁定）撤销 607 号通知书。2017 年 7 月 6 日，云南省高级人民法院作出（2017）云执复 44 号（以下简称 44 号执行裁定）又撤销 585 号执行裁定并发回重审。戴某莎于 2017 年 7 月 26 日与被执行人兆丰公司签认购房协议。戴某莎主张

---

① 该解释已于 2020 年修正，此处法条对应第 9 条第 1 款。

585号执行裁定作出后，立即生效，607号通知书失去效力，复议不影响585号执行裁定的执行。云南省高级人民法院44号执行裁定将585号执行裁定发回重审，但是并没有明确恢复607号通知书的效力，故应当认为戴某莎签购房协议之时，607号通知书仍处于被撤销后的无效状态，案涉房屋不处于合法的查封状态。

（撰写人：李晓晴）

49 案外人与被执行人关于银行账户使用的内部约定是否足以排除强制执行
——张某林与昝某清、邓某国案外人执行异议之诉申请再审案

- 案　　号　（2021）最高法民申3526号
- 合议庭成员　孙晓光、孙建国、杨军
- 关 键 词　民事/执行/案外人执行异议之诉/权利人
- 相关法条　《最高人民法院关于人民法院办理执行异议和复议案件若干问题的规定》第24条、第25条第3项，《中华人民共和国物权法》第23条①

【裁判要旨】

货币属于具有高度可替代性的种类物，自交付时发生转移而成为银行账户载明的权利人的责任财产，故权利人应按照金融机构登记的账户名称进行判断。案外人与被执行人关于银行账户借用、使用等内部约定不能对抗善意第三人，不能排除对账户资金的强制执行。

【案情摘要】

案涉银行卡登记于被执行人邓某国名下，但所涉账户预留联系方式为案外人张某林使用的电话号码，张某林作为案外人主张其系借用邓某国名义办理银行卡，卡内资金为其个人所有且案涉资金为其投资收益，不能因案涉银行卡曾在特殊情况下用于公司经营活动而归属于公司。基于此，张某林提出案外人执行异议，被驳回后提起本案诉讼并申请再审。

（撰写人：孙晓光、马　露、毛荧月）

---

① 对应《中华人民共和国民法典》第224条。

50 小区商铺买受人享有的物权期待权是否足以排除被抵押商铺的强制执行

——贺某军与浦发银行贵阳分行、湘企房地产公司等案外人执行异议之诉申请再审案

- 案　　号　（2021）最高法民申3541号
- 合议庭成员　李相波、郎贵梅、刘丽芳
- 关 键 词　民事 / 案外人执行异议之诉 / 优先受偿权
- 相关法条　《最高人民法院关于人民法院办理执行异议和复议案件若干问题的规定》第27条、第29条

【裁判要旨】

申请执行人基于担保物权等优先受偿权对执行标的申请执行的，只有商品房买受人符合《最高人民法院关于人民法院办理执行异议和复议案件若干问题的规定》第29条规定情形的，才能排除强制执行。该条规定旨在保护房屋消费者物权期待权，案涉商铺为商业用房，案外人购买该房屋亦用作经营并非居住，不涉及该项权益保护问题，无权依据第29条规定排除强制执行。

【案情摘要】

贺某军与湘企房地产公司签订《会员认购协议书》，认购一间门面房，贺某军按照约定支付了大部分房款，并实际占有使用该房，但未办理不动产登记。后湘企房地产公司将该门面房抵押给浦发银行贵阳分行。另案借款合同纠纷生效判决确认浦发银行贵阳分行对案涉房产享有优先受偿权。浦发银行贵阳分行向人民法院申请执行。执行过程中，贺某军提出执行异议。执行法院裁定驳回贺某军的异议请求，贺某军遂提起执行异议之诉。

（撰写人：李相波、梁　楷）

51 一般不动产买受人即便符合《最高人民法院关于人民法院办理执行异议和复议案件若干问题的规定》第28条的规定，也不能对抗抵押权人

——王某瑜与华融公司等案外人执行异议之诉申请再审案

- 案　　号　（2021）最高法民申3574号
- 合议庭成员　胡夏冰、于明、贾清林
- 关 键 词　民事/案外人执行异议之诉/房屋限购政策
- 相关法条　《最高人民法院关于人民法院办理执行异议和复议案件若干问题的规定》第28条、第29条

【裁判要旨】

在对执行标的享有抵押权的情形下，当事人要排除抵押权人的抵押权优先受偿权，必须符合《最高人民法院关于人民法院办理执行异议和复议案件若干问题的规定》（以下简称《执行异议和复议规定》）第27条的规定。该条确立了享有担保物权的申请执行人的优先受偿地位，同时基于对一些特定权益优先保护的必要，通过"但书"予以排除。根据《最高人民法院关于建设工程价款优先受偿权问题的批复》第1条、第2条的规定，交付全部或者大部分款项的商品房消费者的权利优先于抵押权人优先受偿权。此即属于"但书"条款所言的例外规定。该规定是基于生存权至上的考虑，突破合同相对性和债权平等而设置的特别规定，实践中需要严格审查和把握，以免动摇抵押权的优先性基础。《执行异议和复议规定》第29条规定体现了对商品房消费者物权期待权的优先保护。而《执行异议和复议规定》第28条则规定了一般房屋买受人的物权期待权，但该类情形并不具有优先于抵押权的生存权至上的价值基础。即一般不动产买受人即便符合《执行异议和复议规定》第28条的规定，也不能对抗抵押权人。

【案情摘要】

金中海公司拖欠华融公司借款，金中海公司于2014年10月17日为该借款设定抵押，并办理了抵押登记手续。后来，金中海公司将已经设定抵押的商品房出卖给王某瑜。王某瑜支付全款，该商品房已经交付，但仍登记在金中海公司名下。金中

海公司未按民事调解书偿还华融公司借款，华融公司申请法院执行。法院查封了包括案涉房屋在内在抵押物。王某瑜提出执行异议。法院裁定驳回王某瑜的异议请求。一、二审法院均认为王某瑜对案涉房产享有的民事权益不足以排除强制执行。王某瑜遂申请再审本案。

（撰写人：丁　一）

52 未取得设定抵押前的地上建筑物所有权的案外人提起案外人执行异议之诉的举证责任

——常某与农行高新支行、信业公司案外人执行异议之诉申请再审案

- **案　　号**　（2021）最高法民申 3602 号
- **合议庭成员**　高晓力、徐霖、吴笛
- **关 键 词**　民事 / 案外人执行异议之诉 / 排除强制执行
- **相关法条**　《最高人民法院关于人民法院办理执行异议和复议案件若干问题的规定》第 27 条

【裁判要旨】

提起案外人执行异议之诉的案外人，应当就其对执行标的享有足以排除强制执行的民事权益承担举证证明责任。未取得设定抵押前的地上建筑物所有权的案外人未能提供证据证明存在《最高人民法院关于人民法院办理执行异议和复议案件若干问题的规定》第 27 条规定的除外情形的，应当承担举证不能的法律后果，即便案外人对设定抵押的土地上的续建建筑物、设施享有物权，其亦不得以此为由阻却强制执行。

【案情摘要】

甘肃省兰州市中级人民法院（以下简称兰州中院）作出的（2017）甘 01 民初 187 号民事判决认定，农行高新支行有权对信业公司所有的两处土地使用权拍卖、变卖或者以该财产折价所得价款优先受偿。因债务人未履行该判决所确定的义务，农行高新支行申请强制执行。执行过程中，常某以其为信业公司所有的涉案两宗国有土地使用证上的地上建筑物及附属物的所有人为由提出执行异议，兰州中院裁定驳回常某的异议请求。常某向兰州中院起诉，请求：（1）不予执行兰州中院（2017）

甘 01 民初 187 号民事判决；（2）确认案涉两宗国有土地使用证上的地上建筑物及附属物属于常某所有。

（撰写人：高晓力）

53 案外人执行异议之诉中，签订以房抵债合同的购房人不能对抗承包人对案涉房屋享有的建设工程价款优先受偿权
——何某清与合川公司、长林瑞公司案外人执行异议之诉申请再审案

- **案　　号**　（2021）最高法民申 3611 号
- **合议庭成员**　孙建国、张爱珍、孙晓光
- **关 键 词**　民事 / 执行 / 案外人执行异议之诉 / 建设工程价款优先受偿权 / 以房抵债
- **相关法条**　《最高人民法院关于人民法院办理执行异议和复议案件若干问题的规定》第 27 条，《最高人民法院关于建设工程价款优先受偿权问题的批复》①第 1 条、第 2 条

【裁判要旨】

《最高人民法院关于人民法院办理执行异议和复议案件若干问题的规定》第 27 条规定："申请执行人对执行标的依法享有对抗案外人的担保物权等优先受偿权，人民法院对案外人提出的排除执行异议不予支持，但法律、司法解释另有规定的除外。"该条规定的除外情形仅限于《最高人民法院关于建设工程价款优先受偿权问题的批复》第 1 条、第 2 条规定的情形。根据上述规定，在申请执行人对执行标的依法享有建设工程价款优先受偿权的情况下，只有案外人是执行标的的消费者，其排除执行的申请才能得到支持。本案中，根据查明的事实，生效调解书中确定了承包人对案涉工程折价或拍卖的价款享有优先受偿权。案涉房屋属于案涉工程，故承包人对案涉房屋享有建设工程价款优先受偿权。因承包人系申请执行人，故只有案外人是案涉房屋的消费者才能排除对案涉房屋的执行。案外人不是案涉房屋的消费者，仅是以房抵债合同的购房人，也即案涉工程发包人的普通债权人，不能对抗承包人

---

① 该解释已失效。

的建设工程价款优先受偿权，其权利不足以排除对案涉房屋的执行。因案外人不是案涉房屋的消费者，故其对案涉房屋占有、使用与否，不影响案件的处理结果。

【案情摘要】

四川省巴中市中级人民法院于 2017 年 9 月 8 日作出（2017）川 19 民初 42 号民事调解书，确定了合川公司在 4550 万元范围内对长林瑞公司开发的长林嘉苑工程项目折价或拍卖的价款享有优先受偿权，案涉房屋属于长林瑞公司开发的长林嘉苑工程项目。何某清与长林瑞公司是债权债务关系，双方的借款为 1527500 元，双方约定以案涉四套商品房抵债（四套价格分别为：415254 元、441042 元、414540 元、441042 元），并于 2015 年 10 月 23 日签订《商品房购房合同》，其中一套商品房抵债不足以支付，通过抵债只付了 230162 元，何某清还欠 184378 元，其称已支付给长林瑞投资公司。因长林瑞公司未履行调解书的付款义务，合川公司向一审法院提出执行申请，何某清对一审法院作出的执行裁定不服，提出执行异议，一审法院驳回，故何某清提起本案诉讼。

（撰写人：董　宁）

54 执行中，一般金钱债权不能对抗优先受偿权
——燃料公司因与华融公司等案外人执行异议之诉申请再审案

- **案　　号**　（2021）最高法民申 3668 号
- **合议庭成员**　黄鹏、李延忱、郁琳
- **关 键 词**　民事 / 案外人执行异议之诉 / 案外人排除强制执行的规则
- **相关法条**　《最高人民法院关于人民法院办理执行异议和复议案件若干问题的规定》第 27 条、第 28 条

【裁判要旨】

评判案外人能否排除强制执行的实体法规则，仍应以物权优先于债权为基本原则，遵循不动产物权变动规则和不动产登记制度。《最高人民法院关于人民法院办理执行异议和复议案件若干问题的规定》第 28 条规定了在金钱债权执行中买受人对登记在被执行人名下的不动产提出异议能否排除执行的判断标准，但该条的金钱债权应理解为一般金钱债权，即该条的情形不能对抗优先受偿权。也就是说，《最高人民

法院关于人民法院办理执行异议和复议案件若干问题的规定》第 28 条不属于该规定第 27 条的例外情形。

【案情摘要】

燃料公司与鼎融公司签订《商品房买卖合同》，购买案涉房屋。另案判决认定华融公司对涉案房屋享有优先受偿权，该案执行中法院查封并裁定拍卖、变卖涉案房屋。燃料公司提出案外人执行异议，被驳回后提起本案诉讼。一审法院根据《最高人民法院关于人民法院办理执行异议和复议案件若干问题的规定》第 28 条判决支持燃料公司的主张，二审法院认定一审判决适用法律错误改判驳回燃料公司诉讼请求。燃料公司申请再审。

（撰写人：黄　鹏）

55　承租人对执行标的享有的租赁权不能排除强制执行
——城市顺达公司与佳城吉公司案外人执行异议之诉申请再审案

- **案　　号**　（2021）最高法民申 3676 号
- **合议庭成员**　孙建国、张爱珍、孙晓光
- **关 键 词**　民事 / 执行 / 案外人执行异议之诉 / 租赁权 / 移交占有
- **相关法条**　《最高人民法院关于人民法院民事执行中拍卖、变卖财产的规定》第 31 条①、《最高人民法院关于人民法院办理执行异议和复议案件若干问题的规定》第 31 条

【裁判要旨】

承租人对执行标的享有的租赁权并不能排除执行，只可能阻止向受让人移交占有。本案中，根据查明的事实，承租人以其是案涉房屋的承租人为由，向一审法院提出案外人执行异议，要求停止对案涉房屋的评估拍卖，并解除对案涉房屋的查封。可见，承租人提出的执行异议请求就是阻止人民法院对案涉房屋的执行，而不是阻止向受让人移交对案涉房屋的占有。因承租人不服一审法院的执行异议裁定，向该院提起案外人执行异议之诉，从而形成一审诉讼。因此，一审法院针对承租人的诉

---

① 该解释已于 2020 年修正，此处法条对应第 28 条。

讼请求进行审理，程序并无不当。根据上述规定，无论承租人与出租人是否签订有《房屋租赁合同》，以及其是否实际占有使用案涉房屋，其均无权以租赁权为由阻却对案涉房屋的评估拍卖。因此，原审判决驳回其诉讼请求，并无不当。

【案情摘要】

2018年11月12日，一审法院就秦某诉佳城吉公司、花溪公司、焱祥公司、罗某池及第三人群洲实业公司建设工程施工合同纠纷一案作出（2017）黔01民初1085号民事判决，该判决已发生法律效力。根据秦某的申请，一审法院对（2017）黔01民初1085号民事判决进行强制执行，城市顺达公司以其是案涉房屋的承租人为由，向一审法院提出案外人执行异议，要求停止对案涉房屋的评估拍卖，并解除对案涉房屋的查封，一审法院裁定驳回，城市顺达公司遂提起本案诉讼。

（撰写人：董　宁）

56 执行异议之诉中以工程款抵扣购房款如何认定
——王某皓与华融公司、盛景公司案外人执行异议之诉申请再审案

- **案　　号**　（2021）最高法民申3727号
- **合议庭成员**　张爱珍、孙建国、孙晓光
- **关 键 词**　民事/法律问题/案外人执行人执行异议之诉/工程款抵扣购房款
- **相关法条**　《最高人民法院关于人民法院办理执行异议和复议案件若干问题的规定》第28条、第29条

【裁判要旨】

执行异议之诉中，案外人以其通过工程款债权冲抵购房款的方式支付了全部价款为由主张排除法院对讼争房屋的强制执行，法院应当全面审查工程款权益的真实性、是否存在以工程款抵扣购房款的事实、抵扣行为是否发生在法院查封之前，否则不能视为买受人已支付购房款。

【案情摘要】

2014年9月2日，王某皓与盛景公司签订商品房买卖合同，约定房价297017元，盛景公司开具235164元的收据，王某皓与海丰公司签订装修合同，海丰公司开

具61149元的收据，收款方式均为"抵款"。2015年3月12日，华融公司经登记对案涉房屋享有抵押权。王某皓于2015年7月25日起实际占有案涉房屋。2015年6月8日，法院查封了案涉房屋，后于2017年12月7日发布公告，拟对案涉房屋进行评估、拍卖。王某皓提出执行异议，被法院裁定驳回王某皓的异议请求。2017年8月15日，三立公司与王某皓的外祖父黄某文订立协议，约定三立公司将其对海丰公司的债权4222725元转让给黄某文。2017年11月13日，海丰公司向三立公司出具说明，载明海丰公司欠三立公司4222725元，因破产重整无法支付欠款。2020年6月9日，黄某文出具《付款情况证明》，自述案涉房屋抵扣其部分工程款。

（撰写人：张爱珍、郁华冰）

57 据以执行的判决书中部分优先受偿权判项被改判，案外人执行异议之诉应否被终结

——李某与李某武、光大公司等案外人执行异议之诉申请再审案

- **案　　号**　（2021）最高法民申3751号
- **合议庭成员**　胡夏冰、于明、贾清林
- **关 键 词**　民事 / 案外人执行异议之诉 / 终结诉讼
- **相关法条**　《中华人民共和国民事诉讼法》第151条、第257条①

【裁判要旨】

因客观事实发生变化，据以执行的民事判决中关于在抵押物范围内案涉价款优先受偿权判项被改判，其他判项予以维持。没有抵押权的普通债权生效判决仍然可以作为法院强制执行的法律依据。案外人仍可以就该强制执行提出执行异议之诉。

【案情摘要】

光大公司将商品房出卖给李某武等14位业主，商品房已经交付，但仍登记在光大公司名下。光大公司向李某借款，并为此借款在两宗地块上办理了抵押登记手续。另案判决光大公司应偿还李某借款。李某遂申请法院执行。法院查封了包括案涉房屋在内在抵押物。李某武等14位业主提起本诉。在本诉过程中，其中一宗土地上抵

---

① 对应《中华人民共和国民事诉讼法》（2023年修正）第154条、第268条。

押权登记证明被注销，再审判决变更了关于价款优先受偿权的范围，维持其他判项。一审法院判决不予执行，二审法院认为李某的债权不享有优先受偿权，故丧失了对其强制执行的依据，应当终结执行，本案已无继续诉讼的必要，依法应当终结诉讼。李某武等14位业主向法院申请再审本案。

（撰写人：丁　一）

58 执行标的由申请执行人受让时对"执行程序终结"的理解分析
——信达山西分公司与纵横公司、众聚通公司案外人执行异议之诉申请再审案

- **案　　号**　（2021）最高法民申3856号
- **合议庭成员**　曹刚、于蒙、关晓海
- **关 键 词**　民事 / 案外人执行异议之诉 / 错汇执行程序终结
- **相关法条**　《最高人民法院关于人民法院办理执行异议和复议案件若干问题的规定》第6条第2款

【裁判要旨】

当执行标的物由当事人以外的第三人受让时，案外人提出阻止执行的实体权利异议的，应当在执行标的的执行程序终结之前。主要考虑受让人通过司法拍卖程序已经取得了执行标的的所有权，为了维护司法拍卖的公信力，不应允许案外人再提出异议。当执行标的由申请执行人受让的，案外人提出异议的时间应在执行程序终结之前。此处的执行程序终结是指生效法律文书确定的债权实现后执行程序完全终结。这是因为，对申请执行人而言，其因错误执行案外人财产所获得的利益理所应当予以返还，不存在信赖利益保护的问题，只要执行程序尚未结束，案外人提出异议均未超过法定期限。

【案情摘要】

信达山西分公司与解州九龙公司、众聚通公司、孟某果、梁某新、孟某美、侯某林合同纠纷一案，太原仲裁委员会于2017年4月26日作出（2015）并仲裁字第248号裁决书，该仲裁裁决书生效后，信达山西分公司于2017年8月11日向山西

省太原市中级人民法院申请强制执行。山西省太原市中级人民法院于 2017 年 12 月 25 日将包括本案 160 万元在内的 2412087.4 元予以扣划，并于 2018 年 8 月 1 日将扣划的前述款项支付至信达山西分公司。后纵横公司对该执行行为不服，提起本案之诉。信达山西分公司认为关于案涉 160 万元款项的执行程序已终结，而纵横公司直至 2018 年 9 月 26 日才向山西省太原市中级人民法院提出执行异议，已超过了法定期限。

（撰写人：关晓海）

59 名为买卖实为借贷的债权人不能排除房屋的强制执行
——李某冬、王某与李某英、盘锦龙驿公司
案外人执行异议之诉申请再审案

- **案　　号**　（2021）最高法民申 4142 号
- **合议庭成员**　麻锦亮、周其濛、季伟明
- **关 键 词**　民事 / 排除强制执行 / 名为买卖实为借贷
- **相关法条**　《最高人民法院关于审理民间借贷案件适用法律若干问题的规定》第 24 条①

【裁判要旨】

如《商品房买卖合同》真实法律关系性质并非房屋买卖，而系作为债务履行的一种非典型担保，则相关债权人不属于买受人，其对案涉房屋不享有足以排除强制执行的民事权益。

【案情摘要】

李某英经生效裁判确认对盘锦龙驿公司享有债权，判决生效后，李某英申请强制执行，查封了案涉多套房屋。李某冬、王某主张案涉房屋作为其对盘锦龙驿公司债权的担保已经签订购房合同，提出异议，请求排除强制执行。

（撰写人：李知博）

---

① 该解释已于 2020 年第二次修正，此处法条对应第 23 条。

60 执行异议之诉中案涉标的权利人的判断标准
——李某强与临洮农商行、世荣晖房产公司、李某存、金江水电公司、金某生案外人执行异议之诉申请再审案

- **案　　号**　（2021）最高法民申 4502 号
- **合议庭成员**　宋冰、吴笛、董俊武
- **关 键 词**　民事 / 案外人执行异议之诉 / 实际权利人
- **相关法条**　《最高人民法院关于人民法院办理执行异议和复议案件若干问题的规定》第 25 条第 1 项

【裁判要旨】

案涉土地使用权登记人为权利人，且相应乡村建设规划许可证、建筑工程施工许可证、商品房预售许可证等记载的均为该权利人，该权利人亦为行政审批机关确定的建设方。案涉土地使用权出让金及税费由谁缴纳、建设工程由谁实际出资等情形并非判断权利人的法定要件。

【案情摘要】

一审法院在执行临洮农商行申请的其与世荣晖房产公司、金江水电公司、金某生等金融借款合同纠纷一案中，一审法院查封了世荣晖房产公司名下的案涉房屋。且本案案涉房屋所在项目的国有土地使用权登记在世荣晖房产公司名下，建设项目立项、规划、设计、施工许可、商品房预售许可等行政审批手续，全部登记在世荣晖房产公司名下。李某强提出执行异议，一审法院审查后驳回其异议，李某强向一审法院提起案外人执行异议之诉，请求确认其为查封房产的实际权利人并足以排除法院的强制执行，一审法院并未支持李某强诉讼请求。李某强不服提起上诉，二审法院亦维持原判。现李某强认为其为案涉房产权利人，提出再审申请。

（撰写人：董俊武）

61 案外人主张享有并通过以房折价方式行使了建设工程价款优先受偿权，能否排除一般债权的强制执行

——华盛六分公司与王某双案外人执行异议之诉申请再审案

- **案　　号**　（2021）最高法民申 4574 号
- **合议庭成员**　王富博、于蒙、李敬阳
- **关 键 词**　民事 / 案外人执行异议之诉 / 建设工程价款优先受偿权
- **相关法条**　《中华人民共和国合同法》第 286 条①

【裁判要旨】

建设工程价款优先受偿权应优先于普通债权。申请执行人为实现一般债权对案涉房屋强制执行时，案外人已经就案涉房屋折价行使了建设工程价款优先受偿权，其对案涉抵债房屋所享有的权利足以排除强制执行。

【案情摘要】

2009 年 5 月 6 日，华盛六分公司与菩萨崖公司签订《建设施工合同》，后因菩萨崖公司资金链断裂，华盛六分公司于 2011 年 11 月停工。2013 年 5 月 27 日，双方签订《结算单》确认尚欠工程款 1930.65 万元。2013 年 8 月 8 日，华盛六分公司与菩萨崖公司签订《以房抵债协议》，约定以盂县小区共计 5002 平方米建筑抵顶菩萨崖公司欠华盛六分公司的 1930.65 万元工程款。2013 年 12 月 11 日，山西省阳泉市中级人民法院作出民事调解书对上述协议内容予以确认。王某双与菩萨崖公司系民间借贷关系。王某双依据民事判决书向法院申请强制执行，2018 年 5 月 15 日，法院查封了上述《以房抵债协议》中约定的 5002 平方米建筑。华盛六分公司提出执行异议被驳回后，提起本案执行异议之诉。原审法院认为华盛六分公司不符合《最高人民法院关于人民法院办理执行异议和复议案件若干问题的规定》第 28 条规定，其以优先受偿权为由主张排除执行的理由不能成立。

（撰写人：王富博）

---

① 对应《中华人民共和国民法典》第 807 条。

62 抵押权人在申请强制执行时主张抵押权的，抵押权依旧受到保护

——吕某与高某、泰乐房地产公司案外人执行异议之诉申请再审案

- **案　　号**　（2021）最高法民申 4619 号
- **合议庭成员**　麻锦亮、周其濛、季伟明
- **关 键 词**　民事 / 抵押权 / 诉讼时效 / 强制执行
- **相关法条**　《中华人民共和国物权法》第 192 条、第 202 条①

【裁判要旨】

《物权法》第 202 条规定："抵押权人应当在主债权诉讼时效期间行使抵押权；未行使的，人民法院不予保护。"抵押权作为担保物权的一种，本身不适用诉讼时效制度，但为了防止抵押权人怠于行使抵押权，《物权法》规定抵押权人应在主债权诉讼时效期间内行使抵押权，实质在于明确抵押权人应在主债权受到法律保护的期间内行使抵押权。当主债权经诉讼程序被生效裁判确定后，此时主债权固然不存在诉讼时效问题，但裁判生效后，主债权不一定能实现，在债务人未主动履行情况下，还存在执行问题。只要当事人在申请执行期间对债务人申请强制执行，参照上述《物权法》第 202 条之规定，就应视为抵押权人在主债权受到法律保护的期间内行使了权利，抵押权人的权利仍应受到保护。

【案情摘要】

大连经济技术开发区农村信用合作社经生效判决确认对泰乐房地产公司享有一笔债权。判决执行期间，债权人变更为高某，强制执行过程中，高某主张对案涉房屋享有抵押权，吕某则称其为案涉房屋买受人，提出异议，申请排除强制执行。

（撰写人：李知博）

---

① 对应《中华人民共和国民法典》第 407 条、第 419 条。

63 在申请执行人有抵押权或建设工程价款优先受偿权的情况下，不动产买受人可排除强制执行的情形
——民生典当公司与景某民、永某公司、苗某、孟某红执行异议之诉申请再审案

- **案　　号**　（2021）最高法民申 4662 号
- **合议庭成员**　张淑芳、吴凯敏、张炎
- **关 键 词**　民事 / 案外人执行异议之诉 / 优先受偿权
- **相关法条**　《最高人民法院关于办理执行异议和复议案件若干问题的规定》第 27 条、第 28 条、第 29 条

【裁判要旨】

关于不动产的执行，《最高人民法院关于办理执行异议和复议案件若干问题的规定》（以下简称《执行异议和复议规定》）第 28 条系对"一般的房屋买卖合同的买受人"权利的规定，第 29 条系对"商品房消费者"权利的规定。根据《执行异议与复议规定》第 27 条及《最高人民法院关于建设工程价款优先受偿权问题的批复》的精神，符合《执行异议和复议规定》第 29 条的商品房消费者才能够对抗基于抵押权优先受偿的强制执行。因此，《执行异议和复议规定》第 27 条规定的"除外"之情形包括第 29 条，但不包括第 28 条。

【案情摘要】

民生典当公司依据（2014）并民初字第 566 号民事判决向一审法院申请强制执行。执行期间，一审法院对永济市房权证（2010）字第 502298 号、房屋所有权人为第三人苗某的位于永济市银杏东街银杏商厦 1 幢、2 幢房产（含案涉房产）实施了查封。在拍卖公告发出后，景某民向一审法院提出书面异议，请求中止对案涉商铺的拍卖。一审法院作出（2019）晋 01 执异 87 号执行裁定，裁定中止对案涉商铺的拍卖。民生典当公司不服该裁定提出申请执行人执行异议之诉，一审判决支持了民生典当公司，二审改判驳回民生典当公司的诉求。民生典当公司不服，提起本案执行异议之诉。

（撰写人：吴凯敏）

64 案外人非因自身原因未办理过户登记的认定
——李某与国正公司、君和公司案外人执行异议之诉申请再审案

- **案　　号**　（2021）最高法民申 4698 号
- **合议庭成员**　张淑芳、李敬阳、张炎
- **关 键 词**　民事 / 案外人执行异议之诉 / 以房抵债 / 过户登记
- **相关法条**　《最高人民法院关于人民法院办理执行异议和复议案件若干问题的规定》第 28 条

【裁判要旨】

案外人主张非因其自身原因未办理过户登记，但未能举证证明其曾向房屋登记机构递交过户登记材料，或向被执行人提出了办理过户登记的请求，亦未举证证明其未办理过户登记有合理客观理由的，不属于非因自身原因未办理过户登记。

【案情摘要】

国正公司根据（2015）合民二初字第 00426 号民事调解书向法院申请强制执行。2017 年 2 月 28 日，法院向安徽省阜阳市不动产登记中心发出协助执行通知书，对被执行人君和公司名下位于阜阳市颍州区南京路 188 号君和皇家花园部分房产，包括案涉 × 号商住楼 ××× 室、××× 室房屋进行了查封。李某提出执行异议申请被驳回。李某不服，提起本案案外人执行异议之诉。

（撰写人：吴凯敏）

65 案外人执行异议之诉中房屋买卖合同签订早于轮候查封时间是否可以排除强制执行

——刘某与华融资产重庆分公司、盛景旅游公司案外人执行异议之诉申请再审案

- **案　　　号**　（2021）最高法民申 4926 号
- **合议庭成员**　王朝辉、郭凌川、刘丽芳
- **关 键 词**　民事 / 案外人执行异议之诉 / 轮候查封 / 首轮查封
- **相关法条**　《最高人民法院关于人民法院办理执行异议和复议案件若干问题的规定》第 28 条、第 29 条

【裁判要旨】

案外人执行异议之诉中，案外人与开发商的房屋买卖合同签订时间早于轮候查封时间，但晚于首轮查封时间。在轮候查封法院依法将案件执行移送基于抵押权执行的首轮查封法院情形下，案外人并不能取得对案涉房屋物权期待权，不符合《最高人民法院关于人民法院办理执行异议和复议案件若干问题的规定》第 28 条、第 29 条关于"在人民法院查封之前已签订合法有效的书面买卖合同"之规定，亦不能据此排除享有抵押权的债权人对案涉房屋的强制执行。

【案情摘要】

2015 年 3 月 12 日，案涉房屋设定了抵押权，华融资产重庆分公司因受让债权依法取得案涉房屋抵押权。2015 年 6 月 8 日，案涉房屋被首轮查封。2015 年 9 月 28 日，刘某与盛景旅游公司签订了案涉房屋的买卖合同。2017 年 7 月 12 日，执行法院作出裁定轮候查封了案涉房屋。后执行法院拟依据华融资产重庆分公司的抵押权，对案涉房屋进行评估、拍卖，首轮查封法院将首轮查封处置权移交执行法院。刘某提出案外人执行异议，被驳回后提出本案诉讼。

（撰写人：王朝辉、张东一）

66 案外人主张以房抵债但证据不充分的，不能认定支付了购房款

——崔某冰与一建公司、六合置业公司案外人执行异议之诉申请再审案

- **案　　号**　（2021）最高法民申 5011 号
- **合议庭成员**　张淑芳、李敬阳、吴凯敏
- **关 键 词**　民事 / 案外人执行异议之诉 / 以物抵债
- **相关法条**　《最高人民法院关于人民法院办理执行异议和复议案件若干问题的规定》第 28 条

【裁判要旨】

案外人虽主张以股东分红抵付案涉房屋购房款却未提供证据的，不能证明其已支付购房款，不能排除强制执行。

【案情摘要】

津大公司与六合置业公司签订铝合金门窗工程安装承包合同，为六合置业公司安装铝合金门窗。崔某冰是津大公司的股东，与六合置业公司签订案涉房屋《商品房认购协议书》。崔某冰主张，津大公司通过以房抵工程款的方式向六合置业公司支付案涉房屋的购房款，崔某冰作为津大公司的股东，以股东分红抵购房款的方式支付了案涉房屋购房款。六合置业公司将案涉房屋交付崔某冰，崔某冰对案涉房屋进行装修并入住至今，并缴纳物业费。一审法院在一建公司诉六合置业公司、河南顺和置业有限公司建设工程施工合同纠纷一案的执行过程中查封了案涉房产。崔某冰提起案外人执行异议之诉。

（撰写人：吴凯敏）

67 拆迁补偿安置权益的效力是否优先于已经设定的抵押权

——中原银行农业路支行与燕庄三村民组、发展置业公司案外人执行异议之诉申请再审案

- **案　　号**　（2021）最高法民申 5083 号
- **合议庭成员**　张淑芳、李敬阳、吴凯敏
- **关　键　词**　民事 / 案外人执行异议之诉 / 抵押权
- **相关法条**　《最高人民法院关于审理商品房买卖合同纠纷案件适用法律若干问题的解释》第 7 条、第 8 条①

【裁判要旨】

在法律、司法解释规定商品房消费者的权利可以排除对执行标的依法享有的担保物权等优先受偿权的情况下，基于拆迁补偿安置权益效力优先于就同一特定房屋与拆迁人签订房屋买卖合同的包括商品房消费者及一般买受人在内的第三人的权利，兼顾被拆迁人的集体利益保护，拆迁补偿安置权益的效力优先于已经设定的抵押权。

【案情摘要】

2000 年至 2003 年，燕庄三村民组（甲方）与发展置业公司（乙方）签订《协议书》，甲方提供土地作为共同开发用地，并商定甲方共同分成 25500 平方米写字楼。2020 年 5 月 20 日，发展置业公司与燕庄三村民组签订《房屋产权范围确认协议书》《房屋位置楼层确认协议书》，协议载明燕庄三村民组房产位置，其中包含案涉房产。三份协议均载明发展置业公司对上述房产不具有房屋产权。案涉房产自建成后，燕庄三村民组经营管理，以收取租金的方式对案涉房产占有至今。2020 年 9 月 22 日，发展置业公司向燕庄三村民组出具《承诺书》，特承诺：凡基于发展置业公司将以上房产抵押担保，以发展置业公司名义对外借款、担保所致的房产被查、被执行给村民组造成的损失包括但不限于诉讼费、保全费及因房产被拍卖所造成的损失等均由发展置业公司承担。2019 年案涉房产被查封，2020 年燕庄三村民组对该

---

① 该解释已于 2020 年修正，该两条已被删除。

执行行为提出执行异议被驳回，燕庄三村民组为此提出了本案执行异议之诉。

（撰写人：吴凯敏）

68 带租拍卖房产的承租人就法院腾退公告提起执行异议之诉问题
——速好达公司与中行南莲支行等执行异议之诉申请再审案

- 案　　号　（2021）最高法民申 5415 号
- 合议庭成员　杜微科、汪鸿滨、薛贵忠
- 关 键 词　民事 / 执行异议之诉 / 带租拍卖
- 相关法条　《最高人民法院关于人民法院办理执行异议和复议案件若干问题的规定》第 6 条

【裁判要旨】

执行法院在拍卖公告中已确认案涉标的系带租拍卖，拍卖后又作出执行公告责令承租人腾退的，承租人可以就请求停止执行腾退公告提起案外人执行异议之诉。

【案情摘要】

2014 年 9 月 1 日，平彦公司（出租方）与黄某军、钟某（承租方）签订租赁合同，约定以租偿债。2015 年 2 月 15 日，上述双方签订补充协议，认可速好达公司承接上述租赁合同的全部权利和义务。同年 3 月 1 日，平彦公司与速好达公司签订租赁合同。2016 年，案外人、中行南莲支行就其与平彦公司借贷纠纷一案生效判决，向江西省南昌市中级人民法院（以下简称南昌中院）申请执行平彦公司所有的案涉地块及房产。南昌中院发布拍卖公告时，载明速好达公司系优先购买权人。2018 年 6 月 19 日，南昌中院作出终本裁定。次日，作出公告，责令案涉房产租赁户等迁出。速好达公司就公告责令迁出行为提出书面异议，南昌中院驳回其异议请求。速好达公司申请复议，江西省高级人民法院裁定发回重新作出裁定，后南昌中院以案涉租赁合同不同于出租人与承租人签订的租赁合同为由，驳回速好达公司的异议请求。速好达公司遂提起本案诉讼。

（撰写人：杜微科）

69 对于非因买受人过错导致未及时办理商品房预售许可证的情形，应认定商品房买卖合同为合法有效

——中腾西北建设集团与王某杰、赵某君、应某春、中坤公司案外人执行异议之诉申请再审案

- 案　　号　（2021）最高法民申 5417 号、5466 号
- 合议庭成员　吴兆祥、陈宏宇、徐霖
- 关 键 词　民事 / 案外人执行异议之诉 / 商品房预售许可证 / 合同效力
- 相关法条　《中华人民共和国民事诉讼法》第 227 条①

【裁判要旨】

《最高人民法院关于审理商品房买卖合同纠纷案件适用法律若干问题的解释》第 2 条规定商品房预售许可证作为商品房预售条件的立法目的，是因为预售合同订立时，买卖的房屋尚在建设之中，房屋的所有权还没有经登记设立，为了维护交易秩序，保护购房者利益，防止损害国家利益。对于非因买受人过错导致未及时办理商品房预售许可证的情形，在案件审理过程中已经补办商品房预售许可证或办理商品房预售许可证已无现实困难和法律障碍，仅因开发商或建设方消极履行办证义务，且能够证明不损害国家利益，也未破坏市场秩序的，应认定商品房买卖合同合法有效。上述情形下，开发商和建设方不能对抗善意的买受人。

【案情摘要】

应某春及王某杰、赵某君分别与中坤公司签订了《莱茵小镇认购协议》，该协议约定购买案涉房产，支付了相应款项并占有使用了相应的房产。后该房产被人民法院另案查封。案涉房产没有办理房产过户手续，应某春及王某杰、赵某君以对涉案房产享有足以阻却人民法院强制执行的民事权益为由提起本案诉讼。

（撰写人：孙明娟）

---

① 对应《中华人民共和国民事诉讼法》（2023 年修正）第 238 条。

70 一般不动产买卖中无过错买受人的权利不能对抗申请执行人依法享有的担保物权等优先受偿权

——刘某与中鼎公司、中驰公司、胡某海、郑某中、陈某案外人执行异议之诉申请再审案

- 案　　号　（2021）最高法民申 5426 号
- 合议庭成员　麻锦亮、周其濛、孙勇进
- 关 键 词　民事 / 案外人执行异议之诉 / 不动产 / 优先受偿权
- 相关法条　《最高人民法院关于人民法院办理执行异议和复议案件若干问题的规定》第 27 条、第 28 条、第 29 条

【裁判要旨】

《最高人民法院关于人民法院办理执行异议和复议案件若干问题的规定》第 28 条保护的是一般不动产买卖合同关系中无过错买受人的权利，该权利不能对抗该规定第 27 条规定的申请执行人对执行标的依法享有的担保物权等优先受偿权，除非符合该规定第 29 条规定的情形，即所购商品房系用于居住且买受人名下无其他用于居住的房屋。

【案情摘要】

2017 年 7 月 21 日，辽宁省高级人民法院作出（2017）辽民初 18 号民事判决，判决中鼎公司对中驰公司提供的坐落在沈阳市和平区昆明南街 152 号的在建工程及该在建工程占用范围内的建设用地使用权享有抵押权，并在该判决的债权额度范围内就抵押物享有优先受偿的权利。案涉工程曾于 2012 年 10 月被中驰公司抵押给北京银行并办理了抵押登记，而后北京银行将该抵押权转移给了东方公司。2016 年 5 月 20 日，中鼎公司竞拍获得东方公司名下的对中驰公司的债权及抵押权。该案执行过程中，刘某向一审法院提出执行异议，法院未予支持。遂向该院提起案外人执行异议之诉，主张中驰公司与刘某签订《商品房买卖合同》，已将被执行工程中的一套房屋出售给刘某，并于 2015 年 1 月 15 日向刘某出具购房收款收据，应停止对该房的执行。

（撰写人：孙勇进）

71 利害关系人提出执行异议，应当按照《民事诉讼法》第 227 条有关案外人执行异议及执行异议之诉的规定处理

——鑫建公司与赵某辉、华宸公司、华宸宁夏分公司等案外人执行异议之诉申请再审案

- 案　　号　（2021）最高法民申 5471 号
- 合议庭成员　吴兆祥、陈宏宇、徐霖
- 关 键 词　民事 / 案外人执行异议之诉 / 到期工程质保金
- 相关法条　《中华人民共和国民事诉讼法》第 227 条①

【裁判要旨】

利害关系人主张对被执行人未付的到期工程质保金享有优先权并提出执行异议的，应当按照《民事诉讼法》第 227 条有关案外人执行异议及执行异议之诉的规定处理。

【案情摘要】

华宸公司承建了某代建局发包的案涉工程，后与鑫建公司签订协议，由鑫建公司实际施工。工程完工后，双方产生争议，在鑫建公司与华宸公司、某代建局等劳务合同纠纷案中，人民法院认定华宸公司等应向鑫建公司支付劳务费等费用。其中，某代建局处尚持有工程保修款 150 余万元，华宸公司向鑫建公司出具书面委托书，委托某代建局向鑫建公司支付到期的工程保修款。

在赵某辉与华宸公司等租赁合同纠纷一案中，双方达成和解，约定由华宸公司等向赵某辉支付租金。华宸公司等到期未履行支付义务，赵某辉向人民法院申请强制执行。人民法院向某代建局发出协助执行通知书，要求强制执行某代建局持有的上述到期工程保修款。鑫建公司提起本案执行异议之诉。

（撰写人：孙明娟）

---

① 对应《中华人民共和国民事诉讼法》（2023 年修正）第 238 条。

72 未签订以房抵债书面协议能否认定已支付购房款
——胡某月与黄某松、左某兵、玄凯公司
案外人执行异议之诉申请再审案

- **案　　号**　（2021）最高法民申 5479 号
- **合议庭成员**　王富博、于蒙、李敬阳
- **关 键 词**　民事 / 案外人执行异议之诉 / 以房抵债
- **相关法条**　《最高人民法院关于人民法院办理执行异议和复议案件若干问题的规定》第 28 条

【裁判要旨】

以债权抵顶购房款并不违反法律的强制性规定，双方虽未达成以房抵债的书面协议，但从双方的借款事实、转账凭证、买卖合同以及备案、出具发票等一系列证据可以认定双方实际形成了以房抵债的一致意思表示，可以认定案外人已实际支付了购房款。

【案情摘要】

2011 年 7 月 22 日，玄凯公司向胡某月借款 1000 万元，王某鹏将从胡某月处借款 1000 万元分两笔各 500 万元转给玄凯公司。2014 年 8 月 13 日，胡某月与玄凯公司签订了共计 25 份《商品房买卖合同》（含案涉 4 套房屋），并随后办理了备案登记，玄凯公司亦开具了发票。在黄某松与左某兵、玄凯公司民间借贷纠纷一案审理过程中，因黄某松申请财产保全，法院依法查封玄凯公司开发的水木清华小区 240 套房产（含案涉房产）。因左某兵、玄凯公司未履行相应给付义务，黄某松向法院申请强制执行，拟对含案涉房产在内的 55 套房产进行评估、拍卖、变卖。2020 年 1 月 6 日，胡某月提起案外人执行异议之诉。原判决认为无法证明胡某月向玄凯公司支付了案涉购房款。

（撰写人：王富博）

73 购房协议书的性质及效力认定

——裴某明与福瑞公司、四季公司案外人执行异议之诉申请再审案

- **案　　号**　（2021）最高法民申 5496 号
- **合议庭成员**　王富博、于蒙、吴凯敏
- **关 键 词**　民事 / 案外人执行异议之诉 / 购房协议书
- **相关法条**　《最高人民法院关于人民法院办理执行异议和复议案件若干问题的规定》第 28 条第 1 款,《商品房销售管理办法》第 16 条,《最高人民法院关于审理商品房买卖合同纠纷案件适用法律若干问题的解释》第 2 条

【裁判要旨】

《购房协议书》仅是买卖双方签订正式商品房买卖合同之前的预约合同,如该协议书未明确《商品房销售管理办法》第 16 条规定的主要内容,不能认定双方签订了商品房买卖合同。另根据《最高人民法院关于审理商品房买卖合同纠纷案件适用法律若干问题的解释》第 2 条规定,出卖人未取得商品房预售许可证,该合同亦应为无效,不能认定当事人已签订了合法有效的商品房书面买卖合同。

【案情摘要】

2017 年 12 月 12 日,裴某明与四季公司签订两份《四季花城 C 区 × 号楼购房协议书》,分别约定:裴某明购买四季公司开发的四季花城 C 区 × 号楼东 × 单元 3~4 层东户的房产和 C 区 × 号楼东 × 单元 1~2 层西户的房产。2017 年 11 月 4 日和 2017 年 12 月 12 日,四季公司先后出具收据,数据显示收到 200 万元。裴某明已占有案涉房屋。但直至本案二审审理期间,四季公司仍未取得商品房预售许可证。

2018 年 5 月 23 日,河南省新乡市中级人民法院作出民事裁定:冻结四季公司 4388 万元银行存款或同等价值的财产。2018 年 6 月 12 日,河南省新乡市中级人民法院作出公告:对四季花城 C 区 × 号楼予以查封。2019 年 9 月 23 日,河南省新乡市中级人民法院作出民事判决:四季公司返还福瑞公司 1030 万元及利息。后裴某明以其为案涉房屋所有人为由提出异议,2020 年 4 月 13 日河南省新乡市中级人民法院驳回了裴某明的异议请求。裴某明不服提起本案诉讼。一审法院判决不得执行案涉房产。福瑞公司不服提起上诉,二审法院判决撤销一审判决,驳回裴某明的诉讼

请求。裴某明不服二审判决，向最高人民法院申请再审。

（撰写人：陈宜芳、金　莹）

74 在未经法定程序认定代偿行为无效的情况下，不构成阻却案涉强制执行措施的事由

——福海房地产公司、福海碳化硅公司与谭某卫、陈某倩案外人执行异议之诉申请再审案

- 案　　号　（2021）最高法民申 5501 号
- 合议庭成员　吴兆祥、陈宏宇、徐霖
- 关 键 词　民事 / 案外人执行异议之诉 / 代偿
- 相关法条　《中华人民共和国民事诉讼法》第 227 条①

【裁判要旨】

债务人用以房抵债方式将案涉房产抵偿欠付工程款，且经法院生效文书确认，债务人负有为债权人办理过户的义务。现债权人申请将案涉房产为他人代偿债务，并未加重债务人还款义务，债务人不能阻却执行。

【案情摘要】

谭某卫与正见公司、陈某倩民间借贷纠纷一案向一审法院提起诉讼，一审法院作出（2019）青 01 民初 287 号民事判决，判决：一、陈某倩于本判决生效后 10 日内偿还谭某卫借款 1000 万元、利息 300 万元；二、驳回谭某卫其他诉讼请求。该民事判决生效后，因被执行人陈某倩未按期履行义务，申请执行人谭某卫向一审法院申请强制执行。2020 年 3 月 24 日，正见公司破产管理人向一审法院出具代偿申请书，表示愿意以案涉房产代替陈某倩偿还（2019）青 01 民初 287 号判决书中陈某倩的债务。一审法院遂查封相关房产。

（撰写人：孙明娟）

---

① 对应《中华人民共和国民事诉讼法》（2023 年修正）第 238 条。

75 买受人未支付价款、未占有房屋且有用于居住的其他房屋的,不享有足以排除强制执行的民事权益

——武某梅与农商行大东支行、宏缘公司、谷某、北方公司案外人执行异议之诉申请再审案

- **案　　号**　（2021）最高法民申 5730 号
- **合议庭成员**　郭忠红、贾劲松、王鑫
- **关 键 词**　民事 / 案外人执行异议之诉 / 排除强制执行
- **相关法条**　《最高人民法院关于人民法院办理执行异议和复议案件若干问题的规定》第 28 条、第 29 条

【裁判要旨】

买受人在法院查封案涉房产之前与开发商签订购房合同,但是买受人并未支付价款,未占有房屋,且名下确有可用于居住的其他房屋的,不享有足以排除强制执行的民事权益。

【案情摘要】

宏缘公司为开发房产向农商行大东支行借款,并以所开发房产进行抵押担保。之后,农商行大东支行提起金融借款合同纠纷之诉,请求宏缘公司、谷某偿还贷款,法院判决解除农商行大东支行与宏缘公司签订《借款合同》,宏缘公司给付农商行大东支行贷款本金,农商行大东支行对宏缘公司的抵押财产享有优先受偿权等。案涉房产因此被法院查封。武某梅作为案外人提起本案执行异议之诉。

（撰写人：郭忠红）

76 具有行政管理职能的事业单位作为平等民事主体所享有的债权并不具有优先性

——国家统计局南阳调查队与张某若、启元置业公司案外人执行异议之诉申请再审案

- **案　　号**　（2021）最高法民申 5837 号
- **合议庭成员**　王富博、于蒙、吴凯敏
- **关 键 词**　民事 / 案外人执行异议之诉 / 事业单位 / 平等主体 / 优先性
- **相关法条**　《中华人民共和国民法总则》第 3 条[①]，《最高人民法院关于人民法院办理执行异议和复议案件若干问题的规定》第 28 条

【裁判要旨】

事业单位虽然具有一定行政管理职能，但其与开发商签订《认购协议书》的行为本质上仍为平等主体之间的民事法律行为。在人民法院未作出该事业单位对案涉房屋享有物权期待权的生效判决的情况下，即使案涉房屋系利用国家财政拨付资金购置，其享有的仍为普通债权，基于债的平等性，并不优先于其他平等民事主体享有的合法权益。是否能够排除强制执行，应参照《最高人民法院关于人民法院办理执行异议和复议案件若干问题的规定》第 28 条规定予以审查。

【案情摘要】

启元置业公司与张某若民间借贷纠纷一案，河南省郑州市中级人民法院作出民事调解书，确认启元置业公司归还张某若借款本金 5000 万元及利息。该调解书生效后，张某若向河南省郑州市中级人民法院申请强制执行，河南省郑州市中级人民法院作出协助执行通知书：继续查封启元置业公司与案外人陶某、张某等签订的商品房买卖合同的标的物房产。案外人国家统计局南阳调查队对上述查封不服，以其已经利用国家财政拨付资金购置案涉房产为由提起执行异议，河南省郑州市中级人民法院驳回了国家统计局南阳调查队的异议请求。国家统计局南阳调查队仍不服，提起本案执行异议之诉。一审法院判决驳回国家统计局南阳调查队的诉讼请求，国家

[①] 对应《中华人民共和国民法典》第 3 条。

统计局南阳调查队不服提起上诉，二审法院判决驳回上诉，维持原判。国家统计局南阳调查队仍不服，向最高人民法院申请再审。

（撰写人：陈宜芳、金　莹）

77 投资收益分配请求权是普通债权，不能排除强制执行
——埃克森公司等案外人执行异议之诉申请再审案

- 案　　　号　（2021）最高法民申 5867 号
- 合议庭成员　薛贵忠、汪鸿滨、杜微科
- 关 键 词　民事 / 案外人执行异议之诉 / 投资收益分配请求权
- 相关法条　《最高人民法院关于人民法院办理执行异议和复议案件若干问题的规定》第 26 条第 1 款第 2 项

【裁判要旨】

合伙投资人将项目的所谓"投资收益权"转让给第三人，实际上转让的是投资收益分配请求权，是一种普通债权。第三人不能依据该权利对在先执行的普通债权排除强制执行。

【案情摘要】

华商科技公司等四方签订《项目投资协议书》，约定按投资比例享有东方丽都项目的投资收益和承担义务，退股和向第三方转让投资权益需征得其他三方的认可。后华商科技公司与埃克森公司等签订四方协议书，华商科技公司将上述投资收益权中 1200 万元的经济性收益转让给埃克森公司。此后法院依蓝海公司申请，裁定强制执行华商科技公司在东方丽都项目中的投资权益 3980 万元。随后法院判决东方丽都项目的开发公司安泰公司在东方丽都项目中合法收益范围内，向埃克森公司支付投资收益款 1200 万元。后埃克森公司向前述执行法院提出异议，以该院冻结的投资收益款 1200 万元已转让给其为由要求解除相关财产的查封。执行法院裁定驳回埃克森公司的执行异议。埃克森公司遂提起本案执行异议之诉。

（撰写人：薛贵忠、叶康喜）

78 商品房认购书能否作为排除执行所要求的书面买卖合同

——马某省与郭某伟、长盛集团公司案外人执行异议之诉申请再审案

- 案　　　号　（2021）最高法民申 5950 号
- 合议庭成员　宋冰、吴笛、董俊武
- 关　键　词　民事 / 案外人执行异议之诉 / 书面买卖合同
- 相关法条　《商品房销售管理办法》第 16 条，《最高人民法院关于人民法院办理执行异议和复议案件若干问题的规定》第 28 条第 1 项

【裁判要旨】

当事人签订的《商品房认购书》虽约定了涉案房屋的位置、面积、总价款等基本信息，但并不完全具备《商品房销售管理办法》第 16 条规定的商品房买卖合同的主要内容，且明确约定需另行签订正式的商品房买卖合同，而正式合同系在法院查封之后签订的，应认定当事人并未在人民法院查封之前已签订合法有效的书面买卖合同，不符合《最高人民法院关于人民法院办理执行异议和复议案件若干问题的规定》第 28 条第 1 项规定，尚不足以产生可以排除强制执行的权益，其关于停止执行的诉讼请求不能得到支持。

【案情摘要】

因郭某伟与长盛集团公司民间借贷纠纷一案，郭某伟向一审法院申请强制执行，后一审法院执行裁定查封了涉案房产，马某省作为案外人以其享有上述查封房产合法所有权为由，提出执行异议，被一审法院驳回。马某省遂提起案外人执行异议之诉并向一审法院提交证据包括：马某省与长盛集团公司签订《长盛家园商品房认购书》，其中约定商品房位置、名称、面积、单价、付款方式等。马某省向长盛集团公司支付总房款 50% 作为首期购房款，长盛集团公司出具《收据》。一审法院驳回原告马某省的诉讼请求。马某省不服，提起上诉，二审法院驳回其上诉，维持原判。现马某省提出再审申请。

（撰写人：董俊武）

79 执行异议之诉中对存有关联关系的案外人履行证明责任的审查

——鼎强公司与信用担保公司、致远公司案外人执行异议之诉申请再审案

- **案　　号**　（2021）最高法民申5999号
- **合议庭成员**　郁琳、李延忱、王珅
- **关 键 词**　民事/案外人执行异议之诉/关联关系
- **相关法条**　《最高人民法院关于人民法院办理执行异议和复议案件若干问题的规定》第28条

【裁判要旨】

在案外人执行异议之诉中，不仅涉及案外人与被执行人的利益，还涉及申请执行人的利益，在案外人与被执行人存有关联关系时，对其证据审查应坚持从严原则，严格适用自认，不能仅依据证据表面形式认定排除执行的条件是否成立，而应结合相关合同的具体内容、履行情况、交易习惯等综合认定。

【案情摘要】

信用担保公司（申请执行人）因与致远公司（被执行人）合同纠纷申请执行案涉房产，鼎强公司（案外人）提出异议被裁定驳回，遂提起案外人执行异议之诉。鼎强公司提供了其与致远公司签订的《房屋买卖合同》《存量房买卖合同》及《交接单》、鼎强公司与江西恒荣建筑工程有限公司签订的《房屋装修合同》、装修房屋的成本票据、装修前后对比的照片、物业管理费票据、电费票据及鼎强公司向腾信公司汇款的凭证等证据，以证明其符合《最高人民法院关于人民法院办理执行异议和复议案件若干问题的规定》第28条规定的四项条件。鼎强公司、致远公司及腾信公司三者存在关联关系。现鼎强公司请求停止对案涉房产的强制执行，并解除对该房产的查封。

（撰写人：黄　达）

80 《最高人民法院关于人民法院办理执行异议和复议案件若干问题的规定》第 29 条在适用时应从严把握

——山西信托与郜某兰、临汾绿岛公司、姚某亮、张某案外人执行异议之诉申请再审案

- 案　　号　（2021）最高法民申 6049 号
- 合议庭成员　曹刚、于蒙、关晓海
- 关 键 词　民事 / 案外人执行异议之诉 / 以物抵债
- 相关法条　《最高人民法院关于人民法院办理执行异议和复议案件若干问题的规定》第 29 条

【裁判要旨】

《最高人民法院关于人民法院办理执行异议和复议案件若干问题的规定》第 29 条规定属于商品房消费者生存利益排除强制执行的特别规则，赋予购房人排除其他债权包括抵押权等优先受偿权的强制执行的权利，故在适用时，需要围绕该条规定的三个方面的条件从严把握。

【案情摘要】

郜某兰与临汾绿岛公司签署《亚太世纪花园认购协议书》，约定临汾绿岛公司将案涉房屋出售给郜某兰，郜某兰主张其通过抵债方式向临汾绿岛公司付清了全部购房款，临汾绿岛公司给郜某兰出具了收款收据。山西信托与临汾绿岛公司签署贷款合同，临汾绿岛公司以亚太世纪花园部分在建工程为抵押物提供抵押担保。后进行了抵押登记，抵押权人为山西信托。对山西信托与临汾绿岛公司的借款合同进行了公证并作出了具有强制执行力的公证文书。一审法院在执行该公证文书的过程中，查封了临汾绿岛公司提供的抵押房产并委托公开拍卖，郜某兰向法院提交了执行异议书，法院作出执行裁定书驳回其异议，郜某兰遂提起案外人执行异议之诉。

（撰写人：于　蒙、韩学会）

81 商铺投资者对查封房产享有的权益不能排除抵押权的强制执行

——山西信托与韩某林、绿岛公司、姚某亮、张某案外人执行异议之诉申请再审案

- 案　　号　（2021）最高法民申 6051 号
- 合议庭成员　曹刚、于蒙、关晓海
- 关 键 词　民事 / 案外人执行异议之诉 / 商铺投资
- 相关法条　《最高人民法院关于人民法院办理执行异议和复议案件若干问题的规定》第 29 条,《全国法院民商事审判工作会议纪要》第 126 条

【裁判要旨】

《最高人民法院关于人民法院办理执行异议和复议案件若干问题的规定》第 29 条属于商品房消费者生存利益排除强制执行的特别规则。购房人的权利在法律属性上仍属债权范畴，但在购房人的生存利益和其他民事主体的商事利益发生冲突时，基于侧重保护生存权益的价值导向，赋予购房人排除其他债权人甚至包括抵押权等优先受偿权的强制执行的权利，目的在于追求实质公平和实质正义。但此生存利益的特别保护，仅限于购买的房屋系为了满足家庭日常基本居住需要。若所购房屋系商铺，则非前述的为居住生活所必需，故商铺投资者不符合《最高人民法院关于人民法院办理执行异议和复议案件若干问题的规定》第 29 条规定情形，其所享有的权益不能排除抵押权人的强制执行。

【案情摘要】

韩某林购得绿岛公司开发的亚太世纪花园门面房，并且将该门面房与案外人的门面房一起出租给他人经营饭店至今。山西信托与绿岛公司签署贷款合同，绿岛公司以亚太世纪花园部分在建工程为抵押物提供抵押担保，并进行了抵押登记，抵押权人为山西信托。山西信托与绿岛公司的借款合同进行了公证并作出了具有强制执行力的公证文书。一审法院在执行该公证文书的过程中，查封了绿岛公司提供的抵押房产并委托进行公开拍卖，韩某林向法院提交了执行异议书，法院作出执行裁定

书驳回其异议，韩某林遂提起案外人执行异议之诉。

（撰写人：于　蒙、韩学会）

82 作为所有权客体的物必须特定且独立
——翟某和与海晶公司、盈旺公司案外人执行异议之诉申请再审案

- **案　　号**　（2021）最高法民申 6809 号
- **合议庭成员**　谢勇、张艳、李赛敏
- **关 键 词**　民事 / 案外人执行异议之诉 / 动产
- **相关法条**　《中华人民共和国物权法》第 2 条、第 9 条①

【裁判要旨】

物权是权利人依法对特定的物享有直接支配和排他的权利。作为所有权客体的物，必须能够依当事人意思特定化，能够与其他物相互区别而独立存在。

【案情摘要】

翟某和与盈旺公司民间借贷纠纷一案中，双方在执行中自行达成和解：盈旺公司以其租赁的海晶公司案涉土地上添附物所有权作价偿还翟某和债务，并以土地租赁的收益逐年折抵剩余债务。

案涉土地系盈旺公司自海晶公司处租赁取得，后双方因租赁合同纠纷依约进行仲裁，仲裁机构于 2019 年 5 月 30 日作出（2017）津仲裁字第 387 号裁决。由于盈旺公司未履行前述仲裁裁决所确定的返还案涉土地使用权并腾空土地上的建筑物、构筑物等义务，海晶公司向一审法院申请强制执行，一审法院作出（2019）津 03 执 128 号公告，责令盈旺公司在规定期限前返还腾空，否则将依法强制执行。翟某和提出执行异议，一审法院裁定驳回，翟某和遂提起本案外人执行异议之诉，以其对案涉土地中填充物料以及地上建筑物具有所有权为由，请求判令停止对案涉填充的物料以及地上建筑物的执行。一审判决驳回其诉讼请求；二审判决驳回上诉，维持原判。翟某和以填充物系动产、其已依交付取得该动产所有权为由，依据《民事诉

---

① 参见《中华人民共和国民法典》第 205 条、第 114 条、第 115 条、第 209 条。

讼法》第 200 条[①]第 2 项、第 6 项的规定申请再审。

（撰写人：李赛敏）

83 因材料款债权通过以物抵债方式取得房屋，能否对抗在该房屋上依法设立的抵押权的实现

——杨某与厦门资产公司、森宇公司执行异议之诉申请再审案

- **案　　号**　（2021）最高法民申 6925 号
- **合议庭成员**　张爱珍、郭凌川、孙建国
- **关 键 词**　民事 / 执行异议之诉 / 普通债权 / 以物抵债 / 抵押权
- **相关法条**　《最高人民法院关于人民法院办理执行异议和复议案件若干问题的规定》第 29 条

【裁判要旨】

当事人一方基于其享有的材料款债权而通过以物抵债方式取得案涉房屋，该建筑材料款债权属于普通债权，不能对抗在案涉房屋上已经依法设立的抵押权的实现。故本案不满足参照适用《最高人民法院关于人民法院办理执行异议和复议案件若干问题的规定》第 29 条规定的前提条件，人民法院对于该普通债权人关于排除执行案涉房屋的诉请不予支持。

【案情摘要】

厦门资产公司对案涉房屋依法享有抵押权。杨某陈述，杨某及其父杨某亮以海维公司名义与成都四建公司水电部负责人张某松签订了多份《建筑材料采购供应合同》，为成都四建公司承建包括森宇公司投资开发的多个项目的水电工程供应塑胶建材，因森宇公司无力支付工程进度款，该公司经与成都四建公司协商将包括案涉房屋、四川省成都市天府新区南湖西路 175 号南湖国际社区六期 34 栋 33×× 号房屋、31 栋 1×× 号房屋在内的部分房屋以及车位抵偿所欠工程进度款；后成都四建公司分别以 33×× 号房屋、1×× 号房屋抵偿所欠杨某亮（海维公司）的材料款、以案涉房屋抵偿所欠张某安的材料款；张某安又与杨某亮、杨某协商以抵债给张某安的

[①] 对应《中华人民共和国民事诉讼法》（2023 年修正）第 211 条。

案涉房屋与抵债给杨某亮的 33×× 号房屋、1×× 号房屋进行置换，双方并就置换后的房屋分别与森宇公司重新签订了《商品房买卖合同》。杨某起诉请求立即解除对案涉房屋的查封措施，并确认其对案涉房屋享有所有权，判令森宇公司立即协助其办理案涉房屋的过户登记手续。

（撰写人：张爱珍、宋　扬）

84 离婚协议书中对房屋所有权的约定能否对抗一般债权强制执行

——顺德丰公司与李某远、朱某、邓某红案外人执行异议之诉申请再审案

- **案　　号**　（2021）最高法民申 7090 号
- **合议庭成员**　王富博、于蒙、李敬阳
- **关 键 词**　民事 / 案外人执行异议之诉 / 离婚协议书
- **相关法条**　《中华人民共和国民事诉讼法》第 56 条①，《最高人民法院关于适用〈中华人民共和国民法典〉有关担保制度的解释》第 68 条

【裁判要旨】

离婚协议书中对房屋的约定虽然不直接产生物权变动的法律效力，但房屋作为夫妻婚姻关系存续期间的共同财产，在婚姻关系解除时约定将该房屋归其子女所有，具有生活保障功能。子女享有将房屋所有权变更登记至其名下的请求权。该权利与第三人的一般债权相比，具有特定指向性，且该权利早于一般债权的形成。故子女享有的请求权应当优先于第三人的一般债权受到保护，可以排除法院强制执行。

【案情摘要】

2009 年 11 月 30 日，邓某红与李某（双方系夫妻关系）签订的离婚协议书载明，案涉房屋归李某远（邓某红、李某之子）所有。2013 年 1 月 10 日，邓某红与顺德丰公司（第三人）签订保证合同为他人提供 500 万元担保责任。2016 年，顺德丰公司基于前述金钱债权要求邓某红承担保证责任，请求查封并执行邓某红名下的案涉房屋。在执行过程中，李某远以案涉房屋归其所有提出执行异议被驳回，后提

---

① 对应《中华人民共和国民事诉讼法》（2023 年修正）第 59 条。

出案外人执行异议之诉。

（撰写人：王富博）

85 案外人以其汇入被执行人账户的款项系误汇为由，提出执行异议被驳回后又提起执行异议之诉，能否支持

——崇阳鑫瑞公司与洛阳银行郑州分行、淅川县奇昱公司
案外人执行异议之诉申请再审案

- 案　　号　（2021）最高法民申 7093 号
- 合议庭成员　张淑芳、李敬阳、吴凯敏
- 关 键 词　民事 / 案外人执行异议之诉 / 账户冻结 / 不当得利
- 相关法条　《最高人民法院关于办理执行异议和复议案件若干问题的规定》第 24 条，《中华人民共和国民法典》第 122 条

【裁判要旨】

货币为种类物，一般适用占有即所有的规则认定其权属，汇款到达被执行人账户之时即发生权属转移。如果发生案外人将其款项误划至被执行人账户的行为，在案外人与被执行人之间形成的法律关系为不当得利。案外人可基于不当得利行为，请求被执行人返还相应款项。不当得利之债属于普通债权，不具有优先受偿性，亦不足以排除执行。

【案情摘要】

另案诉讼中，洛阳银行郑州分行提出财产保全申请，法院于 2019 年 4 月 15 日作出（2019）豫 01 执保 162 号执行裁定，裁定：查封、冻结玉典钒业公司、淅川县奇昱公司、赵某典、王某娥银行存款人民币 3204 万元，或查封、扣押其等值的其他财产。中原银行回函称：被执行人淅川县奇昱公司在我行账户内的存款已被冻结，已冻结可用金额人民币 182562.62 元，额度冻结金额人民币 3204 万元，冻结期限自 2019 年 4 月 15 日至 2020 年 4 月 15 日。农村信用社回函称：被执行人淅川县奇昱公司在我行账户内的存款已被冻结，已冻结可用金额人民币 50575.19 元，额度冻结金额人民币 3204 万元，冻结期限自 2019 年 4 月 15 日至 2020 年 4 月 15 日。

崇阳鑫瑞公司以被执行人淅川县奇昱公司被法院查封账户内的 4128000 元系其

错误支付的款项，可排除洛阳银行郑州分行对该笔款项的强制执行，提出执行异议被驳回后，提起案外人执行异议之诉。

（撰写人：张淑芳）

86 当事人依据无效《房屋买卖合同》主张享有排除强制执行的民事权益，不符合法律规定
——王某卫与宏鑫公司案外人执行异议之诉申请再审案

- 案　　号　（2021）最高法民申7445号
- 合议庭成员　曹刚、于蒙、梁爽
- 关 键 词　民事/案外人执行异议之诉/合同效力
- 相关法条　《最高人民法院关于人民法院办理执行异议和复议案件若干问题的规定》第28条、第29条

【裁判要旨】

房屋建设未办理国有土地使用权证及规划许可等建设审批手续，未取得商品房销售（预售）许可证，当事人签订的《房屋买卖合同》依法属无效。当事人依据该无效《房屋买卖合同》主张享有足以排除强制执行的民事权益，不符合法律规定。

【案情摘要】

宏鑫公司开发建设了位于怀远县魏庄中心南大街的房屋，但建设所占土地尚未办理国有土地使用权证，也未办理建设规划许可等审批手续，未取得商品房销售（预售）许可证。2012年12月14日，张某荣（王某卫妻子）与宏鑫公司签订《房屋买卖合同》约定，张某荣、王某卫购买宏鑫公司开发建设的前述房屋一套，房屋总价款为215000元。全部购房款之后付清。相关法院在执行中查封了宏鑫公司开发建设的24套房屋。王某卫作为案外人对执行案涉房屋提出异议被驳回。王某卫提出本案诉讼，请求停止对案涉房屋强制执行。法院经审理认为，王某卫虽然于查封之前签订《房屋买卖合同》并付清房款，但案涉房屋不仅未依法办理建设规划许可审批手续，未办理商品房销售（预售）许可证，所占土地未取得国有土地使用权证，《房屋买卖合同》依法故属无效。王某卫的主张不符合《最高人民法院关于人民法院办理执行异议和复议案件若干问题的规定》第28条第1项、第29条第1项规定的

条件，依法不应予以支持。

（撰写人：曹　刚）

87 未支付剩余购房款有正当理由的，视为满足支付购房款义务，符合排除强制执行的要件
——宁夏庆华公司与农业银行中卫分行、宁夏银德公司、宁夏西部绿野公司、殷某1、殷某2、宁夏卓业生物科技公司、黄某坚案外人执行异议之诉申请再审案

- **案　　号**　（2021）最高法民申 7509 号
- **合议庭成员**　陈宏宇、张梅、赵敏
- **关 键 词**　民事 / 案外人执行异议 / 金钱债权执行
- **相关法条**　《最高人民法院关于人民法院办理执行异议和复议案件若干问题的规定》第 28 条

【裁判要旨】

购房人虽未支付剩余购房款，但未支付购房款的原因系人民法院协助通知书要求暂不向卖房人支付剩余房款，非因自身原因。原判决依据《最高人民法院关于人民法院办理执行异议和复议案件若干问题的规定》第 28 条认定购房人在案涉房屋查封前已经支付购房款，并认定其就案涉房屋享有足以排除强制执行的权利，于法有据。

【案情摘要】

宁夏庆华公司与宁夏西部绿野公司、宁夏卓业生物科技公司、宁夏银德公司、殷某1、殷某2、黄某坚金融借款合同纠纷一案（2017）宁 01 民初 365 号在审理期间，宁夏庆华公司向法院提出了诉讼保全。判决生效后，宁夏西部绿野公司未履行生效判决所确定的义务，宁夏庆华公司申请强制执行，法院查封了包括案涉房屋在内的 66 套房屋。农业银行中卫分行购买了案涉房屋，在查封前与宁夏银德公司签订书面买卖合同并交付，暂未办理产权登记，但在查封前仅支付了部分价款，未支付剩余购房款的原因，系法院要求协助冻结应付给宁夏银德公司的房款，并通知暂不向宁夏银德公司支付剩余房款。

（撰写人：赵　敏）

88 确认执行异议诉争股权的所有权情况，应按照何时的工商登记公示信息进行判断

——刘某财与刘某忠、郑某荣、杨某莉案外人执行异议之诉申请再审案

- **案　　号**　（2021）最高法民申 7699 号
- **合议庭成员**　李延忱、王珅、郁琳
- **关 键 词**　民事 / 案外人执行异议之诉 / 工商登记公示
- **相关法条**　《最高人民法院关于人民法院办理执行异议和复议案件若干问题的规定》第 25 条

【裁判要旨】

案外人或申请人执行异议之诉中有关诉争股权的审理和确认，应当按照工商登记管理机关的登记和企业信用信息公示系统公示的信息来进行判断。当事人是否通过受让行为取得案涉股权的所有权并足以排除强制执行，重点应审查在前案诉讼程序中人民法院根据当事人的申请采取财产保全措施查封诉争股权时，案涉股权在工商行政管理机关有关工商档案中是否已登记在案外人名下。

【案情摘要】

万锦公司设立时的股东持股情况：刘某财持股 67%、刘某忠持股 17%、刘某凡持股 16%。刘某忠与刘某凡系父子关系。郑某荣因与刘某忠、杨某莉民间借贷纠纷一案，一审法院根据郑某荣财产保全申请，冻结刘某忠持有万锦公司 17% 的股权，刘某财主张其已受让刘某忠持有的万锦公司 16% 股权，遂提出本案执行异议之诉。但刘某财未提供法院采取保全措施时，载明案涉股权的权属状态的工商登记公示信息。

（撰写人：李延忱、高　玥）

89 采矿权的实际权利人有权排除不具有信赖利益保护的第三人对采矿权的强制执行

——下甲介煤矿与张某新、甲盛龙公司案外人执行异议之诉再审案

- 案　　号　（2021）最高法民再 141 号
- 合议庭成员　郎贵梅、王朝辉、刘丽芳
- 关　键　词　民事 / 案外人执行异议之诉 / 名实不符
- 相关法条　《中华人民共和国物权法》第 33 条 [①]，《最高人民法院关于人民法院办理执行异议和复议案件若干问题的规定》第 6 条第 2 款

【裁判要旨】

案涉采矿权之所以被变更登记在被执行人即名义权利人名下，系根据当地政府关于煤矿企业兼并重组政策要求进行的，并非案外人即实际权利人的真实意思表示；名义权利人也认可案外人是案涉采矿权的实际权利人，且其未对案涉煤矿进行实际经营，案涉煤矿在兼并重组后被关闭至今；当地行政主管部门认可案外人与被执行人的兼并重组并未完成，并就产权退出补偿事宜进行过调解。综上，应当认定案外人系案涉采矿权的实际权利人，在案涉采矿权上不具有优先权利的情况下，有权排除不具有信赖利益保护的第三人对案涉采矿权的强制执行。

【案情摘要】

下甲介煤矿与甲盛龙公司就案涉采矿权转让事宜签订了四份协议，约定《采矿权转让合同》仅作为办理煤矿采矿权兼并重组用，不作为采矿权交易付款的真实依据。虽然案涉采矿权变更登记至甲盛龙公司名下，但甲盛龙公司未按约定支付转让价款，亦未对案涉煤矿实际经营。在甲盛龙公司与张某新民间借贷纠纷案的执行程序中，张某新与甲盛龙公司达成《执行和解协议》，甲盛龙公司同意提供案涉煤矿进行担保和查封，案涉采矿权被查封。下甲介煤矿以案涉采矿权的实际权利人身份，提出执行异议被驳回后，提起本案诉讼。

一审法院根据行政许可登记认为下甲介煤矿并非案涉采矿权权利人，判决驳回

[①] 对应《中华人民共和国民法典》第 233 条。

下甲介煤矿诉讼请求。二审法院维持一审判决。下甲介煤矿申请再审。

（撰写人：郎贵梅、梁　欣）

90 案外人执行异议之诉中，房地产开发商作为案外人以被执行人对不动产仅办理了备案登记，未交房款、未占有使用为由，能够排除强制执行

——恒泰公司与正达公司、何某桥、张某红
案外人执行异议之诉再审案

- 案　　号　（2021）最高法民再 179 号
- 合议庭成员　孙建国、张爱珍、王朝辉
- 关 键 词　民事 / 执行 / 案外人执行异议之诉 / 办理备案登记商铺
- 相关法条　《中华人民共和国物权法》第 9 条第 1 款①，《最高人民法院关于人民法院民事执行中查封、扣押、冻结财产的规定》第 19 条②

【裁判要旨】

从原《物权法》和《民法典》等相关规定来看，不动产物权的变动以登记为生效要件的精神是一以贯之的。虽然案外人房地产开发商与被执行人签订商铺买卖合同，并办理合同备案登记，但合同备案登记并不是发生物权变动的法定事由。且被执行人未支付购房款，亦未实际占有案涉商铺，申请执行人不得申请对案涉商铺查封、扣押、冻结。案外人房地产开发商系案涉商铺的权利人，其对案涉商铺享有的民事权益足以排除对案涉商铺的强制执行。

【案情摘要】

2014 年 6 月，恒泰公司与何某桥签订《商品房购销合同》，约定何某桥向恒泰公司购买案涉商铺，并办理合同备案登记。2016 年 11 月，就正达公司诉何某桥、张某红借款合同纠纷一案，云南省昆明市中级人民法院（以下简称昆明中院）作出（2016）云 01 民初 476 号民事调解书。调解书生效后，由于何某桥、张某红拒不履

---

① 对应《中华人民共和国民法典》第 209 条第 1 款。
② 该解释已于 2020 年修正，此处法条对应第 17 条。

行生效法律文书，正达公司向昆明中院申请强制执行，在保全和执行过程中，恒泰公司就案涉商铺提出执行异议，并向云南省石林彝族自治县人民法院起诉请求解除案涉《商品房购销合同》。2017年4月，云南省石林彝族自治县人民法院判决解除案涉《商品房购销合同》。2018年4月，昆明中院裁定驳回恒泰公司的异议请求，恒泰公司不服，遂提起本案诉讼。

（撰写人：董　宁）

91 《最高人民法院关于人民法院办理执行异议和复议案件若干问题的规定》第28条规定的四种情形的具体认定

——李某俐与冯某芳、郭某宾案外人执行异议之诉再审案

- **案　　号**　（2021）最高法民再183号
- **合议庭成员**　吴兆祥、陈宏宇、张梅
- **关 键 词**　民事/案外人执行异议之诉
- **相关法条**　《中华人民共和国民事诉讼法》第227条①

【裁判要旨】

再审申请人与被申请人甲之间的房屋买卖合同，是案外人A公司与案外人B公司之间《协议书》房屋转让关系的承继，再审申请人享有请求被申请人甲转移案涉房屋所有权的债权请求权。

案外人A公司将抵押房屋转让给案外人B公司，用以抵偿所欠案外人B公司的各项债务，包括代为清偿对农村信用社债务的款项，可以视为双方约定了以房抵债的实现抵押权的方式。在办理房屋过户过程中，当事人按照法律的规定申请注销了抵押权登记，是行使抵押权的涤除权，目的是将抵押房屋过户到再审申请人名下，取得抵押房屋的所有权，并不是放弃抵押权。被申请人乙在案涉房屋注销抵押权登记后，申请法院进行财产保全，查封了案涉房屋，导致房屋无法过户到再审申请人名下。再审申请人之转移案涉房屋所有权的请求权，基于其对案涉房屋的抵押权之优先效力，相较于被申请人乙依对被申请人甲的普通金钱债权对案涉房屋的清偿请

---

① 对应《中华人民共和国民事诉讼法》（2023年修正）第238条。

求权应优先受到保护。

房屋的转移占有既可以直接交付转移占有，也包括指示交付转移占有。

被申请人乙事先明知案涉房屋上存在抵押权，并放弃采取保全措施，又在抵押权注销后办理过户手续过程中申请保全以对抗抵押权人，非为善意。被申请人乙的执行债权是普通金钱债权，与案涉房屋也无直接关联，对案涉房屋无信赖利益可资保护。

【案情摘要】

君盛公司法定代表人郭某宾按钢构公司法定代表人魏某指示，与魏某之妻李某俐签订《协议书》，约定案涉商铺（其上设有抵押）即日起由郭某宾转让给李某俐，以钢构公司代偿君盛公司银行借款及钢构公司对君盛公司欠款抵扣购房款。协议签订当日，郭某宾与李某俐签订《房屋交接确认书》。其后，魏某清偿了君盛公司的银行借款，解除了案涉商铺上的抵押。郭某宾与李某俐签订了《房地产买卖契约》，约定郭某宾自愿将案涉商铺出售给李某俐，并在房管部门签订了《房屋交易与产权确认书》，办理了涉案房屋的住宅专项维修资金业主户过户凭证等事宜。后经冯某芳申请该房产被人民法院依法查封。经审查，钢构公司对君盛公司享有的债权足以抵扣案涉商铺的剩余价款。冯某芳对于案涉商铺上有抵押权及解除抵押的情况均知情。

（撰写人：孙明娟）

92 合同对合同相对方产生约束力
——张某明与麦提亚森、天悦公司案外人执行异议之诉再审案

- **案　　号**　（2021）最高法民再 186 号
- **合议庭成员**　何波、陈宏宇、徐霖
- **关 键 词**　民事 / 案外人执行异议之诉 / 合资、合作开发房地产合同
- **相关法条**　《最高人民法院关于审理涉及国有土地使用权合同纠纷案件适用法律问题的解释》第 14 条[1]，《中华人民共和国物权法》第 142 条、第 143 条[2]

---

[1] 该解释已于 2020 年修正，此处法条对应第 12 条。
[2] 对应《中华人民共和国民法典》第 352 条、第 353 条。

【裁判要旨】

《土地资产联合开发合同》虽名为联合开发合同，但被申请人并不承担经营风险，只收取固定利益，其真实意思表示在于收取土地使用权转让的对价，为土地使用权转让合同。案涉房产由一审第三人建造，相应土地使用权登记在一审第三人名下，一审第三人是相关行政审批机关确定的建设方。被申请人仅依据《土地资产联合开发合同》主张享有案涉房产的所有权，缺乏法律依据。《土地资产联合开发合同》实质为土地使用权转让合同，该合同对合同相对方产生约束力，被申请人不能依据该合同享有足以排除强制执行的民事权益。

【案情摘要】

张某明诉天悦公司建设工程施工合同纠纷一案，法院根据生效裁判文书查封案涉房产。麦提亚森对执行提出执行异议之诉，主张案涉房屋系其与天悦公司合资、合作开发，案涉房产归其所有。

（撰写人：徐 霖）

93 执行异议之诉案件审理中亦应注意审查当事人提出异议的执行裁定

——信邦典当公司与谢某霄、王某东案外人执行异议之诉再审案

- 案　　号　（2021）最高法民再281号
- 合议庭成员　宋冰、陈宏宇、徐霖
- 关 键 词　民事/案外人执行异议之诉/执行标的执行终结
- 相关法条　《最高人民法院关于人民法院办理执行异议和复议案件若干问题的规定》第6条第2款

【裁判要旨】

《最高人民法院关于人民法院办理执行异议和复议案件若干问题的规定》第6条第2款规定，案外人依照《民事诉讼法》第225条[①]规定提出异议的，应当在异议指

---

① 对应《中华人民共和国民事诉讼法》（2023年修正）第236条。

向的执行标的执行终结之前提出；执行标的由当事人受让的，应当在执行程序终结之前提出。人民法院先后作出两份执行裁定。再审申请人提出执行异议时，针对的是在先的执行裁定，再审申请人提起执行异议系在执行标的执行终结之前。二审裁定认定再审申请人提起执行异议系在执行标的执行终结之后，驳回再审申请人的起诉，属于认定事实和适用法律错误。

【案情摘要】

甘肃省平凉市中级人民法院作出两份（2018）甘08执恢15号之二执行裁定。一份为2019年9月1日（2018）甘08执恢15号之二执行裁定，另一份为2019年12月25日（2018）甘08执恢15号之二执行裁定。2019年10月28日，信邦典当公司提出执行异议时，针对的是2019年9月1日（2018）甘08执恢15号之二执行裁定，信邦典当公司提起执行异议系在执行标的执行终结之前。

（撰写人：徐 霖）

94 案外人以对执行标的物享有租赁权为由提起执行异议之诉，法院应予受理

——卜某和与刘某、安徽三和公司、芜湖宝翔公司案外人执行异议之诉再审案

- **案　　号**　（2021）最高法民再314号
- **合议庭成员**　王富博、李敬阳、吴凯敏
- **关 键 词**　民事/案外人执行异议之诉/房屋租赁权
- **相关法条**　《中华人民共和国民事诉讼法》第225条、第227条[①]，《最高人民法院关于适用〈中华人民共和国民事诉讼法〉的解释》第305条[②]，《最高人民法院关于人民法院办理执行异议和复议案件若干问题的规定》第31条

【裁判要旨】

案外人以对案涉房屋享有租赁权为由主张排除强制执行的，系执行标的异议，

---

① 对应《中华人民共和国民事诉讼法》（2023年修正）第236条、第238条。
② 该解释已于2022年修正，此处法条对应第303条。

并非执行行为异议,且其排除案涉房屋强制执行的诉讼请求与原判决、裁定无关,应适用《民事诉讼法》第 227 条、《最高人民法院关于适用〈中华人民共和国民事诉讼法〉的解释》第 305 条规定予以受理,并根据《最高人民法院关于人民法院办理执行异议和复议案件若干问题的规定》第 31 条等规定,对案外人是否享有租赁权以及该实体权利是否足以排除强制执行作出认定。

【案情摘要】

刘某与芜湖宝翔公司等民间借贷纠纷一案,安徽省芜湖市中级人民法院作出民事调解书,但各债务人均未履行相应义务,刘某向安徽省芜湖市中级人民法院申请强制执行。执行过程中,安徽省芜湖市中级人民法院作出腾房及查封公告,芜湖宝翔公司包括案涉房屋在内的办公楼、厂房及所有土地使用权由有关部门协助安徽省芜湖市中级人民法院登记查封,查封日期自 2020 年 4 月 17 日至 2023 年 4 月 16 日止。

卜某和以其已与芜湖宝翔公司签订了《租赁合同》为由,向安徽省芜湖市中级人民法院提出执行异议,请求对案涉房产排除强制执行。安徽省芜湖市中级人民法院作出执行裁定书认为:租赁权属于用益物权,卜某和主张租赁权以对抗执行,本质为阻却房产的交付。卜某和与芜湖宝翔公司之间是否存在租赁关系即借贷关系,属对实体权利认定,应通过诉讼途径解决,执行过程中无法确定其合法权利,裁定驳回卜某和的异议请求。卜某和提起本案执行异议之诉,一审法院裁定驳回卜某和的起诉。卜某和不服提起上诉,二审法院裁定驳回上诉,维持原裁定。卜某和仍不服,向最高人民法院申请再审。

(撰写人:陈宜芳、金 莹)

95 被执行人实际履行的房屋买卖合同由其关联公司签订,能否认定买受人与被执行人之间已签订合法有效的书面买卖合同
——高某与新翔公司、光信公司案外人执行异议之诉再审案

- 案　　号　(2021)最高法民再 348 号
- 合议庭成员　张淑芳、李敬阳、吴凯敏
- 关 键 词　民事 / 案外人执行异议之诉 / 合同 / 关联公司

• **相关法条**　《最高人民法院关于人民法院办理执行异议和复议案件若干问题的规定》第 29 条

【裁判要旨】

在人民法院查封之前，买受人已与被执行人的关联公司签订合法有效的书面买卖合同，且买受人能够举证证明合同实际由被执行人履行，可以认定买受人符合《最高人民法院关于人民法院办理执行异议和复议案件若干问题的规定》第 29 条第 1 项规定的"在人民法院查封之前已签订合法有效的书面买卖合同"。

【案情摘要】

光信公司（被执行人）与明珠公司的法定代表人均为姚某，明珠公司系光信公司的控股股东。案涉房屋由光信公司开发。高某（案外人）与明珠公司签订有《内部予留房认购合同书》，合同书包含商品房买卖合同的主要内容，实际由光信公司履行。高某及其妻子在运城市名下无其他用于居住的房屋。高某已交房款超过了总价款的 50%。新翔公司（申请执行人）依据另案生效判决申请强制执行光信公司的财产。人民法院查封了案涉房屋，高某提出执行异议被裁定驳回后，在法定期间内提起了本案执行异议之诉。

（撰写人：李敬阳、牛彦坤）

96 执行异议之诉中是否可撤销在先作出的以物抵债裁定
——海川公司与晨鸣公司、威乃达公司案外人执行异议之诉上诉案

• **案　　号**　（2021）最高法民终 48 号
• **合议庭成员**　万挺、潘杰、张艳
• **关 键 词**　民事 / 案外人执行异议之诉 / 以物抵债裁定
• **相关法条**　《最高人民法院关于人民法院办理执行异议和复议案件若干问题的规定》第 7 条、第 8 条第 1 款

【裁判要旨】

执行程序中，法院作出以流拍财产抵债的裁定，确认申请执行人享有作为执行标的房屋的所有权及有关权利。案外人提起的执行异议之诉中，人民法院认定该案

外人对执行标的享有的实体权利足以排除强制执行后,在不涉及维护司法拍卖、变卖程序安定性以及不特定第三人信赖利益保护等情况下,可以撤销以物抵债裁定中确认执行标的所有权的相关内容,以彻底解决争议,及时保护案外人的合法权益。

【案情摘要】

威乃达公司(拆迁人)与海川公司(被拆迁人)签订所有权调换形式的房屋拆迁协议,约定海川公司选定房屋的具体位置、用途、面积等事项,并附有图纸。海川公司在案涉房屋因另案被法院查封之前提起诉讼,请求判令威乃达公司按照房屋拆迁协议交付房屋并办理房产证等。生效调解书确认海川公司实际占有案涉房屋,威乃达公司向海川公司交付房屋并协助办理产权登记手续。另案判决认定海尔财务公司对威乃达公司设定抵押的案涉房屋享有优先受偿权,申请执行过程中变更晨鸣公司为申请执行人。执行法院作出裁定,以流拍财产抵债方式确认案涉房屋所有权及有关权利归属晨鸣公司所有。海川公司提出案外人执行异议,被驳回后提起案外人执行异议之诉,请求撤销该流拍财产抵债裁定并解除查封。

(撰写人:张 艳)

97 抵押权人同意抵押人销售房产且能控制购房款,购房人对所购房产能否排除强制执行

——青岛银行南京路第二支行与格力公司等申请执行人执行异议之诉上诉案

- 案　　号　(2021)最高法民终 50 号
- 合议庭成员　张纯、谢爱梅、赵凤暴
- 关 键 词　民事 / 案外人执行异议之诉 / 抵押权人同意转售房产
- 相关法条　《最高人民法院关于人民法院办理执行异议和复议案件若干问题的规定》第 28 条

【裁判要旨】

抵押权人同意抵押人转让房产,案外人能够合理信赖抵押权虽未消灭,但不能再追及该物实现抵押权。抵押权人能够控制购房人支付的购房款,抵押权人未能有效控制,自身存在过错。案外人对所购买房产享有足以排除抵押权人申请强制执行

的民事权益。

【案情摘要】

案外人购买涉案房产之前，抵押权人同意抵押人办理预售许可证并对外销售。商品房预售许可证备注："已办理在建工程抵押，抵押权人同意办理预售。"抵押权人在案外人汇入购房款的账户扣划部分贷款利息，但未对案外人支付的购房款进行有效控制。抵押权人申请对案涉房产强制执行，案外人提出执行异议。

（撰写人：谢爱梅）

98 当事人在具备《最高人民法院关于人民法院办理执行异议和复议案件若干问题的规定》第28条规定全部情形的情况下，请求停止对其购买案涉房屋的执行，应予以支持

——北方信托公司与李某珍、宏运公司等案外人执行异议之诉上诉案

- **案　　号**　（2021）最高法民终63号
- **合议庭成员**　刘银春、谢爱梅、赵风暴
- **关 键 词**　民事 / 案外人执行异议之诉 / 购房人排除执行
- **相关法条**　《最高人民法院关于人民法院办理执行异议和复议案件若干问题的规定》第28条

【裁判要旨】

购房人与被执行人签订购房《意向书》的时间早于案涉房屋的查封时间，且《意向书》约定了房屋的具体房号、面积，购房款的交付方式及交付时间，具备了房屋买卖合同的主要条款，应视为双方在人民法院查封之前已签订合法有效的书面买卖合同。购房人于2018年实际入住案涉房屋至今，在人民法院查封之前已合法占有该不动产。购房人依据《意向书》的约定，已经将案涉购房款全部支付完毕。现有证据不能证明购房人对案涉房屋未办理过户登记手续存在过错。购房人对案涉房屋享有足以排除强制执行的民事权益。

【案情摘要】

2016年6月23日，宏运公司取得案涉房屋所在小区《商品房销售（预售）许可证》。2017年4月29日，李某珍与宏运公司就案涉房屋签订《意向书》。李某珍分别于2017年4月24日、2017年4月29日共计支付341773元房款。2018年8月30日，宏运公司为李某珍开具了辽宁增值税普通发票，金额为341773元。2018年2月6日，宏运公司出具《准住通知单》后，李某珍实际入住案涉房屋至今。北方信托公司与宏运公司、王某军、陈某、宏运集团金融借款合同纠纷一案，已生效且作为本案执行依据的（2019）津民初22号民事判决书认定宏运公司应向北方信托公司给付本金16694万元、利息23146723.41元、期内罚息及复利4228144.76元、提前到期后的罚息及复利，北方信托公司有权以包含案涉房屋在内的财产折价或者拍卖、变卖该财产的价款在合同约定的范围内优先受偿。该案审理过程中，一审法院作出（2019）津民初22号民事裁定书，并据此查封宏运公司名下包括案涉房产在内共计316套不动产，查封期间不得办理抵押、转移等权属变更、转移登记手续。李某珍针对一审法院对案涉房屋的诉讼保全提出书面异议，请求解除对案涉房屋的查封。一审法院于2019年12月20日作出（2019）津执异96号执行裁定，驳回了李某珍的异议请求。李某珍对该裁定不服，向一审法院提起本案申请案外人执行异议之诉。

（撰写人：刘银春）

99 以房抵债在执行异议之诉中的认定
——国基公司与禹某辉、博冠公司申请执行人执行异议之诉上诉案

- 案　　号　（2021）最高法民终345号
- 合议庭成员　何波、陈宏宇、徐霖
- 关　键　词　民事/案外人执行异议之诉/以房抵债
- 相关法条　《最高人民法院关于人民法院办理执行异议和复议案件若干问题的规定》第28条

【裁判要旨】

《最高人民法院关于人民法院办理执行异议和复议案件若干问题的规定》第28

条规定系对一般不动产买受人针对金钱债权提起执行异议之诉的处理。以房抵债的目的并非购买案涉不动产,而是为了实现债务的清偿,故原则上不能视为一般不动产买受人。但是在特殊情况下,如果当事人在债务履行期限届满后达成合法有效的以房抵债协议,旧债清算完毕变更为新债,不存在规避执行或逃避债务等情形,应当尊重当事人因社会经济生活的复杂性对其交易内容所进行的合意变更,符合上述规定的,并经审慎认定,可参照该条规定予以支持。

购房人仅提交被执行人出具的案涉房屋的房款收据,并不能证明其在法院查封之前就案涉房屋已签订合法有效的书面买卖合同,且购房人认可至今未占有案涉房屋。购房人对案涉房屋不享有排除强制执行的民事权益。《最高人民法院关于人民法院办理执行异议和复议案件若干问题的规定》第29条属于商品房消费者生存利益排除强制执行的特别规则,购房人对案涉房屋享有的民事权益系由其本人与多方主体经过多次抵顶债权而来,不属于商品房消费者生存利益特别保护的范畴,不适用第29条的规定。

【案情摘要】

园尚公司向柏悦公司出具《购房抵款申请》《委托付款书》,由园尚公司认购案涉房屋,房款总额从柏悦公司应付园尚公司的工程款中扣除,园尚公司以案涉房屋冲抵其欠付禹某辉工程款。文旅公司向博冠公司出具《情况说明》以案涉房屋冲抵文旅公司与博冠公司之间债权债务,不作实际支付。当日,博冠公司向禹某辉出具房款收据。

(撰写人:徐 霖)

100 房产代持协议不具有物权变动效力,不能据此排除强制执行

——钧帝公司与山东高速、吴某案外人执行异议之诉上诉案

- 案　　号　(2021)最高法民终390号、391号
- 合议庭成员　谢勇、张艳、李赛敏
- 关 键 词　民事 / 案外人执行异议之诉 / 不动产登记

• **相关法条** 《中华人民共和国物权法》第9条、第16条、第187条①

【裁判要旨】

除法律另有规定外，不动产物权的变动应履行变更登记程序才能发生相应的法律效力。《物权法》第9条所指的"法律另有规定"，指非基于法律行为导致物权变动、法律规定不以登记为生效要件或者登记错误等情形，并不包括当事人故意将不动产登记在他人名下的情形。被执行人与案外人签订的房产代持协议只能在二者之间产生债权债务法律关系，不能直接导致物权变动，案外人不能基于代持协议所享有的债权排除强制执行。

【案情摘要】

因被执行人吴某等人未履行生效民事调解书所确定的义务，一审法院于2019年10月11日作出（2019）鲁执21号之一执行裁定，拍卖现登记于吴某名下的案涉房屋。钩帝公司向一审法院提起案外人执行异议，以案涉房屋系其和案外人的共有房产，登记在吴某名下为代持为由，请求中止对案涉房屋的强制执行。一审法院于2019年12月18日作出（2019）鲁执异946号执行裁定，驳回钩帝公司的异议请求。钩帝公司不服，提起本案外人执行异议之诉，请求停止对案涉房产的执行，确认案涉房产50%的产权归钩帝公司所有。一审法院判决驳回钩帝公司的诉讼请求；钩帝公司不服一审判决，提起上诉。

（撰写人：李赛敏）

101 股权实际出资人享有的权益是否足以排除强制执行

——高速物流公司与新富公司、马某普案外人执行异议之诉上诉案

- **案　　　号** （2021）最高法民终397号
- **合议庭成员** 李伟、周伦军、杜军
- **关 键 词** 民事/案外人执行异议之诉/股权代持
- **相关法条** 《中华人民共和国民法总则》第65条②，《中华人民共和国公司法》

---

① 对应《中华人民共和国民法典》第209、第216条、第402条。
② 对应《中华人民共和国民法典》第65条。

第 32 条第 3 款①,《最高人民法院关于适用〈中华人民共和国公司法〉若干问题的规定（三）》第 24 条、第 25 条

【裁判要旨】

《公司法》第 32 条第 3 款规定公司股东未经登记或者变更登记的，不得对抗第三人。股权登记在特定人名下，该股权就成为该特定人对外公示的责任财产的一部分，第三人基于对该人总体责任财产的信赖与该人发生交易，此时第三人对总体责任财产形成的信赖应予保护。在诉讼中第三人就股权申请执行，实际是其实现信赖利益的法律方式。因案涉股权一直登记在代持股东名下，债权人在接受担保时可以对代持股东名下包括案涉股权在内的所有责任财产产生信赖，该信赖利益在诉讼执行中应予保护，股权实际出资人不能阻却执行。

【案情摘要】

马某普、新富公司、侯某珊均系金玉村镇银行股东。对马某普名下的 990 万元股权，新富公司主张实际由其所有，马某普予以认可。侯某珊（乙方）与张某新（甲方，新富公司法定代表人）、马某普（甲方）签订《股权转让协议》，约定将甲方持有的金玉村镇银行股权转让给乙方。另案中高速物流公司申请法院冻结马某普持有的金玉村镇银行股权，后因判令马某普对泰恒特钢的债务承担连带清偿责任，该股权进入执行阶段。新富公司以该裁定查封的马某普持有的金玉村镇银行股权实际为其所有为由，提起案外人执行异议之诉，形成本案。

（撰写人：杜　军）

102 一般不动产买受人享有的权益能否排除普通金钱债权的强制执行

——北方信托公司与李某梅、宏运公司、宏运集团、王某军、陈某案外人执行异议之诉上诉案

- 案　　号　（2021）最高法民终 475 号
- 合议庭成员　郑学林、万挺、潘杰

---

① 参见 2023 年修正、2024 年 7 月 1 日施行的《中华人民共和国公司法》第 34 条。

- **关 键 词**　民事 / 案外人执行异议之诉
- **相关法条**　《最高人民法院关于人民法院办理执行异议和复议案件若干问题的规定》第 28 条

【裁判要旨】

案外人签订购房《意向书》的时间早于案涉房屋的查封时间,且《意向书》约定了房屋的具体房号、面积、购房款的交付方式及交付时间,具备了房屋买卖合同的主要条款,可以认定案外人在案涉房屋查封之前已签订合法有效的书面买卖合同;案外人实际入住案涉房屋至今,符合在人民法院查封之前已合法占有该不动产的要件;案外人依据《意向书》的约定,已经将案涉购房款全部支付完毕;案涉房屋未通过综合验收,无法办理房屋产权证书系被执行人原因所致,而非案外人自身原因。因此,案外人对案涉房屋享有足以排除强制执行的民事权益,原审法院判决解除对案涉房屋的查封并停止对该房屋的执行并无不当。

【案情摘要】

2017 年 8 月 14 日,李某梅与宏运公司签订《意向书》,约定:李某梅购买宏运铂郡项目小高层 × 号楼 × 单元 × 层 × 号,总房款为 277463 元,签订意向书之日起,一次性向宏运公司支付全额房款。房屋预计于 2017 年 12 月 31 日交付并陆续办理入住手续,《商品房买卖合同》的签订时间由宏运公司另行通知。李某梅分别于 2017 年 8 月 11 日支付 2 万元,2017 年 8 月 14 日支付 257463 元,以上共计 277463 元。2020 年 1 月 3 日,宏运公司为李某梅开具了辽宁增值税普通发票,金额为 277463 元。2017 年 9 月 1 日,宏运公司出具《准住通知单》后,李某梅实际入住案涉房屋至今。

一审法院在审理北方信托公司与宏运公司、王某军、陈某、宏运集团金融借款合同纠纷一案中,申请人北方信托公司提出财产保全申请,一审法院于 2019 年 2 月 28 日作出(2019)津民初 22 号民事裁定,裁定查封、扣押、冻结被申请人宏运公司、王某军、陈某、宏运集团的 194979909.84 元等值财产。一审法院于 2019 年 3 月 12 日向辽宁省阜新市不动产登记中心、辽宁省阜新市房地产信息中心送达(2019)津执保 29 号协助执行通知书,查封被申请人宏运公司名下宏运铂郡二期工程,坐落于辽宁省阜新市细河区八一路,包括案涉房产在内共计 316 套不动产,查封期间不得办理抵押、转移等权属变更、转移登记手续。

北方信托公司与宏运公司、王某军、陈某、宏运集团金融借款合同纠纷一案,一审法院于 2019 年 6 月 13 日作出(2019)津民初 22 号民事判决:一、宏运公司于该判决生效之日起 10 日内给付北方信托公司本金 166940000 元、利息 23146723.41 元、期内罚息及复利 4228144.76 元、提前到期后的罚息及复利（分别以本金 166940000 元、利息 23146723.41 元为基数，自 2019 年 2 月 11 日起至实际给付之日止，按日万分之五的标准计算）；二、宏运公司以面积为 25819.75 平方米的在建工程，面积为 13524.97 平方米的房产，面积为 121637.8 平方米、证号为阜新国用（2015）字第 0072 号的土地使用权对该判决第一项给付事项承担抵押担保责任，北方信托公司有权以该财产折价或者拍卖、变卖该财产的价款在合同约定的范围内优先受偿（抵押物详见起诉状后附《抵押物清单》）；三、王某军、陈某、宏运集团对该判决第一项给付事项承担连带保证责任，其在承担保证责任后，有权向宏运公司追偿；四、驳回北方信托公司的其他诉讼请求。北方信托公司及宏运公司在原审庭审中确认李某梅的案涉房屋已经解除抵押。

李某梅针对原审法院对案涉房屋的诉讼保全提出书面异议，请求解除对坐落于辽宁省阜新市细河区八一路 35-8，×号楼×室的查封。一审法院于 2020 年 6 月 28 日作出（2020）津执异 43 号执行裁定，驳回了李某梅的异议请求。李某梅提起本案诉讼。

（撰写人：万　挺）

103　案外人主张执行标的由其受让并依照《民事诉讼法》第 227 条规定提出异议的，应当在执行程序终结前提出
——李某霖与西藏信托公司、
龙驿公司案外人执行异议之诉上诉案

- **案　　号**　（2021）最高法民终 515 号
- **合议庭成员**　张淑芳、李敬阳、吴凯敏
- **关 键 词**　民事 / 案外人执行异议之诉 / 起诉条件
- **相关法条**　《中华人民共和国民事诉讼法》第 227 条[①]，《最高人民法院关于人民法院办理执行异议和复议案件若干问题的规定》第 6 条第 2 款

---

① 对应《中华人民共和国民事诉讼法》（2023 年修正）第 238 条。

【裁判要旨】

金钱债权执行中,案外人主张执行标的由其受让并依照《民事诉讼法》第227条规定提出异议的,应当在执行程序终结前提出。

【案情摘要】

标的房屋于2016年1月4日被查封。一审法院于2018年12月21日作出(2016)晋执21号之五执行裁定,将包括标的房屋在内的被执行人龙驿公司所有的97套房产作价9677.46872万元,交付申请执行人西藏信托公司抵偿另案判决认定的债务。李某霖于2019年8月15日提出书面异议请求停止对案涉标的房屋的执行。李某霖于2019年10月28日起诉。一审立案时间为2019年11月18日。

(撰写人:李敬阳)

104 借款合同和买卖合同的界限及区分
——陈某义与沈阳农商行案外人执行异议之诉上诉案

- 案　　号　（2021）最高法民终553号
- 合议庭成员　周其濛、麻锦亮、季伟明
- 关 键 词　民事／案外人执行异议之诉／预约合同／本约合同
- 相关法条　《中华人民共和国物权法》第6条①,《最高人民法院关于人民法院办理执行异议和复议案件若干问题的规定》第29条

【裁判要旨】

当事人签订的房屋买卖合同项下的标的物不确定时,因当事人之间仅存在资金的借用关系,该合同的性质应为借款合同。在买卖标的物确定后,当事人签订协议约定用此前借款合同项下款项购买房屋时,应视为对于原借款合同关系的清理,该协议本质上属于有关房屋买卖事项的约定,应认定双方成立买卖合同关系。

区分预约和本约的根本标准是当事人是否有意在将来订立一个新的合同,以最终明确在双方之间形成某种法律关系的具体内容。就房屋买卖合同而言,当事人订

---

① 对应《中华人民共和国民法典》第208条。

立协议约定买方交纳购房款后双方签订商品房买卖合同，此时买方只能依据协议要求订立商品房买卖合同，并不能直接要求履行交房义务，且双方必须通过订立商品房买卖合同才能最终确定房屋买卖合同项下的各项权利义务关系，此协议应当认定为预约合同而非本约合同。

【案情摘要】

沈阳农商行大东支行诉宏缘公司、谷某金融借款合同纠纷一案，辽宁省高级人民法院（以下简称辽宁高院）作出（2014）辽民二初字第54号民事判决，判令宏缘公司给付沈阳农商行大东支行贷款本金，沈阳农商行大东支行对抵押财产享有优先受偿权。在该案审理期间，辽宁高院于2014年10月23日查封了宏缘公司开发的案涉房屋。2011年1月31日，陈某义与宏缘公司签订团购房协议，陈某义预定购买宏缘公司开发建设的商品房，如因宏缘公司原因导致本协议无法履行，宏缘公司除返还购房款外，须按年利率24%计算赔偿利息损失。2019年3月26日，陈某义作为案外人对查封案涉房屋提出书面异议，辽宁高院裁定驳回其异议申请，形成本案诉讼。

（撰写人：麻锦亮、杨泽宇）

105《最高人民法院关于人民法院办理执行异议和复议案件若干问题的规定》第28条规定的情形的认定

——长城公司与楼某1、楼某2、中银公司案外人执行异议之诉上诉案

- **案　　号**　（2021）最高法民终667号
- **合议庭成员**　吴兆祥、陈宏宇、张梅
- **关 键 词**　民事/案外人执行异议之诉
- **相关法条**　《中华人民共和国民事诉讼法》第227条[①]，《最高人民法院关于人民法院办理执行异议和复议案件若干问题的规定》第28条

【裁判要旨】

被上诉人甲与被上诉人丙公司之间存在真实的债权债务关系，双方协议明确约

[①] 对应《中华人民共和国民事诉讼法》（2023年修正）第238条。

定将被上诉人丙公司拖欠的部分工程款抵作被上诉人甲购买案涉房产的价款，并且依之签订了《商品房买卖合同》确认了具体的购房金额。该买卖价格于合同签订时应属合理，上诉人亦未提供证据证明该价格明显不合理。当事人对合同履行方式的重新约定应属合法有效，可以认定被上诉人甲、乙已经支付了全部价款。

《商品房买卖合同》签订时，案涉房产处于被查封状态，无法办理物权变动登记，至2014年1月该房产被法院解除查封。依另案判决认定的事实，被上诉人丙公司于2013年9月起从事骗取贷款的犯罪行为，包括以在案涉房产所属工程上设定虚假抵押为手段，骗取贷款，至2015年被刑事侦查。2015年1月案涉房产又因上诉人在另案中申请财产保全被查封，无法办理产权变更登记。因此，被上诉人甲、乙主张在此期间由于被上诉人丙公司不予协助导致未及时办理案涉房产过户登记不存在过错，符合事实和常理。

【案情摘要】

2006年7月，中银公司作为发包方与承包方华厦公司签订《建设工程施工承包补充协议》，双方约定由华厦公司承建中银城市广场建设工程施工。2006年8月6日，华厦公司呼和浩特市中银城市广场项目部与楼某1签订《内蒙古中银城市广场水电安装工程承包合同》，约定将内蒙古中银城市广场水电安装工程承包给楼某1进行施工。

2012年6月12日，中银公司与楼某1签订《协议》，双方约定：(1)为顺利结算剩余工程款项，乙方同意将工程款中31352940元工程款，由甲方开发的项目即酒店12~13层作为工程款项一次性抵给乙方。

长城公司作为中银公司的一般债权人在另案中对案涉房产申请了财产保全。对此，楼某1以对涉案房产享有足以阻却人民法院强制执行的民事权益为由提起本案诉讼。

（撰写人：孙明娟）

106 以房抵债债权人对房屋享有的权益不足以排除对房屋享有抵押权的债权的强制执行
——魏某泽与赵某川、楚雄公司案外人执行异议之诉上诉案

• 案　　号　（2021）最高法民终681号

- **合议庭成员**　吴兆祥、陈宏宇、张梅
- **关 键 词**　民事 / 执行异议 / 以房抵债
- **相关法条**　《中华人民共和国民事诉讼法》第 227 条[①]，《最高人民法院关于人民法院办理执行异议和复议案件若干问题的规定》第 27 条

【裁判要旨】

根据《物权法》[②] 第 9 条，"不动产物权的设立、变更、转让和消灭，经依法登记，发生效力；未经登记，不发生效力，但法律另有规定的除外"。上诉人与一审第三人签订《顶房协议书》后，并未办理房产过户手续，上诉人没有实际取得涉案房屋的所有权。同时，被上诉人基于与一审第三人签订的《借款合同》和《抵押合同》办理了抵押登记，取得对涉案房屋的抵押权。《最高人民法院关于人民法院办理执行异议和复议案件若干问题的规定》第 27 条规定："申请执行人对执行标的依法享有对抗案外人的担保物权等优先受偿权，人民法院对案外人提出的排除执行异议不予支持，但法律、司法解释另有规定的除外。"因此，除法律、司法解释另有规定外，被上诉人享有对执行标的的抵押权，上诉人不得排除执行。

【案情摘要】

2014 年 4 月 29 日，赵某川与楚雄公司签署《借款合同》和《抵押合同》，约定以楚雄公司案涉房产提供抵押担保，并于 2014 年 4 月 29 日在中卫市房屋产权籍管理所办理了抵押登记并取得他项权证书。甘肃省高级人民法院于 2018 年 1 月 29 日作出（2017）甘民初 50 号民事调解书确认：楚雄公司未按上述期限履行给付义务时，赵某川有权对楚雄房公司抵押财产（已办理他项权证的中卫市黄河花园三期××楼 25 套面积 4522.08 平方米的房屋）折价或者拍卖、变卖该财产的价款优先受偿。

魏某泽与楚雄公司签订两份《顶房协议书》，合同主要约定：楚雄公司将其所有的案涉房产抵顶给魏某泽用于抵付工程款。

（撰写人：孙明娟）

[①] 对应《中华人民共和国民事诉讼法》（2023 年修正）第 238 条。
[②] 该法已失效。

107 基于合同约定主张采矿权但未依法办理权属变更登记的当事人享有的权益不足以排除普通金钱债权的强制执行

——化硝窝煤矿与中信银行贵阳分行、顺时房开公司、韩某武、刘某燕、付某成、程某、张某华、鑫盛源公司案外人执行异议之诉上诉案

- **案　　号**　（2021）最高法民终 686 号
- **合议庭成员**　孙晓光、王朝辉、刘丽芳
- **关 键 词**　民事 / 执行 / 案外人执行异议之诉 / 权利人
- **相关法条**　《最高人民法院关于人民法院办理执行异议和复议案件若干问题的规定》第 25 条第 5 项，《中华人民共和国物权法》第 9 条①，《中华人民共和国矿产资源法》第 6 条第 1 款第 2 项，《探矿权采矿权转让管理办法》第 10 条，《最高人民法院关于适用〈中华人民共和国民事诉讼法〉的解释》第 311 条②

【裁判要旨】

采矿权转让合同系应当依法办理批准手续后生效的合同，受让人在办理矿业权变更登记后依法取得采矿权。案外人与被执行人关于煤矿采矿权权属的约定，仅对协议双方具有约束力，不能对抗经依法批准、登记取得的采矿权公示公信效力。案外人主张排除普通金钱债权强制执行的，不应支持。

【案情摘要】

2013 年 3 月 26 日，化硝窝煤矿与鑫盛源公司签订《合作协议书》，约定以鑫盛源公司代理化硝窝煤矿持股 51%，化硝窝煤矿名义持股 49% 的形式，使化硝窝煤矿形式上成为鑫盛源公司控股子公司。2013 年 10 月 22 日，化硝窝煤矿与鑫盛源公司签订《纳雍县化硝窝煤矿（兼并重组）采矿权转让合同》，约定将化硝窝煤矿采矿权整体转让给鑫盛源公司。2014 年 2 月 20 日，经贵州省国土资源厅批准，化硝窝煤矿采矿权变更登记到鑫盛源公司名下，且采矿权至今仍登记在鑫盛源公司名下。中

---

① 对应《中华人民共和国民法典》第 209 条。
② 该解释已于 2022 年修正，此处法条对应第 309 条。

信银行贵阳分行根据生效判决确定的对鑫盛源公司享有的金钱债权，申请执行鑫盛源公司名下包括案涉采矿权在内的财产。化磋窝煤矿以案涉煤矿系挂靠在鑫盛源公司名下、鑫盛源公司仅名义上持股49%为由提出案外人执行异议，被驳回后提起本案诉讼。

（撰写人：孙晓光、马　露、毛荧月）

108 消费者购房人对房屋享有的权益足以排除对房屋享有抵押权的债权的强制执行

——信达甘肃分公司与李某、智霖房地产公司执行异议之诉纠纷上诉案

- **案　　号**　（2021）最高法民终760号
- **合议庭成员**　陈宏宇、徐霖、张梅
- **关 键 词**　民事 / 案外人执行异议之诉 / 消费者购房人
- **相关法条**　《最高人民法院关于人民法院办理执行异议和复议案件若干问题的规定》第29条

【裁判要旨】

《最高人民法院关于人民法院办理执行异议和复议案件若干问题的规定》（以下简称《执行异议和复议规定》）第27条规定："申请执行人对执行标的依法享有对抗案外人的担保物权等优先受偿权，人民法院对案外人提出的排除执行异议不予支持，但法律、司法解释另有规定的除外。"《执行异议和复议规定》第29条属于上述规定中的除外规定。案涉房屋已经办理抵押登记，申请执行人对案涉房屋享有优先受偿权，案外人对案涉房屋是否享有足以排除强制执行的民事权益，应参照适用《执行异议和复议规定》第29条的规定予以认定。基于保护消费者购房人生存利益的考虑，《执行异议和复议规定》第29条规定符合条件的消费者购房人可排除金钱债权甚至是享有抵押权等优先受偿权的金钱债权的执行。

【案情摘要】

2014年6月24日，信达甘肃分公司与智霖房地产公司就包括案涉房屋的在建工程签订了《在建工程抵押担保合同》，并于2014年6月30日在庆阳市房地产交易与权属登记管理中心设立抵押登记，取得了庆市期抵西峰区建他字第000037号《在

建工程抵押证明》。2017年5月16日，李某与智霖房地产公司签订《住宅楼认购协议书》，约定：李某认购智霖房地产公司开发的位于庆阳市西峰区安化东路豪庭春天住宅小区××号楼1-××××号房屋。因智霖房地产公司、智霖实业公司、赵某霖、李某梅未履行生效判决确定的给付义务，信达甘肃分公司向一审法院申请强制执行。一审法院对被查封房产进行拍卖、变卖，李某所购房屋在上述被查封、拍卖的房屋中。李某于2020年3月23日向一审法院提出书面异议，认为其对该房屋的物权期待权能够排除法院的强制执行，请求中止对该房屋的拍卖。

（撰写人：徐　霖）

109 法人或者其他组织不属于商品房消费者范畴
——张某珏与中建二局四公司、日出康城公司案外人执行异议之诉上诉案

- **案　　号**　（2021）最高法民终933号
- **合议庭成员**　张树明、向国慧、孙勇进
- **关 键 词**　民事／案外人执行异议之诉／商品房消费者
- **相关法条**　《最高人民法院关于人民法院办理执行异议和复议案件若干问题的规定》第28条、第29条

【裁判要旨】

《最高人民法院关于人民法院办理执行异议和复议案件若干问题的规定》第29条规定，主要目的是保护商品房消费者的居住需求。消费者是为生活消费需要而购买商品、使用商品或者接受服务的人。消费者应当是自然人，法人或者其他组织由于不存在生活消费的问题，一般不在消费者之列。前手买受人系法人，并非《最高人民法院关于人民法院办理执行异议和复议案件若干问题的规定》第29条规定的买受人，其无权根据该规定主张享有排除执行的民事权益，且此时其并未将案涉房屋指定给或将债权转让给后手买受人，后手买受人无权按前手买受人买房日期主张作为商品房消费者所享有的排除执行的民事权益。

【案情摘要】

2014年8月16日，金光源公司与日出康城公司签订《天悦国际项目商品房冲抵工程款协议书》一份，双方约定日出康城公司以案涉房屋一处，抵付金光源公司

工程款 905278 元。2019 年 8 月 23 日，张某珏与日出康城公司签订案涉房屋《商品房认购书》约定，张某珏购买案涉房屋。日出康城公司为张某珏开具了购房发票。张某珏交纳了物业费等进户费用。中建二局四公司诉日出康城公司建设工程施工合同纠纷一案，已生效且作为本案执行依据的（2018）最高法民终 922 号民事判决确认中建二局四公司主张优先受偿权未超过法定期限，并判决中建二局四公司在日出康城公司尚欠其工程款 136240342.69 元范围内，对包含案涉房屋在内的案涉工程折价或者拍卖的价款享有优先权。该判决生效后，日出康城公司未能履行给付义务，中建二局四公司向一审法院申请执行。一审法院执行期间，案外人张某珏提出执行异议。2020 年 6 月 28 日，一审法院作出（2020）黑执异 247 号执行裁定，驳回案外人张某珏异议请求。张某珏对该裁定不服，向一审法院提起本案案外人执行异议之诉。

（撰写人：向国慧）

110 具备商品房买卖合同主要内容的协议应认定为商品房买卖合同而非认购合同

——萧某启与贝王公司、福洲公司等案外人执行异议之诉上诉案

- **案　　号**　（2021）最高法民终 960 号
- **合议庭成员**　万挺、潘杰、高燕竹
- **关 键 词**　民事 / 案外人执行异议之诉 / 商品房买卖合同
- **相关法条**　《最高人民法院关于人民法院办理执行异议和复议案件若干问题的规定》第 29 条

【裁判要旨】

金钱债权执行中，买受人对登记在被执行的房地产开发企业名下的商品房提出异议，主张其权利能够排除执行的，应当符合的一个条件是在人民法院查封之前已签订合法有效的商品房买卖合同。本案中，商品房买卖双方于 2013 年签订的商品房协议书，明确约定了交易标的、交易价款及支付方式，具备商品房买卖合同的主要内容，能够认定属于商品房买卖合同而非认购合同。不能以双方此后签订的协议推翻 2013 年协议签订的事实，应当认定商品房买卖合同签订时间在案涉房屋被查封之前。

【案情摘要】

福洲公司与青建公司进行工程结算，双方协商约定以溪雅苑项目的部分房屋（包括案涉房屋）折抵福洲公司欠付青建公司的部分工程款。萧某启得知青建公司销售案涉房屋。2013年6月19日，萧某启与青建公司工作人员一同前往售楼处，与福洲公司签订《北京市商品房协议书》，约定交易价款为2143800元。2018年5月17日，萧某启与福洲公司签订《商品房现房买卖合同》。萧某启分三笔向青建公司支付了案涉房屋的购房款共计190.56万元。案涉房屋是萧某启在京唯一住房，萧某启于2013年6月24日接收案涉房屋，占有使用案涉房屋至今。

2017年4月11日，贝王公司与福洲公司因房地产开发经营合同产生纠纷诉至法院。法院认定基于贝王公司的保全申请裁定查封、扣押、冻结福洲公司名下财产（包括案涉房产）。萧某启提起执行异议被驳回，遂提起本案诉讼。

（撰写人：高燕竹）

111 不动产前手买受人享有的足以排除强制执行的民事权益能否被继受

——范某与西藏信托、龙驿公司案外人执行异议之诉上诉案

- 案　　号　（2021）最高法民终993号
- 合议庭成员　张淑芳、李敬阳、吴凯敏
- 关　键　词　民事/执行异议之诉/排除强制执行/继受
- 相关法条　《最高人民法院关于人民法院办理执行异议和复议案件若干问题的规定》第28条

【裁判要旨】

提起执行异议之诉的案外人并非直接从被执行人处购得不动产，人民法院应在审查不动产前手权利人能否排除强制执行的基础上，综合判断后手权利人是否享有足以排除强制执行的民事权益。如果前手权利人对案涉房屋享有足以排除强制执行的权利，后手权利人基于继承或直系亲属之间的赠与，或在支付合理对价的情况下，亦可享有排除强制执行的民事权益。

【案情摘要】

龙驿公司（被执行人）开发案涉房地产项目并取得《商品房预售许可证》，以包括案涉房屋在内的多套房屋抵顶欠齐某晨的工程款，齐某晨以案涉房屋抵顶欠范某成的材料款。案涉房屋被查封前，龙驿公司与范某成签订《产权认购协议书》，向范某成出具《收款收据》，并完成抵账手续。范某成于案涉房屋被查封前已实际占有房屋。龙驿公司开发的案涉房屋项目未经竣工验收，未办理过户登记。范某成将案涉房屋赠与其子范某（案外人），《产权认购协议书》《收款收据》、维修基金收款收据、《入住通知单》上范某成的姓名均变更为范某。西藏信托（申请执行人）依据另案生效判决申请强制执行龙驿公司，人民法院查封了案涉房屋。范某提出执行异议被驳回。范某不服，提起本案执行异议之诉。

（撰写人：李敬阳、牛彦坤）

112 买受人主张以大额现金形式支付购房款的，应承担相应举证责任

——田某刚与西藏信托、龙驿公司案外人执行异议之诉上诉案

- **案　　号**　（2021）最高法民终 1012 号
- **合议庭成员**　曹刚、于蒙、关晓海
- **关 键 词**　民事 / 案外人执行异议之诉 / 现金支付
- **相关法条**　《最高人民法院关于人民法院办理执行异议和复议案件若干问题的规定》第 28 条

【裁判要旨】

金钱债权执行中，买受人对登记在被执行人名下的房屋提出异议，主张已以现金形式全额支付房屋价款的，应综合考量交款数额、现金来源、支付时间、支付方式、支付地点、有无见证人等认定有无付款事实，从而认定是否具有足以排除对该房屋强制执行的权益。

【案情摘要】

西藏信托（申请执行人）对龙驿公司（被执行人）享有债权，申请人民法院执

行，人民法院查封龙驿公司名下案涉房产。田某刚提出案外人执行异议之诉，称自己从龙驿公司处购得商品房，并已全额现金支付购房，符合《最高人民法院关于人民法院办理执行异议和复议案件若干问题的规定》第28条规定。一审判决驳回其诉讼请求。田某刚不服提起上诉，二审经审查认为田某刚主张全额支付了房屋价款，但是未提交相应的银行转账凭证，其主张为现金付款，但是其主张的交款数额高达600多万元，其对于现金的来源、支付的时间、支付的方式、支付的地点、有无见证人等细节，都未能准确描述，历次诉讼中的陈述也前后不一致。故驳回上诉、维持原判。

（撰写人：于　蒙、刘依珊）

113　执行异议之诉案件的审理范围
——潘某华与建行自贸区支行等案外人执行异议之诉上诉案

- **案　　号**　（2021）最高法民终1033号
- **合议庭成员**　麻锦亮、孙勇进、季伟明
- **关 键 词**　民事 / 执行异议之诉 / 审理范围 / 确认合同效力 / 协助办理登记
- **相关法条**　《中华人民共和国民事诉讼法》第227条①

【裁判要旨】

执行异议之诉所要解决的是相关当事人之间的民事权益在强制执行程序中的冲突问题。除依据法律、司法解释规定，案外人同时提出的确认其权利的诉讼请求因与民事权益的认定密切相关而可在执行异议之诉中一并审理并裁判外，案外人在执行异议之诉中同时提出的要求确认购房合同效力、被执行人协助办理权属登记等诉讼请求，因与排除强制执行的诉讼目的无关，不属于执行异议之诉案件的审理范围，也不宜合并审理。

【案情摘要】

2018年，建行自贸区支行取得对盛恒基开发公司的生效判决。一审法院在2016年11月诉讼中已查封了该公司名下的案涉房屋。在执行中，潘某华提出执行异议，

---

① 对应《中华人民共和国民事诉讼法》（2023年修正）第238条。

被驳回后，潘某华提起本案执行异议之诉。

2014年3月，易某生签订案涉小区抹灰工程的《劳务分包合同》并实际施工。2016年4月，盛恒基开发公司为潘某华出具案涉房屋收款收据。2016年12月，该公司与易某生签订《协议书》《商品房买卖合同书》，以案涉房屋抵顶分包合同人工费。

易某生、潘某华系夫妻关系。潘某华一审诉请包括：停止执行、解除查封；确认《商品房买卖合同书》有效；确认案涉房屋归潘某华所有；判令盛恒基开发公司协助办理产权登记。诉讼中，潘某华一并主张对案涉房屋享有建设工程价款优先受偿权。

（撰写人：季伟明）

114 以物抵债取得房屋情形下对"抵押可售"行为的认定
——国家开发银行与郑某、盛恒基中加公司、盛恒基公司、王某江、王某靖案外人执行异议之诉上诉案

- **案　　号**　（2021）最高法民终1220-1223号、1228-1231号、1240号（以1223号为蓝本）
- **合议庭成员**　麻锦亮、季伟明、彭娜
- **关 键 词**　民事 / 执行异议之诉
- **相关法条**　《中华人民共和国物权法》第191条①

【裁判要旨】

在不适用《民法典》第406条情形下，抵押权人同意出售抵押物的，抵押权人可对抵押物转让价款采取监管措施并要求提前清偿或提存。但债务人通过以物抵债方式转让抵押物规避债权人对转让资金的监管时，债权人主张对抵押物行使抵押权的，人民法院应予支持。

【案情摘要】

2013年，盛恒基中加公司向国家开发银行借款3.5亿元，盛恒基公司用案涉房

---

① 对应《中华人民共和国民法典》第406条。

屋提供抵押担保，并办理抵押登记。后国家开发银行向房产主管部门发函，表示在不违反相关法律法规且抵押权属不发生变化的前提下，同意办理预售手续。国家开发银行因盛恒基中加公司未依约偿还借款提起诉讼，人民法院依申请裁定查封案涉房屋，后判决盛恒基中加公司偿还借款本息，国家开发银行对案涉房屋拍卖、变卖、折价后所得价款优先受偿。该案执行期间，郑某以案外人身份提出执行异议被驳回后，提起本案诉讼。一审法院以国家开发银行同意办理预售手续即同意在预售手续法定授权下合法处分已抵押房屋为由，认定对抵押房屋享有的优先受偿权不再优于房屋买受人的物权期待权。

（撰写人：彭 娜）

115 案外人享有的物权期待权能否排除担保物权人申请的强制执行

——华某均与进出口担保公司、全新石化公司案外人执行异议之诉上诉案

- **案　　号**　（2021）最高法民终 1245 号
- **合议庭成员**　刘丽芳、郎贵梅、王朝辉
- **关 键 词**　民事 / 案外人执行异议之诉 / 物权期待权 / 担保物权 / 排除强制执行
- **相关法条**　《最高人民法院关于人民法院办理执行异议和复议案件若干问题的规定》第 27 条、第 28 条、第 29 条

【裁判要旨】

《最高人民法院关于人民法院办理执行异议和复议案件若干问题的规定》第 28 条和第 29 条分别规定了案外人的"物权期待权"和"消费者生存权"成立的条件，但对该规定第 27 条"除外"具体指向，需要比较执行标的物上存在的不同类型权利的效力顺位，此为执行异议之诉的本质所在。就本案所涉实体权利优先顺位而言，"消费者生存权"最优，担保物权次之，"物权期待权"虽被赋予"物权"名义，但毕竟不是既得的物权，本质上仍属于债权请求权，故虽优先于普通债权，但应劣后于担保物权。

【案情摘要】

2012年10月12日，全新石化公司与进出口担保公司签订《房地产抵押合同》，约定全新石化公司以位于四川省成都市双流区西航港街道长江路三段2号"雅南居"建筑面积5612.59平方米的房屋提供反担保。2012年10月18日，在四川省成都市双流县房地产管理交易中心办理了抵押登记。（2015）渝高法民初字第00006号之一民事判决确定进出口担保公司在其债权范围内对上述房屋享有优先受偿权。2011年7月至2014年8月，华某均分别委托案外人陈某银等与全新石化公司签订《房屋买卖合同》及补充协议，约定全新石化公司出售上述房屋中的九套房屋，华某均以对全新石化公司法定代表人华某泽享有的借款债权抵偿购房款。进出口担保公司申请强制执行，华某均以其对案涉房屋享有足以排除强制执行的民事权益而提出执行异议。

（撰写人：刘丽芳、陈　曼）

116 执行异议之诉中多次以物抵债协议的审查认定
——黄某卿与东方资产陕西省分公司、江某案外人执行异议之诉上诉案

- 案　　号　（2021）最高法民申5948号
- 合议庭成员　宋冰、徐霖、董俊武
- 关 键 词　民事 / 案外人执行异议之诉 / 以物抵债裁定
- 相关法条　《最高人民法院关于人民法院办理执行异议和复议案件若干问题的规定》第28条

【裁判要旨】

本案涉及多次债务抵顶，对再审申请人所主张其在一审第三人处的入股项目是何项目，入股款是否支付、支付到何项目、项目何时发生退股、退股时分红如何结算等事实仅有当事人的证人证言，无其他证据予以印证，且再审申请人在一审起诉状中自称其向一审第三人支付现金，其主张存在矛盾之处，不足以证明其以入股退款及分红抵顶了部分房款。其提交的证据无法形成证据链，证明足额交纳购房款的事实，不符合《最高人民法院关于人民法院办理执行异议和复议案件若干问题的规定》第28条第3项规定的情形，不享有足以排除强制执行的民事权益。

【案情摘要】

江某于 2008 年 7 月 29 日与西安侨荣实业有限公司签订商品房买卖合同，约定购买案涉房屋。签订合同时支付首付款 169596 元，贷款 37 万元。2011 年 1 月 23 日，黄某卿与江某签订《房屋买卖合同》，约定由黄某卿购买江某所有的上述房屋，价款为 750230 元整，江某截至签订本协议时共计支付甲方房屋价款人民币 487455 元整，剩余银行按揭由黄某卿自行负责偿还。关于房款的实际支付，黄某卿主张其与江某于 2011 年签订《房屋买卖协议》，以其在江某处的入股款及分红款抵顶房款 487455 元。黄某卿主张其从崔某卫处借款 50 万元，由崔某卫打款给江某入股，后江某用入股款及分红款抵顶房款 487455 元后，将剩余款项 11545 元退给黄某卿。

（撰写人：徐　霖）

117　一般不动产买受人对抗执行条件应当从严把握

——阮某俊与海峡银行新罗支行申请执行人执行异议之诉申请再审案

- 案　　号　（2019）最高法民申 2857 号
- 合议庭成员　黄鹏、李延忱、郁琳
- 关 键 词　民事 / 申请执行人执行异议之诉 / 车位
- 相关法条　《最高人民法院关于人民法院办理执行异议和复议案件若干问题的规定》第 28 条

【裁判要旨】

案件争议的车位具有投资性质，不涉及对生存权和居住权优先保护问题，买受人对抗执行条件应当从严把握。

【案情摘要】

本案中，案涉车位于 2014 年 9 月因另案（海峡银行新罗支行与邹某峰等票据纠纷）执行被人民法院依法查封。在此之前，阮某俊于 2011 年 1 月签订《车位买卖合同》，以 1236000 元购买邹某峰所有的 12 个车位（包括案涉 4 个车位），并支付了全部价款。邹某峰向阮某俊交付了销售不动产统一发票及完税证明、所有权证、土地证原件。2013 年 3 月，邹某峰及其妻子书面委托阮某俊代为办理案涉车位转让手续及过户手续，并办理了公证手续。阮某俊实际占有、使用了涉案车位，但至查封时仍未办理过户登记。查封后，阮某俊提出执行异议，执行法院裁定中止执行。海峡银行新罗支行提起本案申请执行人执行异议之诉，一、二审法院认定，阮某俊在具备办理产权变更登记的条件下怠于行使权利，主观上存在过错，且未举证证明非因其自身原因未能办理产权变更登记，其权利不能排除对案涉车位的强制执行。阮某俊申请再审。

（撰写人：黄　鹏）

118 主张股东抽逃出资应负初步举证责任的认定标准及分配

——创展公司与万邦公司、营口银行执行异议之诉申请再审案

- **案　　号**　（2020）最高法民申 6078 号
- **合议庭成员**　宋春雨、丁俊峰、张娜
- **关 键 词**　民事 / 抽逃出资 / 举证责任
- **相关法条**　《最高人民法院关于适用〈中华人民共和国公司法〉若干问题的规定（三）》第 12 条、第 20 条

【裁判要旨】

申请执行人向法院提交了被执行人向其控股股东的一次转款凭证，但并未进一步证明或说明该笔转款可能符合《最高人民法院关于适用〈中华人民共和国公司法〉若干问题的规定（三）》第 12 条规定的抽逃出资情形，不属于正常的业务往来款项。在被执行人与其控股股东有多笔资金往来的情况下，申请执行人尚未尽到认定控股股东公司构成抽逃出资的初步举证责任。原审法院以控股股东不能提交该笔转款的合同依据为由，认定控股股东抽逃出资，举证责任分配不当。

【案情摘要】

营口银行为申请执行人，被执行人为万邦公司，创展公司系占万邦公司 97% 股份的控股股东。营口银行以创展公司抽逃出资为由要求追加创展公司为被执行人，举示了创展公司于 2015 年 2 月 4 日收到万邦公司转款 47549000 元的证据，但并未证明该转款系何种形式的抽逃出资。经查，根据《专项审计报告》记载，2010 年 1

月至2020年3月之间，创展公司与万邦公司之间款项往来情况频繁，其中包括创展公司于2015年2月15日向万邦公司以每次5000万元的金额分两次向万邦公司转款总计金额1亿元，一、二审法院认定案涉47549000元转款并非创展公司主张的该笔款项项下的还款，据此认为创展公司应当承担证明案涉47549000元转款性质的举证责任，并依据《最高人民法院关于适用〈中华人民共和国公司法〉若干问题的规定（三）》第20条认定创展公司构成抽逃出资。

（撰写人：丁俊峰）

119 被执行人因经营行为概括转让的合同，后续被依法解除的，合同相对人返还的财产不属于被执行人的责任财产
——林某与协力和顺公司申请执行人执行异议之诉再审案

- **案　　号**　（2020）最高法民再236号
- **合议庭成员**　郁琳、李延忱、黄鹏
- **关 键 词**　民事 / 申请执行人执行异议之诉 / 合同解除的效力
- **相关法条**　《中华人民共和国合同法》第97条①，《中华人民共和国侵权责任法》第8条②，《中华人民共和国公司法》第20条第3款、第21条③

【裁判要旨】

被执行人在成功竞拍后将《国有建设用地使用权出让合同》中的权利义务概括转让并生效的，合同的主体已经变更为受让人。《国有建设用地使用权出让合同》依法解除的，也不当然导致债权债务概括转让法律关系一并解除或无效。已经缴纳的土地出让金应当返还给受让人，不属于被执行人的责任财产。

【案情摘要】

协力科技公司（被执行人）与平潭国土局签订《国有建设用地使用权出让合同》（以下简称《出让合同》）并支付土地出让金，协力科技公司后续通过与协力和顺公司、平潭国土局签订的《补充合同》，将其在《出让合同》中的权利义务一并转让给

---

① 对应《中华人民共和国民法典》第566条。
② 对应《中华人民共和国民法典》第1168条。
③ 参见2023年修正、2024年7月1日施行的《中华人民共和国公司法》第23条第1款、第22条。

协力和顺公司。后平潭国土局依法解除《出让合同》，并决定退还已支付的土地出让金本金。福建省福州市中级人民法院以林某（债权人）与李某福、协力科技公司民间借贷纠纷一案判决为依据向平潭国土局发出协助执行通知，冻结被执行人协力科技公司缴纳的土地出让金。协力和顺公司提出异议后，福建省福州市中级人民法院裁定中止执行，林某遂提起本诉。一审判决撤销中止执行裁定，继续执行。二审改判驳回林某的诉讼请求。林某向最高人民法院提出再审申请。

（撰写人：郁　琳）

120 被拆迁人对拆迁补偿安置房屋享有的权益是否足以排除建设工程优先权人针对争议房屋的执行

——闫某毛与张某胜、李某萍、东成公司申请执行人执行异议之诉申请再审案

- **案　　号**　（2021）最高法民申 31 号
- **合议庭成员**　方芳、朱燕、贾亚奇
- **关 键 词**　民事 / 申请执行人执行异议之诉 / 拆迁补偿安置房屋与建设工程优先受偿权
- **相关法条**　《中华人民共和国物权法》第 42 条第 3 款①，《最高人民法院关于审理商品房买卖合同纠纷案件适用法律若干问题的解释》第 7 条②，《最高人民法院关于建设工程价款优先受偿权问题的批复》③第 2 条

【裁判要旨】

建设工程价款优先受偿权，属于可以对抗案外人的优先受偿权范畴，但是特定情形下的商品房消费者可以对抗建设工程价款优先受偿权。而在涉及拆迁房屋安置情形下，因被拆迁人获得补偿安置的权利是基于所有权的调换，系拆迁人用特定化的回迁房屋对其进行安置，故其享有的民事权益相比一般购房的消费者有更优先的保护效力。据此，按照权利优先保护顺位排序，案外人基于拆迁安置而享有的民事权益应当优先于建设工程价款优先受偿权。

---

① 对应《中华人民共和国民法典》第 243 条第 3 款。
② 该解释已于 2020 年修正，本条已被删除。
③ 该解释已失效。

【案情摘要】

前上作村第四村民小组与东成公司就留地安置达成《协议》，购买4200平方米商业门面房用于拆迁安置，郑某州、张某六、张某遂、郭某义、赵某贞、张某伟作为温县温泉镇前上作村第四村民小组村民，基于土地被占用而获得相应的安置置换门面房。张某胜、李某萍于2014年6月10日分别与郑某州、张某六、张某遂、郭某义、赵某贞、张某伟签订《门面房转让协议》，受让了郑某州等6人享有的安置门面房及相关权利，该转让行为发生在闫某毛取得案涉建设工程价款优先受偿权之前。闫某毛与黎阳公司签订债权转让协议书，黎阳公司自愿将（2018）豫民终1418号生效判决书所确定的黎阳公司的全部债权及相关权利一并转让给闫某毛。闫某毛申请强制执行后提出申请执行人执行异议之诉，被驳回后提起本案诉讼。

（撰写人：朱 燕）

121 当事人对已经生效仲裁裁决或法院裁判驳回的诉讼请求以执行异议之诉的方式再行主张的，属于重复诉讼

——中铁物公司与润和公司、中车山东公司执行异议之诉申请再审案

- 案　　号　（2021）最高法民申42号
- 合议庭成员　张纯、汪军、谢爱梅
- 关 键 词　民事/执行异议之诉/重复诉讼
- 相关法条　《中华人民共和国仲裁法》第9条

【裁判要旨】

当事人选择以仲裁程序解决矛盾纠纷时需遵从一裁终局制，仲裁庭作出裁决后应视为对矛盾纠纷作出了终局处理，当事人不得就同一纠纷再次申请仲裁或向人民法院提起诉讼。生效仲裁裁决或人民法院判决已经驳回当事人的部分请求，当事人在执行过程中又以相同的请求和理由提出执行异议之诉的，属于重复诉讼，应当裁定驳回起诉。

【案情摘要】

济南仲裁委裁决润和公司向中铁物公司支付货款和利息损失。济南仲裁委未予

支持中铁物公司请求中车山东公司共同支付拖欠货款等的责任，其中理由之一为润和公司虽系中车山东公司独资设立，两公司存在母子公司的关联性，但两公司各自依法具有独立法人资格，依法独立对自己的民事行为享有权利、承担义务和责任。该仲裁裁决作出后，一审法院立案执行，中铁物公司申请追加中车山东公司为本案被执行人，对润和公司的债务承担连带清偿责任，一审法院裁定驳回中铁物公司的追加申请。中铁物公司不服，提起本案诉讼。

（撰写人：汪　军）

122　买受人未能提交证据证明其在查封前已合法占有不动产的，能否排除强制执行

——张某与郑某理、旺力公司申请执行人执行异议之诉申请再审案

- **案　　号**　（2021）最高法民申147号
- **合议庭成员**　贾劲松、郭忠红、王鑫
- **关 键 词**　民事/申请执行人执行异议之诉
- **相关法条**　《最高人民法院关于人民法院办理执行异议和复议案件若干问题的规定》第28条

【裁判要旨】

金钱债权执行中，买受人对登记在被执行人名下的不动产提出执行异议，但未能提交证据证明其在案涉不动产被查封前已合法占有不动产的，人民法院对其异议不予支持。

【案情摘要】

人民法院在审理郑某理与旺力公司、郑某纯民间借贷纠纷一案中，根据郑某理提出的保全申请查封旺力公司名下"旺力城"二期项目共计363套房产（含案涉房屋），查封期限至2017年2月4日。该案进入执行程序后，人民法院续行查封上述房产至2020年2月4日。2019年6月10日，张某作为案外人对案涉房屋提出了书面执行异议。执行法院下发执行裁定，中止对案涉房屋的执行。郑某理不服该执行裁定，提起本案诉讼。

（撰写人：贾劲松）

123 执行异议之诉审理期间另案确权判决的影响
——张某峰与刘某平申请执行人执行异议之诉申请再审案

- **案　　号**　（2021）最高法民申 1115 号
- **合议庭成员**　杜微科、薛贵忠、汪军
- **关 键 词**　民事 / 申请执行人执行异议之诉
- **相关法条**　《最高人民法院关于办理执行异议和复议案件若干问题的规定》第 26 条

【裁判要旨】

在执行异议之诉案件审理期间，法院另案作出对执行异议之诉所涉房屋的确权判决，当事人据此取得案涉房屋所有权，并享有排除执行的权利。

【案情摘要】

2012 年 4 月 26 日，江苏省南通市海门区人民法院轮候查封案涉绣品园公司名下的案涉 54 号、55 号房产。同年 11 月 6 日，江苏省南通市海门区人民法院解除对案涉 54 号房产的查封，理由是原据以执行的法律文书被改判。同年 5 月 6 日、28 日，张某峰与绣品园公司签订案涉房屋定购协议，后张某峰支付全款并已实际使用。上述购买行为发生时，案涉房产上存在轮候查封。2014 年 2 月 19 日，就刘某平与蔡某铭、绣品园公司民间借贷纠纷一案，江苏省南通市中级人民法院依刘某平申请，查封绣品园公司名下的案涉房产。张某峰提出执行异议，江苏省南通市中级人民法院裁定异议成立。刘某平提起本案诉讼。一审驳回其诉讼请求，二审准许执行案涉 55 号房产。张某峰向最高人民法院申请再审，并提交另案生效判决，证明在二审作出判决前，另案确认张某峰对案涉房屋的所有权，且法院裁定解除案涉房产查封并作出协助执行通知，将案涉房产过户到张某峰名下。

（撰写人：杜微科）

124 执行依据没有载明债权人对案涉房屋的优先受偿权，不意味着其就此丧失了对案涉房屋的抵押权

——韩某兰与恒丰银行南充分行、东方花园公司、莱茵威尔公司、
思凯房产公司、陈某兰、万事兴公司、唐某银
申请执行人执行异议之诉申请再审案

- **案　　号**　（2021）最高法民申 1134 号
- **合议庭成员**　孙建国、张爱珍、肖宝英
- **关 键 词**　民事 / 优先受偿权 / 抵押权
- **相关法条**　《最高人民法院关于人民法院办理执行异议和复议案件若干问题的规定》第 27 条

【裁判要旨】

债权人对案涉房屋的抵押权依法设立后，虽然执行依据没有载明债权人对案涉房屋的优先受偿权，但并不意味着其就此丧失了对案涉房屋的抵押权。执行依据未否定债权人对案涉房屋享有抵押权，债权人亦未明确表示放弃权利，且案涉房屋的抵押登记并未解除，故债权人对案涉房屋依法享有抵押权。

【案情摘要】

思凯房产公司与韩某兰签订了《商品房买卖合同》及《补充协议》，约定韩某兰购买思凯房产公司开发的案涉房屋，但韩某兰与思凯房产公司未到相关行政部门办理房屋买卖合同备案登记。后因莱茵威尔公司向恒丰银行南充分行借款，思凯房产公司作为抵押人与抵押权人恒丰银行南充分行签订《最高额抵押合同》，《最高额抵押合同》所附《抵押物清单》载明的抵押物包含案涉房屋。合同签订后，思凯房产公司与恒丰银行南充分行到成都市房屋产权登记中心办理了案涉房屋的抵押登记。恒丰银行南充分行取得案涉房屋的他项权利证书。因莱茵威尔公司违约，恒丰银行南充分行起诉要求莱茵威尔公司偿还借款本金、利息及其他款项，并要求思凯房产公司及其他保证人承担清偿责任，后各方当事人自愿达成调解协议，一审法院据此作出民事调解书，民事调解书载明债务人和保证人的相关义务，但未载明恒丰银行南充分行就案涉房屋享有优先受偿权。因各债务人未按照该民事调解书履行清偿义

务，恒丰银行南充分行申请强制执行，执行法院受理后，韩某兰以其已购买案涉房屋为由提出执行异议，执行法院审查后作出执行异议裁定，中止对案涉房屋的执行，恒丰银行南充分行遂提起本案诉讼。

（撰写人：董　宁）

125 如何认定房屋买受人主张以现金交付方式支付房款并排除对该房屋的强制执行

——伍某与恒丰银行南充分行申请执行人执行异议之诉申请再审案

- 案　　号　（2021）最高法民申 1135 号
- 合议庭成员　孙晓光、刘丽芳、张小洁
- 关 键 词　民事 / 执行 / 申请执行人执行异议之诉 / 购房款现金交付
- 相关法条　《最高人民法院关于人民法院办理执行异议和复议案件若干问题的规定》第 28 条、第 29 条

【裁判要旨】

在对被执行人名下的不动产进行强制执行的案件中，当房屋买受人主张其已经以现金交付的方式交付该不动产的全部或者大部分房款从而享有排除强制执行的权利时，对现金交付要从严认定，需结合交易金额、款项交付、当地或者当事人之间的交易方式、交易习惯以及当事人的财产变动情况等事实和因素进行综合判定，避免出现案外人与被执行人恶意串通，仅出示被执行人的收据即排除对该房屋强制执行从而损害申请执行人正当权益的不公平情形。

【案情摘要】

思凯房地产公司（抵押人）以其单独所有的办公房屋为抵押物与恒丰银行南充分行（抵押权人）签订抵押合同，为他人债务提供最高额抵押担保。后因债务人没有履行债务，恒丰银行南充分行申请执行。执行期间，案外人伍某以其为被查封、执行的案涉房屋所有权人为由，要求解除对该房屋的查封、中止拍卖。为支持其主张，伍某举示了房屋买卖合同和其支付全部房款的证据材料，即通过 POS 机刷卡支付 37000 元，剩余 155 万元全部为现金交付，并举示了思凯房地产公司向其出具的收据。一审法院认为伍某就案涉房屋享有的民事权益足以排除强制执行，驳回了恒

丰银行南充分行的诉讼请求。二审法院判决撤销一审判决，准予执行案涉房屋。伍某不服申请再审。

（撰写人：张小洁）

126 购房人明知其不符合当地限购政策仍购买房屋，是否对案涉房屋享有合理的期待权

——张某与吴某莲、文昌农商行、永丰公司等
申请执行人执行异议之诉申请再审案

- **案　　号**　（2021）最高法民申 1219 号
- **合议庭成员**　胡夏冰、贾清林、朱科
- **关 键 词**　民事 / 申请执行人执行异议之诉 / 房屋限购政策
- **相关法条**　《最高人民法院关于人民法院办理执行异议和复议案件若干问题的规定》第 28 条、第 29 条

【裁判要旨】

购房人知道或者应当知道其购房行为不符合有关限购政策，应当知道存在无法办理房屋过户手续的风险，其基于《商品房买卖合同》对案涉房屋享有的合同权利不足以对抗申请执行人的金钱债权。

【案情摘要】

张某与永丰公司签订了商品房买卖合同。文昌农商行等与永丰公司之间存在金融借款关系，永丰公司以其开发的在建工程以及土地使用权作为借款抵押并办理了抵押他项权利登记，因永丰公司未按照借款合同约定偿还文昌农商行。文昌农商行向法院申请查封抵押物。张某以法院查封的涉案房屋属其所有为由提出异议。一审法院支持了张某的主张。二审法院查明，购房前海南省已实行严格的限购政策，实施全域限购，并认为张某不享有足以排除强制执行的民事权益。张某遂申请再审本案。

（撰写人：丁　一）

127 查封之前未合法占有房屋的购房人对于开发商名下房屋所享有的权益不足以排除强制执行

——李某武、徐某军与王某成、汇缘公司、
宋某楠申请执行人执行异议之诉申请再审案

- 案　　号　（2021）最高法民申 1852 号、1865 号
- 合议庭成员　谢勇、张艳、李赛敏
- 关 键 词　民事 / 申请执行人执行异议之诉 / 合法占有
- 相关法条　《中华人民共和国物权法》第 14 条[①]，《最高人民法院关于人民法院办理执行异议和复议案件若干问题的规定》第 28 条

【裁判要旨】

执行异议之诉中，案外人应当就其对执行标的享有足以排除强制执行的民事权益承担举证证明责任。购房人提供的证据不足以证明其在人民法院查封之前已合法占有作为执行标的的房屋的，不符合《最高人民法院关于人民法院办理执行异议和复议案件若干问题的规定》第 28 条规定的情形，故其对于其案涉房屋所享有民事权益尚不足以排除强制执行。

【案情摘要】

王某成诉汇缘公司、宋某楠民间借贷纠纷一案中，一审法院于 2017 年 3 月 10 日查封了汇缘公司、宋某楠名下包括案涉房屋在内的房屋、车库（车位）。2019 年 2 月 18 日，李某武以其已于 2016 年 12 月 19 日与汇缘公司签订商品房买卖合同购买案涉房屋为由提出书面异议，一审法院裁定中止对案涉房屋的执行。王某成提出申请人执行异议之诉，请求恢复执行。

（撰写人：李赛敏）

[①] 对应《中华人民共和国民法典》第 214 条。

128 物权期待权作为提起执行异议的权利基础需符合法定条件

——黄某成与黄某金、桂某林、进贤农商行、桂扬公司申请执行人执行异议之诉申请再审案

- **案　　号**　（2021）最高法民申 2199 号
- **合议庭成员**　郁琳、李延忱、黄鹏
- **关 键 词**　民事／申请执行人执行异议之诉／建设工程价款优先受偿权
- **相关法条**　《中华人民共和国合同法》第 286 条①

【裁判要旨】

房屋买受人因向房地产开发商主张建设工程价款债权而签订的具有以物抵债性质的房屋买卖合同，判断买受人所享有的物权期待权能否排除强制执行，仍需根据《最高人民法院关于人民法院办理执行异议和复议案件若干问题的规定》及《最高人民法院关于建设工程价款优先受偿权问题的批复》规定的相关条件，进行判断。买受人主张其享有建设工程价款优先受偿权的，应明确该权利是一种顺位权，行使亦需要满足相应的法定条件。

【案情摘要】

桂扬公司与进贤农商行签订借款合同并以案涉房屋设定最高额抵押，后进贤农商行因桂扬公司届期未偿还债务诉至江西省南昌市中级人民法院（以下简称南昌中院），该案判决进贤农商行就案涉房屋优先受偿，经桂扬公司申请执行后案涉房屋被查封。案外人黄某成向南昌中院提起执行异议之诉，该案裁定解除对案涉房屋的查封。进贤农商行向南昌中院提起申请执行人执行异议之诉，南昌中院判决准许对案涉房产继续查封。黄某成不服一审判决，上诉至江西省高级人民法院被驳回。后黄某成以其取得案涉房屋的建设工程价款优先权，足以排除进贤农商行申请的强制执行为由提起再审。经查，黄某成与桂扬公司存在《工程款结算协议书》，协议约

---

① 对应《中华人民共和国民法典》第 807 条。

定桂扬公司于 2010 年 4 月以桂扬金三角商住小区店面抵偿乙方黄某成工程进度款 2428620 元。

（撰写人：郁　琳）

129 申请执行人主张案外人与被执行人恶意串通的证明责任

——李某霞与展某等案外人执行异议之诉申请再审案

- **案　　号**　（2021）最高法民申 2243 号
- **合议庭成员**　张纯、肖峰、谢爱梅
- **关 键 词**　民事 / 案外人执行异议之诉 / 案外人与被执行人恶意串通
- **相关法条**　《最高人民法院关于人民法院办理执行异议和复议案件若干问题的规定》第 29 条

【裁判要旨】

《最高人民法院关于适用〈中华人民共和国民事诉讼法〉的解释》第 109 条规定，当事人对欺诈、胁迫、恶意串通事实的证明，以及对口头遗嘱或者赠与事实的证明，人民法院确信该待证事实存在的可能性能够排除合理怀疑的，应当认定该事实存在。简言之，恶意串通事实的证明标准应达到待证事实存在的可能性能够排除合理怀疑的标准。案外人提交的证据能够证明已经向被执行人交纳购房款。申请执行人主张案外人与被执行人存在恶意串通行为，应提交充分证据证明。房屋因楼层、面积、户型的不同存在差价是正常的，合同约定交付房产时间不一致、未办理网签备案等均不足以认定房屋买卖合同系伪造。案外人的代理人曾在另案中作为被执行人的代理人，亦不足以证明案外人与被执行人通过代理人进行恶意串通。

【案情摘要】

案外人提交的《商品房买卖合同》、收款收据、现金存款凭证、银行交易流水记录及银行出具的证明等证据能够形成证据链，证明案外人为购买涉案房屋支付了全部购房款。申请执行人以《商品房买卖合同》存在倒签、与其他购房人的合同相比价款差额过高、交付时间不完全一致、未办理网签备案、房产交付占有证据系伪造、

案外人的代理人曾经为被执行人提供过法律服务等为由主张案外人与被执行人之间恶意串通提供虚假证据。

（撰写人：谢爱梅）

130 执行异议之诉案件中非因买受人自身原因未办理过户登记的审查判断
——贾某好与苏某德、正宏公司申请执行人执行异议之诉申请再审案

- **案　　号**　（2021）最高法民申 2402 号
- **合议庭成员**　张淑芳、李敬阳、吴凯敏
- **关 键 词**　民事 / 申请执行人执行异议之诉 / 非因买受人自身原因未办理过户
- **相关法条**　《最高人民法院关于人民法院办理执行异议和复议案件若干问题的规定》第 28 条

【裁判要旨】

执行异议案件中，案外人与被执行人签订商铺认购协议，约定以其对被执行人的债权抵顶商铺价款。当有证据证明案外人对商铺无法办理过户和网签是明知的，应认定案外人对未办理商铺过户登记自身存有过错，不宜得出非因买受人自身原因未办理过户的结论。

【案情摘要】

苏某德与正宏公司因另案纠纷，诉前申请保全案涉商铺，法院依申请作出保全裁定。后因贾某好提出案外人异议，法院裁定中止对案涉商铺的执行。苏某德遂提起申请执行人执行异议之诉。经审理查明，贾某好与正宏公司签订《商铺认购协议》，约定以贾某好前期向正宏公司出借的款项抵顶商铺款。贾某好提交正宏公司作出的《情况说明》等证据，欲以证明未办理过户登记系因正宏公司尚欠付政府款项，而非其自身原因。但上述证据亦显示贾某好对案涉商铺无法办理网签和产权过户登记是明知的。

（撰写人：吴凯敏）

131 追加股东为被执行人应满足的条件
——陈某辉与李某娥、长治美隆公司、张某平、山西美隆公司、刘某泉申请执行人执行异议之诉申请再审案

- **案　　号**　（2021）最高法民申 2404 号
- **合议庭成员**　曹刚、于蒙、关晓海
- **关 键 词**　民事 / 申请执行人执行异议之诉 / 追加股东 / 资不抵债
- **相关法条**　《最高人民法院关于民事执行中变更、追加当事人若干问题的规定》第 19 条

【裁判要旨】

执行法院已穷尽执行手段，发现被执行人房产及工程项目或已出售，或由政府移交他人经营；土地上有建筑物、共管账户有多方控制，均不便处置。被执行人公司亦称无其他可供执行的财产。结合上述事实，可以认定符合《最高人民法院关于民事执行中变更、追加当事人若干问题的规定》中"财产不足以清偿生效法律文书确定的债务"的情形，从而追加未依法履行出资义务的股东等为被执行人。

【案情摘要】

李某娥与长治美隆公司民间借贷纠纷一案，山西省长治市中级人民法院（以下简称长治中院）于 2018 年 12 月 4 日作出（2018）晋 04 民初 44 号民事调解书：确认长治美隆公司尚欠李某娥借款本金 2300 万元等。该调解书生效后，长治美隆公司未按照调解书履行义务。李某娥申请强制执行，在执行过程中长治中院于 2019 年 11 月 11 日作出（2019）晋 04 执 163 号之一执行裁定书，执行裁定书载明：经查询被执行人长治美隆公司前期房产已全部出售，虽未办理手续，但实际已经出售，且被买受人控制，后期的工程项目因经营不善，由政府协调移交其他公司经营。虽有两宗土地，因土地有建筑物，不便处置，共管账户有多方控制也不便采取强制手段。据此该执行裁定书认为，法院已穷尽执行手段，发现的财产不便处置，暂时无法执行，应终结本次执行程序。后李某娥向法院提出执行异议，长治中院于 2019 年 12 月 4 日作出（2019）晋 04 执异 18 号执行裁定书，裁定：驳回李某娥追加张某平、山西美隆公司、陈某辉、刘某泉为本案被执行人的申请。2020 年

1月3日，李某娥提起本案执行异议之诉。

（撰写人：关晓海）

132 买受人因自身原因未办理房屋过户登记的，不享有足以排除强制执行的民事权益

——吴某与中仑公司、银陇公司、管某银申请执行人执行异议之诉申请再审案

- **案　　号**　（2021）最高法民申2601号
- **合议庭成员**　郭忠红、贾劲松、王鑫
- **关 键 词**　民事 / 申请执行人执行异议之诉 / 排除强制执行 / 过户登记
- **相关法条**　《最高人民法院关于〈中华人民共和国民事诉讼法〉的解释》第313条[①]，《最高人民法院关于人民法院办理执行异议和复议案件若干问题的规定》第28条、第29条

【裁判要旨】

对于未办理房屋过户登记的原因，买受人不能举证证明系非自身原因所致的，则不享有足以排除强制执行的民事权益。

【案情摘要】

中仑公司与银陇公司签订施工协议。施工期间，双方因工程款支付及工程质量整改问题发生纠纷造成停工。中仑公司向法院提起诉讼，请求判令银陇公司支付欠付工程款。法院判决银陇公司向中仑公司支付欠付工程款。法院执行中查封了银陇公司名下的案涉房屋，案外人吴某对其中一套房产提出异议，法院审查裁定中止对该套房产的执行。中仑公司对此不服，向法院提起本案申请执行人执行异议之诉。

（撰写人：郭忠红）

---

① 该解释已于2022年修正，此处法条对应第311条。

133 不能证明在人民法院查封之前已支付价款的买受人对开发商名下车库所享有的权益不足以排除强制执行

——任某银与王某成、汇缘公司、宋某楠申请执行人
执行异议之诉申请再审案

- **案　　号**　（2021）最高法民申 2634 号
- **合议庭成员**　谢勇、张艳、李赛敏
- **关 键 词**　民事 / 申请执行人执行异议之诉 / 支付价款
- **相关法条**　《中华人民共和国物权法》第 14 条①，《最高人民法院关于人民法院办理执行异议和复议案件若干问题的规定》第 28 条

【裁判要旨】

执行异议之诉中，案外人应当就其对执行标的享有足以排除强制执行的民事权益承担举证证明责任。购房人提供的证据不足以证明其在人民法院查封之前已支付全部价款，或者已按照合同约定支付部分价款且将剩余价款按照人民法院的要求交付执行，不符合《最高人民法院关于人民法院办理执行异议和复议案件若干问题的规定》第 28 条规定的情形，故其对于其案涉房屋所享有民事权益尚不足以排除强制执行。

【案情摘要】

王某成诉汇缘公司、宋某楠民间借贷纠纷一案中，一审法院于 2017 年 3 月 10 日查封了汇缘公司、宋某楠名下包括案涉车库在内的房屋、车库（车位）。2019 年 10 月 16 日，任某银对以其已于 2015 年 12 月 31 日与汇缘公司签订《车库买卖协议》购买案涉车库为由提出书面异议，一审法院裁定中止对案涉房屋的执行。王某成提出申请人执行异议之诉，请求恢复执行。

任某银在一审中自述系以现金、抵账等方式分多笔支付购买案涉车库价款；在二审中又提交了其亲属 2015 年 7 月至 12 月的银行取款记录，称其以现金的形式交付价款。

（撰写人：李赛敏）

---

① 对应《中华人民共和国民法典》第 208 条。

134 执行异议之诉中对案外人支付购房款等事实应从严审查

——李某绮与青丰公司等申请执行人执行异议之诉申请再审案

- **案　　号**　（2021）最高法民申 2740 号
- **合议庭成员**　刘丽芳、郎贵梅、王朝辉
- **关 键 词**　民事/申请执行人执行异议之诉/案外人/举证证明责任/已付价款
- **相关法条**　《最高人民法院关于人民法院办理执行异议和复议案件若干问题的规定》第 28 条、第 29 条，《最高人民法院关于适用〈中华人民共和国民事诉讼法〉的解释》第 311 条①

【裁判要旨】

执行异议之诉不仅涉及案外人和被执行人的利益，还涉及申请执行人的利益。人民法院审理执行异议之诉案件，应全面考虑不同当事人之间的利害关系，充分保护各方当事人的合法权益，执行异议之诉中对案外人支付购房款等事实应从严审查。案外人依据《最高人民法院关于人民法院办理执行异议和复议案件若干问题的规定》第 28 条、第 29 条规定，主张排除强制执行的，应当对已付价款承担举证证明责任且需达到高度盖然性证明标准。被执行人出具的收据不足以证明案外人付款事实，案外人还应提供与之相关的银行转账、现金提取记录或其他证据证明购房款来源。

【案情摘要】

2013 年 11 月 30 日，李某绮（买受人）与青丰公司（出卖人）签订《商品房买卖合同》，约定由李某绮购买青丰公司开发建设的房屋（即本案执行标的），总价款为人民币 180 万元，付款方式为一次性付款。青丰公司于签订合同当日向李某绮出具收到现金 180 万元的收款收据。2018 年 7 月 13 日，青丰公司向李某绮开具两张增值税普通发票，价税合计为案涉房屋房价款 180 万元。

另查明，农行黔灵支行与青丰公司房屋买卖合同纠纷一案，农行黔灵支行申请

---

① 该解释已于 2022 年修正，此处法条对应第 309 条。

诉讼保全，贵州省贵阳市中级人民法院于2014年12月24日查封了案涉房屋。贵州省高级人民法院于2016年5月23日对该案作出终审判决。在执行过程中，案外人李某绮提出执行异议。

（撰写人：刘丽芳、王　欣）

135 不能证明公司财产独立于股东自己财产的一人有限责任公司的股东，应当对公司债务承担连带责任
——庞某与达盛公司、华洋公司申请执行人执行异议之诉申请再审案

- 案　　号　（2021）最高法民申3711号
- 合议庭成员　贾劲松、郭忠红、王鑫
- 关 键 词　民事/申请执行人执行异议之诉/一人有限责任公司
- 相关法条　《中华人民共和国公司法》第62条、第63条[①]

【裁判要旨】

根据《公司法》第62条的规定，一人有限公司应在每一会计年度终了时编制财务会计报告并经会计师事务所审计。未履行上述义务的一人有限公司的股东，如果未举示充分的证据证明公司财产独立于股东自己的财产，应对公司债务承担连带责任。

【案情摘要】

华洋公司类型为自然人独资的有限责任公司，为一人有限责任公司，庞某自2001年12月18日起成为华洋公司唯一股东。达盛公司向人民法院起诉，请求判决追加庞某为被执行人，并判决其对华洋公司债务承担连带责任。

（撰写人：王　鑫）

---

① 2023年修正的《中华人民共和国公司法》中已无对应条文。

136 当事人主张通过民事调解书取得案涉财产物权请求停止执行的请求能否获得支持

——惠民农商行与蔡某元、惠民化工公司申请执行人
执行异议之诉申请再审案

- **案　　号**　（2021）最高法民申3715号
- **合议庭成员**　刘银春、司伟、赵风暴
- **关 键 词**　民事/申请执行人执行异议之诉/民事调解书
- **相关法条**　《中华人民共和国物权法》第28条[①]，《最高人民法院关于适用〈中华人民共和国民法典〉时间效力的若干规定》第7条

【裁判要旨】

就人民法院出具的民事调解书而言，应限于导致物权变动的形成性文书，即在实体上具有在当事人之间形成或创设某种物权变动效果的调解书才属于法律规定的"导致物权设立、变更、转让或者消灭的"法律文书。且形成性文书在确定之时，无须强制执行即自动发生法律关系变动的效果。

结合申请执行人的诉讼请求、人民法院出具的调解书以及申请执行人申请强制执行的事实等分析，申请执行人依据的调解书性质为给付性文书，并不属于前述法律和司法解释规定的导致物权变动的形成性文书，其对案涉房产土地并不享有物权，对案涉土地房产不享有排除强制执行的民事权益。

【案情摘要】

2011年5月21日，山东省惠民县人民法院（以下简称惠民县法院）作出（2011）惠商初字第491号民事调解书，对惠民农商行与惠民化工公司等金融借款合同纠纷一案的调解协议进行了确认。该调解书载明：惠民化工公司同意以其房产（不含赵某元现居住的房屋，东西长46米×南北宽56米）和土地使用权顶抵惠民化工公司等在惠民农商行的贷款本金和利息；惠民化工公司的房产和土地使用权归惠民农商行所有和使用（其价值参照评估机构作出的评估报告为准），当场交付。

[①] 对应《中华人民共和国民法典》第229条。

2014年11月13日，惠民县法院对惠民农商行所涉上述案件立案执行。执行过程中，惠民县法院于2015年10月9日作出（2014）惠执字第920号执行裁定，因案涉土地房产被一审法院依法查封，终结该次执行程序。

2012年3月26日，山东省滨州市中级人民法院作出（2011）滨中民一初字第4号民事判决，惠民化工公司向亚东公司赔偿损失3603116元。2013年6月7日，山东省高级人民法院（以下简称山东高院）作出（2013）鲁执指字第61号执行裁定，指定一审法院执行（2011）滨中民一初字第4号民事判决。一审法院依据上述裁定的指定，依法对（2013）济铁中执字第68号执行案件立案执行。在执行过程中，对登记在惠民化工公司名下的"惠集用（2004）字第1456号"集体土地使用权及"惠房农字第1-00002号"城镇公房所有权进行了查封。案涉土地房产至今仍为一审法院查封状态。

2014年6月4日，亚东公司进行了清算，次日发布了注销公告。2014年7月22日，亚东公司经惠民县工商行政管理局批准注销。2015年2月26日，因惠民农商行就一审法院对案涉土地房产的查封提出异议，一审法院作出（2015）济铁中执异字第1号执行裁定，中止对案涉土地及房屋的执行。2015年6月2日，蔡某元在亚东公司完成注销后，继续以亚东公司名义，就上述执行裁定提起申请执行人执行异议之诉。2015年11月19日，一审法院作出（2015）济铁中民初字第4号民事裁定，驳回亚东公司的起诉。2018年9月10日，经蔡某元申请，一审法院作出（2013）济铁中执字第68号之二执行裁定，变更蔡某元为申请执行人。2019年7月24日，蔡某元就（2015）济铁中执异字第1号执行裁定，以其自身名义提起申请执行人执行异议之诉，请求准予执行案涉土地房产。2019年11月18日，一审法院作出（2019）鲁71民初66号民事裁定，驳回蔡某元的起诉。蔡某元不服，向山东高院提起上诉。2020年3月18日，山东高院作出（2020）鲁民终509号民事裁定，撤销（2019）鲁71民初66号民事裁定，指令一审法院审理本案。

蔡某元提起本案诉讼，请求判令准许执行惠民化工公司名下的位于惠民县魏集镇桑王路西侧的土地及房屋建筑。

（撰写人：赵凤暴）

137 非因买受人自身原因未能占有执行标的物是否能排除执行

——雷萨公司、李某梅与国药库尔勒公司、方达公司、方达巴州分公司申请执行人执行异议之诉申请再审案

- **案　　号**　（2021）最高法民申 4549 号
- **合议庭成员**　宋冰、吴笛、董俊武
- **关 键 词**　民事 / 申请执行人执行异议之诉 / 合法占有
- **相关法条**　《最高人民法院关于人民法院办理执行异议和复议案件若干问题的规定》第 28 条

【裁判要旨】

根据《最高人民法院关于人民法院办理执行异议和复议案件若干问题的规定》第 28 条的规定，案外人提出执行异议主张排除人民法院强制执行的，必须同时满足前述司法解释规定的四个条件。其中对买受人是否合法占有执行标的物进行审查时持客观标准，对未办理登记的原因进行判断时才按买受人是否存在过错的主观标准进行审查。当事人以自己没有过错为由主张对未能合法占有执行标的物不应承担不利法律后果缺乏更为充分的法律依据，亦与前述司法解释规定不符，故原审法院认定本案所涉情形并不完全符合《最高人民法院关于人民法院办理执行异议和复议案件若干问题的规定》第 28 条第 2 项所规定的必备要件并无不当。

【案情摘要】

方达巴州分公司与李某梅签订了案涉房屋商品房买卖合同。其后，虽李某梅接到案涉房屋入住通知书，但未提供实际入住证据。一审法院在另案诉讼中，经国药库尔勒公司申请保全，查封了案涉房屋。该案经一审法院、二审法院两审判决后，案涉房屋在执行程序中继续被查封。雷萨公司、李某梅作为案外人以其购买案涉房屋为由提出异议，一审法院裁定终止对案涉房屋的执行。国药库尔勒公司遂提起执行异议之诉，请求继续执行案涉房屋，并得到一审法院支持。李某梅、雷萨公司不服提起上诉，二审法院维持原判。现李某梅、雷萨公司以李某梅已合法占有案涉房屋可排除执行为由提出再审申请。

（撰写人：董俊武）

138 在申请执行人享有抵押权的情况下，不动产买受人可排除强制执行的情形

——民生典当公司与高某英、永鑫公司、苗某、孟某红执行异议之诉申请再审案

- **案　　号**　（2021）最高法民申 4646 号
- **合议庭成员**　张淑芳、李敬阳、张炎
- **关 键 词**　民事 / 申请执行人执行异议之诉 / 抵押权
- **相关法条**　《最高人民法院关于办理执行异议和复议案件若干问题的规定》第 27 条、第 28 条、第 29 条

【裁判要旨】

关于不动产的执行，《最高人民法院关于人民法院办理执行异议和复议案件若干问题的规定》（以下简称《执行异议和复议规定》）第 28 条系对"一般的房屋买卖合同的买受人"权利的规定，第 29 条系对商品房消费者权利的规定。根据《执行异议与复议规定》第 27 条及《最高人民法院关于建设工程价款优先受偿权问题的批复》的精神，符合《执行异议与复议规定》第 29 条的商品房消费者才能够对抗基于抵押权优先受偿的强制执行。因此，《执行异议和复议规定》第 27 条规定的"除外"之情形包括第 29 条，但不包括第 28 条。

【案情摘要】

2009 年 5 月 31 日，高某英与永鑫公司签订了《银杏商厦商铺销售合同》，购买了该公司开发的位于永济市银杏东街银杏商厦第二层 A 区 003、004 号商铺，一次性付清购房款 90712 元。同日，高某英又与永济市新锐商业运营管理服务有限公司、永鑫公司签订了《商铺委托经营管理协议》，期限 10 年。苗某于 2010 年 8 月 27 日取得位于永济市银杏东街银杏商厦 1 幢、2 幢房屋单独所有权证，证号为永济市房权证（2010）字第 502298 号。苗某于 2010 年 9 月 5 日将上述房产及项下土地抵押给民生典当公司，双方办理了抵押登记手续，他项证号为房永政他字第 7080 号他项权证。2015 年 5 月 30 日，（2014）并民初字第 566 号民事判决，判令：一、永鑫公司于判决生效后 15 日内偿还民生典当公司借款本金 2500 万元及利息；二、民

生典当公司在苗某提供的抵押财产范围内享有优先受偿权。该判决生效后，民生典当公司向一审法院申请强制执行。执行期间，一审法院对永济市房权证（2010）字第502298号、房屋所有权人为苗某的位于永济市银杏东街银杏商厦1幢、2幢房产（含案涉房产）实施了查封。在拍卖公告发出后，高某英向一审法院提出书面异议，请求中止永济市银杏东街银杏商厦第二层A区003、004号商铺的拍卖。一审法院作出（2019）晋01执异71号执行裁定，裁定"中止对位于永济市银杏东街银杏商厦第二层A区003、004号的拍卖"。民生典当公司不服该裁定提出申请执行人执行异议之诉，一审判决支持了民生典当公司，认为案外人购买的房屋性质为商铺不能适用《执行异议和复议规定》第29条，而案外人的物权期待权对抗抵押权只能依据第29条。二审改判驳回民生典当公司的诉求，依据的是《执行异议和复议规定》第28条。

（撰写人：张淑芳）

139 不动产一般买受人不能排除抵押权人对案涉不动产的强制执行

——杨某与华融公司、睿力房开公司、睿力铜仁公司、陈某申请执行人执行异议之诉申请再审案

- **案　　号**　（2021）最高法民申4974号
- **合议庭成员**　郎贵梅、王朝辉、刘丽芳
- **关 键 词**　民事 / 不动产一般买受人 / 申请执行人执行异议之诉
- **相关法条**　《最高人民法院关于人民法院办理执行异议和复议案件若干问题的规定》第27条、第28条、第29条

【裁判要旨】

《最高人民法院关于人民法院办理执行异议和复议案件若干问题的规定》（以下简称《执行异议和复议规定》）第29条规定本身属于第27条规定的除外规定。《执行异议和复议规定》第28条规定了不动产一般买受人的物权期待权，但该类情形并不具有优先于抵押权的生存权至上的价值基础。不动产一般买受人即便符合《执行异议和复议规定》第28条的规定，也不能对抗抵押权人。本案中，案涉房屋系商铺，并非满足居住需要的住房，案涉房屋的购买者属于不动产一般买受人，不能排

除抵押权人对案涉房屋的强制执行。

【案情摘要】

经法院生效判决确认,华融公司作为抵押权人对案涉房屋享有优先受偿权,华融公司申请执行案涉房屋。杨某以案涉房屋买受人身份提出执行异议,执行法院裁定中止执行。华融公司提起本案诉讼。一审法院依据《执行异议和复议规定》第28条规定,判决驳回华融公司的诉讼请求。华融公司提出上诉。二审法院认为杨某不是《执行异议和复议规定》第29条规定的商品房消费者,不能依据第29条规定排除抵押权,改判撤销一审判决,准予执行案涉房屋。杨某申请再审。

(撰写人:郎贵梅、梁 欣)

140 物权期待权人能否排除抵押权人对不动产的强制执行

——袁某菊与长城资产湖北分公司、中森华投资公司、中森华置业公司、郑某云、陈某夏申请执行人执行异议之诉申请再审案

- **案　　号**　(2021)最高法民申5047号
- **合议庭成员**　张淑芳、李敬阳、吴凯敏
- **关 键 词**　民事/申请执行人执行异议之诉/抵押权/物权期待权/商品房消费者
- **相关法条**　《最高人民法院关于人民法院办理执行异议和复议案件若干问题的规定》第27条、第28条、第29条

【裁判要旨】

执行异议之诉中,《最高人民法院关于人民法院办理执行异议和复议案件若干问题的规定》(以下简称《执行异议和复议规定》)第27条规定了对担保物权等优先受偿权的优先保护。符合《执行异议与复议规定》第29条规定的商品房消费者能够排除申请执行人基于抵押权对房屋的强制执行;《执行异议与复议规定》第28条规定的一般买受人对不动产享有的权利系物权期待权,不能排除申请执行人基于抵押权对不动产的强制执行。

【案情摘要】

长城资产湖北分公司（申请执行人）与中森华置业公司（被执行人）签订《抵押合同》，约定对中森华国际城在建工程及土地使用权设立抵押，并办理了《武汉市期房抵押证明》。袁某菊（案外人）与中森华置业公司签订商品房买卖合同，约定购买案涉住宅房屋，袁某菊全额支付了购房款。案涉房屋未办理过户登记。袁某菊在武汉市名下另有一套面积为111.41平方米的住宅，案涉房屋并非唯一满足其居住需求的房屋。长城资产湖北分公司申请强制执行。法院查封了包括案涉房屋在内的中森国际城118套房产。袁某菊提出执行异议，法院支持了袁某菊的异议请求。长城资产湖北分公司不服，提起本案执行异议之诉。

（撰写人：牛彦坤）

141 合同备案情况是否可以作为认定买受人名下有无用于居住房屋的标准

——纪某舍与长城资产湖北分公司、中森华投资公司、中森华置业公司、郑某云、陈某夏申请执行人执行异议之诉申请再审案

- **案　　号**　（2021）最高法民申5048号
- **合议庭成员**　张淑芳、李敬阳、吴凯敏
- **关 键 词**　民事 / 申请执行人执行异议之诉 / 其他用于居住的房屋 / 合同备案
- **相关法条**　《最高人民法院关于人民法院办理执行异议和复议案件若干问题的规定》第29条

【裁判要旨】

执行异议之诉中，认定案外人（买受人）是否符合《最高人民法院关于人民法院办理执行异议和复议案件若干问题的规定》第29条第2项"买受人名下无其他用于居住的房屋"的情形，应当以不动产所有权登记查询信息为依据。房屋交易查询结果（合同备案）只能证明房屋交易情况，不能作为认定不动产所有权登记情况的依据，不应作为认定买受人名下有无其他用于居住的房屋的依据。

【案情摘要】

长城资产湖北分公司（申请执行人）与中森华置业公司（被执行人）签订《抵押合同》，约定对中森华国际城在建工程及土地使用权设立抵押，并办理了《武汉市期房抵押证明》。纪某含（案外人）与中森华置业公司签订商品房买卖合同，约定购买案涉住宅房屋。郑某国代纪某含全额支付了购房款。案涉房屋未办理过户登记。纪某含在武汉市名下无不动产登记记录，有两套商品房（面积共计140平方米）买卖合同备案记录。长城资产湖北分公司申请强制执行。法院查封了包括案涉房屋在内的中森国际城118套房产。纪某含提出执行异议，法院支持了纪某含的异议请求。长城资产湖北分公司不服，提起本案执行异议之诉。

（撰写人：李敬阳、牛彦坤）

142 房屋是否在买受人经常居住地与认定买受人是否系商品房消费者的关系

——纪某含与长城资产湖北分公司、中森华投资公司、中森华置业公司、郑某云、陈某夏申请执行人执行异议之诉申请再审案

- 案　　号　（2021）最高法民申5048号
- 合议庭成员　张淑芳、李敬阳、吴凯敏
- 关 键 词　民事/执行异议之诉/经常居住地/商品房消费者
- 相关法条　《最高人民法院关于人民法院办理执行异议和复议案件若干问题的规定》第29条

【裁判要旨】

房屋所在地是否在案外人（买受人）的经常居住地，不应作为认定案外人（买受人）是否属于商品房消费者的标准。房屋所在地并非案外人（买受人）经常居住地的，不应以此否定其为商品房消费者。

【案情摘要】

长城资产湖北分公司（申请执行人）与中森华置业公司（被执行人）签订《抵押合同》对中森华国际城在建工程及土地使用权设立抵押，并办理了《武汉市期房

抵押证明》。纪某含（案外人）与中森华置业公司签订商品房买卖合同，约定购买案涉住宅房屋。郑某国代纪某含全额支付了购房款。纪某含的经常居住地不在湖北武汉。长城资产湖北分公司申请强制执行。法院查封了包括案涉房屋在内的中森国际城 118 套房产。纪某含提出执行异议，法院支持了纪某含的异议请求。长城资产湖北分公司不服，提起本案执行异议之诉。

（撰写人：李敬阳、牛彦坤）

143 二审判决作出后出卖第二套房屋的不动产买受人不属于商品房消费者

——杨某、章某与长城资产湖北分公司、中森华集团公司、中森华置业公司、郑某云、陈某夏申请执行人执行异议之诉申请再审案

- **案　　号**　（2021）最高法民申 5050 号
- **合议庭成员**　张淑芳、李敬阳、吴凯敏
- **关 键 词**　民事 / 执行异议之诉 / 抵押
- **相关法条**　《最高人民法院关于人民法院办理执行异议和复议案件若干问题的规定》第 28 条、第 29 条

【裁判要旨】

债务人名下除案涉房屋外，另有一套住房，即案涉房屋并非唯一满足债务人居住需求的房屋。债务人在收到二审判决后出售其中一套房屋，存在规避法律规定的可能性。因此，债务人对案涉房屋享有的民事权益并不优先于债权人所享有的抵押权，不足以排除强制执行。

【案情摘要】

杨某、章某作为买受人与出卖人中森华置业公司签订《武汉市商品房买卖合同》，约定买受人购买的商品房为预售商品房。杨某、章某除本案争议的房屋外，名下在武汉市还有一套房产。一审法院以（2015）鄂武汉中执字第 00026 号执行裁定和协助执行通知书，查封中森华置业公司开发江岸区后湖大道 366 号中森华国际城 118 套房产。案外人杨某、章某对查封的案涉房产提出异议后，一审法院裁定中止

对该房产及项下土地使用权的执行,长城资产湖北分公司对此不服提起本案申请执行人执行异议之诉。

(撰写人:吴凯敏)

144 抽逃出资股东应在未出资本息范围内对公司债务不能清偿的部分承担补充赔偿责任
——双鹰公司与周某清、孙某钰、千字合公司申请执行人执行异议之诉申请再审案

- **案　　号**　(2021)最高法民申 5389 号
- **合议庭成员**　麻锦亮、周其濛、孙勇进
- **关 键 词**　民事 / 执行异议之诉 / 抽逃出资 / 追加股东为被执行人
- **相关法条**　《最高人民法院关于适用〈中华人民共和国公司法〉若干问题的规定(三)》第 12 条、第 13 条

【裁判要旨】

所谓抽逃出资,是指在公司成立后,股东未经法定程序而将其已缴纳出资抽回的行为。股东主张抽逃出资系用于公司经营的,应举证公司正规财务资料证明钱款用途,举证不能的,依据《最高人民法院关于适用〈中华人民共和国公司法〉若干问题的规定(三)》第 12 条之规定,构成抽逃出资。《最高人民法院关于适用〈中华人民共和国公司法〉若干问题的规定(三)》第 13 条第 2 款规定:"公司债权人请求未履行或者未全面履行出资义务的股东在未出资本息范围内对公司债务不能清偿的部分承担补充赔偿责任的,人民法院应予支持。"

【案情摘要】

双鹰公司经生效判决确认对千字合公司有一笔债权,在强制执行过程中,双鹰公司发现千字合公司原始股东周某清、孙某钰存在抽逃出资,故申请追加其为被执行人,在其抽逃出资范围内承担公司债务不能清偿部分的补充赔偿责任。

(撰写人:李知博)

145 房屋买受人合法占有房产的认定标准问题

——李某航与厦门厦工公司申请执行人执行异议之诉申请再审案

- **案　　号**　（2021）最高法民申5934号
- **合议庭成员**　杜微科、汪鸿滨、薛贵忠
- **关 键 词**　民事 / 执行异议之诉 / 合法占有 / 实际控制 / 排除执行
- **相关法条**　《最高人民法院关于人民法院办理执行异议和复议案件若干问题的规定》第28条

【裁判要旨】

对《最高人民法院关于办理执行异议和复议案件若干问题的规定》第28条中"占有"的理解，应为对不动产的管理和支配。以房屋为例，一般认为，拿到房屋的钥匙、办理物业的入住手续，即应视为对房屋已经有事实上的管理和支配权。但对不动产的性质并没有特殊的要求，即不管是商业用房，还是居住用房，均应一体保护。

【案情摘要】

2016年8月24日，孔某凤与金凯公司签订2份商品房买卖合同，约定孔某凤以每套369890元的价格向金凯公司购买案涉2套房产。案涉房产目前尚未办理权属转移登记。后孔某凤与李某航签订2份房屋出售合同，载明落款时间为2017年10月10日，约定案涉2套房屋每套售价40万元。当日，孔某凤出具收条，载明收到李某航购买其中1套案涉房产的购房款36万元。2017年10月10日，李某航之妻向孔某凤转账70万元，汇款附言"两个房子的购房全款"。

2018年6月5日，福建省厦门市中级人民法院（以下简称厦门中院）对厦工公司与桥联工程公司、孔某凤、高某买卖合同纠纷一案作出民事裁定，查封、冻结、扣押桥联工程公司、孔某凤、高某的财产，同年7月4日，厦门中院依法查封案涉房产。同年9月29日，厦门中院执行判决过程中，李某航提出执行异议。2020年10月30日，厦门中院作出民事判决，判令准许执行案涉2套房产。

李某航以一审法院适用《最高人民法院关于办理执行异议和复议案件若干问题的规定》第29条的规定存在明显错误为由向福建省高级人民法院提出上诉后被驳

回，以相同理由向最高人民法院提起再审。

（撰写人：杜微科）

146 买受人在查封后支付全部价款但有用于居住的其他房屋的，不享有足以排除强制执行的民事权益
——郭某与农商行大东支行、宏缘公司、谷某申请执行人执行异议之诉申请再审案

- **案　　号**　（2021）最高法民申 6417 号
- **合议庭成员**　郭忠红、贾劲松、王鑫
- **关 键 词**　民事 / 申请人执行人执行异议之诉 / 排除强制执行
- **相关法条**　《最高人民法院关于人民法院办理执行异议和复议案件若干问题的规定》第 29 条

【裁判要旨】

买受人在法院查封房产之前与开发商签订购房合同，且在查封后支付了全部购房款，但是其名下还有用于居住的其他房屋的，不享有足以排除强制执行的民事权益。

【案情摘要】

宏缘公司为开发房产向农商行大东支行借款，并以所开发房产进行抵押担保。之后，农商行大东支行提起金融借款合同纠纷之诉，请求宏缘公司、谷某偿还贷款，法院判决解除农商行大东支行与宏缘公司签订的《借款合同》，宏缘公司给付农商行大东支行贷款本金，农商行大东支行对宏缘公司的抵押财产享有优先受偿权等。法院判决后，作出执行裁定查封宏缘公司案涉房产。郭某作为案外人对法院查封提出执行异议，法院经审查认为郭某对案涉房产享有足以排除强制执行的权利，故裁定中止执行。对此农商行大东支行提起本案执行异议之诉，请求恢复执行。

（撰写人：郭忠红）

147 执行标的虽难以处理，但价值较大，不属于财产不足以清偿债务的情形，申请执行人请求追加被执行人的，不予支持

——东方联合公司与天河科技园公司等执行异议之诉申请再审案

- **案　　号**　（2021）最高法民申 6569 号
- **合议庭成员**　孙祥壮、冯文生、刘少阳
- **关 键 词**　民事 / 追加被执行人 / 执行异议之诉
- **相关法条**　《最高人民法院关于民事执行中变更、追加当事人若干问题的规定》第 17 条

【裁判要旨】

虽然执行标的由于某些原因，执行难度较大，但是该执行标的价值巨大，被执行人不属于财产不足以清偿生效法律文书确定的债务的情形，此时申请执行人请求追加其他人为被执行人的，不予支持。

【案情摘要】

人民法院立案执行东方联合公司与大观股份公司、大观园发展公司一案。大观股份公司持有广州市天河区东圃镇的部分土地使用权，广州市国土局认可案涉土地权益归大观股份公司，但因用地手续等暂未执行到位。此时，东方联合公司以大观股份公司和大观园发展公司无财产可供执行为由，申请追加大观园发展公司的股东为被执行人。

（撰写人：孙祥壮）

148 购买用于商业投资商品房的买受人对房屋享有的权益是否足以排除强制执行

——马某霞与新华友集团、智盈公司申请执行人执行异议之诉申请再审案

- **案　　号**　（2021）最高法民申 6729 号
- **合议庭成员**　谢勇、张艳、李赛敏
- **关 键 词**　民事 / 申请执行人执行异议之诉 / 商业房屋
- **相关法条**　《最高人民法院关于人民法院办理执行异议和复议案件若干问题的规定》第 27 条

【裁判要旨】

购买用于商业投资商品房的买受人对房屋享有的民事权益不能优先于承包人享有的建设工程价款优先受偿权，其对房屋享有的民事权益不足以排除对该房屋的强制执行。

【案情摘要】

马某霞先向智盈公司支付案涉房屋购房款，后于 2013 年 7 月 16 日签订商品房买卖合同。马某霞购买后与智盈公司签订了委托经营管理协议对外招租。案涉房屋性质为商业，至今未经竣工验收合格。

在新华友集团与智盈公司建设工程施工合同纠纷一案中，一审法院于 2017 年 7 月 5 日查封涉案房屋，于 2018 年 8 月 31 日判决新华友集团享有建设工程价款优先受偿权。执行过程中，马某霞提出执行异议，一审法院裁定中止对涉案房屋的执行并解除查封。新华友集团不服，提起本案诉讼。

（撰写人：张　艳）

149 一般房屋买卖合同的买受人的权利是否能够优先于抵押权人的抵押权

——刘某钦与长城公司、利安公司申请执行人执行异议之诉申请再审案

- 案　　号　（2021）最高法民申 6756 号
- 合议庭成员　贾劲松、郭忠红、王鑫
- 关 键 词　民事/申请执行人执行异议之诉/买受人权利
- 相关法条　《最高人民法院关于建设工程价款优先受偿权问题的批复》[①] 第 1 条、第 2 条

【裁判要旨】

交付全部或者大部分款项的商品房消费者的权利优先于抵押权人的抵押权，故抵押权人申请执行登记在房地产开发企业名下但已销售给消费者的商品房，消费者提出执行异议的，人民法院依法予以支持。但此情况是针对实践中存在的商品房预售不规范现象，为保护消费者生存权而作出的例外规定，应当严格把握条件，避免扩大范围，以免动摇抵押权具有优先性的基本原则。本案中，案外人购买的房屋系商铺，其购买该房屋已经超出居住需求，属于典型的投资行为，其不属于商品房消费者。因此，在买受人不是商品房消费者，而是一般的房屋买卖合同的买受人的情况下，不适用上述处理规则。

【案情摘要】

刘某钦向利安公司购买案涉房屋，且已支付全部购房款并占有案涉房屋。后利安公司将案涉房屋抵押给长城公司。长城公司行使抵押权时，刘某钦提出案外人执行异议，执行法院中止案涉房屋的执行。长城公司不服，提起申请执行人执行异议之诉。

（撰写人：王　鑫）

---

① 该解释已失效。

150 车位买受人享有的物权期待权是否足以排除被抵押车位的强制执行
——李某斌与招行世纪朝阳支行、万事兴公司申请执行人执行异议之诉申请再审案

- **案　　号**　（2021）最高法民申 7355 号
- **合议庭成员**　李相波、郭凌川、蒋科
- **关 键 词**　民事/执行/申请执行人执行异议之诉/房屋消费者物权期待权
- **相关法条**　《最高人民法院关于人民法院办理执行异议和复议案件若干问题的规定》第 27 条、第 29 条

【裁判要旨】

申请执行人基于担保物权等优先受偿权对执行标的申请执行的，只有商品房买受人符合《最高人民法院关于人民法院办理执行异议和复议案件若干问题的规定》第 29 条规定情形的，才能排除强制执行。该条规定旨在保护房屋消费者物权期待权，小区车位并非商品房，不涉及该项权益保护问题。申请执行人基于抵押权对小区车位申请执行的，车位买受人无权依据前述司法解释第 29 条规定排除强制执行。

【案情摘要】

李某斌与万事兴公司签订《定购协议》约定，李某斌购买万事兴公司开发的案涉车位。李某斌支付购买车位款后，万事兴公司将车位交付李某斌占有、使用，但未办理登记过户手续。万事兴公司又与招行世纪朝阳支行签订《最高额抵押合同》约定，万事兴公司以其名下包括案涉车位在内的房屋及车位用于抵押。招行世纪朝阳支行办理了抵押登记，取得了案涉车位的抵押权。其后，招行朝阳支行对案涉车位申请执行，李某斌提出异议，案涉车位被裁定中止执行。招行世纪朝阳支行不服该裁定，提起本案诉讼，请求准许继续执行案涉车位。

（撰写人：李相波、华章玮）

151 买受人持无效房屋买卖合同不能排除强制执行

——胡某会等与滨湖建筑公司等申请执行人执行异议之诉申请再审案

- **案　　号**　（2021）最高法民申 7451 号
- **合议庭成员**　曹刚、于蒙、梁爽
- **关 键 词**　民事 / 申请执行人执行异议之诉 / 执行异议
- **相关法条**　《最高人民法院关于人民法院办理执行异议和复议案件若干问题的规定》第 28 条，《最高人民法院关于审理商品房买卖合同纠纷案件适用法律若干问题的解释》第 2 条

【裁判要旨】

买受人对案涉房屋提出执行异议，并提交房屋买卖合同的，应审查该房屋买卖合同的效力。如该房屋未取得商品房销售（预售）许可证，依据《最高人民法院关于审理商品房买卖合同纠纷案件适用法律若干问题的解释》第 2 条规定，该房屋买卖合同应为无效，不符合在人民法院查封前已签订合法有效书面买卖合同的情形，对买受人提出的异议不应支持。

【案情摘要】

人民法院在执行已经发生法律效力的民事判决书的过程中，裁定查封案涉房屋。胡某会、王某美作为执行案外人对案涉房屋提出书面异议，一审法院受理后，裁定中止执行。裁定送达后，滨湖建筑公司等不服，向一审法院提起诉讼。因案涉房屋所占用的土地尚未办理国有土地使用权证，也未办理规划许可证等审批手续，案涉房屋亦未取得商品房销售（预售）许可证，一、二审均判决准许执行案涉房屋，胡某会等人不服申请再审。

（撰写人：于　蒙、刘依珊）

152 抵押权人选择通过转让被查封房屋获取转让价款的途径实现债权的，不宜再依据查封行为对抗已经签订合法房屋买卖合同并依法占有房屋的买受人

——工行云南路支行与张某俭、鸿源先科公司申请
执行人执行异议之诉申请再审案

- 案　　号　（2021）最高法民申 7705 号
- 合议庭成员　熊劲松、孙祥壮、冯文生
- 关　键　词　民事 / 申请执行人执行异议之诉 / 同意转让 / 排除强制执行
- 相关法条　《最高人民法院关于适用〈中华人民共和国民事诉讼法〉的解释》第 312 条①

【裁判要旨】

抵押权人在案涉商品房被查封期间出具《抵押物转让同意书》，明确同意转让涉案商品房。在此前提下，债务人办理商品房预售许可证并出让涉案商品房，不违反相关规定。抵押权人自主同意转让查封财产，选择通过转让被查封房屋获取转让价款的途径实现债权，不宜再依据查封行为对抗已经签订合法房屋买卖合同并依法占有的买受人，买受人对涉案商品房享有的民事权益足以排除人民法院的强制执行。

【案情摘要】

鸿源先科公司于 2004 年起向工行云南路支行贷款共 9000 万元，以土地及地上建筑物提供抵押担保。后因鸿源先科公司逾期未能清偿借款，工行云南路支行提起诉讼并申请强制执行。执行过程中，张某俭以法院查封的涉案商品房系其合法购买为由，提出执行异议。广西壮族自治区北海市中级人民法院经审查后，作出（2018）桂 05 执异 24 号执行裁定，以案外人张某俭对登记在被执行人名下的不动产提出的异议符合《最高人民法院关于办理执行异议和复议案件若干问题的规定》第 29 条关于异议人应符合的三个情形且其权利能够排除执行之规定为由，作出（2018）桂 05

---

① 该解释已于 2022 年修正，此处法条对应第 310 条。

执异 24 号执行裁定书，裁定中止对涉案商品房的执行。工行云南路支行对该裁定不服，提起本案诉讼。

（撰写人：熊劲松）

153 执行程序的终结应以申请执行人权利全部实现为准
——纪某恩与石某、隆德公司申请执行人执行异议之诉再审案

- 案　　号　（2021）最高法民再 48 号
- 合议庭成员　麻锦亮、周其濛、季伟明
- 关 键 词　民事 / 申请执行人执行异议之诉 / 执行程序终结 / 全部实现
- 相关法条　《最高人民法院关于人民法院办理执行异议和复议案件若干问题的规定》第 6 条

【裁判要旨】

执行程序中，无论依据《民事诉讼法》第 225 条抑或第 227 条[①]的规定提出异议，均应在执行程序终结之前提出。该执行程序终结指的是生效法律文书确定的债权实现后执行程序完全终结，即执行程序终结是指申请执行人请求强制执行的权利已得到全部实现，而非终结本次执行程序或仅有生效法律文书而未能执行到位。

【案情摘要】

纪某恩于 2014 年 9 月取得生效民事调解书，于 2015 年取得第 57-1 号执行裁定，根据该执行裁定，隆德公司案涉房产交付给纪某恩抵偿借款，所有权自裁定送达时转移，纪某恩可持裁定办理产权过户登记手续。2016 年 8 月，执行法院作出第 57-2 号执行裁定，终结民事调解书的本次执行。

第 57-1 号执行裁定作出后，案外人石某提出执行异议，请求撤销该执行裁定，解除对案涉房屋的查封，石某并提交相关证据，证实其已交付房款、始终使用案涉房屋，并已取得另案支持石某办理过户登记的判决。执行法院就石某的执行异议作出执行裁定，裁定中止执行，纪某恩遂提起本案执行异议之诉，一、二审法院均驳

---

① 对应《中华人民共和国民事诉讼法》（2023 年修正）第 236 条、第 238 条。

回纪某恩的诉讼请求，再审期间，石某申请执行法院执行监督，执行法院裁定中止执行监督审查程序。

（撰写人：季伟明）

154 股权转让协议项下的受让人是否有权对公司资产主张权利

——长城资产公司与鞍山北美公司申请执行人执行异议之诉再审案

- **案 号** （2021）最高法民再 129 号
- **合议庭成员** 周其濛、麻锦亮、季伟明
- **关 键 词** 民事 / 申请执行人执行异议之诉 / 股权转让 / 公司资产 / 企业改制
- **相关法条** 《中华人民共和国物权法》第 9 条[①]，《最高人民法院关于人民法院办理执行异议和复议案件若干问题的规定》第 28 条

【裁判要旨】

股东虽然依法享有资产收益、参与重大决策和选择经营者等权利，但是公司作为企业法人，有独立的法人财产权，与股东享有的权利不能混淆。股东作为转让人与受让人签订转让协议时，仅能就其对公司的股权行使处分权，而无权转让公司的资产，否则将构成无权处分，此时转让协议虽然并不当然无效，但是在公司对此不予追认的情况下，不能产生公司资产所有权转移的法律效果，受让人基于转让行为成为公司股东，也仅享有股权而不得对公司资产主张权利。

【案情摘要】

经鞍山市人民政府批准，鞍山城投将热力总公司的国有产权转让给鞍山北美公司，鞍山北美公司以承债收购的方式购买上述国有产权，收购价格以相关评估机构的审计评估为准。热力总公司在工行鞍山分行与热电新材公司借款合同中提供保证担保，工行鞍山分行将其上述债权转让给长城资产公司，长城资产公司申请法院将登记在热力总公司名下的房产和土地予以查封，鞍山北美公司主张其为热力总公司

[①] 对应《中华人民共和国民法典》第 209 条。

资产享有足以排除强制执行的民事权益,要求解除对于上述资产的查封,形成本案诉讼。

(撰写人:麻锦亮、杨泽宇)

155 一般不动产买受人符合《最高人民法院关于人民法院办理执行异议和复议案件若干问题的规定》第28条的规定能否对抗抵押权人
——红岭公司与吴某莲、邝某才、新永秀公司等申请执行人执行异议之诉再审案

- **案　　号**　(2021)最高法民再189号
- **合议庭成员**　胡夏冰、于明、贾清林
- **关 键 词**　民事 / 申请执行人执行异议之诉 / 商铺 / 抵押权人
- **相关法条**　《最高人民法院关于人民法院办理执行异议和复议案件若干问题的规定》第28条,《最高人民法院关于建设工程价款优先受偿权问题的批复》[①]第1条、第2条

【裁判要旨】

《最高人民法院关于人民法院办理执行异议和复议案件若干问题的规定》第28条则规定了一般房屋买受人可以对抗执行的情形,但该类情形并不具有优先于抵押权的生存权至上的价值基础。一般不动产买受人即便符合《最高人民法院关于人民法院办理执行异议和复议案件若干问题的规定》第28条的规定,也不能对抗抵押权人。作为一般购房人,其取得的不是物权期待权,本质是债权,并不优先于抵押权,不足以排除抵押权人对该房屋的强制执行。

【案情摘要】

新永秀公司拖欠红岭公司借款6000万元,新永秀公司为该借款设定抵押,并办理了抵押登记手续。而后,新永秀公司将已经设定抵押的商铺出卖给吴某莲和邝某才。吴某莲和邝某才支付全款,该商铺已经交付,但仍登记在新永秀公司名下。新

---

① 该解释已失效。

永秀公司未按法院判决偿还红岭公司借款，红岭公司申请法院执行。法院查封了包括案涉房屋在内在抵押物。吴某莲和邝某才提出执行异议。法院裁定中止执行案涉房屋。红岭公司提起执行异议之诉，请求准许执行。一审法院判决驳回红岭公司的诉讼请求。二审法院维持一审判决。红岭公司申请再审，最高人民法院提审本案并改判。

（撰写人：丁 一）

156 在未办理不动产转移手续的售后回租合同中，买受人未对不动产形成事实上的管理、控制的，其对执行标的享有的权益是否足以排除强制执行
——恒丰银行福州分行与海川公司、南华公司等执行异议之诉再审案

- 案　　号　（2021）最高法民再 313 号
- 合议庭成员　郁琳、李延忱、王珅
- 关 键 词　民事 / 执行异议之诉 / 售后回租 / 占有
- 相关法条　《最高人民法院关于人民法院办理执行异议和复议案件若干问题的规定》第 28 条

【裁判要旨】

买受人主张在人民法院查封之前已合法占有不动产的，该"占有"须对不动产形成事实上的管理和支配，即买受人为取得物权对外进行了公示。在未办理不动产转移手续的售后回租合同中，若买受人仅收取租金，但未对不动产形成事实上的管理、控制，出卖人在外在表现形式上仍是不动产的所有权人和实际占有、使用权人，则买受人不满足合法占有不动产的条件，其对执行标的享有的权益不足以排除强制执行。

【案情摘要】

海川公司（买受人）与华昌公司（出卖人）签订了《回租、回购协议》，约定：为缓解华昌公司资金周转困境，海川公司收购华昌公司案涉房屋，华昌公司将案涉房屋抵押给海川公司的贷款行兴业银行涵江支行；海川公司经公证取得房屋产权后，将房屋转租给华昌公司，转租租金等同于海川公司银行贷款利息。协议签订后，为

规避税费，海川公司未办理不动产过户登记。另案判决认定华昌公司对恒丰银行福州分行承担担保责任，执行过程中查封了案涉房屋。海川公司提出执行异议，执行法院裁定中止执行。恒丰银行福州分行提起本案执行异议之诉，原审判决驳回诉讼请求。

（撰写人：郁　琳）

157 《最高人民法院关于人民法院办理执行异议和复议案件若干问题的规定》第 28 条与第 29 条适用产生竞合情形下，如何认定异议人是否享有足以排除强制执行的民事权益

——华融福建分公司与蒋某禹等申请执行人执行异议之诉上诉案

- **案　　号**　（2021）最高法民终 15–24 号、81–95 号、97–271 号
- **合议庭成员**　杨春、李延忱、黄鹏
- **关 键 词**　民事 / 执行异议之诉 / 竞合
- **相关法条**　《最高人民法院关于人民法院办理执行异议和复议案件若干问题的规定》第 28 条、第 29 条

【裁判要旨】

在金钱债权执行中，《最高人民法院关于人民法院办理执行异议和复议案件若干问题的规定》第 28 条适用于买受人对登记在被执行人名下的不动产提出异议的情形，而第 29 条则适用于买受人对登记在被执行的房地产开发企业名下的商品房提出异议的情形。当执行标的房产既属于"登记在被执行人名下的不动产"，也属于"登记在被执行的房地产开发企业名下的商品房"时，即第 28 条与第 29 条适用产生竞合的情况下，案外人所提执行异议符合其中一条规定就可以排除人民法院的强制执行。

【案情摘要】

标准木业公司到期无法偿还华融福建分公司的债权，郑某水、陈某云、启宏公司、华宇公司依约承担连带保证责任。华融福建分公司申请执行启宏公司名下土地使用权及地上房产。在该案执行过程中，蒋某禹等 203 户执行案外人提出异议，主

张案涉房产已全部出售，且案外人已交付全部购房款并实际占有，请求法院中止对案涉房产所占用的土地使用权的执行。执行法院经审查，裁定中止对启宏公司名下案涉土地使用权的执行。华融福建分公司不服，提起本系列案诉讼。

（撰写人：杨　春）

158 网签是否影响房屋买卖合同的效力
——中建一局与李某军、国科房地产申请执行人执行异议之诉上诉案

- 案　　号　（2021）最高法民终447号
- 合议庭成员　张淑芳、李敬阳、吴凯敏
- 关 键 词　民事／申请执行人执行异议之诉／合同效力／网签
- 相关法条　《最高人民法院关于办理执行异议和复议案件若干问题的规定》第29条

【裁判要旨】

金钱债权执行中，买受人对登记在被执行的房地产开发企业名下的商品房提出异议，其权利能够排除执行的条件之一是需要在人民法院查封之前已签订合法有效的书面买卖合同。网签系房屋行政主管部门为防止一房多卖而建立的网络管理系统，是对房屋买卖双方合同关系的确认及公示，是否网签并不影响房屋买卖合同的效力。

【案情摘要】

2014年4月30日、12月29日，李某军（案外人）与国科房地产（被执行人）先后签订《商品房购买合同》《商品房买卖合同》，约定李某军认购铂郡东方小区3幢×单元×××号房。铂郡东方小区3号楼于2015年1月20日取得商品房预售许可，案涉房屋在查封前未办理网签备案手续。另案中建一局（申请执行人）与国科房地产建设工程施工合同纠纷一案中，一审法院于2016年1月18日查封了国科房地产的未售房产，其中包括案涉房屋。2019年4月1日，中建一局依照另案判决书申请强制执行。执行过程中，李某军以案外人身份提出书面异议，一审法院裁定中止对案涉房屋的执行并解除对案涉房屋的查封。中建一局遂起诉请求撤销该裁定，并继续查封、执行案涉房屋。

（撰写人：李敬阳）

159 在起诉前开发商取得商品房预售许可的，可以认定与买受人订立的合同有效

——中建一局二建公司与牛某龙、国科公司
申请执行人执行异议之诉上诉案

- **案　　号**　（2021）最高法民终 516 号
- **合议庭成员**　张淑芳、李敬阳、吴凯敏
- **关 键 词**　民事 / 申请执行人执行异议之诉 / 合同效力 / 商品房预售许可
- **相关法条**　《最高人民法院关于审理商品房买卖合同纠纷案件适用法律若干问题的解释》第 2 条

【裁判要旨】

房地产开发商未取得商品房预售许可证明，与买受人订立的商品房预售合同，应当认定无效，但是在当事人起诉前已经取得商品房预售许可证明的，可以认定合同有效。

【案情摘要】

2014 年 10 月 27 日，牛某龙与国科公司签订了《商品房买卖合同》，约定牛某龙购买铂郡东方 6 幢 × 单元 ××× 号房，面积 137.6 平方米，价款 423101 元。国科公司于 2014 年 12 月 19 日取得案涉房屋所在的铂郡东方项目 6 幢商品房的商品房预售许可证。一审法院于 2016 年 1 月 18 日依法查封案涉房屋。申请执行人中建一局二建公司依照另案生效判决申请强制执行案涉房屋。执行过程中，牛某龙以案外人身份向一审法院提出书面异议，一审法院裁定中止执行。中建一局二建公司在法定期限内提起执行异议之诉。

（撰写人：李敬阳）

160 《最高人民法院关于人民法院办理执行异议和复议案件若干问题的规定》第 29 条规定中"买受人名下"应当作宽泛的理解

——赵某、刘某春与长青公司等申请执行人执行异议之诉上诉案

- **案　　号**　（2021）最高法民终 604 号
- **合议庭成员**　郎贵梅、王朝辉、刘丽芳
- **关 键 词**　民事 / 执行异议之诉 / 买受人名下 / 无其他用于居住的房屋
- **相关法条**　《最高人民法院关于人民法院办理执行异议和复议案件若干问题的规定》第 29 条

【裁判要旨】

《最高人民法院关于人民法院办理执行异议和复议案件若干问题的规定》第 29 条规定系基于对"消费者生存权"优先保护所作的例外规定，故对该条第 2 项关于"所购商品房系用于居住且买受人名下无其他用于居住的房屋"的情形中的"买受人名下"应当作宽泛的理解，将买受人、实行夫妻共同财产制的配偶一方以及未成年子女作一并考虑。只要三者之一名下有房屋，即可视为已有居住用房。

【案情摘要】

赵某、刘某春于 1991 年登记结婚。2004 年，刘某春母亲将建筑面积为 410.40 平方米的房屋转让给刘某春，赵某、刘某春户籍地址均为该房屋所在地。2005 年，赵某、刘某春将共同所有面积为 55.67 平方米的房屋转让给案外人，但至今未办理房屋产权过户手续。2015 年 11 月 2 日，润红公司威信分公司（甲方）与赵某、刘某春（乙方）签订《商品房购销合同》，合同主要约定甲方向乙方出售房屋，房屋价款为 433042 元。云南省威信县不动产登记中心出具《证明》，载明无赵某的不动产登记信息。

另查明，长青公司诉润红公司等建设工程施工合同纠纷一案，云南省高级人民法院于 2016 年 6 月 6 日作出（2016）云民初 29 号民事裁定，裁定查封、扣押、冻结润红公司、润红公司威信分公司价值 5000 万元的财产，其中包括案涉房屋。

（撰写人：刘丽芳、王　欣）

161 案外人在房屋查封后仍向被执行人支付的款项，不宜认定为《最高人民法院关于人民法院办理执行异议和复议案件若干问题的规定》第 28 条、第 29 条规定的已付价款

——潘某铨、李某旭与长青公司等申请执行人执行异议之诉上诉案

- **案　　号**　（2021）最高法民终 605 号
- **合议庭成员**　郎贵梅、王朝辉、刘丽芳
- **关 键 词**　民事 / 执行异议之诉 / 案外人 / 举证证明责任 / 已付价款
- **相关法条**　《最高人民法院关于人民法院办理执行异议和复议案件若干问题的规定》第 28 条、第 29 条，《最高人民法院关于适用〈中华人民共和国民事诉讼法〉的解释》第 311 条 ①

【裁判要旨】

基于查封的公示效力，案外人在房屋查封后仍向被执行人支付房款的行为难谓不存在过错，在此情况下案外人支付的款项不宜认定为《最高人民法院关于人民法院办理执行异议和复议案件若干问题的规定》第 28 条、第 29 条规定的已付价款。

【案情摘要】

潘某铨与李某旭系夫妻关系。2016 年 3 月 28 日，潘某铨、李某旭与润红公司威信分公司签订《商品房购销合同》，约定潘某铨、李某旭购买案涉房屋，总金款为 464448 元，签订合同之日付款 214448 元，尾款 25 万元待房屋交付使用时一次性付清。同日，润红公司威信分公司开具《收据》载明：收到潘某铨购房款 214448 元。2017 年 7 月 27 日，潘某铨向陈某转账房款 25 万元，润红公司威信分公司开具《收据》载明：收到潘某铨购房款 25 万元。另查明，长青公司诉润红公司等建设工程施工合同纠纷一案，云南省高级人民法院于 2016 年 6 月 6 日作出（2016）云民初 29 号民事裁定，裁定查封、扣押、冻结润红公司、润红公司威信分公司价值 5000 万元的财产，其中包括案涉房屋。

（撰写人：刘丽芳、王　欣）

---

① 该解释已于 2022 年修正，此处法条对应第 309 条。

162 不动产买受人的普通物权期待权能否对抗他人的建设工程价款优先受偿权

——任某良与长青公司、润红公司申请执行人执行异议之诉上诉案

- 案　　号　（2021）最高法民终606号
- 合议庭成员　王朝辉、郎贵梅、刘丽芳
- 关 键 词　民事/申请执行人执行异议之诉/普通物权期待权
- 相关法条　《最高人民法院关于人民法院办理执行异议和复议案件若干问题的规定》第28条、第29条

【裁判要旨】

《最高人民法院关于人民法院办理执行异议和复议案件若干问题的规定》第28条和第29条适用上产生竞合。案外人对登记在被执行的房地产开发企业名下的商品房请求排除强制执行的，可以选择适用第28条或者第29条的规定；案外人主张适用第28条规定的，人民法院应予审查。执行异议之诉的关键实体问题在于比较执行标的物上存在的不同类型权利的效力顺位。不动产买受人的普通物权期待权虽被赋予"物权"名义，其本质上仍属于债权请求权，故虽优先于普通债权，但应劣后于工程价款优先权及担保物权等。也就是说，《最高人民法院关于人民法院办理执行异议和复议案件若干问题的规定》第27条规定的"除外"内容包括第29条，但不包括第28条。

【案情摘要】

润红威信分公司（甲方）与任某良、李某（乙方）签订《商品房购销合同》，约定甲方向乙方出售扎西尚城1幢×××号商铺，任某良支付全部购房款，并将案涉房屋交由管理公司代为占有使用。后因长青公司与润红公司、润红威信分公司建设工程施工合同纠纷一案，法院认定润红公司应向长青公司支付尚欠工程款及利息、长青公司享有扎西尚城项目的优先受偿权。长青公司申请执行过程中，任某良认为其为案涉房屋的所有权人，申请停止执行。法院裁定中止对案涉房屋的执行，故长青公司提起申请执行人执行异议之诉。一审法院认定任某良不能排除人民法院对案涉房屋的强制执行，任某良因此提起本案上诉。

（撰写人：王朝辉、杨　云）

163 房屋被拆迁人对补偿安置用房的权利可排除基于抵押权的强制执行行为
——信达甘肃分公司与鸿业公司、土特产公司等执行异议之诉上诉案

- **案　　号**　（2021）最高法民终845号
- **合议庭成员**　陈宏宇、徐霖、张梅
- **关 键 词**　民事/执行异议之诉/补偿安置
- **相关法条**　《最高人民法院关于审理商品房买卖合同纠纷案件适用法律若干问题的解释》第7条第1款①

【裁判要旨】

产权调换的补偿方式实系关于特定房屋的互易合同，被拆迁人以丧失原有被拆迁房屋所有权为对价，取得补偿房屋之权属；同时这种补偿方式亦有利于实现社会公共利益，以及包括拆迁人和相关购房人等市场主体在内的个体利益，故被拆迁人对补偿房屋的权利实有加以特殊保护之必要。在补偿安置房屋已特定的情况下，被拆迁人所享有的债权具有优先于房屋买受人之效力，该特种债权亦当优先于一般金钱债权。

【案情摘要】

土特产公司所有的案涉项目土地上原有房产经政府行政许可后被纳入拆迁范围，进行拆迁。后案涉402室房屋移交给土特产公司，作为对土特产公司房屋的安置补偿用房。信达甘肃分公司作为案涉房产开发人的金钱债权人申请执行案涉房产。后引起本案执行异议之诉。

（撰写人：陈宏宇、赵　静）

---

① 该解释已于2020年修正，本条已被删除。

164 根据《最高人民法院关于人民法院办理执行异议和复议案件若干问题的规定》第 29 条规定排除强制执行的，只能是商品房消费者

——武昌城环公司与国通信托公司等申请执行人执行异议之诉上诉案

- 案　　号　（2021）最高法民终 934 号
- 合议庭成员　王富博、万会峰、于蒙
- 关　键　词　民事/申请执行人执行异议之诉/商品房买卖合同
- 相关法条　《最高人民法院关于人民法院办理执行异议和复议案件若干问题的规定》第 29 条

【裁判要旨】

在执行异议之诉中判断当事人是否享有消费者物权期待权，主要参照《最高人民法院关于人民法院办理执行异议和复议案件若干问题的规定》第 29 条规定。该司法解释第 29 条规定："金钱债权执行中，买受人对登记在被执行的房地产开发企业名下的商品房提出异议，符合下列情形且其权利能够排除执行的，人民法院应予支持：（一）在人民法院查封之前已签订合法有效的书面买卖合同；（二）所购商品房系用于居住且买受人名下无其他用于居住的房屋；（三）已支付的价款超过合同约定总价款的百分之五十。"当事人是法人而非自然人，购买案涉房屋是作为被拆迁人进行点选的备选房源之一，而非自己居住，显然不符合该条规定。其自称是代表被拆迁人的利益，但却以自己的名义而非被拆迁人的名义参加诉讼，不符合前述规定，不享有消费者物权期待权。

【案情摘要】

武昌城环公司与缤购城置业公司签订《商品房认购协议书》，约定购买缤购城项目房产，缤购城置业公司应与武昌城环公司指定的重点工程项目被征收人就本协议范围内认购的安置房签订《商品房买卖合同》，买受人的购房款由缤购城置业公司从武昌城环公司已支付的款项中抵扣。在另案的审理过程中，国通信托公司申请申请财产保全，法院查封缤购城项目中的 440 套房产及项下对应土地使用权，武昌城环公司对上述查封的房产（住宅）及项下对应土地使用权提出执行异议。后法院裁定

中止对缤购城置业公司缤购城项目403套房产（住宅）及项下对应土地使用权的执行。国通信托公司对该执行裁定书不服，遂提起本案诉讼。

（撰写人：于 蒙、韩学会）

165 商品房认购协议具备《商品房销售管理办法》第16条规定的商品房买卖合同的主要内容，并且出卖人已经按照约定收受购房款的，该协议应当认定为商品房买卖合同

——中建二局四公司与吕某艳、日出康城公司申请
执行人执行异议之诉上诉案

- **案　　号**　（2021）最高法民终935号
- **合议庭成员**　张树明、向国慧、孙勇进
- **关 键 词**　民事/申请执行人执行异议之诉/商品房买卖合同
- **相关法条**　《最高人民法院关于人民法院办理执行异议和复议案件若干问题的规定》第29条，《最高人民法院关于审理商品房买卖合同纠纷案件适用法律若干问题的解释》第2条、第5条

【裁判要旨】

购房人与开发商签订的《认购协议》，早于案涉房屋被查封的日期，虽然双方并未签订正式的《商品房买卖合同》，且签订《认购协议》时开发商尚未取得案涉房屋的《商品房预售许可证》，但《认购协议》具备商品房买卖合同关于房屋位置、面积、价款等主要内容，且开发商为购房人开具了购房款收据。根据《最高人民法院关于审理商品房买卖合同纠纷案件适用法律若干问题的解释》第5条及第2条规定，应认定购房人与开发商在人民法院查封之前签订了合法有效的书面买卖合同。

【案情摘要】

2012年8月28日，吕某艳与日出康城公司签订《认购协议》，约定由吕某艳购买案涉房屋，并对房屋参考建筑面积、付款方式等作出约定，房屋总价款为442502元，首付款为142502元，余款由吕某艳以银行按揭贷款方式支付。吕某艳于当日向日出康城公司交付全部首付款，日出康城公司为其开具142502元的首付款收据。后

双方又签订《补充协议》，约定在商品房具备办理银行贷款条件后，日出康城公司通知吕某艳办理相关贷款事宜。吕某艳于 2014 年 12 月 25 日向日出康城公司交纳水、电、煤气初装费费用，于 2015 年 1 月 1 日交纳电梯费、建筑垃圾清理费、物业费等费用。同日，双方签订补充协议，约定待签订联机备案合同时，对房屋实测面积多退少补。同日，双方签订《和解协议》，约定因日出康城公司逾期交付房屋，赔偿吕某艳 372 元。2019 年 10 月 11 日，吕某艳向日出康城公司支付尾款 30 万元，并由日出康城公司开具收据。中建二局四公司诉日出康城公司建设工程施工合同纠纷一案，已生效且作为本案执行依据的（2018）最高法民终 922 号民事判决确认中建二局四公司主张优先受偿权未超过法定期限，并判决中建二局四公司在日出康城公司尚欠其工程款 136240342.69 元范围内，对包含案涉房屋在内的案涉工程折价或者拍卖的价款享有优先权。该判决生效后，日出康城公司未能履行给付义务，中建二局四公司向一审法院申请执行。一审法院执行期间，案外人吕某艳提出执行异议。2020 年 4 月 30 日，一审法院作出（2020）黑执异 107 号执行裁定，中止对案涉房屋的执行。中建二局四公司对该裁定不服，向一审法院提起本案申请执行人执行异议之诉。

（撰写人：向国慧）

166 《住宅楼认购协议书》具备商品房买卖合同主要内容的，应当认定为商品房买卖合同

——信达甘肃分公司与杜某玉、智霖房地产公司
申请执行人执行异议之诉上诉案

- **案　　号**　（2021）最高法民终 1269 号
- **合议庭成员**　陈宏宇、吴笛、张梅
- **关 键 词**　民事 / 申请执行人执行异议之诉 / 商品房买卖合同
- **相关法条**　《最高人民法院关于人民法院办理执行异议和复议案件若干问题的规定》第 29 条

【裁判要旨】

如果《住宅楼认购协议书》明确约定了商品房的基本情况、合同价款、付款方式等商品房买卖合同所涉及的主要内容，同时买受人依约交付了房款，出卖人出具

了收款收据。根据《最高人民法院关于审理商品房买卖合同纠纷案件适用法律若干问题的解释》第5条有关"商品房的认购、订购、预订等协议具备《商品房销售管理办法》第16条规定的商品房买卖合同的主要内容,并且出卖人已经按照约定收受购房款的,该协议应当认定为商品房买卖合同"之规定,《住宅楼认购协议书》具备商品房买卖合同的主要内容,应当认定为商品房买卖合同。第三人以出卖人和买受人明知案涉房屋无法网签而签订《住宅楼认购协议书》为由,主张该协议并非其真实意思表示,没有事实和法律依据。

【案情摘要】

2014年6月24日,信达甘肃分公司与智霖房地产公司签订《在建工程抵押担保合同》,智霖房地产公司以其名下位于庆阳市西峰区安化东路北侧一小区项目在建工程提供抵押担保(包含案涉房屋),并于同年7月1日在庆阳市房地产交易与权属登记管理中心办理了抵押登记。2015年4月17日,杜某玉与智霖房地产公司签订《住宅楼认购协议书》。2017年8月10日,甘肃省高级人民法院对包括该房屋在内的房产予以查封。

信达甘肃分公司向一审法院起诉请求:准许执行庆阳市西峰区安化东路北侧小区案涉房屋。信达甘肃分公司认为,《住宅楼认购协议书》既不符合商品房买卖合同的形式要件,也不具备真实交易的实质要求,并非合法有效的商品房买卖合同,且以智霖房地产公司和杜某玉明知案涉房屋无法网签而签订《住宅楼认购协议书》为由,主张该协议并非其真实意思表示。

(撰写人:张 梅、张义敏)

追加被执行人之诉 ▶▶▶

1. 中外合作经营企业不足以清偿生效法律文书确定的债务，申请执行人可以申请追加未缴纳增资义务即转让股权的股东为被执行人

——中银公司与神娃公司、建威公司追加被执行人异议之诉申请再审案

- **案　　号**　（2020）最高法民申 5153 号
- **合议庭成员**　奚向阳、杨兴业、马晓旭
- **关 键 词**　民事 / 执行异议之诉 / 增资
- **相关法条**　《中华人民共和国民事诉讼法》第 227 条[①]，《最高人民法院关于适用〈中华人民共和国民事诉讼法〉的解释》第 311 条、第 312 条[②]，《最高人民法院关于民事执行中变更、追加当事人若干问题的规定》第 17 条、第 18 条

【裁判要旨】

中外合作经营企业经核准增资后，合作一方未履行增资义务即转让股权。合作企业财产不足以清偿生效法律文书确定的债务，申请执行人申请追加未缴纳增资的合作一方为被执行人，在尚未缴纳增资的范围内依法承担责任的，人民法院应予支持。

【案情摘要】

建威公司是六毛纺织厂和中银公司于 1992 年成立的中外合作经营企业。建威公司成立时注册资本 380 万美元，其中六毛纺织厂出资 285 万美元，占注册资本的 75%，中银公司出资 95 万美元，占注册资本的 25%。此后，建威公司两次增资，均经威海市对外经济贸易委员会核准，并由山东省人民政府颁发台港澳侨投资企业批准证书。威海市工商局为建威公司换发了营业执照，载明：注册资本 570 万美元。

2002 年 9 月，中银公司将其在建威公司的全部出资及按合同约定的分利以 2 万元人民币价格转让给威海市大洋纺织有限公司，中银公司退出建威公司。威海英华

[①] 对应《中华人民共和国民事诉讼法》（2023 年修正）第 238 条。
[②] 该解释已于 2022 年修正，此处法条分别对应第 309 条、第 310 条。

联合会计师事务所出具验资报告载明：建威公司注册资本为570万美元，实收资本380万美元。因客观原因，两次增加的注册资本190万美元未能到位。同年10月，建威公司在威海市工商局变更登记，注册资本变更为人民币2078.6万元。

2000年12月29日，建威公司向中信实业银行威海分行借款220万元，未按约偿还。2002年3月18日，一审法院作出民事调解书，确认：建威公司应于2002年6月18日前偿还中信实业银行威海分行借款本金220万美元。该案执行期间，一审法院裁定追加中银公司为被执行人，在未缴纳47.5万美元本金及利息范围内对建威公司不能清偿的债务部分承担补充清偿责任。中银公司不服该执行裁定，提起执行异议之诉。

一审法院判决：驳回中银公司的诉讼请求。中银公司上诉，二审法院驳回上诉，维持原判。中银公司申请再审。

（撰写人：许英林）

2 不应认定地方政府为国有资产参股或控股企业的出资人

——贺某玉与沁阳市政府、河南华昌执行异议之诉申请再审案

- **案　　号**　（2021）最高法民申1468号
- **合议庭成员**　张淑芳、李敬阳、吴凯敏
- **关 键 词**　执行异议之诉 / 足额缴纳出资 / 受让债权
- **相关法条**　《企业国有资产监督管理暂行条例》第45条①

【裁判要旨】

国务院国有资产监督管理机构及地方人民政府按照国务院的规定设立的国有资产监督管理机构，系履行出资人职责的机构，根据本级人民政府的授权，代表本级人民政府对国家所出资的企业履行出资人职责，不应认定地方政府为国资委参股或控股企业的实际出资人。

---

① 该条例已于2019年修订，此处条文对应第43条。

【案情摘要】

河南华昌成立于 1992 年 10 月 30 日，注册资本 197 万美元，股东韦顺公司认缴出资 96.53 万美元，股东沁阳市化工总厂认缴出资 100.47 万美元。一审法院另案判决河南华昌向贺某玉偿还 700 万多元，韦顺公司、沁阳市化工总厂在认缴出资范围内承担补充赔偿责任。沁阳华昌系沁阳市轻工业局办下属企业、属于一厂两名（即河南华昌，中外合资）。1999 年 10 月 26 日，沁阳华昌破产后的全部资产整体拍卖给长城集团，价格为 124 万元。其后，长城集团将上述资产卖给狄某栋，龙飞公司将上述资产抵押，后抵偿给马某彬，马某彬同意所有拆迁协议由范某旗代签，拆迁赔偿款由范某旗代领。根据沁阳市沁园办事处和范某旗签订的土地补偿合同书、沁阳市住房和城乡建设局四次向沁园办事处作出向范某旗支付补偿金的通知，补偿费共计 1680992 元。2018 年 8 月 17 日，沁阳市政府向沁阳市沁园办事处发出通知，该通知写明：解除土地补偿合同，追回已支付的土地补偿款。执行过程中，贺某玉申请追加沁阳市财政局、沁阳市政府为被执行人。2019 年 2 月 12 日，一审法院作出执行裁定，追加沁阳市政府为被执行人；沁阳市政府在 7680992 元范围内对贺某玉承担清偿责任。2019 年 3 月 26 日，沁阳市政府提出本案执行异议之诉。

（撰写人：吴凯敏）

3 股东主张已经补缴出资的认定

——冯某 1、冯某 2 与恒信公司等追加被执行人异议之诉申请再审案

- 案　　号　（2021）最高法民申 1978 号
- 合议庭成员　何抒、张纯、谢爱梅
- 关　键　词　民事 / 执行异议之诉 / 补足抽逃出资
- 相关法条　《最高人民法院关于民事执行中变更、追加当事人若干问题的规定》第 18 条

【裁判要旨】

被执行人的股东主张抽逃出资后，已经补足出资，应提交充分证据予以证明。股东虽向被执行人支付过款项，但被执行人未记载为补缴出资。被执行人的股东未能提交被执行人的全部账目并对其进行审计，以证明被执行人的股东对被执行人享

有的债权足以抵销其所抽逃的出资，被执行人股东主张已经补足出资，依据不足，不予支持。

【案情摘要】

被执行人的股东存在抽逃出资行为，法院追加其为被执行人。股东提起执行异议之诉主张已经补缴了出资。其提供向被执行人支付过款项的会计凭证及被执行人部分账目，证明补缴出资的事实。会计凭证记载为"其他应付款/个人往来"。被执行人股东未能提交被执行人的全部账目并对其进行审计。

（撰写人：谢爱梅）

4 出资未到位的增资股东应否对其增资入股前公司形成的债务承担连带责任

——黄某华、冯某与朱某芬等执行异议之诉申请再审案

- 案　　号　（2021）最高法民申 6260 号
- 合议庭成员　汪军、李绍华、黄鹏
- 关 键 词　民事/执行异议之诉/足额缴纳出资/连带责任
- 相关法条　《最高人民法院关于民事执行中变更、追加当事人若干问题的规定》第 17 条

【裁判要旨】

有限责任公司的股东以其认缴的出资额为限对公司承担责任。债权人对公司偿债能力的判断应以债权形成时该公司的注册资本以及当时的股东出资情况为依据，出资未到位的增资股东仅对其增资入股之后的债权人承担连带责任，对于其增资前公司交易行为所产生的债务不承担相应的责任。

【案情摘要】

2014 年 3 月 6 日，江苏森茂公司形成股东会决议，同意吸收朱某芬等为公司股东，将公司注册资本从 40476190 元增至 122917838 元，但江苏森茂公司资产负债表显示，增资各股东认缴的资本金并未实际缴纳。黄某华、冯某对江苏森茂公司享有的债权形成于江苏森茂公司上述增资注册之前，在执行过程中，黄某华、冯某申请

追加该公司的股东朱某芬等为被执行人。执行法院作出裁定，追加朱某芬等为被执行人。朱某芬不服该裁定，向一审法院提起执行异议之诉。

（撰写人：汪　军）

5 股东在认缴期限内未缴纳或未全部缴纳出资，不属于未履行或未完全履行出资义务
——德厚公司与中化工程公司追加、变更被执行人执行异议之诉申请再审案

- 案　　号　（2021）最高法民申6421号
- 合议庭成员　高晓力、吴笛、张梅
- 关 键 词　民事/追加、变更被执行人执行异议之诉/认缴出资
- 相关法条　《中华人民共和国公司法》第28条第1款①

【裁判要旨】

根据《公司法》第28条第1款"股东应当按期足额缴纳公司章程中规定的各自所认缴的出资额"之规定，在认缴期限届满前，股东享有期限利益，故股东在认缴期限内未缴纳或未全部缴纳出资不属于未履行或未完全履行出资义务。在认缴期限届满前转让股权的股东无需在未出资本息范围内对公司不能清偿的债务承担连带责任，除非该股东具有转让股权以逃废出资义务的恶意，或存在在注册资本不高的情况下零实缴出资并设定超长认缴期等情形。

【案情摘要】

2006年11月3日，益业能源公司设立，在工商部门登记注册资本2亿元，益业投资公司认缴出资额1.5亿元，益业能源投资公司认缴出资额5000万元，尚未缴纳出资额缴付期限为2008年10月30日。中化工程公司多次受让其他投资人的认缴出资额共计9000万元，后于2008年3月25日将其股权全部转让。益业能源公司股东会决议同意中化工程公司将9000万元认缴出资额全部转让，并将认缴期限变更为2008年9月30日。因益业能源公司欠付德厚公司工程款及利息，德厚公司在执

---

① 参见2023年修正、2024年7月1日施行的《中华人民共和国公司法》第48条第1款、第2款。

行程序中申请追加中化工程公司等为被执行人，人民法院裁定支持德厚公司的申请。中化工程公司提起本案诉讼，请求不予追加其为执行案件的被执行人。

（撰写人：高晓力）

6 当事人的陈述与原审陈述不一致的处理
——翟某梅与垣深公司等执行异议之诉申请再审案

- **案　　号**　（2021）最高法民申 7318 号
- **合议庭成员**　李伟、杨卓、梅芳
- **关 键 词**　民事 / 执行异议之诉 / 当事人陈述不一致
- **相关法条**　《最高人民法院关于民事诉讼证据的若干规定》第 63 条

【裁判要旨】

当事人的陈述与原审陈述不一致，又不能说明正当理由的，人民法院不予支持。当事人一审中陈述其为被执行人公司股东且已出资到位，二审上诉时亦未提出冒名问题，二审庭审中提出系被冒名，该主张既不合常理，也与其之前陈述不一致，没有充分证据证明，不能推翻一审的认定。

【案情摘要】

2019 年 5 月 17 日，北京仲裁委员会就垣深公司与今时信合公司之间的争议仲裁案作出（2019）京仲裁字第 1176 号裁决书，裁决："……（二）今时信合公司向垣深公司支付……519989.33 元；（三）今时信合公司向垣深公司支付……逾期付款利息 3406.12 元……"人民法院执行过程中，因暂未发现今时信合公司可供执行财产，裁定终结本次执行程序。随后，垣深公司以今时信合公司的股东翟某梅未足额缴纳出资及个人财产与公司财产混同为由，申请追加翟某梅为前述案件的被执行人。2019 年 10 月 24 日，一审法院裁定驳回垣深公司追加翟某梅为（2019）京 02 执 1006 号执行案件被执行人的请求。垣深公司不服，提起本案执行异议之诉。

根据工商登记显示，今时信合公司成立于 2011 年 4 月 14 日，现工商登记注册资本 1000 万元，股东翟某峰认缴出资 800 万元，股东翟某梅认缴出资 200 万元，认缴出资时间为 2025 年 11 月 11 日。翟某梅实缴出资 20 万元，实缴出资时间为 2012 年 11 月 16 日。庭审中，翟某梅认可其出资情况，但表示其余 180 万元未到缴纳时

间，不构成未足额缴纳出资款的情形。

一审判决：追加翟某梅为执行案件的被执行人，由翟某梅在未履行的出资额180万元的范围内，对北京仲裁委员会（2019）京仲裁字第1176号裁决书确定的今时信合公司的债务不能清偿的部分承担补充赔偿责任。二审判决驳回上诉，维持原判。

（撰写人：杨　卓）

7 全民所有制企业出资人出资问题的证明责任分配参照《公司法》相关规定
——兰州市商务局、兰州市财政局与盛兴公司追加被执行人异议之诉上诉案

- 案　　号　（2021）最高法民终1048号
- 合议庭成员　陈宏宇、张梅、赵敏
- 关　键　词　民事/全民所有制企业/举证责任分配/执行异议之诉
- 相关法条　《中华人民共和国全民所有制工业企业法》第2条，《最高人民法院关于适用〈中华人民共和国公司法〉若干问题的规定（三）》第20条

【裁判要旨】

全民所有制企业出资人出资问题的证明责任分配，可参照《最高人民法院关于适用〈中华人民共和国公司法〉若干问题的规定（三）》第20条规定，即当事人之间对是否已履行出资义务发生争议，原告提供对股东履行出资义务产生合理怀疑证据的，被告股东应当就其已履行出资义务承担举证责任。

【案情摘要】

盛兴公司与兰州国际贸易中心建设工程施工合同纠纷一案，甘肃省高级人民法院作出（2007）甘民一初字第16号民事调解书，确认兰州国际贸易中心应支付盛兴公司工程款7407120元及利息180万元。因被执行人兰州国际贸易中心无财产可供执行，甘肃省高级人民法院裁定终结本次执行程序，盛兴公司申请追加兰州国际贸易中心投资人兰州市商务局和兰州市财政局为被执行人。兰州国际贸易中心为全民所有制企业。

（撰写人：赵　敏）

执行分配方案异议之诉

1 债权人在执行财产分配前已获偿的部分，原则上不再纳入"申请参与分配债权数额"的范围以确定受偿比例

——交通银行与农业银行、富滇银行、亚泰公司、云建公司、中信银行、裕华公司、恺鑫公司执行分配方案异议之诉上诉案

- **案　　号**　（2021）最高法民终 722 号
- **合议庭成员**　李相波、郎贵梅、刘丽芳
- **关 键 词**　执行 / 执行分配方案异议之诉 / 已获偿部分
- **相关法条**　《最高人民法院关于适用〈中华人民共和国民事诉讼法〉的解释》第 510 条、第 511 条①

【裁判要旨】

执行分配方案异议之诉中，债权人在执行财产分配前已获偿的部分，原则上不再纳入"申请参与分配债权数额"的范围以确定受偿比例。

【案情摘要】

原审法院在执行四债权银行与裕华公司、恺鑫公司、朱某林借款合同纠纷系列案中，被执行人恺鑫公司可供执行的财产不足以清偿全部债务，债权人张某华等 31 人、安宁市供电有限公司、安宁市税务局、亚泰公司、云建公司申请参与分配。原审作出《执行财产分配方案》后，交通银行就该方案提出书面异议。其后，原审法院向交通银行、中信银行发出《通知书（一）》，载明：农业银行、富滇银行已对其提出的执行异议提出反对意见，并通知起诉权利及逾期未起诉的后果。交通银行遂以农业银行、富滇银行为被告，以亚泰公司、云建公司、中信银行、裕华公司、恺鑫公司为第三人，提起本案执行分配方案异议之诉。

（撰写人：李相波、华章玮）

---

① 该解释已于 2022 年修正，此处法条分别对应第 508 条、第 509 条。

2 参与执行财产分配的普通债权是否应包括一般债务利息

——蔡某晓执行分配方案异议之诉再审案

- **案　　号**　（2021）最高法民再295号
- **合议庭成员**　薛贵忠、汪鸿滨、杜微科
- **关 键 词**　民事 / 执行分配方案异议之诉 / 参与分配的普通债权
- **相关法条**　《最高人民法院关于适用〈中华人民共和国民事诉讼法〉的解释》第508条第1款、第510条[①]，《最高人民法院关于执行程序中计算迟延履行期间的债务利息适用法律若干问题的解释》第4条

【裁判要旨】

执行财产不足以分配时，参与分配的普通债权除包括本金外，还应包括一般债务利息。

【案情摘要】

在申请执行人蔡某晓与被执行人蔡某辉民间借贷纠纷一案中，因被执行人蔡某辉可供执行的财产不足以清偿全部债务，另案债权人蔡某琼等向福建省厦门市中级人民法院（以下简称厦门中院）申请参与分配。厦门中院就蔡某辉可供执行的财产作出《执行财产分配方案》，载明申请参与分配的债权均为普通债权，应以各债权本金占债权本金之和的比例均等进行分配。蔡某晓要求调整执行财产分配方案，认为参与此次执行财产分配的债权还应包括利息及保全费，其在对分配方案提出书面异议未获准许后，向厦门中院提起执行分配方案异议之诉，但一、二审法院对其诉讼请求均未予以支持。蔡某晓又向最高人民法院申请再审。最高人民法院再审认为参与分配的普通债权应包括一般债务利息。

（撰写人：薛贵忠、叶康喜）

[①] 该解释已于2022年修正，此处法条分别对应第506条第1款、第508条。

环境资源篇

环境公益诉讼 ▶▶▶

① 生物多样性保护预防性环境民事公益诉讼中被告的行为是否具有"损害社会公共利益重大风险"的判断标准
——自然之友与开发公司、中国电建昆明院生态环境保护民事公益诉讼申请再审案

- **案　　号**　（2021）最高法民申 3881 号
- **合议庭成员**　刘小飞、朱婧、叶阳
- **关 键 词**　民事公益诉讼申请再审案件 / 生物多样性保护 / 预防性环境民事公益诉讼 / 保护优先、预防为主原则 / 绿色发展理念
- **相关法条**　《中华人民共和国环境保护法》第 5 条，《最高人民法院关于审理环境民事公益诉讼案件适用法律若干问题的解释》第 1 条

【裁判要旨】

人民法院审理环境民事公益诉讼案件，应当贯彻保护优先、预防为主原则。存在证据证明项目建设将对濒危野生动植物栖息地及生态系统造成毁灭性、不可逆转的损害后果，人民法院应当从被保护对象的独有价值、损害结果发生的可能性、损害后果的严重性及不可逆性等方面，综合判断被告的行为是否具有《最高人民法院关于审理环境民事公益诉讼案件适用法律若干问题的解释》第 1 条规定的"损害社会公共利益重大风险"。

【案情摘要】

自然之友以开发公司、中国电建昆明院开发建设云南红河戛洒江一级水电站，且水电站蓄水将导致绿孔雀栖息地被淹没、绿孔雀存在灭绝可能等为由，提起环境民事公益诉讼。云南昆明市中级人民法院一审判决开发公司立即停止案涉水电站项目建设，完成环境影响后评价等工作后，再由相关行政主管部门视具体情况依法作出决定。二审法院维持一审判决。2021 年，自然之友以绿孔雀等珍稀物种面临的重大风险并未得到有效控制为由，向最高人民法院申请再审。最高人民法院认为，二审判决开发公司立即停止项目建设，在环境影响后评价后再作出决定，有效防范了绿孔雀栖息地面临的重大风险，统筹协调发展经济、保障民生和保护生态环境之间

的关系，有利于促进人与自然和谐共生，且案涉项目已终止建设并开始进行善后工作，绿孔雀栖息地面临的重大风险已得到有效控制，故裁定驳回自然之友再审申请。

（撰写人：刘小飞　刘慧慧）

2　针对第三方机构接受政府委托编制环境影响报告提起环境民事公益诉讼，是否符合受理条件

——多元智能环境研究所与中国电建西北院环境公益诉讼申请再审案

- **案　　号**　（2021）最高法民申 5645 号
- **合议庭成员**　宋春雨、朱婧、叶阳
- **关 键 词**　环境民事公益诉讼 / 受理 / 环境影响报告
- **相关法条**　《最高人民法院关于适用〈中华人民共和国民事诉讼法〉的解释》第 284 条①；《最高人民法院关于审理环境民事公益诉讼案件适用法律若干问题的解释》第 8 条

【裁判要旨】

根据《最高人民法院关于适用〈中华人民共和国民事诉讼法〉的解释》第 284 条、《最高人民法院关于审理环境民事公益诉讼案件适用法律若干问题的解释》第 8 条的规定，被告行为具有损害社会公共利益之可能，是人民法院受理环境民事公益诉讼的必要条件。第三方机构接受政府委托编制的环境影响报告，其本身并不会对环境公共利益产生实际影响，故不符合人民法院受理环境民事公益诉讼的条件。

【案情摘要】

中国电建西北院根据其与海南省发展改革委员会签订的技术咨询合同，编制并提交了《海南省生活垃圾焚烧发电中长期专项规划（2018—2030 年）环境影响报告书》。海南省发改委据此完成了《海南省生活垃圾焚烧发电中长期专项规划（2018—2030 年）》的制定程序，并经海南省人民政府同意公布实施。多元智能环境研究所认为中国电建西北院不当实施环境影响评价，对社会公共利益构成危险，提起环境民事公益诉讼。一审法院裁定不予受理。二审法院裁定驳回多元智能环境研究所的

---

① 该解释已于 2022 年修正，此处法条对应第 282 条。

上诉，维持原裁定。最高人民法院经再审审查，裁定驳回多元智能环境研究所的再审申请。

（撰写人：宋春雨、刘　哲）

3 社会组织登记证书期限届满申请延长登记期限尚在审批过程中的，不影响其环境民事公益诉讼起诉主体资格
——环友科技与污水处理公司水污染公益诉讼请示案

- 案　　号　（2021）最高法民他89号
- 关 键 词　民事请示案件 / 环境民事公益诉讼 / 社会组织
- 相关法条　《最高人民法院关于审理环境民事公益诉讼案件适用法律若干问题的解释》第2条

【裁判要旨】

依法注册登记的社会组织向其登记主管机关申请延长登记期限，在登记机关尚未作出登记前，社会组织未办理注销登记，亦未被撤销登记，可以依法提起环境民事公益诉讼。

【案情摘要】

环友科技的民办非企业单位登记证书已超过有效期限，在其申请续期尚未取得新的登记证书前，提起环境民事公益诉讼。2020年12月24日，安徽省高级人民法院就环友科技是否具有环境民事公益诉讼主体资格问题请示最高人民法院。最高人民法院于2021年8月20日书面答复认为，环友科技系在北京市朝阳区民政局登记的民办非企业单位，尚未办理注销登记，亦未被撤销登记，其可以依法提起环境民事公益诉讼。

（撰写人：刘小飞、刘慧慧）

4 社会组织以行政机关行政行为违法为由提起环境民事公益诉讼，不属于环境民事公益诉讼受案范围

——中国生物多样性保护与绿色发展基金会与合肥万达城投资有限公司等环境保护公益诉讼请示案

- **案　　号**　（2021）最高法民他 182 号
- **关 键 词**　民事请示案件 / 环境民事公益诉讼 / 受案范围
- **相关法条**　《中华人民共和国环境保护法》第 58 条，《中华人民共和国民事诉讼法》第 58 条，《最高人民法院关于审理环境民事公益诉讼案件适用法律若干问题的解释》第 1 条

【裁判要旨】

社会组织以行政机关行政行为违法为由提起环境民事公益诉讼，不属于环境民事公益诉讼受案范围。

【案情摘要】

中国生物多样性保护与绿色发展基金会（以下简称绿发会）因与合肥万达城投资有限公司（以下简称万达城公司）、合肥市自然资源和规划局（以下简称市自规局）、合肥市生态环境局（以下简称市生态局）环境保护公益诉讼，向安徽省合肥市中级人民法院起诉，请求：（1）依法判令万达城公司、市自规局、市生态局赔偿因违规审批、违规建设万达文化旅游城项目造成的湿地生态环境修复费用、湿地生态环境受到损害至恢复原状期间服务功能损失费用（具体数额以评估为准）；（2）依法判令万达城公司、市自规局、市生态局在全国性媒体上公开赔礼道歉；（3）依法判令万达城公司、市自规局、市生态局承担原告为公益诉讼而已经支出和必须支出的鉴定评估费、差旅费、律师费、专家费等所有费用；（4）依法判令万达城公司、市自规局、市生态局承担诉讼费用。安徽省合肥市中级人民法院认为，行政机关违法行使行政管理职权导致公共利益受损，对其职权行使违法性的认定并不属于民事公益诉讼的审查内容。绿发会据此提起的环境保护公益诉讼，不符合人民法院民事公益诉讼的受案范围，驳回其起诉。绿发会不服一审裁定上诉，安徽省高级人民法院就绿发会是否具备本案起诉主体资格问题请示最高人民法院。2021 年 7 月 8 日，最

高人民法院答复认为，绿发会以市自规局、市生态局作出行政审批行为违法为由提起环境民事公益诉讼，不属于环境民事公益诉讼受案范围。

（撰写人：刘小飞、刘慧慧）

资源开发利用类 ▶▶▶

1 原生效法律文书执行终结后，申请执行人又依据执行和解协议另诉主张履行的，依法不予支持
——上榆树峁煤矿与马连塔煤矿合同纠纷上诉案

- 案　　号　（2021）最高法民终649号
- 合议庭成员　刘小飞、朱婧、叶阳
- 关 键 词　民事/合同纠纷/不履行执行和解协议的救济
- 相关法条　《最高人民法院关于执行和解若干问题的规定》第9条、第13条，《最高人民法院关于执行程序中计算迟延履行期间的债务利息适用法律若干问题的解释》第1条、第3条

【裁判要旨】

被执行人一方不履行执行和解协议的，申请执行人可以申请恢复执行原生效法律文书，也可以就履行执行和解协议向执行法院提起诉讼。申请执行人申请恢复执行原生效法律文书，表明其已选择双方之间的权利义务按照该生效法律文书确定。其在执行终结后又另行起诉，要求依据执行和解协议履行的，人民法院不予支持。

【案情摘要】

上榆树峁煤矿与马连塔煤矿在另案诉讼中达成调解并由法院出具17号调解书，确认马连塔煤矿退还上榆树峁煤矿10880万元股权转让款，并支付700万元违约金。执行过程中，双方达成《执行和解协议》及作为其补充的《4.28补充协议书》《4.28结算清单》，除17号调解书确定金额外，还约定了4倍利息及两笔期间费用，共计

36610余万元。后上榆树峁煤矿申请恢复执行17号调解书,要求马连塔煤矿清偿债务11614.79万元及执行费。在此期间双方又达成《6.19协议书》,对拍卖马连塔煤矿持有的锦东公司股权抵债事宜进行约定。拍卖公告期间,马连塔煤矿主动将17号调解书确定所涉全部执行案款打入法院执行账户,上榆树峁煤矿予以领取。执行结案后,上榆树峁煤矿再次起诉,认为其依据《6.19协议书》领取的11614.79万元是《4.28结算清单》约定的36610万元中的一部分,请求支付剩余款项。一审法院驳回其诉讼请求,上榆树峁煤矿不服上诉至最高人民法院。最高人民法院二审维持原判。

(撰写人:朱 婧)

2 建设项目实际扩建面积为《国有土地使用证》记载的四至范围面积,大于证载用地面积的,对矿业权人不构成侵权

——成凌钼业公司与洛钼集团侵权责任纠纷申请再审案

- 案　　号　(2021)最高法民申1145号
- 合议庭成员　宋春雨、孙茜、朱婧
- 关 键 词　民事/压覆矿/侵权责任
- 相关法条　《确定土地所有权和使用权的若干规定》第56条

【裁判要旨】

建设单位扩建实际用地均在其《国有土地使用证》记载的四至界线范围内,与《国有土地使用证》所载用地面积不一致,对矿业权人部分矿区形成压覆的,应当参照原国家土地管理局《确定土地所有权和使用权的若干规定》第56条规定,认定建设单位《国有土地使用证》所记载的四至界线范围内的土地为建设单位的合法用地,该建设单位扩建项目不因违法占地承担侵权责任。

【案情摘要】

洛钼集团持有《国有土地使用证》上记载的用地面积为12960平方米,但该证上所载四至范围大于上述证载面积。参照国家土地管理局《确定土地所有权和使用权的若干规定》第56规定,应确认《国有土地使用证》所记载的四至界线范围内的土地为洛钼集团合法用地。故洛钼集团改扩建工程实际用地均在其《国有土

地使用证》明确的四至界线范围内的,应当认定洛钼集团扩建万吨选厂不构成违法占地。

(撰写人:孙　茜)

3 在双方当事人已协商并签订压覆矿产资源补偿框架协议情形下,压覆行为是否构成侵权
——金地矿业公司与锦赤铁路公司物权纠纷申请再审案

- **案　　号**　(2021)最高法民申952号
- **合议庭成员**　宋春雨、朱婧、叶阳
- **关 键 词**　民事/侵权/压覆矿产资源
- **相关法条**　《中华人民共和国侵权责任法》第6条第1款①

【裁判要旨】

在双方当事人已协商并签订压覆矿产资源补偿框架协议情形下,被告压覆案涉矿产资源的行为已得到原告同意,不存在主观过错,不构成侵权,被告应当对原告因矿产压覆所受直接损失予以补偿。

【案情摘要】

赤峰至朝阳至锦州铁路通道扩能工程项目系经国家发展和改革委员会依法核准、依法建设的国家重点工程。在当地政府协调下,锦赤铁路公司与金地矿业公司达成了《锦赤铁路建设项目用地范围压覆矿产资源补偿框架协议》(以下简称《补偿框架协议》),约定锦赤铁路公司遵照国家法律、政策及补偿办法,对金地矿业公司予以相应补偿。锦赤铁路公司已按照《补偿框架协议》的约定,向葫芦岛市政府出具了如实履约完成补偿工作的承诺函,提交了履约保证金,金地矿业公司亦同意锦赤铁路公司在铁路压覆矿区段进场施工。之后,双方还按照《补偿框架协议》的约定,共同委托中企华公司对锦赤铁路线300米范围内压覆葫芦岛市南票区大兴乡石灰窑子村膨润土矿矿业权进行价值评估。后因金地矿业公司不认可中企华公司出具的评估意见,遂产生争议。金地矿业公司主张锦赤铁路公司压覆矿产资

---

① 对应《中华人民共和国民法典》第1165条第1款。

源的行为构成侵权,应当依法承担赔偿责任。

(撰写人:宋春雨、刘 哲)

4 签订压覆协议但未达成具体补偿方案,矿业权人起诉主张压覆补偿的,应对其合理部分依法予以支持
——承德市交通运输局、河北承德承秦高速公路管理处与龙源公司、龙飞公司、龙翔公司等财产损害赔偿纠纷申请再审案

- 案　　号　(2021)最高法民申3385号
- 合议庭成员　刘小飞、朱婧、叶阳
- 关 键 词　民事申请再审案件 / 矿产资源压覆 / 补偿
- 相关法条　《国土资源部关于进一步做好建设项目压覆重要矿产资源审批管理工作的通知》

【裁判要旨】

矿产资源被高速公路压覆导致无法正常开采、尾矿库无法使用,当事人虽已协商签订矿产压覆协议书,但并未涉及具体的资金补偿方案,当事人起诉主张压覆补偿的,补偿范围应限于矿业权人被压覆资源储量在当前市场条件下所应缴的价款,以及所压覆的矿区分担的勘查投资、已建的开采设施投入和搬迁相应设施等直接损失。

【案情摘要】

由于被高速公路压覆矿产资源,龙源公司、龙飞公司、龙翔公司无法正常开采矿产、尾矿库无法使用。河北承德承秦高速公路管理处与龙飞公司经协商签订了《承德至秦皇岛高速公路承德项目矿产压覆协议书》,但该协议书主要约定的是龙飞公司等同意停止开采,并未涉及具体的资金补偿方案。后龙源公司、龙飞公司、龙翔公司、龙泉公司、龙跃铁矿起诉请求财产损失赔偿。一、二审法院支持了部分诉讼请求。承德市交通运输局、河北承德承秦高速公路管理处向最高人民法院申请再审,最高人民法院裁定驳回再审申请。

(撰写人:刘小飞、刘慧慧)

5 认定是否构成矿产资源压覆及赔偿范围不能仅依据采矿权证面积范围,还需审查矿产资源储量

——安顺乐安公司与中煤能源公司财产损害赔偿纠纷申请再审案

- **案　　号**　（2021）最高法民申 4075 号
- **合议庭成员**　刘小飞、朱婧、叶阳
- **关 键 词**　民事 / 财产损害赔偿纠纷 / 矿产资源压覆
- **相关法条**　《中华人民共和国物权法》第 37 条、第 117 条、第 123 条[①],《中华人民共和国矿产资源法》第 3 条、第 4 条

【裁判要旨】

认定是否存在矿产资源压覆及应否赔偿损失,不能仅依据被压覆的矿产资源是否在原告的采矿权证面积范围之内,还需进一步审查该压覆矿产资源是否已计算至原告的资源储量,原告是否依法取得了被压覆资源的矿业权。因压覆已经核减相关资源储量的,原告不享有被压覆资源的矿业权,其向压覆单位主张损害赔偿的,依法不予支持。

【案情摘要】

中煤能源公司取得安坪电厂压覆案涉 15 号煤层备案时,该矿主管部门(出资人)乐平镇政府及其上级单位昔阳县政府均同意压覆。压覆后,在煤矿资源整合过程中,案涉 15 号煤层 114.20 万吨资源储量记入该矿 552 万吨消耗资源储量中,而没有记入 8046 万吨保有资源储量中,该矿的矿业权价款亦按总储量 8046 万吨收取。安顺乐安公司在资源整合中受让的有偿使用资源储量为 8046 万吨,并不包含被压覆的案涉 15 号煤层 114.20 万吨煤炭资源。安顺乐安公司以案涉压覆矿产资源在其采矿权证面积范围之内为由,向中煤能源公司、安平电厂主张赔偿。一审法院予以支持,判决中煤能源公司赔偿安顺乐安公司压覆煤炭资源损失 900.98 万元及利息损失。二审法院认为案涉压覆矿产资源并未计算至安顺乐安公司的资源储量,该公司未取得案涉压覆资源的矿产使用权,改判驳回安顺乐安公司的诉讼请求。安顺乐安

---

① 对应《中华人民共和国民法典》第 238 条、第 323 条、第 329 条。

公司不服，向最高人民法院申请再审。最高人民法院裁定驳回再审申请。

（撰写人：朱　婧）

6 工程建设单位是否应就矿业权压覆后新增储量承担补偿责任

——王家坝煤业公司与南方电网超高压公司、南方电网公司物权保护纠纷上诉案

- 案　　号　（2021）最高法民终 1217 号
- 合议庭成员　李明义、李涛、叶阳
- 关　键　词　民事 / 物权保护纠纷 / 矿业权压覆
- 相关法条　《矿业权出让收益征收管理暂行办法》第 9 条

【裁判要旨】

重大基础建设工程压覆矿产资源，工程建设单位应当按照压覆客观事实，结合矿产资源储量勘探报告确定实际压覆储量，依法承担补偿责任。矿业权人以建设工程实际施工后发现新增储量为由，请求工程建设单位就压覆新增部分储量承担补偿责任的，人民法院不予支持。

【案情摘要】

2008 年，按照国家发展和改革委员会的通知，南方电网超高压公司开始建设溪洛渡右岸电站至广东和糯扎渡水电站至广东特高压直流输电工程。该工程经过案涉煤矿所在矿区并对矿产资源形成部分压覆。经协商未果，王家坝煤业公司起诉请求南方电网超高压公司、南方电网公司承担责任。一审法院按照压覆客观事实，结合案涉煤矿储量勘探报告确定实际压覆的储量，判令南方电网超高压公司、南方电网公司承担补偿责任。一审判决作出后，王家坝煤业公司提起上诉，认为按照最新勘查结果，案涉煤矿存在新增储量，请求南方电网公司、南方电网超高压公司就新增储量进行补偿。

（撰写人：叶　阳）

环境资源行政诉讼

1 对行政复议决定不服的，不能再行向上级行政机关申请行政复议

——河源市汇通矿业有限公司与自然资源部行政复议不予受理决定申请再审案

- **案　　号**　（2021）最高法行申7449号
- **合议庭成员**　刘小飞、朱婧、叶阳
- **关 键 词**　行政 / 行政复议
- **相关法条**　《中华人民共和国行政复议法》第5条①、《中华人民共和国行政诉讼法》第44条

【裁判要旨】

依据《行政复议法》第5条及《行政诉讼法》第44条规定，公民、法人或者其他组织对行政复议决定不服的，可以依法提起行政诉讼，而不能再行向上级行政机关申请行政复议。

【案情摘要】

河源市汇通矿业有限公司（以下简称汇通公司）认为广东省自然资源厅颁发的《采矿许可证》不能使用，申请行政复议要求撤销，广东省自然资源厅作出粤自然行复〔2020〕163号行政复议不予受理决定。汇通公司不服，向自然资源部申请行政复议，自然资源部作出自然资复议〔2020〕322号（不）行政复议不予受理决定。汇通公司不服，提起本案诉讼。一审、二审法院裁定驳回汇通公司起诉。汇通公司向最高人民法院申请再审。最高人民法院认为，依据《行政复议法》第5条及《行政诉讼法》第44条规定，公民、法人或者其他组织对行政复议决定不服的，可以依法提起行政诉讼，而不能再行向上级行政机关申请行政复议。汇通公司因不服广东省自然资源厅行政复议不予受理决定书，再行向自然资源部提出行政复议申请，不

---

① 参见《中华人民共和国行政复议法》（2023年修订）第10条。

属于行政复议范围,汇通公司提起的诉讼不符合法定起诉条件,裁定驳回再审申请。

(撰写人:刘小飞、陈中原)

2 没有宅基地买卖资格的当事人,房屋买卖协议被确认无效,买方无权诉请要求安置补偿

——张某仓与天津市滨海新区人民政府征地补偿、安置方案申请再审案

- 案　　号　(2021)最高法行申7179号
- 合议庭成员　宋春雨、朱婧、叶阳
- 关　键　词　行政/房屋征收补偿
- 相关法条　《中华人民共和国行政诉讼法》第25条、第49条

【裁判要旨】

非本集体经济组织成员基于已经被认定无效的房屋买卖合同要求补偿,因其并非被征地房屋的村集体经济组织成员,亦非宅基地的使用权人及地上附着物所有权人,其与案涉房屋征收补偿行为没有利害关系,不具备提起本案诉讼的原告主体资格。

【案情摘要】

宋某茹与张某仓就天津市塘沽区某村房屋存在交易关系,宋某茹向张某仓出售土坯房三间并作价。房屋所占用的土地系集体所有,为宋某茹申请的宅基地,张某仓为河北省沧州市海兴县人。该房屋买卖行为被生效民事判决认定无效。2009年5月28日,宋某茹就天津市塘沽区胡家园街陈圈村建华西里13排×号房屋与天津滨海新塘建设发展有限公司签订《房屋拆迁补偿安置协议》,并于2011年12月3日签订了《两试点村民〈征地房屋拆迁补偿安置协议书〉房屋安置补充协议》,就上述涉案房屋的安置补偿达成了协议。张某仓提起诉讼,请求确认征收公告行为违法。一审、二审法院裁定驳回张某仓的起诉。张某仓申请再审,最高人民法院未予支持。

(撰写人:陆　阳)

3 "先取证、后裁决"行政程序原则的例外情况
——谭某伟与龙口市政府等土地征收补偿申请再审案

- **案　　号**　（2021）最高法行申 7757 号
- **合议庭成员**　刘小飞、田心则、朱婧
- **关 键 词**　行政 / 先取证、后裁决 / 行政不作为
- **相关法条**　《中华人民共和国行政诉讼法》第 34 条、第 35 条

【裁判要旨】

依据《行政诉讼法》第 34 条规定，一般情况下，行政机关应基于调查收集的证据作出行政行为，即先取证、后裁决，人民法院原则上不允许被告补充提供证据。但在原告诉行政机关不作为的情况下，行政机关只有在被诉后才能去收集有关证据材料，此时不违背"先取证、后裁决"的行政法原则。

【案情摘要】

谭某伟认为其土地和房屋被龙口市政府、龙口市自然资源和规划局征收，用来供南山集团建设南山航空材料产业园等项目。龙口市政府、龙口市自然资源和规划局作为实施征收土地履行安置补偿法定职责的主体单位，没有与曲某增签订补偿协议，没有履行安置补偿义务。因此提起本案诉讼。诉讼中，谭某伟主张龙口市政府、龙口市自然资源和规划局提交的龙口市徐福镇曲谭村村民委员会《情况说明》系在一审诉讼中收集，不能作为定案依据。一审、二审法院裁定驳回起诉。最高人民法院认为，本案系当事人诉行政机关不作为，行政机关只有在被诉后才能收集有关证据材料，不违背"先取证、后裁决"的行政法原则，其该项申请再审理由不成立，裁定驳回其再审申请。

（撰写人：刘小飞、刘慧慧）

海事海商及仲裁司法审查篇

船舶碰撞损害责任

一方当事人主张对方增值税进项税额抵扣部分应当从其损失金额中予以扣除的，应当就对方已经实际进行了抵扣及其具体数额承担举证责任

——长荣公司与港务公司船舶碰撞损害纠纷申请再审案

- 案　　号　（2021）最高法民申 5884 号
- 合议庭成员　奚向阳、杨弘磊、李光琴
- 关 键 词　海事海商 / 船舶碰撞损害纠纷 / 增值税进项税额抵扣
- 相关法条　《增值税暂行条例》第 4 条

【裁判要旨】

一方当事人主张对方增值税进项税额进行抵扣的部分应当从其损失金额中予以扣除的，应当就对方已经实际进行了抵扣及其具体数额承担举证责任。

【案情摘要】

长荣公司所有的"长麒"轮与港务公司所有的"厦港拖四号"轮在厦门水域发生碰撞。事故造成两轮各有损害。后法院生效判决认定港务公司、长荣公司对事故分别承担 60% 和 40% 的赔偿责任。港务公司起诉请求长荣公司赔偿相关损失。原审法院根据相关评估报告，综合查明的相关事实，支持了港务公司的诉讼请求。长荣公司申请再审认为，港务公司就案涉增值税进项税额进行抵扣的部分，应当从其主张的损失中予以扣除。

（撰写人：李光琴）

海上人身损害责任 ▶▶▶

船员劳务关系中，船员发生人身损害时雇主应否承担赔偿责任

——伯某东与索某江海上人身损害责任纠纷申请再审案

- 案　　号　（2021）最高法民申 4152 号
- 合议庭成员　杨弘磊、李桂顺、胡方
- 关 键 词　海事海商 / 船员劳务 / 人身伤亡 / 过错责任
- 相关法条　《最高人民法院关于审理涉船员纠纷案件若干问题的规定》第 15 条

【裁判要旨】

根据《侵权责任法》第 35 条以及《最高人民法院关于审理涉船员纠纷案件若干问题的规定》第 15 条的规定，船员提供劳务期间受到损害时，应当根据船员和船舶所有人的过错承担相应的责任。船员因劳务受到损害，向船舶所有人主张赔偿责任，船舶所有人不能举证证明船员自身存在过错，人民法院对船员关于损害赔偿责任的诉讼请求应予支持；船舶所有人举证证明船员自身存在过错，并请求判令船员自担相应责任的，人民法院对船舶所有人的抗辩予以支持。

【案情摘要】

2019 年 10 月底至 12 月中旬，索某江在伯某东的船舶上提供劳务。在船工作期间，索某江因海上风浪大而摔伤，下船后就医，产生医药费等相关费用。

（撰写人：胡　方、赵　迪）

海上、通海水域货物运输合同

1 散装液体货物数量短少争议中卸货数量的认定
——人保广西分公司与全球公司海上货物运输合同纠纷再审案

- **案　　号**　（2019）最高法民再367号
- **合议庭成员**　李桂顺、杨兴业、郭载宇
- **关 键 词**　海事海商 / 海上货物运输合同 / 货物短少 / 空距报告
- **相关法条**　《中华人民共和国海商法》第46条第1款、第252条第1款、第257条第1款、第269条

【裁判要旨】

承运人对于散装液体货物运输的责任期间，应自装货港船舶输油管线与岸罐输油管线连接的法兰盘末端时起至卸货港船舶输油管线与岸罐输油管线连接的法兰盘末端时止，货物处于承运人掌管之下的全部期间。在收货人未能提供有效证据证明货物短少发生在承运人责任期间的情况下，承运人提供的船舶《空距报告》，具有证明散装液体货物交货数量的效力。收货人提供的岸罐重量检验证书，除非经承运人同意，否则不具有证明散装液体货物交货数量的效力。

【案情摘要】

2014年4月12日，涉案货物装载于"KING GREGORY"轮，从阿根廷圣洛索伦港运往中国上海港。全球公司为"KING GREGORY"轮的船舶所有人，就涉案货物签发编号为03的油轮提单。根据提单记载，收货人凭指示，通知方为中储粮油脂有限公司（以下简称中储粮公司），涉案货物共计9876公吨作为整批货物328000公吨的一部分，装载于该轮的1P/S、2P/S、3P/S、4P/S、5P/S、6P/S号液体货舱。"KING GREGORY"轮6月7日靠泊上海港，6月8日卸货完毕。根据《船舶空距报告》记载，"KING GREGORY"轮船舱内卸下的货物数量为9866.182公吨。根据《CIQ重量证书》记载，卸货计量岸罐内的重量为9798.544公吨，比列明重量短少77.456公吨。

中储粮公司就涉案货物向人保广西分公司投保货物运输保险，2015年3月30

日，人保广西分公司因货物短少向中储粮公司支付保险赔款 304811.19 元，并取得权益转让书，后起诉全球公司。

（撰写人：许英林）

2 承运人将货物交付给目的港海关并不意味着丧失对货物的掌控，未收回正本记名提单即将货物交给收货人的，应当承担赔偿责任
——佰利兰德公司与地中海公司海上货物运输合同纠纷再审案

- 案　　号　（2020）最高法民再 171 号
- 合议庭成员　奚向阳、杨兴业、陈宏宇
- 关 键 词　海事海商 / 海上货物运输合同纠纷 / 无单放货 / 管控
- 相关法条　《中华人民共和国海商法》第 71 条、第 269 条

【裁判要旨】

近年来，巴西等南美国家对进口货物清关政策进行了调整。根据以往的法律规定，承运人只能向当地海关或者港口当局交付货物，再由收货人持正本提单向海关或者港口当局提取货物。而根据新规，进口货物的收货人需拿正本提单向船公司换取交货单，凭交货单到海关办理清关，清关完毕后凭海关货物放行证明从保税码头提货，无需再出示正本提单。新规的目的在于提高货物清关效率，简化进口程序，不影响正常国际贸易的物权交割。从目的港交货流程来看，承运人在货物交付给目的港海关后并未丧失对货物的掌控，未收回正本记名提单即将货物交给收货人的，应当承担赔偿责任。

【案情摘要】

2015 年 10 月，佰利兰德公司委托地中海公司出运一个 40 尺高柜的汽车轮胎，该票货物于同年 10 月 2 日装船出运，温州中外运公司代理地中海公司向佰利兰德公司签发了编号为 MSCUYJ853913 的全套正本记名提单，载明托运人为佰利兰德公司，收货人为 Turbo 公司，起运港宁波，目的港巴西纳维根特斯，集装箱号为 MSCU7612278，共装载 1108 条轮胎，运输条件为 CY－CY，运费预付。该票货物出口报关价为 22919.96 美元。佰利兰德公司向货运代理人支付了海运费和改港费计

3650美元，以及人民币费用4228.33元。涉案货物出运后，因国外买方未付款买单，现全套正本提单仍由佰利兰德公司持有。2015年12月9日涉案集装箱在目的港被卸至Portonave码头，并在巴西外贸综合系统（Siscomex）办理了相关登记，随后该集装箱于2015年12月11日被海关当局转移至POLY港口保税码头。POLY港口保税码头在接收货物后，于2016年6月30日将涉案集装箱货物交付给收货人。

佰利兰德公司起诉请求地中海公司、温州中外运公司赔偿损失27201美元及利息。一审判决驳回佰利兰德公司的诉讼请求。佰利兰德公司上诉，二审维持原判。佰利兰德公司申请再审。

（撰写人：许英林）

3 货损发生期间的举证责任

——A公司与B公司、C公司、D公司海上货物运输合同纠纷申请再审案

- **案　　号**　（2021）最高法民申306号
- **合议庭成员**　胡方、丁广宇、郭载宇
- **关　键　词**　海事海商 / 海上货物运输合同纠纷 / 货物损失责任认定
- **相关法条**　《中华人民共和国海商法》第46条、第47条、第55条

【裁判要旨】

承运人对其责任期间发生的货损负赔偿责任。收货人在货物交付之后向承运人主张货损赔偿，如果货物运输过程中有多个不同主体的运输环节，即存在多个可能发生货损的原因和区间，收货人仅举证证明货损可能发生在该承运人责任期间，而不能排除货损发生在其他运输环节的，人民法院不予支持。

【案情摘要】

E公司向案外人F公司进口2000吨乙二醇，A公司签发货物运输保险单，保险单记载：被保险人为E公司，运输工具为"SC ATHENA"轮，承保条件为海上货物运输一切险。"SC ATHENA"轮船长签发了编号为SCATHENAV1814A的已装船清洁提单。"SC ATHENA"轮V1814航次在麦寮港共装载了两票货物，其中一票为涉案货物，使用2#、3#液货管和2#、3#货泵；另一票货物为1000吨苯乙烯，使用1#液货管和1#货泵。同日，SGS签发品质证书，涉案货物的各项检测指标均合格。

"SC ATHENA"轮先靠泊泉州港振戎码头卸下 1000 吨苯乙烯。此后,"SC ATHENA"轮靠泊泉州港深沪码头,E 公司从货舱中对涉案货物乙二醇取样并进行了检测,检测结果合格。涉案货物全部卸入深沪码头 1# 罐(涉案货物卸入前,1# 罐内原有乙二醇约 240 吨)。"SC AURORA"轮 V1818 航次靠泊深沪码头,将 2000 吨乙二醇卸入 1# 罐,另将 1000 吨乙二醇卸入 2# 罐。2018 年 5 月 16 日,E 公司开始用槽罐车将岸罐内的乙二醇转运至工厂,在转运过程中,操作人员发现 1# 罐的乙二醇有强烈的刺鼻气味。货物受损后,收货方获得保险公司赔付,保险公司向承运人主张货物损失。

(撰写人:夏根辉)

4 运输合同无效货损责任的承担
——科达公司与赣江公司通海水域货物运输合同纠纷申请再审案

- 案　　号　(2021)最高法民申 92 号
- 合议庭成员　王淑梅、胡方、龙飞
- 关 键 词　海事海商 / 通海水域货物运输合同纠纷 / 货损责任
- 相关法条　《中华人民共和国合同法》第 52 条第 5 项、第 58 条①

【裁判要旨】

根据《国内水路运输管理条例》的相关规定,国内沿海内河运输属于国家许可经营项目。根据《合同法》第 52 条第 5 项的规定,没有取得国内水路货物运输经营资质的公司签订《运输合作协议》,违反了行政法规的强制性规定,该协议无效。根据《合同法》第 58 条之规定,合同无效后,有过错的一方应当赔偿对方因此所受到的损失,双方都有过错的,应当各自承担相应的责任。虽然《运输合作协议》无效,但货物在运输过程中发生了毁损,对此应综合考虑托运人或者收货人和承运人对货损的过错程度,依法判定相应的民事责任。

【案情摘要】

2018 年 6 月 28 日,赣江公司受海大公司委托运输散装玉米。2018 年 6 月 30

---

① 参见《中华人民共和国民法典》第 153 条、第 157 条。

日，赣江公司（托运方）与科达公司（承运方）签订《运输合作协议》。该协议约定，船名"豫信货12187"，船主吴某强，承运玉米1300吨，从浉水到南通港或者靖江港，装货时间自2018年6月30日至7月2日（遇雨天顺延），船方需保证货物安全，不得缺失，不得受潮发生霉变；如船方违约则承担一切损失。此前的2018年6月24日，科达公司（甲方）与吴某强（乙方）已经签订与前述协议类似的运输协议，约定涉案货物由吴某强所属的"豫信货12187"轮运输。2018年7月2日，"豫信货12187"轮在起运港装货过程中突遇天降阵雨，因关舱不及导致装到船舱的玉米受雨水淋湿而致损。赣江公司遂将科达公司诉至一审法院。

（撰写人：赵　珂）

5　货损赔偿额计算方法的选择

——拉雷多公司与山东轻工公司海上货物运输合同纠纷案申请再审案

- **案　　号**　（2021）最高法民申1976号
- **合议庭成员**　王淑梅、胡方、王海峰
- **关 键 词**　海事海商/海上货物运输合同纠纷/货损赔偿额计算方法
- **相关法条**　《中华人民共和国海商法》第55条

【裁判要旨】

《海商法》第55条规定了货损赔偿额的两种计算方法，一种是按照货物受损前后实际价值的差额计算，另一种是按照货物的修复费用计算。货物经拍卖的方式减损，不涉及修复费用，可以不按照修复费用计算。排除市价损失的贬值率计算法，符合合同违约赔偿之因果关系原则和合理预见原则。目的港完好货物的价值和目的港受损货物的价值是贬值率计算法中两个重要参数。以案涉货物拍卖成交价格确定目的港受损货物的价值，以评估报告评估的国内市场价格确定目的港完好货物价值并无不妥。

【案情摘要】

2015年4月，山东轻工公司向路易达孚公司购买一批大豆油共计42000吨于巴西巴拉那瓜港装入"埃克莱奥斯"（Akeraios）轮运至中国再转卖给益海哈尔滨公司。路易达孚公司为履行销售合同承租了利比里亚籍"埃克莱奥斯"轮运输涉案货物。

"埃克莱奥斯"轮的船舶所有人为拉雷多公司。2015年9月15日,"埃克莱奥斯"轮靠泊于秦皇岛港码头,卸货过程中,发现已卸货物有分层现象。因货物遭受污染,益海哈尔滨公司拒绝接收货物。山东轻工公司与益海哈尔滨公司协议解除双方之前签订的三份采购合同。为减轻损失,山东轻工公司将案涉货物运至日照转卖或拍卖。国宏信公司受一审法院委托出具了价格评估报告书,证明完好的初榨非转基因脱胶大豆油在国内市场上2016年3月24日时的销售价格为每吨人民币7220元,同年5月31日的销售价格为每吨人民币7116元。山东轻工公司提起本案诉讼,请求拉雷多公司赔偿案涉货物货损。

(撰写人:赵　珂)

6 散装货物合理范围内的短少,承运人不承担责任
——人保大连公司与司某国货物运输合同纠纷申请再审案

- **案　　号**　(2021)最高法民申2888号
- **合议庭成员**　陈纪忠、马东旭、王海峰
- **关 键 词**　海事海商/货物运输合同纠纷/合理损耗/不可抗力
- **相关法条**　《中华人民共和国合同法》第117条、第311条①

【裁判要旨】

散装货物合理范围内的短少应为计量的合理误差或者自然损耗所致,承运人对此不承担责任。

强风暴雨超出合理预见和完全避免及克服的能力范围,属于不可抗力,承运人依法可以免责。

【案情摘要】

承载货物的船舶离开卸货码头前往锚地途中,天开始下小雨,西北风4级,船员遂开始封舱,但突然遭遇强对流天气,瞬间风力最大约8~10级,并伴有强降雨。由于突然风大雨大且阻力大,在船员全部配合下无法顺利迅速关舱,货舱前半部分货物被雨水淋湿。船长签发货物交接清单载明玉米2681.6吨,收到货物共计

---

① 对应《中华人民共和国民法典》第590条、第832条。

2671.88 吨，与实际装载吨位短少 9.72 吨。人保大连公司出具投保人为华海公司、被保险人为锦州粮贸的国内水路货物运输保险单。人保大连公司向华海公司赔付后，要求承运人赔付损失。

（撰写人：马　玲）

7 经各方当事人参加联合取样、程序合法的检验证书可以作为认定货损的依据

——梅富力公司与明贤公司海上货物运输合同纠纷申请再审案

- **案　　号**　（2021）最高法民申 3949 号
- **合议庭成员**　胡方、杨弘磊、李光琴
- **关 键 词**　海事海商 / 海上货物运输 / 货损 / 检验证书
- **相关法条**　《中华人民共和国海商法》第 46 条、第 48 条、第 55 条、第 83 条

【裁判要旨】

具有相应检验资质的检验公司在各方当事人共同参与并签署联检记录的情形下作出检验报告，且检验程序合法的，该检验报告可以作为认定货损的依据。

【案情摘要】

明贤公司将采购的散装食用盐出售给浙盐集团。后涉案货物装载于"邦德"轮出运，船长签发清洁提单。"邦德"轮到达目的港码头并完成卸货，各方发现货损。货方委托相关公司见证卸货过程，该司出具的监卸报告显示，货舱卸货前状况良好，卸货前和卸货期间未发现舱内有污染物。但卸货期间，发现货舱有积水，部分货舱的压舱水管破裂，压舱水渗入货物。卸货过程中，货方还委托中国检验认证集团宁波有限公司（以下简称 CCIC 宁波公司）对货物进行检验，各方当事人代表共同前往现场查看货物状况，并签署了联检记录。CCIC 宁波公司依据上述取样结果，出具了检验证书。明贤公司依据该检验证书起诉请求承运人赔偿相应损失。

（撰写人：李光琴）

8 对海上货物运输合同中承运人管货义务及货损赔偿责任的认定

——晨曦公司与萨么科公司海上货物运输合同纠纷申请再审案

- **案　　号**　（2021）最高法民申 4982 号
- **合议庭成员**　胡方、杨弘磊、李光琴
- **关 键 词**　海事海商 / 海上货物运输合同 / 管货义务 / 货损责任
- **相关法条**　《中华人民共和国海商法》第 48 条

【裁判要旨】

海上货物运输合同中，承运人的管货义务应根据《海商法》第 48 条的规定予以认定，如货损系承运人的管货过失、托运人及货物的自然属性等多重原因产生时，承运人仅就其过失致货物发生损失的比例，承担货损赔偿责任。

【案情摘要】

萨么科公司作为承运人，将案涉货物（大豆）由巴西运往中国日照港。根据承运人的《航海日志》，货物运输过程中，承运人未按要求每日通风。案涉船舶到达日照港并提交卸货通知书后，提单持有人（收货人）晨曦公司因未能及时办理货物通关手续，导致货物于 6 月至 8 月的盛夏期间在海上漂泊等待卸货近百天。后卸货过程中，发现货物发生货损，各方就货损发生原因和责任承担产生纠纷。

（撰写人：胡　方、赵　迪）

9 因目的港无人提货而产生的费用，承运人无权向实际托运人主张

——新鑫海公司与中国机械公司海上货物运输合同纠纷申请再审案

- **案　　号**　（2021）最高法民申 5159 号
- **合议庭成员**　陈纪忠、马东旭、王海峰

- **关 键 词** 海事海商 / 海上货物运输合同纠纷 / 托运人责任
- **相关法条** 《中华人民共和国海商法》第 42 条

【裁判要旨】

在提单上被记载为托运人，但并未参与海上货物运输合同签订的主体，在运输履行过程中也并未对新承运人发出过具体指令，未向承运人支付过运费，是案涉运输的交货托运人，而非缔约托运人。因目的港无人提货而产生的费用，承运人有权向缔约托运人主张。交货托运人对此不负有责任。

【案情摘要】

海耀公司向中国机械公司购买一批货物，装运港为中华人民共和国天津新港，目的港为泰国林查班港，付款条件为不可撤销的即期信用证。为履行上述贸易合同，海耀公司委托晟亚公司为涉案货物提供货运代理服务。接受委托后，晟亚公司委托福航公司订舱，福航公司又向新鑫海公司订舱。新鑫海公司接受订舱后，将装载于 13 个 40 尺集装箱内的涉案货物装船出运。同日，中集公司代新鑫海公司签发了指示提单，根据提单记载，托运人为中国机械公司，收货人凭指示，承运人为新鑫海公司，通知方为海耀公司。中食公司向晟亚公司支付了运费及相关费用，晟亚公司收到上述费用后通过福航公司给付了承运人。涉案货物运抵目的港后无人提取。新鑫海公司诉请判令中国机械公司赔偿集装箱超期使用费、堆存费损失，并归还集装箱。

（撰写人：马 玲）

10 承运人凭指示提单交付时应合理谨慎审单
——长荣公司与华升公司等海上货物运输合同纠纷申请再审案

- **案 号** （2021）最高法民申 6937 号
- **合议庭成员** 杨兴业、胡方、陈宏宇
- **关 键 词** 海事海商 / 指示提单 / 审单义务
- **相关法条** 《中华人民共和国海商法》第 71 条、第 79 条

【裁判要旨】

正本指示提单的持有人请求承运人向其交付货物，承运人应当合理谨慎地审查提单。承运人凭背书不连续的正本指示提单交付货物，提出索赔请求的人要求承运人承担因此造成损失的，人民法院应予支持，但承运人举证证明提单持有人通过背书之外其他合法方式取得提单权利的除外。

【案情摘要】

长荣公司作为承运人，签发了以华升公司为托运人的指示提单。案涉货物运抵目的港后，长荣公司在提货人 PENTRADE IKE 公司持有的涉案正本提单仅有"PENTRADE IKE"背书，而未经托运人华升公司背书，且无其他证据证明 PENTRADE IKE 公司合法取得涉案正本提单的情况下，向 PENTRADE IKE 公司放货。华升公司因未收到合同项下款项提起本案诉讼。

（撰写人：陈宏宇、叶晨阳）

11 援引卸货港所在地法律主张免除无单放货责任的证明标准

——德莎公司与成虹公司海上货物运输合同纠纷申请再审案

- 案 号 （2021）最高法民申 7602 号
- 合议庭成员 任雪峰、马东旭、欧海燕
- 关 键 词 海事海商 / 海上货物运输合同 / 无单放货
- 相关法条 《最高人民法院关于审理无正本提单交付货物案件适用法律若干问题的规定》第 7 条

【裁判要旨】

承运人援引《最高人民法院关于审理无正本提单交付货物案件适用法律若干问题的规定》第 7 条主张免除其无单放货责任的，除证明卸货港所在地法律有必须将承运的到港货物交给当地海关或者港口当局的相关规定之外，还需证明其在向当地海关或者港口当局交接货物后丧失对货物的控制权。

【案情摘要】

成虹公司作为国际货物买卖的卖方，委托德莎公司办理货物运输事宜。涉案货物在巴西港口无正本提单放货，成虹公司诉请德莎公司赔偿损失。德莎公司辩称，按照巴西海关法的相关规定，涉案货物在抵达卸货港后被强制交给了港口，导致德莎公司对货物失去控制权，德莎公司应当免除无单放货的民事责任。

（撰写人：欧海燕）

12 两公司在货物运输过程中高度关联，是否应当认定为共同承运人

——上海百隆美亚公司与丽锦特公司、深圳百隆美亚公司海上货物运输无单放货侵权损害赔偿纠纷申请再审案

- **案　　号**　（2021）最高法民申6713号、6714号
- **合议庭成员**　杨弘磊、奚向阳、李光琴
- **关 键 词**　海事海商 / 海上货物运输无单放货侵权损害赔偿纠纷 / 共同承运人
- **相关法条**　《最高人民法院关于审理无正本提单交付货物案件适用法律若干问题的规定》第3条

【裁判要旨】

两承运公司相互之间在人员、业务、财务等方面存在高度关联，在案涉合同履行过程中托运人无法对两公司进行区分，应认定两公司为案涉海上货物的共同承运人。

【案情摘要】

绮年华公司向丽锦特公司订购一批服装，由丽锦特公司生产服装并联系排船及支付港杂费。绮年华公司提供了其在内地多个货运代理人的联系方式，其中一名货运代理人为"Susan"，电子邮箱地址为shaop@ufsasia.com，单位名称为UniversalFreightSystem，联系地址为上海市大连路950号海上海新城8号楼402室及Room 402, No.950, DalianRoad, 200092, Shanghai, China，电话号码为1891790×××和021-6579×××，传真号码为021-3377×××。后

"Susan"为丽锦特公司安排案涉货物运输及报关并使用上述电子邮箱、电话、传真及联系地址。上海百隆美亚公司与深圳百隆美亚公司在上海设立的分支机构均使用上述联系方式。涉案货物于运抵美国洛杉矶港被交付。丽锦特公司至今仍持有全套正本提单,签发处有"The Carrier：Mediterranean Shipping Company S.A"的打印字样,盖有印文为"百隆美亚船务有限公司 Universal Freight Systemasagent"字样的长方形印章,并有"Susan"字样的签名。

(撰写人：奚向阳)

海上旅客运输合同 ▶▶▶▶

海上旅客运输合同应由提出索赔请求的人对承运人的过失承担举证责任
——杜某雨、李某娟与中远海运公司海上旅客运输合同纠纷申请再审案

- 案　　号　（2021）最高法民申 5819 号
- 合议庭成员　杨兴业、李桂顺、郭载宇
- 关　键　词　海事海商 / 海上旅客运输合同 / 人身损害 / 举证责任
- 相关法条　《中华人民共和国海商法》第 114 条第 1 款

【裁判要旨】

海上旅客运输合同履行过程中,应由提出索赔请求的人对承运人的过失承担举证责任,除非存在《海商法》第 114 条第 3 款所规定的旅客的人身伤亡系由船舶沉没、碰撞、搁浅、爆炸、火灾所引起或系因船舶的缺陷所引起的情形。在提出索赔请求的人不能举证证明承运人的过失的情况下,对提出索赔请求的人的诉讼请求应不予支持。

【案情摘要】

郑某乘坐中远海运公司"葫芦岛"轮经海路从大连到威海的途中失踪。其亲属诉称,承运人在运输过程中负有承担安全保障义务。客船在海上航行具有一定的风

险，承运人应当向旅客告知说明安全注意事项。本案中，郑某多次进出外甲板，承运人未对郑某进行告知和说明，存在疏于管理的过失。原审法院认定杜某雨、李某娟未提供证据证明中远海运公司存在过失，适用法律错误。根据《海商法》第115条的规定，承运人证明旅客的人身伤亡是由于旅客本人的故意或过失造成的，可以免除或减轻承运人的责任。本案中，中远海运公司并未举证证明郑某的伤亡是由其本人故意或过失造成的，不能免除中远海运公司的责任。一、二审法院根据举证责任的规定驳回了原告的诉讼请求。原告不服向最高人民法院申请再审。最高人民法院经审查认为，根据《海商法》第114条第1款关于"在本法第一百一十一条规定的旅客及其行李的运送期间，因承运人或者承运人的受雇人、代理人在受雇或者受委托的范围内过失引起事故，造成旅客人身伤亡或者行李灭失、损坏的，承运人应当负赔偿责任。请求人对承运人或者承运人的受雇人、代理人的过失，应当负举证责任"的规定，对承运人的过失的举证责任一般应由提出索赔请求的人承担，除非存在《海商法》第114条第3款规定的旅客的人身伤亡系由船舶沉没、碰撞、搁浅、爆炸、火灾所引起或系因船舶的缺陷所引起。杜某雨、李某娟主张中远海运公司承担赔偿责任，应对远海运公司在运送期间存在过失承担举证责任。因杜某雨、李某娟未提供证据证明承运人存在过失，故驳回了杜某雨、李某娟的再审申请。

（撰写人：郭载宇）

航次租船合同 ▶▶▶

1 托运人行使变更权，承运人未按指示执行的，应当自行承担等待期间和绕航其他港口的费用
——骏和公司与亿兆公司航次租船合同纠纷申请再审案

- **案　　号**　（2020）最高法民申7011号
- **合议庭成员**　奚向阳、杨兴业、郭载宇
- **关 键 词**　海事海商 / 航次租船合同纠纷 / 变更权

• 相关法条 《中华人民共和国合同法》第 308 条 ①

【裁判要旨】

根据《合同法》第 308 条的规定，承运人交付货物前，托运人有权要求变更合同，承运人主张托运人行使变更权的性质属于要约，缺乏法律依据。在没有证据证明托运人变更合同将致使合同各方当事人利益显失公平或将严重妨碍承运人的正常营运的情况下，承运人应当根据托运人的指示退运。承运人未按指示执行，在锚地等待和绕航其他港口的费用等应由承运人自行承担。

【案情摘要】

2017 年 2 月 4 日，亿兆公司与骏和公司签订《租船确认书》。2 月 10 日，亿兆公司与金通国际贸易有限公司签订《合同》，购买朝鲜无烟煤。2 月 22 日，亿兆公司向骏和公司发函称"因中国商务局、海关总署于 2017 年 2 月 18 日发布第 12 号公告，双方于 2017 年 2 月 4 日签订顺洋轮煤炭运输合同不能继续履行，通知骏和公司顺洋轮立即返回朝鲜大安卸货，将货物退回朝鲜"。2 月 22 日 15 时 30 分，顺洋轮到达长江口抛锚。4 月 19 日，亿兆公司向骏和公司发送《靠泊通知函》称其接到如皋港务局通知，现所有锚地运输朝鲜煤船只可以靠泊，请骏和公司收到函件后安排顺洋轮到南通如皋港靠泊。此后，顺洋轮于 5 月 3 日起开锚前往烟台港。骏和公司指示船舶于 5 月 16 日开往龙口港，顺洋轮于 2017 年 5 月 17 日抵达龙口港锚地，于 5 月 19 日靠泊龙口港卸货，并于 5 月 20 日卸货完毕。

亿兆公司起诉请求骏和公司赔偿堆存费、装卸费等经济损失。骏和公司反诉请求亿兆公司支付运费、滞期费、绕航燃油费、利息等。

（撰写人：许英林）

2 对航次租船合同中滞期费的认定

——龙海公司与富源公司等航次租船合同纠纷申请再审案

• 案　　号　（2021）最高法民申 3401 号
• 合议庭成员　杨弘磊、胡方、李光琴

---

① 对应《中华人民共和国民法典》第 829 条。

- **关 键 词** 海事海商／航次租船合同／滞期费
- **相关法条** 《中华人民共和国海商法》第 92 条、第 93 条

【裁判要旨】

航次租船合同关系中，因承租人的原因导致船舶在约定的时间未能开航，在港口停留期间产生的滞期费，承租人应当按照航次租船合同的约定向出租人承担赔偿责任。

【案情摘要】

龙海公司与富源公司签订《航次租船合同》及《补充协议》，就龙海公司委托富源公司运输案涉油品达成合意，并对船舶在装卸港产生的滞期费的计算标准等作出了约定。龙海公司按照《航次租船合同》约定装载货物后，长期停泊于装货港，双方签订的《补充协议书》对于因龙海公司导致船舶滞期 110 天、产生滞期费 530 万元作出了确认。此后龙海公司仍未根据《补充协议书》的约定下达开航或卸货指令，富源公司提起诉讼，请求判令解除案涉《航次租船合同》并由龙海公司支付滞期费等费用。

（撰写人：胡　方、赵　迪）

港口货物保管合同 ▶▶▶

1 如何认定仓储合同保管人在存货人违约后的减轻损失义务

——马沙利奥公司与申安公司、吉方公司
港口货物仓储合同纠纷申请再审案

- **案　　号** （2021）最高法民申 4348 号
- **合议庭成员** 任雪峰、奚向阳、郭载宇
- **关 键 词** 海事海商／港口货物仓储合同纠纷／提存

- **相关法条** 《中华人民共和国国合同法》第 393 条^①

【裁判要旨】

《合同法》第 393 条规定："储存期间届满，存货人或者仓单持有人不提取仓储物的，保管人可以催告其在合理期限内提取，逾期不提取的，保管人可以提存仓储物。"据此，催告提取和提存仓储物，是保管人的权利，而非义务。因保管人并无提存的义务，故也无《合同法》第 101 条第 2 款规定的拍卖仓储物的义务。保管人享有留置权时，依法有权就拍卖、变卖留置财产所得的价款优先受偿，并无拍卖、变卖义务。对于仓储合同保管人在存货人违约情况下，应如何减轻损失，法律并无明确规定。人民法院应当根据案件的具体情况，根据公平、诚信等原则，合理认定。一般不宜认定保管人有义务及时拍卖仓储物。

【案情摘要】

申安公司与吉方公司签订一份《委托代理进口协议书》，协议就吉方公司委托申安公司代理进口事宜作了约定。申安公司作为甲方，马沙利奥公司作为乙方，双方签订一份《代理报关、仓储协议书》。因吉方公司未支付仓储费，货物至今仍存放在马沙利奥公司仓库内。马沙利奥公司分别向申安公司、吉方公司寄送了律师函，要求申安公司向马沙利奥公司承担违约责任，要求申安公司向马沙利奥公司支付仓储费。马沙利奥公司向法院起诉请求判令申安公司、吉方公司支付仓储费及逾期付款利息，确认马沙利奥公司对申安公司委托的案涉仓储物享有留置权，有权以仓储物折价或者拍卖、变卖仓储物的价款优先受偿等。

（撰写人：奚向阳）

2 货代企业在履行合同过程中未能尽到必要的注意义务导致货物受损的，应当承担一定份额的责任

——A 公司与 B 物流公司港口货物保管合同纠纷申请再审案

- **案　　号** （2021）最高法民申 6612 号
- **合议庭成员** 陈纪忠、王海峰、龙飞

---

① 对应《中华人民共和国民法典》第 916 条。

- **关 键 词**　海事海商 / 港口货物保管合同 / 货代企业的赔偿责任
- **相关法条**　《最高人民法院关于适用〈中华人民共和国民法典〉时间效力的若干规定》第 3 条，《中华人民共和国民法典》第 592 条

【裁判要旨】

《最高人民法院关于适用〈中华人民共和国民法典〉时间效力的若干规定》第 3 条规定："民法典施行前的法律事实引起的民事纠纷案件，当时的法律、司法解释没有规定而民法典有规定的，可以适用民法典的规定，但是明显减损当事人合法权益、增加当事人法定义务或者背离当事人合理预期的除外。"案涉仓储合同履行过程中，货代企业未进行充分必要的提示、协商、约定以使提货流程清晰明确，未能谨慎勤勉地处理代理业务，对货物的误提、骗提负有一定的责任，人民法院可以依据《民法典》第 592 条规定，在当事人一方违约造成对方损失，对方对损失的发生有过错的情况下，可以减少相应的损失赔偿额。

【案情摘要】

A 公司与 B 物流公司、C 公司签署了单船协议，B 物流公司与 A 公司建立仓储合同关系，B 物流公司是实际存货人。该仓储合同标的物是由轮船运输的并在港口接卸的丙酮氢醇。A 公司在明知货权人为 D 公司的情况下，未与 B 物流公司协商提货流程且在未核对确认提货单、货权转移通知单真实性的情况下，仅凭上述单据的复印件径行放货。B 物流公司作为货代企业未进行充分必要的提示、协商、约定以使提货流程清晰明确，未能谨慎勤勉地处理代理业务，导致货物被案外人骗提。A 公司遂起诉要求 B 物流公司赔偿损失。

（撰写人：龙　飞）

海上货运代理合同

1 货运代理企业怠于履行受托义务,委托人解除货运代理合同后,无须向货运代理企业赔偿可得利益损失
——金远东公司与西努沃公司海上货运代理合同纠纷申请再审案

- 案　　号　（2020）最高法民申 6739 号
- 合议庭成员　李桂顺、杨兴业、马晓旭
- 关 键 词　海事海商 / 海上货运代理合同纠纷 / 可得利益
- 相关法条　《中华人民共和国合同》第 405 条、第 410 条①

【裁判要旨】

海上货运代理合同属于委托合同的一种。委托人或者受托人均可以随时解除委托合同。因解除合同给对方造成损失的,除不可归责于该当事人的事由以外,应当赔偿损失。但因受托人怠于履行受托义务,委托人依法享有法定解除权并主张解除合同后,受托人要求委托人支付预期利润损失,缺乏事实和法律依据。

【案情摘要】

西努沃公司分别与金远东公司、中锆公司签订《物流合作协议》,委托金远东公司、中锆公司对进口货物进行清关、仓储和物流配送。金远东公司、中锆公司分别与汉航公司签订《集装箱委托运输协议》,委托汉航公司承运自有或代理进出口的集装箱货物。

《物流合作协议》履行期间,因金远东公司仓库放货速度过慢,西努沃公司终止了与金远东公司的合作。

金远东公司起诉请求西努沃公司赔偿预期利益损失 667468 元。一审法院判决:驳回金远东公司的诉讼请求。金远东公司提起上诉,二审法院维持原判。金远东公司申请再审。

（撰写人：许英林）

---

① 对应《中华人民共和国民法典》第 928 条、第 933 条。

2 委托人怠于支付货物滞留目的港期间的仓储费用导致货物未能完成转运，相应后果应当由委托人自行承担
——祥赟发公司与崴航公司海上货运代理合同纠纷申请再审案

- **案　　号**　（2021）最高法民申 3189 号
- **合议庭成员**　奚向阳、杨兴业、沈佳
- **关 键 词**　海事海商 / 海上货运代理合同纠纷 / 预付费用
- **相关法条**　《中华人民共和国合同法》第 398 条①

【裁判要旨】

海上货运代理合同的委托人，可以要求货运代理人企业办理货物退运，但应当预付货运代理企业处理退运所需的费用，其怠于支付货物滞留目的港期间的仓储费用，导致货物未能完成转运的，应自行承担货物损失。

【案情摘要】

2018 年 5 月，祥赟发公司委托崴航公司安排一批收音机从厦门运往肯尼亚蒙巴萨。货物到达目的港后，祥赟发公司以其与原收货人"KALU AUGUSTINE OTADA LTD"之间存在货款纠纷为由，要求崴航公司不要交付货物，崴航公司同意配合后，货物即滞留于蒙巴萨海关仓库。同年 11 月 14 日，祥赟发公司要求将货物转运东京。崴航公司将转运信息告知蒙巴萨当地货运代理人速运达公司，速运达公司告知需要当地海关批准后货物才能转运。2019 年 3 月 15 日，当地海关批准退运。4 月 19 日，崴航公司告知祥赟发公司截至 4 月 27 日的仓租费 1612 美元，需在出口前全部结清。祥赟发公司表示不能接受增加费用。5 月 13 日，崴航公司通知祥赟发公司，如 3 日内未付款，将通知国外按弃货处理。5 月 24 日，速运达公司确认崴航公司应付费用为港杂费 579.2 美元和操作费 50 美元，速运达公司已经垫付费用 579.2 美元。

祥赟发公司起诉请求崴航公司赔偿货物损失 27324 美元，并退还已付费用人民币 15000 元及利息。

（撰写人：许英林）

---

① 对应《中华人民共和国民法典》第 921 条。

船员劳务合同

船员在先后归属两家公司的同一船舶上工作的工作年限是否能够合并计算
——张某某与首翔公司船员劳务合同纠纷申请再审案

- **案　　号**　（2021）最高法民申 4834 号
- **合议庭成员**　胡方、李桂顺、李光琴
- **关 键 词**　海事海商 / 船员劳务合同纠纷 / 合并计算工作年限
- **相关法条**　《最高人民法院关于审理劳动争议案件适用法律若干问题的解释（四）》①第 5 条

【裁判要旨】

若两家公司系独立企业法人，船员在先后归属两家公司的同一船舶上工作，但并未与前一公司签订劳动合同，且与后一公司签订劳动合同并非受前一公司安排，此种情形不能认定为劳动者属于"非因本人原因从原用人单位被安排到新用人单位工作"，其工作年限不应合并计算。

【案情摘要】

2015 年，张某某到万汇公司（后变更为煊龙公司）所属的万汇 858 轮上任职船长。2017 年，煊龙公司将万汇 858 轮转让给首翔公司，首翔公司将万汇 858 轮更名为首翔 898 轮。张某某与首翔公司分别于 2018 年及 2019 年签订了为期 1 年的劳动合同，并先后在首翔 898 轮及首翔 999 轮上任职。2019 年 3 月，首翔公司通知张某某从首翔 999 轮下船，工资发放至 3 月底且未再安排张某某工作。张某某提起诉讼称，由于其一直在首翔 898 轮上担任船长，用工主体从煊龙公司变为首翔公司属于劳动者非因本人原因从原用人单位被安排到新用人单位，从而要求将其在煊龙公司工作的年限合并计算到在首翔公司工作的年限，并以该年限计算相关赔偿费用等。一、二审法院未支持其工作年限合并计算的主张。

（撰写人：李光琴）

---

① 该解释已失效。

国际货物多式联运合同

1 收货人自行委托公路运输情形下承运人是否仍然对货损承担责任
——马士基公司与航美公司、奥南公司国际货物多式联运合同纠纷申请再审案

- **案　　号**　（2020）最高法民申 6908 号
- **合议庭成员**　李桂顺、奚向阳、郭载宇
- **关 键 词**　海事海商 / 国际货物多式联运合同纠纷 / 责任期间
- **相关法条**　《中华人民共和国合同法》第 308 条[①]

【裁判要旨】

根据《合同法》第 308 条规定变更海上货物运输合同是托运人的权利。承运人应提供证据证明其与托运人达成涉案货物运输责任期间变更的合意。

【案情摘要】

航美公司签发多式联运提单，托运人为玛伟公司。航美公司接受委托后又委托奥南公司安排运输，奥南公司签发了自己的提单，并委托马士基公司实际承运涉案货物。马士基公司签发了涉案货物海运单。海运单载明：托运人为奥南公司，收货人为奥南公司在卸货港的代理人 IGC 公司。货物运抵卸货港后收货人拒绝马士基公司送货上门，由他们自己独立运输交付。期间两个箱子及其货物出现被抢的事件。人保上海分公司根据货物运输保险单向玛伟公司支付保险赔款后提起诉讼，请求航美公司赔偿其损失。

（撰写人：奚向阳）

[①] 对应《中华人民共和国民法典》第 829 条。

2 运输合同承运人未按照运单约定或者托运人明确指示交付货物构成违约

——A 公司与 B 公司、林某兰、C 公司多式联运合同纠纷申请再审案

- 案　　号　（2021）最高法民申 967 号
- 合议庭成员　胡方、丁广宇、马晓旭
- 关 键 词　海事海商 / 多式联运合同 / 违约责任
- 相关法条　《中华人民共和国民法典》第 838 条、第 842 条

【裁判要旨】

承运人在将货物运至指定地点，将货物交付后，收货人主张未收到货物，应当由承运人举证证明其将货物交由运单约定的收货人或者按托运人明确指示交付货物，否则应当承担货物未交付适格收货人的违约责任。

【案情摘要】

A 公司就双方相关货物运输向 B 公司开具增值税专用发票。发票显示：承运人为 A 公司，车种车号闽 C××××××，收货人为 B 公司；其中 7 张发票记载的发货人为 B 公司、1 张发票记载的发货人为应城新都；"起运地、经由、到达地"一栏 2014 年 11 月 3 日发票显示空白，2015 年 7 月 22 日、25 日发票显示为"（石狮）锦尚——泉州"，其余发票显示为"码头——泉州"。B 公司在庭审中确认，发票中显示的"到达地""泉州"是其公司或指定客户。案涉货物在运达目的地后，A 公司将案涉货物交由黄某茹、陈某生等人签收。此后，B 公司主张货物丢失，并要求 A 公司承担货物损失。

（撰写人：夏根辉）

海上、通海水域保险合同

1 应如何认定保险合同中的"自动解除"
——天安保险与恒盛公司海上、通海水域保险合同纠纷申请再审案

- **案　　号**　（2020）最高法民申 3029 号
- **合议庭成员**　马东旭、奚向阳、郭载宇
- **关 键 词**　海事海商 / 海上、通海水域保险合同纠纷 / 合同约定解除
- **相关法条**　《中华人民共和国国合同法》第 45 条、第 93 条、第 96 条①

【裁判要旨】

合同包含的相关条款为："投保人未按保单中列明的付费日期缴付保险费的，本保险合同自合同逾期之日起自动解除，保险人不承担保险责任。"《合同法》第 96 条第 1 款规定："当事人一方依照本法第九十三条第二款、第九十四条的规定主张解除合同的，应当通知对方。合同自通知到达对方时解除。"这一规定虽然并非商事合同当事人完全不能变更的强制性规定，但当事人关于"自动解除"的约定并非意味着出现违约情形即当然解除，而不需通知对方。案涉合同规定合同解除条款既可能被理解为保险合同不需通知被保险人而解除，也可被理解为保险公司自动取得了合同解除权。根据《合同法》第 41 条规定，对格式条款有两种以上解释的，应作出对保险公司不利的解释，即应理解为天安保险取得了合同解除权，而解除权需要经过通知来实现。同时，还应当综合保险公司在事故发生后的行为和交易习惯综合判定。

【案情摘要】

2015 年 7 月 15 日，大福通公司根据恒盛公司委托，为恒盛公司的"鑫捷利"轮向天安保险投保沿海、内河船舶保险。同日，天安保险签发了保单，保险期限为 2015 年 7 月 15 日 00 时至 2016 年 7 月 14 日 24 时；保费缴费计划为第一期 2015 年 8 月 14 日付 20568 元，第二期 2016 年 1 月 14 日付 47992 元，第三期 2016 年 6 月 14 日付 68560 元。"投保人未按保单中列明的付费日期缴付保险费的，本保险合同

---

① 参见《中华人民共和国民法典》第 158 条、第 562 条、502 条、第 565 条。

自合同逾期之日起自动解除，保险人不承担保险责任。"恒盛公司和大福通公司未依约于 2016 年 1 月 14 日将第二期保费 47992 元交给天安保险。1 月 25 日，恒盛公司投保的船舶发生保险事故。3 月 1 日，天安保险通过电子邮件方式向大福通公司发送《告知函》，载明由于大福通公司未能按保单约定按时缴纳第二期保费，导致上述保险合同已自合同逾期之日起自动解除，保单处于无效状态。另查明，2015 年度大福通公司代理的 8 艘船舶均存在逾期缴纳保费的情形，但天安保险仍然于逾期缴纳保费之后发出缴费通知催缴保费，而非根据合同约定解除保险合同。

（撰写人：奚向阳）

2 船舶超航区行驶造成的事故不属于保险责任范围
——滨海公司与英大财险大连公司海上保险合同纠纷申请再审案

- **案　　号**　（2021）最高法民申 3179 号
- **合议庭成员**　杨兴业、奚向阳、龙飞
- **关 键 词**　海事海商 / 保险合同
- **相关法条**　《中华人民共和国保险法》第 52 条

【裁判要旨】

船舶在长途转港过程中严重超越适航条件，导致船舶危险程度明显增加。船舶所有人明知案涉船舶的危险程度显著增加而未履行通知保险人的义务，保险公司不承担赔偿责任。

【案情摘要】

"中山旅游 1"轮海上客船适航证书记载的航行范围为特定航线航区（航线），并注明营运限制为限航于港区附近距岸不超过 10 海里的水域，船舶满载并以其营运航速航行不超过 2 小时，并限制在蒲氏风级不超过 6 级，目测波高不超过 2 米的海况下航行。2016 年 4 月 26 日，滨海公司就"中山旅游 1"轮向英大财险大连公司投保"沿海船舶全损险"及"沿海内河船舶保险附加船主对旅客责任保险"。2017 年 2 月 17 日，"中山旅游 1"自大连港开航前往广西防城港，2 月 19 日遇风浪。崇明海事局对该起事故出具了事故调查报告，认定船舶超核定航线航行是造成事故的重要原因。英大财险大连公司向滨海公司发出拒赔通知书，通知滨海公司案涉保险事故

不在合同约定的保险责任范围之内，决定作拒赔处理。

（撰写人：奚向阳）

③ 应依法保障当事人诉权
——袁某财与紫金保险海上、通海水域保险合同纠纷再审案

- **案　　号**　（2021）最高法民再 69 号
- **合议庭成员**　陈纪忠、马东旭、王海峰
- **关 键 词**　海事海商 / 海上、通海水域保险合同 / 定损协议
- **相关法条**　《中华人民共和国民事诉讼法》第 119 条①

【裁判要旨】

协议中双方共同确认了在保单下索赔的数额，在双方之间设立了民事权利义务关系，是《合同法》第 2 条所规定的合同，属于人民法院受理民事诉讼的范围。

【案情摘要】

袁某财在紫金保险处为该浮吊船投保一切险等保险险种。事故发生后，袁某财与紫金保险就定损事宜进行了协商，签订《一次性定损协议》。其后袁某财请求撤销该协议。

（撰写人：马　玲）

④ 不定值海上保险合同中保险标的的保险价值的认定
——金城公司与人保公司海上保险合同纠纷申请再审案

- **案　　号**　（2021）最高法民申 4 号
- **合议庭成员**　李桂顺、胡方、郭载宇
- **关 键 词**　海商事 / 海上保险合同 / 保险价值
- **相关法条**　《中华人民共和国海商法》第 219 条

---

① 对应《中华人民共和国民事诉讼法》（2023 年修正）第 122 条。

【裁判要旨】

当事人在海上保险合同中仅约定保险金额,未约定保险价值的,为不定值保险合同。保险金额与保险价值是不同的概念,不能以保险金额的数额认定保险价值,而应当根据《海商法》第219条第2款的规定,确定保险标的的保险价值。保险人以保险价值高于保险合同约定的保险金额为由,主张承担比例赔偿责任的,应当就保险价值承担举证责任。

【案情摘要】

金城公司与人保公司签订《船舶保险保险单》,为金城公司所有的"鲁胶南远渔178"号船舶投保远洋渔船一切险。保险合同中仅约定保险金额为3000万元,未约定保险价值。承保期间,案涉船舶因失火事故而沉没。双方就是否构成全损以及保险赔偿金的确定产生纠纷。

(撰写人:胡　方、赵　迪)

独立保函 ▶▶▶

1 独立反担保函欺诈中"开立人欺诈"情形的认定不以"双重欺诈"为要件

——UBAF与中行河南省分行独立保函纠纷申请再审案

- **案　　号**　(2020)最高法民申6932号
- **合议庭成员**　王朝辉、贾劲松、张代恩
- **关 键 词**　海事海商 / 独立保函纠纷 / 独立反担保函欺诈
- **相关法条**　《最高人民法院关于审理独立保函纠纷案件若干问题的规定》第12条、第20条

【裁判要旨】

反担保函中的开立人兼具"受益人"的权利,其向反担保人请求付款需符合两

个要件：受益人有权依据独立保函向开立人索赔和开立人有权向反担保人追偿索赔。与此相对应，反担保函欺诈也应存在两种情形：一是开立人明知受益人欺诈仍向受益人付款，并转而依据反担保函向反担保人请求付款，该情形即为"双重欺诈"；二是开立人并不以受益人欺诈为前提，而是基于其自身为反担保函"受益人"身份，独立向反担保人欺诈索赔，该情形应适用独立保函欺诈的一般规定，并不以"双重欺诈"为要件。

【案情摘要】

2010年12月25日，凯迈公司向中国银行洛阳分行申请开立《预付款保函》。《开立保函申请书》中载明："保函的被担保人均为HJ公司、卡塔尔航建，受益人为韩国现代，保函的开立方式为由中行河南省分行电开委托UBAF转交给受益人韩国现代。"2010年12月31日，中行河南省分行以UBAF为受益人开具了《反担保预付款保函》，载明："按照卡塔尔航建的要求，请UBAF根据我行反担保函，按照如下格式和内容为韩国现代开立由我行承担责任之保函。"在反担保函中，中行河南省分行承诺："我行一经通过已认证SWIFT报文收到UBAF初次索赔请求，我行即向UBAF支付不超过5980833.4美元之款项，UBAF的已认证SWIFT报文应当依照上文引述的保函载明之条件引述我行反担保函的函号和出具日期并且应当说明UBAF已经收到一份要求UBAF根据保函付款的初次书面索赔请求……我行反担保函的到期日应当为贵公司保函到期日之后30日，但在任何情况下不得超过2012年1月30日。任何反担保函项下的索赔和所需文件，我行必须在期满当日或者之前在我行上述办公地址收到。""自HJ公司将从韩国现代收到的预付款收益，即金额为5980833.4美元之款项汇给卡塔尔航建之日起，我行反担保函即告生效。"涉案保函、反担保函均约定"受《见索即付保函统一规则》（URDG758）约束"。

2011年12月6日，韩国现代公司依据《预付款保函》，通过韩国外换银行向UBAF发出书面索赔请求。12月9日，UBAF向中行河南省分行发出书面索赔请求，称已经收到韩国现代提交的一份初次书面索赔请求，要求中行河南省分行根据《反担保预付款保函》支付5552787.75美元。12月14日，UBAF向韩国外换银行发出电文，以不符点不符合URDG758号出版物758第15条的规定，且有证据表明韩国现代的索赔构成欺诈，拒绝支付索赔。12月15日，中行河南省分行向UBAF发出电文，以UBAF索赔请求存在不符点拒绝索赔，并通知UBAF：河南省洛阳市中级人民法院根据侵权纠纷发出了法庭支付令。同日，UBAF再次发出书面索赔电文，并称"收到了《预付款保函》项下的见索即付书面请求，符合保函的条款"。12月19日，韩国现代通过韩国外换银行向UBAF再次发送索赔电文，除声明作为联合体的 HJ 公司和卡塔尔航建违反基础合同项下义务外，还附加了二者违约的支持声明。后韩国现代主张《预付款保函》项下款项，以 UBAF 为被告，诉至香港高等法院，该院判决认定 12 月 19 日的索赔为相符索赔。

UBAF 向一审法院起诉请求中行河南省分行向其支付《反担保预付款保函》项下款项及利息，本案主要围绕《反担保预付款保函》下的索赔及付款问题产生争议。

（撰写人：王朝辉、范怡倩）

2 独立保函中非延即付条款的效力
——昆仑银行与首钢国际独立保函纠纷上诉案

- **案　　号**　（2020）最高法民终 73 号
- **合议庭成员**　王淑梅、奚向阳、杨兴业
- **关 键 词**　海事海商 / 独立保函纠纷 / 非延即付条款
- **相关法条**　《见索即付保函统一规则》第 23 条

【裁判要旨】

很多独立保函均约定了适用《见索即付保函统一规则》（以下简称 URDG758 规则），则 URDG758 规则构成反担保函的组成部分。一些独立保函约定了非延即付条款。解释包括独立保函在内的合约、承诺条款应遵循整体解释原则，要把全部条款和构成部分看作一个统一的整体，从各个条款及构成部分的相互关联和总体联系上阐明当事人的真意。URDG758 规则秉持单证相符规则，反担保函选择适用 URDG758 规则意味着对单证相符规则的认同，应该在条款的解释中充分体现单证相符规则以及独立保函的单据性特征，不应无视当事人的意思表示，轻易地将某一条款视作冗余或无效条款。如果独立保函约定，担保行不延期就承诺付款，"无需后者提出新的索赔要求"。无需新的索赔要求，如此约定意味着延期或付款条款中担保行兑付的前提仍需要受益人作出第一次索赔要求。如果独立保函延期或付款条款对于第一次索赔要求没有更加明确的约定，应依据 URDG758 规则第 23 条的规定对相关内容进行补充。依据 URDG758 规则第 23 条的规定，"担保人在反担保函项下提出一项相符索赔，其中包含作为替代选择的展期请求"。可见，URDG758 规则要求即便保函约定了延期或付款条款，担保银行兑付的前提也需以存在一项相符索赔为前提，也即该索赔应满足"相符交单"的要求。

【案情摘要】

2013 年 3 月，申请人首钢国际与开立人昆仑银行签署了两份《开立担保协议》。依据协议，昆仑银行向受益人工矿银行分别出具了履约反担保函和预付款反担保函。两份反担保函约定适用 URDG758 规则，有效期至 2015 年 1 月 28 日，并约定了非延即付条款，即昆仑银行不延期就承诺付款，"无需后者提出新的索赔要求"。工矿银行在两份反担保函有效期内提出了展期申请，但是未提出相符索赔。昆仑银行在两份反担保函有效期内未作出同意反担保函展期的意思表示。两份反担保函有效期过后，昆仑银行扣划了首钢国际预存的保证金赔付了工矿银行。首钢国际起诉请求昆仑银行赔偿因其擅自扣划而遭受的损失。

（撰写人：赵　珂）

其他海事海商纠纷

1 港口岸线使用权是一种开发利用港口岸线的资格，性质为行政审批，不具有物权性质

——创恒公司与鼎盛钢铁海岸带开发利用相关纠纷申请再审案

- 案　　号　（2020）最高法民申 6293 号
- 合议庭成员　马东旭、杨兴业、郭载宇
- 关 键 词　海事海商 / 海岸带开发利用相关纠纷 / 港口岸线使用权
- 相关法条　《中华人民共和国民事诉讼法》第 119 条[①]

【裁判要旨】

因审批取得的港口岸线使用权是一种开发利用港口岸线的资格，不具有物权性质。开发利用港口岸线，应当取得案涉港口岸线所包含的海域使用权和土地使用权。海域使用权因他人填海行为造成损害，海域使用权人以港口岸线使用权受到损害为

---

① 对应《中华人民共和国民事诉讼法》（2023 年修正）第 122 条。

由主张权利的，缺乏法律依据。

【案情摘要】

2008年5月26日，福鼎市人民政府与创恒公司签订《福建创恒船舶造船项目协议书》，同意提供土地约140亩，岸线约660米，供创恒公司建设6万吨船坞项目。8月4日，宁德港务局作出"宁德港口岸线批复"，确定岸线使用长度1481米。2012年1月18日，创恒公司取得国家海域使用权证书。

2018年12月26日，福鼎市人民法院（2018）闽0982执恢478号执行裁定书认定在执行南平源辉水利电力工程有限公司宁德分公司与创恒公司建设工程施工合同纠纷一案中，依法对被执行人创恒公司的位于船舶建造修理基地项目海域使用权予以公开拍卖，鼎盛钢铁以最高价竞得。2019年1月31日，福建省自然资源厅向鼎盛钢铁颁发了该海域的《不动产权证书》。

创恒公司起诉请求：确认鼎盛钢铁对创恒公司港口岸线使用权的侵权责任。一审判决：驳回创恒公司的诉讼请求。创恒公司上诉，二审维持原判。创恒公司申请再审。

（撰写人：许英林）

2 当事人认为执行程序给其造成损害的救济途径
——锐启公司与汇恒公司海事海商纠纷申请再审案

- 案　　号　（2021）最高法民申2190号
- 合议庭成员　王淑梅、胡方、沈佳
- 关 键 词　海事海商／执行异议／执行监督
- 相关法条　《中华人民共和国民事诉讼法》第225条、第227条①

【裁判要旨】

根据《民事诉讼法》《最高人民法院关于人民法院执行工作若干问题的规定（试行）》的有关规定，如果买受人或其他利害关系人认为执行程序给其造成损害，对执行行为有异议的，可以通过执行异议、执行监督等方式进行救济，而不应另行提

---

① 对应《中华人民共和国民事诉讼法》（2023年修正）第236条、第238条。

起诉讼。

【案情摘要】

浙江省温州市中级人民法院（以下简称温州中院）在执行申请执行人周某豪与被执行人顺达公司等金融借款合同纠纷一案中，依法查封了被执行人顺达公司所有的仓储堆场海域使用权等资产，委托相关部门评估后，在淘宝网温州中院司法拍卖平台公开整体拍卖。2020年4月4日，买受人汇恒公司以12656万元的最高价竞得。2020年4月13日，温州中院作出执行裁定，将原被执行人顺达公司所有的上述资产归买受人汇恒公司所有，其他相应的其他权益均由该公司享有。上述财产权自裁定送达买受人时起转移。

另查明，温州中院于2020年3月18日在淘宝网温州中院司法拍卖平台对标的物介绍一栏（变卖标的调查情况表）中对拍品租赁情况表述为"有，但不带租变卖"。

（撰写人：赵　珂）

申请确认仲裁协议效力 ▶▶▶

1 仲裁协议必须具有当事人同意仲裁的明确意思表示，未在仲裁协议上签字的当事人，不受仲裁协议约束

——A公司与汪某某合同纠纷申请确认仲裁协议效力请示案

- **案　　号**　（2021）最高法民他151号
- **关 键 词**　申请确认仲裁协议效力／明确意思表示
- **相关法条**　《最高人民法院关于适用〈中华人民共和国仲裁法〉若干问题的解释》第7条

【复　函】

最高人民法院关于广东省高级人民法院就 A 公司与汪某某合同纠纷一案仲裁条款效力问题请示的复函

（2021）最高法民他 151 号

广东省高级人民法院：

你院（2020）粤民他 107 号《关于 A 公司与汪某某合同纠纷一案仲裁条款效力问题的请示》收悉。经研究，答复如下：

根据你院请示所述事实，本案中，汪某某出具《授权委托书》，授权 A 公司为汪某某交付符合民宿经营的房屋。双方因房屋租金问题产生纠纷，A 公司起诉请求汪某某偿还垫付房屋租金。汪某某以案涉《委托服务合作协议》约定发生争议时提交中国国际经济贸易仲裁委员会仲裁为由，提出管辖权异议。该《委托服务合作协议》系汪某某与有家（天津）企业管理有限公司签署，A 公司并非该合同主体，不受其中仲裁条款约束。案涉《服务协议》系打印件，无双方当事人的签章，无第三方机构出具的证明或者其他证据证明该文件确系汪某某在开户时所点击生成且从未修改的文件，汪某某不认可该协议的真实性，根据现有证据不能认定《服务协议》中的争议解决条款在 A 公司与汪某某之间依法成立，且该争议解决条款既约定了仲裁也约定了诉讼，即使依法成立，根据《最高人民法院关于适用〈中华人民共和国仲裁法〉若干问题的解释》第七条的规定，亦属于无效仲裁条款。

综上，同意你院关于《委托服务合作协议》中的仲裁条款不能约束 A 公司，《服务协议》的仲裁协议条款则或者未成立，或者无效的请示意见。

此复。

二〇二一年六月二十一日

（撰写人：夏根辉）

2 租约仲裁条款未明示并入提单或者仅在提单背面格式条款表明的，不能认定提单当事人达成仲裁协议
——A 银行与 B 公司、C 公司、D 公司海上货物运输合同纠纷请示案

- **案　　号**　（2021）最高法民他 158 号
- **关 键 词**　申请撤销仲裁裁决 / 租约仲裁条款 / 并入提单
- **相关法条**　《中华人民共和国仲裁法》第 16 条

【复　　函】

关于 A 银行与 B 公司、C 公司、D 公司海上货物运输合同纠纷管辖（主管）问题请示的复函

（2021）最高法民他 158 号

湖北省高级人民法院：

你院（2021）鄂民他 16 号《关于原告 A 银行与被告 B 公司、C 公司、D 公司海上货物运输合同纠纷管辖（主管）问题一案的请示》收悉。经研究，答复如下：

本案审查焦点是案涉提单仲裁条款是否对 A 银行具有约束力。案涉提单系典型的康金格式提单，正面载有："与租约并用（To be used with Charter-parties）"，背面载有："背面所述租约中所有的条款和条件，自由和免责，包括法律适用和仲裁条款，均并入本提单（All terms and conditions, liberties and exceptions of the Charter Party, dated as overleaf, including the law and arbitration clause, are herewith incorporated.）"。对此问题，我院已经明确，租约仲裁条款并入提单应当在提单正面明确记载特定年月日的租约仲裁条款并入提单，未明示租约仲裁条款并入或者仅在提单背面格式条款表明的，不能认定为有效并入。根据你院请示，本案未有其他证据证明 A 银行明确同意接受租约有关仲裁条款约束。同意你院关于当事人之间不存在有效仲裁协议的意见。

此复。

二〇二一年六月三十日

（撰写人：夏根辉）

3 仲裁机构先于人民法院接受确认仲裁协议效力的申请并已作出决定时，人民法院对当事人申请确认仲裁协议效力案件应当不予受理或驳回申请

——A 公司与赵某某、濮某甲、王某、濮某乙
申请确认仲裁协议效力请示案

- **案　　号**　（2021）最高法民他 183 号
- **关 键 词**　申请确认仲裁协议效力 / 仲裁机构已作出决定 / 不予受理
- **相关法条**　《最高人民法院关于确认仲裁协议效力几个问题的批复》第 3 条

【复　　函】

最高人民法院关于天津市高级人民法院就 A 公司申请确认仲裁协议效力一案的请示的复函

（2021）最高法民他 183 号

天津市高级人民法院：

你院（2021）津民他 26 号《关于申请人 A 公司与被申请人赵某某、濮某甲、王某、濮某乙申请确认仲裁协议效力纠纷一案的报核请示》收悉。经研究，答复如下：

《最高人民法院关于确认仲裁协议效力几个问题的批复》第三条规定，"当事人对仲裁协议的效力有异议，一方当事人申请仲裁机构确认仲裁协议效力，另一方当事人请求人民法院确认仲裁协议无效，如果仲裁机构先于人民法院接受申请并已作出决定，人民法院不予受理；如果仲裁机构接受申请后尚未作出决定，人民法院应予受理，同时通知仲裁机构终止仲裁。"根据你院请示所述事实，A 公司在向天津市第二中级人民法院（以下简称天津二中院）申请确认仲裁协议效力之前，曾以赵某某、濮某甲、王某、濮某乙等四人（以下简称赵某某等四人）为被申请人，向天津仲裁委员会申请仲裁。天津仲裁委员会以"经该会形式审查发现，A 公司与赵某某等四人之间不存在仲裁协议"为由作出了不予受理通知书，即天津仲裁委员会实质上已经对案涉仲裁协议是否在本案当事人之间成立作出了认定。依据上述事实及司法解释的规定，在天津仲裁委员会以不存在仲裁协议为由作出不予受理通知后，对

于 A 公司向天津二中院提出的确认其与 B 公司之间仲裁协议对赵某某等四人有效的申请，人民法院应当裁定不予受理；已经受理的，应当裁定驳回当事人的申请。

此复。

二〇二一年六月二十八日

（撰写人：夏根辉）

4 仲裁条款中没有约定明确的仲裁机构且未达成补充协议的，仲裁协议无效

——张某某、陈某某与 A 公司申请确认仲裁协议效力请示案

- 案　　号　（2021）最高法民他 185 号
- 关 键 词　申请确认仲裁协议效力 / 未明确约定仲裁机构
- 相关法条　《中华人民共和国仲裁法》第 18 条

【复　　函】

最高人民法院关于湖北省高级人民法院就张某某、陈某某申请确认仲裁协议效力一案的请示的复函

（2021）最高法民他 185 号

湖北省高级人民法院：

你院（2021）鄂民他 31 号《关于张某某、陈某某与 A 公司申请确认仲裁协议效力一案的请示》收悉。经研究，答复如下：

依据《中华人民共和国仲裁法》第十八条的规定，仲裁协议对仲裁事项或者仲裁委员会没有约定或者约定不明确的，当事人可以补充协议；达不成补充协议的，仲裁协议无效。根据你院请示所述事实，双方当事人在合同的仲裁条款中没有约定明确的仲裁机构，且未达成补充协议。据此，同意你院拟依据《中华人民共和国仲裁法》第十八条之规定，确认仲裁协议无效的请示意见。

此复。

二〇二一年六月二十八日

（撰写人：夏根辉）

5 约定某地仲裁机构仲裁，但该地有两个以上仲裁机构，且当事人不能就仲裁机构选择达成一致的，仲裁协议无效

——A 公司申请确认仲裁协议效力请示案

- **案　　号**　（2021）最高法民他 194 号
- **关 键 词**　申请确认仲裁协议效力 / 买方所在地仲裁 / 多个仲裁机构
- **相关法条**　《最高人民法院关于适用〈中华人民共和国仲裁法〉若干问题的解释》第 6 条

【复　　函】

最高人民法院关于天津市高级人民法院就 A 公司申请确认仲裁协议效力一案的请示的复函

（2021）最高法民他 194 号

天津市高级人民法院：

你院（2021）津民他 71 号《关于申请人 A 公司与被申请人 B 公司申请确认仲裁协议效力一案报请审核的请示》收悉。经研究，答复如下：

依据《最高人民法院关于适用〈中华人民共和国仲裁法〉若干问题的解释》第六条规定，"仲裁协议约定由某地的仲裁机构仲裁且该地仅有一个仲裁机构的，该仲裁机构视为约定的仲裁机构。该地有两个以上仲裁机构的，当事人可以协议选择其中的一个仲裁机构申请仲裁；当事人不能就仲裁机构选择达成一致的，仲裁协议无效。"根据你院请示所述事实，双方当事人在仲裁协议中约定由买方所在地仲裁机构仲裁。对于买方所在地为天津市双方当事人无异议，而天津市目前存在两个以上在天津市司法局登记的仲裁机构，且双方当事人不能就仲裁机构选择达成一致意见。据此，同意你院拟依据《最高人民法院关于适用〈中华人民共和国仲裁法〉若干问题的解释》第六条之规定，确认仲裁协议无效的请示意见。

此复

二〇二一年六月三十日

（撰写人：夏根辉）

6 仲裁协议约定由某地的仲裁机构仲裁且该地仅有一个仲裁机构的，该仲裁机构视为约定的仲裁机构

——李某某与 A 公司建设工程监理合同纠纷
申请确认仲裁协议效力请示案

- **案　　号**　（2021）最高法民他 223 号
- **关 键 词**　申请确认仲裁协议效力 / 约定某地仲裁 / 推断确定仲裁机构
- **相关法条**　《最高人民法院关于适用〈中华人民共和国仲裁法〉若干问题的解释》第 3 条、第 6 条

【复　　函】

关于李某某与 A 公司建设工程监理合同纠纷一案仲裁条款效力问题请示的复函

（2021）最高法民他 223 号

广东省高级人民法院：

你院（2020）粤民他 125 号《关于李某某与 A 公司建设工程监理合同纠纷一案仲裁条款效力问题的请示》收悉。经研究，答复如下：

《最高人民法院关于适用〈中华人民共和国仲裁法〉若干问题的解释》第三条规定："仲裁协议约定的仲裁机构名称不准确，但能够确定具体的仲裁机构的，应当认定选定了仲裁机构。"第六条规定："仲裁协议约定由某地的仲裁机构仲裁且该地仅有一个仲裁机构的，该仲裁机构视为约定的仲裁机构。该地有两个以上仲裁机构的，当事人可以协议选择其中的一个仲裁机构申请仲裁；当事人不能就仲裁机构选择达成一致的，仲裁协议无效。"李某某与 A 公司在《建设工程委托监理合同》中对争议的解决方式约定为"提交广州市越秀区仲裁委员会仲裁"，即双方明确选择仲裁作为纠纷争议解决方式。虽然广州市并不存在名称为"广州市越秀区仲裁委员会"的仲裁机构，但根据你院请示所述事实，广州市地区设立的民商事仲裁机构有且仅有一个即广州仲裁委员会，且广州仲裁委员会的注册登记地即在广州市越秀区，故可以认定双方选定的仲裁机构实为广州仲裁委员会。不同意你院根据《中华人民共和

国仲裁法》第十八条认定案涉仲裁协议无效的请示意见。

此复

二〇二一年九月二十四日

（撰写人：夏根辉）

7 案涉租船合同中的仲裁条款是否已并入提单是衡量承运合同当事人是否应当受租船合同中仲裁条款约束的前提

——A 公司与 B 公司、C 公司海上货物运输合同纠纷管辖权异议上诉一案仲裁条款效力请示案

- 案　　号　（2021）最高法民他 400 号
- 关 键 词　申请确认仲裁协议效力 / 仲裁条款 / 提单
- 相关法条　《中华人民共和国仲裁法》第 58 条第 1 款第 1 项

【复　函】

最高人民法院关于天津市高级人民法院就上诉人 A 公司与被上诉人 B 公司、一审被告 C 公司海上货物运输合同纠纷管辖权异议上诉一案仲裁条款效力问题请示的复函

（2021）最高法民他 400 号

天津市高级人民法院：

你院（2021）津民辖终 40 号《关于上诉人 A 公司与被上诉人 B 公司、一审被告 C 公司海上货物运输合同纠纷管辖权异议上诉一案仲裁条款效力问题的报核请示》收悉。经研究，答复如下：

本案争议的焦点问题是案涉租船合同中的仲裁条款是否已并入提单，本案双方当事人是否应当受租船合同中仲裁条款的约束。案涉提单上"运费依据 2019 年 7 月 2 日签订的租约预付"的记载，只适用于运费事项，不可据此认定该日期租船合同的条款包含仲裁条款并入提单。虽然案涉提单正反面均载明"TO BE USED WITH CHARTER-PARTIES"（与租约并用），背面还记载"Conditions of Carriage"

（运输条款）第（1）条记载 "All terms and conditions, liberties and exceptions of the Charter Party, dated as overleaf, including the Law and Arbitration Clause, are herewith incorporated"（背面列明日期订立的租约中的所有条款和条件，权利和免责，包括法律适用和仲裁条款，均并入本提单）等，但并未具体指明是哪一份租船合同。因此，A公司关于案涉船舶租用合同的仲裁条款已有效并入提单的主张不能成立。同意你院关于A公司与B公司之间未就仲裁问题达成自愿且明确的合意，案涉租约仲裁条款对B公司不具有约束力的请示意见。

此复

二〇二一年十二月十六日

（撰写人：夏根辉）

8 仲裁协议约定的仲裁机构名称不准确，但能够确定具体的仲裁机构的，应当认定选定了仲裁机构

——窦某某与A公司申请确认仲裁协议效力请示案

- 案　　号　（2021）最高法民他418号
- 关 键 词　申请确认仲裁协议效力／未明确约定仲裁机构／推断确定仲裁机构
- 相关法条　《最高人民法院关于适用〈中华人民共和国仲裁法〉若干问题的解释》第3条

【复　　函】

最高人民法院关于浙江省高级人民法院就申请人窦某某与被申请人A公司申请确认仲裁协议效力一案请示的复函

（2021）最高法民他418号

浙江省高级人民法院：

你院（2021）浙民他58号《关于申请人窦某某与被申请人A公司申请确认仲裁协议效力一案的报核报告》收悉。经研究，答复如下：

《最高人民法院关于适用〈中华人民共和国仲裁法〉若干问题的解释》第三条规定："仲裁协议约定的仲裁机构名称不准确，但能够确定具体的仲裁机构的，应当认

定选定了仲裁机构。"案涉仲裁协议中约定的仲裁机构为"杭州经济贸易仲裁委员会"。在杭州市虽然设立有杭州仲裁委员会,同时中国国际经济贸易仲裁委员会又在杭州市设立了中国国际经济贸易仲裁委员会浙江分会。但"杭州仲裁委员会"与"中国国际经济贸易仲裁委员会浙江分会"在名称上存在较为明显的区别。"杭州经济贸易仲裁委员会"名称中并不包含"中国""国际""浙江"以及"分会"等表述,该名称虽然与"杭州仲裁委员会"并不完全一致,但可以确定当事人在案涉仲裁协议中约定的"杭州经济贸易仲裁委员会"指向的仲裁机构即为"杭州仲裁委员会"而非"中国国际经济贸易仲裁委员会浙江分会",案涉仲裁协议中约定的仲裁机构是明确的。综上,不同意你院以仲裁机构约定不明确为由认定案涉仲裁协议无效的报核意见。

此复

二〇二一年十二月十七日
(撰写人:夏根辉)

9 在申请确认仲裁协议效力案件中关于当地仲裁委员会的判断

——程某某与武汉 A 公司、深圳 B 公司申请确认仲裁协议效力请示案

- 案　　号　（2021）最高法民他 93 号
- 关 键 词　申请确认仲裁协议效力 / 当地仲裁委员会
- 相关法条　《中华人民共和国仲裁法》第 18 条

【复　　函】

关于程某某与武汉 A 公司、深圳 B 公司确认仲裁协议效力一案请示的复函

(2021)最高法民他 93 号

湖北省高级人民法院:

你院（2020）鄂民他 225 号《关于申请人程某某与被申请人武汉 A 公司、深圳 B 公司确认仲裁协议效力一案的请示》收悉。经研究,答复如下:

《中华人民共和国仲裁法》第十八条规定："仲裁协议对仲裁事项或者仲裁委员会没有约定或者约定不明确的，当事人可以补充协议；达不成补充协议的，仲裁协议无效。"根据你院请示报告查明的事实，程某某与武汉 A 公司签订的《建筑装饰工程劳务分包合同》第十条约定："甲乙双方因本合同发生争议，双方协商解决，经协商不能达成协议，提交当地仲裁委员会仲裁解决。"有关合同要素的初步证据表明，签约双方住所地位于湖北省武汉市，但合同签订地及履行地位于浙江省杭州市，上述合同双方共同住所地要素及合同签订与履行地要素指向不同，现有证据不足以确定合同双方在签约当时对"当地"的真实意思指向。在双方当事人未就仲裁机构达成补充协议的情况下，案涉仲裁条款应当认定无效。同意你院关于案涉仲裁条款应当认定无效的意见。

此复。

二〇二一年四月十九日
（撰写人：杨弘磊、李　娜）

10 在海上货物运输合同纠纷管辖权异议案件中，当事人已就提单正面所载仲裁条款达成一致的情况下仲裁条款效力的判断

——A 公司与 B 公司海上货物运输合同纠纷管辖权异议请示案

- **案　　号**　（2021）最高法民他 98 号
- **关 键 词**　管辖权异议 / 仲裁合意 / 仲裁条款效力
- **相关法条**　《中华人民共和国仲裁法》第 16 条

【复　　函】

关于 A 公司与 B 公司海上货物运输合同纠纷管辖权异议一案请示的复函

（2021）最高法民他 98 号

上海市高级人民法院：

你院（2020）沪民辖终 79 号《关于上诉人 A 公司与被上诉人 B 公司海上货物运输合同纠纷管辖权异议一案的请示》收悉。经研究，答复如下：

根据你院请示报告查明的事实，A 公司仅将提单正面以电子邮件形式发送至 B 公司进行确认，案涉提单正面打印的仲裁条款为："Dispute（s）under the contract evidenced this B/L shall be settled by arbitration administered by the American Arbitration Association under its Commercial Arbitration Rules in New York"（本提单所证明的货运合同下的争议应提交美国仲裁协会按其商事仲裁规则在纽约仲裁解决）。A 公司并要求 B 公司对包括仲裁条款在内的提单正面内容进行确认，B 公司以电子邮件的方式回复"确认无误"。其后，A 公司未将提单正本寄送给艾维尔公司。一审诉讼中，B 公司与 A 公司均认可在本案纠纷诉至法院之前，B 公司未见过案涉提单背面条款。根据上述事实，可以认定双方已就提单正面所载仲裁条款达成合意，仲裁条款对 B 公司具有约束力。综上，同意你院关于案涉仲裁条款有效的处理意见。

此复。

二〇二一年四月十九日
（撰写人：杨弘磊、李　娜）

11　仲裁协议中双方当事人均应具有请求仲裁的意思表示，一方无仲裁意思表示的，应认定双方未达成仲裁协议

——A 公司申请确认仲裁协议效力请示案

- 案　　号　（2021）最高法民他 159 号
- 关 键 词　申请确认仲裁协议效力／请求仲裁的意思表示
- 相关法条　《中华人民共和国仲裁法》第 16 条

【复　　函】

关于 A 公司申请确认仲裁协议效力一案的复函

（2021）最高法民他 159 号

湖北省高级人民法院：

你院（2021）鄂民他 22 号《关于申请人 A 公司与被申请人 B 公司确认仲裁协议效力一案的请示》收悉。经研究，答复如下：

《中华人民共和国仲裁法》第十六条规定："仲裁协议包括合同中订立的仲裁条

款和以其他书面方式在纠纷发生前或者纠纷发生后达成的请求仲裁的协议。仲裁协议应当具有下列内容：（一）请求仲裁的意思表示；（二）仲裁事项；（三）选定的仲裁委员会。"根据你院请示所述事实，A公司提供一份甲方为A公司、乙方为B公司、签订时间为2020年4月27日的《A公司购销合同》，该合同落款处只有A公司法定代表人签字并加盖该公司合同专用章，B公司并未签字且未盖章。从你院所述A公司和B公司法定代表人之间微信沟通内容看，亦无B公司同意将争议提交仲裁解决的意思表示。因此，应认定双方当事人之间未达成仲裁协议。同意你院处理意见。

此复。

二〇二一年六月八日

（撰写人：李桂顺、冯哲元）

12 当事人与政府及其相关部门签订的含有项目审批、土地出让与征收补偿、建设规划、优惠政策与资金扶持等内容的《合作协议》具有行政合同与民事合同双重属性，其中关于行政内容部分的仲裁协议因超出仲裁机构受理范围而无效

——A集团与某县政府等申请确认仲裁协议效力请示案

- **案　　号**　（2021）最高法民他177号
- **关 键 词**　申请确认仲裁协议效力／招商引资合作协议／双重属性
- **相关法条**　《中华人民共和国仲裁法》第2条、第3条第2项、第17条第1项

【复　　函】

关于A集团与山东某县人民政府、山东某经济开发区
管理委员会申请确认仲裁协议效力一案的复函

（2021）最高法民他177号

山东省高级人民法院：

你院（2021）鲁民他3号《关于申请人A集团与被申请人某县人民政府、某经

济开发区管理委员会申请确认仲裁协议效力一案的请示》收悉。经研究,答复如下:

根据你院报告所述事实,双方当事人签订《××亚洲国际鞋城项目合作协议书》(以下简称《合作协议》),其内容既包括项目建设的审批、土地出让与征收补偿、工业园区和新型农村社区规划、优惠政策与资金扶持、协调行政职能部门办理手续等,也包含了违约责任等。该《合作协议》具有行政合同与民事合同双重属性。根据《中华人民共和国仲裁法》第二条、第三条第二项、第十七条第一项之规定,认定《合作协议》中的仲裁条款无效,并无不当。同意你院关于案涉仲裁协议无效的意见。

此复

二〇二一年六月十八日
(撰写人:李光琴)

13 未约定仲裁机构且事后未就仲裁机构达成补充协议的仲裁协议无效

——A 公司申请确认仲裁协议效力请示案

- 案　　号　(2021)最高法民他 186 号
- 关 键 词　申请确认仲裁协议效力 / 未约定仲裁机构
- 相关法条　《中华人民共和国仲裁法》第 18 条

【复　函】

关于 A 公司申请确认仲裁协议效力一案的复函

(2021)最高法民他 186 号

湖北省高级人民法院:

你院(2021)鄂民他 28 号《关于 A 公司与 B 公司申请确认仲裁协议效力一案的请示》收悉。经研究,答复如下:

《中华人民共和国仲裁法》第十八条规定:"仲裁协议对仲裁事项或者仲裁委员会没有约定或者约定不明确的,当事人可以补充协议;达不成补充协议的,仲裁协议无效。"根据你院请示所述事实,案涉《设备买卖合同书》第十条第二款载明,"合同争议解决方式:本合同在履行过程中发生的争议,由双方当事人协商解决或由仲裁委员会仲裁"。上述条款并未约定仲裁机构,且当事人事后也未就仲裁机构选定事宜达成补充协议,故该仲裁协议应认定无效。同意你院处理意见。

此复。

二〇二一年六月八日

（撰写人：李桂顺、冯哲元）

14 仲裁机构名称不准确，仲裁条款是否有效需个案判断
——A 公司与 B 公司申请确认仲裁协议效力请示案

- 案　　号　（2021）最高法民他 190 号
- 关 键 词　申请确认仲裁协议效力 / 仲裁机构名称不准确
- 相关法条　《中华人民共和国仲裁法》第 16 条

【复　　函】

关于 A 公司申请确认仲裁协议效力一案的复函

（2021）最高法民他 190 号

山东省高级人民法院：

你院（2021）鲁民他 12 号《关于申请人 A 公司与被申请人 B 公司申请确认仲裁协议效力一案的请示》已收悉。经研究，答复如下：

案涉协议虽约定了通过仲裁的方式解决双方争议，但双方约定的仲裁机构"济南高新区仲裁中心"并不存在，且与济南现有的两家仲裁机构"济南仲裁委员会""中国国际经济贸易仲裁委员会山东分会"名称亦不相似。在确认"济南仲裁委员会""中国国际经济贸易仲裁委员会山东分会"在济南高新区并未设立办公场所的情况下，无法认定双方就争议解决选定了仲裁机构。现双方亦无法就仲裁机构的选择达成一致意见，《自有软件销售与实施服务合同》中的仲裁条款应认定为无效。同意你院的处理意见。

此复

二〇二一年六月二十八日

（撰写人：马　玲）

15 当事人在仲裁协议中约定"由项目所在地仲裁委员会仲裁",当独立核算的每个具体项目地点确定时,亦可确定唯一仲裁机构的,应当认定仲裁协议有效

——A 公司申请确认仲裁协议效力请示案

- 案　　号　(2021)最高法民他 211 号
- 关 键 词　申请确认仲裁协议效力 / 仲裁机构 / 项目所在地
- 相关法条　《中华人民共和国仲裁法》第 16 条

【复　　函】

关于申请人 A 公司与被申请人 B 公司
申请确认仲裁协议效力一案请示的复函

(2021)最高法民他 211 号

福建省高级人民法院:

你院(2021)闽民他 35 号《关于申请人 A 公司与被申请人 B 公司申请确认仲裁协议效力一案的请示》收悉。经研究,答复如下:

根据你院报告所述事实,B 公司厦门分公司(甲方)与 A 公司(乙方)签订《设计合作协议》约定,甲方委托乙方完成福建省市政工程设计项目,具体项目以委托函为准;本合同发生争议,双方当事人应及时协商解决,也可由当地建设行政主管部门调解,调解不成时,双方当事人同意由项目所在地仲裁委员会仲裁。根据该协议,双方当事人形成了将《设计合作协议》项下的争议提交仲裁的明确意思表示,且仲裁事项明确。双方虽约定由项目所在地仲裁委员会仲裁,但当具体项目确定时,相应的仲裁机构亦可确定。同日,B 公司厦门分公司向 A 公司出具《设计委托书》,载明了分散在厦门市、南安市等地的数个具体项目。根据该委托书,案涉具体项目虽分属厦门、泉州两地,但鉴于双方约定每个项目独立核算,且该两地均有唯一的仲裁机构,故当事人可以根据各项目具体所在地并依据案涉仲裁协议向当地仲裁机构申请仲裁。因此,案涉仲裁协议应为有效,对双方当事人均有约束力。综上,不

同意你院关于案涉仲裁协议无效的意见。

此复。

二〇二一年六月二十四日

（撰写人：李光琴）

16 当事人约定争议可以向仲裁机构申请仲裁也可以向人民法院起诉的，仲裁条款无效
——A 公司与 B 公司申请确认仲裁协议效力请示案

- **案　　号**　（2021）最高法民他 216 号
- **关 键 词**　申请确认仲裁协议效力 / 或裁或审
- **相关法条**　《最高人民法院关于适用〈中华人民共和国仲裁法〉若干问题的解释》第 7 条

【复　　函】

关于 A 公司申请确认仲裁协议效力一案的复函

（2021）最高法民他 216 号

湖北省高级人民法院：

你院（2021）鄂民他 85 号《关于 A 公司与 B 公司申请确认仲裁协议效力一案的请示》收悉。经研究，答复如下：

根据你院请示报告载明的事实，案涉《建设工程项目管理服务框架协议》约定："若经过协商或调解仍不能达成一致时，原告方向原告属地仲裁委员会提交仲裁或原告方向原告属地法院起诉……"《最高人民法院关于适用〈中华人民共和国仲裁法〉若干问题的解释》第七条规定："当事人约定争议可以向仲裁机构申请仲裁也可以向人民法院起诉的，仲裁协议无效。但一方向仲裁机构申请仲裁，另一方未在仲裁法第二十条第二款规定期间内提出异议的除外。"根据上述规定，本案仲裁条款无效，同意你院处理意见。

此复

二〇二一年七月二十一日

（撰写人：马　玲）

17 在申请确认仲裁协议效力案件中关于开庭地点的约定能否明确仲裁机构的判断

——A 公司与 B 公司申请确认仲裁协议效力请示案

- **案　　号**　（2021）最高法民他 218 号
- **关 键 词**　申请确认仲裁协议效力／开庭地点
- **相关法条**　《中华人民共和国仲裁法》第 18 条

【复　　函】

关于 A 公司与 B 公司申请确认仲裁协议效力一案请示的复函

（2021）最高法民他 218 号

湖北省高级人民法院：

你院（2021）鄂民他 83 号《关于 A 公司与 B 公司申请确认仲裁协议效力一案的请示》收悉。经研究，答复如下：

根据你院请示报告查明的事实，A 公司与 B 公司于 2018 年 1 月 15 日签订的《工业品买卖合同》第十一条约定："本合同在履行过程中发生的争议，由双方当事人协商解决；协商不成的，双方同意提交仲裁委员会仲裁（开庭地点：乌鲁木齐市）。"上述仲裁协议仅表达了仲裁意愿并选择了"开庭"地点。鉴于有关"开庭"地点的意思表示不能明确指向或推定指向某一确定的仲裁机构。争议发生后当事人未能就仲裁机构选择事宜达成补充意见。根据《中华人民共和国仲裁法》第十八条的规定，案涉仲裁协议应认定无效。同意你院处理意见。

此复。

二〇二一年九月十日

（撰写人：杨弘磊、李　娜）

18 约定任何一方均可向双方所在地仲裁委员会申请仲裁的仲裁协议无效

——A 公司申请确认仲裁协议效力请示案

- **案　　号**　（2021）最高法民他 232 号
- **关 键 词**　申请确认仲裁协议效力 / 双方所在地仲裁委员会
- **相关法条**　《中华人民共和国仲裁法》第 18 条，《最高人民法院关于适用〈中华人民共和国仲裁法〉若干问题的解释》第 5 条

【复　　函】

关于 A 公司申请确认仲裁协议效力一案的复函

（2021）最高法民他 232 号

湖北省高级人民法院：

你院（2021）鄂民他 105 号《关于 A 公司与 B 公司申请确认仲裁协议效力一案的请示》收悉。经研究，答复如下：

根据你院请示所述事实，案涉《GHZ 高分子砼膜租赁合同》第九条约定："凡因履行本合同所发生的、或与合同有关的、或合同中未列事项及不可预见费用等一切争议，应本着友好的态度协商解决，协商不成的，任何一方均可向甲乙双方所在地仲裁委员会申请仲裁"。A 公司住所地湖北省武汉市有武汉仲裁委员会，B 公司住所地四川省泸县有泸州仲裁委员会，无法确定双方约定的仲裁机构为其中哪一家仲裁委员会，双方当事人就仲裁机构选定事宜也未能达成补充协议。因此，依照《中华人民共和国仲裁法》第十八条、《最高人民法院关于适用〈中华人民共和国仲裁法〉若干问题的解释》第五条规定，案涉仲裁协议应认定无效。同意你院报请意见。

此复

二〇二一年九月十日

（撰写人：李桂顺、冯哲元）

19 在申请确认仲裁协议效力案件中，人民法院有权就当事人在签订仲裁协议时是否具有民事行为能力进行个案判断

——康某某与王某申请确认仲裁协议效力请示案

- **案　　号**　（2021）最高法民他242号
- **关 键 词**　申请确认仲裁协议效力 / 民事行为能力
- **相关法条**　《中华人民共和国仲裁法》第17条第2项

【复　　函】

关于康某某与王某申请确认仲裁协议效力一案请示的复函

（2021）最高法民他242号

湖北省高级人民法院：

你院（2021）鄂民他123号《关于康某某与王某申请确认仲裁协议效力一案的请示》收悉。经研究，答复如下：

根据你院请示关于在诉讼中对于当事人民事行为能力的认定标准问题，我院经研究认为，可以在未经过法院生效裁判宣告为无民事行为能力人的情况下，对当事人缔结合同时是否具有民事行为能力，结合证据及全案情况进行个案判断。具体到本案，请你院结合当事人提交的证据，综合全案情况，在查明事实的基础上，就康某某在签订案涉合同时是否具有民事行为能力进行认定，进而认定案涉仲裁协议的效力。

此复

二〇二一年九月十日

（撰写人：李光琴）

20 保险人代位求偿权纠纷中，被保险人和第三者在保险事故发生前达成的仲裁协议效力是否及于保险人，应审查是否存在当事人另有约定、在受让债权债务时受让人是否明确反对或者不知有单独仲裁协议的情形

——A 公司杭州分公司与 B 公司、C 公司保险人代位求偿权纠纷管辖权异议请示案

- 案　　号　（2021）最高法民他 262 号
- 关 键 词　管辖权异议 / 仲裁协议效力 / 保险人代位求偿权
- 相关法条　《最高人民法院关于适用〈中华人民共和国仲裁法〉若干问题的解释》第 9 条

【复　函】

关于上诉人 A 公司杭州市分公司与被上诉人 B 公司、C 公司保险人代位求偿权纠纷管辖权异议上诉一案的复函

（2021）最高法民他 262 号

浙江省高级人民法院：

你院（2021）浙民他 23 号《关于上诉人 A 公司杭州分公司与被上诉人 B 公司、C 公司保险人代位求偿权纠纷管辖权异议上诉案的报告》收悉。经研究，答复如下：

《最高人民法院关于适用〈中华人民共和国仲裁法〉若干问题的解释》第九条规定："债权债务全部或者部分转让的，仲裁协议对受让人有效，但当事人另有约定、在受让债权债务时受让人明确反对或者不知有单独仲裁协议的除外。"保险代位求偿权是一种法定债权转让，保险人在向被保险人赔偿保险金后，有权行使被保险人对第三者请求赔偿的权利。故保险人代位求偿权纠纷中被保险人和第三者在保险事故发生前达成的仲裁协议效力是否及于保险人的问题，应适用上述司法解释的规定，审查是否存在当事人另有约定、在受让债权债务时受让人是否明确反对或者不知有单独仲裁协议的情形。

根据你院请示所述事实，D公司与B公司签订的案涉《采购合同》第19.1条约定，"因执行本合同所发生的或者与本合同有关的一切争议将由双方当事人友好协商解决；如果不能协商一致，合同任何一方有权将争议提交上海仲裁委员会进行仲裁"。D公司与C公司签订的案涉《施工合同》第20.3条约定，"如任何争议未能按本合同20.2条通过调解解决，则任何一方应有权将争议提交杭州仲裁委员会按其当时有效的规则进行仲裁。"A公司杭州分公司起诉B公司、C公司，表示不受案涉仲裁条款约束，应审查是否存在当事人另有约定、在受让债权债务时受让人是否明确反对或者不知有单独仲裁协议的情形。如无证据证明存在上述司法解释规定的除外情形，案涉仲裁协议应对保险人均具有约束力，本案应通过仲裁解决。

此复

二〇二一年九月二十八日

（撰写人：冯哲元）

21 在合同一般条款之外加盖的条形章中载明的仲裁条款，在没有证据证明合同各方已就该仲裁条款达成合意的情况下，不应认定该仲裁协议有效
——黄某某与陈某某申请确认仲裁协议效力请示案

- 案　　号　（2021）最高法民他280号、281号、293号（以280号为例）
- 关 键 词　申请确认仲裁协议效力/仲裁条款/条形章
- 相关法条　《中华人民共和国仲裁法》第16条、第20条

【复　　函】

关于黄某某申请确认仲裁协议效力一案的复函

（2021）最高法民他280号

广西壮族自治区高级人民法院：

你院（2020）桂民特73号《关于黄某某申请确认仲裁协议效力案的请示》收悉。经研究，答复如下：

根据你院请示所述事实，本案A公司据以向北海国际仲裁院申请仲裁的《借款

合同》第11.3条规定,"如果公证机构不能依据本合同出具执行证书,或公证机构出具执行证书后人民法院依法裁定不予执行,双方约定由担保物所在地人民法院管辖"。现A公司主张《借款合同》中加盖的载有仲裁条款的条形章系在申请人未按期还款构成违约后,原出借人经与申请人协商一致所添加,并据此认为双方当事人已经达成了将争议解决方式由诉讼变更为仲裁的合意。但是,申请人却对此不予认可并称该条形章系原出借人在未经其同意的情况下事后擅自添加,而A公司亦未提交证据证明双方事后就该仲裁条款达成了合意。因此,本案现有证据不能证明双方当事人就《借款合同》所涉纠纷达成了仲裁的合意,应当认定双方之间不存在有效的仲裁协议。

此复

二〇二一年九月十八日

(撰写人:李光琴)

22 约定两个以上仲裁机构且未能就仲裁机构选择达成一致的,仲裁协议无效

——郭某某申请确认仲裁协议效力请示案

- **案　　号**　（2021）最高法民他287号
- **关 键 词**　申请确认仲裁协议效力 / 仲裁机构约定不明确
- **相关法条**　《中华人民共和国仲裁法》第18条,《最高人民法院关于适用〈中华人民共和国仲裁法〉若干问题的解释》第5条

【复　　函】

关于郭某某申请确认仲裁协议效力一案的复函

（2021）最高法民他287号

福建省高级人民法院：

你院（2021）闽民他54号《关于厦门市中级人民法院就申请人郭某某与被申请人A公司申请确认仲裁协议效力一案的请示》收悉。经研究,答复如下：

《中华人民共和国仲裁法》第十八条规定："仲裁协议对仲裁事项或者仲裁委员

会没有约定或者约定不明确的，当事人可以补充协议；达不成补充协议的，仲裁协议无效。"《最高人民法院关于适用〈中华人民共和国仲裁法〉若干问题的解释》第五条规定："仲裁协议约定两个以上仲裁机构的，当事人可以协议选择其中的一个仲裁机构申请仲裁；当事人不能就仲裁机构选择达成一致的，仲裁协议无效。"根据你院请示所述事实，郭某某与 A 公司签订的《电影合作协议》第十条纠纷及解决约定："本合同发生争议，双方应协商解决；如双方协商不能解决时，双方均可向当地仲裁委员会申请仲裁，根据该仲裁委员会之仲裁规则进行仲裁，适用仲裁普通程序。仲裁裁决是终局的，对双方均有约束力。"该仲裁条款虽然有明确请求仲裁的意思表示，也约定了仲裁事项，但未明确选定仲裁委员会。因合同主体住所地分别在福建省厦门市及安徽省芜湖市，而该仲裁条款约定双方均可向当地仲裁机构仲裁，无法确定仲裁机构为其中哪一方所在地仲裁委员会。且在纠纷发生后，双方当事人未能就仲裁机构选择达成补充协议，故该仲裁协议应认定为无效。综上，同意你院的报请意见。

此复

二〇二一年九月二十八日

（撰写人：冯哲元）

23 在申请确认仲裁协议效力案件中关于或裁或诉条款效力的判断

——A 公司与景某申请确认仲裁协议效力请示案

- **案　　号**　（2021）最高法民他 316 号
- **关 键 词**　申请确认仲裁协议效力 / 或裁或诉条款 / 仲裁条款无效
- **相关法条**　《最高人民法院关于适用〈中华人民共和国仲裁法〉若干问题的解释》第 7 条

【复　　函】

关于 A 公司申请确认仲裁协议效力一案的复函

（2021）最高法民他 316 号

湖北省高级人民法院：

你院（2021）鄂民他 184 号《关于 A 公司与景某申请确认仲裁协议效力一案的请示》收悉。经研究，答复如下：

根据你院请示，A 公司与景某签订的《经销合同书》约定的仲裁条款为"若双方无法协商解决可就本合同所涉及的权利义务纠纷提请仲裁或诉讼"。根据《最高人民法院关于适用〈中华人民共和国仲裁法〉若干问题的解释》第七条的规定，当事人约定争议可以向仲裁机构申请仲裁也可以向人民法院起诉的，仲裁协议无效。同意你院认定案涉仲裁条款无效的处理意见。

此复。

二〇二一年九月二十八日

（撰写人：杨弘磊、李　娜）

24 仲裁机构对仲裁协议的效力作出决定后，当事人向人民法院申请确认仲裁协议效力或者申请撤销仲裁机构的决定的，人民法院不予受理

——A 公司、B 公司、孙某某与 C 公司申请确认仲裁协议效力请示案

- **案　　号**　（2021）最高法民他 318 号
- **关 键 词**　申请确认仲裁协议效力 / 仲裁机构已就仲裁协议效力作出决定 / 不予受理
- **相关法条**　《中华人民共和国仲裁法》第 20 条第 1 款，《最高人民法院关于适用〈中华人民共和国仲裁法〉若干问题的解释》第 13 条第 2 款

【复　函】

关于 A 公司、B 公司、孙某某申请确认仲裁协议效力纠纷一案的复函

（2021）最高法民他 318 号

山东省高级人民法院：

你院（2021）鲁民他 28 号《关于申请人 A 公司、B 公司、孙某某与被申请人 C 公司申请确认仲裁协议效力纠纷一案的请示》收悉。经研究，答复如下：

根据你院请示，C 公司向临沂仲裁委员会提出仲裁，临沂仲裁委员会于 2021 年 1 月 29 日受理案件后，B 公司、A 公司、孙某某在仲裁庭首次开庭前提交管辖权异议申请书，以 A 公司不是《C 公司模板销售合同》当事人，该合同中的仲裁条款不能约束 A 公司为由，主张临沂仲裁委员会没有管辖权。临沂仲裁委员会于 2021 年 5 月 18 日作出（2021）临仲裁字第 142 号决定书，认为 A 公司作为被申请人主体适格并驳回 B 公司、A 公司、孙某某的管辖权异议。其后，B 公司、A 公司、孙某某向山东省临沂市中级人民法院申请确认仲裁协议效力。根据《中华人民共和国仲裁法》第二十条第一款、《最高人民法院关于适用〈中华人民共和国仲裁法〉若干问题的解释》第十三条第二款的规定，仲裁机构对仲裁协议的效力作出决定后，当事人向人民法院申请确认仲裁协议效力或者申请撤销仲裁机构的决定的，人民法院不予受理。鉴于临沂仲裁委员会就仲裁条款约束力问题已经作出决定，对于 B 公司、A 公司、孙某某提出的确认仲裁协议效力申请，人民法院应不予受理，故不同意你院意见。

此复。

二〇二一年九月二十八日

（撰写人：杨弘磊、李　娜）

25 在申请确认仲裁协议效力案件中当事人约定向守约方所在地仲裁委员会仲裁能否明确仲裁机构的判断
——A 公司与 B 公司申请确认仲裁协议效力请示案

- **案　　号**　（2021）最高法民他 344 号
- **关 键 词**　申请确认仲裁协议效力／向守约方所在地仲裁委员会仲裁
- **相关法条**　《中华人民共和国仲裁法》第 18 条

【复　　函】

关于 A 公司申请确认仲裁协议效力一案的复函

（2021）最高法民他 344 号

湖北省高级人民法院：

你院（2021）鄂民他 237 号《关于申请人 A 公司与被申请人 B 公司申请确认仲裁协议效力纠纷一案的请示》收悉。经研究，答复如下：

根据你院请示，A 公司与 B 公司于 2020 年 11 月 4 日签订的《废气处理设备采购安装合同书》第十七条第 4 项约定，与本协议有关的任何争议，由双方通过友好协商解决；协商不成时，向守约方所在地仲裁委员会进行仲裁。当事人一方属守约方还是违约方，只有经实体审理后才能认定，因此，无法依据上述约定确定明确的仲裁机构。A 公司与 B 公司均认可上述约定未明确仲裁机构，仲裁协议无效。之后，双方亦未能就仲裁条款达成补充协议。根据《中华人民共和国仲裁法》第十八条的规定，同意你院关于案涉仲裁条款无效的处理意见。

此复。

二〇二一年十一月十一日

（撰写人：杨弘磊、李　娜）

26 在申请确认仲裁协议效力案件中当事人约定双方协商地点进行仲裁能否明确仲裁机构的判断
——A 管理委员会与 B 公司、C 公司申请确认仲裁协议效力请示案

- 案　　号　（2021）最高法民他 345 号
- 关 键 词　申请确认仲裁协议效力 / 协商地点进行仲裁
- 相关法条　《中华人民共和国仲裁法》第 18 条

【复　　函】

关于 A 管理委员会申请确认仲裁协议效力一案的复函

（2021）最高法民他 345 号

湖北省高级人民法院：

你院（2021）鄂民他 221 号《关于申请人 A 管理委员会与被申请人 B 公司、C 公司申请确认仲裁协议效力纠纷一案的请示》收悉。经研究，答复如下：

根据你院请示，A 管理委员会与 B 公司于 2015 年 3 月 4 日签订的《鄂州市葛店三王污水处理厂 BOT 项目特许经营协议》规定，若双方不能按照第 20.2.1 款或第 20.2.2 款的规定解决争议，或任何一方拒绝接受项目运营协调委员会就有关争议所作出的决定，则甲乙双方协商地点进行仲裁。在上述协议中，当事人只是约定争议由双方协商地点进行仲裁，并没有约定明确的仲裁机构，且当事人未就该仲裁条款达成补充协议。根据《中华人民共和国仲裁法》第十八条的规定，同意你院关于案涉仲裁条款无效的处理意见。

此复。

二〇二一年十一月十一日

（撰写人：杨弘磊、李　娜）

27 实际施工人不是发包人与承包人之间仲裁协议的当事人，不受仲裁条款约束

——甲与 A 公司、B 公司、C 公司、D 公司申请确认仲裁条款效力请示案

- **案　　号**　（2021）最高法民他 346 号
- **关 键 词**　申请确认仲裁条款效力 / 实际施工人
- **相关法条**　《最高人民法院关于审理建设工程施工合同纠纷案件适用法律问题的解释》第 26 条，《最高人民法院关于审理建设工程施工合同纠纷案件适用法律问题的解释（二）》第 24 条

【复　　函】

关于甲与 A 公司等建设工程施工合同纠纷一案仲裁条款效力的复函

（2021）最高法民他 346 号

浙江省高级人民法院：

你院（2021）浙民终 1168 号《关于上诉人甲与被上诉人 A 公司、B 公司、C 公司、D 公司建设工程施工合同纠纷一案仲裁条款效力的报核报告》收悉。经研究，答复如下：

根据你院请示所述事实，A 公司与 B 公司之间、B 公司与 C 公司之间、C 公司与 D 公司之间均存在仲裁协议，而甲作为实际施工人与上述公司之间并不存在仲裁协议，没有仲裁的意思表示。因此，同意你院关于上述公司之间签订的建设工程施工合同中的仲裁条款对甲不具有约束力的意见。

此复

二〇二一年十一月二十九日

（撰写人：李桂顺、马　玲）

28 本诉原告无权对反诉提出主管异议
——A 公司与甲、乙、丙申请确认仲裁协议效力请示案

- 案　　号　（2021）最高法民他 407 号
- 关 键 词　申请确认仲裁协议效力／主管异议／本诉／反诉
- 相关法条　《中华人民共和国仲裁法》第 26 条

【复　　函】

关于 A 公司与甲、乙、丙以及 B 公司股权转让纠纷一案的复函

（2021）最高法民他 407 号

江苏省高级人民法院：

你院（2021）苏民终 855 号《关于上诉人 A 公司与被上诉人甲、乙、丙以及原审第三人 B 公司股权转让纠纷一案的请示》收悉。经研究，答复如下：

你院查明，甲等人依据其与 A 公司签订的《关于 B 公司发行股份及支付现金购买资产协议之补充协议》（以下简称《补充协议》）向湖南省株洲市中级人民法院起诉，请求判令 A 公司偿还甲等人减持的 B 公司股份的差额补偿款。A 公司反诉请求确认该《补充协议》已经解除，判令甲等人退还该公司已经支付的补偿金。针对 A 公司提起的反诉，甲等人以双方签订的《合作框架协议》约定了仲裁条款为由提出主管异议。

首先，甲等人辩称其起诉时未意识到《合作框架协议》的存在，不足采信，不能以此否定其依据《补充协议》提起诉讼的行为效力。甲等人在作为本诉原告提起诉讼的情况下，无权再对反诉提出主管异议。其次，反诉与本诉系基于相同事实，即使《合作框架协议》约定了仲裁条款，甲等人作为原告起诉的行为表明其同意通过诉讼解决纠纷。A 公司虽然在本案最初由湖南省株洲市中级人民法院受理后曾提出主管异议，但该案移送到江苏省无锡市中级人民法院后，以提起反诉、针对甲等人的主管异议提出答辩意见，以及对江苏省无锡市中级人民法院作出的裁定不服提起上诉的方式，接受了诉讼管辖。综上，同意你院关于甲等人无权对本案管辖问题

提出异议,案涉仲裁条款已经失效的意见。

此复

二〇二一年十二月十三日

(撰写人:李桂顺、马 玲)

29 当事人在协议书中约定,当事人对争议协商解决不成的,提交当地仲裁委员会仲裁。在合同签订地、履行地和不动产所在地均位于某地的情况下,应认定该地为合同约定的"当地"

——高某某与楼某某、A公司定金合同纠纷管辖权异议请示案

- **案　　号**　(2021)最高法民他401号
- **关 键 词**　申请确认仲裁协议效力/合同/当地仲裁委员会
- **相关法条**　《最高人民法院关于适用〈中华人民共和国仲裁法〉若干问题的解释》第6条

【**复　　函**】

关于高某某与楼某某、A公司定金合同纠纷管辖权异议报核一案的复函

(2021)最高法民他401号

浙江省高级人民法院:

你院(2021)浙民他43号报告收悉。经研究,答复如下:

根据你院报告,本案当事人在其签订的《二手房定金协议书》第十一条约定,合同在履行过程中发生争议,双方当事人协商解决,协商不成的,提交当地仲裁委员会仲裁。同时,案涉合同的签订地、履行地和不动产所在地均位于浙江省湖州市(以下简称湖州市)。

根据以上情况,合同约定的"当地"应认定为湖州市。因湖州市目前仅有一家仲裁机构即湖州仲裁委员会,按照《最高人民法院关于适用〈中华人民共和国仲裁

法〉若干问题的解释》第六条的规定,案涉仲裁协议有效。同意你院合议庭少数意见。

此复

二〇二一年十一月二十五日

(撰写人:杨兴业)

30 加盖对使用用途有明确限定的印章是否约束印章当事人应结合相关事实综合加以判断

——深圳市某集团股份有限公司与张某某申请确认仲裁协议效力请示案

- 案　　号　(2021)最高法民他270号
- 关 键 词　申请确认仲裁协议效力 // 公司印章 / 印章使用范围
- 相关法条　《中华人民共和国仲裁法》第16条

【复　　函】

关于深圳市某集团股份有限公司申请确认仲裁协议效力一案的复函

(2021)最高法民他270号

山东省高级人民法院:

你院《关于申请人深圳市某集团股份有限公司与被申请人张某某申请确认仲裁协议效力一案的请示》收悉。根据你院请示所述事实,并经查阅你院随函移送的卷宗材料,经研究,答复如下:

首先,作为张某某主张程序权利依据的《居间合同》上委托人处加盖的印章对于印章的使用用途有明确的限定,即用于经济类协议或合同无效。且合同上并无深圳市某集团股份有限公司(以下简称某某公司)经办人签字。其次,张某某自述,其系与钟某某联系居间事宜,张某某是在某某公司中标后将《居间合同》签字并交给钟某某,由钟某某将加盖有印章的《居间合同》交给张某某。考虑到无证据证明钟某某系某某公司员工,亦无证据证实某某公司授权钟某某代表某某公司就签订案涉工程的居间事宜与张某某协商,因此,在无某某公司盖章或其授权的代理人签字、盖章印文明显超出使用范围的情况下,同意你院关于不能认定《居间合同》

中的仲裁条款系某某公司真实意思表示、案涉合同中的仲裁条款不能约束某某公司的意见。

此复

二〇二一年九月二十八日

（撰写人：郭载宇）

31 对当事人约定的"当地仲裁委员会"中"当地"的理解应结合案件事实综合加以判断

——魏某某与郑某某、上海某某建设（集团）有限公司、上海某某建筑工程管理有限公司建设工程分包合同纠纷涉仲裁协议效力请示案

- 案　　号　（2021）最高法民他 375 号
- 关 键 词　申请确认仲裁协议效力／当地／建设工程所在地／合同履行地／合同签订地
- 相关法条　《中华人民共和国仲裁法》第 18 条

【复　　函】

关于上诉人魏某某与被上诉人郑某某、上海某某建设（集团）
有限公司、上海某某建筑工程管理有限公司建设
工程分包合同纠纷一案涉仲裁条款效力的复函

（2021）最高法民他 375 号

湖南省高级人民法院：

你院《上诉人魏某某与被上诉人郑某某、上海某某建设（集团）有限公司、上海某某建筑工程管理有限公司建设工程分包合同纠纷一案涉仲裁条款效力司法审查问题的报核报告》收悉。经研究，答复如下：

根据你院报请材料载明的事实，本案的合同履行地和合同签订地在湖南省长沙市，案涉工程地点也位于湖南省长沙市。考虑到建设工程类争议中，确定争议解决方式时工程所在地所具有的权重因素，以及案涉建设工程合同的履行地和签订地也均位于湖南省长沙市之事实，本院认为案涉《分包施工合同》第十六条第一款关于"若双方因本合同的生效、履行或其他相关事宜发生纠纷的，任何一方均有权将该等

纠纷提交当地仲裁委员会仲裁"中的"当地"可以解释为案涉工程所在地、合同履行地和合同签订地即长沙市。当事人关于仲裁机构的约定是明确的,仲裁条款应认定有效。

此复

二〇二一年十二月十五日
(撰写人:郭载宇)

32 当事人就不具有涉外因素的争议对仲裁地作出约定不当然影响仲裁协议的效力

——牛某某与杭州某汽车销售服务有限公司确认仲裁协议效力请示案

- **案　　号**　(2021)最高法民他458号
- **关 键 词**　仲裁协议效力/仲裁地/请求仲裁的意思表示
- **相关法条**　《中华人民共和国仲裁法》第16条

【复　　函】

关于安徽省高级人民法院报请的 (2021)皖民他116号《报核报告》的复函

(2021)最高法民他458号

安徽省高级人民法院:

你院(2021)皖民他116号《报核报告》收悉。经研究,答复如下:

根据你院报请的事实,就争议的解决途径,当事人约定因案涉合同或与案涉合同有关的所有争议,提交北海国际仲裁院仲裁,仲裁地点杭州。根据当事人的约定,当事人关于将争议提交仲裁的意思表示是明确的,对仲裁机构的约定也是明确的。虽然当事人将仲裁地点约定为杭州,因该争议不具有涉外因素,而我国大陆实行统一的法律制度和司法制度,当事人关于仲裁地点在杭州的约定属于无实质意义的约定,无损当事人将争议提交仲裁的意愿和当事人对仲裁机构的约定。你院对仲裁地的理解,特别是对不具有涉外因素情况下当事人关于仲裁地的约定的理解有误。不应以此为由认定案涉仲裁协议无效。

此复

二〇二一年十二月二十日

（撰写人：郭载宇）

33 约定仲裁地为"当地"仲裁条款效力的认定
——广州市 A 公司申请确认仲裁协议效力请示案

- 案　　号　（2021）最高法民他 282 号
- 关 键 词　仲裁 / 申请确认仲裁协议效力 / 仲裁协议无效
- 相关法条　《中华人民共和国仲裁法》第 16 条、第 18 条，《最高人民法院关于适用〈中华人民共和国仲裁法〉若干问题的解释》第 5 条

【复　　函】

关于广州市 A 公司申请确认仲裁协议效力纠纷一案请示的复函

（2021）最高法民他 282 号

湖南省高级人民法院：

你院（2021）湘民他 28 号《关于申请人广州市 A 公司与被申请人湖南 B 公司申请确认仲裁协议效力纠纷一案涉及仲裁条款无效司法审查的报核报告》收悉。经研究，答复如下：

本案系仲裁司法审查案件，审查重点是《铝板部分产品供货合同》约定的仲裁条款是否有效。涉案合同第九条约定："有关合同执行的一切争议都应双方通过友好协商加以解决、如就解决方式无法达成协议，双方同意将存在争议提交有当地仲裁机关仲裁。"涉案合同仲裁条款没有明确选定仲裁委员会，约定的仲裁地为"当地"。根据你院请示报告载明的事实，申请人所在地为广州市，被申请人所在地为长沙市，涉案合同履行地为吉首市。其中，广州市和长沙市均存在仲裁机构，吉首市尚无仲裁机构。本案纠纷产生后，当事人未能就仲裁机构选择达成一致。依据《中华人民共和国仲裁法》第十六条、第十八条，《最高人民法院关于适用〈中华人民共和

国仲裁法〉若干问题的解释》第五条之规定，涉案仲裁条款无效，故同意你院的处理意见。

此复

二○二一年九月二十七日
（撰写人：张树明）

34 未约定明确的仲裁机构的仲裁条款效力
——江苏 A 公司与陕西 B 公司民间借贷纠纷管辖权异议请示案

- 案　　号　（2021）最高法民他 452 号
- 关 键 词　仲裁 / 管辖权异议 / 仲裁协议效力
- 相关法条　《中华人民共和国仲裁法》第 18 条

【复　函】

关于江苏 A 公司与陕西 B 公司民间借贷纠纷管辖权异议一案涉及仲裁协议效力问题请示案的复函

（2021）最高法民他 452 号

陕西省高级人民法院：

你院（2021）陕民他 33 号《关于江苏 A 公司与陕西 B 公司民间借贷纠纷管辖权异议一案涉及仲裁协议效力问题的请示报告》收悉。经研究，答复如下：

根据你院提供的案情，双方当事人签订的《房地产项目管理合作框架协议书》第九条约定："双方因合同发生的全部争议，由双方协商解决，协商不成时，双方交仲裁委员会仲裁解决。"该仲裁条款未约定明确的仲裁机构，事后双方当事人亦未达成有关仲裁的补充协议。因此，根据《中华人民共和国仲裁法》第十八条"仲裁协议对仲裁事项或者仲裁委员会没有约定或者约定不明确的，当事人可以补充协议；达不成补充协议的，仲裁协议无效"之规定，案涉仲裁协议无效。

综上，同意你院的报核意见。

此复

二○二一年十二月二十日
（撰写人：张树明）

35 约定的仲裁机构为"受损方仲裁委员会",是否为明确的仲裁机构

——A 公司与江西 B 公司申请确认仲裁协议效力请示案

- **案　　号**　（2021）最高法民他 459 号
- **关 键 词**　仲裁 / 申请确认仲裁协议效力 / 未约定明确的仲裁机构
- **相关法条**　《中华人民共和国仲裁法》第 16 条、第 18 条

【复　函】

关于申请人 A 公司与被申请人江西 B 公司
申请确认仲裁协议效力一案请示的复函

（2021）最高法民他 459 号

江西省高级人民法院：

你院（2021）赣民特 7 号《关于报请审核申请人 A 公司与被申请人江西 B 公司申请确认仲裁协议效力一案的请示》收悉。经研究，答复如下：

案涉仲裁条款约定的仲裁机构是"受损方仲裁委员会"。虽然在签订合同时尚无法确定受损方当事人，但根据你院提供的案情，案涉纠纷发生之时，江西 B 公司主张 A 公司向其提供的机器是三无产品，给其造成了损失，要求 A 公司返还货款、赔偿损失。而 A 公司并未主张在案涉合同履行的过程中存在损失。根据本案目前的情况，可以初步判断受损方为江西 B 公司。江西 B 公司的住所地在江西省新余市，新余市有新余仲裁委员会。故案涉仲裁条款关于仲裁机构的约定明确，为有效仲裁条款。

依照《中华人民共和国仲裁法》第十六条、第十八条规定，不同意你院的审核意见。

此复

二〇二一年十二月二十日

（撰写人：张树明）

36 在仲裁协议约定仲裁机构名称不准确时，应探究当事人的真实意思表示并可通过对仲裁机构名称的合理推测进行认定

——A 公司与 B 公司买卖合同纠纷管辖权异议请示案

- **案　　号**　（2021）最高法民他 34 号
- **关 键 词**　管辖权异议 / 仲裁协议效力 / 仲裁机构
- **相关法条**　《中华人民共和国仲裁法》第 16 条，《最高人民法院关于适用〈中华人民共和国仲裁法〉若干问题的解释》第 3 条

【复　　函】

关于 A 公司与 B 公司买卖合同纠纷管辖权异议一案的复函

（2021）最高法民他 34 号

福建省高级人民法院：

你院（2020）闽民辖终 112 号《福建省高级人民法院关于上诉人 A 公司与被上诉人 B 公司买卖合同纠纷一案的请示》收悉。经研究，答复如下：

A 公司为我国香港特别行政区法人，本案为涉港案件。因约定的仲裁地为北京，故应依据我国内地法律审查案涉仲裁条款的效力。A 公司与 B 公司先后签订十份《煤炭购销合同》，根据时间顺序来看，前四份煤炭购销合同无争议解决条款，后六份均有仲裁条款。尽管双方约定的仲裁机构为"中国国际贸易仲裁中心"，与北京现有的三家仲裁机构名称不完全一致，但从"中国""国际""贸易"这三个关键词来看，可以确定双方指向的应为"中国国际经济贸易仲裁委员会"。上述仲裁条款符合我国仲裁法第十六条的相关规定，应为有效。

综上，不同意你院拟认定 No 2017/16-20、No 2017/16-21、No 2017/16-22、No2017/16-23、No 2017/16-24、No 2017/16-25 六份《煤炭购销合同》中仲裁条款无效的意见。

此复

二〇二一年六月十七日

（撰写人：马晓旭）

37 当事人放弃仲裁的，人民法院具有管辖权
——某总队与 A 公司管辖权异议纠纷请示案

- **案　　号**　（2021）最高法民他 37 号
- **关 键 词**　申请确认仲裁协议效力 / 放弃仲裁协议
- **相关法条**　《中华人民共和国仲裁法》第 4 条

【复　　函】

关于广东省渔政总队与 A 公司管辖权异议纠纷一案的复函

（2021）最高法民他 37 号

广东省高级人民法院：

你院（2020）粤民辖终 99 号《关于某省渔政总队与 A 公司管辖权异议纠纷一案仲裁条款效力问题的请示》收悉。经研究，答复如下：

本案系管辖权异议纠纷。根据你院请示所述事实，案涉施工合同签订于 2011 年，合同第 24 条虽约定了仲裁条款，但约定的"湛江市经济仲裁委员会"并不存在。某总队于 2013 年向广东省湛江市赤坎区人民法院提起诉讼，A 公司在首次开庭前对人民法院受理该案并未提出异议，视为双方当事人均已同意放弃仲裁，选择以诉讼方式解决争议，案涉施工合同约定的仲裁条款对双方当事人不具有法律约束力。有效的仲裁协议必须有提交仲裁的明确意思表示，双方当事人后续签订的三份补充协议，并不能视为就争议解决方式再次达成新的仲裁协议。某总队就案涉施工合同项下的争议提起诉讼，广州海事法院对本案具有管辖权。

此复。

二〇二一年三月二十五日

（撰写人：胡　方、赵　迪）

38 仲裁协议效力的认定
——A 公司与 B 公司申请确认仲裁协议效力请示案

- **案　　号**　（2021）最高法民他 99 号
- **关 键 词**　申请确认仲裁协议效力 / 仲裁机构的确定
- **相关法条**　《中华人民共和国仲裁法》第 16 条

【**复　　函**】

关于 A 公司与 B 公司申请确认仲裁协议效力案的复函

（2021）最高法民他 99 号

浙江省高级人民法院：

你院（2020）浙民他 57 号《关于 A 公司与 B 公司申请确认仲裁协议效力案的报告》收悉。经研究，答复如下：

本案为申请确认仲裁协议无效案件。根据你院请示所述事实，案涉《技术开发（委托）合同》约定，双方因履行该合同而发生的争议，提交申诉人所在地仲裁委员会仲裁。据此，双方当事人提请仲裁的意思表示和仲裁事项均是明确的，而合同中约定的仲裁机构即"申诉人所在地仲裁委员会"，虽未明确仲裁机构名称且用语不规范，但本案中，双方当事人的住所地分别在浙江杭州和山东青岛，杭州市和青岛市均设有唯一的仲裁委员会。因此，一方在争议发生后提起仲裁时，"申诉人"即可确定，申请人所在地的仲裁机构亦可明确。案涉仲裁协议应当认定有效。综上，不同意你院请示意见。

此复。

二〇二一年三月二十五日

（撰写人：胡　方、赵　迪）

39 合同上加盖的条形章记载了仲裁条款，在无当事人予以确认的情况下，视为当事人没有达成仲裁协议
——S 公司申请确认仲裁协议效力请示案

- 案　　号　（2021）最高法民他 327 号
- 关 键 词　仲裁条款 / 条形章
- 相关法条　《中华人民共和国仲裁法》第 20 条

【复　　函】

关于 S 公司申请确认仲裁协议效力一案的复函

（2021）最高法民他 327 号

四川省高级人民法院：

你院（2021）川民他 158 号请示报告收悉。经研究，答复如下：

根据请示报告所述事实，案涉合同约定"如果公证机构不能依据本合同出具执行证书，或公证机构出具执行证书后人民法院依法裁定不予执行，双方约定由担保物所在地人民法院管辖"。该条款旁边加盖了两枚条形章，内容分别是："本合同履行过程中发生的任何纠纷均提交北海国际仲裁院仲裁，并适用该会仲裁规则的简易程序书面审理，其他约定与本约定不一致的，以该约定为准"、"特别约定，开庭地点为广东省东莞市"。上述印章内容均为对争议解决条款的实质性变更，但均无合同当事人通过签字盖章等形式对此予以确认。S 公司对上述变更争议解决方式条款的真实性亦不予认可。现有证据不能证明案涉当事人已就案涉争议解决方式达成仲裁合意，同意你院关于案涉仲裁协议无效的处理意见。

此复

二〇二一年十月十一日

（撰写人：杨兴业）

40 金融消费者与承担连带责任的金融产品发行人、销售者分别订立了仲裁条款，应分别向选定的仲裁机构申请仲裁，是否重复受偿，由执行程序解决

——G公司、N公司与俞某侵权责任纠纷管辖权异议请示案

- 案　　号　（2021）最高法民他95号
- 关 键 词　仲裁条款/连带责任/分别申请仲裁
- 相关法条　《中华人民共和国民法典》第167条，《全国法院民商事审判工作会议纪要》第74条，《第二次全国涉外商事海事审判工作会议纪要》第7条

【复　函】

关于上诉人G公司、N公司与被上诉人俞某侵权责任纠纷管辖权异议一案的复函

（2021）最高法民他95号

浙江省高级人民法院：

你院（2020）浙民他51号报告收悉。经研究，答复如下：

根据你院审查查明的事实，俞某与案涉基金发行人及管理人G公司签订的基金合同约定，争议提交上海国际经济贸易仲裁委员会（上海国际仲裁中心）仲裁解决，俞某向案涉基金销售人N公司提交的《客户声明》中承诺与该公司的纠纷提交上海仲裁委员会仲裁解决。上述两份文件中各自载明了有效的仲裁条款并约定了不同的仲裁机构。俞某应遵守仲裁协议的内容，向各自约定的仲裁机构分别申请仲裁，人民法院对本案无管辖权。

此复

二○二一年五月十九日

（撰写人：许英林）

41 合同文本中的仲裁条款系以印章方式加盖的，人民法院应当审查当事人就争议解决方式变更是否达成合意
——王某申请确认仲裁协议效力请示案

- **案　　号**　（2021）最高法民他 115 号
- **关 键 词**　申请确认仲裁协议效力 / 变更争议解决方式
- **相关法条**　《中华人民共和国仲裁法》第 4 条

【复　　函】

关于王某申请确认仲裁协议效力一案的复函

（2021）最高法民他 115 号

广西壮族自治区高级人民法院：

你院（2020）桂民特 109 号《关于申请人王某与被申请人刘某、鹰潭 A 公司申请确认仲裁协议效力一案的请示》收悉。经研究，答复如下：

根据你院请示所述事实，2018 年 3 月 28 日，王某与刘某签订案涉《借款合同》约定，王某向刘某借款 100 万元，发生纠纷后由担保物所在地人民法院管辖。《借款合同》第十一条和第十二条之间的空白处添加有一个长方形方印，方印内文字"本合同履行过程中发生的任何纠纷均提交北海国际仲裁院仲裁，并适用该会仲裁规则的简易程序书面审理，其他约定与本约定不一致的以该约定为准"。同年 3 月 23 日，王某与刘某签订一份《自然人借款合同》约定：王某向刘某借款 300 万元；在履行中发生的争议可依法向仲裁委员会申请仲裁或向人民法院起诉等内容。同日，刘某与王某签订一份《自然人贷款抵押合同》约定：担保主债权为 300 万元；担保物为王某所有的房屋；在履行中发生的争议可依法向仲裁委员会申请仲裁或向人民法院起诉等内容。3 月 27 日，王某办理抵押房产登记。鹰潭 A 公司是案涉债权的受让方，其向北海国际仲裁院申请仲裁。北海国际仲裁院受理此案后，王某向法院申请确认《借款合同》中的仲裁条款无效。

根据《中华人民共和国仲裁法》第四条："当事人采用仲裁方式解决纠纷，应当双方自愿，达成仲裁协议。没有仲裁协议，一方申请仲裁的，仲裁委员会不予受

理。"仲裁协议成立以双方当事人达成仲裁合意为前提。案涉《借款合同》中的仲裁条款系以印章方式加盖在合同条款中间的空白处,印章上的内容是对合同中争议解决条款的变更,并无当事人以签字或其他方式予以确认。且 A 公司无证据证明该印章经过各方当事人特别是申请人王某的确认,不能证明合同当事人已就争议解决方式由法院管辖变更为提交仲裁达成合意。

综上,案涉《借款合同》的仲裁条款对王某不发生法律效力。同意你院的处理意见。

此复

二〇二一年四月二十六日

(撰写人:龙 飞)

42 基于《合同法》规定的代位权提起诉讼的,不受该合同仲裁条款的约束,有管辖权的人民法院依法可以审理

——钱某与 A 公司债权人代位权纠纷仲裁协议效力请示案

- 案　　号　(2021)最高法民他 155 号
- 关 键 词　申请确认仲裁协议效力 / 债权人代位权
- 相关法条　《中华人民共和国合同法》第 73 条①

【复　　函】

关于钱某与浙江 A 公司债权人代位权纠纷仲裁协议效力一案的复函

(2021)最高法民他 155 号

浙江省高级人民法院:

你院(2021)浙民他 10 号关于债权人代位权纠纷一案的请示收悉。经研究,答复如下:

根据你院请示内容,浙江 A 公司作为发包人与作为承包人的上海 B 公司签订了《建筑工程施工合同》。因上海 B 公司未行使到期债权,实际施工人钱某向浙江 A 公

---

① 对应《中华人民共和国民法典》第 535 条。

司提起诉讼要求代位行使债务人的债权。《中华人民共和国合同法》第七十三条规定："因债务人怠于行使其到期债权，对债权人造成损害的，债权人可以向人民法院请求以自己的名义代位行使债务人的债权，但该债权专属于债务人自身的除外。"债权人对次债务人行使代位权具有债权保全的性质。本案中，钱某为保全其债权对浙江 A 公司行使代位权，涉及债权人、债务人与次债务人等多方当事人之间的权利义务关系，应当通过向人民法院提起诉讼的方式实现。

虽然债务人上海 B 公司与次债务人浙江 A 公司签订的《建设工程施工合同》约定了仲裁条款，但钱某并非该仲裁协议的一方当事人，其提起诉讼是基于《中华人民共和国合同法》规定的代位权，而非基于案涉《建设工程施工合同》权利的受让，不受该合同中仲裁条款的约束。综上，同意你院意见，本案应由有管辖权的人民法院依法审理。

此复

二〇二一年六月八日

（撰写人：龙　飞）

43 当事人协议包括行政管理与民事权益的内容，人民法院应当从争议具体属性审查是否可以通过仲裁方式解决
——A 公司申请确认仲裁协议效力请示案

- **案　　号**　（2021）最高法民他 214 号
- **关 键 词**　申请确认仲裁协议效力 / 行政协议与民事合同
- **相关法条**　《中华人民共和国仲裁法》第 2 条、第 16 条，《最高人民法院关于审理行政协议案件若干问题的规定》第 26 条

【复　　函】

关于 A 公司申请确认仲裁协议效力一案的复函

（2021）最高法民他 214 号

重庆市高级人民法院：

你院（2020）渝民他 30 号《关于 A 公司申请确认仲裁协议效力一案的请示报

告》收悉。经研究，答复如下：

根据你院请示，A 公司与渝北区人民政府签订的《投资协议》，具有行政协议与民事合同双重属性。《最高人民法院关于审理行政协议案件若干问题的规定》第二十六条规定："行政协议约定仲裁条款的，人民法院应当确认该条款无效"，但案涉协议非单纯的行政协议，故不应依照上述规定认定该协议中的仲裁条款无效。根据《中华人民共和国仲裁法》第二条、第十六条之规定，渝北区人民政府请求返还补贴款及支付违约金等财产权益纠纷属于民事争议，可以通过仲裁解决。综上，不同意你院拟确认案涉仲裁条款无效的处理意见。

此复

二〇二一年九月七日
（撰写人：龙　飞）

44　仲裁协议约定由某地的仲裁机构仲裁且该地有两个以上仲裁机构，当事人不能就仲裁机构选择达成一致的，仲裁协议无效

——上海 A 公司与程某等管辖权异议上诉案中仲裁条款效力请示案

- **案　　号**　（2021）最高法民他 334 号
- **关 键 词**　申请确认仲裁协议效力 / 协议选择仲裁机构
- **相关法条**　《最高人民法院关于适用〈中华人民共和国仲裁法〉若干问题的解释》第 6 条

【复　　函】

关于上海 A 公司与程某等管辖权异议上诉案中仲裁条款效力一案请示的复函

（2021）最高法民他 334 号

广东省高级人民法院：

你院（2021）粤民他 13 号《关于上海 A 公司与程某等管辖权异议上诉案中仲裁条款效力问题的请示》收悉。经研究，答复如下：

根据你院报告所述事实，案涉《施工合同》第十八条"争议解决方式"条款约定："在本合同执行过程中发生争议时，经协商无法达成一致的，双方向甲方住所地仲裁委员会提请仲裁"。甲方住所地在上海市。上海市有上海仲裁委员会、上海国际经济贸易仲裁委员会（上海国际仲裁中心）等仲裁机构，故双方约定的仲裁机构无法指向具体的仲裁委员会。《最高人民法院关于适用〈中华人民共和国仲裁法〉若干问题的解释》第六条规定："仲裁协议约定由某地的仲裁机构仲裁且该地仅有一个仲裁机构的，该仲裁机构视为约定的仲裁机构。该地有两个以上仲裁机构的，当事人可以协议选择其中的一个仲裁机构申请仲裁；当事人不能就仲裁机构选择达成一致的，仲裁协议无效"。本案双方当事人未就仲裁委员会的选定达成一致，故应视为双方对仲裁机构没有明确约定，案涉《施工合同》中的仲裁条款无效。同意你院的请示意见。

此复

二〇二一年十一月二十二日

（撰写人：龙　飞）

45　当事人签订多份合同，分别约定仲裁和诉讼时，仲裁协议效力的认定

——A 公司与 B 公司仲裁协议效力请示案

- 案　　号　（2021）最高法民他 61 号
- 关 键 词　申请确认仲裁协议效力 / 仲裁条款独立性
- 相关法条　《中华人民共和国仲裁法》第 4 条，《最高人民法院关于适用〈中华人民共和国仲裁法〉若干问题的解释》第 7 条

【复　　函】

关于 A 公司与 B 公司仲裁协议效力一案的复函

（2021）最高法民他 61 号

贵州省高级人民法院：

你院（2020）黔民他 27 号《关于 A 公司与 B 公司仲裁协议无效的报核报告》

收悉。经研究,答复如下:

本案为申请确认仲裁协议无效案件。根据你院请示所述事实,首先,双方当事人先后于 2015 年 1 月 9 日和 2015 年 3 月 15 日签订三份施工合同,不同日期签订的施工合同分别约定争议解决方式为诉讼和仲裁,双方并未在同一份合同中既约定诉讼又约定仲裁,不属于《最高人民法院关于适用〈中华人民共和国仲裁法〉若干问题的解释》第七条规定的"当事人约定争议可以向仲裁机构申请仲裁也可以向人民法院起诉的,仲裁协议无效"情形。其次,2015 年 1 月 9 日签订的施工合同虽然经相关行政机关登记备案,但合同中的争议解决条款并不属于法律规定的禁止双方作出变更约定的"合同实质性内容",双方当事人可以对备案合同中的争议解决方式作出变更约定,并不存在备案效力优先。从签订的时间顺序上看,因 2015 年 3 月 15 日的施工合同签订在后,双方当事人最后选择的争议解决方式应当是向重庆仲裁委员会申请仲裁。第三,双方当事人已经于 2015 年 1 月 10 日签订《解除协议书》,解除了 1 月 9 日的施工合同,向行政机关申请登记备案 2015 年 1 月 9 日的施工合同,只是履行相关行政管理规定的行为,不能据此认定双方重新就争议解决方式达成新的合意。综上,案涉仲裁条款应当认定有效。不同意你院的报核意见。

此复。

二○二一年三月二十六日

(撰写人:胡　方、赵　迪)

46 仲裁条款是否有效并入提单的认定
——A 公司与 B 公司海上货物运输合同纠纷管辖权异议请示案

- **案　　号**　(2021)最高法民他 128 号
- **关 键 词**　仲裁条款/提单并入
- **相关法条**　《中华人民共和国仲裁法》第 4 条

【复　函】

关于 A 公司与 B 公司海上货物运输合同纠纷管辖权异议一案的复函

（2021）最高法民他 128 号

山东省高级人民法院：

你院（2020）鲁民辖终 201 号《关于 A 公司与 B 公司海上货物运输合同纠纷管辖权异议一案的请示》收悉。经研究，答复如下：

本案系管辖权异议纠纷。根据你院请示所述事实，案涉提单正面仅记载"运费支付依照 2019 年 5 月 24 日的租船合同"，并没有载明该租船合同中的仲裁条款并入提单，不能产生租船合同中的仲裁条款并入提单并约束提单持有人的法律效果。提单背面载明"与租约并用（to be used with charter party）"，以及租船合同中的仲裁条款并入提单的约定，亦不产生约束提单持有人的效力。A 公司以其与 B 公司之间存在有效的仲裁条款为由提出管辖权异议，缺乏事实和法律依据。因本案系海上货物运输合同纠纷，案涉货物运输的目的港为山东日照，属于青岛海事法院的辖区范围，青岛海事法院对本案具有管辖权。综上，同意你院的处理意见。

此复。

二〇二一年四月二十三日

（撰写人：胡　方、赵　迪）

47 在无当事人确认的情况下，以手写添加方式对合同争议解决方式进行的变更无效

——叶某某申请不予执行仲裁裁决请示案

- **案　　号**　（2021）最高法民他 165 号
- **关 键 词**　争议解决方式变更 / 确认
- **相关法条**　《中华人民共和国民事诉讼法》第 237 条①

---

① 对应《中华人民共和国民事诉讼法》（2023 年修正）第 248 条。

【复　函】

关于叶某某申请不予执行仲裁裁决一案的复函

（2021）最高法民他 165 号

广东省高级人民法院：

你院（2020）粤民他 39 号请示收悉。经研究，答复如下：

根据你院请示，叶某某作为借款人签订的《借款协议》第十一条确定的纠纷解决方式为"提交协议签订地及履行地的人民法院诉讼"。在该条款后手写添加的"将协议解决方式变更为提交北海仲裁委员会裁决"，与协议的整体行文格式有悖，未经叶某某签字确认，不能证明叶某某同意将争议解决方式变更为仲裁。根据《中华人民共和国民事诉讼法》第二百三十七条第二款第一项的规定，案涉仲裁裁决应不予执行，同意你院报核意见。

此复

二〇二一年七月二十三日

（撰写人：杨兴业）

48 "或裁或诉"仲裁协议的认定

——A 公司与 B 公司申请确认仲裁协议效力请示案

- **案　　号**　（2021）最高法民他 198 号
- **关 键 词**　申请确认仲裁协议效力／或裁或诉仲裁协议
- **相关法条**　《最高人民法院关于适用〈中华人民共和国仲裁法〉若干问题的解释》第 7 条

【复　　函】

关于 A 公司与 B 公司申请确认仲裁协议效力一案的复函

（2021）最高法民他 198 号

湖北省高级人民法院：

你院（2021）鄂民他 89 号《关于 A 公司与 B 公司申请确认仲裁协议效力一案的请示》收悉。经研究，答复如下：

根据你院请示报告所述事实，A 公司与 B 公司分别于 2020 年 7 月 15 日、2020 年 7 月 22 日、2020 年 8 月 5 日、2020 年 9 月 15 日、2020 年 9 月 25 日 及 2020 年 10 月 12 日签订《采购合同》，上述六份《采购合同》的第五条均约定"供、需双方中一方违约，当事双方就及时协商及解决，如协商不成，可提请供方所在仲裁机构仲裁，或提请供方所在地人民法起诉"。根据《最高人民法院关于适用〈中华人民共和国仲裁法〉若干问题的解释》第七条关于"当事人约定争议可以向仲裁机构申请仲裁也可以向人民法院起诉的，仲裁协议无效"的规定，因双方当事人在案涉六份《采购合同》中既约定向仲裁机构申请仲裁，又约定向人民法院起诉，且双方当事人无法就争议解决方式达成合意，案涉六份《采购合同》中约定的仲裁条款无效。综上，同意你院的处理意见。

此复。

二〇二一年八月十七日

（撰写人：胡　方、赵　迪）

49 不能证明签订的仲裁协议是当事人真实意思表示的，视为未达成仲裁协议

——韦某某与刘某某、A 公司申请确认仲裁协议效力请示案

- **案　　号**　（2021）最高法民他 325 号
- **关 键 词**　申请确认仲裁协议效力／真实意思表示
- **相关法条**　《中华人民共和国仲裁法》第 4 条

【复　函】

关于韦某某与刘某某、A 公司申请确认仲裁协议效力一案的复函

（2021）最高法民他 325 号

湖南省高级人民法院：

你院（2021）湘民他 60 号《关于韦某某与刘某某、A 公司申请确认仲裁协议效力纠纷一案的请示》收悉。经研究，答复如下：

根据你院请示报告所述事实，2019 年 7 月 21 日，韦某某（甲方）与刘某某（乙方）、A 公司（丙方）签订《借款协议》；2019 年 10 月 18 日，韦某某与刘某某、A 公司签订《借款协议（补充）》。《借款协议（补充）》约定，甲乙丙三方若因履行本协议书发生争议，甲乙丙三方同意向甲方单位所在地长沙仲裁委员会申请依其届时有效的仲裁规则在长沙仲裁解决。根据《中华人民共和国仲裁法》第四条关于"当事人采用仲裁方式解决纠纷，应当双方自愿，达成仲裁协议"的规定，仲裁协议是当事人选择仲裁的真实意思表示。本案中，经长沙仲裁委员会委托湖南迪安司法鉴定中心鉴定，案涉《借款协议》和《借款协议（补充）》上的签字不是 A 公司法定代表人所签，印章也不是 A 公司在公安机关备案的公司印章。现有证据不能证明签订仲裁协议系 A 公司的真实意思表示，当事人之间未达成仲裁协议。综上，同意你院的处理意见。

此复。

二〇二一年九月二十九日

（撰写人：胡　方、赵　迪）

申请撤销仲裁裁决

1 仲裁程序违反法定程序的情形应审慎认定
——A 公司申请撤销仲裁裁决请示案

- **案　　号**　（2020）最高法民他 336 号
- **关 键 词**　申请撤销仲裁裁决 / 仲裁程序违反法定程序
- **相关法条**　《中华人民共和国仲裁法》第 58 条

【复　　函】

关于 A 公司申请撤销仲裁裁决一案请示的复函

（2020）最高法民他 336 号

山东省高级人民法院：

你院（2019）鲁民他 85 号《关于申请人 A 公司与被申请人 B 公司申请撤销仲裁裁决一案的请示》收悉。经研究，答复如下：

根据你院请示报告所述事实，经查阅仲裁卷宗，案涉仲裁庭先后三次对审查时限申请了延期，每次均在期限届满 5 日前提出书面申请，且有该会主任的签字，并无违反《中华人民共和国仲裁法》及《济宁仲裁规则》（2010 版）第四十三条规定的情形。案涉仲裁裁决书拟稿纸上亦有仲裁庭三人的签字。仅根据"仲裁裁决书尾部仅有首席仲裁员的签名"，并不能得出"仲裁裁决书签名违法"的结论，更不能据此认定案涉仲裁的程序违反法定程序。综上，不同意你院撤销案涉仲裁裁决的意见。

此复

二〇二一年一月二十五日

（撰写人：吕梦桃）

2 仲裁庭违反仲裁程序未对关键证据进行质证或鉴定违反法定程序，应先建议仲裁机构重新仲裁
——A公司、B公司、王某某申请撤销仲裁裁决案件请示案

- 案　　号　（2021）最高法民他36号
- 关 键 词　申请撤销仲裁裁决/违反仲裁程序/重新仲裁
- 相关法条　《中华人民共和国仲裁法》第61条

【复　函】

关于A公司、B公司、王某某申请撤销仲裁裁决案件请示的复函

（2021）最高法民他36号

安徽省高级人民法院：

你院（2020）皖民他79号《关于A公司、B公司、王某某与被申请人C公司申请撤销仲裁裁决纠纷一案报核的报告》收悉。经研究，答复如下：

本案审查焦点是案涉仲裁裁决是否存在违反法定程序应予撤销的情形。首先，关于鉴定机构的指定问题。本案仲裁程序中，A公司、B公司、王某某未能与C公司就鉴定机构的委托达成一致意见，阜阳仲裁委员会（以下简称阜阳仲裁委）根据案件需要有权指定鉴定机构进行鉴定，故阜阳仲裁委指定D公司作为本案鉴定机构，并不违反法律规定。根据本案查明的事实，并无证据证明阜阳仲裁委将指定鉴定机构通知直接送达给D公司，该公司法定代表人在录音资料中明确表示该公司并未收到阜阳仲裁委指定鉴定机构的通知，且相关鉴定费用亦是交予D公司安徽分公司。因此，阜阳仲裁委指定D公司作为鉴定机构并无不妥，但在鉴定机构公开告知过程中存在瑕疵。

其次，关于鉴定人员未出庭接受质询的问题。本案中，案涉（2020）006号工程造价鉴定意见书上载明的注册工程造价师为过某和黄某某，两人未到庭参加庭审接受质询，而参加仲裁庭庭审的李某某、刘某某、房某三位人员均不符合鉴定人资格。《中华人民共和国仲裁法》第四十四条第二项规定："根据当事人的请求或者仲裁庭的要求，鉴定部门应当派鉴定人参加开庭。当事人经仲裁庭许可，可以向鉴定

人提问。"本案中,阜阳仲裁委未能要求适格的鉴定人员出庭接受质询,亦未对案涉鉴定意见书进行充分质证,违反法定程序。

最后,关于案涉工程造价鉴定意见书及补充意见书是否客观真实的问题。根据本案查明的事实,D公司法定代表人明确表示并不知道阜阳仲裁委指定该公司为鉴定机构,对相关鉴定费用收取以及鉴定意见书加盖公司公章亦不知情,且于2020年7月1日出具《关于撤回(2020)006号工程造价鉴定意见书的情况说明》,可见该公司对案涉工程造价鉴定意见书并不认可,并应当知晓其要求撤回鉴定意见书的法律后果。2020年7月17日,D公司又出具《关于对"关于撤回(2020)006号工程造价鉴定意见书的情况说明"的情况说明》以及(2020)006-1号工程造价鉴定意见书补充意见,在该公司对案涉鉴定意见书明确表示要撤回的情况下,短期内又出具补充意见,前后结论明显存在反复和矛盾。同时,案涉工程造价鉴定意见书及补充意见书的相关鉴定人员亦未出庭接受质询存在违反法定程序之情形,足以影响案件的公正裁决,阜阳仲裁委作出的仲裁裁决应当予以撤销。

鉴于本案系建设工程施工合同纠纷,阜阳仲裁委已对本案基本事实进行了查明,同时已指定鉴定机构进行鉴定并出具了鉴定意见书,为充分保护双方当事人合法权益,支持仲裁机构有效化解矛盾纠纷,受案法院应当就能否对本案进行重新仲裁,先行与仲裁机构进行沟通,重新组织适格鉴定人员出庭接受质询,尽量通过重新仲裁的方式解决案涉争议。如确实无法就重新仲裁达成一致,同意你院撤销案涉仲裁裁决的请示意见。

此复。

二〇二一年三月三十一日

(撰写人:夏根辉)

3 认定索贿受贿、徇私舞弊、枉法裁决等行为存在,应以生效刑事法律文书或者纪律处分决定为依据
——A煤矿与史某某、章某某申请撤销仲裁裁决请示案

- **案　　号**　(2021)最高法民他132号
- **关 键 词**　申请撤销仲裁裁决/仲裁员违法行为认定
- **相关法条**　《中华人民共和国仲裁法》第58条第1款第6项

【复　函】

最高人民法院关于内蒙古自治区高级人民法院就 A 煤矿申请撤销仲裁调解书一案的请示的复函

（2021）最高法民他 132 号

内蒙古自治区高级人民法院：

你院（2021）内民他 1 号《关于申请人 A 煤矿与被申请人史某某、章某某申请撤销仲裁裁决一案的请示》收悉。经研究，答复如下：

依据《最高人民法院关于审理仲裁司法审查案件若干问题的规定》第十八条的规定，《中华人民共和国仲裁法》第五十八条第一款第六项和《中华人民共和国民事诉讼法》第二百三十七条第二款第六项规定的仲裁员在仲裁该案时有索贿受贿，徇私舞弊，枉法裁决行为，是指已经由生效刑事法律文书或者纪律处分决定所确定的行为。而根据你院请示所述事实，目前并没有生效刑事法律文书或者纪律处分决定确定本案仲裁员在仲裁该案时有索贿受贿，徇私舞弊，枉法裁决行为。据此，不同意你院拟依据《中华人民共和国仲裁法》第五十八条第一款第六项之规定，撤销鄂尔多斯仲裁委员会鄂仲字（2018）第 0023 号仲裁调解书的请示意见。

此复

二〇二一年五月二十七日

（撰写人：夏根辉）

4　仲裁送达程序是否违法应当根据仲裁机构的仲裁规则进行认定

——A 公司与 B 公司申请撤销仲裁裁决请示案

- 案　　号　（2021）最高法民他 157 号
- 关 键 词　申请撤销仲裁裁决 / 仲裁程序 / 仲裁机构仲裁规则
- 相关法条　《中华人民共和国民事诉讼法》第 237 条第 2 款第 3 项[①]

[①] 对应《中华人民共和国民事诉讼法》（2023 年修正）第 248 条第 2 款第 3 项。

【复　函】

最高人民法院关于上海市高级人民法院就申请人 A 公司与被申请人 B 公司申请撤销仲裁裁决案件的请示的复函

（2021）最高法民他 157 号

上海市高级人民法院：

你院（2021）沪民他 14 号《关于申请人 A 公司与被申请人 B 公司申请撤销仲裁裁决案件的请示》收悉。经研究，答复如下：

第一、案涉《中国国际经济贸易仲裁委员会仲裁规则》第六十一条第二款的含义应为，只要投递至受送达人营业地、注册地、住所地、惯常居住地或通讯地址，即视为已经送达。此时即使受送达人并未签收，亦应视为已经送达，无需再查询并投递至最后一个为人所知的营业地、注册地、住所地、惯常居住地或通讯地址。对于该问题你院少数观点是正确的。

第二、你院请示报告中对于邮件投递的事实表述为"投递状态为退回妥投"，但对于造成退回的原因、邮件是否确实投递至 A 公司主要经营场所所在地的事实未予明确表述。本案应查明邮件是否投递至 A 公司主要经营场所所在地的事实，如确已投递至该地址，应视为已经送达，不构成违反《仲裁规则》第六十一条第二款规定的情形，不应以违反上述规定为由撤销案涉仲裁裁决。

另，你院今后请示意见中应当写明明确具体的法律依据。

此复

二〇二一年八月十七日

（撰写人：夏根辉）

5 申请仲裁一方应当充分举证证明双方签订有仲裁协议并且仲裁协议已生效

——A 公司与 B 公司申请撤销仲裁裁决请示案

- **案　　号**　（2021）最高法民他 236 号
- **关 键 词**　申请撤销仲裁裁决 / 举证责任 / 达成仲裁协议
- **相关法条**　《中华人民共和国仲裁法》第 58 条第 1 款第 1 项

【复 函】

关于申请人A公司与被申请人B公司申请撤销仲裁裁决一案请示的复函

（2021）最高法民他236号

山东省高级人民法院：

你院（2021）鲁民他18号《关于申请人A公司与被申请人B公司申请撤销仲裁裁决一案的请示》收悉。经研究，答复如下：

本案为当事人申请撤销内地仲裁机构作出的非涉外涉港澳台仲裁裁决案件，应当根据《中华人民共和国仲裁法》第五十八条的规定，审查本案所涉仲裁裁决是否存在应予撤销的情形。

仲裁协议包括合同订立中的仲裁条款和以其他书面方式在纠纷发生前或者纠纷发生后达成的请求仲裁的协议，需要当事人之间具有请求仲裁的明确意思表示，是各方希望通过仲裁方式解决纠纷的合意。本案中，B公司提请仲裁依据的是案涉白砂糖购销合同复印件中的仲裁条款，但A公司对该复印件不予认可，B公司亦未提交充分证据证明该复印件的客观真实性。即使B公司在本案中提交的证据，可以证明其与A公司存在购销白砂糖的事实，但并未有充分证据证明双方当事人签订仲裁协议，达成了通过仲裁解决纠纷的合意，即双方当事人之间没有有效的仲裁协议。综上，同意你院根据《中华人民共和国仲裁法》第五十八条第一款第一项的规定，撤销临沂仲裁委员会（2021）临仲裁字第135号裁决的请示意见。

此复

二〇二一年九月二十八日

（撰写人：夏根辉）

6 对争议解决条款的实质性变更，当事人应通过签字盖章等形式予以确认

——吕某某与 A 公司申请撤销仲裁裁决请示案

- **案　　号**　（2021）最高法民他 40 号
- **关 键 词**　申请撤销仲裁裁决 / 争议解决条款
- **相关法条**　《中华人民共和国仲裁法》第 58 条第 1 款第 1 项

【复　　函】

关于吕某某申请撤销仲裁裁决一案的复函

（2021）最高法民他 40 号

广西壮族自治区高级人民法院：

你院（2020）桂民特 92 号《关于申请人吕某某申请撤销仲裁裁决一案的请示》收悉。经研究，答复如下：

根据你院报告，案涉《借款合同》第十一条"纠纷解决"部分载明："如果公证机构不能依据本合同出具执行证书，或公证机构出具执行证书后人民法院依法裁定不予执行，双方约定由担保物所在地人民法院管辖"。该条款右下方页边处加盖了条形章，内容是："本合同履行过程中发生的任何纠纷均提交北海国际仲裁院仲裁，并适用该会仲裁规则的简易程序书面审理，其他约定与本约定不一致的以该约定为准"。

上述合同中的修改内容是对争议解决条款的实质性变更，但均无合同当事人通过签字盖章等形式对此予以确认。吕某某对上述合同中关于变更争议解决方式条款的真实性亦不予认可。故现有证据不能证明案涉《借款合同》中的仲裁条款系合同当事人的真实意思表示，同意你院处理意见。

此复

二○二一年二月二十日

（撰写人：马　玲）

7 仲裁裁决认定事项与仲裁协议约定内容相关，应当认定不存在仲裁裁决超出仲裁协议约定的范围而应予撤销的情形

——A 公司申请撤销仲裁裁决请示案

- 案　　号　（2021）最高法民他 48–52 号
- 关 键 词　申请确认仲裁协议效力／超裁情形
- 相关法条　《中华人民共和国仲裁法》第 58 条

【复　函】

关于 A 公司申请撤销仲裁裁决一案请示的复函

（2021）最高法民他 48–52 号

辽宁省高级人民法院：

你院（2020）辽民他 40–41、43–45 号《关于 A 公司申请撤销沈阳仲裁委员会作出的（2019）沈仲裁字第 19231–19234、19237 号仲裁裁决一案的请示》收悉。经研究，答复如下：

本案系当事人申请撤销国内仲裁裁决案件。根据请示所述事实，2012 年，A 公司与 B 公司就案涉采购事宜签订《合同协议书》。2019 年，双方再行签订《仲裁协议》，就某工程预应力钢筒混凝土管（PCCP）采购一标的"因成本改变的调整"事项即合同的调差问题申请仲裁一事，达成一致意见。合同的调差可能导致当事人合同权利义务关系的改变，案涉仲裁裁决在就是否调差作出判断后，裁定 A 公司向案外人 C 公司支付的采购款及其利息均与调差相关，属于"调差款"的范畴，当然为案涉《仲裁协议》即"因成本改变的调整"事项所涵盖。故案涉仲裁裁决不存在超出仲裁协议约定的范围而应予撤销的情形。

此复

二〇二一年二月五日

（撰写人：陈宏宇、张伯娜）

8 在申请撤销仲裁裁决案件中，关于仲裁员与一方当事人的代理人存在特定关系是否系仲裁庭的组成违反法定程序的判断

——段某某与 A 公司申请撤销仲裁裁决请示案

- **案　　号**　（2021）最高法民他 164 号
- **关 键 词**　申请撤销仲裁裁决 / 仲裁庭的组成是否违反法定程序
- **相关法条**　《中华人民共和国仲裁法》第 58 条，《最高人民法院关于适用〈中华人民共和国仲裁法〉若干问题的解释》第 20 条

【复　　函】

关于山东省高级人民法院拟撤销烟台仲裁委员会（2020）烟仲字第 106 号仲裁裁决一案的复函

（2021）最高法民他 164 号

山东省高级人民法院：

你院（2021）鲁民他 10 号《关于申请人段某某与被申请人 A 公司申请撤销仲裁裁决案的请示》收悉。经研究，答复如下：

根据你院请示报告查明的事实，B 公司的工作人员张某某作为仲裁案件的独任仲裁员，在 2013 年 8 月至 2020 年 7 月期间，与本案 A 公司委托代理人、时任 B 公司法律顾问王某某共同代理 B 公司多起案件。在本案仲裁程序进行期间，张某某仍与王某某共同代理 B 公司相关案件并参加法院诉讼程序。仲裁员张某某与 A 公司代理人王某某之间不仅存在长期的工作协作关系，且该工作协作关系存续至仲裁程序进行过程之中，该特定工作关系的存在可能影响张某某中立裁断仲裁案件，构成《中华人民共和国仲裁法》第三十四条第三项规定的仲裁员与本案当事人、代理人有其他关系，可能影响公正仲裁的情形。仲裁员应当回避而未回避，违反了上述法律规定。根据《最高人民法院关于适用〈中华人民共和国仲裁法〉若干问题的解释》第二十条的规定，违反仲裁法规定的仲裁程序可能影响案件正确裁决构成《中华人民共和国仲裁法》第五十八条规定的"仲裁庭的组成违反法定程序"之情形，案涉

仲裁裁决应予撤销。综上，同意你院处理意见。

此复。

二〇二一年五月二十四日
（撰写人：杨弘磊、李　娜）

9 在申请撤销仲裁裁决案件中，关于仲裁员与一方当事人的代理人存在共同工作关系结束未满2年是否系仲裁庭的组成违反法定程序的判断

——涂某某、付某某与郭某某、涂某、李某某申请撤销仲裁裁决请示案

- **案　　号**　（2021）最高法民他166号
- **关 键 词**　申请撤销仲裁裁决／仲裁庭的组成是否违反法定程序
- **相关法条**　《中华人民共和国仲裁法》第58条，《最高人民法院关于适用〈中华人民共和国仲裁法〉若干问题的解释》第20条

【复　函】

关于广东省高级人民法院拟撤销中国广州仲裁委员会（2019）穗仲案字第734号仲裁裁决一案的复函

（2021）最高法民他166号

广东省高级人民法院：

你院（2020）粤民他88号《关于涂某某、付某某申请撤销仲裁裁决一案的请示》收悉。经研究，答复如下：

根据你院请示报告查明的事实，郭某某、涂某、李某某的代理人熊某某与仲裁员张某某曾在同一律师事务所任职，熊某某于2019年1月22日指定张某某为仲裁员时，二人共同工作关系结束时间未满两年。根据《中国广州仲裁委员会仲裁规则》第三十三条的规定，仲裁员曾与任何一方代理人在同一单位工作，该关系结束未满两年，应当回避。张某某存在仲裁规则规定的应当回避事项而未回避，违反了仲裁规则的规定。根据《最高人民法院关于适用〈中华人民共和国仲裁法〉若干问题的解释》第二十条的规定，违反当事人选择的仲裁规则可能影响案件正确裁决构成《中华人民共和国仲裁法》第五十八条规定的"仲裁庭的组成违反法定程序"之

情形，案涉仲裁裁决应予撤销。综上，同意你院处理意见。

此复。

二〇二一年五月二十四日

（撰写人：杨弘磊、李 娜）

10 在申请撤销仲裁裁决案件中关于隐瞒证据的判断
——何某某、陈某某与 A 公司申请撤销仲裁裁决请示案

- 案　　号　（2021）最高法民他 202 号
- 关 键 词　申请撤销仲裁裁决 / 隐瞒证据
- 相关法条　《中华人民共和国仲裁法》第 58 条

【复　　函】

关于广西壮族自治区高级人民法院拟撤销北海仲裁委员会（2019）北海仲字第 13-3168 号仲裁裁决一案的复函

（2021）最高法民他 202 号

广西壮族自治区高级人民法院：

你院（2021）桂民特 12 号《关于何某某、陈某某申请撤销仲裁裁决一案的请示》收悉。经研究，答复如下：

根据你院请示报告查明的事实，北海仲裁委员会按照何某某、陈某某在《汽车按揭服务合同》中约定的地址向其送达相关仲裁文件，符合合同约定以及《北海仲裁委员会 / 北海国际仲裁院仲裁规则（2018）》的规定。在相关文书经过合法送达，何某某、陈某某未参加仲裁的情况下，仲裁庭有权根据案件相关证据认定案件事实并作出裁决。何某某、陈某某并未向 A 公司提出证据披露请求或者请求仲裁庭要求浙融公司披露证据，现有证据不能认定浙融公司存在《中华人民共和国仲裁法》第五十八条第五项规定的隐瞒证据的情形。综上，不同意你院认定浙融公司隐瞒了足以影响公正裁决的证据并撤销案涉仲裁裁决的意见。

此复。

二〇二一年八月十七日

（撰写人：杨弘磊、李 娜）

11 仲裁裁决破坏土地市场秩序的，应认定违背社会公共利益

——某市自然资源和规划局申请撤销仲裁裁决请示案

- **案　　号**　（2021）最高法民他233号
- **关 键 词**　申请撤销仲裁裁决／社会公共利益
- **相关法条**　《中华人民共和国仲裁法》第58条

【复　　函】

关于某市自然资源和规划局申请撤销仲裁裁决一案的复函

（2021）最高法民他233号

山东省高级人民法院：

你院《关于某市自然资源和规划局申请撤销仲裁裁决一案的请示》收悉。经研究，答复如下：

《关于规范国有土地使用权出让收支管理的通知》经国务院同意、由国务院办公厅下发，是具有行政法规性质的规范性文件，其效力高于行政规章。该通知关于按日加收违约金额1‰违约金的规定，是强制性规定，不可调减。仲裁裁决违反该通知的规定调减违约金比例，破坏了国有土地交易秩序，违背了社会公共利益。同意撤销案涉仲裁裁决。

此复

二〇二一年九月二十七日

（撰写人：奚向阳）

12 假冒他人名义伪造他人公章的行为与表见代理无涉
——A 医院与 B 公司、C 公司申请撤销仲裁裁决请示案

- **案　　号**　（2021）最高法民他 238 号
- **关 键 词**　申请撤销仲裁裁决
- **相关法条**　《中华人民共和国民法典》第 172 条，《中华人民共和国仲裁法》第 58 条第 1 款第 1 项

【复　　函】

关于 A 医院申请撤销仲裁裁决一案的复函

（2021）最高法民他 238 号

江苏省高级人民法院：

你院（2021）苏民他 19 号《A 医院与 B 公司等申请撤销仲裁裁决案的请示》收悉。经研究，答复如下：

根据请示报告记载的事实，《债务确认函》《债务确认补充函》是由 C 公司员工假冒 A 医院工作人员出具的，加盖的 A 医院印章也是伪造的。现有证据不能证明 A 医院与 B 公司就涉案纠纷达成提交仲裁的意思表示。本案符合《中华人民共和国仲裁法》第五十八条第一款第一项"没有仲裁协议的"情形，案涉仲裁裁决应予撤销。

此复

二〇二一年八月二十六日

（撰写人：马　玲）

13 仲裁协议中电子签名的认定
——亓某某申请撤销仲裁裁决请示案

- 案　　号　（2021）最高法民他 261 号
- 关 键 词　申请撤销仲裁裁决／电子签名
- 相关法条　《中华人民共和国仲裁法》第 58 条

【复　　函】

关于亓某某申请撤销仲裁裁决一案的复函

（2021）最高法民他 261 号

广西壮族自治区高级人民法院：

你院《关于申请人亓某某与被申请人上海 A 公司申请撤销仲裁裁决一案的请示报告》收悉。经研究，答复如下：

电子签名为当前常用的签名方式，当事人提交的电子签名通过防篡改的技术手段或者通过电子取证存证平台认证，能够证明其真实性的，应当认定为有效。根据请示，本案中包含仲裁条款的《补充协议》尾部有字样为"7772406291 亓某某"的电子签名，该电子签名未经相关技术手段或有关机构认证，且亓某某对上述电子签名的真实性亦不予认可。因此，根据现有证据，难以认定双方达成仲裁协议。因此也无法确定《补充协议》记载的邮箱为亓某某提供的送达地址，亓某某本人对此亦不认可。仲裁庭向上述邮箱送达相关仲裁文书，违反了法定程序。

综上，当事人双方未达成仲裁协议，且仲裁违反法定程序，同意你院处理意见，撤销北海国际仲裁院（2019）北海仲字第 2521 号仲裁裁决。

此复

二〇二一年九月二十六日

（撰写人：奚向阳）

14 仲裁裁决认定当事人约定的白银期货交易有效违背社会公共利益的，应予撤销

——甲与 A 公司申请撤销仲裁裁决请示案

- **案　　号**　（2021）最高法民他 295 号
- **关 键 词**　申请撤销仲裁裁决 / 公共利益
- **相关法条**　《中华人民共和国仲裁法》第 58 条

【复　　函】

关于甲申请撤销仲裁裁决一案的复函

（2021）最高法民他 295 号

北京市高级人民法院：

你院京高法〔2021〕731 号《关于申请人甲申请撤销〔2015〕中国贸仲京裁字第 1177 号仲裁裁决一案的请示》收悉。经研究，答复如下：

根据你院请示所述事实，甲通过 A 公司（以下简称 A 公司）在北京大宗商品交易所提供的交易平台上进行的白银现货电子交易业务，实际采取了集中竞价、连续竞价、电子撮合、不交割现货的交易方式，其实质为期货交易。根据《期货交易管理条例》第四条、第六条规定，我国对期货交易采取严格的行政监管，期货交易应当在依法设立的期货交易所、国务院批准的或者国务院期货监督管理机构批准的其他期货交易场所进行。北京市金融工作局出具的《信访办理意见书》载明，北京大宗商品交易所现有交易品种未经批准上线交易。A 公司以其注册会员的身份吸引不特定的社会公众参与交易的行为已脱离国家监管，存在极大的投资风险，极有可能扰乱期货交易秩序，引发经济金融风险并影响社会稳定。案涉仲裁裁决对甲关于确认其与 A 公司签订的《天誉金泰客户协议》无效的请求未予支持，违背社会公共利益，根据《中华人民共和国仲裁法》第五十八条第三款规定，应予撤销。同意你院意见。

此复

二〇二一年十二月十六日

（撰写人：李桂顺）

15 仲裁案件涉及刑事案件并已由侦查机关正式立案情况下仲裁裁决的效力问题
——某县人民医院申请撤销仲裁裁决请示案

- **案　　号**　（2021）最高法民他322号、323号（以322号为例）
- **关 键 词**　申请撤销仲裁裁决／仲裁案件涉及刑事案件并已由侦查机构立案
- **相关法条**　《中华人民共和国仲裁法》第58条

【复　　函】

关于某县人民医院申请撤销仲裁裁决一案的复函

（2021）最高法民他322号

浙江省高级人民法院：

你院《关于申请人某县人民医院与被申请人A公司申请撤销仲裁裁决一案的报核报告》收悉。经研究，答复如下：

根据请示，某县公安局作出立案决定书，对A公司等立案侦查。但无法律规定涉嫌经济犯罪的纠纷为仲裁庭无权仲裁的纠纷。因此，认定仲裁委员会无权仲裁本案纠纷，缺乏法律依据。

对于仲裁庭应如何处理涉嫌经济犯罪的案件，亦无法律规定。杭州仲裁委员会仲裁规则（1996年通过，经三次修订，自2016年1月1日起施行的适用于本案的仲裁规则）第六十四条规定：仲裁案件涉及刑事案件并已由侦查机关正式立案的，并不必然导致仲裁程序中止，仲裁庭可根据已经查明的事实作出决定。据此规定，对案件是否中止审理，仲裁庭享有裁量权。本案仲裁庭未中止仲裁程序，不违反法律规定和仲裁规则。

综上，本案现有证据不足以证明案涉仲裁裁决存在《中华人民共和国仲裁法》第五十八条第一款第二项"仲裁委员会无权仲裁的"、第三项"违反法定程序的"法定情形，不同意你院撤销仲裁裁决的意见。

此复

二〇二一年九月二十七日

（撰写人：奚向阳）

16 仲裁协议未载明送达电子邮箱情况下仲裁机构的送达是否有效

——皮某某申请撤销仲裁裁决请示案

- **案　　号**　（2021）最高法民他 340 号
- **关 键 词**　申请撤销仲裁裁决 / 送达
- **相关法条**　《中华人民共和国仲裁法》第 58 条

【复　　函】

关于皮某某申请撤销仲裁裁决一案的复函

（2021）最高法民他 340 号

广西壮族自治区高级人民法院：

你院《关于申请人皮某某与被申请人 A 公司申请撤销仲裁裁决案的请示》收悉。经研究，答复如下：

根据你院请示，涉案《借款合同》未载明皮某某的电子邮箱地址。北海国际仲裁院将相关文书送至电子邮箱 18602775613@139.com，但皮某某主张其对该邮箱并不知晓，现有证据亦无法证明仲裁相关材料已有效送达皮某某，该送达违反北海国际仲裁院仲裁规则的相关规定，未能充分保障当事人的程序权利，依据我国仲裁法第五十八条第一款第三项之规定，案涉仲裁裁决应予撤销。

此复

二〇二一年十二月八日

（撰写人：奚向阳）

17 仲裁庭邮寄仲裁文书的地址填写错误，相关仲裁裁决应予撤销
——甲与乙申请撤销仲裁裁决请示案

- 案　　号　（2021）最高法民他370号
- 关 键 词　申请撤销仲裁裁决／送达
- 相关法条　《中华人民共和国仲裁法》第58条

【复　　函】

关于甲申请撤销仲裁裁决一案的复函

（2021）最高法民他370号

广西壮族自治区高级人民法院：

你院（2021）桂民特52号《关于申请人甲与被申请人乙申请撤销仲裁裁决案的请示》收悉。经研究，答复如下：

根据你院请示所述事实及所附卷宗材料，某仲裁委员会仲裁规则第七十六条第三款规定，向受送达人身份证载明地址、户籍所在地寄送仲裁文书，即视为送达。某仲裁委员会向甲邮寄相关仲裁文书，将其身份证上地址中"秀屏新苑"写成"秀萍乡新苑"，将门牌号"602"写成"603"，导致相关邮件均因无法送达被退回。某仲裁委员会的送达程序违反了《中华人民共和国仲裁法》及该仲裁委员会仲裁规则的规定。根据《中华人民共和国仲裁法》第五十八条第一款第三项规定，案涉仲裁裁决应予撤销。同意你院报请意见。

此复

二〇二一年十一月八日

（撰写人：李桂顺、马　玲）

18 违反社会公共利益的仲裁裁决应予撤销
——A 公司、A 公司辽宁公司申请撤销仲裁裁决请示案

- **案　　号**　（2021）最高法民他 433 号
- **关 键 词**　申请撤销仲裁裁决 / 违反社会公共利益
- **相关法条**　《中华人民共和国仲裁法》第 58 条第 3 款

【复　　函】

关于 A 公司、A 公司辽宁公司申请撤销中国国际经济贸易仲裁委员会（2020）中国贸仲京裁字第 1407 号仲裁裁决一案的复函

（2021）最高法民他 433 号

北京市高级人民法院：

你院京高法〔2021〕1200 号《关于 A 公司、A 公司辽宁公司申请撤销中国国际经济贸易仲裁委员会（2020）中国贸仲京裁字第 1407 号仲裁裁决一案的请示》收悉。经研究，答复如下：

本案系申请撤销仲裁裁决的案件，主要审查是否存在《中华人民共和国仲裁法》（以下简称仲裁法）第五十八条规定的情形。关于案涉仲裁裁决是否违背社会公共利益的问题。根据你院请示所述事实，本案中，虽然案涉《关于建昌县 B 公司股权转让合同》（以下简称《股权转让合同》）在形式上仅涉及双方平等主体之间的民事纠纷，但依据相关刑事判决认定的事实，李某为完成 A 公司对 B 公司的股权收购，指使 B 公司工作人员以造假方法虚构金矿储量，编制虚假储量《补充勘探地质报告》，未经国土资源部门评审备案，导致该金矿以公司股权转让形式卖给了 A 公司，造成国家经济损失。李某单独或者伙同他人多次向时任 A 公司总经理的孙某某等人行贿，孙某某等人在上述金矿收购中涉嫌受贿罪，均已被判刑。故案涉《股权转让合同》的签订、履行的背后均存在李某、孙某某等人的行贿、受贿行为，签订案涉《股权转让合同》明显系双方行贿受贿的结果。《股权转让合同》的实质是以从事犯罪或者帮助犯罪行为作为内容的合同，该等行为涉及贿赂等严重违法犯罪行为，违背了法律的基本原则，违反了国家的善序良俗。因此，本案符合仲裁法第五十八条

第三款关于裁决违背社会公共利益的规定，案涉仲裁裁决应予撤销。

其次，关于仲裁程序是否违反法定程序的问题。《最高人民法院关于适用〈中华人民共和国仲裁法〉若干问题的解释》第二十条规定："仲裁法第五十八条规定的'违反法定程序'，是指违反仲裁法规定的仲裁程序和当事人选择的仲裁规则可能影响案件正确裁决的情形。"本案中，A公司、A公司辽宁公司于2018年8月22日提起仲裁申请，请求包括确认解除《股权转让合同》，被申请人返还合同价款并赔偿损失等。A公司于2020年9月10日提交《增加仲裁请求申请书》，请求确认《股权转让合同》无效。仲裁庭依据《贸仲仲裁规则》第十七条的规定认为该项申请提出过迟不予同意，并不属于违反仲裁法规定的仲裁程序或当事人选择的仲裁规则可能影响案件正确裁决的情形。因此，A公司、A公司辽宁公司关于仲裁庭不同意其增加仲裁请求属于违反法定程序的理由不能成立。

综上，本案符合《中华人民共和国仲裁法》第五十八条第三款规定的情形，同意你院关于撤销案涉（2020）中国贸仲京裁字第1407号仲裁裁决的意见。

此复

二○二一年十二月十七日
（撰写人：冯哲元）

19 应根据全案证据而非部分证据判断是否存在当事人隐瞒足以影响公正裁决的证据的情形

——某家居股份有限公司申请撤销北京仲裁委员会（2018）京仲裁字第0242号仲裁裁决案件的再请示案

- 案　　号　（2020）最高法民他331号
- 关 键 词　隐瞒证据/足以影响公正裁决/全案证据/部分证据
- 相关法条　《中华人民共和国仲裁法》第58条第1款第5项

【复　　函】

关于对某家居股份有限公司申请撤销北京仲裁委员会（2018）京仲裁字第 0242 号仲裁裁决再请示案的复函

（2020）最高法民他 331 号

北京市高级人民法院：

你院京高法〔2020〕787 号《关于某家居股份有限公司申请撤销北京仲裁委员会（2018）京仲裁字第 0242 号仲裁裁决案件的再请示》收悉。经研究，答复如下：

某家居股份有限公司（以下简称某公司）申请撤销北京仲裁委员会作出的仲裁裁决，因被申请人潘某某、庄某某为新加坡居民，故本案为申请撤销涉外仲裁裁决案件，应依照《中华人民共和国仲裁法》第七十条及《中华人民共和国民事诉讼法》第二百七十四条第一款的规定，对某公司的申请事项进行审查。

关于案涉债权债务关系是否真实存在。根据你院报请的事实，案涉股权转让框架协议第四条"股东向公司借款债权的偿还"约定：约定股东借款债权的偿还，根据卖方说明，截至本协议签署日，卖方向目标公司提供不超过 2 亿元的股东借款（不计利息），具体金额以各方共同指定的会计师事务所就公司债权债务进行的专项审计的审计结果中记载的卖方对目标公司享有的股东借款债权为准。针对案涉债权的真实性，潘某某、庄某某向仲裁庭提供了讼争债权的款项交付凭证、款项来源的证据、某公司及其实际控制人的自认、某公司工作人员的确认、某公司出具的询证函、历次审计报告、案涉一笔债权名义债权人的确认函件，以及声明书和当庭证言。仲裁庭对案涉债权债务存在与否系基于一系列证据而综合作出的认定，所依据的并非仅仅是三位名义债权人的证言。

关于裁决的事项是否属于协议的范围或者仲裁机构无权仲裁。根据你院报请的事实，案涉股权转让协议第十一条约定"因签署或履行本协议引起或与之有关的任何争议，应提交北京仲裁委员会，按照申请仲裁时该会现行有效的仲裁规则在北京进行仲裁"。首先，案涉股权转让框架协议第四条载明了争议的债权债务的相关内容，第四条属于案涉股权转让框架协议的组成部分，某公司也已在案涉股权转让框架协议上签字。故潘某某、庄某某以案涉股权转让框架协议第四条为依据提起仲裁，属于因履行案涉协议引起或与之有关的争议；其次，协议中关于"不超过 2 亿元的股东向公司借款"的约定并不构成双方对借款数额的最终确定，协议已明确载明具体金额应当由各方共同指定的会计师事务所专项审计结果决定。而以上债权均与"4.30审计报告"及2014年年度审计报告的审计结果一致。裁决事项并未超出仲裁协议的范围。

另,你院报请称拟依据《中华人民共和国民事诉讼法》第二百七十四条第三款、第四款撤销案涉裁决,但现行有效的《中华人民共和国民事诉讼法》第二百七十四条并不存在第三款、第四款。如果你院所指系《中华人民共和国民事诉讼法》第二百七十四条第一款第三项、第四项,你院认为仲裁庭超裁属于该条第一款第三项所规定的"仲裁庭的组成或者仲裁的程序与仲裁规则不符",归类似有不妥。

综上,本案不存在《中华人民共和国民事诉讼法》第二百七十四条第一款第三项、第四项规定的情形。不宜以你院报送的理由撤销(2018)京仲裁字第0242号仲裁裁决。

此复。

二〇二一年九月十日

(撰写人:郭载宇)

20 仅向当事人的工商注册地址送达,未向仲裁申请人提供的当事人约定的地址送达而缺席审理,构成仲裁程序违法

——某教育信息咨询(上海)有限公司与杭州某某智能科技有限公司申请撤销仲裁裁决请示案

- 案　　号　(2021)最高法民他373号
- 关　键　词　送达/工商注册地址/当事人提供的约定地址/仲裁程序违法
- 相关法条　《中华人民共和国仲裁法》第41条、第58条第1款第3项

【复　函】

关于申请人某教育信息咨询（上海）有限公司申请撤销仲裁裁决一案的复函

（2021）最高法民他 373 号

浙江省高级人民法院：

你院《关于申请人某教育信息咨询（上海）有限公司与被申请人杭州某某智能科技有限公司申请撤销仲裁裁决一案的报核报告》收悉。经研究，答复如下：

根据你院报请的事实，某教育信息咨询（上海）有限公司（以下简称某公司）的工商登记地址为中国（上海）自由贸易试验区张杨路 500 号 601 室。除此之外，某公司还存在一个合同约定的地址。依据某某公司与某公司于 2018 年 9 月 26 日签订的《大脑潜能 3D-NLDS 检测仪器租赁使用合约》第九条"通知"约定：某公司联系人为高某某，联系电话为 1338191××××，收件地址为上海市浦东新区晨晖路 377 弄 × 号 × 室。

杭州仲裁委明知依据某公司工商注册地址未能送达，且无需查询即已经获知了仲裁申请人所提供的仲裁被申请人的另一通讯地址，仲裁申请人在仲裁过程中亦多次向杭州仲裁委告知应以合同约定的地址送达。在此情况下，杭州仲裁委未按照仲裁申请人提供的其他通讯地址即当事人约定的地址进行送达，仍然多次向某公司的工商注册地址送达，随后缺席审理并作出裁决。其对《杭州仲裁委员会仲裁规则》有关送达的规定的解释违反了基本的正当程序理念，实际上构成对其仲裁规则中关于送达相关规定的违反，并因此导致某公司答辩、举证和辩论等相关权利被剥夺，构成《中华人民共和国仲裁法》第五十八条第一款第三项所规定的"仲裁庭的组成或者仲裁的程序违反法定程序的"的情形。同意你院关于案涉仲裁裁决应予撤销的意见。

此复

二〇二一年十二月日

（撰写人：郭载宇）

21 证明部分当事人无仲裁合意的，应仅撤销针对该当事人的裁项而非仲裁裁决的全部裁项

——吉林某某房地产开发有限公司与窦某某、梁某某、张某、某（厦门）股权投资基金管理有限公司申请撤销北京仲裁委员会（2020）京仲裁字第0953号、第1121号、第0864号仲裁裁决请示案

- 案　　号　（2021）最高法民他438号
- 关 键 词　仲裁合意/部分撤销裁决
- 相关法条　《中华人民共和国仲裁法》第58条

【复　函】

关于吉林某某房地产开发有限公司申请撤销仲裁裁决一案的复函

（2021）最高法民他438号

北京市高级人民法院：

你院京高法〔2021〕1217号《关于申请人吉林某某房地产开发有限公司与被申请人窦某某、梁某某、张某、某（厦门）股权投资基金管理有限公司申请撤销北京仲裁委员会（2020）京仲裁字第0953、1121、0864号仲裁裁决案件的请示》收悉。根据你院请示所述事实，并经查阅你院随函移送的卷宗材料，经研究，答复如下：

根据你院报请的事实，仲裁申请人提供的《补充协议》落款处，吉林某某房地产开发有限公司的公章不是该公司的真实公章，故不能认定该公司对《补充协议》中的仲裁协议具有真实意思表示。在仲裁协议不能约束吉林某某房地产开发有限公司的情况下，北京仲裁委员会作出的（2020）京仲裁字第0864号裁决书中关于吉林某某房地产开发有限公司对张某承担民事责任的部分，以及其承担仲裁费的部分，应予撤销。

此复

二〇二一年十二月十六日

（撰写人：郭载宇）

22 仲裁协议对某一当事人是否具有约束力的认定
——李某某申请撤销仲裁裁决请示案

- **案　　号**　（2021）最高法民他 387 号
- **关 键 词**　仲裁 / 申请撤销仲裁裁决 / 仲裁协议约束力
- **相关法条**　《中华人民共和国仲裁法》第 58 条，《最高人民法院关于适用〈中华人民共和国仲裁法〉若干问题的解释》第 27 条

【复　　函】

关于李某某申请撤销仲裁裁决一案的复函

（2021）最高法民他 387 号

广西壮族自治区高级人民法院：

你院（2021）桂民特 42 号《关于李某某申请撤销仲裁裁决一案的请示》收悉。经研究，答复如下：

根据你院提供的事实，李某某在《售后回租赁合同》第二页特约条款部分尾部签名，且合同载明该合同包括一般条款，共有四页，文本就仲裁条款加黑并加下划线。可以认定，李某某与 A 公司在该合同中已达成仲裁协议。同日，李某某、A 公司及案外人又签署了《三方协议》。李某某、A 公司均认可《三方协议》第 6.3 条款所指"回租合同"即案涉《售后回租赁合同》。故《三方协议》已将《售后回租赁合同》的争议解决方式变更为诉讼，李某某与 A 公司之间不存在合法有效的仲裁协议。根据案涉仲裁裁决书的记载，李某某在仲裁过程中多次提出了管辖异议。根据《最高人民法院关于适用〈中华人民共和国仲裁法〉若干问题的解释》第二十七条的规定，李某某与 A 公司之间未达成有效的仲裁协议，李某某在仲裁程序中多次对仲裁协议的效力提出了异议，其以此为由主张撤销仲裁裁决符合《中华人民共和国仲裁法》第五十八条的规定，应予支持。

李某某主张 A 公司隐瞒相关证据，但未证明相关证据足以影响公正裁决且仅为 A 公司掌握，故李某某的该项主张，不予支持。

李某某主张仲裁庭枉法裁决缺乏证据证明，不予支持。

综上，同意你院撤销案涉仲裁裁决的意见。

此复

二〇二一年十二月十七日

（撰写人：张树明）

23 在判断仲裁程序是否违反法定程序时应综合考量仲裁规则以及实际情况进行分析认定

——沈某某申请撤销仲裁裁决请示案

- **案　　号**　（2021）最高法民他 47 号
- **关 键 词**　撤销仲裁裁决 / 仲裁程序 / 送达 / 合理查询
- **相关法条**　《中华人民共和国仲裁法》第 58 条

【复　　函】

关于沈某某申请撤销仲裁裁决一案的复函

（2021）最高法民他 47 号

上海市高级人民法院：

你院（2020）沪民他 44 号《关于申请人沈某某与被申请人赵某、A 公司申请撤销仲裁裁决案件的请示》收悉。经研究，答复如下：

上海国际经济贸易仲裁委员会所适用的《中国（上海）自由贸易试验区仲裁规则》第八十条规定："向一方当事人及 / 或其仲裁代理人发送的有关仲裁的文书、通知、材料等，如经当面递交或投递至营业地、注册地、住所地、惯常居住地或通讯地址，或者经对方当事人合理查询不能找到上述任一地点，秘书处以挂号信或能提供投递记录的其他任何手段投递给受送达人最后一个为人所知的营业地、注册地、住所地、惯常居住地或通讯地址，即视为已经送达。"

根据你院请示所述的事实，仲裁庭向沈某某的住所地即户籍所在地投递有关仲裁材料，但被退回。根据双方当事人选定的仲裁规则，在此情况下，赵某应履行合理查询义务，查询其他有效送达地址。经一审法院调查，受送达人的居住地址为"对公"信息，可由律师持律师证及律所介绍信即可查询。赵某代理人在能够较为方便地获取受送达人居住地址的情况下,疏于行使查询义务,未能向仲裁庭提供有效送达地址,导致沈某某不能到庭参加仲裁,可能影响仲裁裁决结果的公正性,属于我国仲裁法规定的仲裁程序违反法定程序的情形。因此,沈某某申请撤销仲裁裁决的理由成立,案涉仲裁裁决应予撤销。

综上,同意你院关于撤销上海国际经济贸易仲裁委员会(2019)沪贸仲裁字第1064号裁决的意见。

此复。

二〇二一年二月二十六日

(撰写人:马晓旭)

24 尚无充分证据证明申请仲裁依据的事实与刑事犯罪相关的,不能认定仲裁机构无权仲裁

——李某某与吴某等申请撤销仲裁裁决请示案

- **案　　号**　(2021)最高法民他312号
- **关 键 词**　申请撤销仲裁裁决 / 刑事犯罪 / 无权仲裁
- **相关法条**　《中华人民共和国仲裁法》第2条、第58条

【复　　函】

关于申请人李某某与被申请人吴某等申请撤销仲裁裁决一案的复函

(2021)最高法民他312号

广东省高级人民法院:

你院(2020)粤民再357号《关于申请人李某某与被申请人吴某、刘某、赵某、曾某某、段某某、朱某某、倪某某、吴某某、刘某某、王某申请撤销仲裁裁决一案的请示》收悉。经研究,答复如下:

《中华人民共和国仲裁法》第二条规定:"平等主体的公民、法人和其他组织之间发生的合同纠纷和其他财产权益纠纷,可以仲裁。"根据该条规定,如果有充分证据能够证明案涉仲裁裁决所涉事实是非法吸收公众存款犯罪事实的组成部分,则仲裁机构无权对相关事项进行仲裁,人民法院应当根据当事人申请,依照《中华人民

共和国仲裁法》第五十八条第一款第二项关于"裁决的事项不属于仲裁协议的范围或者仲裁委员会无权仲裁"的规定，对作出的仲裁裁决予以撤销。

而本案中，案涉刑事判决并未涉及李某某借款的事实；且根据你院请示所述事实，广东省广州市天河区人民法院（2019）粤0106执13719号执行裁定载明："（2016）粤0106刑初2062号刑事判决未明确违法所得的财产，故无法对违法所得进行追缴""案外人李某某到庭表示其愿意退出部分涉案款项，并已交纳部分款项，但因该款项的性质存在争议，故暂不宜作发还处理"。因此，现有证据不能证明案涉款项系刑事犯罪的违法所得，以及吴某等人申请仲裁依据的事实与刑事犯罪相关。案涉仲裁裁决不属于《中华人民共和国仲裁法》第五十八条第一款第二项规定的情形。

综上，不同意你院以案涉仲裁裁决符合《中华人民共和国仲裁法》第五十八条第一款第二项规定为由，拟予撤销的报请意见。

此复

二○二一年十一月十八日

（撰写人：沈　佳）

25 对于能够证明仲裁庭认定为焦点事实问题的证据，仲裁庭要求提供而故意拒不提供，构成隐瞒主要证据

——A公司与B公司申请撤销仲裁裁决请示案

- **案　　号**　（2021）最高法民他266号
- **关 键 词**　申请撤销仲裁裁决/隐瞒证据
- **相关法条**　《中华人民共和国仲裁法》第58条，《最高人民法院关于人民法院办理仲裁裁决执行案件若干问题的规定》第16条

【复 函】

关于申请人 A 公司与被申请人 B 公司申请撤销仲裁裁决一案的复函

（2021）最高法民他 266 号

山东省高级人民法院：

你院（2021）鲁民他 25 号《关于申请人 A 公司与被申请人 B 公司申请撤销仲裁裁决一案的请示》收悉。经研究，答复如下：

根据你院请示所述事实，济宁仲裁委员会在对济仲裁字（2017）第 128 号案件的审理过程中，将双方当事人于 2014 年 7 月 15 日签订的《煤炭买卖合同》是独立合同还是贸易链条中的一环作为争议焦点，即仲裁庭认为对该项事实的认定影响仲裁结果，因此相关证据属于认定案件基本事实的主要证据。为佐证上述《煤炭买卖合同》是贸易链条中的一环，A 公司申请仲裁庭向 B 公司下设的 B1 公司调取该公司与 C 公司的财务往来账册等证据，经仲裁庭要求，B 公司拒不提供。

参照《最高人民法院关于人民法院办理仲裁裁决执行案件若干问题的规定》第十六条规定，"对方当事人向仲裁机构隐瞒了足以影响公正裁决的证据的"情形，是指"（一）该证据属于认定案件基本事实的主要证据；（二）该证据仅为对方当事人掌握，但未向仲裁庭提交；（三）仲裁过程中知悉存在该证据，且要求对方当事人出示或者请求仲裁庭责令其提交，但对方当事人无正当理由未予出示或者提交"。结合本案案情，B 公司拒不提供有关证据的行为构成隐瞒足以影响公正裁决的证据。

综上，同意你院撤销济宁仲裁委员会济仲裁字（2017）第 128 号仲裁裁决的处理意见。

此复

二〇二一年十一月十一日

（撰写人：沈　佳）

26 针对国有土地使用权出让合同中具有行政性质的内容发生争议不具有可仲裁性

——A市自然资源和规划局、B管理委员会与C公司申请撤销仲裁裁决请示案

- **案　　号**　（2021）最高法民他97号
- **关 键 词**　申请撤销仲裁裁决／行政协议／可仲裁性
- **相关法条**　《中华人民共和国仲裁法》第3条第2项，《最高人民法院关于审理行政协议案件若干问题的规定》第2条、第26条

【复　　函】

关于申请人A市自然资源和规划局、B管理委员会与被申请人C公司申请撤销仲裁裁决一案的复函

（2021）最高法民他97号

浙江省高级人民法院：

你院（2020）浙民他54号《关于申请人A市自然资源和规划局、B管理委员会与被申请人C公司申请撤销仲裁裁决一案的报核报告》收悉。经研究，答复如下：

国有土地使用权出让合同，通常包括民事和行政性质的条款。本案中，C公司的仲裁请求是撤销案涉《国有建设用地使用权出让合同》附件《A市中央商务区东南角城市综合体项目建设经营合同》第九条中关于"办公建筑每层的分割单元不得超过5个"的约定，该项约定系对A市人民政府会议纪要的执行和落实，是行政机关依职权行使城市建设规划职能的体现，具有行政管理性质，故该争议属于行政争议。依照《中华人民共和国仲裁法》第三条第二项"依法应当由行政机关处理的行政争议"不能仲裁的规定，案涉纠纷不具有可仲裁性。台州仲裁委员会对不具有可仲裁性的纠纷进行仲裁，其（2019）台仲裁字第12号裁决应予撤销。

综上，同意你院撤销台州仲裁委员会（2019）台仲裁字第12号裁决的处理结论。此复。

二〇二一年八月十九日

（撰写人：沈　佳）

27 仲裁庭在仲裁过程中已经认定一方当事人完成举证义务，若无新的充分证据证明该当事人存在捏造、变造、提供虚假证明行为，不宜在仲裁司法审查案件中认定其构成伪造证据

——A 公司与 B 公司合同纠纷申请撤销仲裁裁决请示案

- **案　　号**　（2021）最高法民他 432 号
- **关 键 词**　申请撤销仲裁裁决 / 隐瞒证据 / 伪造证据
- **相关法条**　《中华人民共和国仲裁法》第 58 条，《最高人民法院关于人民法院办理仲裁裁决执行案件若干问题的规定》第 15 条、第 16 条

【复　　函】

关于申请人 A 公司与被申请人 B 公司合同纠纷申请撤销仲裁裁决一案的复函

（2021）最高法民他 432 号

天津市高级人民法院：

你院（2021）津民他 326 号《关于 A 公司与 B 公司申请撤销仲裁裁决一案的报核请示》收悉。经研究，答复如下：

参照《最高人民法院关于人民法院办理仲裁裁决执行案件若干问题的规定》第十六条规定，"对方当事人向仲裁机构隐瞒了足以影响公正裁决的证据的"情形，是指"（一）该证据属于认定案件基本事实的主要证据；（二）该证据仅为对方当事人掌握，但未向仲裁庭提交；（三）仲裁过程中知悉存在该证据，且要求对方当事人出示或者请求仲裁庭责令其提交，但对方当事人无正当理由未予出示或者提交。"A 公司在仲裁中要求 B 公司提交向司机支付运费的凭证、车辆运输的行车轨迹、运输期间车辆的高速费凭证等证据，但仲裁庭认为"本案合同中并无 B 公司需向 A 公司提供上述文件的合同义务的约定，且 A 公司并未提供证据证明 B 公司掌握上述文件"，在仲裁庭认为 B 公司无需提交上述证据的情况下，不能认定 B 公司无正当理由未予提交，进而认定 B 公司构成隐瞒证据。

关于A公司提出的对账单和过磅单记载虚假的问题，该公司在仲裁中已经向仲裁庭提出，仲裁庭进行了充分审查，并在仲裁裁决中作出相应说理释明，指出B公司和C公司已经对记载存在互相不符和不合常理之处的问题作出了合理说明，A公司已经在对账单上加盖公章确认了货物运输情况和运费金额，并基于以上因素和其他具体案情，综合认定"B公司已经完成了证明本案合同项下的货物运输已经实际完成的初步举证义务"。在A公司没有新的充分证据证明B公司存在捏造、变造、提供虚假证明行为的情况下，不宜在审理仲裁司法审查案件中认定该公司构成伪造证据。

综上，不同意你院拟以"案涉仲裁裁决所依据的证据是伪造的"和"对方当事人隐瞒了足以影响公正裁决的证据"为由撤销案涉仲裁裁决的意见。

此复

二〇二一年十二月二十日

（撰写人：沈　佳）

28 《企业破产法》第21条关于破产案件集中管辖的规定并不意味着排除仲裁

——A公司与B公司申请撤销仲裁裁决请示案

- **案　　号**　（2021）最高法民他197号
- **关 键 词**　申请撤销仲裁裁决／破产
- **相关法条**　《中华人民共和国企业破产法》第20条、第21条，《中华人民共和国仲裁法》第58条

【复　　函】

关于A公司与B公司申请撤销仲裁裁决一案的复函

（2021）最高法民他197号

辽宁省高级人民法院：

你院（2021）辽民他265号《关于A公司与B公司申请撤销仲裁裁决一案的请示》收悉。经研究，答复如下：

《中华人民共和国企业破产法》第二十一条关于"人民法院受理破产申请后,有关债务人的民事诉讼,只能向受理破产申请的人民法院提起"的规定,是指在当事人提起诉讼的情况下,相关诉讼案件应当由受理破产申请的人民法院集中管辖,其立法本意并不包含在人民法院受理破产申请后,有关债务人的纠纷不得仲裁的意思。《中华人民共和国企业破产法》第二十条关于"人民法院受理破产申请后,已经开始而尚未终结的有关债务人的民事诉讼或者仲裁应当中止;在管理人接管债务人的财产后,该诉讼或者仲裁继续进行"的规定亦表明,在人民法院受理破产申请后,有关债务人的纠纷可以通过仲裁程序解决。你院认为"对于共益债务的认定应属受理破产申请的法院管辖范围",属于对法律的理解不当。

综上,不同意你院拟以仲裁庭无权对案涉争议进行裁决为由,撤销大连仲裁委员会〔2019〕大仲字第392号裁决书的报请意见。

此复

二〇二一年九月一日

(撰写人:沈 佳)

29 当事人之间没有明确意思表示约定提请仲裁的,应当视为当事人之前未达成仲裁协议
——严某申请撤销仲裁裁决请示案

- 案　　号　(2021)最高法民他22号
- 关 键 词　申请撤销仲裁裁决 / 变更争议解决方式
- 相关法条　《中华人民共和国仲裁法》第16条、第58条第1款第1项

【复　　函】

关于严某申请撤销仲裁裁决一案的复函

(2021)最高法民他22号

广西壮族自治区高级人民法院:

你院(2019)桂民特9号《关于严某申请撤销北海国际仲裁院(2018)北国仲字第8594号仲裁裁决一案的请示》收悉。经研究,答复如下:

本案根据你院请示所述事实，借款人严某于 2017 年 7 月 5 日通过上海 A 公司与出借人签订了《借款及居间服务合同》，合同中约定的争议解决方式为向合同签订地成都市锦江区人民法院起诉。2018 年 5 月 10 日，上海 A 公司以电子邮件的方式告知严某变更争议解决方式为仲裁，称如三日内无书面异议则视为其认同变更争议解决方式。

根据《中华人民共和国民法总则》第一百四十条第二款规定，沉默只有在有法律规定、当事人约定或者符合当事人之间的交易习惯时，才可以视为意思表示。上海 A 公司的邮件通知不能视为双方已经达成提请仲裁的合意。同时，仲裁协议的达成需要协议当事人有明确的请求仲裁的意思表示。陕西省 B 公司作为仲裁裁决认定的债权受让人，亦无证据证明该公司与严某就本案争议解决方式的变更达成过一致。根据《中华人民共和国仲裁法》第十六条、第五十八条第一款第一项的规定，本案当事人之间未达成仲裁协议，案涉裁决应予撤销。

综上，同意你院关于撤销北海国际仲裁院（2018）北国仲字第 8594 号裁决的处理意见。

此复。

二○二一年二月二十六日

（撰写人：龙　飞）

30　仲裁委员会对当事人送达文书不符合仲裁规则的，构成违反法定程序

——汪某某申请撤销仲裁裁决请示案

- **案　　号**　（2021）最高法民他 369 号
- **关 键 词**　仲裁规则 / 法定程序 / 送达
- **相关法条**　《中华人民共和国仲裁法》第 58 条，《最高人民法院关于适用〈中华人民共和国仲裁法〉若干问题的解释》第 20 条

【复　函】

关于汪某某申请撤销仲裁裁决一案的复函

（2021）最高法民他369号

浙江省高级人民法院：

你院（2021）浙民他34号报告收悉。经研究，答复如下：

根据你院报告，本案当事人在借款合同中对仲裁规则未作出明确约定，杭州仲裁委员会仲裁庭适用的是《杭州仲裁委员会仲裁规则》和《杭州仲裁委员会金融仲裁规则》。《杭州仲裁委仲裁规则》第八十六条规定："送达应当遵守下列规定：当事人申请仲裁或答辩时应当向仲裁委员会或仲裁庭提供或者确认自己准确的送达地址，并填写送达地址确认书，由此产生的无法送达的法律后果由作出确认的当事人承担……当事人拒绝提供自己的送达地址，经仲裁委员会或仲裁庭告知后仍不提供的，自然人以其户籍登记中的住所地、经常居住地、合同约定的地址为通讯地址"。《杭州仲裁委金融仲裁规则》第七十四条规定："向当事人或者其他代理人发送的仲裁文书、通知和其他资料，凡经当面送交或者以挂号信、特快专递、传真、电报等方式发送至当事人的住所地点、营业地点；或者其他给定的住所地点、营业地点、通信地点；或者最后一个为他人所知的住所地点、营业地点、通信地点的，应视为已经送达。"可见，根据该仲裁委员会的仲裁规则，在仲裁文书不能面交当事人的情况下，仲裁庭对自然人的送达地址应首选户籍住所地或其他住所地，且该地址应由当事人自己给定或确认。

T企业提起仲裁时，已经向杭州仲裁委员会提交了汪某某的户籍查档信息，即汪某某的户籍住址。其代理律师提交的《当事人对对方当事人最后送达地址的确认书》记载的汪某某最后送达地址则为代收转交地址。在此情形下，杭州仲裁委员会向汪某某寄送应裁通知书等文件时，收件人信息记载的地址既不是汪某某的住所地址，也不是T企业提供的代收地址，故不能认定仲裁文件已经合法送达给汪某某本人，仲裁当事人未能得到适当通知。

杭州仲裁委员会对本案当事人的文书送达不符合仲裁规则，违反法定程序。根据《中华人民共和国仲裁法》第五十八条第一款、《最高人民法院关于适用〈中华人民共和国仲裁法〉若干问题的解释》第二十条的规定，案涉仲裁裁决应予撤销。同意你院意见。

此复

二○二一年十一月二十九日

（撰写人：杨兴业）

31 在申请撤销仲裁裁决案件中违反法定程序的认定
——A 公司与 B 公司等申请撤销仲裁裁决请示案

- 案　　号　（2021）最高法民他 85 号
- 关 键 词　申请撤销仲裁裁决 / 违反法定程序
- 相关法条　《中华人民共和国仲裁法》第 13 条、第 58 条第 1 款第 3 项，《最高人民法院关于适用〈中华人民共和国仲裁法〉若干问题的解释》第 20 条

【复　　函】

关于重庆市高级人民法院就 A 公司申请撤销仲裁裁决一案请示的复函

（2021）最高法民他 85 号

重庆市高级人民法院：

你院（2020）渝民他 12 号《重庆市高级人民法院关于 A 公司申请撤销仲裁裁决一案的请示》收悉。经研究，答复如下：

根据《中华人民共和国仲裁法》第五十八条第一款第三项及《最高人民法院关于适用〈中华人民共和国仲裁法〉若干问题的解释》第二十条的规定，在当事人申请撤销仲裁裁决的案件中，法院应当对仲裁庭的组成是否违反法定程序进行审查，"违反法定程序"是指仲裁庭的组成违反仲裁法规定的仲裁程序和当事人选择的仲裁规则可能影响案件正确裁决的情形。仅就本案而言，不宜依据《中华人民共和国仲裁法》第十三条"公道正派"的规定撤销案涉仲裁裁决。

此复。

二○二一年三月三十日

（撰写人：王海峰）

32 当事人对变更仲裁员无异议的，是否仍可以该变更事由申请撤销仲裁裁决
——A 公司与 B 公司申请撤销仲裁裁决请示案

- **案　　号**　（2021）最高法民他 107 号
- **关 键 词**　申请撤销仲裁裁决 / 违反法定程序
- **相关法条**　《中华人民共和国仲裁法》第 58 条第 1 款第 3 项

【复　　函】

关于 A 公司申请撤销仲裁裁决一案的复函

（2021）最高法民他 107 号

四川省高级人民法院：

你院（2021）川民他 5 号《关于申请人 A 公司与被申请人 B 公司申请撤销仲裁裁决一案的请示报告》收悉。经研究，答复如下：

根据宜宾仲裁委员会 2019 年 9 月 14 日庭审记录，仲裁员刘某在开庭审理前已向 A 公司与 B 公司说明，首席仲裁员谢光永因个人工作安排不能到庭参加庭审，并询问双方当事人是否同意由仲裁员刘廷华主持庭审、继续开庭，A 公司与 B 公司皆表示同意。此种情况可以视为仲裁当事人合意变更了仲裁程序，不应以仲裁程序违反法定程序为由撤销案涉仲裁裁决。

此复。

二〇二一年四月二十七日

（撰写人：王海峰）

33 主合同履行完毕对认定当事人之间是否达成仲裁协议的影响
——A 公司与 B 公司申请确认仲裁协议效力请示案

- 案　　号　（2021）最高法民他 137 号
- 关 键 词　申请确认仲裁协议效力 / 仲裁协议独立性
- 相关法条　《中华人民共和国仲裁法》第 19 条第 1 款

【复　　函】

关于 A 公司申请确认仲裁协议效力一案的复函

（2021）最高法民他 137 号

湖北省高级人民法院：

你院（2021）鄂民他 5 号《关于 A 公司与 B 公司申请确认仲裁协议效力一案的请示》收悉。经研究，答复如下：

根据《中华人民共和国仲裁法》第十九条第一款"仲裁协议独立存在，合同的变更、解除、终止或者无效，不影响仲裁协议的效力"之规定，对仲裁协议是否成立的判断应独立于对主合同是否成立的判断。根据你院请示报告提供的事实，尚不足以认定 A 公司与 B 公司达成了仲裁协议。因案涉仲裁协议未成立，不存在对仲裁协议效力进行判断的问题。

此复。

二〇二一年五月二十六日

（撰写人：王海峰）

34 先裁后诉争议解决条款效力的认定
——秦某与 A 公司等管辖权异议请示案

- **案　　号**　（2021）最高法民他 110 号
- **关 键 词**　管辖权异议/一裁终局
- **相关法条**　《中华人民共和国仲裁法》第 9 条第 1 款，《中华人民共和国合同法》第 56 条①

【复　　函】

关于秦某与 A 公司、B 公司、C 公司
建设工程施工合同纠纷管辖权异议一案的复函

（2021）最高法民他 110 号

江苏省高级人民法院：

你院（2020）苏民终 845 号《关于秦某与 A 公司、B 公司、C 公司建设工程施工合同纠纷管辖权异议一案的请示》收悉。经研究，答复如下：

秦某提供的《工程项目内部承包合同》第九条"合同解释、争议、效力及其他"第 2 点约定："三方发生争议时，可协商解决，协商不成，可向甲方注册地仲裁委员会申请仲裁，仲裁不成，可向甲方注册地人民法院提起诉讼。"该条款中"三方发生争议时，可协商解决，协商不成，可向甲方注册地仲裁委员会申请仲裁"的约定表明，当事人对于提交仲裁的意思表示清楚，已就提交仲裁达成了一致意见。该条款中"仲裁不成，可向甲方注册地人民法院提起诉讼"的约定，文义上体现了"先裁后诉"的意思，不同于"或裁或诉"的表达，但该部分约定违反了《中华人民共和国仲裁法》第九条第一款"仲裁实行一裁终局的制度"之规定，属于无效约定。根据《工程项目内部承包合同》签订时有效的《中华人民共和国合同法》第五十六条"合同部分无效，不影响其他部分效力的，其他部分仍然有效"的规定，案涉合同中

---

① 对应《中华人民共和国民法典》第 156 条。

当事人约定仲裁的部分有效。

此复。

二〇二一年五月二十六日

（撰写人：王海峰）

35 是否违反《承认及执行外国仲裁裁决公约》第 5 条第 1 款第 2 项规定的适当通知义务之认定

——A 公司与 B 公司不予承认和执行外国仲裁裁决请示案

- 案　　号　（2021）最高法民他 267 号
- 关 键 词　不予承认和执行外国仲裁裁决 / 适当通知
- 相关法条　《中华人民共和国民事诉讼法》第 283 条①，《承认及执行外国仲裁裁决公约》第 5 条第 1 款第 2 项

【复　　函】

关于申请人 A 公司与被申请人 B 公司申请承认和执行俄罗斯联邦工商会国际商业仲裁院 M-150/2017 号仲裁裁决一案的复函

（2021）最高法民他 267 号

山东省高级人民法院：

你院（2021）鲁民他 8 号《关于申请人 A 公司与被申请人 B 公司申请承认和执行俄罗斯联邦工商会国际商业仲裁院 M-150/2017 号仲裁裁决一案的请示》收悉。经研究，答复如下：

《俄罗斯联邦工商会国际商事仲裁院仲裁规则》（2017 年版）第十条"文件的发送和送达"规定："（一）国际商事仲裁院按照接受文件一方当事人注明的地址或者另外一方当事人注明的地址向各方当事人发送文件。当事人应当立即将之前注明之地址的变更告知国际商事仲裁院。（二）一方当事人向国际商事仲裁院提交的文件，应当由国际商事仲裁院向另外一方当事人转交，如果这些文件没有在仲裁程序过程

---

① 对应《中华人民共和国民事诉讼法》（2023 年修正）第 304 条。

中由提交文件的一方当事人转交给另外一方当事人。作为仲裁裁决依据的所有专家报告或者具有证据意义的其他文件均应当向当事人转交。（三）仲裁申请书、书面陈述、开庭通知书、仲裁裁决书、裁定书应以带有送达回证的挂号信或者具有投递记录的其他发送方式予以发送。（四）其他文件可以挂号信、平信、电子方式或其他方式发送，只要发送的讯息有记录证明。（五）通知在其由当事人收到之日，或者在其根据本条前述条款发送而应当被收到之日，视为收到，即使该当事人未收到通知，放弃接收，或不在、不位于通信地址，也应视为收到通知。（六）在当事人指定代理人时，如果当事人没有向国际商事仲裁院作出其他通知，则案件的文件向该代理人发送或者送达，并视为向该当事人发送和送达。"

根据前述仲裁规则第十条第五款，并依据请示报告载明的文书邮寄情况，判断本案是否适当送达的关键在于寄送方式是否满足仲裁规则第十条第三款的规定。本案第二次和第三次寄送皆有投递记录，符合仲裁规则第十条第三款、第五款的规定。你院请示报告载明第一次寄送仲裁申请书没有投递记录，但本案三次寄送皆由一家快递公司完成，可以确定该快递公司提供的服务带有投递记录；特别是考虑到《承认及执行外国仲裁裁决公约》第5条第1款第2项所要求的是指定仲裁员和进行仲裁程序的适当通知，此等通知已经通过第二次、第三次投递向B公司寄送。

根据你院查明的事实，仲裁庭寄送地址与案涉合同约定的地址一致，不违反仲裁规则第十条第一款的规定。对于快递单使用的电话号码与案涉合同约定的电话号码不一致的问题，其一，仲裁规则第十条并未对电话号码作出要求；其二，A公司已对快递单电话号码与案涉合同约定的电话号码不一致作出了合理解释。综上，不应当认为B公司没有被给予指定仲裁员和进行仲裁程序的适当通知。

此复。

二〇二一年十一月十八日

（撰写人：王海峰）

36 法定代表人签订的仲裁协议是否约束法人的认定
——A公司与B中心申请确认仲裁协议效力请示案

- 案　　号　（2021）最高法民他447号
- 关 键 词　申请确认仲裁协议效力 / 仲裁协议效力异议的管辖权 / 法定代表人的权限

• **相关法条** 《中华人民共和国民法典》第61条第2款,《中华人民共和国仲裁法》第16条、第20条,《最高人民法院关于适用〈中华人民共和国仲裁法〉若干问题的解释》第13条

【复　函】

关于A公司申请确认仲裁协议效力一案的复函

（2021）最高法民他447号

北京市高级人民法院：

你院（2021）京民他237号《关于申请人A公司与被申请人B中心（有限合伙）申请确认仲裁协议效力一案的请示》收悉。经研究，答复如下：

《最高人民法院关于适用〈中华人民共和国仲裁法〉若干问题的解释》第十三条规定，"依照仲裁法第二十条第二款的规定，当事人在仲裁庭首次开庭前没有对仲裁协议的效力提出异议，而后向人民法院申请确认仲裁协议无效的，人民法院不予受理。仲裁机构对仲裁协议的效力作出决定后，当事人向人民法院申请确认仲裁协议效力或者申请撤销仲裁机构的决定的，人民法院不予受理。"根据请示报告载明的事实，仲裁庭尚未开庭，亦未就A公司针对仲裁协议效力的异议作出认定，故A公司仍可以请求人民法院认定仲裁协议的效力。

另据请示报告载明的事实，A公司并未签署《股权回购补充协议》，B中心（有限合伙）亦未提供证据证明宋某签署《股权回购补充协议》系代替A公司作出意思表示或者A公司曾向B中心（有限合伙）作出受《股权回购补充协议》中仲裁协议约束的意思表示。故《股权回购补充协议》中仲裁协议对A公司不具有拘束力。

此复。

二〇二一年十二月二十日

（撰写人：王海峰）

37 在审计单位未否认业务章及造价工程师签名真实性的情况下，不能认定相关证据系伪造
——H 学院申请撤销仲裁裁决请示案

- **案　　号**　（2021）最高法民他 237 号
- **关 键 词**　证据伪造 / 撤销仲裁裁决
- **相关法条**　《中华人民共和国仲裁法》第 58 条

【复　　函】

关于 H 学院申请撤销仲裁裁决一案的复函

（2021）最高法民他 237 号

内蒙古自治区高级人民法院：

你院（2021）内民他 8 号请示收悉。经研究，答复如下：

根据你院报告，呼伦贝尔仲裁委员会是双方当事人约定的仲裁机构，B 公司是 H 学院委托的结算审计单位。仲裁依据的主要证据是 B 公司作出的《基本建设工程审核报告》。该报告依据的《建筑工程审核验证定案表》系由 H 学院和 N 工程有限公司共同签订。该《基本建设工程审核报告》以及《建筑工程审核验证定案表》均是真实存在的。

B 公司在给呼伦贝尔市中级人民法院的复函中未否认"B 公司业务专用章"及署名的造价工程师的真实性。现有证据不足以证明本案有伪造证据的情形，不宜以仲裁裁决所根据的证据系伪造为由撤销本案所涉仲裁裁决。

此复

二〇二一年九月十日

（撰写人：杨兴业）

38 仲裁庭组成方式、选定或委托仲裁委员会主任指定仲裁员需要委托人特别授权

——G 公司等申请撤销仲裁裁决请示案

- **案　　号**　（2021）最高法民他 213 号
- **关 键 词**　仲裁规则 / 特别授权 / 撤销仲裁裁决
- **相关法条**　《中华人民共和国仲裁法》第 58 条，《最高人民法院关于适用〈中华人民共和国仲裁法〉若干问题的解释》第 20 条

【复　　函】

关于 G 公司等申请撤销仲裁裁决一案的复函

（2021）最高法民他 213 号

福建省高级人民法院：

你院（2021）闽民他 31 号请示收悉。经研究，答复如下：

根据你院报告，《南平仲裁委员会仲裁规则》第十五条第二项规定：仲裁代理人应当向本会提交委托人出具的授权委托书。授权委托书应当载明委托事项和权限。仲裁代理人代为提起、承认、放弃、变更仲裁请求或反请求，约定仲裁庭组成方式、选定或委托本会主任指定仲裁员，进行和解、调解，必须有委托人的特别授权。

案外人陈某某向南平仲裁委员会提交的授权委托书的主要内容为 G 公司等六家企业委托陈某某在其与 Y 企业股权转让合同纠纷一案中作为其参加诉讼／仲裁的委托代理人。其载明的委托权限中未包括约定仲裁庭组成方式、选定或委托仲裁委员会主任指定仲裁员的内容。南平仲裁委员会根据陈某某的申请指定独任仲裁员的行为违反了《南平仲裁委员会仲裁规则》的规定。根据《最高人民法院关于适用〈中华人民共和国仲裁法〉若干问题的解释》第二十条的规定，仲裁程序违反当事人选择的仲裁规则，可能影响案件正确裁决的，属于《中华人民共和国仲裁法》第五十八条规定的违反法定程序的情形。同意你院关于本案所涉仲裁调解应予撤销的意见。

二〇二一年九月十三日

（撰写人：杨兴业）

申请执行仲裁裁决

1 以仲裁程序违反法定程序为由裁定不予执行仲裁裁决应当具备的条件
——A 公司申请不予执行仲裁裁决请示案

- **案　　号**　（2021）最高法民他 133 号
- **关 键 词**　申请不予执行仲裁裁决 / 仲裁程序违反法定程序认定
- **相关法条**　《中华人民共和国民事诉讼法》第 237 条第 2 款第 3 项①

【复　　函】

最高人民法院关于辽宁省高级人民法院就 A 公司申请不予执行仲裁裁决一案的报核报告的复函

（2021）最高法民他 133 号

辽宁省高级人民法院：

你院（2021）辽执他 18 号《关于被执行人 A 公司申请不予执行仲裁裁决一案的报核报告》收悉。经研究，答复如下：

依据《最高人民法院关于人民法院办理仲裁裁决执行案件若干问题的规定》第十四条第一款的规定，因仲裁的程序违反法定程序裁定不予执行仲裁裁决应当具备两个条件：一是违反仲裁法规定的仲裁程序、当事人选择的仲裁规则或者当事人对仲裁程序的特别约定；二是可能影响案件公正裁决。根据你院请示所述事实，首先，本案仲裁庭第一次组成后已经依照仲裁规则履行了延审手续，在第二次组成仲裁庭后，虽未再次履行延审手续，即使认定程序上存在一定瑕疵，但尚不足以构成违反法定程序应予不予执行仲裁裁决的情形。其次，本案中，A 公司关于因仲裁超期导致其需要支付更多的欠付工程款利息，影响了其实体权利的主张不能成立。根据该案仲裁裁决，工程款利息的计算标准为中国人民银行同期同类贷款利率。A 公司作为迟延履行合同义务一方当事人，因未支付欠付工程款，应当支付占用该笔资金期

---

① 对应《中华人民共和国民事诉讼法》（2023 年修正）第 248 条第 2 款第 3 项。

间可以获得的资金占用或使用费，即同期同类银行贷款利息，该责任与仲裁是否超期并无因果关系。因此，该案并不构成仲裁的程序违反法定程序并影响公正裁决的情形。

据此，不同意你院拟依据《中华人民共和国民事诉讼法》第二百三十七条第二款第三项之规定，裁定不予执行沈阳仲裁委员会（2016）沈仲字第16035号仲裁裁决的报核意见。

此复

二〇二一年五月二十四日

（撰写人：夏根辉）

2 仲裁裁决作出后，刑事生效判决认定的事实可以作为裁定不予执行仲裁裁决的新证据

——申请人 A 公司申请不予执行仲裁裁决请示案

- 案　　号　（2021）最高法民他179号
- 关 键 词　申请不予执行仲裁裁决 / 刑事生效判决 / 新证据
- 相关法条　《最高人民法院关于人民法院办理仲裁裁决执行案件若干问题的规定》第10条、第15条

【复　　函】

关于申请人 A 公司申请不予执行西安仲裁委员会西仲裁字（2014）第485号仲裁裁决一案请示的复函

（2021）最高法民他179号

内蒙古自治区高级人民法院：

你院（2021）内执他3号《关于申请人 A 公司申请不予执行西安仲裁委员会西仲裁字（2014）第485号仲裁裁决一案报请核准的请示函》收悉。经研究，答复如下：

本案系申请不予执行国内仲裁裁决案。根据你院请示，本案审查焦点是，新证据是否能够证明仲裁裁决所根据的证据系伪造。根据请示所述事实，仲裁裁决依

据的是 B 公司在 A 公司的投入额，因此投入额是案件的基本事实。鄂检刑申复决（2020）2 号刑事申诉复查决定书明确认定，陕铭鉴字（2014）015 号司法鉴定意见书所计算的投入中有两项设备的投入，系 B 公司的代理人张某分别通过提供虚假证明以及涂改编造而成。两项设备实际都未投入 A 公司。该刑事复查决定书作为新证据，足以证明案涉仲裁裁决所根据的证据存在伪造，影响基本事实认定，符合《中华人民共和国民事诉讼法》第二百三十七条第二款第四项、《最高人民法院于人民法院办理仲裁裁决执行案件若干问题的规定》第十条、第十五条规定的情形。综上，同意你院不予执行案涉仲裁裁决的意见。

此复。

二〇二一年六月二十一日

（撰写人：夏根辉）

3 一方向法院起诉，对方以双方存在仲裁协议为由提出管辖权异议，法院裁定不予受理。起诉一方虽未上诉，但不能据此推定其已以默示方式同意仲裁

——丰某某申请不予执行仲裁裁决请示案

- 案　　号　（2021）最高法民他 94 号
- 关 键 词　申请不予执行仲裁裁决 / 仲裁意思表示 / 明示
- 相关法条　《中华人民共和国仲裁法》第 4 条、第 5 条

【复　　函】

关于丰某某申请不予执行仲裁裁决案的复函

（2021）最高法民他 94 号

江苏省高级人民法院：

你院（2020）苏执他 28 号《关于丰某某与 A 公司、B 公司、章某、许某不予执行仲裁裁决案的请示》收悉。经研究，答复如下：

根据你院报告所述的事实，2015 年 2 月 27 日，云南 A 公司与 B 公司、章某、许某、丰某某签订《合作协议》，约定履约争议在太标公司所在地人民法院提起诉

讼。2016年7月12日，A公司与B公司就拖欠货款等签订《协议》，约定履约争议在A公司所在地仲裁院仲裁解决。首先，丰某某不是《协议》当事人，《协议》中的仲裁条款对其没有约束力。况且经鉴定，《合作协议》亦非丰某某所签。故现有证据不能证明丰某某与A公司之间存在有效的仲裁协议，应当认定丰某某与A公司之间不存在仲裁协议。其次，丰某某申请不予执行案涉仲裁裁决的理由为，《协议》对其无约束力，仲裁机构无权仲裁，与其向云南省玉溪市中级人民法院申请撤销仲裁裁决一案中的理由并不一致。再次，2017年3月23日，A公司向云南省玉溪市红塔区人民法院提起诉讼，B公司提出管辖异议，该院作出（2017）云0402民初819号民事裁定，认为双方约定的争议解决方式已由向人民法院起诉变更为仲裁，遂裁定不予受理。各方当事人均未上诉，该裁定已生效。仲裁必须有当事人明确的意思表示，丰某某对法院受理该案并未提出管辖权异议，法院裁定不予受理后，其虽未上诉，但并不意味着其以默认方式同意将争议提交仲裁。最后，鉴于本案中，丰某某提出不予执行仲裁裁决的申请，故应当对案涉仲裁裁决中关于丰某某责任承担部分不予执行。

此复

二〇二一年三月二十九日

（撰写人：李光琴）

4 在不予执行仲裁裁决案件中关于一方当事人委托诉讼代理人同时具有仲裁机构仲裁员身份是否违反仲裁程序的判断

——A公司与B公司不予执行仲裁裁决请示案

- **案　　号**　（2021）最高法民他108号
- **关 键 词**　不予执行仲裁裁决／隐瞒证据
- **相关法条**　《中华人民共和国民事诉讼法》第237条第2款第3项①

---

① 对应《中华人民共和国民事诉讼法》（2023年修正）第248条第2款第3项。

【复　函】

关于贵州省高级人民法院拟不予执行中国国际经济贸易仲裁委员会（2019）中国贸仲京裁字第 0872 号仲裁裁决一案请示的复函

（2021）最高法民他 108 号

贵州省高级人民法院：

你院（2020）黔执他 28 号《关于贵州省六盘水市中级人民法院拟对中国国际经济贸易仲裁委员会（2019）中国贸仲京裁字第 0872 号裁决书不予执行一案的请示》收悉。经研究，答复如下：

根据你院请示报告查明的事实，王某某作为 B 公司在仲裁程序中的委托代理人之一，虽然同时具有中国国际经济贸易仲裁委员会仲裁员身份，但其并非案涉仲裁裁决的仲裁庭成员。A 公司没有提交证据证明王某某代理本案仲裁事务与其本人担任仲裁员办理过的案件存在利益冲突情形。王某某接受 B 公司的委托代理仲裁事务，并不违反仲裁法和当事人选定的仲裁规则对仲裁程序的规定，不构成《中华人民共和国民事诉讼法》第二百三十七条第二款第三项规定的"仲裁庭的组成或者仲裁的程序违反法定程序的"情形。A 公司认为 B 公司委托代理人王某某同时作为中国国际经济贸易仲裁委员会现任仲裁员的事实构成违反法定程序的抗辩，不应予以支持。

此复。

二〇二一年五月十四日

（撰写人：杨弘磊、李　娜）

5 在不予执行仲裁裁决案件中关于一方当事人构成隐瞒证据的判断

——A 公司与 B 公司、C 公司不予执行仲裁裁决请示案

- **案　　号**　（2021）最高法民他 146 号
- **关 键 词**　不予执行仲裁裁决 / 隐瞒证据

• **相关法条** 《中华人民共和国民事诉讼法》第 237 条第 2 款第 5 项①

【复 函】

关于湖南省高级人民法院拟不予执行厦门仲裁委员会厦仲裁字 20190561 号裁决一案请示的复函

（2021）最高法民他 146 号

湖南省高级人民法院：

你院《关于报请审核湘潭中院拟裁定不予执行厦门仲裁委员会厦仲裁字 20190561 号裁决的请示》收悉。经研究，答复如下：

根据你院请示报告查明的事实，在本案仲裁过程中，A 公司要求 B 公司出示与 C 公司签署的《买卖合同》及 B 公司子公司与 C 公司签署的《买卖合同》和《抵押担保合同》等相关证据，A 公司同时请求仲裁庭调取上述证据。仲裁庭经审查认为，A 公司未能证明其主张与 B 公司的关联性，并决定对其申请不予采纳。A 公司虽然向 B 公司及仲裁庭提出证据披露的请求，但该请求未获仲裁庭许可。仲裁庭有权自行决定证据可否采纳并独立判断证据的关联性、重要性和证明力，在 A 公司的披露请求未获仲裁庭许可的情况下，不能认定 B 公司存在"隐瞒证据"的事实。A 公司在裁决作出后以 B 公司"隐瞒证据"为由提出不予执行抗辩，不应予以支持。综上，不同意你院根据《中华人民共和国民事诉讼法》第二百三十七条第二款第五项之规定不予执行案涉仲裁裁决的意见。

此复。

二○二一年五月十四日

（撰写人：杨弘磊、李 娜）

---

① 对应《中华人民共和国民事诉讼法》（2023 年修正）第 248 条第 2 款第 5 项。

6 在不予执行仲裁裁决案件中一方当事人控制证据无正当理由拒不提交，对待证事实负有举证责任的当事人主张该证据的内容不利于控制人的，人民法院可以认定该主张成立

——A 公司与刘某某不予执行仲裁裁决请示案

- **案　　号**　（2021）最高法民他 178 号
- **关 键 词**　不予执行仲裁裁决 / 控制证据无正当理由拒不提交 / 不利于控制人
- **相关法条**　《最高人民法院关于民事诉讼证据的若干规定》第 95 条

【复　　函】

关于湖南省高级人民法院拟不予执行北京仲裁委员会（2018）京仲裁字第 0358 号仲裁裁决涉及刘某某责任部分一案的复函

（2021）最高法民他 178 号

湖南省高级人民法院：

你院（2021）湘执他 2 号《关于报请审核岳阳中院拟裁定不予执行（2018）京仲裁字第 0358 号仲裁裁决中刘某某承担连带责任部分的请示》收悉。经研究，答复如下：

根据你院请示报告查明的事实，A 公司作为申请执行人向湖南省岳阳市中级人民法院申请执行案涉仲裁裁决，被执行人刘某某称其没有与 A 公司达成书面仲裁协议，仲裁所依据的《债务清偿协议》上的签名不是其本人所签署并申请对《债务清偿协议》上的刘某某签名进行鉴定。湖南省岳阳市中级人民法院在组织鉴定期间查明《债务清偿协议》原件由 A 公司持有，并向 A 公司发出举证通知书要求其在指定期限内提交，A 公司收到举证通知书后无正当理由未在指定期限内提交《债务清偿协议》原件致鉴定无法进行。根据《最高人民法院关于民事诉讼证据的若干规定》第九十五条的规定，一方当事人控制证据无正当理由拒不提交，对待证事实负有举证责任的当事人主张该证据的内容不利于控制人的，人民法院可以认定该主张成立。本案应当认定刘某某所称其没有与 A 公司达成书面仲裁协议的主张成立。根据《中

华人民共和国民事诉讼法》第二百三十七条第二款第一项的规定,同意你院不予执行北京仲裁委员会(2018)京仲裁字第 0358 号裁决第四项涉及刘某某承担连带清偿责任内容的处理意见。

此复。

二〇二一年六月十一日
(撰写人:杨弘磊、李　娜)

7　当事人为变相达到规避经营风险赚取担保费的目的,通过制造虚假仲裁案件、利用人民法院的执行程序查封保证人财产的,审查法院应以违反社会公共利益为由裁定不予执行

——A 公司申请执行仲裁裁决请示案

- 案　　号　(2021)最高法民他 361 号
- 关 键 词　申请执行仲裁裁决 / 虚假仲裁 / 查封 / 社会公共利益
- 相关法条　《中华人民共和国民事诉讼法》第 237 条第 3 款①

【复　函】

关于对吉林仲裁委员会(2015)吉仲裁字第 7 号等
75 份仲裁裁决不予执行请示的复函

(2021)最高法民他 361 号

吉林省高级人民法院:

你院(2021)吉执他 17 号《关于拟对吉林仲裁委员会(2015)吉仲裁字第 7 号等 75 份仲裁裁决不予执行的请示》收悉。经研究,答复如下:

根据你院请示所述案件事实及相关情况,本案当事人通过制造虚假仲裁案件,并利用人民法院的执行程序,查封保证人的财产,变相达到规避经营风险赚取担保费的目的。该行为肆意将仲裁机构的仲裁权和人民法院的强制执行权变为企业规避

---

① 对应《中华人民共和国民事诉讼法》(2023 年修正)第 248 条第 3 款。

商业风险的工具,严重损害了国家仲裁、司法的严肃性和公信力,扰乱了社会公共秩序,属于《中华人民共和国民事诉讼法》第二百三十七条第三款规定的违反社会公共利益的情形。同时,本案虽非案外人申请不予执行,但对本案不予执行符合《最高人民法院关于人民法院办理仲裁裁决执行案件若干问题的规定》第九条第一项和第十八条规定的精神。综上,同意你院关于对案涉 75 份仲裁裁决不予执行的报核意见。

此复

二〇二一年十二月二日

（撰写人：李光琴）

8 如何认定执行案涉仲裁裁决违背社会公共利益

——吉林省高级人民法院就青岛 A 公司申请执行仲裁裁决请示案

- 案　　号　（2021）最高法民他 360 号
- 关 键 词　申请执行仲裁裁决 / 违背社会公共利益
- 相关法条　《中华人民共和国民事诉讼法》第 237 条①

【复　　函】

关于吉林省高级人民法院就青岛 A 公司申请执行仲裁裁决一案请示的复函

（2021）最高法民他 360 号

吉林省高级人民法院：

你院（2021）吉执他 19 号《关于申请执行人青岛 A 公司与被执行人 B 借款合同纠纷不予执行仲裁裁决一案的报告》收悉。根据你院请示所述事实,经研究,答复如下：

《中华人民共和国民事诉讼法》第二百三十七条第二款规定："被申请人提出证据证明仲裁裁决有下列情形之一的,经人民法院组成合议庭审查核实,裁定不予执

---

① 对应《中华人民共和国民事诉讼法》（2023 年修正）第 248 条。

行：（一）当事人在合同中没有订有仲裁条款或者事后没有达成书面仲裁协议的；（二）裁决的事项不属于仲裁协议的范围或者仲裁机构无权仲裁的；（三）仲裁庭的组成或者仲裁的程序违反法定程序的；（四）裁决所根据的证据是伪造的；（五）对方当事人向仲裁机构隐瞒了足以影响公正裁决的证据的；（六）仲裁员在仲裁该案时有贪污受贿，徇私舞弊，枉法裁决行为的。"第三款规定："人民法院认定执行该裁决违背社会公共利益的，裁定不予执行。"你院拟根据前述第三款的规定，依职权认定执行案涉裁决违背社会公共利益，但所依据的理由，即是否达成仲裁协议，采用互联网方式开庭、通过互联网平台短信方式送达是否违反法定程序，属于前述第二款依当事人申请不予执行仲裁裁决的情形。你院以此为由认定执行案涉仲裁裁决违背社会公共利益依据并不充分。此外，对于报告说明还有大量未进入执行程序的类案，请你院依据上述法律规定妥善处理，拟不予执行仲裁裁决的，应当一案一报。

此复

二〇二一年十一月二十二日

（撰写人：陈纪忠、李训民）

9 对是否存在仲裁合意之事实的举证责任分配
——周某某、黄某1与黄某2民间借贷纠纷
申请不予执行仲裁裁决请示案

- 案　　号　（2021）最高法民他46号
- 关 键 词　仲裁合意/举证责任
- 相关法条　《中华人民共和国仲裁法》第16条，《中华人民共和国民事诉讼法》第237条第2款第1项①

---

① 对应《中华人民共和国民事诉讼法》（2023年修正）第248条第2款第1项。

【复　函】

关于申请人周某某、黄某1申请不予执行仲裁裁决请示的复函

（2021）最高法民他46号

江苏省高级人民法院：

你院《关于申请人周某某、黄某1与被申请人黄某2民间借贷纠纷申请不予执行仲裁裁决案的请示》收悉。根据你院请示所述事实，经研究，答复如下：

《最高人民法院关于民事诉讼证据的若干规定》第九十五条规定："一方当事人控制证据无正当理由拒不提交，对待证事实负有举证责任的当事人主张该证据的内容不利于控制人的，人民法院可以认定该主张成立。"根据请示法院查明的事实，周某某、黄某1主张未在借款合同上签字，并申请笔迹鉴定。黄某2作为掌握借款合同原件的一方，无正当理由拒不提供借款合同原件，导致鉴定无法进行，其应承担不利后果。据此，可以推定涉案借款合同上的签字均非周某某、黄某1本人所签。当事人之间未达成书面仲裁协议。根据《中华人民共和国民事诉讼法》第二百三十七条第二款的规定，被申请人提出证据证明当事人在合同中没有订有仲裁条款或者事后没有达成书面仲裁协议的，经人民法院组成合议庭审查核实，裁定不予执行。本案应裁定不予执行涉案仲裁裁决涉及周某某、黄某1的部分。本案应不予执行北京仲裁委员会（2016）京仲裁字第1260号裁决第四项关于周某某、黄某1承担连带清偿责任的部分。

此复

二〇二一年一月二十九日

（撰写人：郭载宇）

10 仲裁委员会发送仲裁通知的义务
——A公司申请不予执行仲裁裁决请示案

- **案　　号**　（2021）最高法民他384号
- **关 键 词**　仲裁/申请不予执行仲裁裁决/仲裁委员会、发送仲裁通知的义务
- **相关法条**　《中华人民共和国仲裁法》第15条

【裁判要旨】

仲裁委员会发送仲裁通知等文书的义务与法院送达义务的要求不同。很多仲裁规则规定仲裁委员会发送仲裁通知的义务仅需将仲裁通知等文书发送申请人和被申请人，而非一定要送达到申请人和被申请人。故审查仲裁委员会是否履行了发送仲裁通知的义务应依据仲裁规则来审查。

【案情摘要】

B公司与A公司买卖合同纠纷一案，新乡仲裁委员会作出了裁决书。B公司向广西壮族自治区南宁市中级人民法院申请强制执行。A公司于2020年11月19日向该院提交了不予执行仲裁裁决申请书。南宁市中级人民法院查明，新乡仲裁委员会于2020年6月5日向A公司的住所地邮寄了提交答辩通知书、仲裁规则、仲裁员名册、仲裁员选定书、送达地址确认书、仲裁申请书及附件。该邮件于2020年6月10日被退回。后新乡仲裁委员会于2020年7月1日将相关文书邮寄到贵州省安顺市西秀区某小区，上述地址为B公司在新乡仲裁委员会确认的A公司的送达地址。新乡仲裁委员会送达相关仲裁文书的地址为C超市，邮件签收人为该超市的老板，两人为夫妻关系，与A公司无任何关联，该超市为快递代收点。

（撰写人：赵　珂）

11 对仲裁裁决超出仲裁协议约定范围的认定
——A公司等申请不予执行仲裁裁决请示案

- 案　　号　（2021）最高法民他394号
- 关 键 词　仲裁/申请不予执行仲裁裁决/超裁
- 相关法条　《中华人民共和国民事诉讼法》第237条第2款①，《最高人民法院关于人民法院办理仲裁裁决执行案件若干问题的规定》第13条

---

① 对应《中华人民共和国民事诉讼法》（2023年修正）第248条第2款。

【复　　函】

关于 A 公司等申请不予执行仲裁裁决一案的复函

（2021）最高法民他 394 号

天津市高级人民法院：

你院（2021）津执他 11 号《关于申请人 A 公司等申请不予执行仲裁裁决案的报核请示》收悉。经研究，答复如下：

根据案涉仲裁裁决书的记载，裁决书的裁决并未超出 B 公司的请求范围。仲裁庭经审理查明，C 公司、D 公司、E 公司、F 公司等四案外人为 B 公司依据《收购协议》约定新设的四家公司，分别承接了作为《收购协议》当事人的 A 公司等四资产重组公司的经营性资产和品牌汽车经销权，系《收购协议》所称的新目标公司。根据《收购协议》第 8.2 条的约定，上述四资产重组公司有义务向作为非合同当事人的四新目标公司支付案涉款项，仲裁庭就此进行审查并未超出《收购协议》的范畴，亦未超出仲裁协议约定的范围。《收购协议》第 13.8 条争议解决条款约定：如果双方之间发生与本协议相关的任何争议……每一方均有权向位于北京的中国国际经济贸易仲裁委员会提出仲裁申请。虽然《补充协议六》尚未签订，但收购协议仲裁条款系将协议相关的任何争议提交仲裁。仲裁庭根据当事人提交的证据判断各方当事人的真实意思表示并作出裁决属于仲裁庭的自由裁量范围，不属于超裁。

综上，不同意你院关于案涉仲裁裁决超出仲裁协议约定范围的意见。

此复

二○二一年十二月十七日

（撰写人：赵　珂）

12　向仲裁机构隐瞒证据的认定
——闫某申请不予执行仲裁裁决请示案

- **案　　号**　（2021）最高法民他 455 号
- **关 键 词**　仲裁／申请不予执行仲裁裁决／隐瞒足以影响公证裁决的证据
- **相关法条**　《最高人民法院关于人民法院办理仲裁裁决执行案件若干问题的规

定》第 16 条第 1 款

【裁判要旨】

申请人以对方当事人向仲裁机构隐瞒了足以影响公正裁决的证据为理由申请不予执行仲裁裁决的,应依据《最高人民法院关于人民法院办理仲裁裁决执行案件若干问题的规定》第 16 条第 1 款的规定审查。该条规定的三个条件:一是该证据属于认定案件基本事实的主要证据;二是该证据仅为对方当事人掌握,但未向仲裁庭提交;三是仲裁过程中知悉存在该证据,且要求对方当事人出示或者请求仲裁庭责令其提交,但对方当事人无正当理由未予出示或者提交。应同时满足以上三个条件才可以认定对方当事人向仲裁机构隐瞒了足以影响公正裁决的证据。

【案情摘要】

2020 年 4 月 23 日,闫某作为卖方、A 公司作为买方签订《车辆(租赁物)买卖合同》,约定:闫某将租赁物(奥迪牌轿车)出卖给 A 公司。同日,A 公司作为出租人与闫某作为承租人签订《售后回租合同》,约定:闫某为融通资金用于消费,将租赁物出售给 A 公司,同时向 A 公司以融资租赁形式回租租赁物使用。租赁期满后,租赁物的所有权归闫某。合同签订日,A 公司、闫某又签订《抵押合同》,将闫某所有的租赁物,为 A 公司在《售后回租合同》中享有的债权提供最高额抵押担保。自 2020 年 8 月 23 日起,闫某开始逾期支付租金。十堰仲裁委员会作出仲裁裁决:闫某向 A 公司支付到期未支付的租金、逾期支付租金的违约金。闫某称,A 公司隐瞒了足以影响案件公平裁决的证据。本案涉及租赁标的物(奥迪牌轿车)已被 A 公司强行夺走,闫某也向公安机关报案。A 公司在仲裁时隐瞒该重要事实,在公司非法取回租赁标的物的情况下,仲裁裁决仍然要求闫某支付租金,显失公平。

(撰写人:赵 珂)

13 仲裁机构不得对已经裁决的同一事项再次作出不同或者相反的裁决
——尹某与李某某申请不予执行仲裁裁决请示案

- **案　　号**　(2021)最高法民他 222 号
- **关 键 词**　申请不予执行仲裁裁决 / 重复仲裁

• 相关法条 《中华人民共和国仲裁法》第 9 条

【复　　函】

关于尹某申请不予执行仲裁裁决一案的复函

（2021）最高法民他 222 号

广东省高级人民法院：

你院（2020）粤民他 112 号《关于尹某申请不予执行仲裁裁决一案的请示》收悉。经研究，答复如下：

关于第二次仲裁裁决第二项。根据请示报告载明的事实，该项请求已在第一次仲裁时提出，仲裁庭已经对该项请求作出处理，故第二次裁决支持了另外 50% 的租金属于重复仲裁。对于 2016 年 9 月 28 日至 10 月 28 日的租金，虽然第一次仲裁裁决遗漏，但李某某未申请补正，仲裁庭也未予以补正，且第一次仲裁裁决已发生法律效力并执行完毕，该遗漏部分也无法从裁决第二项中分割，亦属于重复裁决。

关于第二次仲裁裁决第一项、第三项。该部分房屋占用费和物业费系在第一次仲裁裁决后至法院强制执行前发生的新损失，不包含在首次仲裁审理裁决的范围内，不构成重复裁决。

关于第四项房屋维修费，李某某第一次仲裁时没有提出该请求，仲裁庭也未审理并裁决，亦不构成重复裁决。

综上，同意深圳市中级人民法院少数意见，对案涉仲裁裁决第二项不予执行。

此复

二〇二一年八月三十一日

（撰写人：马　玲）

14 因多个合同引发争议在香港特别行政区能否适用"多份合同,单个仲裁"以及"仲裁的合并"程序作为一个案件进行仲裁的认定

——A 公司与 B 公司等申请执行香港特别行政区仲裁裁决请示案

- **案　　号**　（2021）最高法民他 130 号
- **关 键 词**　申请执行香港仲裁裁决 /《2013 机构仲裁规则》/ 多份合同,单个仲裁 / 仲裁的合并
- **相关法条**　《最高人民法院关于内地与香港特别行政区相互执行仲裁裁决的安排》第 7 条

【复　　函】

关于申请人 A 公司与被申请人 B 公司、C 公司、D 公司、E 公司申请执行香港特别行政区仲裁裁决一案的复函

（2021）最高法民他 130 号

天津市高级人民法院：

你院（2020）津民他 22 号《关于申请人 A 公司与被申请人 B 公司、C 公司、D 公司、E 公司申请执行香港特别行政区香港国际仲裁中心作出的 HKIAC/A16171（A17037；A17038；A17039）号第二部分最终仲裁裁决一案的报核请示》收悉。经研究，答复如下：

根据你院请示所述事实，是否应当认可和执行案涉仲裁裁决主要涉及两个问题：（一）A 公司将分属于不同合同的合同当事人并列为同一仲裁案件的被申请人，提出四个仲裁申请，香港国际仲裁中心根据 A 公司的仲裁申请，依照"多份合同，单个仲裁"程序作为四个案件进行审理，是否符合香港国际仲裁中心《2013 机构仲裁规则》第 29 条关于"多份合同，单个仲裁"的规定；（二）香港国际仲裁中心根据 A 公司申请，将四个仲裁案件合并审理并作出一份仲裁裁决，是否符合《2013 机构仲裁规则》第 28 条关于"仲裁的合并"的规定。

A 公司与 B 公司签订的合同中存在仲裁条款，与 C 公司、D 公司、E 公司分别

签订的合同中亦存在仲裁条款,但其中的任何一份合同均不能同时约束多个被申请人,因此对该四个案件适用"多份合同,单个仲裁"程序,不符合《2013机构仲裁规则》第29条关于适用该程序应当满足"导致仲裁的各仲裁协议分别约束仲裁所有当事人"这一条件的规定。但香港国际仲裁中心对来宝公司的四个仲裁申请适用"多份合同,单个仲裁"程序,B公司、C公司、D公司、E公司均只在香港国际仲裁中心发送邮件通知仲裁申请被受理阶段作出过反对性的意思表示、提出保留异议权,但在仲裁庭组成后明确赋予当事人异议权的时间段内,几个公司均未正式提出异议,而是参加了仲裁程序。对此,香港国际仲裁中心亦表示"未发现有向仲裁庭提出的对《2013机构仲裁规则》第29条适用性的异议"。根据《2013机构仲裁规则》第29.2条关于"只要可以有效放弃,当事各方放弃基于依第29条开始单个仲裁而对仲裁庭作出的任何裁决的效力和/或执行提出任何的异议"的规定和第31条关于"当事人知道或理应知道未按本规则(包括一个或多个仲裁协议)的规定或其引发的要求行事,但仍继续参与仲裁而未立即提出异议的,应视为已放弃提出异议的权利"的规定,应视为四个公司已经放弃了对适用该程序提出异议的权利。因此,香港国际仲裁中心依照"多份合同,单个仲裁"程序进行仲裁并不违反《2013机构仲裁规则》规定。

案涉仲裁符合《2013机构仲裁规则》第28条中"(c)请求依据多于一个的仲裁协议提出,而两个或所有仲裁中存在相同的法律或事实问题,请求救济的权利均涉及或源于同一交易或同一系列交易,且香港国际仲裁中心认定各仲裁协议彼此兼容"这一情形,香港国际仲裁中心据此依照"仲裁的合并"程序将四个案件合并为一个仲裁程序进行仲裁并不违反《2013机构仲裁规则》规定。

至于A公司撤回在本案中对C公司提出的认可和执行仲裁裁决的申请,系当事人自由处分权利,对该申请应予以许可。

综上,除因A公司撤回对C公司申请,就香港特别行政区香港国际仲裁中心HKIAC/A16171(A17037;A17038;A17039)号第二部分最终仲裁裁决第(1)项、第(6)项的(b)项涉及C公司部分不予处理外,案涉仲裁裁决其他部分均应予以认可和执行。不同意你院不认可和执行香港特别行政区香港国际仲裁中心HKIAC/A16171(A17037;A17038;A17039)号第二部分最终仲裁裁决第(1)(3)(4)项、第(6)项的(b)项的处理意见。

此复

二〇二一年十二月二十日
(撰写人:沈 佳)

15 不宜将自然人向不特定多数人大量出借资金、赚取高额利息认定为违反社会公共利益

——岳某某、裴某申请不予执行仲裁裁决请示案

- **案　　号**　（2021）最高法民他235号
- **关 键 词**　申请不予执行仲裁裁决 / 民间借贷 / 高额利息
- **相关法条**　《中华人民共和国民事诉讼法》第237条①,《全国法院民商事审判工作会议纪要》第53条,《最高人民法院、最高人民检察院、公安部、司法部关于办理非法放贷刑事案件若干问题的意见》第1条,《最高人民法院关于审理民间借贷案件适用法律若干问题的规定》第13条第3项

【复　　函】

关于岳某某、裴某申请不予执行仲裁裁决一案的复函

（2021）最高法民他235号

四川省高级人民法院：

你院（2020）川执他412号《关于不予执行北京仲裁委员会（2018）京仲裁字第0441号仲裁裁决的报告》收悉。经研究，答复如下：

《中华人民共和国民事诉讼法》第二百三十七条第二款第五项规定"对方当事人向仲裁机构隐瞒了足以影响公正裁决的证据"，是指一方当事人对于只有己方掌握、而对方不掌握的证据，在仲裁庭审理过程中，对方要求提供，而其故意拒不提供的行为。在本案仲裁裁决过程中，并不存在此类情形，不应当以构成隐瞒证据为由不予执行案涉仲裁裁决。

社会公共利益在不同领域、不同国家和不同历史时期，有不同的含义。《中华人民共和国民事诉讼法》第二百三十七条第三款所称社会公共利益，一般包括我国法律基本原则、国家主权、国家及社会公共安全、善良风俗等。首先，本案存在自然人向不特定对象提供借款的事实，不足以构成违反社会公共利益。而且，借款发生

---

① 对应《中华人民共和国民事诉讼法》（2023年修正）第248条。

在 2014 年，而在 2018 年 3 月 20 日仲裁裁决作出时，并无明文规定此种行为无效，至 2020 年 12 月 23 日最高人民法院修正《最高人民法院关于审理民间借贷案件适用法律若干问题的规定》时，才明确规定："未依法取得放贷资格的出借人，以营利为目的向社会不特定对象提供借款的"，人民法院应当认定民间借贷合同无效。在上述司法解释施行前，有大量判决认定此类民间借贷合同有效。因此，不宜将自然人向不特定多数人大量出借资金认定为违反社会公共利益。其次，出借人以咨询费、服务费、违约金等形式突破法定利息红线赚取高额利息，仲裁裁决支持出借人相关请求属于适用法律错误，也不足以认定为违反社会公共利益。

综上，不同意你院以"向仲裁机构隐瞒了足以影响公正裁决的证据"以及"执行该仲裁裁决违背社会公共利益"为由，不予执行北京仲裁委员会（2018）京仲裁字第 0441 号裁决的意见。

此复

二〇二一年十月二十二日

（撰写人：沈　佳）

16 通过补正裁决对仲裁规则中不属于补正范围的当事人实体权利义务内容予以补正，构成"仲裁的程序与仲裁规则不符"

——陈某某与邝某某、杜某某申请不予执行仲裁裁决请示案

- **案　　号**　（2021）最高法民他 404 号
- **关 键 词**　申请不予执行仲裁裁决 / 涉港仲裁裁决 / 补正裁决
- **相关法条**　《中华人民共和国民事诉讼法》第 237 条、第 274 条[①]，《中华人民共和国仲裁法》第 56 条，《最高人民法院关于审理仲裁司法审查案件若干问题的规定》第 21 条

---

① 对应《中华人民共和国民事诉讼法》（2023 年修正）第 248 条、第 291 条。

【复　函】

关于申请人陈某某与被申请人邝某某、杜某某申请不予执行仲裁裁决一案的复函

（2021）最高法民他 404 号

广东省高级人民法院：

你院（2020）粤民他 187 号《关于陈某某申请不予执行仲裁裁决案件的请示》收悉。经研究，答复如下：

根据你院请示，案涉一方当事人为香港特别行政区居民，案涉仲裁裁决为涉港仲裁裁决。《最高人民法院关于审理仲裁司法审查案件若干问题的规定》第二十一条规定："人民法院受理的申请确认涉及香港特别行政区、澳门特别行政区、台湾地区仲裁协议效力的案件，申请执行或者撤销我国内地仲裁机构作出的涉及香港特别行政区、澳门特别行政区、台湾地区仲裁裁决的案件，参照适用涉外仲裁司法审查案件的规定审查。"第十七条规定："人民法院对申请执行我国内地仲裁机构作出的非涉外仲裁裁决案件的审查，适用《中华人民共和国民事诉讼法》第二百三十七条的规定。人民法院对申请执行我国内地仲裁机构作出的涉外仲裁裁决案件的审查，适用《中华人民共和国民事诉讼法》第二百七十四条的规定。"因此，本案应当参照适用《中华人民共和国民事诉讼法》第二百七十四条的规定对案涉仲裁裁决是否应当不予执行进行审查。

案涉（2013）深仲裁字第 837-1 号补正裁决将原（2013）深仲裁字第 837 号仲裁裁决中第二项"并将涉案土地上所有属申请人的房屋返还予申请人"补正为"并将涉案土地上所有房屋返还予申请人"，可能造成返还房屋的范围不同，应当视为对当事人权利义务的实质性变更，而不属于《中华人民共和国仲裁法》第五十六条关于"对裁决书中的文字、计算错误或者仲裁庭已经裁决但在裁决书中遗漏的事项，仲裁庭应当补正"和《深圳仲裁委员会仲裁规则》第六十八条关于"裁决书中如有文字、计算错误或者遗漏事项，仲裁庭应当自行补正"的规定中可以补正的内容。通过补正裁决对仲裁规则中不属于补正范围的当事人实体权利义务内容予以补正，构成《中华人民共和国民事诉讼法》第二百七十四条第一款第三项规定的"仲裁的程序与仲裁规则不符"的情形。

鉴于案涉（2013）深仲裁字第 837-1 号补正裁决内容与原（2013）深仲裁字第 837 号仲裁裁决其他裁项内容可分，且根据你院请示所述事实，当事人对其他裁决

事项即涉及金钱给付的内容没有争议,并已由广东省深圳市中级人民法院在执行案件中执行完毕,同意你院关于"不予执行(2013)深仲裁字第837-1号补正裁决"的报请意见。

此复

二〇二一年十二月十五日

(撰写人:沈 佳)

认可香港特别行政区法院判决

当事人约定的非专属司法管辖权因不具有排他性而不适用《最高人民法院关于内地与香港特别行政区法院相互认可和执行当事人协议管辖的民商事案件判决的安排》

——A公司申请认可和执行香港特别行政区高等法院民事判决请示案

- 案　　号　(2021)最高法民他63号
- 关 键 词　申请认可和执行香港法院判决/非专属司法管辖权
- 相关法条　《最高人民法院关于内地与香港特别行政区法院相互认可和执行当事人协议管辖的民商事案件判决的安排》第3条

【复　　函】

关于A公司申请认可和执行香港特别行政区高等法院民事判决一案的复函

(2021)最高法民他63号

河北省高级人民法院:

你院《关于申请人A公司与被申请人陈某申请认可和执行香港特别行政区高等法院民事判决一案的请示》收悉。经研究,答复如下:

根据《最高人民法院关于内地与香港特别行政区法院相互认可和执行当事人协

议管辖的民商事案件判决的安排》(以下简称《安排》)第三条的规定,书面管辖协议是指当事人以书面形式明确约定内地人民法院或者香港特别行政区法院具有唯一管辖权的协议。案涉《认购协议》中规定的管辖协议表述为"香港法院具有解决因本协议而起或与之有关的任何争议的非专属司法管辖权",因其不具有排他性,故不属于《安排》所规定的管辖协议。在《安排》适用范围之外,认可和执行香港特别行政区高等法院的民事判决无法律依据,应驳回A公司的申请。

对于因主体不适格而裁定驳回认可和相关判决的申请,当事人一方申请复议的,复议法院可以在查明事实的基础上直接作出认可与否的裁定。

当事人陈某的身份问题属于事实问题,应由受理法院自行审查处理。

此复

二〇二一年六月四日

(撰写人:龙 飞)

认可澳门特别行政区法院判决

在澳门特别行政区因骗取赌场特码而被判决支付的损害赔偿金应否被认定为赌债
——A申请认可和执行澳门特别行政区刑事判决中民事赔偿部分请示案

- **案　　号**　(2021)最高法民他104号
- **关 键 词**　申请认可和执行 / 澳门特别行政区 / 刑事判决 / 赌场特码
- **相关法条**　《最高人民法院关于内地与澳门特别行政区相互认可和执行民商事判决的安排》第1条第2款

【复　函】

关于广东省高级人民法院就 A 申请认可和执行澳门特别行政区刑事判决中民事赔偿部分一案请示的复函

（2021）最高法民他 104 号

广东省高级人民法院：

你院（2020）粤认复 2 号《关于 A 申请认可和执行澳门特别行政区初级法院作出的编号为 CR4-14-0130-PCC 刑事判决中民事赔偿部分一案的请示》收悉。根据你院请示所述事实，经研究，答复如下：

《最高人民法院关于内地与澳门特别行政区相互认可和执行民商事判决的安排》第一条第二款规定："本安排亦适用于刑事案件中有关民事损害赔偿的判决、裁定"。根据你院请示所述事实，案涉刑事判决认定 B 因在澳门特别行政区骗取 A 的 30 万港币的赌场特码，从而判决 B 向 A 支付 30 万港币的损害赔偿金。案涉债务产生于侵权，并非产生于赌博，不能等同于赌债，也不能等同于博彩借贷，据此而形成的有关承担民事损害赔偿责任的判决，应予认可和执行。

此复

二〇二一年九月二十八日

（撰写人：陈纪忠、李训民）

认可台湾地区法院判决 ▶▶▶

在大陆与台湾地区存在互助基础且不损害大陆债权人合法权益的前提下，可以认可台湾地区法院破产重整裁定
——A 公司申请认可台湾地区法院民事裁定请示案

- **案　　号**　（2019）最高法民他 275 号
- **关 键 词**　台湾地区法院破产重整裁定 / 认可 / 债权人利益

• **相关法条** 《最高人民法院关于认可和执行台湾地区法院民事判决的规定》第16条①

【复 函】

关于A公司申请认可台湾地区法院民事裁定一案的复函

（2019）最高法民他275号

浙江省高级人民法院：

你院（2017）浙认他2号《关于申请人A公司与被申请人B公司申请认可台湾地区法院民事裁定一案的请示报告》收悉。经研究，答复如下：

法律及司法解释对于是否认可台湾地区法院作出的破产重整裁定尚无明确规定。据你院请示，台湾地区法院曾于2016年9月认可大陆人民法院破产裁定。请查实该台湾地区的裁定为生效的终审裁定。另据你院请示，案涉台湾公司在大陆无财产，且包括本案债权人在内的大陆债权人已经在台湾地区申报债权并分配了部分财产。在审查时应确定认可台湾地区法院破产重整裁定不会损害大陆债权人（不限于本案债权人）的合法权益。若确已存在互助基础，且不损害大陆债权人合法权益，则同意杭州市中级人民法院认可本案台湾地区法院的破产重整裁定。

此复

二〇二一年十二月二十五日

（撰写人：马晓旭）

---

① 该解释已于2024年12月17日修正，本条被修改为第17条，内容有所变动。

申请承认外国法院判决

1 根据该法院所在国的法律，其不以存在相关条约作为承认和执行外国法院民商事判决的必要条件，且没有证据证明该国法院曾以不存在互惠关系为由拒绝承认和执行我国法院民商事判决，可以根据互惠原则承认和执行该国法院判决

——A 公司与 B 公司申请承认外国法院判决请示案

- 案　　号　（2020）最高法民他 177 号
- 关 键 词　申请承认和执行外国法院民事判决 / 互惠
- 相关法条　《中华人民共和国民事诉讼法》第 282 条①

【复　　函】

关于 A 公司与 B 公司申请承认外国法院判决一案请示的复函

（2019）最高法民他 177 号

上海市高级人民法院：

你院（2019）沪民他 3 号《关于申请人 A 公司与被申请人 B 公司申请承认外国法院判决一案的请示》收悉。经研究，答复如下：

本案涉及当事人向我国法院申请承认英国法院民商事判决。《中华人民共和国民事诉讼法》第二百八十二条规定："人民法院对申请或者请求承认和执行的外国法院作出的发生法律效力的判决、裁定，依照中华人民共和国缔结或者参加的国际条约，或者按照互惠原则进行审查后，认为不违反中华人民共和国法律的基本原则或者国家主权、安全、社会公共利益的，裁定承认其效力。"我国与英国没有缔结或者共同参加关于相互承认和执行民商事判决的国际条约，因此，应当按照互惠原则进行审查。

虽然本案当事人没有提交英国法院承认和执行我国法院民商事判决的相关案例，

---

① 对应《中华人民共和国民事诉讼法》（2023 年修正）第 299 条。

但根据英国法律，其不以存在相关条约作为承认和执行外国法院民商事判决的必要条件，我国法院作出的民商事判决可以得到英国法院的承认和执行；且当事人没有证明英国法院曾以不存在互惠关系为由拒绝承认和执行我国法院民商事判决。

经审查，承认本案所涉英国法院判决不违反我国法律的基本原则，也不会损害我国国家主权、安全、社会公共利益。因此，本案可以根据互惠原则承认和执行所涉英国法院判决。

同意你院请示报告中的少数意见。

此复

二〇二一年十二月十七日

（撰写人：马东旭）

2 外国法院判决的判项为损害赔偿金且明显超出实际损失的，人民法院可以对超出部分裁定不予承认和执行

——蒋某、黄某、陈某某、兰某某、蒲某某、王某某、夏某某、王某申请承认和执行外国法院民事判决请示案

- 案　　号　（2020）最高法民他246-253号
- 关 键 词　申请承认和执行外国法院民事判决 / 互惠 / 惩罚性赔偿判决
- 相关法条　《中华人民共和国民事诉讼法》第282条①

【复　函】

关于蒋某、黄某、陈某某、兰某某、蒲某某、王某某、夏某某、王某申请承认和执行外国法院民事判决八案请示的复函

（2020）最高法民他246-253号

广东省高级人民法院：

你院（2019）粤民他165-169号、258号、（2020）粤民他6号、7号《关于蒋某等申请承认和执行美国法院民事判决八案的请示》收悉。经研究，答复如下：

---

① 对应《中华人民共和国民事诉讼法》（2023年修正）第299条。

本案涉及当事人向我国法院申请承认美国法院民商事判决。《中华人民共和国民事诉讼法》第二百八十二条规定："人民法院对申请或者请求承认和执行的外国法院作出的发生法律效力的判决、裁定，依照中华人民共和国缔结或者参加的国际条约，或者按照互惠原则进行审查后，认为不违反中华人民共和国法律的基本原则或者国家主权、安全、社会公共利益的，裁定承认其效力。"我国与美国没有缔结或者共同参加关于相互承认和执行民商事判决的国际条约，因此，应当按照互惠原则进行审查。

经审查，本案当事人已提交美国法院承认和执行我国法院民商事判决的有效案例，承认本案所涉美国法院判决不违反我国法律的基本原则，也不会损害我国国家主权、安全、社会公共利益，因此，本案可以根据互惠原则承认和执行案涉3份美国法院民事判决，但对其中明显超出实际损失的惩罚性赔偿金部分，不予承认和执行。

此复

二〇二一年十二月十七日

（撰写人：马东旭）

3 一方当事人违反仲裁协议约定向外国法院起诉，另一方当事人未予应诉答辩的，应认定该外国法院对案件不具有管辖权，对其作出的缺席判决应不予承认和执行

——太阳谷太阳能有限公司申请承认和执行外国法院民事判决请示案

- **案　　号**　（2021）最高法民他64号
- **关 键 词**　仲裁协议/效力/判决承认和执行/缺席判决/管辖权/应诉管辖
- **相关法条**　《中华人民共和国民事诉讼法》第282条[①]，《承认及执行外国仲裁裁决公约》第2条第1项，《中华人民共和国涉外民事关系法律适用法》第18条

【裁判要旨】

《承认及执行外国仲裁裁决公约》第2条第1项规定，当事人以书面协定承允彼

[①] 对应《中华人民共和国民事诉讼法》（2023年修正）第299条。

此间发生或可能发生之一切或任何争议,如关涉可以仲裁解决事项之确定法律关系,不论为契约性质与否,应提交仲裁时,各缔约国应承认此项协定。即各公约缔约国有义务尊重仲裁协议,仲裁协议不仅对当事人具有法律约束力,同时具有排除法院行使管辖权的法律效果。

人民法院在办理申请承认和执行外国法院民事判决案件中,应当审查外国法院对案涉纠纷是否具有管辖权。当事人就争议订立有效仲裁条款排除法院管辖权,一方向外国法院起诉,另一方未应诉答辩的,则应视为其未放弃仲裁协议,且该当事人缺席外国诉讼程序的行为亦不能构成同意外国法院管辖权。因外国法院对案涉纠纷无适格管辖权,对其作出的缺席判决应不予承认和执行。

《仲裁法》第26条"另一方在首次开庭前未对人民法院受理该案提出异议的,视为放弃仲裁协议"的规定指的是当事人参加首次开庭且未对法院受理案件提出异议的情形,不包括当事人缺席不应诉的情形。

当事人仅约定合同准据法,未约定仲裁协议准据法,但约定了仲裁地的,仲裁协议准据法为仲裁地法律,此时应依据仲裁地法律认定仲裁协议效力。

【案情摘要】

太阳谷太阳能有限公司(以下简称太阳谷公司)和保定天威薄膜光伏有限公司(以下简称天威公司)签署的《采购合同》第15条"法律及仲裁(Law and Arbitration)"约定合同适用的法律为美国加利福尼亚州法律,仲裁地为设在中国的中国国际经济贸易仲裁委员会。太阳谷公司向美国加利福尼亚州法院就采购合同纠纷提起诉讼,天威公司缺席诉讼且未答辩,美国加州法院作出缺席判决,判令太阳谷公司胜诉。太阳谷公司申请承认和执行该判决。

(撰写人:沈红雨)

4 在没有缔结或者参加的国际条约的情况下,人民法院对申请承认外国法院判决的,可以按照互惠原则进行审查

——邓某申请承认外国法院民事判决请示案

- 案　　号　(2021)最高法民他67号
- 关 键 词　申请承认外国法院判决/事实互惠关系
- 相关法条　《最高人民法院关于内地与香港特别行政区法院相互认可和执行当

事人协议管辖的民商事案件判决的安排》第 3 条

【复　函】

关于邓某申请承认外国法院民事判决一案请示的复函

（2021）最高法民他 67 号

吉林省高级人民法院：

你院（2020）吉民他 80 号《关于邓某与金某申请承认外国法院民事判决一案的请示》收悉。经研究，答复如下：

根据你院请示所述事实，本案系申请承认外国民事判决的案件。申请人邓某请求吉林市中级人民法院承认韩国首尔南部地方法院 2017Gadan259081 号民事判决书，其提供了民事判决书正本和经证明准确无误的副本以及中文译本、公证认证文书、确定证明书。案涉韩国法院民事判决系生效的民事判决。

根据《中华人民共和国民事诉讼法》第二百八十二条的规定，人民法院对申请或者请求承认和执行的外国法院作出的发生法律效力的判决、裁定，依照中华人民共和国缔结或者参加的国际条约，或者按照互惠原则进行审查后，认为不违反中华人民共和国法律的基本原则或者国家主权、安全、社会公共利益的，裁定承认其效力。我国与韩国之间没有缔结或者参加相互承认和执行法院民事判决的国际条约，但 2016 年 6 月 14 日，中韩两国最高司法机构签署了《中国最高人民法院与大韩民国大法院关于司法交流和合作的谅解备忘录》，载明双方将根据各自国家的国内法，就推动两国法院民商事判决的相互承认和执行进行合作。韩国首尔地方法院曾于 1999 年 11 月 5 日作出 99 甲合 26523 号信用证货款案件判决书，适用互惠原则承认中华人民共和国山东省潍坊市中级人民法院（1997）潍经字初 219 号民事判决具有约束力。中华人民共和国山东省青岛市中级人民法院 2019 年 3 月 25 日作出的（2018）鲁 02 协外认 6 号民事裁定、中华人民共和国上海市第一中级人民法院 2020 年 4 月 2 日作出的（2019）沪 01 协外认 17 号民事裁定，亦均曾以中韩两国存在互惠关系为由对韩国法院的判决予以承认和执行。因此，我国与韩国之间的事实互惠关系已由两国相关司法裁判所确认。本案所涉韩国法院判决系针对申请人与被申请人之间的损害赔偿纠纷作出，承认该民事判决并不违反我国法律的基本原则或者国家主权、安全、社会公共利益，符合我国法律关于互惠原则的规定。

另查，本案系韩国法院作出的缺席判决。根据《最高人民法院关于适用〈中华人民共和国民事诉讼法〉的解释》第五百四十三条的规定，外国法院判决、裁定为缺席判决、裁定的，申请人应当同时提交该外国法院已经合法传唤的证明文件，但判决、裁定已经对此予以明确说明的除外。本案申请人未提交韩国首尔南部地方法院已经进行合法传唤的证明文件，应予补充，由吉林市中级人民法院对申请人补充提交的证明文件予以审查。如补充的文件符合上述司法解释的规定，我院同意你院关于依据互惠原则承认韩国首尔南部地方法院2017Gadan259081号民事判决的处理意见。

此复

二〇二一年三月二十九日

（撰写人：龙　飞）